D1748362

G. Ammelburg · Die Unternehmens-Zukunft

Gerd Ammelburg

Die Unternehmens-Zukunft

Strukturen und Führungsstil
im Wandel zum 3. Jahrtausend

Rudolf Haufe Verlag · 7800 Freiburg i. Br.

CIP-Kurztitelaufnahme der Deutschen Bibliothek

Die Unternehmens-Zukunft
Strukturen und Führungsstil im Wandel zum 3. Jahrtausend
Autor: Gerd Ammelburg
Freiburg im Breisgau: Haufe 1985
ISBN 3-448-01542-3

ISBN 3-448-01542-3   Best.-Nr. 01.18
© Rudolf Haufe Verlag, Freiburg i. Br. 1985
Alle Rechte, auch die des auszugsweisen Nachdrucks, der fotomechanischen Wiedergabe (einschließlich Mikrokopie) sowie der Auswertung durch Datenbanken oder ähnliche Einrichtungen, vorbehalten.
Satz und Druck im Rombach: Druckhaus KG, Freiburg i. Br.
Umschlagsgestaltung: Andrea Bouvier, Bremen

Geleitwort!

"Unsere Zeit wird uns teils geraubt, teils abgeluchst, und was übrigbleibt, verliert sich unbemerkt", klagte vor Jahrhunderten schon kein anderer als Seneca.

Uns allen geht es heute noch ebenso: Es bleibt bestenfalls Zeit für Termine mit anderen, aber kaum Muße für einen Termin mit uns selbst; mal abschalten, in uns hineinhören – es wäre so wichtig für eine Ortsbestimmung der Gegenwart, dem Zentrum zwischen Vergangenheit und Zukunft.

Mit diesem Buch wird ein Brückenschlag geboten, von den Ufern der Erfahrungen hin zu den Gestaden des Zukünftigen, wobei der Verfasser nicht im Deskriptiven verharrt, sondern den Fundus eigener Beobachtungen und Gedanken zu Pfeilern dieser Brücke macht.

Und darauf läßt sich gut vorankommen zu dem Ziel, die Gedanken, Argumente und Kontroversen um einen Bezugspunkt herum zu ordnen, zu begreifen, wie jetzt viele Entwicklungen nicht mehr kontinuierlich, sondern quantensprungartig verlaufen, zu sehen, daß unsere zukünftige Welt mehr sein wird und sein muß als nur die Addition ihrer Teile.

Das Buch ist dabei Wegweiser und eine praktische Anleitung zum Handeln. – Beim Termin mit uns selbst und mit anderen in einer Welt, die überschaubarer, transparenter, enger, nüchterner, mehr computergrau werden wird, aber die das Menschliche und Zwischenmenschliche stärken muß, zusammen mit dem Leistungswillen, der Selbstverantwortung und der unternehmerischen Eigenleistung und Kreativität.

Tübingen, Ostern 1985   *Günter Wickert*

Eine Anmerkung des Verlegers

Die Zusammenarbeit mit G. A. war und ist ungewöhnlich. Autoren, die mit Verlegern eine echte (geistige) Partnerschaft anstreben, sind seltener geworden.

G. A. ist einer dieser Autoren. Er ist trotz oder gerade wegen seines Alters ein Mensch der neuen Generation. New-Age-Kritik am gegenwärtigen Weltsystem paaren sich bei ihm mit Erfahrung und Optimismus, bereitgestellt für kommende Generationen. Wir sind trotz mancher kritischer Anmerkungen seinen Gedanken gefolgt, weil sie neben ihrer Substanz auch überzeugend logisch dargestellt werden.

G. A. gibt dem Verleger nicht nur das Gefühl, Setzer, Drucker, Kalkulator und Verkäufer sein zu dürfen, sondern er läßt ihn laufend teilhaben am Inhalt und der Entstehung des Werks. Ein Anruf, wenn ein wichtiges Kapitel im Rohentwurf vollendet wird, und die laufende Kommunikation führen zu einer inneren Verbundenheit mit dem Werk; fast sind wir versucht zu sagen „Ganzheit im Detail", wobei sich G. A. um die Ganzheit des Systems bemüht.

Es ist kein Traum von einer besseren Welt, den G. A. in seinem Buch fortführt und darstellt, sondern ein realistischer, neuer Ansatz der Unternehmensführung, der zwangsläufig kommen muß.

Fanatiker, Sektierer, Gurus und Propheten hat es immer gegeben. Mancher Leser wird auch den Autor dazu zählen. Als Verlag wissen wir, daß er zwar überzeugt ist von dem, was er sagt, aber auch zugleich in der Lage ist, den unvermeidlichen Umbruch realistisch zu sehen. Wie schnell der Wandel sich vollzieht, ist ungewiß, daß er kommt, ist sicher. Auch der Verlag spürt dies.

Freiburg

RUDOLF HAUFE VERLAG

Dr. M. Jahrmarkt

Inhaltsverzeichnis

Geleitwort – von Günter Wickert – Tübingen.	V
Eine Anmerkung des Verlegers	VI
Vorwort des Verfassers.	X

Einstieg: Der epochale Wandel hat bereits begonnen 1

Descartes und unser Gehirn (5) – Auch die Wirtschaft wird nicht verschont bleiben (10) – Was kann und was sollte getan werden? (17) – Manager müssen lernen zu lernen (23)

Standpunkt I: Freiheit ist Leben – gibt es ein Leben in Freiheit? . 29

1. Schritt: Führungsstil ist mehr als nur eine Technik 33
   1.1   Unternehmen ist praktizierte Freiheit in Verantwortung . 34
   1.2   Der „häßliche" Unternehmer 36
   1.3   Lust und Last des Führens 42
   1.4   Die Unzufriedenen und der Führungsstil 48
   1.4.1 *Individual-Stil des Führenden* 50
   1.4.2 *Gibt es noch einen Regional-Stil?* 51
   1.4.3 *Der Begriff „Epochal-Stil" ist richtig und falsch zugleich* . . 52
   1.5   Was soll denn nun werden? 55

Standpunkt II: Kybernetik – Prinzip des Lebens im Organismus . 61

2. Schritt: Vom Individuum zur Führungspersönlichkeit 69
   2.1   Person – Individualität – Persönlichkeit 69
   2.2   Das Handwerkszeug zur Menschenführung 74
   2.2.1 *Die drei Voraussetzungen zu erfolgreicher Einflußnahme* . 76
   2.2.2 *Die psychischen Funktionen des Menschen* 84
   2.2.3 *Die drei Kardinaltriebe* 100

Standpunkt III: Selbsterkenntnis – und der Sinn des Lebens . . . 111

3. Schritt: Der Einstieg in die Menschenkenntnis 119
   3.1   Kann man Menschenkenntnis überhaupt erlernen? . . . 120

3.1.1	*Zielvorstellungen*	121
3.1.2	*Der Begriff der „integrierten" Menschenkenntnis*	122
3.1.3	*Wege des Vorgehens und Voraussetzungen*	124
3.1.4	*Was ist beobachtbar – und wie?*	129
3.1.5	*Jeder Typ kostet eine D-Mark*	138
3.2	Typologien sind nichts anderes als Gerüste	140
3.2.1	*Vorwissenschaftliche Begriffe und Vorstellungen*	141
3.2.2	*Typenlehren auf naturwissenschaftlicher Basis*	146
3.2.3	*Wertfreiheit ist unabdingbar*	165
3.2.4	*Anwendung der Strukturformel in der Praxis*	171

Standpunkt IV: Die Wurzeln des Lebens wachsen zum Dreiklang   177

4. Schritt: Farben und Formen im Kreis integriert   181

4.1	Erst die Farben geben den Formen das Leben	181
4.2	Wo überall wir den Farben begegnen	185
4.2.1	*Max Lüscher und seine Tests*	187
4.2.2	*Das Struktogramm des Rolf W. Schirm*	190
4.2.3	*Der dreigliedrige Mensch der Anthroposophie*	192
4.3	Der Kreis der Naturelle und Wesensgruppen	194
4.3.1	*Huters dreifach geniale Entdeckungen*	194
4.3.2	*Kontaktdisposition und Wesensgruppen*	198
4.3.3	*Das dreiteilige eidetische Modell von Arnet*	207
4.4	Die Zusammenschau	212
4.4.1	*Die Technik der Ausdeutung der Übungsbogen*	214
4.4.2	*Der farbige Strukturkreis als Orientierungshilfe*	248
4.4.3	*Ein Beispiel zur Praxis der Anwendung*	252

Standpunkt V: Ohne Gerechtigkeit hat das Leben keinen Wert   261

5. Schritt: Die Arbeit am Charakter hört nie auf   265

5.1	Was ist das eigentlich: der Charakter?	266
5.2	Objektivität der Beurteilung = Führungsverantwortung	281

Standpunkt VI: Vom Einzeller zum Organismus – Leben ist Ganzheit   289

6. Schritt: Tod der Institution – Es lebe das Unternehmen!		295
6.1	Die Führungsfunktionen im Unternehmen	296
6.2	Das Unternehmens-Modell „Zirkel 2000"	301
6.2.1	*Die Hauptfunktionen des Unternehmens in den Farben*	303
6.2.2	*Der richtige Mann an den richtigen Platz*	311
6.3	Der integrative Führungsstil im Zirkel-Modell	318

Standpunkt VII: Kommunikation trägt die Lebensenergie 351

7. Schritt: Mensch und Gruppe – Technik der Zirkelarbeit		357
7.1	Der Umgang in und mit der Gruppe	358
7.1.1	*Wie entstehen Gruppen?*	361
7.1.2	*Gruppenspezifisches und Leistungsvorteile*	362
7.1.3	*Gruppenarbeit ist zur Zeit „in"*	369
7.2	Wie man in Zirkeln miteinander umgehen kann	373
7.2.1	*Zirkel-Gespräche – Konferenzen oder Sitzungen?*	374
7.2.2	*Arten der Konferenz*	380
7.3	Konferenztechnik sollte jeder beherrschen	388
7.3.1	*Die äußere Ordnung ist keineswegs nebensächlich*	390
7.3.2	*Die innere Ordnung bringt den eigentlichen Effekt*	403
7.3.3	*Von der Leistung des Konferenzleiters hängt alles ab*	422
7.3.4	*Grundthesen zur Konferenztechnik*	431

Standpunkt VIII: Tätigkeit und Leistung bringen Erfüllung des Lebens 435

8. Schritt: Schluß mit der Schizophrenie des Daseins	441
Ausblick	475
Anhang	481
Die Prämissen (Übersicht)	483
Literatur-Verzeichnis	485
Stichwort- und Namensverzeichnis	493

Farbteil – Farbtafeln A–N

Vorwort des Verfassers

Lieber Leser!
Obwohl es im Zeitalter der Vermassung nicht mehr „in" zu sein scheint, wähle ich diese Anrede, um darzustellen, daß mir auch an einer persönlichen Beziehung zu meinen Lesern als Menschen gelegen ist. Dieses Buch enthält eine Summe persönlicher Erfahrungen und Einsichten – indem ich diese dem Leser offenbare, sehe ich in ihm mehr als nur einen Geschäftspartner, der dieses Buch käuflich erwirbt.

Von manchem meiner Hörer ist mir – insbesondere in den letzten Jahren – vorgehalten worden, ich demonstriere in meinen Vorträgen und Seminaren ein gewisses Sendungsbewußtsein hinsichtlich der Ideen und Gedanken, die ich verkünde. Anfänglich hatten mich diese Äußerungen ironischer Kritik gestört, ja – ich habe mich manchmal darüber geärgert. Aber mit der Zeit bin ich in zunehmendem Maße zu der Erkenntnis gelangt, daß solche kritischen Bemerkungen eigentlich nichts Negatives bedeuten müssen, vielleicht sogar als positiv betrachtet werden sollten.

In einer Zeit, in der – dies ist ein Faktum – leider viel zu viel gelogen wird und in der Zwecklügen oder Verfälschungen der Wahrheit, bewußt oder unbewußt, an der Tagesordnung sind, in einer Zeit, in der Heuchler, falsche Propheten und Machtlüsterne mit Verdrehungen oder gar Unterschlagungen der Wahrheit nur allzuleicht Gehör finden, sollten wir froh sein um jeden Menschen, der aus gewonnenen Erkenntnissen und innerer Überzeugung heraus Einsichten mitteilt, von denen er glaubt, daß sie auch anderen Menschen nützlich sein können. Dabei ist es von untergeordneter Bedeutung, ob diese Einsichten richtig, teilweise richtig oder gar falsch sind – wesentlich allein ist, daß wir mit unserem Wissen und unserem Fühlen nicht allein bleiben, sondern uns mitteilen. Nur so können wir gegenseitig gewinnen; dies ist ein wichtiger Teil unseres sozialen Verhaltens – und er sollte gepflegt werden.

Wer sich mit den Fragen der Unternehmensführung und der Führung in den Unternehmen befaßt hat, dem können – schon etwa seit dem Ende der 60er Jahre – Signale nicht verborgen geblieben sein, die einen grundlegenden Wandel der Denkeinstellungen und der Verhaltensweisen in diesem Bereich ankündigen. In den zweieinhalb Jahrzehnten, in denen ich – lehrend und lernend – mit vielen Tausenden von Führungskräften über Formen und Methoden der Menschenführung diskutiert habe, hat sich auch bei mir und in mir ein Wandlungsprozeß vollzogen, der – wie ich glaube – noch keineswegs beendet ist. Vielleicht könnte es sogar so sein, daß ich jetzt – im Herbst mei-

ner Lebensarbeit stehend – mich erst am Anfang einer persönlichen Transformation befinde, von der ich noch nicht weiß, welche Erkenntnisse zu erlangen mir noch vergönnt sein wird und wohin sie mich letztlich bringen werden.

Ich möchte versuchen, dies zu erklären: Als ich zu Anfang der 60er Jahre – zunächst unter Leitung meines Lehrers und Freundes Walter Schleip – damit begann, Führungskräfte über Verbesserung ihres Umgangs mit anderen Menschen zu unterrichten, war dies etwas ganz Neues. Nur wenige Vorgesetzte hatten damals schon einmal eine Schulung mitgemacht – und schon gar nicht mit dem Thema „Menschenführung – Umgang mit Untergebenen". Heute wird Sie, verehrter Leser, vielleicht schon die Verwendung der Vokabeln „Vorgesetzter" und „Untergebener" stören; seinerzeit war es jedoch noch kaum üblich, die jetzt gängigen Begriffe „Führungskräfte" und „Mitarbeiter" dafür zu verwenden. Man hätte dies bereits als ein zu revolutionäres Programm abgestempelt.

Damals war auch schon das, was ich meinen Hörern als Führungspsychologie vortrug, viel zu progressiv; viele meinten, so etwas sei in die Praxis des Betriebes bei der Behandlung von Untergebenen nicht umsetzbar. Daß solche Äußerungen oft nur Schutzbehauptungen von Menschen waren, die für ihren Status fürchteten, mag unwesentlich sein.

Heute ist dies anders: Die Führungskräfte der achtziger Jahre werden mit einem riesigen Angebot von Führungslehren und -methoden konfrontiert; sie sind überfüttert mit Führungsformeln, Management-Praktiken und Heilslehren, deren Wert oft nur noch an der Zahl der in ihnen verwendeten englisch/amerikanischen Spezialausdrücke gemessen zu werden scheint. Und ich selbst habe im vergangenen Jahrzehnt manchmal nahezu Komplexe bekommen. Denn ich drückte mich noch in „altmodischen" Begriffen aus, die zwar seinerzeit einmal sehr fortschrittlich waren, aber inzwischen – wie viele vermeinten – längst überholt seien.

Im Gegensatz allerdings zu den sich rasant entwickelnden und fast überschlagenden Management-Lehren und Führungsmethoden und -praktiken haben sich jedoch die Menschen, die damit umgehen sollen, kaum oder überhaupt nicht verändert. Sogenanntes autoritäres Verhalten wird von den Führenden heute noch genauso praktiziert wie vor 25 Jahren oder einem halben Jahrhundert. Vielfach wird es heute ein wenig mit dem Balsam freundlicher äußerer Formen getarnt, aber in der Sache – der Vorgehensweise – ist man unbekümmert hart wie eh und je. Manager und Unternehmer sind in dieser

Hinsicht nur selten ernsthaft lernwillig und lernbereit. Denn Menschen, die einmal durch ihre Funktion oder Position einen gewissen Einfluß auf Dinge und Menschen gewonnen haben, neigen nun einmal auch dazu, diese Macht zu gebrauchen – oder auch zu mißbrauchen.

Allerdings konnte ich in den letzten Jahren auch feststellen, daß der Führungsstil, den zu vermitteln ich mich schon seit Beginn meiner Tätigkeit im Führungsbereich bemüht hatte, in zunehmendem Maße durch die gesamte epochale Entwicklung bestätigt wurde. Über den Bereich der Wirtschaft hinaus zeichnet sich, nach meiner Erkenntnis und Überzeugung, in allen Funktionen des Lebens und unserer Welt ein Wandlungsprozeß des Bewußtseins ab, der wahrscheinlich alle bisherigen Veränderungen in der Menschheitsgeschichte in den Schatten stellen wird. Daß diese Wandlung bereits angelaufen ist, spüren viele Menschen in den verschiedensten Bereichen: Frauenbewegung, Friedensaktivitäten, Kreativitätsstreben, Umweltbewußtsein oder Suche nach alternativen Lebensformen mögen nur einige Spitzen des Eisbergs sein, der auf uns zukommt und uns einen Bewußtseins-Wandel bringen kann. Nur gerade Wirtschaft und Politik, eng miteinander verflochten, wehren sich gegen die sich ankündigenden Veränderungen, indem sie deren Signale nicht zur Kenntnis nehmen wollen. Auch hier ist es wiederum das Denken in Machtstrukturen, das solche Abwehrhaltungen bedingt.

Trotz meiner Überzeugung, daß der Menschheit ein „Paradigmen-Wechsel" – wie dies die Fachleute nennen –, also ein völliger Wandel von Grundvoraussetzungen und Denkstrukturen bevorsteht, teile ich nicht die Ansicht derjenigen, die schon wieder mit den Unkenrufen „fünf vor zwölf" kommen und sogar mit der Angst ihr Süppchen kochen, sei dies weltanschaulich-politisch oder geschäftlich. Es wird sicherlich nicht so werden, daß irgendeine Kraft einen Schalter bewegt und dann alles sofort anders ist.

Nein, solche tiefgreifenden Veränderungen kommen nicht von heute auf morgen, sondern brauchen ihre Zeit – vielleicht die von einer oder zwei Generationen. Und daher bleibt uns noch etwas – wenn auch nicht mehr viel – Zeit, uns darauf einzustellen. Auch wenn wir nicht wissen können, was auf uns zukommen wird und wie genau diese Wandlungen aussehen werden, so lassen sich doch Trends erkennen, die die Richtung weisen.

Und zu nichts anderem habe ich dieses Buch geschrieben: um denjenigen, die sich darüber noch keine Gedanken gemacht haben, Anregungen zu einer Öffnung zu geben, auf daß sie mit erweitertem Bewußtsein die Entwicklungen beobachten und die Möglichkeiten wahrnehmen, sich anzupassen. Wer jedoch schon den Zeichen der Zeit sich aufgeschlossen hat und bereit ist um-

zudenken, dem geben manche Empfehlungen die Richtung an, in der die Prozesse sich entfalten werden. Niemand ist im Besitz von Patentrezepten, um Kommendes zu überstehen, aber wer sich öffnet und die richtige Richtung einschlägt, dem werden viele Schwierigkeiten, die mit Sicherheit auftreten werden, erspart sein.

Dies Buch ist mein Lebenswerk – und die Natur der Sache hat bewirkt, daß es in einigen seiner Gedanken recht unkonventionell ist. Niemand aber wird mir unterstellen können, daß diese Gedanken nicht folgerichtig und daher irreal seien. Unter einer Voraussetzung allerdings, für die ich den verehrten Leser um Verständnis bitten muß: Obwohl viele Menschen in der heutigen Informationsflut dazu gelangt sind, diagonal oder gar bruchstückhaft in Ausschnitten zu lesen, sollten Sie dies nicht tun! Denn wie Sie schon aus dem Inhaltsverzeichnis ersehen, ist auch die Gliederung keineswegs eine übliche. Ich habe mir bei dem Aufbau des Ganzen das Besteigen eines Berges vorgestellt, den man mit einzelnen Schritten und dazwischen eingelegten Halten – den Standpunkten – bewältigen will, um zu – im wahren Sinne des Wortes – höheren Bewußtseinsebenen zu gelangen. Und so sollte auch der Inhalt des Buches angegangen werden.

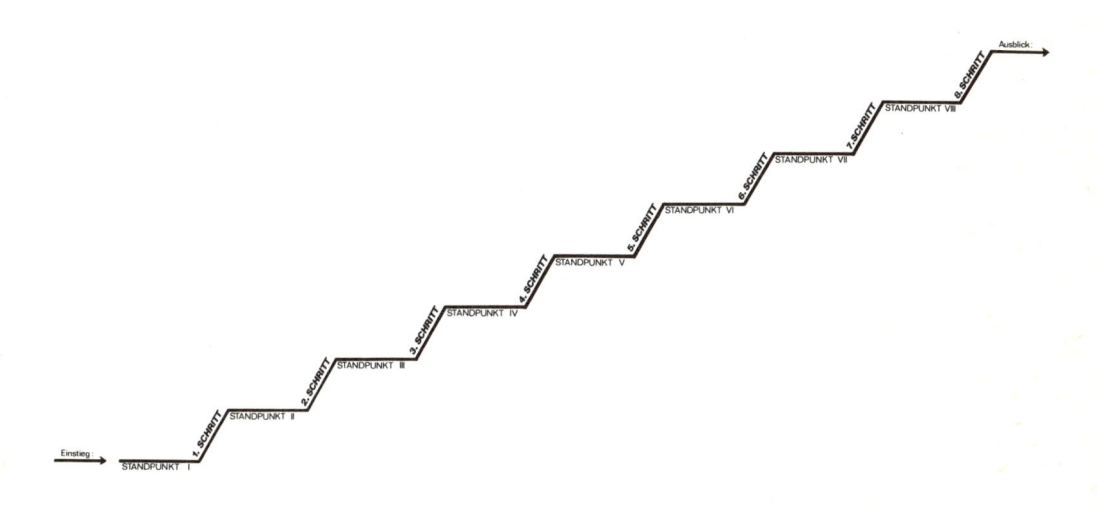

Während des Quellenstudiums und bei den Vorarbeiten haben mir eine große Anzahl von Menschen mit ihren Ideen und Anregungen geholfen, ebenso haben sich viele andere Autoren und Verlage großzügig gezeigt in der Bereitstellung von Material und der Vergabe von Nachdruck-Rechten. Ihnen allen

XIII

sei ebenso herzlich gedankt wie Frau Andrea Bouvier, die bei der graphischen Gestaltung mit großer Geduld alle meine Sonderwünsche erfüllt hat. Als außergewöhnlich glücklichen Umstand muß ich es jedoch vermerken, in der Leitung des Rudolf Haufe Verlages Menschen mit soviel Verständnis für meine manchmal ausgefallenen Vorstellungen gefunden zu haben. Dieses Verständnis und die daraus resultierende angenehme Zusammenarbeit wird sich, so glaube ich fest, für den Verlag positiv auszahlen – nicht in materiellen Werten, sondern als ein Schritt in die richtige Richtung seiner eigenen Unternehmens-Zukunft als geistige Kraft.

Wenn es gelingen könnte, möglichst vielen Menschen, Gruppen und Unternehmen mit diesem Buch Hilfen zu geben, durch die sie eine Sinnfindung des Lebens erhalten und einen Einstieg in eine bessere Zukunft schaffen, dann wäre ich sehr glücklich!

Gerd Ammelburg

*Frankfurt am Main,
zu Ostern 1985*

Meiner Frau Kathi,
die mir durch ihre positive Kritik
viel geholfen hat

Einstieg:
Der epochale Wandel hat bereits begonnen

> *„Nicht als ob man seinem Innern entfliehen oder entfallen oder untreu werden sollte, sondern gerade in ihm und mit ihm und aus ihm soll man wirken lernen, so zwar, daß man seine Innigkeit ausbrechen lasse in die Werktätigkeit und die Werktätigkeit hineinziehe in die Innigkeit, daß man also sich gewöhne, unbeschwert zu wirken. Man soll sein Auge auf dieses inwendige Wirken kehren und von da heraus tätig sein . . .*
> *Will aber das äußere Werk das innere zerstreuen, so folge man dem inneren. Und könnten sie vollends beide in einem geschehen, das wäre das beste, denn so wäre es ein Mitwirken mit Gott."*
> Meister Eckhart

Der amerikanische NASA-Physiker Robert Jastrow schildert in seinem 1978 erschienen Buch „God and the Astronomers" (Lit. 66) die Situation der heutigen Naturwissenschaft sinngemäß etwa so: Die Naturwissenschaftler klettern von allen Seiten einen hohen Berg hinan, und wenn sie an den Rand des Gipfels gelangen und darüber schauen, müssen sie feststellen, daß die Mystiker dort schon seit Jahrtausenden sitzen.

So mag man auch zum Verständnis jenes oben zitierten Wortes des bedeutendsten deutschen Mystikers kommen, der in seiner einfachen Sprache das ausdrückt, was wir in der heutigen Zeit durch Überwindung des kartesianischen Weltbildes erst noch erlernen müssen: die Wiederverzauberung unserer Welt (Gerd Gerken, Lit. 42).

Unsere Prämisse, der epochale Wandel habe bereits begonnen, bedarf der Erläuterung. Die Geschichte der Menschheit ist geprägt von epochalen Einschnitten, Zäsuren, die jeweils durch entscheidende Veränderungen im Denken und Handeln der Menschen neue Zeitalter bewirkt haben. Buddha, Jesus Christus, Christof Columbus mit der Entdeckung Amerikas, Martin Luther, die Französische Revolution oder das Kommunistische Manifest von Karl Marx mögen hier nur als einige Beispiele stehen. Um zu der Behauptung zu kommen, der Menschheit stehe zum Ende des zweiten Jahrtausends unserer Zeitrechnung wiederum ein epochaler Wandel bevor, bedarf es mehr als nur der Feststellung, daß es so nicht mehr weitergehen könne. Eine dazu notwendige Situationsanalyse unseres Lebens auf der Erde birgt allerdings auf den ersten Anblick derart überwiegend Negatives, daß man verzweifeln möchte:

○ *Die pessimistischen Berichte des Club of Rome verkünden das Ende des Wachstums, auch wenn Aurelio Peccei (Lit. 92) noch Chancen für einen Qualitätssprung des Menschen sieht –*

○ *Die Zahl der Weltbevölkerung nähert sich der 6-Milliarden-Grenze; am Problem der Geburtenkontrolle und der Welternährung basteln Politiker wie Wissenschaftler ohne praktikable Ergebnisse herum –*

○ *Die mit der Vermassung entstehende Aggressivität nimmt in einem Ausmaße zu, daß Gewalt, Brutalität, Terror und allgemeine Kriminalität – ja einfach Rücksichtslosigkeit gegenüber dem Mitmenschen zu den selbstverständlichen Begleiterscheinungen des Lebens geworden sind –*

○ *Das absehbare Ende unserer Ressourcen an Lebensmittel und Energien hindert die Menschen nicht daran, ihren Raubbau noch stetig auszuweiten –*

○ *Die Zerstörung der Natur – insbesondere der Lebensgrundlagen Luft und Wasser – schreitet in einem Ausmaße fort, das man nur als selbstmörderisch bezeichnen kann, von der Bedrohung der Tier- und Pflanzenwelt ganz zu schweigen: die ökologische Katastrophe ist bereits angelaufen –*

○ *Die Bedrohung durch die Mächtigen der Welt, die es in der Hand haben, durch einen Knopfdruck ein vielfaches Overkill auszulösen, schwebt wie eine unheilschwangere Gewitterwolke über uns.*

Der epochale Wandel hat bereits begonnen

Jedermann weiß, daß hier keine übersteigerte Schwarzmalerei betrieben wurde, sondern nur Tatsachen festgestellt sind, die in ihren Auswirkungen noch viel fürchterlicher werden könnten, als unsere Phantasie sich dies auszumalen überhaupt imstande ist.

Gegenüber einem solchen Übergewicht an Negativem nehmen sich die positiven Dinge etwa aus wie kleine Inseln in einem riesigen Ozean: Hier und dort einmal eine nachbarliche Hilfe von Mensch zu Mensch – da eine Greenpeace-Aktion für die Robbenbabies – dort ein Pflanzen von Bäumen in Israel Wüste – irgendwo, aber immer wieder eine gute Tat, eine hilfreiche Hand, ein verständnisvolles Wort, irgendein Zeichen, daß die echte Menschlichkeit im Sinne von „humanitas" noch nicht vollends verschwunden ist.

Wie jedoch im Sinne der Ganzheit in jedem Negativen auch Positives steckt, so haben die oben genannten und auch weithin bekannten Gefahren eines bewirkt: Die Menschen sind allenthalben sensibler geworden für ihre Umwelt und ihr Leben. Ein neues Bewußtsein beginnt sich überall zu entwickeln und weist darauf hin, daß eine Wende in unserem Dasein bevorsteht, die wahrscheinlich umfassender und tiefgreifender sein wird als jede vorangegangene der Menschheitsgeschichte.

In den unterschiedlichsten Bereichen und auf den verschiedensten Gebieten unseres Daseins mehren sich die Anzeichen intensiver Veränderungen, die Paradigmenwechsel* verursachen werden. Einiges hiervon sei im folgenden aufgeführt:

O Die sogenannte Wissensexplosion – in Verbindung mit den Techniken der Information – deckt völlig neue Zusammenhänge auf, die interdisziplinär zu Erkenntnissen führen, von denen man noch vor einem Jahrzehnt nicht zu träumen gewagt hätte –

O Im Gesundheitswesen wird die klassische Schulmedizin den psychosomatischen Erkenntnissen von der Ganzheit des

---

* Paradigmen = Grundstrukturen und Gesetzmäßigkeiten, auf denen sich Verhaltensweisen und Normen aufbauen.

Menschen und der unabdingbaren Einheit von Körper, Geist und Seele kompromißlos weichen; natürliches Leben mit gesunder Ernährung wird schon vielerorts bewußt betrieben –

○ In der Psychologie wird man die klassischen Richtungen der Freud'schen Psychoanalyse und des Behaviorismus mit den Erkenntnissen der Humanistischen Psychologie und deren Repräsentanten Abraham Maslow, Eric Berne und Erich Fromm zu überwinden lernen und mit der transpersonalen Psychologie völlig andere Dimensionen gewinnen –

○ Es wird davon gesprochen, daß das 21. Jahrhundert das Jahrhundert der Parapsychologie werden wird; in den Bereichen der Telepathie, der Geistheilung, der Esoterik und vielen anderen kommen Erkenntnisse über die Kraft der Gedanken auf uns zu, die Shakespeares Wort von den Dingen zwischen Himmel und Erde, die mehr seien als unsere Schulweisheit sich träumen lasse, beweisbar bestätigen –

○ Die Astrologie spricht vom epochalen Wandel vom Fische-Zeitalter in das Zeitalter des Wassermanns; die Kabbala und andere okkulte Wissenschaften deuten mit einer sonst nie dagewesenen Übereinstimmung auf eine Zeitenwende hin, die sich im letzten Jahrzehnt unseres Jahrhunderts vollziehen soll –

○ Die Persönlichkeitsentfaltung des Individuums, die noch vor einem Jahrzehnt bei den Hippies und Blumenkindern als der Weisheit letzten Schluß ihre Form im Ego-Trip gefunden zu haben glaubte, macht der neuen Erkenntnis zu einer höherwertigen Form, dem Dienst an der Gemeinschaft, Platz –

○ Im sozialen Verhältnis erkennen wir einen grundlegenden Wandel des Autoritätsverständnisses – weg von der Autorität „ex officio" hin zu jener „ex persona" – der auch einen totalen Wandel des Führungsstiles einschließt –

○ Ebenso zeigt die Frauenbewegung, daß die jahrtausendelang vorherrschende Dominanz des Männlichen abzubröckeln beginnt und sich ein neues Verhältnis der Geschlechter entwickeln wird; aus der Basis des Yin-Yang* entwickelt sich eine Denkeinstellung, die dem Ganzheitlichen der Schöpfung nachspürt –

○ Ökologie- und Friedens-Bewegung sowie die Bestrebungen zum alternativen Leben sind deutliche Zeichen dafür, daß das Bewußtsein der Menschen weltweit geweckt ist für diese Probleme, auch wenn die politischen Begleitumstände dies oft in unterschiedlichem Lichte erscheinen lassen –

○ Im religiösen Bereich sind die Kirchen in Bewegung geraten und haben sich innerhalb ihres Raumes mit widerstreitenden Bestrebungen – sowohl traditionellen wie fortschrittlichen – auseinanderzusetzen –

○ Auch wenn die Naturwissenschaftler bislang vielfach noch geringschätzend auf alles herabblicken, was – in Überbewertung des Logisch-Rationalen – nicht mit ihren Methoden und Systemen erfaßbar ist, so mehren sich doch in vielen Bereichen die Erkenntnisse, daß jenseits alles Quantifizierbaren in unserer Schöpfung Kräfte wirksam sind, die wahrscheinlich auch einmal Newton und Darwin von ihren Podesten stoßen könnten. Und damit regen sich schließlich Zweifel, ob nicht heute bereits das naturwissenschaftliche Denken mancherorts an den Grenzen seiner Möglichkeiten angelangt ist, – ob wir bei einer Ablösung des kartesianischen Weltbildes nicht zukünftig mit völlig anderen Denkvoraussetzungen an unser Dasein herangehen müssen.

Descartes und unser Gehirn

An dieser Stelle seien einige Gedanken eingeflochten, die sich mit diesem „kartesianischen" Weltbild befassen. Die Bezeich-

---

* Yin-Yang = altchinesisches philosophisches Symbol des „großen Uranfangs" zeigt die einander ergänzenden und bedingenden (männlichen und weiblichen) Urkräfte der Schöpfung. Heute noch in der Flagge von Südkorea.

nung ist formuliert nach dem französischen Philosophen und Mathematiker René Descartes (1596–1650), dessen überragender Einfluß lt. Brockhaus Enzyklopädie (Lit. 13) gar nicht überschätzt werden kann. Im wesentlichen sind vor allem Geist und Methoden der Naturwissenschaften von ihm entscheidend bestimmt worden. Seine rationalistische Denkweise gipfelt in dem Satz „Ego cogito, ergo sum" (= ich denke, also bin ich), womit ausgedrückt wird, daß das menschliche Wesen sein Dasein nur seiner Denkfähigkeit zu verdanken hat. Ratio ist alles. Und genau hier hakte der Widerspruch gegen die „kartesianische" Weltanschauung zwar von jeher ein, der sich aber heute – im Zusammenhang mit den zuvor aufgeführten Wandlungsprozessen in allen Bereichen – zur massiven Gegenbewegung entwickelt hat. Viele Naturwissenschaftler wollen dies zwar noch nicht wahrhaben, weil damit die gesamte Basis ihrer Forschungen und Arbeiten in Frage gestellt werden würde. Aber auf die Dauer werden sie sich auf allen Gebieten einer ganzheitlicheren Denkweise und Betrachtung nicht entziehen können.

In einer Diskussion mit einem mir befreundeten Biologen über das Dilemma der Naturwissenschaften wurde mir von diesem der Satz entgegengehalten: „Erst wenn du mir beweist, daß der Apfel, der aufgrund der Schwerkraft vom Baume herunterfällt, wieder nach oben an den Ast zurückschwebt, werde ich Dir Deine Meinung von der Anzweifelbarkeit der Naturgesetze – hier der Schwerkraft – abnehmen." Und als ich ihm entgegnete, daß dies ja gerade ein Beweis für ganzheitliches Denken sei, denn der Apfel zersetze sich am Boden und seine Energien und Kräfte gelangten durch die Zusammenhänge des Kosmos über die Wurzeln wieder in den Baum, da hatte er nur noch eine Erwiderung: „Spinner!"

Deutlicher als an dieser kleinen Episode kann eigentlich der gesamte Gegensatz zwischen kartesianischem Denken und moderner Einstellung zum Kosmos gar nicht mehr demonstriert werden: einerseits die strikte Rationalität, die sich auf Logik, lineare Intelligenz, Analyse, und systematische Anwendung bewiesener Gesetze konzentriert, auf der anderen Seite neuzeitlich-ganzheitliches Erkennen, das auch Unbegreifbares in unser im Kosmos eingebundenes Ich einbezieht.

Der epochale Wandel hat bereits begonnen

Von den vielen Naturwissenschaftlern, die allmählich ihre Zweifel an den alles erklärenden Naturgesetzen und den Schlußfolgerungen der Wissenschaft anmelden, seien hier – neben Albert Einstein (1879–1955), der mit seiner Relativitätstheorie schon den ersten Schritt in diese Richtung tat – nur zwei führende erwähnt. Joachim Illies (1925–1982), der in seinem Buch „Der Jahrhundert-Irrtum" (Lit. 63) – zugegebenermaßen nicht unwidersprochen – eine sehr kritische Würdigung des Darwinismus vornimmt, und der Nobelpreisträger für Chemie 1977, der in Belgien lebende Russe Ilya Prigogine, in dessen Buch „Dialog mit der Natur" (Lit. 95) neue Wege naturwissenschaftlichen Denkens aufgezeigt werden. Dieser bedeutende Forscher scheut sich nicht, Physik und Metaphysik in einem Atemzug zur Erklärung unseres Kosmos zu nennen.

Für uns offensichtlicher mag die Einseitigkeit des kartesianischen Weltbildes noch werden, wenn wir uns der Erkenntnisse der modernen Gehirnforschung bedienen, die allerdings – dies muß eingeräumt werden – trotz spektakulärer Ergebnisse allenthalben noch große Aufgaben zu bewältigen hat. Glauben doch Fachleute, daß gegen Ende unseres Jahrhunderts mehr als die Hälfte aller medizinischen Forschung unserem Gehirn gewidmet sein wird.

Schon seit Platos Zeiten, aber verstärkt in den letzten Jahrhunderten, wurde bei allen Lernvorgängen Gewicht gelegt auf das rational-logische, systematisch-ordnende und methodisch-kategorisierende Denken, dem wir auch unsere Fähigkeiten für Sprache und Rechnen, Folgerichtigkeit, theoretisches Verständnis und Abstraktion zuordnen. Diese Aufgaben und Abläufe werden nach den neuesten Erkenntnissen der Gehirnforschung – Thomas A. Blakeslee (Lit. 12) sowie Richard M. Restak (Lit. 98) u.v.a.m. – in der linken Gehirnhälfte verarbeitet, während die rechte Hemisphäre mehr mit Kreativität, Schöpferischem, Ideenfindung, Musischem, Phantasiebildung und Intuition in Zusammenhang gebracht wird.

Wenn dem so ist, dann sind wir in unserer geistigen Entwicklung jahrhunderte-, wenn nicht gar jahrtausendelang einseitig gerichtet, entwickelt und erzogen werden. Denn zugegebenermaßen haben zwar die Fähigkeiten der rechten Gehirnhemisphäre –

Die beiden Hemisphären des Gehirns

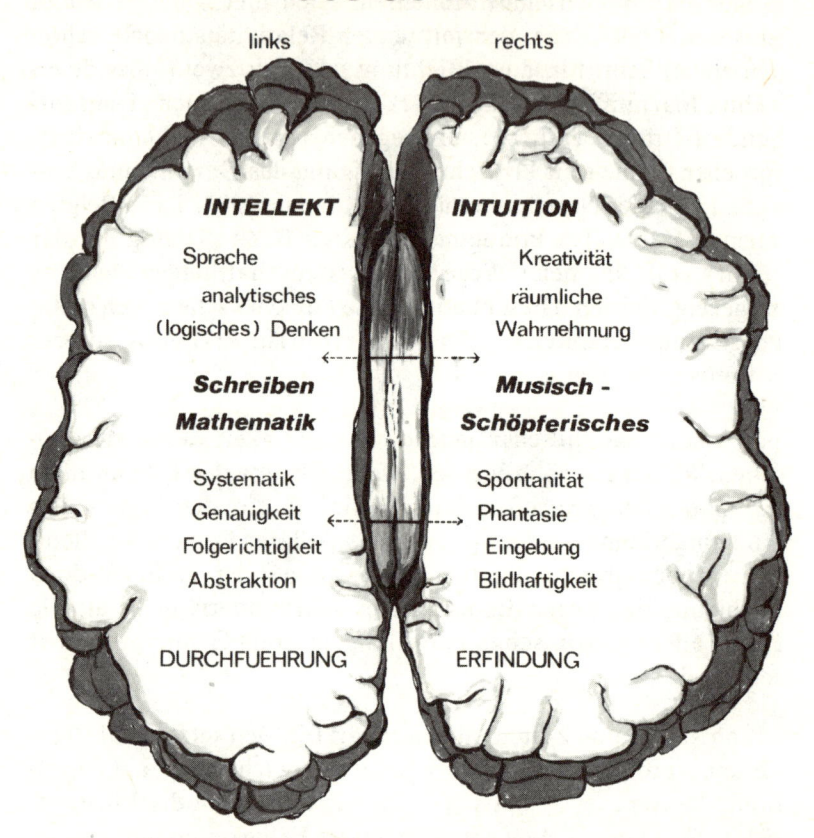

links　　　　　　　　rechts

INTELLEKT　　　　**INTUITION**

Sprache　　　　　　　Kreativität

analytisches　　　　　räumliche
(logisches) Denken　　Wahrnehmung

Schreiben　　　　　**Musisch -**
Mathematik　　　　**Schöpferisches**

Systematik　　　　　　Spontanität
Genauigkeit　　　　　 Phantasie
Folgerichtigkeit　　　　Eingebung
Abstraktion　　　　　　Bildhaftigkeit

DURCHFUEHRUNG　　ERFINDUNG

In dieser Zeichnung ist versucht worden, einmal anzudeuten, wo die einzelnen genannten Begriffe lokalisiert sein könnten. Es muß aber besonders darauf hingewiesen werden, daß im Funktionieren des Gehirns keine direkte Arbeitsteilung stattfindet – etwa so, daß bei dem einen Denkvorgang nur die linke, bei einem anderen nur die rechte Gehirnhälfte tätig würde. Durch den „Balken" (corpus callosum) in der Mitte sind beide Hälften intensiv miteinander verbunden. Wie stark das Zusammenspiel zur Ganzheit ist, wissen wir noch nicht. Auch die nachstehende Zeichnung mag dies noch einmal verdeutlichen.

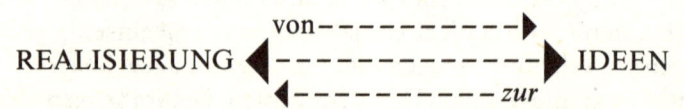

```
                    von ---------->
REALIZIERUNG  <----------------->  IDEEN
                    <---------- zur
```

REALISIERUNG ⟷ IDEEN

vom Schöpferischen bis zur Intuition, die wir pauschal etwa als „Kreativitätspotential" umschreiben könnten – bei allen Denkprozessen mitgewirkt, weil das Gesamtgehirn eine komplexe Einheit bildet. Aber der Schwerpunkt unserer Denkerziehung lag eben doch weit mehr im logisch-rationalen Bereich der linken Gehirnhälfte. Die Dominanz der linken Hemisphäre bestätigt vor allem einer der bekanntesten Gehirnforscher, Nobelpreisträger Sir John C. Eccles in seinem Buch „Das Gehirn des Menschen" (Lit. 27); diese Gegebenheiten diskutiert er dann in einem weiteren Werk „Das Ich und sein Gehirn" (Lit. 94) mit dem Philosophen Karl R. Popper, das die psychisch-philosophischen Auswirkungen zum Gegenstand hat und in der Fachwelt ganz besonderes Aufsehen erregte.

Das Ergebnis ist – kurz gesagt – die Erkenntnis, daß der Mensch lernen muß, beide Gehirnhälften und ihre Fähigkeiten gleichermaßen zu gebrauchen und dann – in deren Zusammenwirken – zu einem ganzheitlichen Verständnis der Dinge und seines Selbst zu gelangen. So kann denn auch Descartes ad absurdum geführt werden mit seiner Behauptung „Ich denke, also bin ich!" Es müßte dann umgekehrt richtig heißen „Ich bin (als ganzes, lebendiges Individuum) – und als solches kann ich auch denken, fühlen und wollen!"

Vera Birkenbihl bringt in ihren Ausführungen in der „Täglichen Betriebspraxis" das sehr gute Beispiel, daß wir mit der durch unsere Erziehung und Entwicklung bedingten Einseitigkeit den Bewohnern eines Phantasielandes LAMRON gleichen, die seit Jahrhunderten nur gelernt haben, auf einem Bein zu hüpfen und das andere völlig verkümmern ließen (Lit. 11). In bezug auf unser Gehirn sind wir alle so entwickelt wie im Lande LAMRON, das – umgekehrt gelesen – NORMAL heißt.

Auch die Wirtschaft wird nicht verschont bleiben!

Es ist nach dem zuvor Dargestellten verständlich, daß der zu erwartende Wandel sich auf ein neues Paradigma bezieht: Das ganzheitliche Bewußtsein, zu dem wir uns entwickeln müssen, wird Ziel der individuellen und gesellschaftlichen Transformation sein. Unter Transformation wird in diesem Zusammenhang der Veränderungsvorgang verstanden, durch den der einzelne hindurchgeht, sei dies mit Hilfe äußerer Einflüsse und/oder durch Arbeit an sich selbst.

Ansatz eines solchen Transformationsvorganges könnte – ein konstruiertes Beispiel – etwa sein, daß ein Mensch, der bislang achtlos hier einen Wurm oder dort eine Blume zertreten hat, sich nunmehr bewußt macht, wie sehr dieses Lebewesen in die Ganzheit unserer Schöpfung eingebunden ist. Und vielleicht fortan nicht mehr gedankenlos eine Spinne zerquetscht, sondern sie zu einem anderen Platz verbringt, wo sie weiterleben kann, ohne das wachsame Auge der Hausfrau zu stören.

Man mag dieses Beispiel als kindisch oder lächerlich bezeichnen, aber es soll nur einmal deutlich machen, in welchen scheinbaren Nebensächlichkeiten schon Ansätze zu einer Transformation liegen können.

So gibt es in allen bisher erwähnten Bereichen – von der Medizin über die sozialen Strukturen bis zur Psychologie oder von den Informationstechniken bis zur Metaphysik eine Unzahl von Ansätzen, in denen heute überall auf der Welt Menschen in allen Ländern und allen Schichten sich mit der Entwicklung eines neuen Bewußtseins auseinandersetzen. Vielfach tun sie dies unbewußt, also nicht aus der Kenntnis der höheren oder epochalen Zusammenhänge heraus, sondern spontan oder intuitiv – dies ändert an der Tatsache jeweils nichts.

Unter dem Titel „Die Weichensteller" schreibt Rita Schwarzer in „bilanz" (Lit. 109) u. a. „Das Bemerkenswerte an dieser Entwicklung ist, daß sich zum ersten Mal in der Geschichte auf vielen Wissensgebieten gleichzeitig die selben Paradigmenwechsel (Denkmusterwechsel) abzuzeichnen scheinen: weg vom eindimensionalen analytischen Modell, hin zu einem holistischen, synthetischen Denken, welches Rationalität und Irrationalität auf einer höheren Bewußtseinsebene neu vereint. Das amerikanische Stanford-Research-Institute untersuchte vor 2 Jahren 13 Disziplinen und kam laut dem Forschungsbeauftragten Peter Schwartz zum Ergebnis, 'daß wir uns inmitten der größten intellektuellen Revolution seit der Renaissance' befinden."

Wenn aber nun, wie wir gesehen haben, auf allen Gebieten des menschlichen Daseins und allerorten sich in ihrer Art Transformationsansätze entwickeln, dann entsteht für denjenigen, der in der Wirtschaft tätig ist, die Frage: Was wird denn unter diesem Wandlungsaspekt mit dem wirtschaftlichen Leben, mit den Unternehmen, mit der beruflichen Tätigkeit schlechthin? Kann sich überhaupt das Weltwirtschaftsgefüge – ja, darf es sich verändern, ohne daß hierbei die Existenz von Millionen von Menschen in Frage gestellt oder gar vernichtet wird? Und inwieweit werden individuelle Transformationen überhaupt noch praktikabel sein, wenn der Mensch weiterhin in sein berufliches Umfeld eingegliedert und in alle Wirtschaftsbezüge als Produzent oder als Verbraucher eingebunden ist? Was ist mit Kapital und Zinsen, was mit multinationalen Unternehmen, was mit Ex- und Importen, Fracht- und Verkehrsverbindungen ...?

Auf diese und viele anderen Fragen muß erwidert werden, daß es noch keine Antworten gibt. Niemand kann sagen, wie und wann die Entwicklung zum Wandel einsetzen und sich auf welche Weise realisieren wird. Aber eines ist gewiß: Von einem allumfassenden Strukturwandel, wie er uns mit Sicherheit bevorsteht, wird das wirtschaftliche Leben nicht verschont bleiben. Wobei die Formulierung „verschont" vielleicht schon deshalb falsch ist, weil sie Gnade oder Schonung vor einer Gefahr einbezieht. Ein Wandel auch im wirtschaftlichen Bereich muß aber keineswegs zwangsläufig etwas Negatives sein.

Zum Erstaunen mancher Politiker hat die hohe Arbeitslosigkeit – abgesehen einmal von ihren negativen Auswirkungen auf den einzelnen und die Volkswirtschaft – zu einer unerwarteten Innovationswelle geführt. Viele Menschen haben sich bestimmter Fertigkeiten besonnen oder Fähigkeiten an sich entdeckt, die weitab von ihrem erlernten Beruf sie zu einer Beschäftigung oder Tätig-

keit geführt haben, an die sie zuvor nie gedacht hätten. Und in diesem Zusammenhang haben sich neue Selbständigkeiten und Unternehmensgründungen ergeben, die zeitweise die Zahl der angemeldeten Konkurse sogar übertroffen haben.

Es wäre nun ausgesprochen töricht, aus solchen Fakten die Schlußfolgerung zu ziehen, daß Pleiten und Arbeitslosigkeit etwas Begrüßenswertes und Förderungswürdiges seien. Aber das Beispiel mag uns wieder einmal bewußt machen, daß im Sinne des Yin-Yang tatsächlich in jedem Negativen etwas Positives steckt und umgekehrt.

Wer im wirtschaftlichen Bereich – gleich an welcher Stelle – tätig ist, dem werden die Signale nicht verborgen bleiben, aus denen zu erkennen ist, daß Wandlungen sich abzeichnen:

O Die klassischen Grundregeln und Gesetzmäßigkeiten der Wirtschaft – sowohl der Volks- als auch der Betriebswirtschaft – führen sich in kapitalistischen wie in sozialistischen Systemen in zunehmendem Maße ad absurdum; die Wirtschaftskrise in vielen Teilen der Welt – und die mit ihr zusammenhängende Arbeitslosigkeit – ist nicht irgendein „Betriebsunfall" oder ein Konjunkturzyklus, wie uns manche Wissenschaftler weismachen wollen, sondern Anzeichen tiefgreifender struktureller Wandlungen –

O Kenner des Finanzwesens wie Peter F. Drucker oder der ehemalige Privatbankier Joh. Phil. Frhr. von Bethmann (Lit. 9) lassen erkennen, daß die Finanzwirtschaft der Welt in absehbarer Zeit grundlegende Veränderungen durchmachen wird –

O Die in den USA Ende der 60er Jahre entstandene „New-Age-Bewegung", die heute bereits rd. 10 Prozent der amerikanischen Wirtschaft ausmachen soll, zeigt – spätestens seit Marilyn Fergusons „sanfter Verschwörung" (Lit. 31) –, daß auch hinsichtlich der unternehmerischen Strukturen und den Beziehungen von Unternehmen zur Gesellschaft völlig neuartige Denkansätze sich entwickeln –

O In der Bundesrepublik mehren sich in den letzten Jahren die Versuche einzelner Unternehmen, hinsichtlich ihrer Struktur, ihres Verhältnisses zu den Mitarbeitern, ihres Marketing und ihrer Produkte mit Experimenten in völlig neue Richtungen vorzustoßen; die Firmen Tetra-Pak (Lit. Nachtrag) mit der Einbeziehung künstlerisch-kreativer Bereiche und Wolfcraft mit dem aufsehenerregenden Wolf-Modell (Lit. 52) zum Mitarbeiterverhältnis sind interessante Beispiele hierfür.

O Auch wenn man nicht unbedingt alle in dem McKinsey-Bericht „Auf der Suche nach Spitzenleistungen" (Lit. 93) dargestellten Grundsätze anerkennen muß, so zeigt doch der Erfolg dieses Bestseller-Buches, wie sehr – sowohl in den USA wie bei uns – Manager und Unternehmer erkennen, daß es mit althergebrachten Führungsmethoden nicht weitergehen kann, und nach neuen Wegen suchen.

Die Herausgeber des Berichtes in deutscher Sprache, die McKinsey-Direktoren Helmut Hagemann und Herbert Henzler, sprechen im Vorwort von einer „Unternehmenskultur", die (aufgrund amerikanischer Erfahrungen) beherrscht sein wird von den „weichen" Grundelementen *Stil der Führung, Spezialkenntnisse, Qualifikation des Stammpersonals* und *Selbstverständnis*. Insgesamt nennen die Verfasser des Buches, Thomas J. Peter und Robert H. Waterman jun. acht Grundtugenden, die sie für den Schlüssel zum Erfolg in einem modernen Unternehmen halten. Hierbei führen sie auch Begriffszusammenhänge auf wie z. B. „sichtbar gelebtes Wertsystem", „Freiraum für Unternehmertum", „Produktivität durch Menschen", „Bindung an das angestammte Geschäft", „einfacher, flexibler Aufbau" oder „straff-lockere Führung". Die Verfasser glauben aufgrund ihrer Untersuchungsergebnisse, daß ein Aufbruch zu einer neuen Management-Theorie Grund zur Hoffnung für die Zukunft geben kann.

Gerd Gerken, profilierter Unternehmensberater für Planungs-, Innovations- und Zukunftsfragen, hat kürzlich seinem exklusiven Informationsdienst „Trend-Radar" (Lit. 74) unter dem Titel „Leading Edge" einen zusätzlichen Dienst angegliedert, weil er der Ansicht ist, daß diese Information aus der New-Age-Bewegung von ganz besonderer Bedeutung für seinen Bezieherkreis der deutschen Politiker und Manager sind. In diesem Zusammenhang erregte Gerken berechtigtes Aufsehen – bedauerlicherweise nur bei einer kleinen Schar von Insidern – mit seinen „Thesen für ein Evolutionäres Management", von denen einige grundlegende Gedanken im folgenden dargestellt seien:

○ *Akzeptieren des Sinns der Krise und Verlassen der Strategie von Reparatur und Konservierung –*

○ *Überwindung des klassischen Industrie-Paradigmas und Übergang vom industriellen Zeitabschnitt zum Abschnitt der Informationsgesellschaft –*

○ *Impulse durch experimentelle und alternative Wirtschaftskonzepte; dabei Umformung des Wachstums-Postulats sowie ökologische Ethik für die Ökonomie –*

○ *Entwicklung eines „anderen Denkens" mit folgenden Dimensionen: Ratio und Intuition werden integriert (Superrationalität) – Autopoiese (Werden-lassen statt Machen) – Durchbrechen der Ziel-Mittel-Logik zugunsten versuchsweiser Konzeption – Abkehr vom Dauer-Kompromiß und somit Sprengen der Pragmatik-Kette – mehr Gewicht für Moral und Werte, die nicht mehr „Privatsache" sein sollen –*

○ *Überwindung von Dychotmien (Gegensätzlichkeiten/Schwarz-Weiß-Denken) zugunsten der Synthese der Ganzheit (Yin-Yang-Modell) –*

○ *praktizierter Optimismus; die Kraft positiven Denkens wird als Aktiv-Faktor bewußt eingesetzt –*

○ *kollektive und künstliche Intelligenz (Computer) werden im Prinzip bejaht –*

○ *Förderung der Tendenz zur Ganzheit: sowohl der Weg nach innen (Meditation) als auch der Weg nach außen (aktives Handeln) – Steigerung von Individuation bei gleichzeitiger Verbesserung der „Wir-Fähigkeit" – Wiederverheiratung des Privaten mit der Arbeit –*

○ *Transformation des Faktors „Macht" – Persönlichkeit in neuer Sicht einer natürlichen Autorität – Rivalitäts-Prinzip weicht dem Streben nach Kooperation.**

Die hier notwendige Straffung der Formulierungen mag die einzelnen Aussagen in apodiktischem Tone erscheinen lassen. Tatsächlich hat Gerken für alle genannten Forderungen ausführliche Begründungen parat. Und man darf ihm als Kenner der Materie unterstellen, kein solch hoffnungsloser Utopist zu sein, um nicht zu wissen, daß viele seiner Vorstellungen weit entfernte Ziele sind, deren Realisierung einen vielfach kaum erreichbaren Idealzustand verlangt. Die Verwirklichung ideeller Ziele kann stets nur auf das optimal Machbare ausgerichtet sein; in diesem Sinne sollen auch die Gedanken der folgenden Schritte zu einem praktikablen Modell verstanden werden. – Im Zusammenhang mit dem modernen Führungsstil werden wir im 1., 6. und 8. Schritt nochmals auf diese Forderungen an das moderne Management zu sprechen kommen.

Zu der Feststellung, daß der Nutzungsgrad des menschlichen Fähigkeits- und Leistungspotentials in der Wirtschaft heute nur etwa 30 bis 40 Prozent betrage, kommt der Schweizer Unternehmensberater Christoph Lauterburg in seinem Buch „Vor dem Ende der Hierarchie", das er ursprünglich lieber – entgegen den Wünschen des Verlages – „Jenseits der Hackordnung" betiteln wollte (Lit. 73). In diesem Werk findet man eine ungeschminkte Darstellung betrieblicher Wirklichkeit in unseren heutigen Unternehmen, die sich beispielsweise in folgenden Formulierungen ausdrückt:

---

* *Anmerkung:* In einer letzten These geht Gerken auf das weibliche Element ein, eine Thematik, die innerhalb unserer Überlegungen einer eigenen Abhandlung bedürfte. Da ich – unabhängig von Beeinflussung durch Emanzipationsbestrebungen – zutiefst davon überzeugt bin, daß Frauen in der Zukunft eine viel bedeutsamere Rolle auch in unserem wirtschaftlichen Leben spielen werden, mag man mir abnehmen, daß in diesem vorliegenden Buch alle Begriffe auch in weiblicher Form zu verstehen sind. Es sollte also jeder Leser Bezeichnungen wie etwa „Chef", „Mitarbeiter" oder „Lagerverwalter" ebenso als „Chefin", „Mitarbeiterin" oder „Lagerverwalterin" lesen und verstehen. Ich habe mir lediglich erspart, in allen Fällen bei den verwendeten Begriffen noch die weibliche Form hinzuzufügen –, sicherlich darf man mir deshalb nicht unterstellen, ich hätte dies aus Ablehnung des weiblichen Elementes getan. (Der Verfasser)

Die Hierarchie ist einer der wichtigsten Auslösefaktoren von Angst und Streß . . .

Vielen Vorgesetzten würde die Existenzgrundlage entzogen, wenn ihre Untergebenen gut miteinander auskommen würden. Dies ist der Grund, weshalb viele Chefs – bewußt oder unbewußt – immer im richtigen Moment das Falsche tun, um eine echte Verständigung unter ihren Mitarbeitern herbeizuführen . . .

Es gibt Manager, die weite Teile des Unternehmens, das sie leiten, noch nie von innen gesehen haben. Der Grund ist der gleiche, der viele Menschen davon abhält, eine Nervenheilanstalt oder ein Altersheim zu besuchen: die Angst vor der beklemmenden Realität . . .

Massen von Menschen werden in unseren Betrieben durch die Arbeitsteilung, durch die Art und Weise der Entscheidungsbildung und durch die Verhaltensweisen der Vorgesetzten systematisch infantilisiert . . .

Insbesondere bei diesem letzten Zitat muß noch betont werden, daß es nicht von einem Manne mit sozialem Tick oder einem utopischen Weltverbesserer stammt, sondern von einem Kenner und Berater von Unternehmensleitungen. Wenn ein so qualifizierter Fachmann dann zu der Formulierung findet „die ‚Institution Chef' hat keine Zukunft", dann sollte dies auch dem letzten Manager zu denken geben.

Mit dem Begriff „Institution Chef" ist sicher nicht der Unternehmer gemeint, sondern der Führungsstil, der im Unternehmen praktiziert wird. Auch Diether Stolze, Mitherausgeber der „Zeit", der 1982 Regierungssprecher war und heute noch die deutsche Bundesregierung berät, hat in seiner interessanten Artikelserie „Die goldenen 90er Jahre" (Lit. 117) festgestellt, daß dem „Jahrzehnt der Aussteiger" das „Jahrzehnt der Unternehmer" folgen werde:

„Der Begriff Unternehmer ist keineswegs nur ökonomisch zu verstehen: Nach langen Jahren des Zögerns und des Zauderns äußert sich allenthalben der Drang nach neuer Aktivität. Nicht nur die Faszination, die der überall einsetzbare Computer ausübt,

macht deutlich, daß die Angst vor dem Fortschritt wieder im Schwinden ist. Eine junge Generation wächst heran, die moderne Technologie begreift, mit ihr kreativ spielen, mit ihr leben will..."

Weiter stellt Stolze fest, daß die Zahl junger Menschen, die ein Risiko eingehen und sich beruflich selbständig machen, sprunghaft zugenommen habe. Er spricht von einem Wandel in den Auffassungen und davon, daß die „Leistungsgesellschaft nicht der Gegenpol zur Solidargemeinschaft ist". Und zitiert in diesem Zusammenhang den Schweizer Professor Emil Küng, der beklagt, die Deutschen seien von einer „Lerngesellschaft" zu einer „Sitzfleischgesellschaft" geworden.

Was kann und was sollte getan werden?

Das im vorigen Abschnitt Dargestellte gibt nur einen kleinen Teil dessen wieder, was in den letzten Jahren in dieser Hinsicht in zunehmendem Maß von Berufenen und auch Unberufenen veröffentlicht wurde. Und schon sind – wie vielfach bei epochalen Entwicklungen – die ganz besonders Schlauen oder Geschäftstüchtigen am Werke, die – um Angst zu machen – überzeichnen und mit Patentrezepten schnell bei der Hand sind. Daher sei hier einmal der Versuch einer nüchternen Analyse der derzeitigen Situation und eines vorsichtigen Blickes in die Zukunft unternommen.

Die simple Feststellung, daß – so wie in allen anderen Bereichen des Lebens – sich die Signale für Veränderungen auch im wirtschaftlichen Bereich abzeichnen, mag manchem zu pauschal erscheinen. Tatsächlich müßte dies Gegenstand einer umfangreichen wissenschaftlichen Untersuchung sein, die den Rahmen dieser unserer Betrachtungen sprengen würde. Es sei daher im folgenden versucht, grundsätzliche Erkenntnisse zu formulieren, deren globale Aussage wohl in jedem Falle durch Hunderte von Beispielen und Fakten belegt werden könnte.

O Die Weltwirtschaftskrise ist zweifellos auch eine Auswirkung des Umstandes, daß sowohl Wissenschaftler wie Praktiker den Umstieg von national-ökonomischen Prinzipien auf Verbundwirtschaften und Freihandel keinswegs in den Griff bekommen –

○ Die sogenannten „Wirtschaftsgipfel" dienen fast ausschließlich der Demonstration jener Hilflosigkeit, die die Politiker insbesondere hinsichtlich der Verschuldung der Nationalwirtschaften erfaßt hat; wenn wirklich einmal Maßnahmen ergriffen werden, so sind sie Reparatur und Konservierung – oder anders ausgedrückt: Flickschusterei –

○ Die Tendenz zu immer größeren Einheiten – Konzernen, Kartellen, Supermärkten – wird durch die vielfach auftretende Erkenntis „small is beautiful" immer öfter durchbrochen –

○ Der sogenannte „Konsumterror" ist beileibe nicht nur ein Schlagwort linker Weltverbesserer, sondern besteht tatsächlich: Es wird vielfach nicht das produziert, was der Verbraucher benötigt, sondern was ihm mit allen Mitteln „angedreht" werden kann –

○ Der erbarmungslose Wettbewerb läßt den Unternehmen oft in der Wahl der Mittel keine anderen Möglichkeiten als solche, die gegen Recht und Moral verstoßen; Menschlichkeit und Ethik geraten dabei hoffnungslos unter die Räder –

○ Parallel dem äußeren Wettbewerb hat sich in den Unternehmen ein mit Raffgier gepaartes Rivalitätsdenken entwickelt, das dem arbeitenden Menschen ein Gutteil seiner Energien kostet, die er für positive Leistungen besser anwenden könnte –

○ Nur wenigen Menschen gelingt es, ihre Macht, die sie beim Aufstieg in eine Führungsposition erhalten, auch richtig anzuwenden und ihre Menschlichkeit dabei zu bewahren –

○ Die Mitarbeiter sind generell heute als Menschen besser und breiter informiert und sich ihres Persönlichkeitswertes mehr bewußt; sie sind nicht mehr bereit, einem Vorgesetzten ohne weiteres etwas von ihm Angeordnetes auch abzunehmen; sie wollen wissen, warum –

- Trotz Computer verstehen es die meisten Führungskräfte nicht, ihren Mitarbeitern die Sinnzusammenhänge ihrer Tätigkeit bewußt zu machen und somit Motivationen zu schaffen, die allein die Grundlagen einer gesunden Leistung sein können –

- Die vielseitigen Attacken gegen das „ausbeuterische und unmenschliche Leistungsprinzip" tragen dazu bei, daß viele Mitarbeiter sich drücken, wo sie nur können; eine Identifizierung mit dem Unternehmen und mit der Arbeit findet nicht mehr statt –

- Die Verteufelung der Unternehmer und der Unternehmen als im Grunde unmoralisch bewirkt eine klassenkämpferische Frontstellung, die ein Miteinander zu gemeinsamen Unternehmenszielen unmöglich macht –

- Die Sozialgesetzgebung und die vielfach überzogene Arbeitnehmerfreundlichkeit der Arbeits- und Sozialgerichte bewirkt bei den Arbeitnehmern in zunehmendem Maße die Einstellung, die Firma sei eine Kuh, die man bis auf den letzten Tropfen Milch ausmelken sollte –

- Betriebsverfassungsgesetz und Praktiken der Gewerkschaften und Betriebsräte bringen viele Unternehmer dazu, zu resignieren, weil sie sich in ihren Entscheidungen und in ihrer Risikobereitschaft eingeschränkt fühlen (hiermit soll keineswegs die Notwendigkeit der Sozialgesetzgebung bzw. des Betriebsverfassungsgesetzes angezweifelt werden) –

- Im Gegensatz zum Mangel an Arbeitskräften in den 70er Jahren hat die jetzige Arbeitslosigkeit viele Führungskräfte wieder in mittelalterliche Führungsmethoden zurückfallen lassen: Regieren mit Angst anstelle des Regierens durch Vertrauen ist vielfach wieder gang und gäbe geworden –

- Die Unsicherheiten in der politischen Entwicklung und damit die Frage der Besteuerung der Unternehmen mindern entscheidend die unternehmerische Initiative allerorten, zumal eine politische und wirtschaftliche Stabilität kaum abzusehen ist –

Der epochale Wandel hat bereits begonnen

○ Der überzogene Machtanspruch der Gewerkschaften, der bislang noch keineswegs in vernünftige Schranken gewiesen werden konnte, bedroht das wirtschaftliche Leben in unzumutbarer Weise; die unheilvolle Wolke der Sozialisierung hängt über der Freiheit der Wirtschaft –

○ Die Aufteilung der Welt in zwei weltanschaulich-politische Blöcke – dem kapitalistischen und dem sozialistischen System – und die daraus resultierenden Spannungen im kalten oder gar heißen Krieg bergen die permanente Krise; auch die Versuche von Synthesen wie in Schweden, der Tschechoslowakei und einigen kleineren Staaten haben nicht annähernd Lösungsmöglichkeiten angeboten.

Diese Situationsschilderung, die in ihrer Lückenhaftigkeit und Unvollkommenheit beileibe nicht annähernd alle Symptome erfaßt, von der unsere Gegenwart im wirtschaftlichen Bereich geprägt ist, zeigt bereits deutlich, wie diffus und komplex zugleich die Problematik ist. Diffus deshalb, weil außerhalb des Wirtschaftlichen noch viele andere Bereiche des Lebens einbezogen werden, die auf den ersten Blick nichts miteinander zu tun haben. Aber hier wird gerade auch die Komplexität offenbar: Die Veränderung, Wandlung, Wende oder Transformation – gleich wie man sie bezeichnen möchte – zeichnet sich als Notwendigkeit derart deutlich ab, daß es verblüffen muß: Sie wird unser gesamtes Dasein erfassen, von dem der wirtschaftliche Bereich integrierter Teil ist. Allerdings wird sie nicht plötzlich wie ein Blitz aus heiterem Himmel kommen.

Wenn wir zu Anfang die Frage gestellt haben, was getan werden kann und sollte, so ist sie eigentlich pauschal sehr einfach zu beantworten: Wir sollten uns auf diese epochalen Veränderungen in der menschlichen Gesellschaft einstellen und ihnen aufgeschlossen entgegengehen. Dies ist für jeden einzelnen sicherlich besser als abzuwarten, daß ihn der Wandel zu irgendeinem Zeitpunkt erfassen wird. Denn eines ist sicher: Zeitraum und Umfang dieser Transformation sind nicht im entferntesten abzusehen; wir können jedoch voraussetzen, daß diese Wende bereits angelaufen ist und stetig fortschreitet – auf allen Gebieten.

Führungsstil ist mehr als nur eine Technik

Man mag auf dem Standpunkt stehen, wir hätten es uns in unseren Überlegungen zu leicht gemacht, wenn wir nur pauschal empfehlen, sich aufzuschließen gegenüber dem Neuen, auf uns Zukommenden. Das Gegenteil ist richtig: Der gesellschaftlichen Transformation, die unvermeidlich und unabdingbar sich entwickeln wird, muß die persönliche Transformation vorausgehen. Darin sind sich alle Autoren ausnahmslos einig: Die Umstellung des Denkens zu einer ganzheitlichen Schau unseres Lebens im Kosmos muß beim einzelnen ihren Ausgang nehmen; sie kann nicht von Politikern, Geistlichen, Philosophen, Gurus oder Führern von oben herab befohlen, bestimmt, ja nicht einmal initiiert werden. Insofern ist höchstes Mißtrauen gegenüber all jenen Machern am Platz, die von sich behaupten, sie alleine hätten das Patentrezept erfunden und könnten die richtige Richtung weisen.

Um eine Vorstellung davon zu bekommen, wie sich die notwendige Aufgeschlossenheit dokumentieren könnte, mag eine Zusammenstellung aus dem jüngsten Buch des amerikanischen Psychologen Carl Rogers („Der neue Mensch", Lit. 100) dienen, die folgende Postulate enthält:

- *Diese Menschen sind offen für die Welt – die innere wie die äußere.*

- *Sie schätzen die Kommunikation als Mittel, die Dinge so darzustellen, wie sie sind, und lehnen Heuchelei, Betrug und Doppelzüngigkeit ab.*

- *Diese Menschen haben ein tiefes Mißtrauen gegenüber unserer heutigen Wissenschaft und Technologie.*

- *Sie leben nicht gern in einer segmentierten Welt. Sie streben vielmehr nach ganzheitlichem Leben.*

- *Sie sind sich der Tatsache gewahr, daß die einzige Gewißheit im Leben die Veränderung ist – daß sie sich ständig in einem Prozeß befinden.*

- *Sie nehmen am Anderen Anteil und sind überaus hilfsbereit, wo echte Not herrscht. Den professionellen „Helfern" mißtrauen sie.*

- *Sie empfinden eine unmittelbare Verbundenheit mit der elementaren Natur und sind bereit, sie zu schützen.*

- *Sie haben eine Abneigung gegenüber überstrukturierten, unflexiblen, bürokratischen Institutionen.*

- *Diese Menschen haben Zutrauen zu ihren eigenen Erfahrungen und empfinden ein tiefes Mißtrauen gegenüber äußeren Autoritäten.*

- *Sie sind zutiefst gleichgültig gegenüber materiellen Anreizen und Belohnungen. Sie können im Überfluß leben, aber er ist in keiner Weise notwendig.*

- *Diese Menschen von morgen sind Suchende. Sie möchten einen Sinn und ein Ziel finden, die größer sind als das Individuum. Ihre Helden sind sprituelle Menschen – Mahatma Gandhi, Martin Luther King, Teilhard de Chardin.*

„Ich bin mir bewußt", schränkt Rogers ein, „daß nur wenige einzelne diese Merkmale besitzen, und ich weiß, daß ich nur eine kleine Minderheit beschreibe."

Wir haben diese Darstellung von Carl Rogers, die als zunehmend prägnantes Phänomen von vielen Wissenschaftlern der westlichen Industriestaaten bestätigt wird, deshalb so ausführlich zitiert, um die Richtung der Entwicklung deutlich zu machen. Wahrscheinlich wird kaum jemand, der bei uns in einer Führungsverantwortung in der Wirtschaft steht, versuchen, sich als ein solch „neuer Mensch" zu realisieren. Dies wäre zum gegenwärtigen Zeitpunkt und in der jetzigen Entwicklungsphase unsinnig und überhaupt nicht machbar –, es sei denn in Form des „Aussteigens". Machbar allerdings ist es heute, die Entwicklung intensiv zu beobachten und dort, wo es möglich ist, an ihr teilzunehmen –, nicht nur Zuschauer zu sein, sondern sich aktiv an ihr zu beteiligen.

Vielleicht sollten wir zukünftig von diesem „neuen Menschen" als dem „homo integrans" sprechen, dem Menschen, der sich wieder in die Schöpfung einfügt und als Glied derselben verstehen will. Integration kann man in unserer Zeit beinahe schon als eine machtvolle Gegenbewegung erleben, die sich gegen die zunehmende Differenzierung und Spezialisierung auf allen Gebieten entwickelt. Das vom Lateinischen entwickelte „Integrieren" bedeutet so viel wie etwas zu einem Ganzen bringen, auch erneuern oder vervollständigen; in diesem Sinne wird es außer in der Mathematik auch in der Biologie, der Soziologie, der Staatslehre und der Politik (integriertes Europa), in der Völkerkunde, der Wirtschaft und nicht zuletzt auch in der Psychologie in den letzten Jahrzehnten zunehmend gebraucht.

Was spräche also dagegen, wenn wir nach dem „homo sapiens" – dem von dem schwedischen Arzt und Naturforscher Carl von Linné im 18. Jahrhundert so bezeichneten „wissenden" Menschen – über den im 19. Jahrhundert u. a. auch von Karl Marx verwendeten Begriff des „homo faber" – des werktätigen und durch den Gebrauch der Technik von der Natur und von seinen Instinkten entfernten Menschen – nun zum „homo integrans" gelangen? Auf dem Wege ins 3. Jahrtausend wird der Mensch erkennen müssen und können, daß er sich durch seinen Machtmißbrauch nicht die Erde unteran zu machen in der Lage sein wird, ohne sie und sich zu zerstören. Nur eine Integration – ein demütiges Wiedereinfügen in die Schöpfung des so zu nennenden „homo integrans" wird der Menschheit ein sinnerfüllendes Überleben bringen können.

Jeder von uns hat wohl täglich Gelegenheit, irgendwie einen Schritt in die als richtig anerkannte Richtung zu tun, wenn er es mit seiner persönlichen Aufgeschlossenheit zur Transformation ernst meint. Dazu bedarf es allerdings einer intensiven Arbeit an sich selbst –, es bedarf der Fähigkeit und der Bereitschaft des einzelnen, zu lernen. Und gerade bei Führungskräften ist die Lernbereitschaft ein Problem besonderer Art, das im folgenden einmal unter die Lupe genommen werden soll.

Manager müssen lernen zu lernen

Über die Notwendigkeit dessen, daß ein Mensch sein Leben lang lernen muß, ist durch die alte chinesische Weisheit genügend ausgesagt, die da lautet „Lernen ist wie Rudern gegen den Strom, wenn man aufhört damit, treibt es einen zurück". Und trotzdem: Wieviele Menschen glauben zu einem gewissen Zeitpunkt oder nach Erreichen einer bestimmten Position oder Entwicklungsstufe, es nicht mehr nötig zu haben, noch etwas hinzuzulernen! Dies ist zwar ein Armutszeugnis, das man dem einen oder anderen in seiner persönlichen Schwäche zugestehen kann; für einen Menschen jedoch, der sich selbst gegenüber und vor anderen und für andere Verantwortung trägt, schlechthin unmöglich.

Als ich vor Jahren einmal in einem Kolloquium mit Direktoren einer österreichischen Bank sprach und meine Meinung zum Problem des Lernens für Führungskräfte äußerte, antwortete mir ein Vorstandsmitglied: „Sie können erzählen, was Sie wollen. Ich bin nun 55 Jahre alt und habe mein Leben lang gelernt. Jetzt ist Schluß damit: Ich mag nicht mehr und habe es auch nicht mehr nötig. Ich weiß, daß ich etwas kann und als hervorragender Fachmann gelte; wer will sich anmaßen, mir noch etwas beibringen zu wollen?"

Über soviel Arroganz und Mangel an Persönlichkeit könnte man hinweggehen, wenn diese Einstellung nicht bei vielen Führungskräften vorhanden wäre, auch wenn sie meist nicht so offen und ungeschminkt geäußert wird. Warum dies so ist, wollen wir untersuchen.

Aus den Informationswissenschaften kennen wir folgende Definitionen:

○ Information ist eine Nachricht, die zu einer Bewußtseinsveränderung führt –

○ Motivation ist eine Information, die zu einer Antriebs- oder Richtungsänderung führt –

○ Lernen besteht aus Information + Motivation, wodurch eine Verhaltensänderung herbeigeführt wird.

Und hier genau setzt vielfach das Fehlverhalten der Menschen ein, die glauben, es sei beim Lernen damit getan, daß sie Informationen – einen Lerninhalt – kognitiv* erfaßt haben. Denn sie ha-

---

* kognitiv = denkgemäß, den Erkenntnisinhalt betreffend.

ben den Lehrstoff dann lediglich verstandesgemäß begriffen –, zur Vollendung des Lernprozesses gehört jedoch nun noch, sich auch im zukünftigen Verhalten an dem Lerninhalt zu orientieren, d. h. motiviert zu sein, das Gelernte zu praktizieren.

Weshalb Führungskräfte in der Wirtschaft dies vielfach gerade nicht tun, hängt mit einem falschen Selbstverständnis zusammen. Zum einen würden sie sich selbst verunsichern, wenn sie sich zugestehen würden, noch nötig zu haben, etwas hinzuzulernen und damit eine Verhaltensänderung zu praktizieren. Zum zweiten ist dies mit der gewissen menschlichen Trägheit zu begründen, die vor Neuerungen, die mit Anstrengungen und Aufwendungen verbunden sind, zurückschreckt. Und schließlich will doch kaum ein Vorgesetzter gegenüber seinen Untergebenen erkennbar machen, daß er umlernen mußte. Denn er glaubt, dadurch in seinem Ansehen, seinem Image und in seiner Autorität sich eine Blöße zu geben.

Jürgen Geissler, Diplompsychologe und Personal- und Unternehmensberater, faßt seine Erkenntnisse über die Lernbereitschaft von Managern – insbesondere der höheren Ebenen – in folgenden Feststellungen (Lit. 40) zusammen, die hier auszugsweise zitiert seien:

„... Für den Manager steht zuviel auf dem Spiel, als daß er es sich leisten könnte, für die eigene Person noch etwas hinzuzulernen ... – Wenn ein Manager einer neuen Einsicht folgt und ... etwas bisher Ungewohntes für sich übernimmt, ist ... dies ein Akt teilweiser Selbstaufgabe ..., das löst natürlich Angstgefühle aus. Das gilt besonders für ... soziales Lernen ... Veränderungen des persönlichen Kommunikationsstils. Der Preis ist ... eine vorübergehende Selbstverunsicherung. – Selbstunsicherheit wird subjektiv verdrängt – da im Selbstverständnis des Managers für Unsicherheit wenig Platz ist ... – Selbstverständnis als kompetenter und entscheidungssicherer Vormacher. Topleute handeln durchaus verständlich, wenn sie Lernerfahrungen über ihren eigenen Führungsstil aus dem Wege gehen. – Nichts ist für die persönliche Weiterentwicklung so gefährlich wie der eigene Erfolg ... er schränkt die Lernfähigkeit ein ... er (der Erfolgreiche) greift im Zweifelsfalle immer auf das zurück, was in der Vergangenheit sich für ihn bewährt hat ... (dies sind vielfach)

> *die Wurzeln für das Scheitern von Humanisierungsmaßnahmen...*"

Es dürfte wohl in der gesamten Trainingsszene in der Bundesrepublik nicht einen Dozenten geben, der das hier von Geissler Dargestellte nicht 100prozentig unterschreiben könnte. Er trifft den Nagel auf den Kopf, vor allem mit dem Schlußsatz seiner Ausführungen: *„Einsamkeit ist meist selbstgemacht. Gegen die emotionale Austrocknung und gegen ein nur mehr rollenhaftes Funktionärsdasein kann jeder Manager etwas unternehmen!"*

August Sahm, vor seiner Pensionierung verantwortlich für die Fortbildung bei Messerschmidt-Bölkow-Blohm (MBB) und einer der angesehensten Fachleute auf diesem Gebiet, hat es so formuliert: „Zentrale Aufgabe des Personalwesens ist die Entwicklung von Kenntnissen und Fähigkeiten... Die Qualifikation der Mitarbeiter kann zur Überlebensfrage für das Unternehmen werden..." (Lit. 102)

Bevor wir uns in den nun folgenden Schritten damit befassen, wann, wie und wo Führungskräfte etwas unternehmen können, um zukünftigen Veränderungen nicht überrascht und ratlos gegenübertreten zu müssen, seien noch einmal die bisher gewonnenen Erkenntnisse zusammengefaßt und folgerichtig geordnet:

○ Alle Anzeichen deuten darauf hin, daß sich in den Jahrzehnten um die Jahrtausendwende ein epochaler Wandel in der Menschheitsgeschichte vollziehen wird.

○ Diese Transformation der menschlichen Gesellschaft wird ihre Grundlage haben in einem veränderten Denken; in Überwindung des kartesianischen Weltbildes werden die Menschen ihr Kreativpotential besser zu nutzen verstehen und zu einem ganzheitlichen Bewußtsein gelangen.

○ Dies wird zu einem neuen Selbstverständnis des Menschen als Teil der Schöpfung führen. Die persönliche Transformation des Individuums zu einem neuen Bewußtsein wird der gesellschaftlichen Transformation vorangehen. (Homo integrans)

Der epochale Wandel hat bereits begonnen

○ Da die bevorstehenden Veränderungen alle Bereiche des menschlichen Lebens erfassen, wird auch die Wirtschaft mit ihren Strukturen davon nicht ausgenommen sein.

○ Dies gilt sowohl für Volkswirtschaften wie auch im betriebswirtschaftlichen Bereich; Unternehmen werden sich zu völlig neuen Organisations- und Kommunikationsformen entwickeln; hierarchisch-patriarchalische Strukturen verschwinden gänzlich.

○ Auch wenn weder Zeitabläufe noch endgültige Strukturen heute schon abzusehen sind, werden nur diejenigen Führungskräfte in und mit den Unternehmen überleben, die sich frühzeitig den neuen Entwicklungen gegenüber öffnen und bereit sind, in einer persönlichen Transformation zu lernen.

○ Es kann keine Patentrezepte für zukünftige Lösungen geben, weil niemand weiß, wie sich alles entwickeln wird. Das im folgenden entwickelte Modell kann daher nur als Übergang, als Einstieg oder Schritt in die zu erwartende Richtung betrachtet und auch praktiziert werden.

Standpunkt I

Freiheit ist Leben – gibt es ein Leben in Freiheit?

> Aus der Welt die Freiheit verschwunden ist,
> man sieht nur Herren und Knechte,
> Die Falschheit herrscht, die Hinterlist,
> bei dem feigen Menschengeschlechte.
> Schiller

Welch beklemmende Aktualität spricht aus diesen Zeilen des großen Dichters, die er vor knapp zweihundert Jahren die Reitersleute in „Wallensteins Lager" bei der Uraufführung in Weimar singen ließ, daß es das Publikum von den Sitzen riß! Aber das könnte zu allen Zeiten so gewesen sein, denn wann in der Geschichte der Menschheit haben nicht irgendwo Menschen in Angst vor anderen Menschen und in Unfreiheit unter den Mächtigen gelebt?

Daß ich für die Standpunkte, die diesem Buch die gedanklichen Plattformen geben sollen, als erstes Thema die „Freiheit" wählte, kommt nicht von ungefähr. Stets wird man sich für das besonders einsetzen, dessen Mangel man am eigenen Leib zu verspüren bekommen hat. Ich zähle mich zwar nicht zu jenen, die schon immer „dagegen" waren, sondern bekenne offen, daß ich mit den Pimpfen im Jungvolk der Hitlerjugend lauthals die Baumann'sche Weise „Nur der Freiheit gehört unser Leben . . ." mitgesungen habe.

Aber was wußten wir damals um die Freiheit – sie war uns ein abstrakter Begriff, auch wenn wir als Gymnasiasten dann noch den Rütlischwur rezitierten: „Wir wollen frei sein, wie die Väter waren; eher den Tod als in der Knechtschaft leben!" Und diesen Tod haben dann auch viele meiner Generation erlitten – viele in dem ehrlichen Glauben, dem Vaterlande zu dienen. Aber was bedeuten diese Dinge heute noch – in einer Zeit, in der man schon, wenn man nur das Wort „deutsches Vaterland" gebraucht, Gefahr läuft, als Rechtsextremist verteufelt zu werden?

Es bedarf Jahrzehnte des Reifens und des Alterns, um endlich – vielleicht mit den ersten Ansätzen von Weisheit – zu erkennen, welch unschätzbares Gut die Freiheit des Menschen ist. Und daß es den Kampf für freiheitliches Leben seit Beginn der Menschheitsgeschichte stets gegeben hat, weil sie auch gleichzeitig eine Geschichte unablässiger Bestrebungen von Menschen war und ist, andere zu beherrschen und zu unterdrücken. Die Darwinschen Gesetze von der Erhaltung der Art und der Auslese

Standpunkt I

scheinen dies zu bestätigen. Der im Kampf ums Dasein Unterlegene wird gefressen, vernichtet – dies war bislang biologisches Naturgesetz.

Es gibt sicherlich nur wenige Begriffe, deretwegen soviel Druckerschwärze verbraucht worden ist, wie den der Freiheit. Tausende von Berufenen und Unberufenen haben zu allen Zeiten und in allen Ländern sich bemüssigt gefühlt, mehr oder weniger Tiefgründiges über die Freiheit zu sagen. Goethe schreibt in seinen venezianischen Epigrammen:

> Alle Freiheitsapostel, sie waren mir immer zuwider. Willkür suchte doch nur jeder am Ende für sich. Willst du viele befrein, so wag es, vielen zu dienen!

Und tatsächlich ist es so: man kann zu jeder Meinung jeglicher Richtung Zitate finden – von Thomas Mann „Die Freiheit ist immer noch das Licht und die Seele des Abendlandes" über Albert Camus „Die Freiheit ist Sache der Unterdrückten" bis zu Jean-Paul Sartre „Der Mensch ist ‚zur Freiheit verurteilt'" und zu Karl Jaspers „Alle Freiheit liegt im einzelnen Menschen".

Arthur Koestler hat formuliert: „Freiheit ist wie die Luft – wenn man sie hat, ist es nichts Besonderes, aber wenn sie fehlt, kann man nicht leben." Und von einem Unbekannten stammt die Feststellung: „Solange man noch sagen kann ‚Das ist das Schlimmste', ist das noch nicht das Schlimmste."

Die Blütenlese der sich ergänzenden oder widersprechenden Meinungen könnte noch sehr viel weiter ausgedehnt werden, aber zwei Zitate sollten hierbei uns noch zu denken geben. Das eine von Max Frisch lautet: „Wenn wir nicht von Freiheit reden, dann nur, weil die Regierungen selbst so viel davon reden." Und das andere, mit gewohntem Sarkasmus, von Kurt Tucholsky: „Kaufen, was einem die Kartelle vorwerfen; lesen, was einem die Zensoren erlauben; glauben, was einem Kirche und Partei gebieten. Beinkleider werden zur Zeit mittelweit getragen, Freiheit gar nicht." Geschrieben um 1930!

So weit so gut – überall wurde und wird Freiheit gefordert – mit mehr oder weniger Berechtigung gegen vermeintliche oder wirkliche Unfreiheit demonstriert, gekämpft, terrorisiert und plakatiert. Dabei schrecken die Freiheitsapostel, wie Goethe sie bezeichnet, auch nicht vor Verdrehungen und Pervertierungen zurück, wenn es um ihren eigenen Machtan-

Standpunkt I

spruch geht: die IG-Metall verbreitete in ihrem Arbeitskampf um die 35-Stunden-Woche im Sommer 1984 doch tatsächlich Plakate mit der Aufschrift „Streik ist Notwehr – Aussperrung ist Terror!" Mit welcher Hinterhältigkeit hier Ursache und Wirkung umgekehrt werden, ist ein Lehrstück von Demagogie. Und so meint es auch Max Frisch, wenn er die Regierungen nennt, die so viel von Freiheit reden.

Vor mir hielt kürzlich ein Auto mit dem Aufkleber „Wenn du dich nicht bewegst, dann spürst du auch deine Ketten nicht!" Ich frug den jungen Mann, der aus dem Auto ausstieg, wo er denn hier in unserem Lande Ketten spüre und ob er mir – vielleicht ausgenommen den USA – ein Land nennen könne, in dem es so viel Freiheiten gebe wie bei uns. Er meinte – nicht ohne Verlegenheit – der Aufkleber richte sich gegen die Startbahn West des Frankfurter Flughafens. Da brach ich das Gespräch ab.

In die gleiche Richtung gehen die Sprüh-Inschriften „Bullenstaat" oder „Bundesrepublik = KZ". Und der wegen Sachbeschädigung in der freien Schweiz rechtskräftig verurteilte „Sprayer von Zürich" bekommt in der Bundesrepublik einen Auftrag für Gastvorlesungen an einer Fachhochschule, dummerweise über „Kunst" vor Ingenieurstudenten.

Es fällt mir schwer, anhand solch alltäglichen Mißbrauchs der Freiheit nicht polemisch zu werden. Aber dieser Mißbrauch rührt daher, daß die Menschen heute – sich vielfach aufgeklärter wähnend – wohl vermeinen, ihre Rechte zu kennen, aber von irgendwelchen Pflichten gegenüber der Gemeinschaft nichts wissen wollen. Hier liegt die Crux des Freiheitsverständnisses für viele Menschen unserer Zeit. Und solange hier nicht bei dem Einzelnen eine persönliche Transformation einsetzt, durch die er sich als „homo integrans" wieder zugehörig zur Gemeinschaft und zur Schöpfung empfindet, werden wir auch noch lange mit diesen Problemen zu tun haben.

Hermann Hesse (1877–1962) hat sich in seinem Zukunftsroman „Das Glasperlenspiel" (Lit. 61) aus der Sicht eines späteren Jahrhunderts über unsere derzeitige, zu Ende gehende Epoche, die er die feuilletonistische nennt, in einer Weise geäußert, die hier zitiert sein soll: „... Die Entwicklung des geistigen Lebens in Europa scheint vom Ausgang des Mittelalters an zwei Tendenzen gehabt zu haben: die Befreiung des Denkens und Glaubens von jeglicher autoritativen Beeinflussung, also den Kampf des sich souverän und mündig fühlenden Verstandes gegen die Herrschaft der Römischen Kirche und – andererseits – das heimliche, aber lei-

Standpunkt I

denschaftliche Suchen nach einer Legitimierung dieser seiner Freiheit, nach einer neuen, aus ihm selbst kommenden, ihm adäquaten Autorität ...

So geschahen denn auch jene Kämpfe um die ‚Freiheit' des Geistes und haben in eben jener späten feuilletonistischen Epoche (gemeint ist unser 20. Jahrhundert – d. Verf.) dazu geführt, daß in der Tat der Geist eine unerhörte und ihm selbst nicht mehr erträgliche Freiheit genoß, indem er die kirchliche Bevormundung vollkommen, die staatliche teilweise überwunden, ein echtes, von ihm selbst formuliertes und respektiertes Gesetz, eine echte neue Autorität und Legitimität aber noch immer nicht gefunden hatte. Die Beispiele von Entwürdigung, Käuflichkeit, Selbstaufgabe des Geistes aus jener Zeit ... sind zum Teil denn auch wirklich erstaunlich."

Man halte mich nicht für einen utopischen Spinner, der Unmögliches mit irrealem Idealismus verfolgt. Aber ich glaube an das Gute im Menschen und daran, daß es – wenn es nur geweckt und gefördert wird – sich auch als ein Regulativ in unserer Schöpfung durchsetzen wird. Freiheit in ihren Grenzen der Verantwortung gegenüber dem Mitmenschen ist keine Utopie, sondern ein Ziel, das anzusteuern sich lohnen wird. Führungskräfte könnten im Sinne des Goethewortes in ihrem Einflußbereich damit beginnen, „zu wagen, vielen zu dienen"! Wenn auch nur in kleinen Schritten, aber es wird machbar sein, davon bin ich überzeugt!

1. Schritt:
Führungsstil ist mehr als nur eine Technik

Die Bedingungen des Lebens sind nicht das Leben selber. Das Leben kann versinken in das Wirtschaftliche, wenn dieses als das Absolute gilt. Dann wird die Freiheit des Menschen verloren, sowohl unter der totalen Herrschaft in der zentralen Planung wie unter der politischen Freiheit in dem Betrieb, der sich faktisch dem totalitären nähert.
Karl Jaspers

Die Zahl der Veröffentlichungen über Führung ist Legion – von Clausewitz bis Henry Ford und von Lenin bis Peter F. Drucker haben es sich unzählige Männer – und merkwürdigerweise nur wenige Frauen – angelegen sein lassen, sich über Führung zu äußern. Das Spektrum, in dem sich Praktiker wie Theoretiker bewegen, reicht vom Militärischen über Politik, Wirtschaft, Wissenschaft und Sport bis zum Erziehungsbereich und gar zur Kultur; auf allen Gebieten des Lebens, wo Menschen auf andere Einfluß nehmen, setzt man sich mit dem Begriff der Führung auseinander. Wenn wir uns im folgenden mit der Wirtschaft und insbesondere mit der Führung von Unternehmen und der Führung im Unternehmen befassen, so bedeutet dies nicht, daß die erarbeiteten Erkenntnisse nicht auch etwa in der Politik ihre Anwendung finden könnten. Beispielsweise hat Hans Detlef Werner von Insead/Fontainebleau die Parallelitäten zwischen dem Stil der französischen und amerikanischen Präsidialdemokratie und den Führungsspitzen von Großkonzernen untersucht und interessanten Übereinstimmungen dargelegt (Lit. 129). **Führung in der Wirtschaft**

Wir werden bei allen Überlegungen zur Unternehmensführung der Zukunft von zwei grundsätzlichen Erkenntnissen ausgehen, die unseren Darstellungen die Richtung weisen, weil sie für bereits erkannte Trends eines Wandels unabdingbar sein werden:

1. Der Mensch wird im Mittelpunkt stehen; denn nicht der Mensch ist für das Unternehmen da, sondern das Unternehmen muß für den Menschen geschaffen sein. **Mensch im Mittelpunkt**

Unternehmen als Organismus

2. Das Unternehmen muß als lebendiger Organismus betrachtet und behandelt werden und nicht als eine tote Institution.

In den Schritten 6 und 7 werden wir dann zu einem Unternehmensmodell gelangen, das nicht nur diesen beiden Erkenntnissen gerecht wird, sondern auch eine praktische Führungshilfe für den Einstieg in ein neues Bewußtsein bieten kann.

1.1 Unternehmen ist praktizierte Freiheit in Verantwortung

Die Wirtschaftsgesetze, nach denen unsere Gesellschaft heute rotiert, wurden geschaffen, um der Tüchtigkeit einer Minderheit möglichst großen Spielraum zu lassen.   Martin Walser

Jeder kann Unternehmer sein

Wenn wir davon ausgehen, daß die Freiheit des Handelns – innerhalb gewisser, durch die Moral und die Gesellschaft gesetzter Grenzen – das oberste Prinzip ist, welches unser Leben bestimmt, dann ist daraus auch zu erklären, daß jedermann das Recht hat, sich im wirtschaftlich-beruflichen Bereich so zu betätigen, wie es ihm die Gesetze gestatten und wie es ihn befriedigen kann. Wenn man den Begriff des „Unternehmens" unter diesem Aspekt betrachtet, so ist jeder Mitbürger in unserer freiheitlichen Wirtschaftsordnung berechtigt, selbständig ein Unternehmen zu beginnen. Und wenn er dies nur tut, indem er nach entspechendem Einkauf an der nächsten Straßenecke Schnürsenkel wieder verkauft, so erfüllt er die Kriterien eines – wenn auch nur Einmann – Unternehmens. Er beschafft etwas, das er – unter Einrechnung des unternehmerischen Risikos – mit einem von ihm erwünschten, geplanten Gewinn wieder verkauft. Die Grenzen dieser Freiheit, etwas zu unternehmen, sind durch Vereinbarungen der Gesellschaft, in der, mit der und durch die er lebt, gegeben. Das heißt, daß ihm dort Schranken seiner unternehmerischen Tätigkeit gesetzt sind, wo er andere in ihren Rechten und Freiheiten behindert, stört oder schädigt; dies wird durch das kluge, aber leider ungenaue Wort „die Freiheit eines Menschen endet dort, wo die Freiheit des anderen beginnt" umschrieben.

Führungsstil ist mehr als nur eine Technik

Wir erleben in unserer Zeit vielfach, daß die Menschen zwar sehr wohl ihre Freiheiten und Rechte kennen, jedoch die damit verbundenen Pflichten nicht wahrhaben wollen. Aber nur in diesem Wechselspiel zwischen Rechten und Pflichten dokumentiert sich die Ethik; ethische Pflichten für ein Unternehmen sind die Verantwortung gegenüber den Mitarbeitern und gegenüber der Umwelt. Auf diejenige gegenüber den Mitarbeitern, den Menschen im Unternehmen, werden wir noch ausführlich in den Schritten 5 – 8 einzugehen haben. Die Verantwortung gegenüber der Umwelt umfaßt die menschliche Umwelt – also die Gesellschaft, das Volk, den Staat usw. – ebenso die Lieferanten und Konsumenten – sowie die sachliche Umwelt, also insgesamt wesentlich mehr als das, was gemeiniglich als Umwelt verstanden wird.

Verantwortung der Unternehmer

Daß in den Begriff Umwelt auch noch der Bezug des Menschen zu abstrakten Begriffen einbezogen wird, wird später noch zu behandeln sein; es kann hier zunächst außer acht gelassen werden. Wichtig ist – und dies ist bereits neues, ganzheitliches Denken –, daß die Umwelt totaler gesehen werden muß: nicht nur ein einzelner sterbender Baum oder ein verschmutzter Bach, sondern auch deren Bezug auf das Leben allgemein, nicht nur auf das Leben der Menschen.

Neues Verhältnis zur Unternehmens-Umwelt

Hier muß sich eine völlig neue, kosmologische Denkweise für die Unternehmen entwickeln; mit einer armseligen und lückenhaften, weil leicht zu unterlaufenden Umweltschutz-Gesetzgebung und mit ein paar Alibi-Maßnahmen eines Unternehmens, das damit die von ihm verursachten Schäden vertuschen will, ist es zukünftig nicht mehr getan. Unternehmerisches Denken und Planen muß in Zukunft – neben allen wirtschaftlichen Überlegungen hinsichtlich der Produktion und des Marktes – mindestens gleichwertig, auch als Bilanzposten, ebenso den Schutz der Umwelt einbeziehen oder – dies ist unabdingbar – auf die unternehmerische Tätigkeit verzichten! In diesem Zusammenhang ist es nicht nur bemerkenswert, sondern absolut richtig, daß die New-Age-Bewegung die Forderung erhebt, in jeder Unternehmensleitung habe zukünftig ein Verantwortlicher für Umweltfragen bei Entscheidungen mitzuwirken.

Umweltpflege als Bilanzposten

Es wird in der Zukunft zum Selbstverständnis der Unternehmen gehören, Unternehmensziele nicht nach dem Gesichtspunkt der

Gewinnoptimierung auszurichten, sondern entsprechend unserer Prämisse den Menschen und seine Interessen und Bedürfnisse an die erste Stelle aller Überlegungen und Planungen zu stellen.

1.2 Der „häßliche Unternehmer"

> *Mit Unrecht hält man die Menschen für Toren, welche in rastloser Tätigkeit Güter auf Güter zu häufen suchen; denn die Tätigkeit ist das Glück, und für den, der die Freuden eines ununterbrochenen Bestrebens empfinden kann, ist der erworbene Reichtum ohne Bedeutung.*
> *Goethe zu Eckermann*

Unternehmer als Feindbild

Eine Zeitlang – besonders während der stürmischen Jahre des sogenannten Wirtschaftswunders – hatte es bei uns den Anschein, als sei der alte Klassenkampf marxistischer Prägung überwunden, – vor allem dadurch, daß Vollbeschäftigung herrschte und es allen gut ging. Aber schon 1972 sahen sich die Autoren Fertsch-Röver und Juchems veranlaßt, ein Buch mit dem Titel „Der häßliche Unternehmer" (Lit. 32) herauszubringen. Denn es entwickelte sich – nicht zuletzt durch die wenig unternehmerfreundliche Politik in Bonn gestützt – für die Bevölkerung ein Feindbild von einem Unternehmer, der als „profitsüchtiger Kapitalist die ausgemergelten Arbeiter in Ketten und Sklaverei ausbeutet, – ohne Menschlichkeit". Ein solches Zerrbild wurde noch propagandistisch von den verschiedensten Interessengruppen bei jeder Gelegenheit verstärkt; die abwehrende PR-Arbeit auf der Unternehmerseite hingegen war mehr als mangelhaft.

Ich erinnere mich eines Transparentes über dem Stand eines „linken" Verlages auf einer Frankfurter Buchmesse Ende der 70er Jahre mit folgender Aufschrift: „Der Unternehmer heißt Unternehmer, weil er etwas unternimmt. Der Arbeiter heißt Arbeiter, weil er arbeitet. Würden die Arbeiter einmal etwas unternehmen, dann müßten die Unternehmer endlich einmal arbeiten." Dieser Slogan ist an niederträchtiger Verleumdung kaum mehr zu übertreffen. Vielen gefiel jedoch das Wortspiel und sie kolportierten es fleißig weiter.

Aber auch von offizieller Seite wurde ähnliche Hetzpropaganda betrieben: etwa im gleichen Zeitraum vernahm ich eine Rundfunkmeldung, wonach das Statistische Bundesamt in Wiesbaden errechnet habe, daß die „Unternehmergewinne" (merke: man spricht nicht von den Gewinnen der Unternehmen, die ja vielfach anonyme Eigentümer haben, sondern der Unternehmer, und bläst damit in das gleiche Horn der Verteufelung) im vergangenen Jahr durchschnittlich über 20 % gelegen hätten. Da mir andere Zahlen zwischen 4 und 6 % bekannt waren, erkundigte ich mich genauer und erfuhr dann, daß bei der statistischen Erfassung der „Unternehmer" auch u. a. die Hausbesitzer mit einbezogen worden waren, deren in diesem Zeitraum gerade drastische Mieterhöhungen die Durchschnittszahl so in die Höhe getrieben hatten. – Das hätte man zu anderen Zeiten als Volksverdummung auf die kalte Tour oder – noch deutlicher – als Volksverhetzung bezeichnet.

Inzwischen ist der Klassenkampf erkennbar wieder ausgebrochen; die vielfach von der DKP unterwanderten Funktionärskader der Industriegewerkschaften Metall und Druck und Papier sind mit ihren überzogenen Forderungen nach der 35-Stunden-Woche auf dem besten Wege dazu, mit dem darauf sich beziehenden Arbeitskampf des Jahres 1984 ein epochales Zeichen zu setzen. Umso mehr bedarf es daher der Bestrebungen zur Ganzheitlichkeit, mit denen – wie wir sehen werden – diesem ganzen Spuk der Pseudo-Menschlichkeit und der Machtgelüste überspannter Funktionäre Einhalt getan werden kann.

Wiederbelebter Klassenkampf

Dasselbe gilt ebenso für die andere Seite: Auch der Willkür selbstherrlicher Unternehmer, die in der Vergangenheit wesentlich zu dem entstandenen Feindbild der Nation beigetragen haben, wird durch das von uns in den Schritten 6 und 7 zu entwickelnde Unternehmensmodell ein endgültiger Riegel vorgeschoben werden. Im Idealfall, der verständlicherweise kaum je erreicht werden wird, wird das Wort „Ausbeutung" ein Fremdwort werden.

„Ausbeutung" muß ein Fremdwort werden

Führungsstil ist mehr als nur eine Technik

Entwicklung aus der Gründerzeit

Entscheidend beigetragen zu den negativen Vorstellungen vom Unternehmer hat die geschichtliche Entwicklung seit den Gründerjahren, durch die zunächst jeweils der Erbe die Leitung des Unternehmens nach dem Tode des Gründers übernommen hat. Und vielfach folgte eben der dynamischen Gründerpersönlichkeit ein Unfähiger, der seine Führungsfunktion dann aus dem „väterlichen Auftrag", jedoch nicht aus seiner Qualifikation herleitete. Solche De-Motivationen waren – neben vielen anderen Führungsfehlern, die bis heute überall gemacht werden – die Gründe dafür, daß man die Führungsfähigkeit a l l e r Unternehmer anzweifelte.

Gerechterweise muß aber auch erwähnt werden, daß umgekehrt viele der Gründer – aufgrund ihres Erfolges – oft das Heft der Unternehmensleitung viel zu spät, manchmal erst im achten Lebensjahrzehnt, abgaben und dem inzwischen selbst schon zum Großvater herangewachsenen Erben kaum mehr Gelegenheit gaben, seine vielleicht wertvollen Erneuerungsvorstellungen auch noch zu realisieren, – zum Schaden des Unternehmens.

Konturen eines neuen Unternehmerbildes

In diesem Zusammenhang ist es interessant, einmal die Vorstellungen zu betrachten, die man bei der New-Age-Bewegung über ein neues Unternehmerbild hat. Die ausführlichen Beschreibungen aus Marilyn Fergusons Buch „Die sanfte Verschwörung" (Lit. 31) hat Gerd Gerken überschaubar (Lit. 41) zusammengestellt unter der Überschrift „Ein neues Unternehmerbild wird konturiert". Es heißt da u. a.:

Hohe Freiheit

1. Der neue Unternehmer wird sein Management auf einen betont h o h e n F r e i h e i t s r a h m e n ausrichten. Er möchte nicht, daß andere Menschen von ihm abhängig sind. Er möchte sie kultivieren, pflegen und fördern, aber er möchte nicht Befehl und Fremdsteuerung und damit auch Angst und Abhängigkeit produzieren.

Größe

2. Der neue Unternehmer entwickelt ein hochentwickeltes Gefühl für a n g e m e s s e n e G r ö ß e in bezug auf humane Organisation und humane Interaktion. Das bedeutet, daß immer mehr Eliteunternehmer versuchen werden, sich aus allzu großen Organisationen und Konzernen herauszulösen. Oder sie

werden ihre Kraft dafür einsetzen, daß sie unter dem Dach großer Konzerne wie private Pionier-Teams arbeiten können.

3. Der neue Unternehmer erkennt den Wert **formeller und informeller Kooperation**. Er setzt auf Rivalität und Konkurrenz in zunehmendem Maße im Geistigen, wenn es darum geht, miteinander kreativ zu wettstreiten. Er setzt aber im alltagspragmatischen Bereich zunehmend auf Kooperation und Arrangement. Er erkennt den Wert von Netzwerken, und er will nicht mehr alle Funktionen durch eigene Mitarbeiter erfüllt und entwickelt sehen. Durch die Reduzierung der Aggressionsmuster wird es ihm immer mehr als normal erscheinen, im weitesten Sinne auch mit Konkurrenten arbeitsteilige Strategien zu verwirklichen. — **Kooperation**

4. Der neue Unternehmer trennt das Private nicht mehr vom Beruflichen. Er hat ein ausgesprochen **gesteigertes Gefühl für sein Selbst** und für die Bedürfnisse dieses Selbst. Er weiß auch um den Unterschied zwischen Job, Beruf und Berufung. Er ist deshalb zu bestimmten Phasen seiner Lebensentwicklung auch bereit, etwas Grundsätzliches zu riskieren, um seinen inneren Auftrag zu entsprechen. Er überwindet damit auch die klassischen bürgerlichen Karrieremuster und Lebensmodelle. So ist er z. B. durchaus bereit, seinen persönlichen Konsum- und Lebenszuschnitt völlig zu verändern, um sich für wichtige Berufungsaspekte einzusetzen. Die alte Formel „Ab Berufsausbildung wird sich bis zur Rente hoch-gearbeitet, und danach kommt das eigentliche Leben" ist von ihm als indiskutabel durchschaut worden. — **Beruf und Privates nicht getrennt**

5. Der neue Unternehmer orientiert sich interdisziplinär. Er arrangiert sich und kooperiert nicht nur mit anderen Firmen und anderen Managern. Er versucht auch den kulturellen Bezugsrahmen, der ihn trägt und aus dem heraus er sein kreatives Kraftfeld entwickelt, zu erweitern. Schon heute ist der typische neue Unternehmer wesentlich stärker für Kultur, Kunst und soziale Thematiken engagiert als der klassische Nur-Unternehmer. In diesem Sinne akzeptiert der neue Unternehmer die starke Vermaschung zwischen wirtschaftlichen Bedingungen und Zielsetzungen einerseits und den kulturellen und gesellschaftlichen Bedürfnissen andererseits. Der neue Unter- — **Interdisziplinäre Orientierung**

Führungsstil ist mehr als nur eine Technik

nehmer überwindet deshalb auch die klassische „kapitalistische Doktrin", die lautet: „Man muß die Wirtschaft im Sinne eines abgetrennten Systems unbehelligt lassen, damit die Gesellschaft viel Nutzen von ihr erhält." Der neue Unternehmer sieht sich als Rädchen im Rahmen der Gesellschaft und nicht mehr neben oder über der Gesellschaft.

Mitarbeiter als Mitunternehmer

6. Der neue Unternehmer hat eine grundsätzlich **positive Einstellung zur Mitbestimmung** und damit zur Partizipation, aber auch zum Mitbesitz am Kapitalvolumen. Er sieht seine Mitarbeiter nicht als Anhängsel, sondern zunehmend als Mitunternehmer. Dieser Tendenz kommen die zunehmenden emanzipatorischen Strömungen im Lager der Arbeiter entgegen.

Persönliches Wachstum aller

7. Der neue Unternehmer hat erkannt, daß dasjenige Unternehmen einen stabilen Erfolgsvorsprung aufweist, das die persönlichen Zielsetzungen der einzelnen Mitarbeiter möglichst günstig verbinden kann mit den Sachzwängen, Strukturen und Zielsetzungen des Unternehmens. **Das persönliche Wachstum seiner Mitarbeiter** wird – soweit es möglich ist – verbunden mit dem Wachstum der Firma. Private Selbstverwirklichung und betriebswirtschaftliche Zielerfüllung werden nicht mehr als unabdingbare Kontra-Positionen hingestellt.

Elite-Denken

8. Der neue Unternehmer ist nicht nur merkantil und damit rendite-orientiert. Er erkennt vielmehr seine wichtige Aufgabe im Rahmen der gesellschaftlichen Transformation. Er fühlt sich auch anders. Er sieht sich als gewaltloser **Agent einer transformativen Veränderung.** Insofern ist der neue Unternehmer nicht etwa das „kleine Spiegelbild" des bisherigen klassischen Großunternehmers. Er sieht sich nicht mehr als ein „zu kleiner Wirtschaftsfaktor" (siehe die Selbstbild-Malaise des deutschen Mittelstandes), sondern er sieht sich im Gegenteil als die eigentliche neue Elite, die das neue Denken experimentell und praktisch in die großen wirtschaftlichen Prozesse und Diskussionen einbringt.

Führungsstil ist mehr als nur eine Technik

Wie von Gerken selbst angegeben, kann es sich bei diesen Beschreibungen nur um Konturen – Rahmenziele – handeln, die wohl niemand kurzfristig alle realisieren kann. Aber als Richtungen des Trends betrachtet, können sie für den einzelnen für seine persönliche Transformation von Nutzen sein.

Bei solchem Anforderungsprofil wird sich mancher unternehmerisch Tätige zwangsläufig die Frage stellen, ob es nicht doch sinnvoller sei, die Unternehmensführung einem Manager anzuvertrauen, der von außen her – also auch ohne familiäre Bindungen – besser zur Leitung geeignet sei. Einen solchen Gegensatz sollte man nicht sehen. Denn entscheidend war und ist es stets, ob der Mann an der Spitze die entsprechenden Führungsqualitäten und die charakterlichen Voraussetzungen für eine solche Aufgabe mitbringt: der Unternehmer, der nicht wahrhaft wie ein Manager – also ein „professional" – führen kann, ist genau so fehl am Platze in der Führungsfunktion, wie der Manager, der nicht in der Lage ist, unternehmerisch so zu denken und zu agieren, als ob es sich um sein eigenes Unternehmen handelte.

Unternehmer = Manager

Und nicht zu vergessen: Managen ist mehr als nur jobben! Weder der Unternehmens-Inhaber, der glaubt, Führungsaufgaben in seinem Unternehmen aufgrund seiner Eigentümer-Position nur so „mit links" wahrnehmen zu können, noch der Manager, der aufgrund seiner hierarchischen Stellung vermeint, ihm könne „keiner an den Wagen fahren", denn er habe ja „hier das Sagen", entsprechen heute dem Vorbild moderner Führung im Unternehmen. Managen ist ein erlernbarer und harter Beruf, – und wer als Unternehmer nicht bereit ist, diesen von der Pike auf zu lernen und sich darin weiter fortzubilden, soll es ganz bleiben lassen.

Managen ist erlernbar

Zum Abschluß unserer Betrachtungen noch ein Wort von Winston Churchill, in dem viel Wahrheit enthalten ist: „Es gibt Leute, die halten den Unternehmer für einen räudigen Wolf, den man totschlagen müsse. Andere meinen, der Unternehmer sei eine Kuh, die man ununterbrochen melken könne. Nur wenige sehen in ihm ein Pferd, das den Karren zieht."

1.3 Lust und Last des Führens

*Ein Führer, das ist einer,
der die anderen unendlich nötig hat.
Antoine de Saint-Exupéry*

Kaum ein Begriff im Leben der heutigen Zeit wird so unterschiedlich ausgelegt, unterliegt so differenzierten Vorstellungen – und Vorurteilen – wie das Führen. Man kann zu einer relativ einfachen Definition kommen, die da lautet: „Führen heißt, einen oder mehrere Menschen so zu beeinflussen, daß sie ihren Standort, ihren Standpunkt bzw. ihre Richtung verändern." In diesem weitgefaßten Sinne führen wir alle im täglichen Leben, wo wir versuchen, auf andere Menschen einzuwirken; sei dies bei der Kindererziehung oder in der Politik, im Unternehmen oder beim Militär, im Verkauf wie in der Werbung oder in der Publizistik, in der Kirchengemeinde wie in einem Verein oder einer Initiativ-Gruppe.

Führen findet überall statt

Wenn ich in meinen Führungsseminaren die Frage nach der Definition des Begriffes „Führen" gestellt habe, so war dies meist eine Übung, um den Teilnehmern zu demonstrieren, wie sehr wir von Vorurteilen und Rollenvorstellungen geprägt sind. Und es war oft nicht leicht, begreiflich zu machen, daß solche Definitionen wertfrei vorgenommen werden müssen, wenn sie überhaupt einen Sinn haben sollen. Am besten gelang dies meist mit dem Vergleich von Massenreden bei Joseph Goebbels und Billy Graham: beide verwandten nahezu die gleichen massenpsychologischen Techniken und Mittel. Und der Hörer – je nachdem welcher Zielsetzung er zustimmt – wird im einen Falle von positiver Führung und im anderen von Massenverführung und Manipulation sprechen.

Manipulation ist eigentlich nur wertfreie „Handhabung"

Ähnlich ergeht es uns mit dem Begriff „Manipulation", der ursprünglich – von seiner lateinischen Wurzel – nichts anderes als „Handhabung" bedeutet. Er ist in den letzten Jahrzehnten selbst manipuliert und seiner ursprünglichen Wertfreiheit beraubt worden. Denn heute versteht man vielfach unter Manipulation ein Vorgehen, vermittels dessen jemand andere Menschen gegen ihren eigenen Willen beeinflußt, etwas zu tun oder sich so zu verhalten, wie sie es eigentlich gar nicht möchten.

Auch in meinen Seminaren ist es mir mehrmals vorgekommen, daß mir Teilnehmer gesagt haben: „Sie manipulieren uns ja!" Und ich habe den Gesprächspartnern dies jeweils zugestanden, indem ich ihnen die Frage stellte: „Möchten Sie denn nicht Erkenntnisse gewinnen und etwas lernen, das Ihnen für Ihre Führungspraxis nützlich sein kann? – Wenn ja, dann gestehen Sie mir doch bitte vertrauensvoll zu, daß ich Sie zu solchen Lerninhalten hinführen möchte!" Dies wurde dann meist eingesehen – und das Wort Manipulation war vom Tisch.

In diesem Zusammenhang steht ein weiteres Stichwort, das in unabdingbarer Verbindung mit der Führung sein sollte: das Vertrauen. Viele Führungskräfte* sind sich der Alternative überhaupt nicht bewußt, daß es nur ein Führen gibt mit Angst oder mit Vertrauen. Dies ist eine unabdingbare Gesetzmäßigkeit der Führungslehre, die unter den Voraussetzungen neuen Denkens – der Mensch im Mittelpunkt – zur Selbstverständlichkeit des Bewußtseins werden muß. Es ist dabei keine Frage, daß ein moderner Führender sich zum Einsatz des Vertrauens innerhalb seiner Führungstätigkeit entscheiden wird, auch wenn es noch viele gibt, die die Meinung äußern, daß der Satz „Vertrauen ist gut, aber Kontrolle ist besser" eine Wahrheit enthält, in der man Lenin (1870–1924) – von dem er bekanntlich stammt – einmal zustimmen könne.

Angst oder Vertrauen

Vertrauen gegen Kontrolle?

Das Gegenteil ist richtig! Dieser Satz Lenins ist ausgemacht heimtückisch, denn trotz der logischen Aussage, der man zunächst unbefangen zuzustimmen geneigt ist, besagt er etwas Unmenschliches: Kontrolle ist das oberste Prinzip – also Leistung, Norm, Erfüllung des Solls unter allen Umständen. Um dies zu erreichen, ist jedes Mittel recht, auch die Vorspiegelung oder das Erschleichen von Vertrauen – also die Anwendung psychologi-

---

* *Anmerkung:* Dem Verfasser ist durchaus bewußt, daß der Begriff „Führungskraft" eine mißliche Wortschöpfung ist; es gibt jedoch im Sprachgebrauch keinen treffenderen Ausdruck für das, was gemeint ist: ein Mensch, dem eine Führungsaufgabe über Mitmenschen übertragen ist.

scher Tricks. Und so wird es auch unter allen marxistisch-sozialistischen Regimen gehandhabt.*

Kontrolle ist notwendig

Wir sollen diesen Satz umkehren: Kontrolle ist gut (und notwendig, da wir alle schwache Menschen sind und Fehler stets vorkommen können), aber Vertrauen muß die Grundlage jeglicher Kommunikation sein. Wer dies als vertrauensselig naiv, dumm oder unrealistisch ansieht, der mag sich sagen lassen, daß viele große Männer die entscheidende Bedeutung des Vertrauens im Umgang der Menschen miteinander erkannt und dies auch ausgesprochen haben. Robert Bosch hat geäußert „ich würde lieber Geld verlieren als Vertrauen", König Friedrich August II. von Sachsen führte den Satz „Vertrauen erweckt Vertrauen" 1830 als den Wahlspruch des sächsischen Volkes ein.

Kein blindes Vertrauen

Und aus den Darstellungen Schleips (1904–1971) geht hervor, daß das gesamte unternehmerische Verhalten Heinrich Nordhoffs auf der Basis des Vertrauens aufgebaut war (Lit. 105). Um Mißverständnissen vorzubeugen, muß hier gesagt werden, daß in keinem Fall blindes Vertrauen gemeint ist, sondern das echte, vertrauensvolle Aufeinanderzugehen, das von einer ansteckenden Wirkung ist.

Der Mensch kann im Leben und im Verhältnis zu den Mitmenschen zwei unterschiedliche Einstellungen praktizieren: Er kann – aus der Erfahrung heraus, daß er schon soundsoviele Male getäuscht wurde und hereingefallen ist, betrogen wurde – den Grundsatz vertreten, daß er erst einmal in jedem Fall dem anderen mit Vorsicht und mit Mißtrauen gegenübertritt, bis ihn dieser vom Gegenteil, also von seiner Vertrauenswürdigkeit überzeugt hat. Er kann aber auch die Maxime verfolgen, zunächst einmal dem anderen Menschen Vertrauen entgegenzubringen – unter Einrechnung des Risikos, auch hier und da einmal enttäuscht zu werden. Bei Umfragen, die ich durchführte, war jeweils der weitaus größte Teil der Befragten (über 90 %) der Meinung, daß die zweitgenannte Einstellung die richtige sei. Nicht nur, weil man

---

* *Anmerkung:* Vor einigen Jahren erfuhr ich gesprächsweise von einem geflüchteten DDR-Funktionär, daß dieser Satz bereits seit einiger Zeit aus dem offiziellen Sprachgebrauch der SED gestrichen sei. Wenn dies zutrifft, dann dürfte man auch dort erkannt haben, welch zweischneidige Auslegungsmöglichkeit er birgt. (Der Verfasser)

somit eine positive Lebensauffassung praktiziere, sondern auch, weil die Ansteckungskraft gelebten Vertrauens auch bei dem Empfänger positive Wirkung und Aufschließung vielleicht auch dann bewirkt, wenn dieser zunächst zurückhaltend ist.

Dies ist kein Zweckoptimismus oder naives Wunschdenken, sondern wurde viel tausendmal, insbesondere im Verkaufsbereich, angewandt und bestätigt.

Den Gegensatz hierzu bildet das Führen mit bzw. durch Angst, das in den meisten Fällen das Kriterium schwacher oder unsicherer Führungskräfte ist. Und da wir in unserer Zeit vielfach in und mit Ängsten leben, die uns gar nicht bewußt sind, haben es solche Vorgesetzten oft leicht, ihre Mitarbeiter mit dem Mittel der Angst zu regieren, – so etwa nach dem Motto: „Zu lieben brauchen sie mich nicht, wenn sie mich nur fürchten!"

Ängste als Führungsmotivation

Mit Recht haben die Gewerkschaften im Zusammenhang mit dem Arbeitskampf 1984 darauf hingewiesen, daß die Massenarbeitslosigkeit auch den Effekt gezeigt hat, daß Vorgesetzte (sie sagten: Unternehmer) wieder rigoroser mit ihren Mitarbeitern umgehen und die drohende Entlassung als Druckmittel gebrauchen, um mehr Leistung herauszuholen. Und tatsächlich: verschiedentlich wurde die Feststellung gemacht, daß Krankmeldungen im Gegensatz zu Zeiten der Vollbeschäftigung bei drohender Arbeitslosigkeit auf Bruchteile heruntergegangen sind. Ich selbst habe mehrfach erlebt, daß mir Führungskräfte Ende der 70er Jahre sagten: es sei auch ein Gutes an der Arbeitslosigkeit – die Mitarbeiter zeigten jetzt wieder mehr Einsatzbereitschaft und man könne sie wieder stärker herannehmen!

Eine solche, grundsätzlich falsche Haltung wird sich früher oder später für den betreffenden Führenden rächen, daran ist nicht zu zweifeln. Aber in einem mit neuem Denken geführten Unternehmen wird ein solches Problem gar nicht erst auftauchen, – es sei denn, um sich von einem Menschen zu trennen, der als Störenfried dem Organismus des Unternehmens schädlich ist.

Fast in jeder Seminargruppe, in der ich von den Ängsten sprach, von denen wir alle in der heutigen Zeit umgeben sind, meldeten sich einer oder mehrere der Teilnehmer mit der Feststellung zu

Wort, sie wüßten nicht, was ich denn meine – sie zumindest hätten keine Angst, vor niemand und vor nichts. Man müsse sich nur nicht bange machen lassen.

Es würde wohl eines eigenen Kolloquiums bedürfen, wenn man sich alle die Ängste bewußt machen wollte, in denen der Mensch der Jetztzeit lebt – der Philosoph Martin Heidegger (1889–1977) hat die Angst als eine „Grundbefindlichkeit des Menschen" bezeichnet. Und damit steht wohl auch im Zusammenhang, daß das Engadiner Kollegium (Lit. 30) seine Tagung 1984 unter das Motto „Angst und Urvertrauen" stellte.

Mißbrauch der Ängste

Aber mögen dem einen oder anderen von uns die Ängste, die ihn umgeben, bewußt sein oder nicht – darum geht es hier nicht! Für uns ist wichtig zu wissen, daß Führungskräfte überall noch vielfach mit Angst regieren und die Angst als Instrument ihrer Führung gebrauchen – eigentlich richtiger „mißbrauchen". Denn den Mitarbeiter mit offenen oder verhüllten Drohungen über Folgen mangelhafter Leistung, Konsequenzen aus Krankheit oder Fehlzeiten, Auswirkungen auf Arbeitsplatz und Tätigkeit u. v. a. m. in einen Zustand der kontinuierlichen Ängste zu versetzen, ist nicht nur der Auslöser von Aggressionen, über die man sich dann nicht zu wundern braucht, sondern auch Ausdruck absoluter Führungsschwäche – mangelnder Führungsqualifikation. – Daß hieraus keine vertrauensvolle Zusammenarbeit entstehen kann und daß das Unternehmen und seine Mitarbeiter die Leidtragenden solchen Führungs-Fehlverhaltens sind, braucht nicht besonders erwähnt zu werden. In einem nach neuen Denk-Paradigmen geführten Unternehmen wird allein bereits das „Glashaus-Syndrom" – die Transparenz von Informationen – wesentlich zum Abbau von Ängsten beitragen können; hierauf werden wir noch einzugehen haben.

Glashaus-Syndrom vermindert Ängste

Autorität hat viele Deutungen

Im Zusammenhang mit der Führung ist auch noch die Definition des Begriffes „Autorität" erforderlich. Vom lateinischen „auctoritas" nennt das Wörterbuch eine sehr große Zahl von Übersetzungsmöglichkeiten. Abgesehen von den in andere Zusammenhänge gehende Bedeutungen von einerseits „Gewähr oder Bürgschaft" und andererseits von „Rat, Empfehlung, Beschluß, Wille bzw. Zustimmung" werden im Sinne der Führungsautorität folgende Begriffe aufgezählt: Vollmacht – Machtvollkommenheit – Ermächtigung – Autorisation – Muster – Vorbild – maßgebendes Beispiel – vorbildlicher Vorgang – erste Veranlassung – würdevolle Haltung – Unerschrockenheit – Entschlossenheit – Besonnenheit – sittlicher Ernst – Selbstgefühl – Mannesstolz – Würde – Gewicht – Ansehen – Einfluß – Geltung – Bedeutung – einflußreiche Person – gewichtige Persönlichkeit.

Diese wahrhaft beeindruckende Zusammenstellung der Bedeutungsinhalte gibt uns einen sehr komplexen Begriff von dem Sinn der Autorität. Und läßt zugleich die Frage entstehen, ob ein einzelner Mensch dies alles in seiner Person vereinen und verwirklichen kann. Im 2. Schritt werden wir im Zusammenhang mit der Persönlichkeitsentwicklung des Führenden noch näher darauf einzugehen haben. **Ist ein einzelner Mensch dazu fähig?**

Für den Bereich des Führens ist zunächst wichtig zu wissen, daß sich in unserer Gegenwart ein Prozeß abspielt, den wir als Wandel des Autoritätsverständnisses bezeichnen können. Immer mehr erweist sich, daß gewachsene, ererbte, verliehene oder sonstwie künstlich geschaffene Autorität – kraft des Amtes – an Bedeutung verliert gegenüber derjenigen, die aus der Persönlichkeit eines Menschen ausstrahlt. Folgende Prämisse bietet sich an:

„In unserer Zeit vollzieht sich ein Wandel des Autoritätsverständnisses; wir kommen weg von der Autorität ‚ex officio' (kraft des Amtes) hin zu jener ‚ex persona' (aus der Persönlichkeit heraus)." **Wandel des Autoritäts-Verständnisses**

Diese Entwicklung ist weltweit in allen Bereichen zu erkennen und bedarf kaum besonderer Beschreibung: von ihren Schülern verprügelte Lehrer, mit Tomaten beworfene Professoren oder Politiker, in der Kirche angegriffene Pfarrer oder die beinahe schon zum Sport gewordenen tätlichen Angriffe gegen die Polizei sind hier ebenso Beispiele wie das Aufbegehren von Volksgruppen gegen etablierte staatliche Einrichtungen oder die Aggressivität unterentwickelter Völker gegen die „Großen" im Forum der Vereinten Nationen.

1.4 Die Unzufriedenen und der Führungsstil

Es ist uns angelegen, das Wort Stil in den höchsten Ehren zu halten, damit uns ein Ausdruck übrig bleibe, um den höchsten Grad zu bezeichnen, welchen die Kunst je erreicht hat. Diesen Grad auch nur zu erkennen, ist schon eine große Glückseligkeit, und davon sich mit Verständigen zu unterhalten ein edles Vergnügen.
Goethe

Wer mit einem Vorgesetzten nicht zufrieden ist, beschuldigt ihn eines schlechten Stils im Umgang mit den Untergebenen, wer einen Mitarbeiter wegen seines Verhaltens gegenüber einem Kunden rügen will, hält ihm vor, daß er nicht dem Stile des Unternehmens gemäß gehandelt habe. Viele Menschen führen das Wort Stil leichtfertig im Munde, aber nur die wenigsten sind in der Lage, genau zu definieren, was damit gemeint ist.

Stil = Art und Weise

Der Begriff „Stil" hat ebenso wie das Wort „Stiel" die gleiche Wurzel aus dem lateinischen Wort „stilus = der Griffel". Er hat sowohl die längliche äußere Form, die wir in unseren heutigen Wörtern wie Blumenstiel oder Besenstiel finden, als auch die symbolisierte Bedeutung des Ausdrucks, etwa dessen, was „mit dem Griffel geschrieben" Eigenart der Persönlichkeit ist, die es verfaßt hat. In diesem Sinne ist das – zunächst mit dem Schreibgerät – Dargestellte eine Art und Weise, die die Individualität des Schreibers kundtut. Und so hat man diesen Persönlichkeits-Stil auch auf alle Kunstformen übertragen, in denen Künstler ihr Innerstes und ihre persönliche Aussage offenbaren. Auch Goethe verwendet den Begriff Stil im Zusammenhang mit der Kunst.

Erscheinungsformen der Stile

epochal ...

regional ...

Von der Kunst kennen wir den Epochal-Stil, der die Kunstrichtung eines geschichtlichen Zeitraums – meist parallel zu religiösen, philosophischen oder geisteswissenschaftlichen Strömungen – ausdrückt und in den einzelnen Kunstformen wie Malerei, Bildhauerei, Architektur, Musik u. a. sichtbar wird. Innerhalb dieser Epochen unterschied man früher sogenannte National-Stile, – heute spricht man eher von Regional-Stilen, mit

Führungsstil ist mehr als nur eine Technik

denen man z. B. in der Epoche des Barocks den flämisch-niederländischen vom oberschwäbischen oder vom italienischen und anderen Barock-Bereichen unterscheidet. Und innerhalb dieser einzelnen Regionen, die auch oft ganze „Schulen" darstellen (z. B. oberrheinische Schule) findet sich nun dann der Begriff des I n d i v i d u a l -Stils, der von der Hand des betreffenden Meisters stammt, welcher innerhalb seiner Schule, seiner Region, seiner Nation und der gesamten Epoche eine unverkennbare, nur diesem Künstler individuell zuzuschreibende Handschrift trägt. Dies läßt sich – mehr oder weniger deutlich – in allen vorgenannten Kunstbereichen finden; auch heute noch sprechen wir bei Künstlern davon, er sei beispielsweise von Max Reinhardt oder von John Cranko geprägt oder verkörpere dessen Schule.

und individual

Die Frage, ob diese Stilbegriffe, die in allen Sparten der Kunst gängig sind, auch auf die Führung von Menschen – insbesondere im Unternehmen – zu übertragen sind, ließe sich leichtfertig-scherzhaft bejahend mit der Feststellung beantworten, Führen sei eben doch auch eine Kunst.

So absurd diese Behauptung klingen mag: es ist tatsächlich so! Kunst ist stets eine gestaltende Leistung, in der der Künstler – in Übereinstimmung oder im Widerstreit zu seiner Umwelt, Zeit, Epoche, Geistesrichtung und den Menschen als Empfängern – sich und seine Innerstets sichtbar, greifbar, erfaßbar machen will, um eine ihm notwendig erscheinende Wirkung zu erzielen. Auch der mit einer Führungsaufgabe Betraute will – im Sinne einer bestimmten Zielsetzung – mit den ihm zur Verfügung stehenden Mitteln Menschen beeinflussen, um eine bestimmte Wirkung zu erzielen. Dabei spielt es keine Rolle, ob er den Auftrag hierzu wie der Künstler aus seinem Inneren verspürt oder ob er von außen diese Aufgabe gestellt bekommen hat. Daß es wohl die schwierigste Kunst schlechthin ist, die richtige Art und Weise zu finden, Menschen zu führen, wird niemand anzweifeln wollen.

Stil in der Führung

In diesem Zusammenhang können wir zu einer weiteren Prämisse kommen, die sich sowohl aus der Prämisse, das Unternehmen sei ein Organismus, wie auch aus jener, daß der Mensch im Mittelpunkt desselben stehen soll, ergibt: „Unternehmensführung ist immer unabdingbar auch Menschenführung." Heinrich Nordhoff (1899–1968) formulierte dies in seiner berühmten Rede vor

Unternehmensführung ist immer Menschenführung

49

Heinrich Nordhoff

der IHK Braunschweig (Lit. 87) folgendermaßen „... Den Wert eines Unternehmens machen nicht Gebäude und Maschinen und auch nicht seine Bankkonten aus. Wertvoll an einem Unternehmen sind nur die Menschen, die dafür arbeiten, und der Geist, in dem sie es tun. Maschinen kann man nach Katalog kaufen, so schön und so teuer, wie man sie bezahlen kann; aber den Geist, den Stil, das Unwägbare eines Unternehmens kann man für kein Geld der Welt kaufen – das muß man selber schaffen, und da fehlt es allerdings nicht an Verzweiflungen und Beglückungen, ... aber das ist eine Aufgabe, die wahrhaft des Schweißes der Edlen wert ist!"

1.4.1 Individual-Stil des Führenden

Die unverkennbare und nur dieser Persönlichkeit eigene Art und Weise des Umgangs mit anderen Menschen zur Realisierung von gesetzten Zielen und zur Bewältigung von damit im Zusammenhang stehenden Aufgaben bezeichnet man als Individual-Stil eines Führenden. Es ist seine Art, wie er sich ausdrückt und wie er glaubt, die Aufgaben optimal bewältigen zu sollen und zu können. Hierbei wird es nie an Fehlleistungen und Rückschlägen mangeln, aber gerade derjenige, der solches als unabdingbar für einen Lernprozeß ansieht, bringt allein die Voraussetzungen für qualifizierte Führung mit.

Eine der gängigsten Behauptungen, denen ich in meinen Schulungen zur Persönlichkeitsbildung von Führungskräften seit mehr als 20 Jahren begegnete, war die betont selbstsicher ausgesprochene Feststellung: „Ich bin nun einmal so; damit müssen sich die anderen abfinden und sich danach richten!"

Wenn ich etwas nicht ausstehen kann, dann ist es Überheblichkeit und Arroganz. Und wenn wir im Seminar dann über die Äußerung des Betreffenden diskutierten, stellte sich in den meisten Fällen heraus, daß sie nur eine Schutzbehauptung war – entstanden aus der Angst, etwas lernen und das Verhalten ändern zu müssen. Dazu war der Betreffende zu faul – oder er fürchtete, an seinem Image zu verlieren, wenn er zugestehe, noch lernen zu wollen.

Daß die Schutzbehauptung „ich bin nun einmal so" grundfalsch ist und Jeder nach entsprechender Selbsterkenntnis durchaus Möglichkeiten hat, sich zu verändern und zu verbessern, wird im Schritt 2 ausführlich behandelt werden. Voraussetzung hierzu ist allerdings die Bereitschaft zum Lernen, wie sie bereits erwähnt wurde. Die im Zusammenhang damit zitierte chinesische Weisheit „Lernen ist wie Rudern gegen den Strom; wenn man aufhört damit, treibt es einen zurück" sollten wir auch in die Reihe unserer Prämissen aufnehmen. Der neue Mensch – homo integrans – wird ohne ständiges Lernen und Bereitschaft zu Veränderungen überhaupt nicht entstehen, geschweige denn existieren können. Die Transformation für Führungskräfte findet hierin ihre unabdingbare Voraussetzung. **Lern-Bereitschaft ist unabdingbar**

1.4.2 Gibt es noch einen Regional-Stil?

Zugestandenermaßen hatten Führende in der Wirtschaft des 19. und der ersten Hälfte des 20. Jahrhunderts Probleme mit regional – in diesem Sinne landsmannschaftlich – geprägtem Führungsverhalten. Es konnte sein, daß ein Berliner mit einer Mitarbeitergruppe von Bodensee-Schwaben nicht zurechtkam ebenso wie etwa ein Rheinpfälzer sich mit seinen Hamburger Untergebenen schwer tat. Durch die begrenzte Völkerwanderung, die das deutsche Volk unfreiwillig im und nach dem Krieg durchmachte und die die Volksstämme durcheinanderwürfelte, hat sich das Problem unterschiedlicher Mentalitäten in den einzelnen Ländern weitgehend verringert. Nicht zuletzt hat hierzu auch die größere und schnellere Beweglichkeit durch die Verkehrsmittel beigetragen; ebenso damit zusammenhängend das Faktum der Eheschließungen über die Grenzen der angestammten Landschaft hinaus. **Unterschiedliche Mentalitäten der Volksstämme**

Auch wenn also in dieser Hinsicht Stilunterschiede in der Führung sich verringert haben, sind sie andererseits durch das Fremdarbeiterproblem in anderer Richtung sogar komplizierter geworden. **Fremdarbeiter mit völlig anderer Mentalität**

Ich entsinne mich eines Gesprächs mit dem Betriebsleiter eines Unternehmens am Bodensee – noch zu Zeiten der Vollbeschäfti-

gung –, der mir auf meine Frage, wie er denn überhaupt mit den 21 (in Worten: einundzwanzig!) verschiedenen Volksgruppen, die im Betrieb tätig seien, zurechtkomme, erwiderte: „Bei mir kehrt jeder so lang de Hof, bis er g'scheit Deutsch schwätze ko un mir ihn verschtonde!" Dann erst, so meinte er weiter, bekomme der Mann eine besser bezahlte Arbeit. – Man kann zu der Methode dieses Mannes stehen, wie man will; sie war seinerzeit Auswirkung der großen Schwierigkeiten mit den Fremdarbeitern, deren Hauptursachen der Betriebsleiter in der mangelhaften verbalen Kommunikation und somit des unvollkommenen gegenseitigen Verständnisses sah.

Grundeinstellung zur Humanität

Trotz aller Probleme jedoch, die bei der Führung eines Unternehmens durch regionale, sprachliche, charakterliche oder Unterschiede von der Mentalität her überall noch vorhanden sein werden, sollten wir deren Gewicht nicht überbewerten. Mit der Arbeit des Führenden an sich selbst zur Verbesserung seines Individual-Stiles und mit dem zu entwickelnden Unternehmensmodell „Zirkel 2000" (Schritt 6) ergeben sich genügend Hilfen, solcher Probleme – auch in bezug auf Menschen anderer Nationalität oder Rasse – Herr zu werden. Die Grundeinstellung der neuen Humanität wird dazu entscheidend beitragen.

1.4.3 Der Begriff „Epochalstil" ist richtig und falsch zugleich

Wenn wir von dem durch den bevorstehenden Paradigmenwechsel sich abzeichnenden Wandel ausgehen, so ist es sicherlich richtig, auch von einem epochalen Wandel des Führungsstiles in der Wirtschaft und in den Unternehmen zu sprechen. Weil eben – wie wir schon festgestellt haben – kein Bereich unseres Lebens und vor allem nicht die Wirtschaft von diesen Veränderungen ausgeklammert bleiben wird. Was aber wird dieser epochal neue Führungsstil bringen, – wie wird hier die Transformation sich darbieten?

Inflation neuer Stilformen

Wer die einschlägigen Publikationen in den letzten Jahren aufmerksam verfolgt, mußte feststellen, daß wohl kaum eine Woche vergeht, in der nicht irgendein echter oder falscher Prophet, irgendein Beratungsunternehmen oder ein Wissenschaftler etwas über den neuen Führungsstil veröffentlicht. Es fällt schwer, nicht sarkastisch zu werden angesichts der unzähligen Patentrezepte, die da verkündet werden, vom durchaus ernsthaften, aber praxisfernen Bemühen angesehener Wirtschaftstheoretiker bis hin zu den skurrilsten Vorschlägen, mit denen sich ein bis dahin zweitklassiger Unternehmensberater wichtig machen und in Szene setzen will. Meist kommen solche Erleuchtungen aus den USA, wo ein geschäftstüchtiger Autor mit seiner ausgefallenen Theorie das schnelle Geld macht; auch seriöse deutsche Verlage beeilen sich dann, durch den Schnellschuß einer deutschsprachigen Ausgabe noch an dem Reibach teilzuhaben und gleichzeitig das Verdienst auszuweisen, der deutschen Wirtschaft bedeutsame Informationen zugänglich gemacht zu haben.

Hier ist wohl am besten das kluge Wort eines Unternehmers angebracht, der gesagt haben soll: „Man muß Amerika kapieren, aber nicht kopieren!"

Zugestandenermaßen kann sich auch derjenige Manager, der sich ernsthaft mit den Entwicklungen befassen will, nicht mehr auskennen. Er muß sich im Gestrüpp der verschiedenen „Management-by-Techniken" verlieren, versucht sich vielleicht im „demokratischen Führungsstil" oder „delegiert Verantwortung", um dann schließlich im Wellenschlag des „Führens im Mitarbeiterverhältnis" weder hier das rettende Ufer des „Kollegialstils" noch drüben das andere des „autoritären (oder vielleicht antiautoritären) Stils" zu erreichen. Wobei noch nicht einmal andere ernstzunehmende Modelle wie z. B. situatives Führen, Abkehr vom „Struwwelpeter-Prinzip", Lernen aus den Ursachen des Mismanagements, Teamorientierung, Schaffung von Führungsprofilen, Grid-Management, Harzburger Modell, Kepner-Tregoe-Entscheidungsfindung – um nur einige der gängigen zu nennen – eingebracht wurden.

Gestrüpp der Management-Techniken

Einer besonderen Erwähnung in diesem Zusammenhang bedarf allerdings der Aufsatz von Peter Zürn (Lit. 134) mit dem Titel „Dienen und Führen", der richtungweisend im Sinne neuen Denkens ist und sich wohltuend von vielen Management-Praktiken, die sich vornehmlich der Reparatur und dem Flickwerk widmen, unterscheidet. Er hat den Mut, auch transzendentale Ideen einem

Dienen = Führen

modernen Managementdenken zuzuweisen und zu empfehlen, den Mitmenschen im Mitarbeiter zu suchen.

Vielfalt deutet epochalen Wandel an

Die Vielfalt der Bemühungen um einen neuen Führungsstil und die damit zusammenhängende Flut von Publikationen beweist aber auf jeden Fall eines: ein epochaler Wandel zeichnet sich hier – parallel zu allen anderen Bereichen unseres Lebens – ab. Und insofern kann man von einem epochalen Führungsstil sprechen, dessen Voraussetzungen und Kriterien wir im Laufe dieser Abhandlung erkennen wollen. Wie er endgültig innerhalb des kommenden Wandels aussehen wird, können wir heute mit Sicherheit noch nicht sagen. Aber wir wollen die richtige Richtung erkennen und – wenn möglich – die Weichen dorthin stellen.

Überlebens-Faktor

Es ist angebracht, hier eine Äußerung des amerikanischen Management-Autors Ordway Tead zu zitieren, die den Kern dieser Überlegungen trifft: „Das Maß, mit dem Theorie und Praxis des Managements die Würde, Werte und Ziele menschlicher Wesen berücksichtigt, ist heute der größte und wichtigste Faktor für das Überleben im wirtschaftlichen Wettbewerb geworden."

Entwicklungsform oder Reifegrad

Nicht von einem Epochalstil kann man sprechen im Zusammenhang mit der Entwicklung der Unternehmen. Da wird oft geschrieben über den patriarchalischen Stil der Gründerzeit im vorigen Jahrhundert, dem Stil der Technokraten des 20. Jahrhunderts, dem Stil des Wachstums im Wirtschaftswunder und wiederum von den verschiedenen Management-by-Techniken, dem Scientific oder Marketing Management oder den Operations Research, alles Stile oder Techniken, denen man epochale Bedeutung zugemessen hat. Sie haben sie schlicht und einfach nicht. Denn sie entsprechen nicht – wie beispielsweise Kunstepochen – einem bestimmten, historisch festgelegten Zeitabschnitt, sondern noch ehestens einer Entwicklungsform, einem Zustand oder einem Reifegrad. Wenn wir ein Unternehmen als einen lebendigen Organismus ansehen, dann ist es nur folgerichtig, auch ein Werden und Vergehen in ihm zu erkennen. Das heißt, daß auch Unternehmen geboren werden, sich entwickeln, reifen, altern und auch sterben.

Innerhalb eines solchen Lebenslaufes, der – vorsichtig geschätzt – einen Durchschnittswert von etwa drei Generationen erreicht, wobei zahlenmäßig die Ausnahmen die Regel bilden, durchläuft ein solcher Unternehmensorganismus verschiedene Phasen seiner Entwicklung, die unterschiedliche Reifegrade, Organisationsformen und demgemäß auch Führungsstile mit sich bringen. Leider gibt es hierzu noch keine bekanntgewordenen wissenschaftlichen Untersuchungen; vielleicht, weil wohl vielen Betriebswirtschaftlern aus dem kartesianischen Weltbild heraus eine Sicht des Unternehmens als lebender Organismus suspekt erscheinen mag.

Entwicklung eines Unternehmens

Ich selbst habe in den letzten zwei Jahrzehnten die Entwicklung eines 1962 als Einmann-Betrieb gegründeten Unternehmens verfolgt, das in konstantem Wachstum in dieser Zeitspanne alle drei Phasen der Organisation und des Führungsstiles durchlaufen hat, wie wir sie auf der schematischen Darstellung (S. 58) finden. Hier von Anpassung an epochale Wirtschaftsentwicklungen im Sinne des Führungsstiles sprechen zu wollen, wäre unsinnig. Allerdings hat die Firma das unerhörte Glück gehabt, nicht durch Althergebrachtes vorbelastet zu sein und sich daher bei der ständigen Neueinstellung und Umstellung nicht selber im Wege zu stehen. Und da die Geschäftsleitung – ohne Rücksicht auf Überkommenes – es leicht hatte, neue Strömungen relativ schnell zu adaptieren, hat man heute dort einen Organismus, der so gesund und transformationsbereit ist, daß man auch die bevorstehenden größeren Wandlungen wahrscheinlich gut überstehen wird.

1.5 Was soll denn nun werden?

Mit der Darstellung auf Seite 58 ist einmal der Versuch unternommen worden, aus dem Gewirr von unendlich vielen Lehren, Stilen und Techniken Überschaubares herauszuarbeiten, das dem Führenden helfen kann zur Selbstidentifizierung seines Unternehmens. Für die den Entwicklungsphasen zugeordneten Führungsstile sind Begriffe gewählt worden, die über allen Lehren stehen und gewissermaßen nur zur Kategorisierung dienen.

Hilfe zur Selbstidentifizierung

Führungsstil ist mehr als nur eine Technik

Zentral-Organisation

Zentral-Organisation

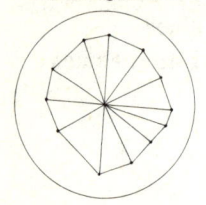

Unter „Pionierstil" soll die Form der Führung verstanden werden, in der der Unternehmer (Gründer?) noch „Vorarbeiter" im wahrsten Sinne des Wortes ist; sein „Laden ist noch überschaubar", und zu seinem Dutzend Mitarbeitern hat er noch direkten, täglichen persönlichen Kontakt; alles ist auf sein Vorbild abgestimmt, und jeder hat auch mit seinen Problemen jederzeit Zugang zum Chef, der dann entscheidet.

Entwicklung der Hierarchie

Mit dem Zeitpunkt, da in einem solchen Betrieb ein Meister zwei andere Meister unterstellt bekommt und selbst zum Obermeister avanciert, beginnt der hierarchische Aufbau. Der Außendienstler bekommt drei Mitarbeiter im Außendienst und nennt sich nun Verkaufsleiter, der Buchhalter wird zum Finanzleiter und führt den Lohnbuchhalter und den Kundenbuchhalter, auch noch einen Leiter der Mahnabteilung usw. Hier nun entwickelt sich der „patriarchalische" Stil, den wir als direktiv beschrieben haben, in allen seinen Varianten und Möglichkeiten, mit den verschiedenen Ebenen und auch noch den dazugehörigen Stabsstellen, mit den Dienstwegen und dem Scheuklappendenken und all jenen schönen Auswüchsen, die wir dann in Veröffentlichungen über „Mismanagement" zu lesen bekommen.*

Patriarchalische Phase

Während beim Pionierstil noch die Zentralorganisation mit der Orientierung auf einer Zentralfigur, den in der Mitte stehenden Chef, die adäquate Organisationsform darstellt, ergibt sich für die patriarchalische Phase des Unternehmens durch die zunehmende Differenzierung die Aufbauorganisation mit ihren hierarchischen Stufen, wie wir sie als jahrhundertealte Muster in der Kirche oder beim Militär sowie in der Verwaltung finden. Und um es einmal deutlich auszusprechen: Die weitaus überwiegende Zahl aller deutschen Unternehmen befindet sich noch in dieser Phase, auch wenn man sich in mancher Hinsicht noch so fortschrittlich gibt. Bereichs- und damit Scheuklappendenken einerseits – als Ergebnis der stets wachsenden Differenzierung – und hierarchisches Untertanendenken, Speichelleckerei, Radfahrer-

---

* Schleip hat im Organisationsleiter-Handbuch die Entwicklung dieser Formen ausführlich beschrieben (Lit. 107).

Führungsstil ist mehr als nur eine Technik

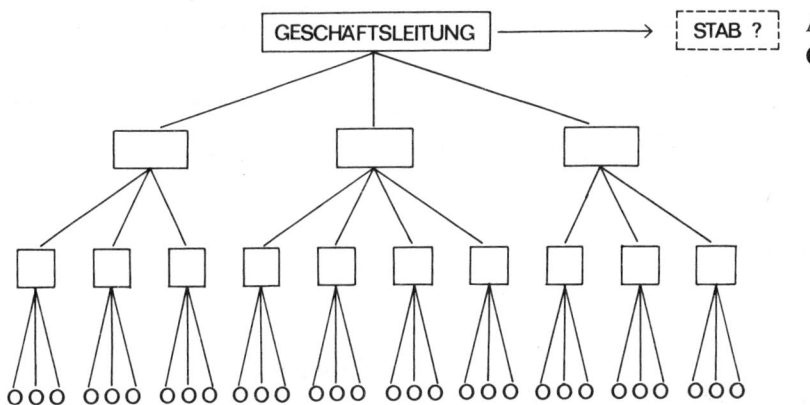

Aufbau – Organisation

tum, Beförderungsrivalität, Statussymbole, Arroganz, Borniertheit und Dünkel andererseits sind die schlimmsten Auswirkungen, mit denen man sich allerorten herumschlagen muß.

In den mehr als 2 Jahrzehnten, in denen ich mich mit Führungsfragen und Führungsfehlern in den Unternehmen befaßt habe, glaube ich, den Ursachen der vielfältigen Fehlentwicklungen in einer Hinsicht auf die Spur gekommen zu sein: Unsere Wachstum-Gläubigkeit und die mit ihr zusammenhängende zunehmende Differenzierung sind Ergebnisse falschen Denkens und damit Wurzeln vieler Übel. Noch in Unternehmer-Seminaren 1968 konnte ich erleben, daß manche Chefs in Panik gerieten, wenn einmal die jährliche Zuwachsrate „nur" 2 bis 3 % betragen hatte statt wie bisher gewohnt 8 oder mehr Prozent. Und mit einer nahezu kannibalischen Lust – wie zur Selbstzerfleischung – gründete man Niederlassungen, eröffnete neue Bereiche, schuf differenziertere Vertriebsstrukturen und stürzte sich in Diversifikation.

Wenn ich manchmal in Gesprächen auf die Risiken solcher Entwicklungen hinwies und Selbstbescheidung empfahl, wurde mir meist die Antwort: „Ja, sollen wir uns denn dies . . . oder dies . . . tatsächlich entgehen lassen; meinen Sie das ernst, was Sie sagen?"

Nun allerdings ist es höchste Zeit zum Umdenken! Wer jetzt noch mit betriebswirtschaftlichen Strukturen und Führungsmethoden der 60er Jahre – ein wenig aufpoliert mit irgendeiner englisch-

Umdenken ist geboten

Entwicklungsphasen zum Unternehmensstil (Kriterien der Führung)

Führungsstil:	autoritär (Pionierstil)	direktiv (Patriarchalstil)	integrativ (Kollegialstil) – Partner –
Arbeitsweise:	isoliert	nebeneinander	miteinander ⟶ tolerant integriert
Arbeitstechnik:	Heim-Einzel-Arbeit	industrielle Organisation: Funktionen und Abläufe	kybernetisch geregelte Organismen ⟶
Aufgabe:	Arbeitserledigung	Erreichen vorgegebener Planziele (objectivs)	Erreichen von Ergebnissen ⟶ zum Bedarf
Verantwortung:	isoliert	differenziert	koordiniert ⟶ jeder einzelne trägt sie mit
Vorgesetzter:	Antreiber	Aufpasser	Berater ⟶ integrierte Persönlichkeit
Leitungsfunktion:	Anweisung Arbeits-Vorgabe Kontrolle	Aufgaben-Zuweisung Planziel-Vorgabe Dienst-Aufsicht	Unternehmenspolitik Ergebniserwartung Erfolgsbeobachtung ⟶ Leben
Organisations- a) Prinzip:	Zentralisierung	Differenzierung	Zusammenführung Integration Gemeinsamkeit ⟶ Zirkel 2000
b) Form:	Zentral-Organisation	Aufbau-Organisation	Ablauf-Organisation in Regelkreisen	
Kommunikation:	nach Bedarf selektiert	v. oben selektiert, v. unten nach oben Berichtswesen	horizontal und vertikal in allen Richtungen ⟶ keine Geheimnisse ⟶ Zirkel 2000
Motivation:	Befehle und Vorschriften	Anweisungen gemäß Verteiler	Mensch unter Menschen – Heranziehen zum Mitdenken – Befriedigung durch Tätigkeit am richtigen Platz ⟶ Sinn
Problematik:	Bewältigung der Materie	Bewältigung der Energie	Bewältigung der Information – Sinnfindung zum Leben des Einzelnen und der Gemeinschaft

klingenden Managementlehre – sein Unternehmen in das letzte Jahrzehnt dieses Jahrtausends hinüberretten will, muß sich nicht nur neuem Denken aufschließen, sondern auch versuchen, in der neuerkannten Richtung zu marschieren. Mit Flickschusterei – wir haben es schon mehrfach erwähnt – ist da nichts mehr zu machen!

In unserem Schaubild auf S. 58 ist in der rechten Spalte angedeutet, welche Richtung die Entwicklung nehmen wird. Mit Absicht ist dort am rechten Rand keine Begrenzungslinie angebracht; die eingefügten Pfeile sollen andeuten, wie sehr alles noch offen – im Fluß – ist. **Alles ist noch offen**

Denn wie weit sich die Dinge in den einzelnen dargestellten Bereichen entwickeln, vermag heute noch kein Mensch zu sagen. Nur eines ist sicher: wer es fertig bringen wird, die Kriterien der mittleren Spalte möglichst vielfältig in Richtung zu den Begriffen der rechten Spalte – einer integrativen Führung – zu überwinden, nimmt die Chancen für die Zukunft wahr. Es sei an dieser Stelle erspart, auf alle Details der Begriffe einzugehen; sie werden im Einzelnen noch mehrfach im Zusammenhang mit der Darstellung des Modells „Zirkel 2000" ausführlich behandelt und begründet werden (s. 6. Schritt).

Für unsere weiteren Überlegungen sind die erwähnten Prämissen die Grundlage zu den Schlußfolgerungen. Sie seien hier noch einmal – der Übersicht halber – aufgeführt in der Reihenfolge, wie sie beschrieben wurden, ohne das dies eine Rangordnung oder Wertfolge darstellt: **Übersicht der Prämissen**

Prämisse 1 – Die Menschen sind heute weltweit besser, breiter und schneller informiert als früher. Mitarbeiter sind daher nicht mehr ohne weiteres bereit, Anweisungen eines Vorgesetzten zu akzeptieren, ohne erfahren zu haben, warum dies so getan werden muß.

Prämisse 2 – Der Mensch wird zukünftig im Mittelpunkt stehen; denn nicht der Mensch ist für das Unternehmen da, sondern das Unternehmen muß für den Menschen geschaffen sein.

Führungsstil ist mehr als nur eine Technik

Prämisse 3 – Das Unternehmen muß als lebendiger Organismus betrachtet und behandelt werden und nicht als eine tote Institution.

Prämisse 4 – In unserer Zeit vollzieht sich ein Wandel des Autoritätsverständnisses; wir kommen weg von der Autorität „ex officio" (kraft des Amtes) hin zu jener „ex persona" (aus der Persönlichkeit heraus).

Prämisse 5 – Kontrolle ist gut und notwendig, aber Vertrauen muß die Grundlage jeglicher Kommunikation sein.

Prämisse 6 – Unternehmensführung ist immer unabdingbar auch Menschenführung.

Prämisse 7 – Lernen ist wie Rudern gegen den Strom; wenn man aufhört damit, treibt es einen zurück.

Persönlichkeits-Bildung

Aufbauend auf diesen Prämissen zeichnet sich eindeutig der Weg unseres weiteren Vorgehens ab. Da der Mensch im Mittelpunkt aller Überlegungen steht und auch jede Unternehmensführung gleich Menschenführung ist, werden wir uns zunächst der Persönlichkeitsbildung des Führenden zuwenden, von der alles andere abhängig ist.

Gruppen-Führung

Den Hilfen und Erkenntnissen zur Charakterbildung folgen dann im 7. Schritt die Beziehungen des Menschen zur Gruppe – also die sozialen Bindungen und Möglichkeiten. Denn Menschenführung ist immer – darüber wird noch zu sprechen sein – auch zugleich Gruppenführung.

Zukunfts-Modell

Und schließlich sollen dann – als Zusammenfassung der bisher erarbeiteten Erkenntnisse – die Überlegungen angestellt werden, die zu einem praktikablen Modell (wir nennen es „Zirkel 2000") führen, das sicherlich kaum der Weisheit letzter Schluß sein kann, sondern nur den Einstieg in die Transformation erleichtern helfen soll.

Standpunkt II

Kybernetik – Prinzip des Lebens im Organismus

> Die Kunst zu leben hat mit der Fechtkunst mehr Ähnlichkeit als mit der Tanzkunst, insofern als man auch auf unvorhergesehene Streiche gerüstet sein muß.
>
> Marc Aurel

Ich will einmal den Versuch wagen, den Begriff „Kybernetik", der seit den 60er Jahren in vielen Köpfen herumgeistert, in einer allgemein verständlichen Weise zu erläutern. Dabei lasse ich mich von einem Gedanken Albert Einsteins (1879–1955) leiten, der einmal gesagt haben soll, man könne „einen wissenschaftlichen Sachverhalt entweder bis ins kleinste Detail exakt, aber dann unverständlich, oder allgemeinverständlich, aber dann nicht bis ins letzte, also nur oberflächlich darstellen". Ich habe mich zur zweiten Art entschlossen, ja sie sogar zu einem Ziel meiner Lebensarbeit gemacht, weil ich glaube, daß die zunehmende Differenzierung und Spezialisierung zum Scheuklappendenken und zur Verarmung des menschlichen Geistes führen muß. Und gerade dies würde dem Prinzip ganzheitlichen Denkens und Lebens, dem dieses Buch dienen soll, entgegenstehen.

Wenn man heute einmal auf der Straße unter Passanten eine Umfrage vornehmen wollte, was denn unter Kybernetik verstanden werde, dann bekäme man wahrscheinlich – neben einer beträchtlichen Anzahl von Mißverständnissen oder Verwechslungen mit Kinesik (= Körpersprache), Kinetik (= Lehre von den Bewegungen) oder Kynologie (= Hundekunde) – in den meisten Antworten Fehlanzeige. Abgesehen von einigen Leuten, die der landläufigen Meinung sind, Kybernetik sei EDV.

Das Wort Kybernetik ist aus dem griechischen Wort „kybernetes" = der Steuermann entwickelt; schon Plato verwendet den Begriff „kybernetike" im Sinne von Steuermannskunst. Man verbindet damit die bildliche Vorstellung von dem Kapitän oder Steuermann eines Schiffes, der durch ständiges Anpassen – unter Berücksichtigung aller Störungen wie Untiefen, Strömungen, Windrichtungen usw. – den richtigen Kurs einhält, um zu seinem Ziel zu gelangen.

Dieses Bild hat man zu verschiedensten Zeiten auf die unterschiedlichen Bereiche und Vorgänge übertragen; z. B. benannte James Watt bei seiner Erfindung der Dampfmaschine den Regler, der je nach Dampfdruck reagierte, „governor". Dies ist das englische Wort, das wir auch im Deut-

Standpunkt II

schen als „Gouverneur" – also Regierenden oder Verwaltenden – haben und das vom lateinischen „gobernator" abgeleitet ist, ein Lehnwort aus dem griechischen „kybernetes".

Der Grundgedanke eines kybernetischen Vorganges ist der, daß man – um ein gesetztes Ziel zu erreichen – auf dem Weg dorthin bei Störungen diese umgehen, vermeiden, umfahren oder umschiffen – kurz: sich ihnen so anpassen muß, daß man durch eine entsprechende Regelung des Vorgehens doch noch zu seinem Ziele gelangt. Auch dies hört sich noch sehr abstrakt an; ich will es an einigen Beispielen aus den verschiedensten Bereichen erläutern.

Bei jedem Vorgehen, jeder Tätigkeit oder Aktivität mit der Absicht, ein gewisses Ziel zu erreichen, bilden wir – vielfach natürlich unbewußt – eine Steuerstrecke, wie ich sie versucht habe, als Modell darzustellen.

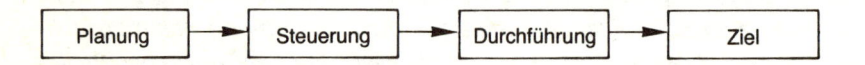

Planung → Steuerung → Durchführung → Ziel

Jeder einfache Vorgang kann auf diese Weise aufgeteilt werden, um die einzelnen Phasen bewußt zu machen. Wenn ich die Absicht habe, einem Freunde eine Nachricht zukommen zu lassen, so ist dies mein Z i e l. Meine P l a n u n g wird in diesem konstruierten Fall das Mittel eines Briefes sein; ich könnte ebensogut ein Telegramm oder einen Boten senden oder telefonieren, um den gleichen Erfolg zu haben. Die S t e u e r u n g – und dieser Begriff wird vielfach mißverstanden im Sinne von Lenkung wie etwa bei einem Auto – ist in übertragenem Sinne eine Arbeitsvorbereitung: das Heraussuchen seines letzten Briefes, der beantwortet werden soll, das Bereitlegen von Briefpapier und Schreibgerät usw. Unter D u r c h f ü h r u n g versteht man dann den eigentlichen Vorgang des Schreibens, Adressierens, Freimachens, Postens – bis der Brief dann durch die Post zu meinem Freund gelangt. Wenn er ihn dann noch öffnet und liest, habe ich mein Z i e l, ihm eine Nachricht zukommen zu lassen, mit Hilfe der angewandten Steuerstrecke erreicht. Der Vorgang ist ohne Störung abgelaufen.

Warum aber nun diese differenzierte Darstellung des Ablaufes in einer Steuerstrecke, wenn man dazu der Einfachheit halber auch sagen könnte: man ist von einem „Ist-Zustand" zu einem „Soll-Zustand" gelangt? Ganz einfach: weil durch die Aufgliederung der Steuerstrecke die Mög-

Standpunkt II

lichkeit, durch Störungen entstehende Fehler rechtzeitig zu entdecken und zu beseitigen, verbessert werden kann.

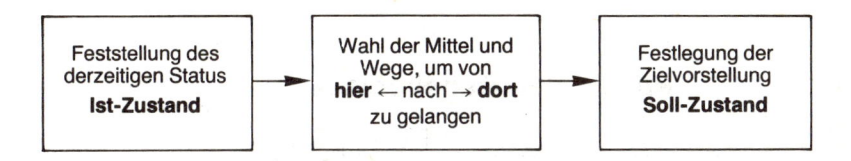

Feststellung des derzeitigen Status **Ist-Zustand**	→	Wahl der Mittel und Wege, um von **hier** ← nach → **dort** zu gelangen	→	Festlegung der Zielvorstellung **Soll-Zustand**

Um beim Beispiel meines Briefes an den Freund zu bleiben: an jeder Stelle der Steuerstrecke könnten Störungen entstehen, die mich daran hindern, mein Ziel zu erreichen. Beispielsweise könnte ich die Anschrift meines Freundes verlegt haben, ich könnte kein Briefpapier im Hause oder kein Schreibgerät greifbar haben, Briefmarken könnten nicht verfügbar sein – oder ein verletztes Bein könnte mich daran hindern, zum Briefkasten zu gehen – um nur einige der möglichen Störungen, die im Ablauf eintreten könnten, zu nennen.

In jedem Störungsfall muß ich also nun irgendetwas unternehmen, um den weiteren Ablauf zu sichern und mein Ziel zu erreichen. Also etwa Briefpapier oder Briefmarken vom Nachbarn ausleihen usw. Dies nennt man dann eine R ü c k k o p p e l u n g, die zu einer entsprechenden R e g e l u n g führt, mit deren Hilfe ich dann auf meiner Steuerstrecke fortfahren kann.

Auch das Wort „Rückkoppelung" ist ein wenig verwirrend, weil der Normalbürger es mit irgendwelchen Pfeif- oder Kratzgeräuschen beim Radioapparat verbindet. Gemeint ist jedoch damit die Beobachtung einer Störung und die Veranlassung – oder der Entschluß –, etwas dagegen zu unternehmen.

Ich bin kein Freund von Amerikanismen, deren Gebrauch bei uns geradezu zu einer Sucht geworden ist. Aber bei der „Rückkoppelung" ist der amerikanische Ausdruck „feed back" dem eigentlichen Sinne entsprechend wesentlich treffender. Er besagt, das ich „zurückfüttere", d. h. also das, was zuvor gemäß der Planung eingegeben war, durch eine Korrektur – die Regelung – abändere und somit mich der veränderten Situation anpasse.

Und hier auch gleich noch eine Erläuterung zu dem Begriff der Anpassung: Anpassung ist keineswegs etwas Negatives oder gar Charakterlo-

Standpunkt II

ses, sondern ein Vorgang, der in unserer Natur ständig abläuft. Die gesamte Evolution wäre ohne ihn nicht denkbar – er ist gewissermaßen die Möglichkeit zum Überleben und zum Leben schlechthin.

Prinzip des Regelkreises*

```
          ┌─────────── Störung ───────────┐
          ▼          ▼                    
    (kann an jeder Stelle der Steuerstrecke eintreten)

  ┌──────────┐   ┌──────────────┐   ┌──────────────┐
  │ Planung  │   │  Steuerung   │   │ Durchführung │
  │  Ziel-   │──▶│Verhaltens-   │──▶│Wirkung auf die│──▶ Ziel
  │vorstellung│  │   weise      │   │   Umwelt     │
  │          │   │  Anpassung   │   │  verbesserte │
  │          │   │  Regelung    │   │   Wirkung    │
  └──────────┘   └──────────────┘   └──────────────┘
                         Regelkreis
               ┌──────────────────────────┐
               │ Rückkoppelung (feed back)│
               │      Beobachtung         │
               └──────────────────────────┘
```

Mit dieser Zeichnung ist das Prinzip des Regelkreises dargestellt. Wenn im Ablauf eines Vorgangs an irgendeiner Stelle der Steuerstrecke eine Störung eintritt, die dann durch eine Rückkoppelung und Regelung beseitigt oder umgangen wird, dann ist dies ein Regelkreisverhalten. Und das ist das ganze Geheimnis der Kybernetik – die Kybernetik ist nichts anderes als die Lehre von den steuernden und regelnden Vorgängen bei irgendwelchen Abläufen.

Manche mögen mich wegen dieser bewußt einfach gehaltenen Darstellung für einen „terrible simplificateur" – einen jener schrecklichen Vereinfacher halten. Denn Fachleute der Informatik-Wissenschaft haben eine große Anzahl von Fachausdrücken für den Bereich der Kybernetik. Da spricht man nicht nur von Ist- und Soll-Werten, sondern auch noch von Steuerung und Reaktion, von Stellfunktion und Meßfunktion, Regelfunk-

---

* Mit freundlicher Genehmigung aus dem Buch „Rhetorik für den Ingenieur" (Lit. 4) entnommen.

Standpunkt II

tion und Regelgröße und vielem anderen mehr. Jeder Begriff bedarf eigener ausführlicher Erklärung, aber im Endeffekt kommt nichts anderes heraus als das, was ich in der vorangestellten Zeichnung habe verständlich machen wollen. Es geht doch nur darum, das Prinzip des Regelkreises zu erkennen.

Und diese Regelkreise findet man in allen Bereichen; ich will einige Beispiele hierzu anführen:
In der *Politik* wird eine Partei, die eine Wahlniederlage erlitten hat, anschließend eine Analyse ihres Programmes und ihrer Methoden vornehmen, um durch eine Verhaltenskorrektur zukünftig mehr Erfolg zu haben. Sollte sie es nicht tun, so wird sie nicht mehr lange überleben! Und diesen Satz könnte man an jedes der folgenden Beispiele anfügen, er wird stets zutreffen.

In der *Wirtschaft* hat sich François Mitterrand entscheidend umstellen müssen, von seinen sozialistischen Experimenten abzurücken. Sollte er es nicht tun, dann ...

Im *militärischen* Bereich ist ein solcher Regelungsprozeß zwischen den beiden großen Machtblöcken ununterbrochen im Gange; wer da keine entsprechenden Regelungen vornimmt ...

Betriebswirtschaftlich ist jedes Unternehmen ständig gefordert, sich der technischen Entwicklung anzupassen und Regelungen durch Neu-Investitionen vorzunehmen. Sollte es dies nicht tun, ...

Dies gilt gleichermaßen für den Bereich der *Entwicklung* neuer Produkte in den Unternehmen ebenso wie für Abläufe in der *Produktion*, in der *Material*wirtschaft wie im *Personal*wesen.

Und im *Marketing*-Bereich haben im Frühsommer 1984 die Kaffee-Produzenten Tchibo und Jacobs uns ein geradezu klassisches Beispiel geliefert: als sie einsehen mußten, daß ihre Aktion mit den 400-Gramm-Packungen am Widerstand des Verbrauchers gescheitert war, korrigierten sie in öffentlichen Verlautbarungen den Fehler. Hätten sie es nicht getan, ...

Auch in der gesamten *Finanzwirtschaft* regiert überall das Regelkreisverhalten, vom sensiblen Instrument der Börsenkurse bis hin zu den Maßnahmen der Bundesbank, mit der Anhebung oder Senkung von Leit-

Standpunkt II

zinsen oder Diskontsätzen die Geldwertstabilität unserer Währung zu erhalten sucht. Sollte sie dies nicht tun, ...

Doch nun weg von den großen Zusammenhängen und hinein in unser tägliches Leben: der Autofahrer, der nicht kybernetisch regelt, wenn ein Hindernis auftaucht, wird sein Ziel ebensowenig erreichen wie der Lehrer, der – ohne die Begreifenskapazität seiner Schüler zu berücksichtigen – einen zu schweren Stoff abhandelt. Und der Einzelhändler, der sich in Preisen und Verhalten nicht dem benachbarten Wettbewerb anpaßt, wird genau so wenig Erfolg haben wie der Fußballtrainer, der nicht rechtzeitig einen Stürmer einwechselt, wenn seine Mannschaft in Rückstand geraten ist.

In der Technik umgibt uns die Regelungstechnik auf Schritt und Tritt: vom alten Wasserspülungskasten mit Schwimmer in der Toilette des Altbaus bis hin zum modernen Heizungsthermostat, von der Warnleuchte des Treibstoffanzeigers im Auto bis zur Sprinkleranlage im Hotel oder im Kunstmuseum.

Aber nicht nur Politik, Wirtschaft, Wissenschaft und Technik wie auch Sport, Marketing, Werbung und etwa Mode werden von solchen Regelungsvorgängen gesteuert, sondern auch das Leben in der Natur spielt sich nach kybernetischen Prinzipien ab. Bei Trockenheit rollen sich Blätter einer Pflanze zusammen, um so durch Verringerung der Oberfläche die Verdunstung herabzumindern. An warmen Tagen besetzen die Bienen den Eingang ihres Stocks und fächeln mit den Flügeln, um auf diese Weise für eine gleichmäßige Innentemperatur zu sorgen, die für die Aufzucht der Brut erforderlich ist. Wenn die Katze in der Sonne sitzt und geblendet wird, sind ihre Augen nur ein schmaler Schlitz, – wenn sie jedoch in der Dämmerung auf Mäusefang geht, erweitert sich die Iris des Katzenauges auf den größtmöglichen Durchmesser, um noch so viel wie möglich Resthelligkeit für die Jagd aufzunehmen. Der Wechsel des Pelzes – Sommer und Winter – bei Haarwild ist ebenso ein kybernetischer Vorgang wie die Fähigkeit des Chamäleons, durch Wechsel seiner Hautfarbe sich dem jeweiligen Untergrund anzupassen, um von seinen Feinden nicht entdeckt und gefressen zu werden.

Auch der Mensch hat, obwohl er viele seiner Urinstinkte verloren hat, noch solche Regelungsvorgänge, – denken wir beispielsweise nur an gefährliche oder Schreck-Situationen, wo es uns plötzlich eiskalt den Rük-

Standpunkt II

ken herunterläuft oder wir einen Hitze- oder Schweißausbruch verspüren. Dies ist auf von der Nebenniere in Sekundenschnelle ausgeschüttetes Adrenalin oder Noradrenalin zurückzuführen, das bestimmte Körper- und Nervenfunktionen fähig macht zu schnelleren Reaktionen bei Gefahren. Und etwas ganz anderes: wer zuviel gegessen und/oder getrunken hat, wird es zu spüren bekommen, daß sich „sein Magen umdreht" – wie man so schön sagt. Und schließlich: Schmerzen sind nichts anderes als Warnsignale, daß irgendeine Funktion oder ein Organ gestört ist.

Im Zusammenhang mit den Regelungsvorgängen beim Menschen arbeiten nicht nur die Medizin und die Psychologie – vor allem im psychosomatischen Bereich – mit den Begriffen der Kybernetik, auch Gruppenpsychologie und Soziologie erkennen in ihren Feldern Prozesse der Steuerung und Regelung. Wir werden, wenn wir die Gruppenführung im Unternehmen behandeln, darauf einzugehen haben; schließlich ist auch der moderne, integrative Führungsstil auf kybernetisch geregelten Organisationsabläufen aufgebaut.

Als Norbert Wiener (1894–1964), den man auch den „Vater der Automation" nennt, seinem 1948 in den USA erschienenen Buch den Titel „Cybernetics: or control and communication in the animal and the machine" gab, konnte er (Lit. 130) noch nicht wissen, daß er gewissermaßen ein neues Zeitalter für wissenschaftliche Arbeit initiierte.* Sein Grundwerk ist erst 1963 in deutscher Übersetzung erschienen; in der Sowjetunion lernt bereits seit den 60er Jahren jedes Kind in der Volksschule, mit den Begriffen der Kybernetik umzugehen. Kybernetik ist kein modernes Schlagwort, sondern die Erkenntnis von Gesetzmäßigkeiten, die quer durch alle Fakultäten und alle Bereiche unseres Lebens wirken.

Wenn ich nun versucht habe, einmal allgemein einen Überblick zu geben, was unter Kybernetik heute verstanden wird, so könnte mancher den Eindruck erhalten haben: „Das ist doch gar nichts Neues; das ist doch eigentlich schon immer dagewesen!" Und damit hätte er im Grunde sogar

---

* **Anmerkung:** Bewußt gebrauche ich seit vielen Jahren im Zusammenhang mit den Regelungsvorgängen den Begriff der „Kontrolle" nicht, sondern statt dessen das Wort „Überwachung". Meines Erachtens ist dies nicht nur psychologisch sinnvoller, sondern auch sachlich. Denn in der „Überwachung" steckt nicht nur der Vorgang des Kontrollierens als Feststellung einer Abweichung vom vorgesehenen Ablauf, sondern auch noch die Inangriffnahme von Maßnahmen zur Beseitigung der Störung – also die Regelung. Auch Norbert Wiener schrieb ja schon „control a n d communication". (Der Verfasser)

Standpunkt II

recht, denn Kybernetik enthält das Prinzip des Lebens im Organismus – und das ist schließlich so alt wie das Leben selbst. (Norbert Wiener schrieb 1961 im Vorwort zur zweiten Auflage seines Buches, daß die erkannten Gesetzlichkeiten nun schon so bekannt geworden seien, daß er sich hüten müsse, mit seinen Ausführungen nicht trivial zu erscheinen.)

Das Neue aber und Entscheidende an der Kybernetik, das epochale Bedeutung hat, ist, daß man dieses uralte, schon immer dagewesene Prinzip heute erkannt hat und daß man diese Erkenntnis in Zukunft – unter Einsatz der modernen technischen Mittel, insbesondere im Informationswesen – bewußt auf allen Gebieten der Forschung, Lehre und Praxis anwenden kann. Die Kybernetik hilft uns Menschen einen entscheidenden Schritt weiter bei der Bewußtseinsbildung über unser Leben. In der Selbsterkenntnis des Menschen kann sie eine entscheidende Hilfe sein zur Persönlichkeitsentwicklung und zur Sinnfindung in unserem Leben.

Wir werden im nächsten Schritt sowie im 5. Schritt und den folgenden sehen, wie lebenswichtig es für jeden im Unternehmen Verantwortlichen ist, das Grundprinzip der Kybernetik zu kennen und bei allen Vorgängen und Abläufen sich kybernetisch regelnd zu verhalten.

2. Schritt:
Vom Individuum zur Führungspersönlichkeit

> *Volk und Knecht und Überwinder*
> *sie gestehn zu jeder Zeit:*
> *Höchstes Glück der Erdenkinder*
> *sei nur die Persönlichkeit.*
> *Jedes Leben sei zu führen,*
> *wenn man sich nicht selbst vermißt,*
> *alles könne man verlieren,*
> *wenn man bliebe, was man ist.*
>
> Goethe, Divan

Die Kommunikationsschwäche ist eine der größten Schwierigkeiten innerhalb des menschlichen Zusammenlebens: wir verstehen einander so oft nicht, wir reden aneinander vorbei oder wir meinen unter einem Wort oder einem Begriff etwas ganz anderes als der Gesprächspartner. Daher ist es stets gut, zu Beginn einer Diskussion oder einer Abhandlung zunächst Begriffe eindeutig abzuklären, damit der Denkprozeß nicht mit unterschiedlichem Verständnis angegangen wird. Dies gilt überall.

Grundübel Kommunikationsschwäche

Der Begriff „Persönlichkeit" verlangt geradezu nach einer genauen Definition, denn wenn man sich mit ihm befaßt, wird man feststellen, daß kaum ein anderes Wort so schillernd ist und so vielfältig unterschiedlich verstanden und gebraucht wird wie dieses. Es gibt zahllose Erklärungen des Begriffes „Persönlichkeit" – sie sind vielfach aus bestimmten Geisteshaltungen, Glaubensrichtungen oder Philosophien geprägt. Und sie werden oft mit bestimmten Akzenten oder Inhalten verbunden, von denen der Laie keinerlei Vorstellungen hat.

Begriffsdefinition Persönlichkeit

2.1 Person – Individualität – Persönlichkeit

> *Du sollst dich nicht nach einer*
> *vollkommenen Lehre sehnen, sondern*
> *nach einer Vervollkommnung deiner*
> *selbst!*
> Hermann Hesse

Vom Individuum zur Führungspersönlichkeit

Ausdruck der Wesensart

Zunächst gilt es, sich der Wortentstehung aus der lateinischen Wurzel zu erinnern: Im Trauerspiel des griechischen Altertums, von den Römern später übernommen, trugen die Schauspieler Masken, durch deren offenen Mund die Stimme des Trägers hinausklang in das Rund der Zuhörer. „Sonare" heißt „klingen" und „per" bedeutet „durch" – „personare" meint also nichts anderes als das Klingen der Stimme des Schauspielers durch die Maske hindurch zum Publikum. Damit ist zugleich ein Bild gebraucht, dessen wir uns auch heute noch vielfach bedienen: die Wesensart eines Menschen dringt – aus seinem Innersten kommend – durch äußere Umhüllung und Maske, die er sich manchmal auferlegt, hindurch und gelangt zum anderen. Der Begriff der Wesensart ist jedenfalls sehr eng mit der Persönlichkeit verbunden; darauf wird später noch einzugehen sein.

ist Individuum gleich Persönlichkeit?

Zunächst erscheint es sinnvoll und wichtig, den Begriff der Persönlichkeit mit dem „Individuum" in Beziehung zu bringen. Vom lateinischen „dividere = teilen" abgeleitet, bedeutet Individuum nicht anderes als das „Unteilbare". Damit ist der Mensch in seiner Gesamtheit gemeint, mit allen seinen geistigen, körperlichen und seelischen Eigenschaften und Fähigkeiten, die zusammengehören und in ihrer Ganzheit untrennbar miteinander verbunden sind. Eine Vorstellung, die weit über die Anschauung im kartesianischen Weltbild – Leben und Natur seien eine Maschine – hinausgeht und Grundlage für unsere Forderung nach dem „homo integrans" bildet.

die Einzelperson

Dem Begriff des Individuums kann man die „Person" gleichsetzen, – und in diesem Sinne ist jeder Mensch eine Persönlichkeit, der Eskimo im Iglu genauso wie der Universitätsprofessor in Göttingen, der Hottentottenneger im Kral ebenso wie ein Ministerpräsident. Auch die psychologische Forschung und Praxis arbeitet hier mit dem Begriff, sie betreibt „Persönlichkeitsforschung" oder erstellt durch „Persönlichkeitstests" entsprechende „Persönlichkeitsbilder".

Allerdings haben wir im Sprachgebrauch doch von einer Persönlichkeit eine zwar unbestimmte, jedoch andere Vorstellung als nur die, daß es ein jeder sei. In der Individualpsychologie klingt dies bereits an: wir meinen eine bestimmte Individualität, durch die sich ein Individuum von anderen abhebt. Hierfür wäre folgende, wohl nicht bis zum letzten ausgefeilte Definition anzubieten:

> *Individualität entwickelt ein Individuum dann, wenn es durch eigenen Denkprozeß zu selbständigen Urteilen und daraus zu Verhaltensweisen gelangt, die sich gegebenenfalls von den Verhaltensweisen anderer, von der Masse, von Mode, Normen oder Zeiterscheinungen unterscheiden können – nicht müssen.*

Definition der Individualität

Hier muß erwähnt werden, daß es auch eine „Schein-Individualität" gibt, die uns leider sehr oft im täglichen Leben begegnet. Man findet sie bei Menschen, die glauben, durch eine bestimmte ausgefallene Verhaltensweise ihren Mitmenschen deutlich machen zu können, wie sehr sie eben nicht in der Masse mitschwimmen, sondern etwas Besonderes sind. Und ein solches Verhalten ist keine Individualität, sondern einfach Schau – in vielen Fällen aus gewissen Komplexen entstanden.

Ein einfaches Beispiel mag dies verdeutlichen:

> *Wenn ein Mann aus Prinzip keine Krawatte trägt, weil er sie für ein unnützes, unpraktisches, hinderliches oder unschönes Kleidungsstück erachtet, so hat er eine klare Begründung für dieses Verhalten – eine Anschauung, die seiner durch Überlegung gebildeten Meinung entspricht und die als Individualität zu achten ist. Wenn aber ein anderer – beispielsweise bei einem feierlichen Anlaß mit festlich gekleideten Gästen – absichtlich ohne Krawatte erscheint, ohne dafür eine andere Begründung zu haben als daß er einfach anders sich verhalten wolle als die anderen, dann ist dies noch längst kein Zeichen von Individualität. Es ist Schau, – vielleicht um Aufsehen zu erregen und eigene Komplexe zu überspielen. – Und wenn ein Künstler bei all seinen öffentlichen Auftritten einen Hut trägt, dann nehme ich ihm dies nur dann als Individualität ab, wenn er mir eine sinnvolle Begründung – etwa daß er keine Sonne oder keinen Zug auf dem Kopf verträgt – bieten kann. Echte Individualität hat es nicht nötig, sich durch „Macken" zu manifestieren.*

Wer im Alltag einmal auf die Verhaltensweisen seiner Mitmenschen in dieser Hinsicht achtet, wird allmählich den Blick schärfen für Wahres und Echtes im Gegensatz zu Angabe und Schau.

Echtes und Schau

Es bleibt noch zu erwähnen, daß individuelle Verhaltensweisen, die aus eigenem Denken und Urteilen entstanden sind, keineswegs immer sich vom Verhalten anderer Menschen oder von Normen unterscheiden müssen. Sie können es, brauchen aber nicht!

Wirkung auf die Umwelt ist ein zusätzlicher Faktor

Zur Individualität, die wir einer Persönlichkeit zuordnen und durch die sie sich von anderen Personen unterscheidet oder abhebt, kommt noch ein Faktor hinzu: die Wirkung auf die Umwelt. Hier erst entspricht der Begriff Persönlichkeit unseren üblichen Vorstellungen: ein Mensch eigener Individualität, der auf seine Umwelt in irgendeiner Art und Weise eine Wirkung ausübt – um nicht gar zu sagen: ausstrahlt. Vielen Menschen, die sich ernsthaft um die Entwicklung ihrer Persönlichkeit bemühen, ist dieser Faktor überhaupt nicht bewußt, ja kümmert sie vielleicht nicht.

Wenn ich in Übungen zur Persönlichkeitsbildung (in meinen Gruppen) einzelne Teilnehmer direkt gefragt habe: „Sind Sie eine Persönlichkeit?", dann kamen die unterschiedlichsten Antworten. Von „Nein, wahrscheinlich nicht" über „Ich möchte erst eine werden" bis zum überzeugten „Selbstverständlich, was glauben Sie denn!". Nur relativ wenige antworteten richtig mit der Erkenntnis: „Das kann ich nicht von mir sagen, denn das müssen die anderen beurteilen!"

Persönlichkeit ohne Echo

Tatsächlich ist dies die wichtigste Erkenntnis des gesamten Komplexes: Ein noch so bedeutender Mensch mit noch so ausgeprägter Individualität ist ein Nichts ohne das Wechselspiel mit anderen Menschen. Man stelle sich nur einmal einen solchen Menschen allein auf einer einsamen Insel vor, – was ist ihm seine Persönlichkeit ohne das Echo, das von anderen Menschen zu ihm zurückfindet und ihn bestätigt? Ähnliches ist schon im Neuen Testament ausgedrückt, wenn es im 1. Kor. 13, 1 heißt: „Wenn ich mit Menschen- und mit Engelszungen redete und hätte der Liebe nicht, so wäre ich ein tönend' Erz und eine klingende Schelle."

Hier finden wir wieder das Bild aus der griechischen Tragödie: das „sonare" – das Herausdringen des Klanges aus der Maske in die menschliche Umwelt bedarf auch des Widerhalls im Wechselspiel der Kommunikation zwischenmenschlicher Beziehung.

Vom Individuum zur Führungspersönlichkeit

Dies genau bezeichnet der Apostel Paulus mit dem Begriff der Liebe, ohne die ein tönend' Erz und eine klingende Schelle nur einseitige Botschaften bleiben. Von ihnen kann man nicht feststellen, ob sie mit ihrer Ankunft bei anderen Menschen tatsächlich eine Wirkung erzielen.

Ein anderes Bild mag uns dies noch verdeutlichen: bei echten Persönlichkeiten spricht man vielfach davon, daß sie eine Ausstrahlung haben. Manche bezeichnen dies auch als Fluidum, als Aura oder – wie Huter (Lit. 71) – Helioda und andere. Ich bin von dem Vorhandensein einer solchen Strahlkraft überzeugt, auch wenn sie sich unseren derzeitigen Möglichkeiten der Messung – etwa mit physikalischen Mitteln – noch entzieht. Wenn wir aber von einer Austrahlung eines Menschen sprechen, so wissen wir – wiederum aus der Physik –, daß Strahlen zumindest nach den uns bisher bekannten Möglichkeiten nur feststellbar und gegebenenfalls meßbar sind, wenn sie auf etwas auftreffen. Und insofern ist auch der Vergleich für die Ausstrahlung einer Persönlichkeit angebracht, die nur dann erkennbar wird, wenn sie auf die menschliche Umwelt des Betreffenden, auf andere Menschen auftrifft.

Menschen, die als Persönlichkeit über eine Ausstrahlung verfügen, die bei anderen Menschen ihre Wirkung tut, fanden und finden wir zu allen Zeiten und in allen Bereichen. Und jeder von uns hat dies vielfach im Leben selbst zu spüren bekommen, hier oder dort einmal einem Menschen begegnet zu sein, von dessen Ausstrahlung als Persönlichkeit er getroffen wurde. Diese Ausstrahlung der Individualität einer echten Persönlichkeit kann selbstverständlich auch nur begrenzt sein auf eine gewisse Gruppe von anderen Menschen. Ein Verbrecherkönig kann als Persönlichkeit vielleicht die gleiche Ausstrahlung haben wie ein Generaldirektor oder ein Publizist, aber sie wird nur wirksam bei seinesgleichen, also bei einer begrenzten Gruppe, für die eben dieser Gangsterboß ein Leitbild darstellt.

Ausstrahlung übt Wirkung auf andere aus

Und so findet man in allen Bereichen menschlichen Lebens Persönlichkeiten als Leitbilder, die bestimmten Gruppen als Idol, zumindest als angesehen oder gar als verehrungswürdig, dienen. Für Jugendliche mag dies ein Fußballheld oder ein Rocksänger

Leitbilder können Persönlichkeiten sein

sein, für Soldaten ein General, für Politiker ein Bismarck oder für Ärzte ein Sauerbruch, – überall finden wir Persönlichkeiten, die ihre Wirkung auf die Umwelt – auf i h r e Umwelt erzielt haben und erzielen. Aber sind dies dann auch Führer – in dem Sinne, daß sie Führungsaufgaben übernehmen? Dies muß nicht unbedingt sein: wenn man weiß, wie zurückgezogen und scheu z. B. ein Schriftsteller Arno Schmidt (1914–1979) in der Heide lebte und seinen handabgezogenen Werken eine Auflage von manchmal nur 300 Exemplaren gab, dann war diese bedeutende Schriftsteller-Persönlichkeit – einmal abgesehen von einer geistigen Richtungsweisung – sicherlich keine Führungspersönlichkeit oder gar Führungskraft, wie wir sie uns in einem Unternehmen vorstellen. Und so gibt es viele Persönlichkeiten, die über große Ausstrahlung verfügen und bedeutende Wirkungen auf andere Menschen ausüben, ohne jemals Führungsaufgaben bewältigt zu haben.

2.2 Das Handwerkszeug zur Menschenführung

Wer aber dieses hätte: ein gelassenes
Verhältnis zur Macht und zu den eigenen
Möglichkeiten, Demut und Humor in
einem, illusionslose Liebe zum Nächsten
und den Willen und die Kraft zum
strengen, entsagungsvollen Dienst am
Ganzen, den dürfen wir für berufen halten.
Kurt Georg Kiesinger

Psychologie für den Manager?

Jegliche Führung – also Einflußnahme auf andere Menschen – steht im Zusammenhang mit psychologischen Vorgängen. Die Psychologie ist die Lehre von den geistig-seelischen Zuständen und Abläufen beim Menschen, sowohl in ihm selbst als auch bei der Kommunikation mit anderen Menschen. Es wäre daher richtig, daß ein Mensch mit Führungsaufgabe sich ausgiebig mit der Psychologie befassen sollte, um deren Gesetze bei der Einflußnahme auf andere richtig anzuwenden und somit erfolgreich führen zu können. Aber das ist nicht praktikabel: wer wollte schon von einem Manager fordern, daß er vor Aufnahme seiner Tätigkeit zunächst noch acht oder zehn Semester Psychologie zu stu-

Vom Individuum zur Führungspersönlichkeit

dieren habe? Und wenn – wo läge die Garantie, daß dieser Mensch dann das Gelernte in der Praxis richtig anwenden könnte?

Scherzhaft wird oft gesagt, wer sich in die Psychologie begibt, kommt darin um. Und tatsächlich ist die Situation die, daß es wohl in keiner Wissenschaft soviel unterschiedliche Lehrmeinungen gibt wie in der Psychologie, die einander vielfach widersprechen und sich durch ihre Adepten gegenseitig heftig bekämpfen.

Zuviel unterschiedliche Lehrmeinungen

Wenn die Lage nicht so betrüblich wäre, könnte man darüber lachen: es ist heute kaum möglich, daß ein Student bei einem Professor einer Universität sein psychologisches Examen machen kann, wenn er zuvor an einer anderen Hochschule – bei einem anderen Dozenten mit anderer Lehrmeinung – gehört hat. Man verwirft an den Lehrstühlen fremde Lehrauffassungen, man erfindet neue Begriffe und baut seine eigene Lehre als einmalig unabdingbar auf; Psychologiekongresse sind wegen der dort sich abspielenden Richtungskämpfe für einen Außenstehenden meist ein Trauerspiel – abgesehen von der Unverständlichkeit und Unvereinbarkeit der Diktionen.

Nein, bei diesem desolaten Zustand einer an sich ernstzunehmenden und wichtigen Wissenschaft kann man keinem Führenden ein Studium empfehlen, das ihn vielleicht noch unsicherer in der Führungspraxis machen würde, als er zuvor war. In der Erkenntnis dieser Situation hat Walter Schleip (1904–1971) schon in den 50er Jahren eine sogenannte „Führungspsychologie" entwickelt, die für Führungskräfte leicht und relativ schnell erlernbar ist und – da aus der täglichen Führungspraxis entstanden – sich auch ohne weiteres im Umgang mit den Mitarbeitern anwenden läßt.

Kein Studium der Psychologie für den Führenden

Es ist Schleip gelungen, ein überschaubares Regelwerk zu schaffen, das die wichtigsten Gesetzmäßigkeiten der Psychologie beinhaltet und mühelos in die Praxis übertragen werden kann.*

Überschaubares Regelwerk der Führungs-Psychologie

---

* Die Arbeit von Walter Schleip ist nicht in Buchform erschienen; die einzige Veröffentlichung geschah in Briefen zum „Führungskolleg" und ist vergriffen. Eine überschaubare Darstellung, von Schleip 1971 kurz vor seinem Tode verfaßt, ist als Anhang im „Handbuch der Gesprächsführung" (Lit. 3) enthalten.

Vom Individuum zur Führungspersönlichkeit

Es sei mir gestattet, hier eine persönliche Erkenntnis einzufügen: Nicht ein einziger meiner vielen Berufskollegen und vieler Dozenten der Psychologie, mit denen ich über das Schleipsche Regelwerk in den letzten Jahren sprach, konnte darin etwas Falsches entdecken. Zwar waren viele unterschiedlicher Meinung darüber, daß man dies oder jenes anders ausdrücken oder gewichten könne, aber alle mußten zustimmen, daß an den Grundregeln des Systems nicht zu zweifeln sei.

Es ist daher sinnvoll, wenn wir uns mit diesem Regelwerk der Führungspsychologie intensiv beschäftigen, weil es das Handwerkszeug für den Führenden bildet und ihm ermöglicht, sich im Umgang mit den zu Führenden zukünftig besser zu verhalten.

2.2.1 Die drei Voraussetzungen zu erfolgreicher Einflußnahme

Bei jeder Aufgabe, die man angehen will, muß man sich zuvor fragen, welche Voraussetzungen dazu notwendig sind beziehungsweise erst geschaffen werden müssen. Wer also als Führungskraft einen oder mehrere Mitarbeiter dahingehend beeinflussen will, seinen – wie wir bei der Definition des Führens formuliert haben – Standort, seinen Standpunkt oder seine Richtung zu ändern, muß bei diesem bestimmte Voraussetzungen vorfinden oder erst schaffen, damit er sich auch wie erwartet verhält.

Die 1. Voraussetzung

Als erste Voraussetzung muß man erreichen, daß der bzw. die zu Führenden eine p o s i t i v e E i n s t e l l u n g haben. Dies klingt einfach, vielleicht sogar banal, weil es an sich wohl eine Selbstverständlichkeit wäre, wenn nicht stets wieder gegen diese Grundregel verstoßen würde.

In zahllosen Übungen habe ich viele Jahre hindurch mit Führungskräften Fallbeispiele aus der Praxis behandelt und psychologisch analysiert, damit aus Fehlern gelernt werden konnte. Und von all denjenigen Fällen, in denen die Führung infolge Fehlverhaltens nicht zum gewünschten Erfolg geführt hatte, waren es mehr als die Hälfte, bei denen die fehlende positive Einstellung des oder der Geführten der Grund für das Mißlingen war. Ich habe daher stets den Führungskräften empfohlen, bei Mißerfolg in Führungssituationen sich zunächst zu fragen: „Ist es mir überhaupt gelungen, bei . . . (dem Empfänger) eine positive Einstellung zu erreichen?"

Diese positive Einstellung setzt sich aus zwei Komponenten zusammen, die nicht zu trennen sind: dem Vertrauen zur Person (des Führenden) und dem Interesse an der Sache – dem Gegenstand, der Aufgabe, der Zielsetzung. Eine dieser beiden Komponenten allein reicht nicht aus – nur beide zusammen können die positive Einstellung beim Geführten bewirken und den Führungserfolg sichern. Jeder Führende, der auf seine Mitarbeiter einwirken will und von ihnen Erledigung von Aufgaben verlangt, muß sich stets bewußt machen, inwieweit Vertrauen zu seiner Person und Interesse an der Sache vorhanden sind oder vielleicht in dieser Situation erst geschaffen werden müssen.

Vertrauen zur Person + Interesse an der Sache

Die zweite Voraussetzung, die beim Führen geschaffen werden muß, ist die Wahl des relativ richtigen Maßes. Jedem Menschen ist es schon vielfach in seinem Leben vorgekommen, daß er bei oder nach einem Gespräch mit einem anderen festgestellt hat: „Oh – da habe ich mich aber im Ton vergriffen!" oder „Dem hätte ich das ganz anders sagen müssen!" oder gar „Da bin ich aber sehr ins Fettnäpfchen getreten!" und was dergleichen Erkenntnisse mehr sind. Man stellt immer wieder einmal fest, daß man diesen sensiblen Menschen zu grob oder jenen dickfelligen so schonend angepackt hat, daß er überhaupt nicht reagierte.

Die 2. Voraussetzung

Wenn man den Partner kennt, dann ist es leichter, das relativ richtige Maß zu wählen, weil man aus Erfahrung heraus abschätzen kann, wie dieser wahrscheinlich reagieren wird. Bei einem Fremden ist die Gefahr, daß man sich im Ton vergreift, schon wesentlich größer. Es ist übrigens nicht nur der Umgangston, für den man das richtige Maß wählen muß, sondern es sind alle Formen der Führungsbeeinflussung – auch die Forderung nach schnellerer oder exakterer Ausführung, der aufmunternde oder strafende Blick – ja, der gesamte Bereich der Körpersprache ist mit einzubeziehen. Und auch die Form der Kommunikation muß im richtigen Maß gewählt sein: Hier kann eine schriftliche Anweisung angebracht sein, in einem anderen Falle ein Telefonat oder gar ein persönliches Gespräch unter vier Augen.

Auch die Körpersprache ist wichtig

Beobachtungshaltung	Das relativ – also auf den Partner angepaßt – richtige Maß findet man durch B e o b a c h t u n g. Diese Beobachtungshaltung, d. h. die stete Bereitschaft, den anderen und dessen Reaktionen zu beobachten und daraus das eigene Verhalten zu steuern, sollte im Bemühen jeder Führungskraft liegen. Wer dazu nicht bereit ist oder gar bewußt vermeidet, Reaktionen seiner „Befehlsempfänger" zur Kenntnis zu nehmen, qualifiziert sich als Führender ab.

Jeder im Verkauf Tätige – und Verkaufen ist eben auch „Führen" – weiß, wie schwierig eine telefonische Akquisition ist. Warum? Weil man den Partner nicht sieht und dementsprechend auch das eigene Vorgehen nicht entsprechend auf ihn einstellen kann. Dasselbe trifft auf einen Chef zu, der nur per schriftliche Anweisungen, per Telefon oder vermittels kurzer Ansprachen im Sinne einer „Befehlsausgabe" regiert. Man sage mir nicht, daß es dies heute in unserer modernen Zeit nicht mehr gebe . . .! Denn vielfach ist es die Unsicherheit oder Persönlichkeitsschwäche des Vorgesetzten, die ihn dazu veranlaßt, solche einseitigen Kommunikationsformen bei der Führung zu wählen. Ich bezeichne es schlicht als Armutszeugnis.

Führung von Menschen – etwa in einem Zwiegespräch – mit entsprechender Beobachtung des Partners, um bei einer Störung der Zielrichtung rückkoppelnd und regelnd eine Änderung der Verhaltensweise einzusetzen, ist selbstverständlich nichts anderes als ein kybernetischer Vorgang, wie wir ihn bereits im Standpunkt II kennengelernt haben. Die Zeichnung auf S. 79 versucht, dies zu verdeutlichen.

Wir werden im 3. Schritt noch ausführlich auf die Beobachtungshaltung einzugehen haben; bereits jetzt wird jedoch erkennbar geworden sein, welche entscheidende Rolle sie bei der Persönlichkeitsentwicklung spielt.

Die 3. Voraussetzung	Die dritte Voraussetzung, die bei der Führungsbeeinflussung zu beachten ist, ist die richtige H ä u f i g k e i t d e r E i n f l u ß n a h m e. Diese wird vielfach von Führenden überhaupt nicht beachtet; seltener aus Böswilligkeit denn aus Unkenntnis der psychologischen Zusammenhänge.

Regelkreis der Persönlichkeitswirkung

```
                          ┌─────────────────────────────────────┐
                          │ STÖRUNG                             │
                          │ z. B. Ablehnung, negative Reaktion, │
                          │ Widerspruch, Aggression,            │
                          │ Nichtverstehen                      │
                          └─────────────────────────────────────┘
                          kann an jeder Stelle der Steuerstrecke entstehen
```

PLANUNG – Zielvorstellung	STEUERUNG – Verhaltensweise	DURCHFÜHRUNG – Wirkung auf die Umwelt
z. B. Information über techn. Neuentwicklung, Motivation zu einer Problemlösung, Unterricht (Belehrung) über technische Vorgänge oder Zusammenhänge	z. B. Vortrag, Unterweisung, Ansprache, Präsentation, Führung, Unterricht, Verkaufsdemonstration — Verbesserung der rhetorischen Fähigkeiten durch Berücksichtigung neuer Erkenntnisse in Psychologie, Pädagogik etc. — REGELUNG – Anpassung	z. B. Wissensvermittlung, Problemlösung, Motivation, Überzeugung, Zustimmung, Kauf, Begeisterung, Beifall, Überwindung von Widerspruch u. ä. → Ziel

REGELKREIS

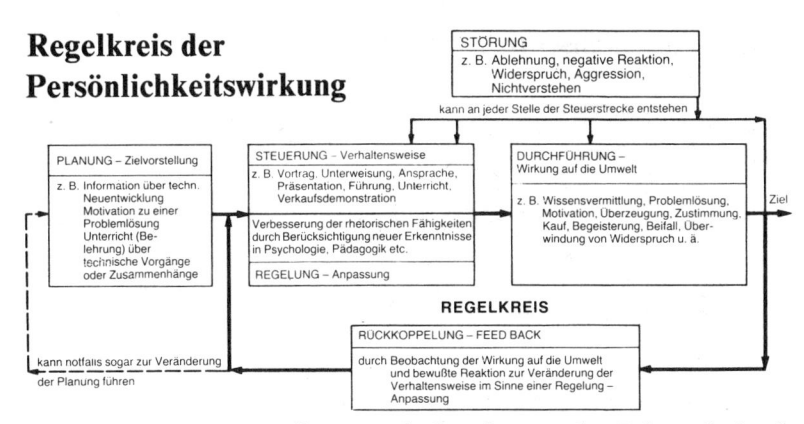

RÜCKKOPPELUNG – FEED BACK
durch Beobachtung der Wirkung auf die Umwelt und bewußte Reaktion zur Veränderung der Verhaltensweise im Sinne einer Regelung – Anpassung

kann notfalls sogar zur Veränderung der Planung führen

In einem solchen Regelkreis-Verhalten kann jeder Führende (und auch jeder Verkäufer) mit den verschiedensten Mitteln der verbalen Kommunikation (Rede, Vortrag, Unterweisung, Gespräche etc.) wirken.

Wohl jeder kennt die landläufige Redewendung „Das habe ich Ihnen schon einmal gesagt; wenn ich etwas einmal sage, dann muß das genügen! Ich habe keine Zeit, alle Anweisungen 5 oder 6 Mal zu geben! Merken Sie sich das!" Und mancher wird diese Äußerung – in dieser oder jener Formulierung und verschieden im Ton – wohl selbst schon oft gebraucht haben, und sei es nur im Umgang mit den Kindern bei der Erziehung. – Man sollte sich die Äußerung ganz schnell abgewöhnen und nie mehr verwenden, denn sie ist schlicht und einfach Blödsinn – weil sie den modernen Erkenntnissen über das menschliche Gedächtnis widerspricht.

In seinem Buch „Denken – Lernen – Vergessen", zu dem auch eine Fernsehserie über die Bildschirme ging (Lit. 121), stellt Frederic Vester dar, wie unser Gedächtnis funktioniert. Nicht ohne mit Rücksicht auf die auch hier vorhandenen unterschiedlichen Lehrmeinungen unserer Gehirnforschung einzuräumen, daß seiner Beschreibung gemäß die Dinge so sein könnten, nicht so sein müßten oder wirklich so sind. **Gedächtnis**

Auf S. 80 ist versucht worden, die Zusammenhänge einmal darzustellen. Demnach verfügt der Mensch über drei Stufen des Gedächtnisses: das Ultrakurzzeit-Gedächtnis, das Kurzzeit-Ge- **Stufen des Gedächtnisses**

Stufen des menschlichen Gedächtnisses

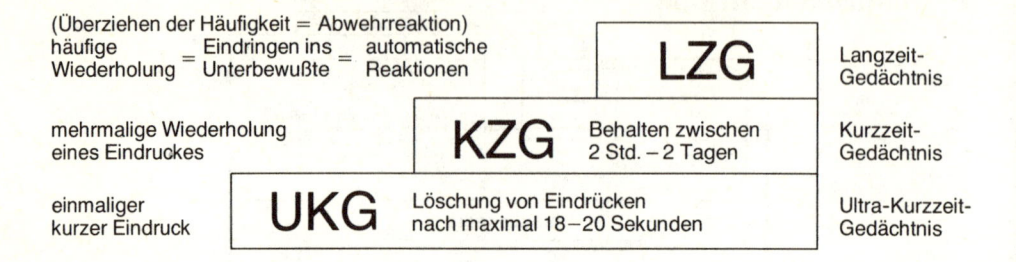

(Überziehen der Häufigkeit = Abwehrreaktion) häufige Wiederholung = Eindringen ins Unterbewußte = automatische Reaktionen	**LZG**		Langzeit-Gedächtnis
mehrmalige Wiederholung eines Eindruckes	**KZG**	Behalten zwischen 2 Std. – 2 Tagen	Kurzzeit-Gedächtnis
einmaliger kurzer Eindruck	**UKG**	Löschung von Eindrücken nach maximal 18–20 Sekunden	Ultra-Kurzzeit-Gedächtnis

dächtnis und das Langzeit-Gedächtnis. Manche Wissenschaftler stehen auf dem Standpunkt, das Ultrakurzzeit-Gedächtnis (UKG) sei eigentlich keine eigene Gedächtnis-Stufe, sondern nur mehr oder weniger ein Abwehr-Mechanismus – und dies könnte tatsächlich zutreffen. Denn jede Information, die – von außen kommend – über die Sinne zu unserem Gehirn gelangt, verliert sich in den Nervenzellen des Gehirns (Neuronen) binnen kurzer Zeit (man spricht von 18–20 Sek.), wenn die gleiche Information nicht innerhalb dieser Zeit „nachgeliefert" wird.

Das Gehirn – ein phantastisches Organ

Unser menschliches Gehirn ist ein so einmalig hervorragendes Organ, daß es die – wie einmal jemand errechnet haben will – Leistung der 30 größten Computer der Welt zusammen weitaus übertrifft. Wohlgemerkt: ein normales Gehirn, das beim Durchschnittsmenschen, der einigermaßen gebildet ist, noch kaum zu einem Drittel seiner Kapazität genutzt ist. 12–15 Milliarden Nervenzellen werden durch ein Netz von Fasern miteinander verbunden, deren Gesamtlänge man auf etwa 500 000 Kilometer schätzt; die Zahl der möglichen Verbindungen und Verknüpfungen der Neuronen untereinander wird mit rund 6 Billionen (als Zahl: 6 000 000 000 000) angenommen. Aber auch dieses phantastische Organ wäre überfordert, wenn es jede einzelne durch die Sinne eingehende Information für einen eventuellen späteren Abruf speichern wollte.

Abwehr-Mechanismus

So werden also Tausende von unwichtigen – nicht speicherungswerten, also nicht „merk-würdigen" – Informationen, die wir täglich erfahren, wieder verloren, weil der Abwehrmechanismus unseres UKG sie nach maximal 18–20 Sekunden aus unserem Gehirn eliminiert. Hierzu zählen – um es an Beispielen zu erläutern

– solche „unwichtigen" Vorgänge wie ein Vogelgezwitscher, das Fallen eines welken Blattes, ein Wassertropfen, ein gedankenloses Spielen mit dem Bleistift oder das Wegwischen einer in die Stirn gefallenen Haarsträhne.

Aber das Schilpen des jungen Spätzleins, das – während hier ich schreibe – vor meinem Fenster sitzend seine Mutter darauf aufmerksam machen möchte, daß es noch Futter braucht, ist ein Vorgang, der über die 18 Sek. hinaus mich mehrfach aufmerksam macht und bei mir in das Kurzzeit-Gedächtnis (KZG) dringt. Ich erzähle diesen Vorfall nach zwei Stunden noch meiner Frau beim Mittagessen. Morgen aber oder gar übermorgen habe ich das Ganze vergessen; so eindrucksvoll und langhaltend waren die Informationen in ihrer Häufigkeit nicht, daß sie im Langzeit-Gedächtnis (LZG) gespeichert werden.

Die Meinungen der Wissenschaftler über die Zeit des Behaltens im KZG schwanken zwischen zwei Stunden und mehreren Tagen. Sicher ist jedoch wohl, daß bei einer entsprechenden Häufigkeit der Einflußnahme die Speicherung im LZG vor sich geht. Man nimmt an, daß sich in den Neuronen durch Proteinsynthese eine Enzymbildung entwickelt; eine biochemische Veränderung, die bewirkt, daß das, was einmal gespeichert ist, in keinem Fall mehr verloren geht. **Speicherung von Informationen**

Ob wir allerdings das einmal Gespeicherte auch dann, wenn wir es brauchen, wiederfinden, ist eine andere Sache –, dies nennen wir dann Vergessen. Und jeder hat schon vielfach erlebt, daß scheinbar Vergessenes durch irgendwelche Verbindungen, Anstöße oder Assoziationen plötzlich wieder greifbar war, obwohl es jahrelang nicht gebraucht und auch nicht bewußt war.* **Vergessen**

---

* Neueste wissenschaftliche Untersuchungen haben übrigens ergeben, daß die Gedächtnisleistungen älterer Menschen keineswegs schlechter sein müssen als die jüngerer. Zwar läßt die „fluide Intelligenz" – so Prof. Fischer in der FAZ (Lit. Nachtrag), die sogenannte Zuflußgeschwindigkeit, mit zunehmendem Alter nach, doch weist die „kristallisierte Intelligenz" – Erfahrungswissen, Wortschatz, Assozitationsmöglichkeiten ein deutliches Wachstum gegenüber jüngeren Menschen aus. Eine Voraussetzung dazu ist allerdings vonnöten: Intelligenz und Gedächtnisfunktionen müssen im Training geblieben sein, sonst wäre der gleiche Mißerfolg beschieden wie bei einem Menschen, der sein Leben lang unsportlich war und glaubt, im Alter noch sportliche Leistungen vollbringen zu können.

Nun wird auch die zuvor ausgesprochene Empfehlung, die Redewendung „das habe ich schon einmal gesagt . . . etc." nie mehr zu gebrauchen, verständlich: Bei einem Empfänger kann etwas einmal Gesagtes, zumal wenn er ihm im Augenblick keine besondere Aufmerksamkeit widmet, vom UKG abgewehrt oder auch im KZG nach 1–2 Tagen verloren gegangen sein. Der die Zusammenhänge der Gedächtnisfunktion kennende Führende wird also sich darauf einstellen, seinem Mitarbeiter die gleiche Information mit entsprechender Häufigkeit zu vermitteln, um zu erreichen, daß sie bei diesem ins Unterbewußte eindringt und automatisch so wie gewünscht praktiziert wird.

Häufigkeit bringt automatische Reaktionen

Auch im täglichen Leben arbeiten wir ständig mit automatischen Reaktionen, die bei uns durch die Häufigkeit entstanden sind; hier sei nur beispielsweise an die Schalt- und Kuppelvorgänge beim Autofahren erinnert. Sie sind uns so „in Fleisch und Blut" übergegangen, daß wir manchmal – unvermutet danach gefragt – nicht einmal sagen könnten, in welchem Gang wir im Augenblick fahren. Und umgekehrt: die Wiederholung bestimmter Geschwindigkeitsbegrenzungs-Schilder trägt der Erkenntnis Rechnung, daß nur ein einziges vom UKG des Fahrers verdrängt werden könnte. Wir sehen, daß wir mit diesen Erkenntnissen über das Gedächtnis tagtäglich zu tun haben.

Überziehen der Häufigkeit

Einen wichtigen Umstand muß man im Zusammenhang mit dem Faktor der Häufigkeit wissen: wenn die Häufigkeit überzogen wird, verkehrt sich ihre Wirkung und bringt Abwehrreaktionen. Auch dies kennt jeder aus dem täglichen Leben, wo uns Redewendungen wie „ich kann's nicht mehr hören" oder „das hängt mir zum Halse heraus" geläufig sind.

Als ich einmal bei einem Training einer Gruppe von Obermeistern eines großen Automobilwerkes die Frage stellte: „Hängt über dem Eingangstor der Halle C ein Unfallverhütungsschild oder nicht?" kam folgendes Ergebnis: von den 17 Meistern antworteten 14 mit „Nein", zwei sagten, sie wüßten es nicht genau – und einer meinte: „Ja, dort hängt ein solches Schild!" Dieser Mann war übrigens erst seit wenigen Monaten im Werk; das Schild hing tatsächlich bereits seit acht Jahren an der genannten, gleichen Stelle. Die anderen Meister gestanden zu, daß sie

Vom Individuum zur Führungspersönlichkeit

das Schild einfach nicht mehr wahrnähmen. Ein Beispiel für – natürlich unterbewußte – Abwehrreaktion bei Überziehung der Häufigkeit.

Die „Schallgrenze" für das Entstehen der Abwehrreaktion ist übrigens individuell verschieden; bei dem einen Menschen kann fünfmalige Wiederholung schon den Reiz herbeiführen, ein anderer verträgt vielleicht 17 oder 20 Male. Werbefachleute kennen übrigens diese Gesetzmäßigkeiten der Häufigkeit sehr genau, denn von deren richtiger Anwendung leben sie. Und der Berufsstand der Schaufenster-Dekorateure wäre brotlos, wenn die Geschäftsinhaber nicht genau wüßten, daß eine bestimmte Auslage nach einiger Zeit gewechselt werden muß, weil sie sonst keine Beachtung mehr findet.

Beispiele in der Werbung

Hier noch einmal abschließend der Überblick über die von einem Führenden stets zu beachtenden Voraussetzungen einer erfolgreichen Führung, deren Reihenfolge keine Bewertung und keine zeitliche Rangfolge darstellt:

1. Positive Einstellung – setzt sich unabdingbar aus
   a) Vertrauen zur Person
   b) Interesse an der Sache zusammen

2. Relativ richtiges Maß – findet man durch Beobachtung

3. Richtige Häufigkeit der Einflußnahme
   (Überziehung kann Abwehrreaktion bewirken)

Manch einer mag diese relativ einfachen Regeln als Selbstverständlichkeiten betrachten. Wenn er jedoch sich die Mühe macht, bei anderen und auch bei sich selbst einmal zu beobachten, wie oft täglich gegen diese Regeln verstoßen wird, dann wird er anders darüber denken. Der Sinn unserer Darstellung ist auch nicht der, weltbewegend Neues zu verkünden, sondern den Führungskräften Verhaltensweisen so bewußt zu machen, daß sie die Konsequenzen durch Verhaltensänderungen daraus ziehen können.

Selbstverständlichkeiten bewußt machen

2.2.2 Die psychischen Funktionen des Menschen – Worauf kann man Einfluß nehmen?

Als die drei klassischen psychischen Funktionen kennt man das Denken, das Fühlen und das Wollen, was auch dazu geführt hat, daß man bei Dominanz einer dieser Funktionen von einem Verstandesmenschen, einem Gefühlsmenschen oder einem Willensmenschen spricht. Diese Begriffe werden auch in der Typenlehre gebraucht.

Sinne als Eingangspforten

Um jedoch als Führender auf einen anderen Menschen Einfluß nehmen und eine oder mehrere seiner psychischen Funktionen ansprechen zu können, bedarf es bei dem Empfänger zunächst der Wahrnehmung durch die Sinne. Die Sinnesfunktion bildet den physischen Eingang in den psychischen Bereich des Menschen; ohne den Weg durch die Sinne als Eingangspforten kann man Denken, Fühlen, Wollen oder gar die noch tieferliegende Erlebnisfunktion eines Menschen nicht erreichen. Ausnahme bildet die Telepathie*, doch dies ist kaum eine der bei Führungskräften üblichen Praktiken.

Der Mensch ist ein Augentier

Die klassischen fünf Sinne – das Sehen, Hören, Fühlen (oder Tastsinn), Riechen und Schmecken – bilden das Wahrnehmungsvermögen des Menschen; sie sind gewissermaßen die Eingangskanäle für von außen auf ihn zukommende Informationen. Die außerdem noch vorhandenen Sinne wie der Gleichgewichtssinn, der Temperatursinn – für Wärme- und Kälte-Empfindung – der Orts- oder Orientierungssinn u. a. spielen für unsere Überlegungen keine Rolle. Die genannten Eingangspforten jedoch haben unterschiedliche Aufnahmekapazität; der Mensch ist ein „Augentier" und nimmt etwa 80–85 % aller Informationen mit dem Auge auf. Nur 10–15 % empfängt er mit dem Ohr; die restlichen rund 5 % der Aufnahme verteilen sich auf die verbleibenden Sinne des Tastens, Riechens und Schmeckens. Dies kann bei einzelnen Menschen unterschiedlich sein; die genannten Werte sind Durchschnittszahlen.

---

* Telepathie = Fernfühlen – das Wahrnehmen seelischer Vorgänge anderer Menschen ohne Vermittlung der Sinnesorgane.

Vom Individuum zur Führungspersönlichkeit

Um sich dies einmal bewußt zu machen, braucht man nur einmal die Sinnestüchtigkeit von Tieren zu betrachten: ein Hund beispielsweise hört ca. 16mal besser als der Mensch, sein Geruchsinn soll sogar vieltausendfach feiner sein. Ein Reh nimmt mit seinen „Lauschern" – wie die Ohren in der Jägersprache heißen – ebenfalls noch außerordentlich feine Geräusche auf, während hingegen ein Nashorn, bekannt für sein schlechtes „Gesicht" (weil es auch auf kurze Entfernung nur undeutlich sehen kann), einen besonders sensiblen Geruchssinn entwickelt hat. Und auch z. B. Schmetterlinge können den Duftstoff der Weibchen vielfach auf Entfernungen von einem Kilometer und mehr wahrnehmen. – Beim Menschen, der sich von der Natur entfernt hat, ist die Sensibilität der Sinne weitgehend verkümmert.

Da der Mensch – wie erwähnt – ein Augentier ist, spielt bei ihm die Bildhaftigkeit und das Vorstellungsvermögen optischer Eindrücke eine besondere Rolle; wir werden auf die Fähigkeit zum Anschaulichen noch mehrfach zu sprechen kommen.

Der Wahrnehmungsvorgang spielt sich – um es einmal einfach darzustellen – so ab, daß das betreffende Organ wie etwa das Auge oder das Ohr einen von außen kommenden Reiz aufnimmt und über Nervenleitungen zum Gehirn weiterleitet, wo er dann verarbeitet, geordnet, mit anderem assoziiert und gegebenenfalls gespeichert wird. Wichtig zu wissen ist, daß die Wirkung auf den Empfänger um so stärker ist, je mehr Sinne zur gleichen Zeit mit der gleichen Information gefüttert werden. Anders ausgedrückt: Wenn man jemanden etwas erklärt, was er akustisch mit dem Gehört aufnimmt, so wird die Wirkung verstärkt, wenn man ihm die gleiche Information auch noch optisch – also über das Auge – zeigt. Und wenn er es auch noch anfassen kann, dann verstärkt der Reiz auf einen dritten Sinn – der Tastsinn funktioniert haptisch – die Einflußnahme noch mehr.

Verstärkung durch mehrere Sinne

Dies ist zwar beileibe nichts Neues, aber man muß sich fragen, warum viele Führungskräfte diese an sich einfachen Zusammenhänge nicht kennen und auch nicht nutzen. Zum Beispiel schätze ich, daß mehr als 80 Prozent aller täglich in der deutschen Wirtschaft durchgeführten Konferenzen, Besprechungen oder Sitzungen auf rein akustische Weise abgewickelt werden; man kommt gar nicht auf die Idee, eine Tafel oder eine Flip-Chart im Raum aufzustellen, um optisch das deutlich zu machen, was gerade besprochen wird.

Es wäre wohl möglich, Tausende von Situationen oder Möglichkeiten darzustellen, in denen durch solche oder ähnliche Versäumnisse nicht die mögliche Effektivität in der Führungsbeeinflussung erreicht wird.

Keine gleichzeitige Verarbeitung mehrerer Informationen

Auch einen anderen Zusammenhang muß man sich bei den Sinnesfunktionen bewußt machen: Kein Mensch ist in der Lage, zwei verschiedene Informationen, die gleichzeitig über zwei verschiedene Sinne – Eingangskanäle wie etwa Auge + Ohr – ankommen, auch zur gleichen Zeit im Gehirn zu verarbeiten. Man kann immer nur eine Information konzentriert verarbeiten; wenn eine zweite über ein anderes Sinnesorgan gleichzeitig ankommt, dann wird diese verdrängt. Es gibt zwar viele Menschen, die von sich sagen, daß sie zwei oder gar drei Dinge zu gleicher Zeit tun und denken könnten – das stimmt aber nicht.

Eltern können darüber berichten, daß ihre Kinder behaupten, sie könnten selbstverständlich ihre Mathematikaufgaben machen und gleichzeitig Popmusik im Rundfunk hören. Stimmt nicht: Wenn sie sich wirklich intensiv auf die Mathe-Aufgabe konzentrieren würden, wären sie nicht in der Lage, anzugeben, welcher Titel eben gespielt wurde oder wie der Text des Liedes lautete. – Und jeder von uns kann mit sich selbst folgenden Versuch unternehmen: beim morgendlichen Frühstück in der Zeitung intensiv einen Artikel lesen und gleichzeitig auf die Wettermeldung im Radio zu hören – niemand wird in der Lage sein, bei einer wirklichen Parallelität der Informationen beide Inhalte exakt wiederzugeben.

Aufnahme-Intensität

Zusammenfassend sei noch einmal wiederholt: Die Sinne sind körperliche Funktionen, bilden aber die Eingangspforten zum psychischen Bereich. Der Mensch hat – weil er um die Gefahr von Sinnestäuschungen weiß – das ständige Bestreben, eine Information möglichst mit mehreren Sinnen aufzunehmen; dies entspricht auch der Forderung nach Intensität durch Häufigkeit. Die Aufnahme im optischen Bereich ist beim Mensch die intensivste; er ist ein „Augentier". Und: Niemand ist in der Lage, zwei über verschiedene Wahrnehmungsorgane – Sinne – ankommende unterschiedliche Informationen gleichzeitig zu verarbeiten.

Über die D e n k f u n k t i o n des Menschen wird im Zusammenhang mit den unterschiedlichen Grundmustern, der Denkveranlagung und den Denkertypen noch im 5. Schritt sehr viel zu sagen sein. Zu ihr rechnet man Nachdenken, Überlegen, Erinnern, Planen, Kombinieren, Koordinieren, Assoziieren, Vergleichen, Abwägen, Vorstellungskraft, Urteilen und Beurteilen, Bewerten, Differenzieren, Adaptieren, Abstrahieren, Analysieren, Vergessen – bis hin zu den Begriffen der Erkenntnisse, der Intuition und der Kreativität. Im Zusammenhang mit der Führung muß derjenige, der auf einen anderen Menschen Einfluß nehmen will, zunächst nur wissen, daß es unterschiedliche Denkveranlagungen gibt und dementsprechend auch verschiedene Formen des erkenntnismäßigen Erfassens, des Begreifens und der Verarbeitungs- und Merkfähigkeit. Es würde den Rahmen dieser Ausführung sprengen, hier auf alle damit zusammenhängenden wissenschaftlichen Erkenntnisse einzugehen; für den Führenden muß genügen zu wissen, daß andere Menschen andere Denkveranlagungen und -prozesse haben als er – und daß er diesen Umstand in sein Führungsverhalten mit einbeziehen bzw. ihn berücksichtigen muß.

Unterschiedliche Denkveranlagungen

Jedem Menschen dürfte es schon mehrfach geschehen sein, daß er versucht hat, einem anderen etwas beizubringen – und dieser hat und hat es einfach nicht kapiert. Nach einer halben Stunde etwa hat man dann aufgegeben mit der innerlichen Feststellung: „Oh Gott, ist d e r doof!" – Aber dann kam ein Dritter, etwa ein Freund, Bekannter oder Kollege – und hat dem anderen das Fragliche binnen weniger Minuten so erklärt, daß jener es sofort begriffen hat. Woran lag dies? Der Dritte hatte die gleiche oder ähnliche Denkveranlagung wie der Zweite und war daher in der Lage, diesem das Problem oder den Sachverhalt auf dessen Weise begreiflich zu machen, die jedoch nicht der Denkweise des ersten Erklärers entsprach; Nr. 2 und Nr. 3 hatten einfach die gleiche „Wellenlänge". – Und wenn der Führende – die Nr. 1 – sagte, der andere sei „doof", dann darf man sich fragen, wer eigentlich dumm gewesen ist. Denn Nr. 1 hat schließlich eine halbe Stunde dem anderen etwas erklärt, ohne durch Beobachtung festzustellen, daß sein Vorgehen nicht das „relativ richtige Maß" ist und der andere es so nicht begreifen kann.

Der andere denkt anders

Dieses alltägliche Beispiel, das wir in Variationen immer wieder erleben können, mag dem Führenden bewußt machen, wie leicht man aus der eigenen Denkeinstellung heraus geneigt ist, einen anderen, der nicht so ist wie man selbst, abzuwerten. Vielfach ist dies nicht nur Ungerechtigkeit, sondern – aus mangelnder Bereitschaft, dem anderen etwas zuzugestehen – auch nackte Arroganz. Die Darstellung auf Seite 89 nimmt zwar einige der später im Bereich der Menschenkenntnis zu erarbeitenden Erkenntnisse vorweg, soll jedoch lediglich – vor allem für den anschaulichen Denkertyp – zeigen, wie das zuvor angeführte Beispiel graphisch aussehen könnte.

Die Gefühlsfunktion ist der emotionale Bereich, der bei verschiedenen Menschen sehr unterschiedlichen Spielraum und auch Gewichtung hat. Es gibt zahllose Gefühle, die vielfach ineinander übergreifen, sich überlappen oder überdecken; sie sind wesentlich schwerer zu kategorisieren und auch kaum so eindeutig zuzuordnen, wie dies bei den Denkveranlagungen auf unserer Abbildung versucht worden ist. Aber eines muß der Führende im Zusammenhang mit den Gefühlen als Gesetzmäßigkeit wissen:

Gefühle sind ansteckend

Gefühle sind ansteckend – so wie ein Schnupfen, eine Grippe oder sonst eine Infektionskrankheit. Diese Ansteckungskraft der Gefühle ist nicht meßbar*, jedoch – je nach Sensibilität – für einen anderen Menschen spürbar und muß als Faktor der Führung stets berücksichtigt werden. Sie spielt sich im unbewußten oder unterbewußten Bereich der menschlichen Psyche ab und wirkt auch gerade dort mit ihrer uns unerklärlichen Energie oder Strahlung – oder wie man es nennen will.

Wir haben schon einmal im Zusammenhang mit dem Vertrauen als Grundeinstellung zum Leben und zu anderen Menschen erwähnt (s. Abschn. 1.3), daß – wer dem anderen mit Mißtrauen

---

* Auch der sogenannte „Lügendetektor", von dem man glaubt, daß er Emotionales messen kann, mißt in Wahrheit nur psychosomatische Begleiterscheinungen wie Puls, Temperatur, Blutdruck, Schweißabsonderung, die sich bei gefühlsmäßiger Veränderung eben auch verändern.

Vom Individuum zur Führungspersönlichkeit

DENKER - GEGENSAETZE

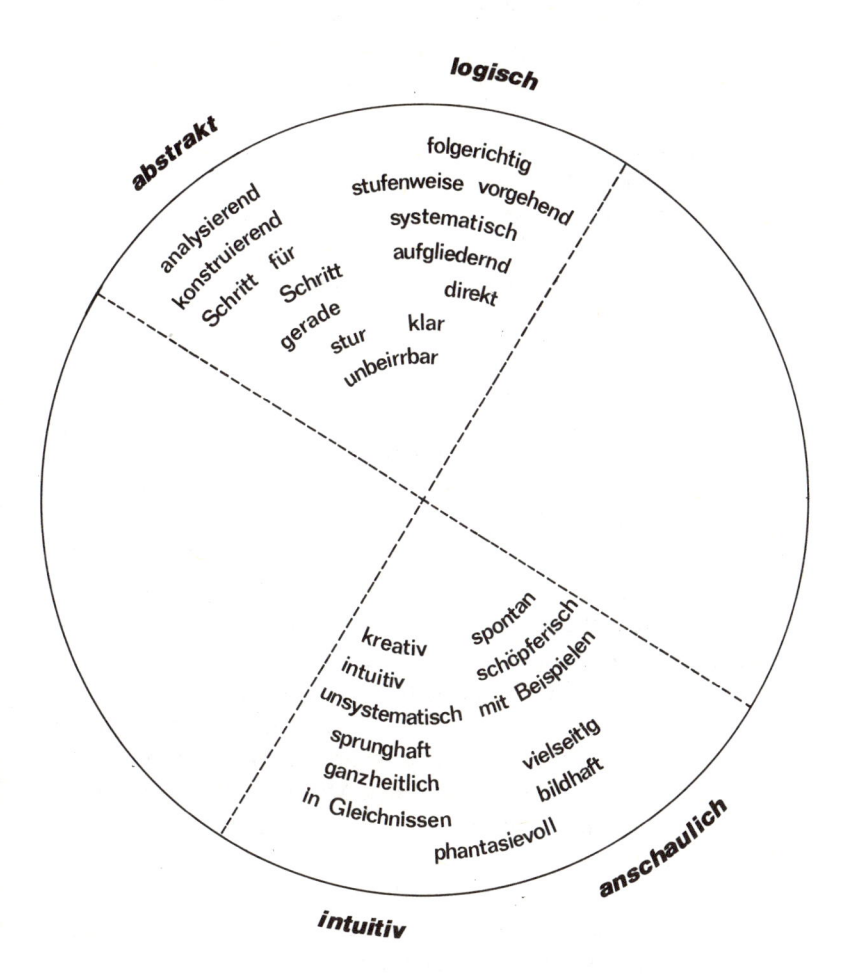

logisch

abstrakt

analysierend
konstruierend
Schritt für Schritt
gerade
stur
folgerichtig
stufenweise vorgehend
systematisch
aufgliedernd
direkt
klar
unbeirrbar

kreativ
intuitiv
unsystematisch
sprunghaft
ganzheitlich
in Gleichnissen
spontan
schöpferisch
mit Beispielen
vielseitig
bildhaft
phantasievoll

anschaulich

intuitiv

Diese Zeichnung soll verdeutlichen, wie gegensätzlich Denkweisen von verschiedenen Menschen sein können. Dies ist nicht nur abhängig von den Grundveranlagungen, die jeweils der Betreffende mitbringt, sondern auch von seiner Erziehung und Ausbildung. Die Begriffe sind z. T. identisch mit den Fähigkeiten, die die beiden Gehirnhälften schwerpunktmäßig aufweisen können (s. Zeichnung Seite 8); so polar gegensätzlich müssen jedoch Unterschiede zwischen zwei Denkertypen nicht immer sein.

gegenübertritt – auch nichts anderes als Mißtrauen ernten wird. Die Beispiele des täglichen Lebens, in denen Gefühle ansteckend übertragen werden, sind so mannigfaltig, daß wir sie uns hier ersparen können – jeder kann diese Erfahrung machen, wenn er nur einmal darauf achtet. Und als Rhetoriklehrer kann ich dies auch nur bestätigen: ein Redner, der nicht ehrlich an das glaubt, was er seinen Zuhörern sagt, wird niemals diese gewinnen können. Goethe läßt seinen Faust sagen:

*„Wenn ihr's nicht fühlt, ihr werdet's nicht erjagen,
wenn es nicht aus der Seele dringt
und mit urwüchsigem Behagen
die Herzen aller Hörer zwingt."*

Gefühle sind nicht zu amputieren ...

Das ist es! Es gibt Führungskräfte, für die gilt allein die Ratio, der klare, nüchtern überlegende Verstand. Ihre Äußerung lautet vielfach: „Gefühle haben bei uns im Geschäft nichts zu suchen!" Das ist ziemlich das Dümmste und Armseligste, was ein Führender denken und sagen kann. Denn Gefühle sind ein bedeutsamer Teil des ganzen Menschen; man kann sie ihm nicht amputieren, ohne einen Krüppel zu schaffen. Und Gefühle sind schließlich auch das, was uns lebendige Menschen vom Roboter unterscheidet – wir sollten sie daher nicht als Behinderung unseres beruflichen oder geschäftlichen Lebens sehen, sondern als Reichtum. Alles

... sie müssen bewußt genützt werden

kann man mit modernen technischen Mitteln im Roboter nachbauen, aber Gefühle sind ihm nicht einzupflanzen; da läßt sich der Herrgott nicht in seine Schöpfung hineinpfuschen. Und daher wird eine moderne, dem Paradigmenwechsel und der Transformation aufgeschlossene Führungskraft Gefühle bewußt und zufrieden in ihre Verhaltensweisen einbeziehen.

Unterschiedliche Lehrmeinungen

Der Willensfunktion ordnet man unter anderem folgende Begriffe zu: Eifer, Fleiß, Energie, Ausdauer, Mut, Einsatzbereitschaft, Faulheit, Trägheit, Lethargie, Initiative, Opfersinn, Elan, Durchsetzungskraft, Eigensinn, Zielstrebigkeit, Konzentrationsfähigkeit u. a. m. Aber über die Willensfunktion herrscht in der Wissenschaft keine einheitliche Auffassung – die einen rechnen dazu nur das Wollen, das vom Verstand gesteuert wird, während eine andere Lehrauffassung sagt, daß auch das unbewußte Wollen, aus Strebungen und Trieben gesteuert, hinzuzurechnen ist.

Vom Individuum zur Führungspersönlichkeit

In diesem Zusammenhang eine Bemerkung über Sigmund Freud (1856–1939), den man als den Vater der Psychotherapie bezeichnet. Vieles von dem, was er entdeckte und veröffentlichte, ist heute durch neuere wissenschaftliche Erkenntnisse überholt – anderes hat nach wie vor seine Gültigkeit. So zum Beispiel sein Bild über das Bewußte: Er vergleicht die Psyche mit einem im Wasser schwimmenden Eisberg, von dem nur die Spitze – etwa ein Siebentel – aus dem Wasser herausragt; sechs Siebentel sind unter Wasser. Und so sei – sagt Freud – auch in unserer Psyche das Verhältnis zwischen dem Bewußten und dem Unbewußten: Nur etwa ein Siebentel unserer psychischen Vorgänge seien uns wirklich bewußt.*

Wir merken uns: Bewußtes Wollen wird vom Verstand oder auch von Gefühlen gesteuert; unbewußtes Wollen hingegen ist zumeist auf frühere Erlebnisse, die teilweise im Unterbewußten schlummern können, jedoch wirken, zurückzuführen.

Bewußtes und unbewußtes Wollen

Und somit sind wir nach den drei klassischen psychischen Funktionen des Denkens, Fühlens und Wollens bei der wichtigsten, der der Tiefenschicht zugeordneten E r l e b n i s f u n k t i o n angekommen. Mit ihr müssen wir uns wegen ihrer besonderen Bedeutung für die Führung intensiv befassen.

Tiefenschicht

Es gibt in der deutschen Sprache zwei verschiedene Bedeutungen des Wortes „Erlebnis". Wenn wir beispielsweise erzählend sagen: „Heute hatte ich ein nettes Erlebnis – ich beobachtete zwei kleine Hundchen miteinander spielend", so meinen wir damit ein Geschehnis, eine Begebenheit, eine Episode ohne besondere Bedeutung oder Wirkung. Wenn man dagegen berichtet: „Das war ein Erlebnis für ihn; davon kam er zeit seines Lebens nicht mehr los!" dann meint man ein Ereignis, das für den Betroffenen von besonderer prägender Bedeutung war und auf spätere Verhaltensweisen Einfluß genommen hat. Der Fachausdruck hierfür

---

* Der Unterschied zwischen Unterbewußtem und Unbewußtem ist der, daß das erstere uns schon zu irgendeiner Zeit einmal bewußt war, aber dann verdrängt wurde. Das Unbewußte hingegen kommt aus Erlebnissen und Trieben, deren Herkünfte und Ursprünge sowie Zusammenhänge wir weder kennen noch erkennen.

> *lautet „Engramm" (aus dem Griechischen abgeleitet: das Eingeschriebene), also etwas, das wie in eine Schiefertafel eingeritzt oder in eine Marmorplatte unauslöschlich eingraviert ist.*

Engramm formt und wirkt

Und hierzu ist zu merken: Jedes Engramm, also jedes echte Erlebnis **formt** und **wirkt**! Es formt die Verhaltensweise des Menschen und wirkt auf ihn während seines ganzen Lebens hindurch. Das ist ein Faktum, das jeder Führende wissen muß und mit dem er bei seiner Führung ständig umzugehen hat –, ja das er sogar bewußt einsetzen sollte.

Lebenslange Speicherung von Engrammen

Auch beim Engramm entwickelt sich der gleiche Vorgang der „lebenslangen" Speicherung in den Nervenzellen des Gehirns wie bei der bereits erwähnten Häufigkeit der Einflußnahme, nur eben durch eine einmalige tiefwirkende Beeinflussung. Zu den Erlebnissen dieser Art zählen wir Erfahrungen, Überraschungen, Erfolgs- bzw. Mißerfolgserlebnisse, Schlüsselerlebnisse, Träume, Halluzinationen, Schocks, Enttäuschungen usw., also alle Vorgänge, die in ihrer Einmaligkeit einen besonders tiefen Eindruck hinterlassen haben.

> *Hierbei muß es sich nicht immer um ein lebens- oder schicksalentscheidendes Ereignis handeln; auch verhältnismäßig nebensächliche oder unbedeutende Vorgänge können ein Engramm bilden und als solches haften bleiben. So wird wohl fast jeder Mensch als Kind irgendwann einmal – wann, dessen kann er sich wohl nicht mehr erinnern – sich an einem verbrennenden Streichholz die Finger verbrannt haben. Dieses Erlebnis formt und wirkt: er wird zukünftig stets darauf achten, daß er das brennende Streichholz rechtzeitig löscht, ehe er sich die Finger verbrennt – formt also aus dem Engramm seine zukünftige Verhaltensweise. Und er wird dies sein Leben lang tun; das Engramm wirkt also fort und hat sich als Verhaltensweise entsprechend eingeprägt.*

Erfahrungen sind Umwelteinflüsse

Solche Engramme – große wie kleine und unbedeutende – hat jeder Mensch zu Hunderten; sie bilden die Summe seiner Erfahrungen, die man auch – im Gegensatz zu den durch die Vererbung geprägten Verhaltensweisen – als die Umwelteinflüsse bezeichnet.

Vom Individuum zur Führungspersönlichkeit

Das Wichtigste an der Erlebnisfunktion ist, daß sie nicht nur die entsprechenden Eindrücke passiv von außen aufnimmt, sondern sie auch – unbewußt – in eine aktiv nach außen wirkende Kraft positiver oder negativer Art umwandelt. In diesem Zusammenhang müssen wir auch die Enttäuschungserlebnisse sehen, die in vielen Fällen zu Aggressionen führen. Oder umgekehrt ausgedrückt: die weitaus größte Zahl aller Aggressionen rührt von vorangegangenen Enttäuschungserlebnissen her, die vielfach mit der Wirkung überhaupt nichts zu tun haben.

Enttäuschungs-erlebnisse bewirken Aggressionen

Das Kind, das sein Spielzeug zerbrochen hat, ist enttäuscht und tritt voller Zorn mit dem Fuß an den Schrank – oder schlägt die Katze. Und wir – wenn wir den vorher abgelaufenen Vorgang des zerbrochenen Spielzeugs nicht kennen – urteilen, dies sei ein ungezogenes, böses, aggressives Kind.

Anhand dieses Beispieles – und jeder könnte sich aus eigener Erfahrung heraus sicherlich eine ganze Anzahl solcher Beispiele bilden – sollten wir Aggressivität in anderem Lichte sehen. Wenn wir bei einem anderen eine Aggression erleben, so können wir, falls es sich nicht um einen psychisch gestörten Menschen, also einen Kranken handelt, mit höchster Wahrscheinlichkeit annehmen, daß dieser Mensch zuvor – irgendwo und wahrscheinlich nicht im Zusammenhang mit seiner augenblicklichen Situation – ein Enttäuschungserlebnis erfahren hat. Diese Erkenntnis ist für Führungskräfte wichtig; sie kann helfen, bei den Mitarbeitern psychologisch verständnisvoller Verhaltensweisen zu erkennen und sich darauf einzustellen. Nicht im Sinne der Entschuldigung für solches Verhalten, sondern zum besseren Verstehen ansonsten oft unbegreiflicher Reaktionen.

Verständnis aufbringen

Auch einen anderen wichtigen Zusammenhang müssen wir bei der Erlebnisfunktion sehen: die Bildung von Vorurteilen. Vorurteile und die mangelnde Bereitschaft, als falsch erkannte Vorurteile abzubauen, kann man als das am weitesten verbreitete Fehlverhalten der Menschen bezeichnen, das es gibt. Insbesondere der mit Führungsaufgaben Betraute sollte sich dies bewußt machen und ständig versuchen, an sich zu arbeiten, indem er Vorurteile abzubauen sich bemüht. Dies ist wirkliche Arbeit an der Persönlichkeitsentwicklung, aber es ist leichter gesagt als getan.

Bildung von Vorurteilen

Ein alltägliches Beispiel: Herr X hat sich mit einem Bekannten verabredet – und dieser kommt zu dem Treffen ein paar Minuten zu spät. Keine bedeutsame Sache, der Sünder entschuldigt sich – und die Angelegenheit könnte vergessen sein. Das kleine Engramm wird durch andere Geschehnisse verdrängt. Aber beim nächsten Treffen muß Herr X wiederum warten, weil der Bekannte wiederum einige Minuten später kommt – auch hier sich wieder mit einer plausiblen Erklärung entschuldigend. Mit Sicherheit wird Herr X beim dritten Treffen von vornherein die Erwartungshaltung haben: „Ach, der wird ja doch wieder zu spät kommen!"

Sollte nun der Bekannte – ein an sich vielleicht sehr zuverlässiger Mensch, der nur zweimal tatsächlich am pünktlichen Erscheinen verhindert war – zu diesem dritten Treffen pünktlich kommen, so wird Herr X sich innerlich sagen: „Nun ja, diesmal war er ja mal pünktlich, aber sonst kommt der immer zu spät!" Und diese aus einer vorgefaßten Meinung heraus gebildete Erwartungshaltung wird Herr X auch noch beim 10. Treffen nicht geändert haben und sagen: „Der kommt immer zu spät; daß er diesmal pünktlich gekommen ist, ist eine Ausnahme. Ausnahmen bestätigen die Regel!"

Wir leben mit unseren Erwartungshaltungen

Wir alle sind Herr X! Zigmal pro Tag denken, fühlen und verhalten wir uns nach bestimmten Mustern, die wir aus Vorurteilen und daraus folgenden Erwartungshaltungen gebildet haben. Und wir sind zu träge, einmal da und dort zu prüfen, ob das von uns – vielleicht schon vor langer Zeit – gebildete Urteil nicht längst überholt ist. Wenn einmal etwas anders ist als wir es aufgrund unserer festgefaßten Meinung erwarten, dann verdrängen wir diese

Ausnahmen bestätigen nicht immer die Regel

Information mit der Bemerkung „Ausnahmen bestätigen die Regel!" Und das ist wirklich der Ausdruck von Faulheit in Potenz, denn in den allermeisten Fällen besagt diese Äußerung nur, daß der sie Aussprechende nicht die geringste Absicht hat, eine einmal gefaßte Meinung zu überprüfen und gegebenenfalls zu korrigieren. Wann hat schon einmal jemand den Mut, zu sich selbst zu sagen: „Nun, bislang habe ich stets geglaubt, dies sei immer so. Aber jetzt habe ich mehrfach festgestellt, daß es offensichtlich doch nicht immer so ist – ich muß einmal meine Meinung ändern!" Das wäre ernsthafte Arbeit an sich selbst im Sinne der Persönlichkeitsentwicklung. Aber wer rafft sich dazu schon auf?

Bereitschaft zur Meinungs-Änderung

Vom Individuum zur Führungspersönlichkeit

Die Redewendung „man soll nie nie sagen" hängt damit zusammen, denn die Wörtchen „immer" und „nie" sind klassische Kennzeichen von Vorurteilen. Der Philosoph Martin Heidegger (1889–1976) schrieb das Wort Vorurteil stets „Vor-Urteil", um damit anzudeuten, daß fast jedes Urteil, das Menschen über etwas haben, durch weitere, spätere Information noch verändert werden kann und sollte. Doch auch ohne in die hohe Philosophie einsteigen zu wollen, sollten wir uns angewöhnen, mit den verallgemeinernden Begriffen „immer" und „nie" sehr vorsichtig umzugehen, und statt dessen vielleicht besser sagen: „Nach meinen bisherigen Feststellungen scheint es vielfach so oder so zu sein." – Denn als Führungskraft qualifiziert sich derjenige sicherlich ab, dessen Mitarbeiter merken, daß er vielfach Vorurteilen unterliegt und nicht bereit ist, aus anderslautenden Informationen zu lernen und sein Urteil zu korrigieren.

Vor-Urteil

Man soll nie „nie" sagen

Die Frage, wieso solche Vorurteile überall stets wieder entstehen und sich hartnäckig erhalten, ist Gegenstand intensiver wissenschaftlicher Untersuchungen. Ich habe mich vor Jahren schon einmal mit Frederic Vester (Lit. 121) darüber unterhalten, und er meinte, dies könne von gewissen Bahnungen im Gehirn kommen, d. h. Informationen, die man schon einmal bekommen hat, folgen beim zweiten Mal, wenn sie wiederkommen, den gleichen Wegen zwischen den Gehirnzellen, weil sie schon beim ersten Male mit bestimmten Assoziationsmustern verbunden wurden.

Man kann sich das etwa so vorstellen, wie wenn ein Mann mit dem Auto einen Freund in einer fremden Stadt aufsuchen will. Nach längerem Suchen trifft er verspätet bei seinem Freund ein. Von diesem befragt, erklärt er, wie er hergefunden hat, und muß dann erfahren: „Ach, das hättest Du viel einfacher haben können: wenn Du die erste statt der zweiten Autobahnausfahrt genommen hättest, wärst Du einfach über die So-und-so-Allee in die Innenstadt gekommen und dann gleich durch die So-und-so-Straße zu mir gelangt. So, wie Du gefahren bist, ist es ein Umweg!"

Wetten, daß dieser Mann bei seinem nächsten Besuch in jener Stadt genau so fahren wird wie beim ersten Male, und nicht der Empfehlung des Freundes folgt, die kürzere Strecke zu wählen?! Warum? Weil er sich sagen wird: Hier kenne ich mich aus, weil ich da schon gefahren bin und genau weiß, daß ich so an mein Ziel gelange. Bei der Abkürzung, die mein Freund beschrieben hat, werde ich mich wahrscheinlich verfahren!

Vorurteile zu widerlegen genügt nicht

So etwa könnte es auch mit unseren Vorurteilen sein, daß wir einmal bekannten Bahnungen folgen – zu träge und vielleicht auch zu feige, neue Wege zu suchen. Wohlgemerkt: es k ö n n t e so sein, aber unsere Kenntnisse vom Gehirn sind noch zu lückenhaft, als daß die Wissenschaft eine eindeutige Antwort hierzu zu geben in der Lage wäre. Jürgen Körner (Lit. 68), der über das Thema „Vorurteile" promovierte und auch Bücher verfaßte, kommt in seiner, mit vielen Beispielen, Untersuchungen und Schlußfolgerungen und leider sehr komplizierten, mit psychologischen Fachausdrücken gespickten Darstellung auch nur zu dem einfach zu fassenden Ergebnis: Vorurteile zu widerlegen, genügt nicht, weil sie emotional und nicht kognitiv fundiert sind! Und dies sollte uns um so mehr daran erinnern, daß wir an unserer Persönlichkeitsbildung durch Veränderung unserer Einstellung etwas tun müssen, um der Krankheit der Vorurteile Herr zu werden.

Zusammenfassend noch einmal ein Überblick über die psychischen Funktionen und die damit zusammenhängenden Gesetzlichkeiten:

Alle psychischen Funktionen

1. Sinnesfunktion – Wahrnehmung: körperliche Vorgänge, die Eingangskanäle in den psychischen Bereich bilden – Schwerpunkt sind die optischen Eindrücke.

2. Denkfunktion: man trifft vielfach auf unterschiedliche Denkveranlagungen, durch die die kognitive Kommunikation gestört werden kann.

3. Gefühlsfunktion – Emotionales: Gefühle sind ansteckend, größtenteils im Unterbewußten.

4. Willensfunktion: bewußtes Wollen zum größten Teil vom Verstand gesteuert, unbewußtes aus Erlebnissen.

5. Erlebnisfunktion – Engramm formt und wirkt in und aus der Tiefenschicht, Enttäuschungserlebnisse bewirken Aggressivität.

Vom Individuum zur Führungspersönlichkeit

Im Zusammenhang mit den psychischen Funktionen hat Schleip in seine Führungspsychologie noch die sogen. Endres'sche Schichtlehre eingegliedert (Lit. 29), die auf S. 99 dargestellt ist. Sie ist bedauerlicherweise – auch in Fachkreisen – viel zuwenig bekannt, bietet aber eine ausgezeichnete Hilfe für die Menschenführung. Endres vertritt die Auffassung, daß die psychischen Funktionen, wie aus der Zeichnung zu ersehen, sich in Schichten abspielen, die umeinander gelagert sind wie die Schalen einer Zwiebel. Und die Erkenntnis gilt, daß die Wirkung auf einen Menschen um so intensiver ist, je tiefer die Schicht liegt, die man bei ihm anspricht bzw. erreicht. Wer also beispielsweise einen Menschen beeinflussen will, der im Augenblick emotional bewegt ist – sich in der Gefühlsschicht befindet –, der wird keinen Erfolg haben, wenn er ihn nur im kognitiven Bereich – also in der Denkfunktion – anspricht. Nur zumindest eine affektive Ansprache oder gar ein Erreichen der Willensschicht könnte zum Erfolg führen.

Schichtlehre

Ein Beispiel aus der Kindererziehung mag dies einmal verdeutlichen: Vater Lehmann kommt gegen 18 Uhr von der Arbeit nach Hause und bittet Monika, seine 8jährige Tochter, doch aus dem Keller eine Flasche Wein heraufzuholen; er wolle mit der Mutter nachher noch eine Flasche Wein trinken. Monika weigert sich in den Keller zu gehen: dort sei es dunkel und vielleicht ein böser Mann versteckt – sie habe Angst! Der Vater beschwichtigt sie: das Haus sei abgeschlossen und kein Fremder könne herein – außerdem könne sie ja überall das Licht einschalten, dann sei es ganz hell. Monika weint und geht nicht. Nun kommt die Mutter und sagt: „Monika, du wolltest doch mit uns heute abend ‚Mensch ärgere dich nicht' spielen?! Das Spiel liegt unten im Keller in der Spielkiste neben dem Weinschrank; bringst du es mit herauf, damit wir spielen können, wie du wolltest?" Und Monika geht und tut, wie die Mutter ihr gesagt hat.

Nach der Schichtlehre analysiert, hat sich folgendes psychologisch abgespielt: Monika hat Angst, befindet sich also in der Gefühlsschicht. Der Vater erklärt ihr sachlich, daß sie nichts zu fürchten habe, aber er erreicht nur die Denkschicht mit seinen logischen Darlegungen. Erst die Mutter wendet sich an die Willensschicht, also sogar eine Schicht tiefer als die Gefühlsschicht, in der sich Monika in ihrer Angst befindet, und hat Erfolg mit der Motivation.

Und wenn jetzt dem Kinde im Keller tatsächlich ein Einbrecher begegnen sollte, so daß sie schreiend davonläuft, dann könnte dieser Schock ein Engramm sein, das sich vielleicht dahingehend auswirken könnte, daß Monika nie mehr in ihrem Leben – auch als Erwachsene nicht – allein in den Keller gehen wird.

Ein konstruiertes Beispiel zur Anwendung der Schichtlehre, von dem aber wohl jeder zugestehen muß, daß es so geschehen könnte.

Einfache Anwendung der Schichtlehre

Wenn man das Prinzip der Schichtlehre anzuwenden versucht, wird man erstaunt sein, wie wenig Mühe dies macht, falls man es einigermaßen beherrscht. Das geht natürlich nicht so, daß man zu einem Mitarbeiter etwa sagt: „Ich möchte Sie jetzt beeinflussen; machen Sie mal Ihre Gefühlsschicht bereit!" Aber bei der Beobachtung eines Menschen zum Beispiel, der mit deutlichen Zeichen der Erregung, der Trauer oder der Freude eintritt, kann man schon sofort registrieren, daß in seinem Zustand in der Gefühlsschicht es sicherlich sinnlos ist, ihn in seiner Denkschicht anzusprechen. Und gar die landläufige Redewendung bei einem reklamierenden Kunden „nun wollen wir mal ganz in Ruhe überlegen" kann gegebenenfalls nur Öl ins Feuer gießen. Denn der sich beschwerende Kunde befindet sich mit seinem Ärger zumindest im Gefühlsbereich, wenn nicht gar durch ein Enttäuschungserlebnis in der Erlebnisschicht, die Aggression auslöst. Ihn in dieser Situation in seiner Denkschicht ansprechen zu wollen, ist sinnlos.

Redewendungen zur Schichtlehre

Die Schichtlehre, die wir uns hier bewußt gemacht haben, ist übrigens nichts Neues; seit Jahrhunderten haben wir in der deutschen Sprache Redewendungen, die genau mit diesen Gedankenvorstellungen umgehen und die Richtigkeit des Modells bestätigen. In den Erläuterungen zur nebenstehenden Abbildung sind solche Redewendungen aufgeführt, die in der Zeichnung selbst graphisch dargestellt werden.

Vom Individuum zur Führungspersönlichkeit

Versuch einer graphischen Darstellung von Redewendungen
in bezug auf die Schichtlehre

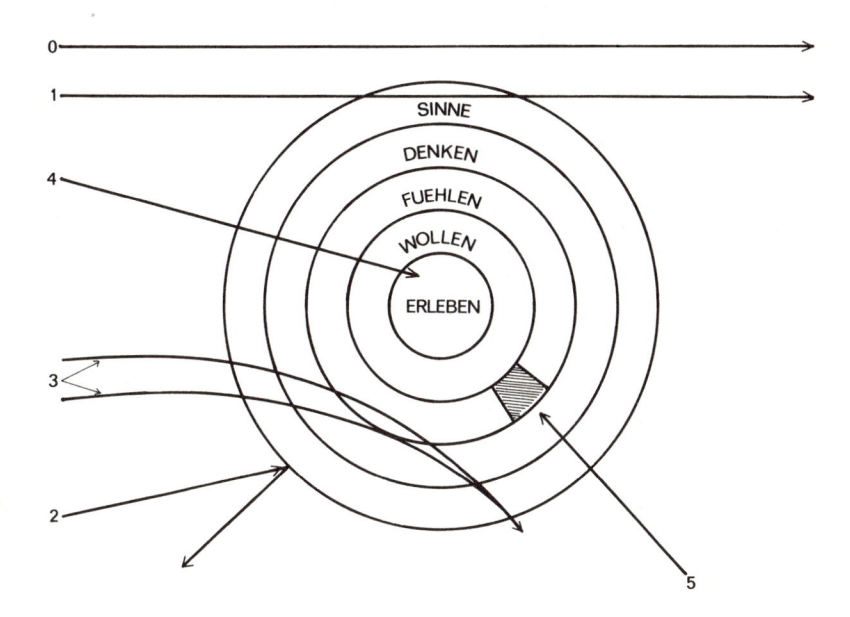

Linie 0 = Das ist glatt an ihm vorbeigegangen.
Das hat ihn überhaupt nicht berührt.

Linie 1 = Das hat nur oberflächlich gewirkt.
Das hat gar keinen tiefen Eindruck auf ihn gemacht.
Das ging zum einen Ohr rein und zum anderen raus.
(Gemeint ist, daß nur die Sinne – Haut, Gehör – berührt wurden, aber Denken oder Fühlen nicht erreicht wurde.)

Linie 2 = Der hat aber ein dickes Fell. Von dem prallt alles ab.
Er bleibt völlig unbeeindruckt.
(Gemeint ist, daß die äußere Schicht – die Haut – nicht durchdrungen bzw. durchstoßen werden konnte.)

Linie 3 = Das ist ihm aber unter die Haut gegangen.
Das hat ihn nachdenklich werden lassen. Der hat gefühlt, um was es geht.
(Gemeint ist, daß der Eindruck die Sinnesfunktion – die Haut – durchdrungen und die Denk- oder Gefühlsschicht erreicht hat.)

Linie 4 = Das hat ihn aber tief erschüttert. Das hat ihn bis ins Mark getroffen.
(Gemeint ist, daß die [innerste] Erlebnisschicht erreicht wurde.)

Linie 5 = Ein Beispiel, wie wirkungslos es ist, jemanden, der sich augenblicklich im Gefühlsbereich befindet (Angst, Mißtrauen, Freude, Liebe usw.), mit rationalen Argumentationen, die sich nur an die Denkschicht wenden, beeinflussen zu wollen – etwa einem jungen Menschen mit Vernunftgründen die Liebe ausreden zu wollen.

2.2.3 Die drei Kardinaltriebe

Der Mensch ist kein Objekt

Die bisher erarbeiteten Grundregeln zur Führungsbeeinflussung – die drei Voraussetzungen und die psychischen Funktionen – haben sich darauf beschränkt, die Möglichkeiten der Einflußnahme auf einen oder mehrere andere Menschen bewußt zu machen. Dabei sind wir jedoch – mit Ausnahme der Aggression – so vorgegangen, als sei der zu führende Mensch ein Objekt, mit dem wir umgehen. Ein Mensch mit allen seinen Eigenschaften, Fähigkeiten, Strebungen und seiner Psyche ist aber nun einmal kein Stück Holz oder ein Stein, auf den der Führende Einfluß nimmt, sondern ein Subjekt, ein selbständiges, ganzheitliches Lebewesen, das auch selbst etwas will. Er hat Wünsche, Bedürfnisse, Strebungen und Triebe, die er befriedigen will und mit denen er sich zu realisieren wünscht. Daher wäre eine Führungspsychologie sinnlos, wenn sie nicht auch die Triebe eines Menschen mit einbezieht, die bei der Beeinflussung berücksichtigt werden müssen. Denn gegen seine Triebe, also gegen das, was er wünscht, anstrebt und zu befriedigen sucht, kann man einen Menschen nicht führen.

Befriedigung des eigenen Wollens

Höchste Kunst des Führens ist – so lautet eine gängige Erkenntnis – zu erreichen, daß die Menschen das tun w o l l e n, was sie tun s o l l e n. Wenn also der Führende in der Lage ist, die Strebungen des Geführten in die gewünschte Zielrichtung zu lenken, dann wird nicht nur die Führung effektiv sein, sondern auch die Leistung den Geführten befriedigen.

Verschiedene Trieblehren

Auch über die Trieblehre gibt es in der Psychologie eine große Anzahl unterschiedlicher Lehrmeinungen. Es gibt Auffassungen über neun bzw. sieben Triebrichtungen; viele Wissenschaftler sprechen von drei hauptsächlichsten Zielrichtungen des Trieblebens. In der Frankfurter Soziologenschule (Adorno, Horkheimer, Mitscherlich) sprach man von zwei Trieben – dem Sexualtrieb und dem Aggressionstrieb. Und schließlich Sigmund Freud nannte nur einen Trieb, den Sexualtrieb, aus dem er die Bedürfnisbefriedigung des Menschen ableitete; heute weiß man, daß dies nicht zutrifft.

Zum Begriff des Triebes sei noch eine semantische Bemerkung eingefügt: landläufig hat man von einem Trieb die Vorstellung, daß dies etwas Schlimmes, im kirchlichen Sinne Sündiges oder gar etwas sei, das mit Strafbarkeit oder Verbrecherischem zu tun habe. Man denkt dabei an ein triebhaftes Mädchen oder an einen Triebverbrecher, an Menschen mit ungezügelten oder tierischen Trieben.

Diese Vorstellungen sind nicht richtig, denn Triebe sind etwas völlig Natürliches. Jeder Mensch hat Triebe – ja, muß sie haben, denn ohne Triebe wäre er unvollkommen – ein Krüppel. Was wir beim Triebverbrecher meinen, ist übersteigerte Triebhaftigkeit; unsere Sprache drückt das treffend aus mit dem Wort „übertrieben" – also mehr als normale Triebe, die beileibe nichts Unanständiges oder Abzulehnendes sind.

Schleip hat in seinem Regelwerk der Führungspsychologie eine annehmbare Lösung gefunden, die den unterschiedlichen Lehrmeinungen zur Trieblehre gerecht wird und die meisten Auffassungen abdeckt: er spricht von drei „Kardinaltrieben" und meint damit die hauptsächlichsten Triebrichtungen. Es wäre jedem überlassen, noch eigene „Nebentriebe" zu entdecken, aber diese drei Kardinaltriebe sind nun tatsächlich bei jedem Menschen – vielfach allerdings nicht offen erkennbar – vorhanden und nachzuweisen. Wenn bei jemandem auch nur einer dieser drei nicht wirksam, also nicht entwickelt wäre, dann wäre dieser Mensch psychisch nicht normal – krank. **Kardinaltriebe**

Die drei Kardinaltriebe sind der Besitztrieb, der Geltungstrieb und der Kontakttrieb.

Zum B e s i t z t r i e b zählen wir alle die Strebungen, mit denen der Mensch etwas h a b e n will – also beispielsweise den Nahrungstrieb (Befriedigung von Hunger und Durst), Sammeltrieb, Wissenstrieb, Gewinnstreben, Bedürfnis nach wirtschaftlicher Sicherheit oder höherem Lebensstandard u. v. a. m. In der Übersteigerung wirkt sich dies in Habgier, Geiz, Genußsucht, Neid, Egoismus, Neugier, Unersättlichkeit usw. aus. Eine Vernachlässigung des Besitzstrebens erzeugt Unzufriedenheit und soziale Spannungen. **Besitztrieb**

Vielfach meinen Führende, das Besitzstreben der Menschen richte sich lediglich auf den Besitz im juristischen Sinne, als Eigentum und Arbeitslohn. Das „Haben-Wollen" ohne Eigentumsrecht geht jedoch viel weiter: jeder Mensch will „seinen" Stammplatz, „sein" Werkzeug, „seinen" Schreibtisch, „seinen" Garderobehaken und „seinen" Parkplatz – gleichgültig, wem dies nun juristisch gehört. Und vielfach haben Menschen auch Besitzansprüche auf andere Menschen, z. B. den Partner, die Kinder, den Freund usw. Gerade jedoch im Zusammenhang mit neuem Denken, mit einer bevorstehenden Transformation des Menschen und der Gesellschaft kann es sein, daß auch hier sich einige Veränderungen ergeben. Während Schleip noch seinerzeit davon spricht, daß der Mensch nicht mit dem zufrieden ist, was er objektiv benötigt, sondern mindestens so viel haben möchte wie die anderen und daß mit der Befriedigung der Besitzwünsche auch die Ansprüche steigen, scheint sich dies beim neuen Menschen anders zu entwickeln. Eine neue Einstellung zum Leben könnte diese noch von Schleip getroffenen Feststellungen bis zu einem gewissen Grade abbauen oder gar gegenstandslos werden lassen. Erich Fromm befaßt sich in seinem Hauptwerk „Haben oder Sein" (Lit. 38) mit diesem Aspekt.

Geltungstrieb   Zum Geltungstrieb, den wir auch als das Sein-Wollen bezeichnen, rechnen das Streben nach Anerkennung und sozialer (gesellschaftlicher) Geltung, Vorwärtsstreben, Ehrgeiz, Durchsetzungsbedürfnis, Gewinnen von Achtung und Ansehen, Freiheitsstreben, Schönheitsbedürfnis usw. – die Übersteigerung finden wir dann in der Ichhaftigkeit, im Machtstreben, in der Herrschsucht und Angeberei, auch Überheblichkeit, Oppositionsstreben und Widerspruchsgeist sowie Kampf- und Streitlust sind dazu zu zählen. Eine Vernachlässigung des Geltungsstrebens (Nicht-Anerkennung, Demütigung, Benachteiligung, Hintansetzung, Bloßstellung oder Mißachtung u. a.) erzeugt Frustrationen oder „Minderwertigkeitskomplexe", die dann wieder zu übertriebenen Ansprüchen oder zur Kompensation durch Angeberei, Arroganz und Überheblichkeit führen können.

Auch hier wird wiederum deutlich, daß beim neuen Menschen und in einer gesellschaftlichen Transformation diese Dinge einen ganz anderen Stellenwert bekommen könnten, denn wer z. B. nicht mehr den Ehrgeiz hat, über andere zu herrschen, wird auch frei von Komplexen oder Überheblichkeit bleiben können.

Der Kontakttrieb – den Freud noch generalisierend als Sexualtrieb bezeichnete – entspricht der menschlichen Grundrichtung als soziales Wesen; wir können ihn auch mit Gemeinschafts-Wollen umschreiben. Hierzu zählt man u. a. Anlehnungsbedürfnis, Geselligkeitsstreben, Sexualtrieb, Fortpflanzung, Hinwendung, Zärtlichkeit, Spieltrieb, Verlangen nach Sympathie und Harmonie, Gruppenbildung, Zugehörigkeitsdrang. In der Übersteigerung kann sich dies in Vergnügungssucht, Gruppensex, Spielleidenschaft, übersteigertes Zuwendungsverlangen, Herdentrieb und Mitläufertum, Vermassung und Massenhysterie ausdrücken, um nur einiges zu nennen. Vernachlässigung oder Unterdrückung des Kontakttriebes kann zu Vereinsamung, Absonderung, Verklemmungen und besonderen psychischen Störungen führen.

Kontakttrieb

Wenn in fast allen zukunftsträchtigen Publikationen – gleich welcher Richtung – fast einhellig die Forderung nach „viel mehr Liebe" enthalten ist, dann kommt dies nicht von ungefähr, sondern entspricht eindeutig dem Geist der kommenden Entwicklung, in der die Gemeinschaft den ersten Stellenwert einnehmen wird. Das ist nicht nur im bereits erwähnten Wort des Apostels Paulus (s. Schritt 2.1) ausgedrückt, sondern wird auch beispielsweise in Hermann Hesses „Glasperlenspiel" (Lit. 61) sinngemäß so beschrieben, daß die höchste Form der Persönlichkeitsentwicklung der Dienst an der Gemeinschaft sein sollte.

Viel mehr Liebe

Auch Schleip, der ursprünglich von voller Gleichwertigkeit der Kardinaltriebe untereinander sprach, gestand zu, daß bei gleichmäßiger Befriedigung aller drei Triebe jeweils der philogenetisch jüngere Trieb sich stärker in der Bedürfnisbefriedigung auswirke. Philogenetisch heißt entwicklungsgeschichtlich; bei den Trieben ist der Besitztrieb älter und der Kontakttrieb jünger als der in der Mitte zwischen beiden rangierende Geltungstrieb.

Kontakttrieb ist der jüngste

Dies erklärt sich übrigens aus der Entwicklung des menschlichen Lebewesens, die sich – wie viele Menschen glauben – in Perioden von jeweils sieben Jahren vollzieht. In dem ersten Jahrsiebent will das Kind nur haben, alles erfassen, ergreifen und begreifen – besitzen. Die zweiten sieben Jahre sind geprägt durch die Entfaltung der Selbständigkeit des Individuums, des Dominieren-Wollens bei den Schulkameraden und der Durchsetzung als Persön-

lichkeit, was dem Geltungstrieb entspricht. Im Zeitraum von 14 bis 21 Jahren etwa – mit der Pubertät – hat der jüngste Trieb, der Kontakttrieb, seine Entfaltungsphase. Und interessanterweise setzen sich diese Siebener-Perioden weiter im menschlichen Leben fort: das 4. Jahrsiebent (etwa von 21 bis 28 Jahren) dient wieder dem Besitzstreben, der Schaffung der Existenzgrundlage, die nächsten 7 Jahre bis etwa zum 35. Lebensjahr sind vielfach der Durchsetzung und der Fundierung des persönlichen Ansehens im Sinne des Geltungstriebes zugeordnet – und nach 35 Jahren folgt mit der Wiederholung der Kontakttriebphase bei manchen Menschen der zweite Frühling.

Man könnte diese Überlegungen noch fortsetzen, aber wir wollen es hierbei als Beispiel bewenden lassen. Zumal ich die Befürchtung habe, daß Leserinnen mir vorhalten könnten, ich habe nur das männliche Geschlecht als Träger der Berufsentwicklung beschrieben. Weit gefehlt: Ich bin der Überzeugung, daß – wenn in jedem Menschen männliches und weibliches Prinzip im Sinne des Yin-Yang enthalten sind – diese Überlegungen genauso auch für Frauen gelten, einmal von dem Unterschied abgesehen, daß das Gebären von Kindern bisher nur von Frauen praktiziert wird und sicherlich auch einen beachtlichen Einfluß auf die Lebensrhythmen ausübt.

Zur nebenstehenden Tabelle, die noch einmal einen Überblick über die Trieblehre geben soll, muß noch ergänzend erwähnt werden, daß man diese Dreiteilung der menschlichen Strebungen überall in der menschlichen Geschichte und in allen Bereichen finden kann.

Klösterliches Gelübde	Das klösterliche Gelübde „Armut – Keuschheit – Gehorsam" (= Verzicht auf Besitz, Kontakt, Geltung) ist hier genau so ein Beispiel wie etwa das alte Sprichwort (auf Seneca zurückzuführen), daß „ein Mann in seinem Leben ein Haus gebaut (Besitztrieb), ein Buch geschrieben (Ansehen, Geltungstrieb) und einen Sohn gezeugt (Kontakttrieb) haben soll". Fast alle bedeutenden Reden der Geschichte bzw. der Weltliteratur gipfeln in dem Appell an diese drei Triebe, wie der Verfasser in dem Buch „Rednerschule" (Lit. 23) dargelegt hat.
Anwendung in der Rhetorik	

Vom Individuum zur Führungspersönlichkeit

Die drei Kardinaltriebe		
Besitztrieb (Haben-Wollen)	Geltungstrieb (Sein-Wollen)	Kontakttrieb (Gemeinschaft-Wollen)
Nahrungstrieb Sammeltrieb Wissenstrieb (Informations-Bedürfnis) Bedürfnis nach Sicherheit	Freiheitsstreben Durchsetzung Streben nach Ansehen und Anerkennung Ehrgeiz soziale Stellung	Geselligkeitsstreben Sexualtrieb, Fortpflanzung Hinwendung, Gruppenbildung Anlehnung Zugehörigkeit
Übersteigert: Habgier, Unersättlichkeit, Neugier, Neid usw.	Machtstreben, Egoismus, Herrschsucht, Angeberei usw.	Herdentrieb, Vermassung, Mitläufertum, Vergnügungssucht usw.
Revierstreben Armut sich erhalten	Autoritätsverhalten Gehorsam sich entfalten	Fortpflanzung Keuschheit sich ergänzen	Konrad Lorenz Klösterl. Gelübde Biolog. Grundgesetze

Das Ehepaar Will und Ariel Durant, Verfasser einer sehr umfassenden „Kulturgeschichte der Menschheit" (Lit. 25), stellt die drei Triebe als drei biologische Lektionen der Geschichte dar; Konrad Lorenz, bisher einziger Nobelpreisträger für Verhaltensforschung, spricht von drei Strebungen, die jedes Lebewesen ab einer bestimmten Entwicklungsstufe verfolgt: das Revierstreben (= Besitz), das Autoritätsbedürfnis (= Geltung) und die Fortpflanzung (= Kontakt).

... und in der Verhaltensforschung

Im übrigen hat Schleip selbst seine Kardinaltriebe auf das biologische Grundgesetz bezogen, nach dem jedes Lebewesen – von der einzelligen Amöbe über den Baum im Urwald bis zum Menschen – drei Strebungen verfolgt: es will sich erhalten (Besitz – Nahrung, Boden, Raum, Revier), es will sich entfalten (Geltung – Auslese, Durchsetzung, Behauptung), und es will sich ergänzen (Kontakt, Gemeinschaft, Kommunikation, Fortpflanzung). Es ist also nicht vermessen, zu behaupten, daß die drei Kardinaltriebe auf wissenschaftlich abgesicherten biologischen Erkenntnissen basieren.

Biologische Grundstrebungen

Wenn wir anfangs festgestellt haben, daß diese drei Kardinaltriebe bei jedem Menschen gleichermaßen vorhanden sind, – wenn wir außerdem die Gesetzlichkeit erkannt haben, daß bei gleich-

Vom Individuum zur Führungspersönlichkeit

Der akut notleidende Trieb drängt nach Befriedigung

mäßiger Befriedigung aller drei letztendlich der phylogenetisch* jüngere Trieb am stärksten drängt, so bleibt als Schlußfolgerung noch eine Regel, die für den Führenden von außerordentlicher Bedeutung ist. Sie lautet generell: derjenige Trieb, der akut am stärksten notleidet, drängt sich in den Vordergrund und drängt nach Befriedigung. Dies kann sich beim Individuum laufend verändern; manchmal gar in Stunden.

Wenn jemand nichts zu essen hat, kann es sein, daß er sich etwas stiehlt (Mundraub). Der „Freßtrieb" = Besitztrieb litt Not und drängte nach Befriedigung, ohne Rücksicht auf Ansehen (Geltungstrieb) und die anderen Menschen (Kontakttrieb – Gemeinschaft). Wenn der Betreffende aber seinen Hunger gestillt hat, kann es sein, daß ein anderer Trieb sich in den Vordergrund schiebt, weil nun dieser notleidet.

Für jeden Führenden gilt es, die Situation bei den von ihm Geführten zu beobachten und diese dementsprechend zu motivieren. Wer seine Mitarbeiter kennt und sich auf ihre Bedürfnisse mitdenkend einstellt, wird tatsächlich in vielen Fällen erreichen können, daß die Menschen das tun wollen, was sie tun sollen. Und wie die entsprechende Leistung dann aussehen wird, kann man sich denken. In unserem Unternehmens-Modell werden solche Überlegungen die Grundlage bilden.

Regeln wie eine Klaviatur spielen lernen

Auf den Seiten 108/109 ist noch einmal eine übersichtliche Zusammenstellung der Führungspsychologie mit ihren Regeln und ihren Zusammenhängen gegeben; sie soll dem Führenden die Handhabung erleichtern. Man verwendet dieses Handwerkszeug sicherlich nicht dergestalt, daß man bei einer Führungsbeeinflussung von oben nach unten abhakt, was man schon getan hat und noch tun muß. Sondern man muß als Führender die Regeln gewissermaßen „intus" haben, um mit ihnen wie auf einer Klaviatur oder den Registern einer Orgel spielen zu können. Denn jeder Fall liegt anders und muß für sich betrachtet werden; daher muß man eben unbedingt alle Gesetzmäßigkeiten kennen und jeweils dort anwenden, wo es angepaßt erscheint.

---

* Phylogenese = biologische Entwicklungsgeschichte, Stammesgeschichte.

Vom Individuum zur Führungspersönlichkeit

Und es geht nur dann, wenn der Führende dies ständig versucht, also dauernd übt. Zunächst kann man retrospektiv mit dem Regelwerk umgehen, indem man sich nach einem Führungsvorgang, der vielleicht nicht den gewünschten Erfolg gezeitigt hat, fragt: „Woran hat es denn nun gelegen – warum bin ich nicht angekommen – was habe ich falsch gemacht?" Wer sich in dieser Hinsicht ernsthaft bemüht, wird allmählich Routine darin bekommen, die Gesetzmäßigkeiten des Regelwerks bewußt anzuwenden und damit sein Führungsverhalten zu verbessern.

Zunächst retrospektiv üben

In diesem Zusammenhang gestatte man mir eine persönliche Erklärung: Das Schleipsche Regelwerk der Führungspsychologie habe ich jahrzehntelang Führungskräften der Wirtschaft und Verwaltung vermittelt; viele Tausende von ihnen verwenden es in ihrer täglichen Praxis im Umgang mit Mitarbeitern, Geschäftsfreunden oder Kunden. – Ich selbst gebrauche das Regelwerk in meinem persönlichen Verhalten seit zweieinhalb Jahrzehnten; noch nie hat man mich – abgesehen von Fehlern, die jedem Menschen unterlaufen – mit diesen Regeln in Verlegenheit gebracht oder, vulgär ausgedrückt, damit aufs Kreuz gelegt. Es ist tatsächlich – wenn man so sagen will: narrensicher – anwendbar bei jeglicher Beeinflussung anderer Menschen in normalen Situationen. Natürlich nicht in Fällen, bei denen Menschen krankhaft gestört sind; es ist also keine Therapiemethode.

Ich habe auch keinen Grund, andere Systeme, die ich durch intensive Studien und Teilnahme an Fremdseminaren kennen und schätzen gelernt habe, etwa aus Konkurrenzangst abzuwerten. Aber ich kenne kein einziges System auf dem deutschen Markt der Managementschulung, das so übersichtlich ist und einfach zu handhaben.

Wer sich also mit diesem Handwerkszeug zur Menschenführung befassen will, der kann nur e i n e n Nutzen davon haben: er wird, wenn er es ernsthaft betreibt, sicherlich sein Führungsverhalten in der Zukunft verbessern. Und dies ist wiederum die Voraussetzung (wir drehen uns im Kreis und gehen an den Anfang unseres Regelwerks zurück) für ein Vertrauen der Mitarbeiter zu seiner Person, von dem jeglicher Führungserfolg abhängig ist.

Vom Individuum zur Führungspersönlichkeit

Führungspsychologische

A Die Voraussetzungen
(Welche Voraussetzungen müssen für eine erfolgreiche Führungsbeeinflussung gegeben sein bzw. geschaffen werden?)

1 positive Einstellung   a) Vertrauen zur Person
                                  b) Interesse an der Sache

2 relativ richtiges Maß

3 richtige Häufigkeit

B Die psychischen Funktionen
(Welche psychischen, also geistig-seelischen Funktionen des Menschen können bei der Führungsbeeinflussung angesprochen werden?)

1 Die Sinne   (Sehen 83%, Hören 11%, Riechen 3,5%, Tasten 1,5%, Schmecken 1%)

2 Das Denken   (Verstand, Rationales), z. B. Nachdenken, Überlegen, Erinnern, Planen, Kombinieren, Koordinieren usw.

3 Das Fühlen   (Emotionales), z. B. Angst, Freude, Trauer, Liebe, Haß, Vertrauen, Sympathie, Ärger, Wut usw.

4 Das Wollen,   z. B. Eifer, Fleiß, Energie, Faulheit, Ausdauer, Mut, Initiative, Trägheit usw.

5 Das Erleben, z. B. Erlebnisse, Enttäuschungen, Schocks, Träume, Halluzinationen, Begeisterung usw. – Engramm

C Die Kardinaltriebe
(Welche eigenen Antriebsmomente, Bedürfnisse der Geführten müssen bei der Führungsbeeinflussung mit berücksichtigt werden?)

1 Besitztrieb,   Haben-Wollen, z. B. Nahrungstrieb (Essen und Trinken), Wissenstrieb, Informationsstreben, Neugier, Sammeltrieb usw.

2 Geltungstrieb, Sein-Wollen, z. B. Ehrgeiz, Freiheitsstreben, Machttrieb, Anerkennungsbedürfnis usw.

3 Kontakttrieb,   Gemeinschaft-Wollen, z. B. Spieltrieb, Sexualtrieb, Fortpflanzung, Herdentrieb usw.

Regelwerk (nach Schleip)

Anmerkungen

A 1: Eine der beiden Komponenten allein reicht nicht aus, um eine positive Einstellung zu schaffen.

A 2: Relativ richtiges Maß bedeutet, daß es auf den bzw. die Geführten angepaßt sein muß, auch in der richtigen Dosierung. Man findet es durch Beobachtung in einem Regelkreisverhalten, indem man sich auf den anderen einstellt.

A 3: Ultra-Kurzzeit-Gedächtnis (flüchtiger Eindruck) max. 18 Sekunden, Kurzzeit-Gedächtnis (mehrmaliger Eindruck) bis etwa 2 Stunden, Langzeit-Gedächtnis (häufiger oder intensiver Eindruck) bewirkt Eindringen ins Unterbewußte und somit automatische Reaktion.
Merke: Eine Überziehung der Häufigkeit kann Abwehrreaktionen hervorrufen.

B 1: Die Sinnesfunktionen sind körperliche Funktionen, jedoch bilden sie zur Wahrnehmung die Eingangspforten in den psychischen Bereich. Je mehr Sinne gleichzeitig angesprochen werden, desto schneller und intensiver ist die Wirkung.

B 2: Es gibt sehr unterschiedliche Denkertypen; wichtig ist es zu wissen, daß in jeder Gruppe zumindest die beiden am häufigsten (mehr als 80 %) vorkommenden Denkertypen vorhanden sind: die logisch-abstrakten und die anschaulich-intuitiven.

B 3: Gefühle sind ansteckend wie eine Infektionskrankheit; je größer die Gruppe, desto stärker können die Gefühle in den Vordergrund treten und die Verstandesfunktion überdecken.

B 4: Es gibt ein bewußtes Wollen, das vom Denken oder Fühlen her geleitet wird, und ein unbewußtes Wollen, das von Erlebnissen gesteuert wird.

B 5: Jedes echte Erlebnis (Fachausdruck: Engramm) formt die Verhaltensweise des Menschen und kann ein ganzes Leben hindurch wirksam sein (Ersterlebnisse, Schocks usw.).
Merke: Enttäuschungserlebnisse bewirken Aggressivität.

Die Schichtlehre (nach *Endres* [6]) besagt, daß die psychischen Funktionen in der genannten Reihenfolge von außen nach innen gelagert sind wie die Schalen einer Zwiebel. Je tiefer die Schicht ist, die man anspricht, desto intensiver und nachhaltiger ist die Wirkung.

C: Triebe sind etwas völlig Natürliches; sie sind stets latent bei jedem Menschen vorhanden. Der Trieb, der akut am meisten notleidet, schiebt sich in den Vordergrund und drängt nach Befriedigung.

Mangelnde Triebbefriedigung bewirkt Frustration.

Standpunkt III

Selbsterkenntnis – und der Sinn des Lebens

Hierbei bekenne ich, daß mir von jeher die große und so bedeutend klingende Aufgabe „Erkenne dich selbst" immer verdächtig vorkam, als eine List geheim verbündeter Priester, die den Menschen durch unerreichbare Forderungen verwirren und von der Tätigkeit gegen die Außenwelt zu einer innern falschen Beschaulichkeit verleiten wollten.

Goethe

Jahrzehnte meines Lebens lang habe ich die Inschrift auf dem Apollontempel im altgriechischen Delphi „Erkenne dich selbst" als eine der schönsten Weisheiten der menschlichen Geistesgeschichte betrachtet. Bis ich auf jene Äußerung Goethes stieß, in der er in unverkennbarem Hohn diese Forderung – sie soll von einem der sieben Weisen um 600 v. Chr. stammen – als einen faulen Trick gefolgschaftssüchtiger Gurus, Propheten oder Pfaffen abtut. Und in der Tat: je länger ich über Goethes Ansicht nachdachte und meine Augen in dieser Richtung offenhielt, um so mehr schien es mir auch, daß vieles dafür spricht, seine Meinung zu respektieren.

Doch die Beschäftigung mit dem Komplex der Selbsterkenntnis ließ mich dann auch verstehen, daß es dem Altmeister gar nicht gegen den Inhalt der Forderung zur Selbsterkenntnis gegangen ist, sondern um diejenigen, die sie mehr oder weniger lauthals verkünden. Hermann Hesse drückt dies in der gleichen Richtung aus, wenn er schreibt „Du sollst dich nicht nach einer vollkommenen Lehre sehnen, sondern nach einer Vervollkommnung deiner selbst."

Wohl fast jeder Mensch, der geistig interessiert oder angeregt ist, wird sich zu irgendeinem Zeitpunkt seines Lebens die Frage nach dem Sinn seines Daseins gestellt haben – was dieses Leben eigentlich für einen Sinngehalt habe. Und im Nachdenken hierüber wird er zwangsläufig auch auf die Frage seines eigenen Standpunktes in der Welt gekommen sein. Er wird sich gefragt haben, wozu er denn auf der Erde sei, was er innerhalb der Schöpfung bedeute und wie er sich selbst als Teil des Kosmos sehen kann. Und ich habe vielfach, besonders von jungen Menschen, die Fragen gehört: „Wozu bin ich denn überhaupt da – was soll das Leben – würde es nicht auch gehen, wenn ich nicht vorhanden wäre – warum haben mich meine Eltern in die Welt gesetzt – was hat das alles für einen Sinn?"

Standpunkt III

Viktor Frankl, Repräsentant der – nach Freud und Adler – dritten Generation der Wiener Schule der Psychotherapie, spricht in seinen Büchlein „Das Leiden am sinnlosen Leben" (Lit. 34) und „Psychotherapie für den Laien" (Lit. 35) von der noogenen Neurose – der Zeiterscheinung einer Neurose, die nirgends und in nichts einen Sinn sucht und auch demgemäß nicht finden kann. Als Beispiel führt er u. a. eine statistische Untersuchung bei jugendlichen Selbstmordkandidaten an, die vor dem Suicid gerettet wurden: mehr als 80 % gaben – nach dem Grund ihres Selbstmordversuches befragt – an, sie hätten keinen Sinn mehr im Leben gesehen. Frankl bietet auch als Begründung für das Heraufkommen des – wie er es nennt – existenziellen Vakuums eine Kurzformulierung an, die uns alle sehr nachdenklich stimmen sollte. Er sagt:

> „... die Ursachen ... dürften auf zweierlei zurückzuführen sein: auf den Instinktverlust und auf den Traditionsverlust. Im Gegensatz zum Tier sagen dem Menschen keine Instinkte mehr, was er muß, und dem Menschen von heute sagen keine Traditionen mehr, was er soll; und so scheint er oft nicht mehr zu wissen, was er eigentlich will. Nur um so mehr ist er darauf aus, entweder das zu wollen, was die anderen tun, oder nur das zu tun, was die anderen wollen. Im ersteren Fall haben wir es mit Konformismus – verbreitet in der westlichen Hemisphäre – zu tun, im letzteren mit Totalitarismus der östlichen Hemisphäre.

Auch wem diese Formulierung sehr vereinfacht erscheinen mag: in ihrer Kernaussage trifft sie das Problem exakt. Und es ist auch nicht daran zu zweifeln, daß überall in der Welt viele Menschen dieses existenzielle Vakuum empfinden und nach Wegen suchen, es zu überwinden. Hier ist ein großes Feld für Religionen, Heilslehren, Philosophien, für Sektierer, Gurus oder Propheten, aber auch für die etablierten Kirchen, die teilweise versuchen, ihre Chancen wahrzunehmen. Goethes Wort, das ich an den Anfang dieser Betrachtung stellte, hat hierin sicherlich seine Daseinsberechtigung.

Auch wenn es der leichtere Weg ist für den Einzelnen, sich einer Gemeinschaft anzuschließen, die das Denken und oft auch das Handeln für ihn übernimmt, so ist doch der wahre Sinn des Wortes „Erkenne dich selbst" ein Auftrag, der jedem für sich allein gegeben ist. Ich halte es einfach für zu billig, sich vorgefertigten Meinungen, Richtungen, Lehren und Philosophien anzuschließen und deren Gedanken und auch Normen kritiklos zu übernehmen.

Standpunkt III

Dies gilt auch für die großen Religionen, denen selbstverständlich zugestanden werden muß, daß ihr ethischer und moralischer Gehalt so viel vom Wesentlichen des Menschlichen und der Schöpfung enthält, um sie in vielem unangreifbar zu machen. Aber sie bergen auch, daß der Mensch von ihnen indoktriniert werden kann.

Ich glaube, daß die beiden Dinge – die Suche nach dem Lebenssinn und die Forderung nach Selbsterkenntnis – zusammengehören und sich gegenseitig bedingen. Das eine kann ohne das andere nicht sein: wer sich um Selbsterkenntnis bemüht, stößt zwangsläufig auf die Frage nach dem Sinn seines Daseins – und wer die Sinnfrage stellt, kann dies nicht tun, ohne sich über sich selbst und seinen Platz in der Schöpfung Gedanken zu machen. Dies ist wohl auch eine Aufgabe des „homo integrans" – des neuen Menschen, der sich wieder in die Schöpfung eingebunden erkennt und als Teil derselben begreift.

Wenn wir uns zum Erkennen unseres Selbst mit unserer eigenen Persönlichkeit befassen, dann ist dies schwerlich kognitiv vorzunehmen; – mit Grübeln, Meditieren, Selbstvorwürfen oder Selbstlob ist da nichts zu bewirken. Auch im affektiven Bereich kann man sich zwar über sich und das Verhältnis zur Umwelt Klarheit zu schaffen versuchen, aber es besteht – wie stets bei Emotionen – die Gefahr, daß man etwas einseitig sieht und von falschen Voraussetzungen oder irrigen Einstellungen ausgeht. Wirksam zu nachhaltigen Erkenntnissen über sich selbst, die dann auch zu Verhaltensänderungen – zu echter Arbeit am Charakter – führen können, sind entsprechend der Schichtlehre (s. S. 99) die Engramme, die tatsächlich die Tiefenschicht unserer Psyche erreichen.

Als ich vor einigen Jahren gewissermaßen auf der Höhe meines beruflichen Erfolges stand und ein vielgefragter Dozent war, nahm ich einmal an einem gruppendynamischen Seminar teil. Niemand der Teilnehmer wußte etwas vom anderen – man sah sich zum ersten Male und nannte sich nur beim Vornamen. Und am zweiten Tage der Veranstaltung geschah es: Ich bekam urplötzlich von einem sehr jungen Teilnehmer eine Aggression zu spüren, der sich auch die meisten anderen anschlossen. Ich wurde wegen meiner Art zu sprechen angegriffen, man sagte, ich sei arrogant und eingebildet, unfähig zur Eingliederung in die Gemeinschaft. Und eine ganze Menge anderer unschöner Dinge mußte ich mir anhören, die man als negativ an mir – der ich doch glaubte, „so gut zu sein" – festgestellt hatte.

Standpunkt III

In der Ecke des Gruppenraumes saß ich, mit Tränen in den Augen, und erklärte, nach Hause fahren zu wollen – dies hier habe ich doch wahrlich nicht nötig. Nur dem Geschick des Gruppenleiters – eines erfahrenen Psychologen – habe ich es zu verdanken, daß ich einen positiven Effekt aus dem Vorgang gezogen habe und mir einen nachhaltigen Anstoß zur Verhaltensänderung gegeben habe. Er sagte zu mir: „Gerd, das mußt Du jetzt durchstehen, und Du darfst nicht kneifen! Hier erlebst Du einmal tatsächlich, wie Dich andere Menschen sehen, die nicht – wie in Deinen Seminaren – Dir etwas abnehmen müssen, sondern die Dich unvoreingenommen hier erlebt haben und Dich so einschätzen, wie sie es sagen. Diese Chance, so die Wahrheit für Deine Selbsterkenntnis zu erfahren, bekommst Du vielleicht nie wieder!"

Ich bin geblieben, habe es durchgestanden und in meinem zukünftigen Verhalten versucht, die Konsequenzen aus den gewonnenen Erkenntnissen zu ziehen. Es war eine tiefgehende Erfahrung für mich, die ich nicht missen möchte. Um in kybernetischem Sinne zu sprechen, habe ich eine Störung erfahren, die zu einer Rückkoppelung und Regelung – einer Anpassung meines Selbst an die Gemeinschaft – geführt hat.

Wir werden im nächsten Schritt, der sich mit der Menschenkenntnis befassen wird, eine Menge darüber erfahren, welche Möglichkeiten der Einzelne hat, sich selbst und andere zu erkennen. Zuvor möchte ich aber noch auf etwas zu sprechen kommen, das in engem Zusammenhang mit den Vorstellungen des Menschen über sich selbst steht und worüber derjenige, der es ernst meint mit der Arbeit an sich selbst, Bescheid wissen sollte: die Neurosen.

Der Umgang mit Neurosen ist ein eigener Fachbereich, mit dem sich sowohl die Mediziner (Neurologen) als auch die Psychologen und neuerdings sogar die Soziopsychologen beschäftigen; es gibt eine umfangreiche Literatur darüber. Ich will hier einmal den Versuch unternehmen, den Begriff so einfach wie möglich darzustellen, auch auf die Gefahr hin, daß die Fachleute mich deshalb angreifen, weil sie der Ansicht sind, so primitiv sei es doch nun wirklich nicht.

Eine Neurose ist – im Gegensatz zu normalem Verhalten eines Menschen – ein übersteigert ichhaftes Verhalten, bei dem der Betreffende in überzogenem Maße sich und seine Vorstellungen zu verwirklichen sucht. Fritz Künkel (Lit. 70), der sich vielfach in krassem Gegensatz zu Alfred Adlers Individual-Psychologie befand, schildert dies in einem einfachen und ein-

Standpunkt III

leuchtenden Beispiel: Ein Junge, der seiner alleinstehenden Mutter die Klingelleitung repariert, weil er weiß, daß dies notwendig ist für den Haushalt, die Mutter jedoch es nicht selbst tun kann und auch kein Geld für die Bezahlung eines Handwerkers hat, handelt sachlich – normal. Wenn der Junge aber die Klingelleitung nur deshalb repariert, weil er weiß, daß dann die Mutter nicht nur ihn lobt, sondern überall in der Nachbarschaft erzählt, was sie doch für einen tüchtigen Jungen habe, ohne den sie gar nicht auskommen könnte, dann handelt er „ich-bezogen" – also neurotisch.

Man mag dies als eine triviale Geschichte belächeln, aber sie verdeutlicht den Unterschied zwischen sachlich-normalem und ich-bezogenem Verhalten.

Wenn man sich dies bewußt macht – und die Bewußtseinsvertiefung ist ja ein Mittel bei unserem Streben zur Selbsterkenntnis – dann hat jeder von uns wahrscheinlich eine ganze Anzahl größerer und kleinerer neurotischer Verhaltensweisen, die er vielleicht gar nicht als solche erkennt. Es sei mir gestattet, auch hier ein Beispiel aus dem eigenen Erlebnisbereich einzuflechten.

Ich bin ein pünktlicher Mensch, weil ich Unpünktlichkeit als Unhöflichkeit erachte. Aber ich hatte eine Lebensphase, in der ich die Pünktlichkeit auf die Spitze trieb, meine Uhr stets auf die Sekunde genau nach Radiozeit eingestellt war, und auch überall, wo ich pünktlich eintraf, darauf aufmerksam machte, wie sehr man doch auf mich und meine pünktliche Zuverlässigkeit bauen könne.

Als ich eines Tages mit einem väterlichen Freund, der von Beruf Psychologe war, verabredet war, stand ich zur vereinbarten Zeit unten an dessen Haustür, um mit der Sekunde 11 Uhr zu klingeln. Als mir auch nach dem zweiten und dritten Klingeln niemand öffnete, marschierte ich wutentbrannt zur nächsten Telefonzelle, um von dort aus anzurufen. Der Freund meldete sich, erklärte mir auf meinen Vorwurf, er sei wahrscheinlich noch unter der Dusche gewesen, aber nun könne ich kommen. Ich ging zu ihm, und noch während er mir die Wohnungstür öffnete, erklärte ich ihm erbost, daß er so etwas mit mir nicht machen dürfe. Er wisse doch, daß ich einer der pünktlichsten Menschen sei, und er wisse auch, daß meine Pünktlichkeit so bekannt sei, daß meine Freunde nach mir die Uhr stellten. (Dies war eine von mir damals viel gebrauchte Redewendung.)

Standpunkt III

Der väterliche Freund lächelte und sagte: „Du bist ja gar kein pünktlicher Mensch, Du bist nur ein Neurotiker!" Ich, aufbrausend: „Was, Du willst mich wohl in die Klapsmühle schicken, Du Psychologe, Du!" – „Nein, aber ich will Dir einmal zu Deinem Pünktlichkeitsfimmel etwas bewußt machen!" – Und dann erklärte er mir die Zusammenhänge zwischen sachlich-normalem und ich-bezogenem, übersteigertem Verhalten, machte mir begreiflich, daß ich nur auf meiner Pünktlichkeit so stolz herumritte, weil ich damit angeben und meine Person herausstellen wollte. Und sagte mir so nebenbei, daß ich dies überhaupt nicht nötig hätte, denn man würde mich auch anderer Qualitäten wegen akzeptieren; solche Sprüchemacherei werde eher ein negatives Bild bei meiner Umwelt erzeugen.

Mein Freund hat mir damals eine Lektion als Therapie verpaßt, die ich nie vergessen werde: Seitdem fahre ich nicht mehr unter sich schließenden Bahnschranken hindurch oder mache gewagte Überholmanöver, nur um meinem Ruf als „pünktlichster Mensch" gerecht zu werden. Ich bemühe mich zwar nach wie vor, aus Höflichkeit und Rücksichtnahme, pünktlich zu sein, aber wenn es einmal nicht klappen sollte, dann bricht für mich keine Welt zusammen. Von dieser kleinen Neurose bin ich gründlich geheilt.

Wir haben bereits im 2. Schritt im Zusammenhang mit der Persönlichkeitsbildung festgestellt, daß ein Mensch ohne den Bezug zu anderen Menschen in seinem Umfeld ein „tönend Erz" ist – daß er das Echo braucht, um überhaupt zu erfahren, wie er ist. Auch aus den beiden angeführten persönlichen Beispielen ist wohl deutlich geworden, daß ohne die menschliche Umwelt – einmal die Gruppe, im anderen Fall der Freund – für mich gar keine Möglichkeit zur Selbsterkenntnis, zur Rückkoppelung und Regelung zur Verhaltensänderung möglich gewesen wäre. William Shakespeare schildet dies treffend in seinem Lustspiel „Was ihr wollt", wo er den Narr sagen läßt:

> *„Sie loben mich und machen einen Esel aus mir. Meine Feinde hingegen sagen mir gerade heraus, daß ich ein Esel bin: Also nehme ich durch meine Feinde in der Selbsterkenntnis zu, und durch meine Freunde werde ich hintergangen."*

Wie dringend erforderlich es ist, bei der Selbsterkenntnis die Reaktionen der Umwelt zu beobachten, mag auch aus einem anderen Grunde einleuchten: Jedes neurotische Verhalten mit übersteigerter Ich-Vorstellung

Standpunkt III

ergibt eine Verringerung oder Verarmung des Bezuges zur Umwelt. Ich habe versucht, dies in der Farbtafel A (im Anhang) einmal graphisch darzustellen. Die Ordinate (Senkrechte) des dargestellten Achsenkreuzes ist die „Ich-Achse"; auf ihr sind die Zielvorstellungen des Selbst vermerkt. Die (waagrechte) Abszisse zeigt den Bezug zur Umwelt, d. h. also das Echo oder die Reaktionen – den Widerhall –, den der Betreffende bei seiner menschlichen Umwelt finden kann. Nun müssen wir hierzu noch wissen, daß stets eine Ambivalenz* gegeben ist: Wenn eine Zielvorstellung nicht erreicht wird, dann entsteht ein Abfallen in die Enttäuschung, also in den Minusbereich. Und es ist folgerichtig, daß eine niedrige Zielvorstellung nur ein geringes Abfallen, eine zu hochgeschraubte Erwartung dagegen auch eine große Enttäuschung zur Folge haben wird.

Auf unserer Graphik ist mit der grünen Linie eine normale Zielvorstellung angedeutet; sie entspricht etwa +50 der insgesamt bis ± 100 Strichen umfassenden Ich-Achse. Wer dies nicht erreicht, wird im unteren Teil der Ordinate auch nur auf entsprechend −50 herunterfallen, also keineswegs „maßlos" enttäuscht sein. Auch die Umweltbeziehung bei dem grünen (normalen) Beispiel bewegt sich auf der Waagrechten nach beiden Seiten bis zu etwa 50 der Markierung, also ein normaler Mittelwert des Verhältnisses zur Umwelt.

Wenn man sich nun vorstellt, daß dem Menschen mit seinen Ich-Vorstellungen und seinem Umweltbezug nur ein bestimmtes, im Normalfall mit der grünen Linie begrenztes Volumen zur Verfügung steht, so kann man auch erkennen, was entstehen muß, wenn ein Mensch übersteigerte Zielvorstellungen, also neurotisches Verhalten an den Tag legt. Stellt man sich die grüne Linie als bewegliche Schnur vor, die – entsprechend der Ambivalenz – auf der Ich-Achse senkrecht gleichermaßen nach oben und unten gezogen würde – etwa bis ± 90 –, so ergäbe sich, wie in der roten Linie angezeigt, eine entsprechende Verringerung oder Verminderung des Umweltbezuges. Die Zeichnung soll verdeutlichen, daß beim Neurotiker die Umweltbeziehung umso ärmer wird, je mehr er seine übersteigert ich-bezogenen Zielvorstellungen überspannt. Und im Gegensatz hierzu ist auch noch in der blauen Linie angedeutet, wie es einem Menschen ergeht, der kaum eigene Zielvorstellungen entwickelt, sich in übersteigertem Maße an der Umwelt orientiert und von ihr beeinflußt wird. Er entwik-

---

* Ambivalenz = Doppelwertigkeit; in der Psychologie das gleichzeitige oder rasch aufeinander wechselnde Auftreten gegensätzlicher Gefühle (z. B. Haßliebe).

Standpunkt III

kelt – wie man im Volksmund sagt – keinen eigenen Charakter, weiß nicht, was er will und wird labil ständig nur auf andere hören.

Wenn wir im ersten Schritt davon gesprochen haben, daß Führen und Dienen (Lit. 134) im Wechselverhältnis stehen, so findet sich hier nun eine Bestätigung. Der Mensch ist eben nun einmal nicht allein auf der Welt, sondern in einem sozialen Bezug zu anderen; hier dokumentiert sich der Sinn des Lebens. Menschen, die vereinsamt sind oder sich abkapseln, können keinen Sinn im Leben finden. Sie brauchen das Echo der Umwelt, um zur Selbsterkenntnis und zu sich selber zu finden und jenes Wechselspiel zwischen sich und anderen Menschen zu erfahren, das ihnen für ihr Leben Erfüllung bringen kann.

3. Schritt:
Der Einstieg in die Menschenkenntnis

> *Es ist eine merkwürdige Tatsache, daß selbst der unmaßgeblichste Laie über Psychologie völlig Bescheid zu wissen glaubt ... Jeder wirkliche Kenner der Menschenseele wird mir aber beipflichten, daß sie zum Dunkelsten und Geheimnisvollsten gehört, das unserer Erfahrung begegnet.*   Carl Gustav Jung

Immer wieder wird man Menschen begegnen, die von sich behaupten, sie seien gute Menschenkenner. Meist allerdings beziehen sie dies darauf, daß sie mit menschlichen Verhaltensweisen bestimmte Erfahrungen gemacht haben, die sie dann verallgemeinern. Besonders Menschen, die in Führungsverantwortung stehen und daher mit vielen Mitarbeitern und Kollegen Umgang haben, glauben aber auch, gut in der Lage zu sein, den einzelnen richtig einschätzen und beurteilen zu können. Das ist ein Irrtum: jemand, der Führungskraft ist, muß keineswegs zwangsläufig ein guter Menschenkenner sein – und umgekehrt: es kann jemand eine gute und treffsichere Urteilsfähigkeit über andere Menschen haben und trotzdem nicht sich zur Führung eignen.

Menschenführung ist nicht gleich Menschenkenntnis

Das führungspsychologische Regelwerk, das wir im 2. Schritt behandelt haben, hat unter den 11 Punkten seiner Gesetzlichkeiten eine Regel, die einen sogenannten „Gummiparagraphen" darstellt. Ein gehässiger, negativ eingestellter Kritiker könnte behaupten, mit dieser Regel allein schon könnten diejenigen, die mit der Führungspsychologie umgehen, alles erklären und alle ihnen unterlaufenden Fehler entschuldigen. Und wirklich – wer das Regelwerk (s. S. 108/109) einmal genau betrachtet, wird eine solche Regel finden – – – versuchen Sie es doch einmal! – – –

Sicherlich ist wohl jedem nach einiger Betrachtung aufgefallen, daß tatsächlich die zweite der drei Voraussetzungen einen sehr dehnbaren Begriff darstellt. Was heißt eigentlich „relativ richtiges Maß"? Offensichtlich also kein „absolut" richtiges Maß, das es anscheinend nicht geben kann, sondern nur von Fall zu Fall

Was heißt „richtiges Maß"

passend. Wenn also etwas in der Führung von Menschen schiefgeht, kann sich der Anwender damit entschuldigen, er habe eben nicht das „richtige" Maß getroffen. Eugen Roth (Lit. 101) hat ein reizendes Gedicht verfaßt von einem schüchternen Menschen, dem seine Freunde unterschiedliche Ratschläge geben, um Erfolg bei Frauen zu haben. Aber der Unglückliche hat trotzdem keinen Erfolg, denn – so lautet der letzte Vers des Gedichts –

*„... zwar paßte jeder Rat genau,
doch jeweils nicht bei jeder Frau!"*

Generelle und differenzielle Psychologie

Das ist der springende Punkt: wir brauchen außer der generellen Psychologie, die wir mit dem Regelwerk erarbeitet haben, auch noch eine differentielle Psychologie, die sich anpaßt auf die Besonderheiten des Wesens des einzelnen Menschen. Und jeder ist eben nun einmal verschieden vom anderen; wir können die Menschen nicht über einen Kamm scheren!

3.1 Kann man Menschenkenntnis überhaupt erlernen?

*Wie wolltest du dich unterwinden,
die Menschen kurzweg zu ergründen;
du kennst sie nur von außenwärts,
du siehst die Weste, nicht das Herz.*
                                    Wilhelm Busch

Überschaubares Handwerkszeug schaffen

Außer dieser generellen Frage entstehen für denjenigen, der sich mit differentieller Psychologie – also mit der Menschenkenntnis in bezug auf den einzelnen – befassen will, eine ganze Anzahl von damit zusammenhängenden Fragen. Nicht nur, wozu dies gut sein soll, sondern auch ob es schlechterdings bei der Vielfalt der menschlichen Natur möglich ist und wie man dies angehen soll. Wir wollen wiederum – wie bei der Führungspsychologie – versuchen, den gesamten Komplex überschaubar und so einfach wie möglich darzustellen – auch auf die Gefahr hin, von verschiedenen Richtungen der Wissenschaft Widerspruch zu erfahren. Am Ende dieses großen Schrittes, den wir hier vornehmen, soll aber jedem Laien ein erweitertes Bewußtsein und ein praktikables Handwerkszeug zur Verfügung stehen.

Der Einstieg in die Menschenkenntnis

Wir sollten uns – um systematisch vorzugehen – zunächst einmal mit dem Zweck einer Beschäftigung mit der Menschenkenntnis, also den Zielvorstellungen, befassen, um uns sodann über die Voraussetzungen klar zu werden, mit denen wir und durch die wir das gesamte Gebiet in Angriff nehmen können.

3.1.1 Zielvorstellungen

Sich mit der Menschenkenntnis auseinanderzusetzen und zu bemühen, die gewonnenen Erkenntnisse richtig anzuwenden, wird für denjenigen, der in einer Führungsverantwortung steht, einen dreifachen Zweck haben. Zum einen wird er im Umgang mit den zu Führenden besser in der Lage sein, sich auf die individuelle Wesensart der verschiedenen Menschen einzustellen; d. h., er wird – im relativ richtigen Maß – besseres Verständnis für den Mitmenschen aufbringen können, sich selbst angepaßter verständlich machen und so zu einer entscheidenden Verbesserung der Kommunikation beitragen. Daß hieraus auch die Möglichkeit zu besserer Motivation entsteht, braucht garnicht erwähnt zu werden. Insofern ist Menschenkenntnis ein echtes Führungsmittel, das – vom Führenden bewußt angewandt – viel zum Betriebsklima und damit zur Lebensenergie eines Unternehmens beitragen kann. **Einstellung auf die Wesensart des anderen**

Menschenkenntnis ist Führungsmittel

Zum Zweiten wird der Führende mit dem Wissen um menschliche Verhaltensweisen, die aus Erbanlagen und Umwelteinflüssen herrühren, ein ganz entscheidendes Hilfsmittel zur Selbsterkenntnis und zur Arbeit an sich selbst gewinnen. Wer also ernsthaft daran interessiert ist, durch Entwicklung seiner Persönlichkeit sein Verhalten und damit seine Wirkung auf andere Menschen zu verbessern, dem können die folgenden Darstellungen nicht wichtig genug sein. Denn wir haben zwar einige Grundsätze zur Selbsterkenntnis schon erarbeitet; der einzelne wird ihnen wohl generell zustimmen, aber dabei auch gleich die Frage stellen „was kann und was soll ich denn nun tun?" – Die Antworten hierzu werden wir in diesem dritten Schritt erarbeiten. **Hilfsmittel zur Selbsterkenntnis**

Und ein dritter Nutzeffekt kann sich aus dem Wissen über die Wesensart des Menschen ergeben, der entscheidende Voraussetzungen zur Entwicklung des „homo integrans" birgt: Seit jeher wird vielfach von Chefs und Personalleitern in den Unternehmen davon gesprochen, den „richtigen Mann an den richtigen Platz zu stellen". Diese Wunschvorstellung kann in Zukunft in unserem Modell „Zirkel 2000", das wir ab dem 6. Schritt entwickeln werden, viel besser realisiert werden, wenn wir – durch das Wissen im Bereich der Menschenkenntnis – auch über den Menschen und seine Fähigkeiten bessere Kenntnisse haben und ihn einer ihm entsprechenden und ihn befriedigenden Tätigkeit zuführen. Und auch wenn kritische Zweifler jetzt schon rufen wollten, daß dies Utopie sei und niemals verwirklicht werden könne, so werden wir doch Möglichkeiten erkennen, diesem Ziel ein gutes Stück näherzukommen.

„Richtigen Mann an den richtigen Platz"

3.1.2 Der Begriff der „integrierten Menschenkenntnis"

Wir haben uns bereits in der Problemstellung des Einstiegs (s. S. 22) mit dem Begriff der Integration befaßt und sind zu der Feststellung gekommen, daß für den „neuen" Menschen die Bezeichnung „homo integrans" denkbar sein könnte. Im Zusammenhang mit der Menschenkenntnis ist es daher durchaus möglich, daß dieser Mensch – durch besseres Wissen um sich und seine Fähigkeiten – sich auch besser in seine Umwelt, seine Mitmenschen wie sein Unternehmen, integriert und sich als Teil des Ganzen verstehen kann. Dies umsomehr, als wir im zukünftigen Unternehmen mit dem „integrativen" Führungsstil arbeiten werden, also der Ganzheit (die stets mehr ist als die Summe der Einzelteile) die absolute Priorität einräumen werden. Insofern bezieht sich der Begriff der „integrierten" Menschenkenntnis auf das Verhältnis Mensch – Unternehmen und soll ein Hilfsmittel sein, Stärken und Schwächen des Einzelnen und des Ganzen kritisch zu erkennen. Daß die Stärken dann noch mehr genutzt und die Schwächen behoben werden können, ist eine logische Schlußfolgerung, der sich niemand wird entziehen können.

„homo integrans" im integrativen Führungsstil

Nutzanwendung im Unternehmen

Zum anderen ist der Bereich der Menschenkenntnis mehr als viele anderen Gebiete der Psychologie ein Tummelplatz von unzähligen Lehren, Systemen, Typologien und Spekulationen wissenschaftlicher und pseudowissenschaftlicher Herkunft, die zu beinahe totaler Konfusion für den Laien führen können.

Tummelplatz von unzähligen Lehren

Der Einstieg in die Menschenkenntnis

Seit ich mich in den letzten zwei Jahrzehnten forschend und lehrend speziell mit dem Thema „Menschenkenntnis" befaßt und insbesondere die einschlägige Literatur mit ihren Neuerscheinungen studiert habe, ist wohl kaum ein Monat vergangen, in dem nicht eine oder mehrere Veröffentlichungen sich mit diesem Thema auseinandergesetzt haben. Und dazu kommen dann vor allem Zeitschriften und Illustrierte, die sich bemüßigt fühlen, solche Publikationen auch noch in möglichst sensationeller Aufmachung und oft sinnentstellend verkürzt ihren Lesern aufzubereiten.

Oft sind solche Elaborate noch angereichert mit Testbogen zum Ausfüllen, nach denen der geneigte Leder dann – bei Erreichen bestimmter Punktzahlen – mühelos feststellen kann, welch ein Typ von Mensch er ist. Das ist nicht nur verantwortungslos, sondern bekommt noch einen beträblichen Aspekt dadurch, daß sich vielfach bis dahin angesehene Fachleute – um eines guten Honorars willen – dazu hergeben, ihren Namen unter das Machwerk zu setzen.

Mit unserem weiteren Vorgehen in diesem Schritt ist nach Meinung des Verfassers erstmalig der Versuch unternommen, alle wissenschaftlich fundierten und daher ernstzunehmenden Lehren über Menschenkenntnis nicht nur allein überschaubar in Kürze darzustellen. Es wird sich dabei auch ergeben, daß in ihnen allen Erkenntnisse stecken, die mit vielen der anderen Lehren deckungsgleich sind; d. h. durchgehende gemeinsame Fakten werden wir erarbeiten, die durch die verschiedenen, sich manchmal untereinander heftig befehdenden Lehren wissenschaftlich belegt sind und von uns zukünftig als gesichert gebraucht werden können. **Überschau aller Lehren**

Insofern ist unsere Menschenkenntnis-Lehre ein Überbau oder ein Generalsystem, in dem die wichtigsten anderen Lehren mit ihren zahllosen Deckungsgleichheiten „integriert" sind. Daß wir dabei hie und da historische Entwicklungen mit einbeziehen, wird hoffentlich niemanden langweilen; sie sind oft für das spätere Erkennen von Zusammenhängen unvermeidbar. **Generalsystem als Überbau**

3.1.3 Wege des Vorgehens und Voraussetzungen

Wir haben beim 2. Schritt im Regelwerk der Führungspsychologie (s. S. 108) festgestellt, daß man das „relativ richtige Maß" durch Beobachtung finden kann. Und da das Bestreben nach Verbesserung der Fähigkeiten in Menschenkenntnis nichts Anderes will, als das „Maß" im Umgang mit anderen Menschen besser zu finden, ist der ganze Bereich entscheidend von der Fähigkeit des Beobachtens abhängig. Werner Arnet, auf dessen Tätigkeit wir in späterem Zusammenhang noch zu sprechen kommen werden, führt mehrtägige Seminare durch, die sich vornehmlich mit der Beobachtungsschulung – er nennt sie eidetische Wahrnehmungshaltung – befassen. Tatsächlich werden auch wir in unserem Vorgehen den größten Wert darauf legen, beim anderen das beobachtbare Verhalten zu erkennen, daraus Rückschlüsse zu ziehen und gegebenenfalls – kybernetisch regelnd – unser eigenes Führungsverhalten darauf einzustellen.

Beobachtungs-Fähigkeit verbessern

Ehe wir jedoch in den praktischen Umgang mit der Menschenkenntnis einsteigen, sollten wir uns – ebenso wie bei der Führungspsychologie – klar werden, welche Voraussetzungen gegeben sind beziehungsweise geschaffen werden müssen, bevor man überhaupt an die Beurteilung eines anderen Menschen herangehen kann. Sie entsprechen den im Regelwerk genannten; sie lauteten „Häufigkeit", „Wahl des relativ richtigen Maßes" und „Positive Einstellung", wobei die Reihenfolge umgekehrt war, was jedoch für unsere Überlegungen völlig unwesentlich ist. Beginnen wir mit der Häufigkeit.

Welche Voraussetzungen müssen geschaffen werden?

Wir haben bereits bei der Behandlung der sogenannten Vorurteile (s. S. 93 ff.) dargestellt, wie sehr der Mensch geneigt ist, sich aus einer oder nur wenigen Informationen ein Urteil über einen Menschen oder eine Sache zu bilden, und dann später nicht mehr bereit ist, auch gegen besseres Wissen dieses Vor-Urteil zu korrigieren. Bei der Bemühung um Menschenkenntnis ist ein entscheidender Faktor und daher die als erstes genannte Voraussetzung, daß man sich so viel wie möglich Informationen über denjenigen verschafft, den man beurteilen möchte.

möglichst viele Informationen

Stellen Sie sich bitte einmal vor, Sie säßen zusammen mit einigen Kollegen in einem kleinen Sitzungszimmer eines Hotels bei

Der Einstieg in die Menschenkenntnis

einer Besprechung. Plötzlich öffnet sich die Türe, ein wildfremder Mensch tritt hastig herein, blickt erstaunt in die Runde, sagt laut „Verdammter Mist!" oder einen noch häßlicheren Ausdruck, macht kehrt und wirft beim Hinausgehen die Tür knallend ins Schloß. Das allgemeine Urteil in der Runde wird wohl sein, daß dies ein unhöflicher Mensch, ein Flegel sei.

Am Abend jedoch, an der Hotelbar, sitzt überraschenderweise jener Mensch, den auch Sie als Flegel erkannt zu haben meinen, neben Ihnen. Sie kommen mit ihm ins Gespräch, und es stellt sich heraus, daß er ein außerordentlich netter, umgänglicher Mann ist, mit dem Sie dann einen angeregten Abend in beinahe freundschaftlicher Unterhaltung verbringen. Er erklärt auch sein merkwürdiges Verhalten vom Vormittag mit einer momentanen Streßsituation und entschuldigt sich nachträglich für sein ungehobeltes Benehmen.

Hätte dieses abendliche Näherkennenlernen nicht stattgefunden und Sie wären dem Mann am anderen Morgen beim Frühstück wieder begegnet, so hätten Sie sicherlich Ihrem Kollegen neben sich zugeraunt: „Da ist ja jener Flegel von gestern!" Sie hätten ja keine andere als die eine einzige Information über ihn gehabt und dementsprechend ein völlig falsches Urteil behalten.

Und nun die Lehre hieraus: nur die ausgiebige Beobachtung und das Zusammenfügen einer großen Anzahl von zu erfahrenden Informationen wird uns in die Lage versetzen, ein auch nur einigermaßen treffendes und auch gerechtes Urteil über einen Menschen fällen zu können. Die Häufigkeit der Beobachtung ist die wichtigste Voraussetzung zur Menschenbeurteilung; wer nur nach einzelnen wenigen Ausdruckssymptomen sein Urteil fällt, ist ein Stümper. Und da wir alle viel zu leicht ersten Eindrücken unterliegen und dann – wie im Zusammenhang mit den Vorurteilen erwähnt – meist zu träge sind, die erstgefaßte Meinung zu revidieren, mag ein persönliches Beispiel, das man beinahe als einen Trick bezeichnen könnte, Anregung geben, wie man über diese Hürde der Ungenauigkeit oder Ungerechtigkeit hinweg kommen kann.

nach einzelnen Ausdruckssymptomen urteilt nur ein Stümper

Wenn ich – bei einem Einzelgespräch oder in einer Gruppe – einem Menschen begegne, der durch sein Äußeres, seine Verhal-

tensweise oder auch nur durch eine verbale Äußerung einen ungünstigen Eindruck auf mich macht und mir unsympathisch oder gar abstoßend erscheint, so gebe ich mir mit ihm besondere Mühe. Um einem eventuellen negativen Vor-Urteil, das bei mir entstehen könnte, zu begegnen, versuche ich, ihn verstärkt zu beobachten und in seinem weiteren Verhalten Wesensäußerungen zu entdecken, die gegen diesen ersten negativen Eindruck sprechen. So, daß ich mir irgendwann dann einmal sagen kann: „Nun – so, wie es den ersten Anschein hatte, scheint er doch nicht zu sein! Was er beispielsweise eben geäußert hat, ist doch recht positiv zu betrachten."

Eine solche Einstellung und Verhaltensweise kann zwei nützliche Effekte haben. Zum einen mache ich mir bewußt, wie sehr ich geneigt bin, anfänglich gefaßte Vorurteile beizubehalten und nur – in Erwartungshaltung – auf weitere Verstärker in dieser Richtung zu achten. Und zum zweiten wird der Betreffende – durch die unterbewußte Ansteckungskraft im Gefühlsbereich – spüren, daß ich ihm gegenüber positiv eingestellt bin und ihm Vertrauen entgegenbringen will. Es könnte sein, daß dies eine entsprechende Wirkung auf seine Verhaltensweise ausübt und dadurch tatsächlich eine zuvor kaum möglich erscheinende positive Kommunikation ausgelöst werden kann.

auch geringer Erfolg ist der Mühe wert

Zweifler mögen an diesem Beispiel mit vielleicht berechtigter Kritik ansetzen und meinen, das gehe doch nicht immer, und meistens werde man mit einem solchen Verhalten bei sturen, verbohrten, neurotischen oder anders gestörten Menschen keinerlei Erfolg erzielen – ja, vielleicht noch verlacht werden. Dies mag sein – aber wenn man durch ein Verhalten, wie es zuvor geschildert wurde, nur etwa bei jedem Fünften einen – wenn auch vielleicht geringen – Erfolg verbuchen könnte, – wäre dies nicht der Mühe wert?

ein klassisches Beispiel

Aber nunmehr sind wir bereits bei der zweiten Voraussetzung angelangt, die bei der Beurteilung anderer Menschen unbedingt beachtet werden muß: der Relativität unseres eigenen Urteils. Auch hier mag wiederum ein Beispiel, das in Gruppensitzungen und Seminaren praktiziert werden kann, dies bewußt machen:

Der Einstieg in die Menschenkenntnis

Nehmen wir einmal an, an einem Tisch sitzen sich – wie in der Zeichnung dargestellt – drei Menschen gegenüber, die wir mit P., S. und N. bezeichnet haben. P. ist ein unerträglicher Pedant, ein Pfennigfuchser und Kleinigkeitskrämer, S. dagegen ist ein unzuverlässiger Schlamper, der ausgesprochen unordentlich ist. Und dazwischen N. ist ein einigermaßen normaler Mensch, wohl dann und wann ein bißchen nachlässig oder auch zu genau, aber im großen und ganzen durchschnittlich. Wenn wir nun P. nach seiner Meinung über die beiden anderen fragen, so wird er den S. als hoffnungslosen Fall bezeichnen, aber auch – aus seinen übertriebenen eigenen Anforderungen heraus – schon N. als „Schlamper" betrachten. Umgekehrt wird S. aus seiner Einstellung heraus N. als schrecklichen „Pedanten" erkennen, von P. schon einmal ganz zu schweigen.

Ja, was ist N. denn nun eigentlich? Wir hatten geklärt, daß er ein völlig normaler, durchschnittlicher Mensch sei. Aber von P. wird er als Schlamper gesehen, während S. ihn als Pedanten bezeichnet, weil jeder der Beiden den N. nur aus seinem eigenen Gesichtswinkel, von seiner eigenen Einstellung heraus betrachtet.

Sollte jedoch P. durch ernsthafte Selbsterkenntnis erfahren haben, daß er tatsächlich ein großer Pedant ist, dann wird sein Urteil über die beiden Anderen vielleicht lauten: „Nun, S. ist ja ein hoffnungsloser Schlamper, das wird jeder sehen. Aber bei N. muß ich zugestehen, daß er mir zwar schlampig erscheint, – wenn ich jedoch berücksichtige, daß ich mit meiner übertriebenen Genauigkeit vielleicht zu große Anforderungen stelle, dann wird N. wohl eigentlich ein ganz normaler Mensch sein."

Und umgekehrt könnte S. – wenn er um seine eigene Schlampigkeit weiß – zu der Feststellung kommen, daß ihm N. zwar ziemlich pedantisch vorkommt. Aber wenn er bedenkt, wie schlampig er selbst ist, dann ist N. eigentlich ganz normal, im Gegensatz zu P., der wirklich ein ausgemachter Pedant ist.

Relativität des Urteils

Deutlicher als an diesem Beispiel kann wohl die Relativität des Urteils kaum dargestellt werden: wer sich selbst zum absoluten Maßstab bei der Beurteilung anderer Menschen macht, handelt falsch. Und dies sollte ein entscheidender Punkt bei unserem Umgang mit der Menschenkenntnis sein: solange man nichts über sich selbst erfahren hat und nicht ausreichend Bescheid weiß, wird das eigene Urteil meist ungenau oder gar völlig falsch sein.

Und nun mag sich jeder selbst an die Nase fassen und Beispiele aus dem täglichen Leben greifen, wo er einen anderen Menschen vielleicht nur deshalb ablehnt, weil dieser nicht so sportlich, so redegewandt, so erfolgreich bei Frauen, solch guter Rechner oder tüchtiger Verkäufer wie er selbst ist. Und sich dabei überlegen, ob der andere vielleicht nicht andere Qualitäten oder Fähigkeiten hat, die man selbst nicht erreicht. Um ein Vielfaches könnte allerorten die menschliche Kommunikation verbessert werden, wenn die Menschen sich allein dieses Umstandes der Relativität ihres Urteils bewußt würden und so mehr Verständnis für den Nächsten aufbringen wollten.

positive Einstellung zur Diagnostik

Abwehrhaltung aus Angst, selbst erkannt zu werden

Und nun noch zur notwendigen Voraussetzung der positiven Einstellung. Manche Menschen wehren sich gegen die Möglichkeit überhaupt, andere Menschen beurteilen zu können. Sie behaupten, es sei einfach unmöglich, durch Beobachtung der Ausdruckssymptome einen anderen Menschen zu beurteilen; dies würden die vielfach auftretenden Fehlurteile wohl bestätigen. In Wirklichkeit befürchten sie, daß auch bei ihnen charakteristische Ausdruckssymptome feststellbar seien und sie dadurch in ihrer Wesensart von anderen Menschen treffender erkannt würden. Tatsache ist jedoch – und dies werden wir bei unserem weiteren Vorgehen zweifelsfrei erkennen und belegen – daß man durch die Beobachtung der Verhaltensweisen eines Menschen – wenn man sie bewußt und geschult betreibt – sehr viel über sein inneres Wesen erfahren und ihn dadurch treffender beurteilen kann.

Der Einstieg in die Menschenkenntnis

Wer dies nicht zu glauben bereit ist, braucht sich mit der Menschenkenntnis nicht weiter zu befassen. Denn eine althergebrachte Erkenntnis lautet: wer glaubt, daß etwas unmöglich sei, wird auch nicht in der Lage sein, das ihm unmöglich Erscheinende zu tun! Wir sollten also mit einer positiven Einstellung an die Praxis der Menschenkenntnis herangehen; am Ende dieses Schrittes wird dann jeder selbst feststellen können, ob der Vertrauensvorschuß in unser Vorgehen gerechtfertigt war. Es ist übrigens leichter, mit einer positiven Einstellung an die Ausdruckslehre und an die Menschenbeurteilung heranzugehen, wenn man sich der Fehlerquellen, die wir erkannt haben, bewußt ist und sie entsprechend berücksichtigen kann.

erkannte Fehlerquellen sind nützlich

3.1.4 Was ist beobachtbar – und wie?

Wenn man eine systematische und möglichst lückenlose Beobachtung vornehmen will, so spricht man üblicherweise vom „Testen". Man meint damit, mit irgendwelchen vorher mehr oder weniger ernsthaft geprüften Methoden Informationen über einen Menschen zu erhalten, um sich ein Bild über seine psychischen oder körperlichen Fähigkeiten machen zu können, die sonst nicht offensichtlich sind. Wir sprechen hier nicht von den oft mehr als zweifelhaften Testfragen, die man in Zeitschriften vielfach findet und die mit ernsthaften Untersuchungen wohl selten etwas zu tun haben. Aber ein ernstzunehmender Bereich der Psychologie ist die sogenannte Testpsychologie, die sich bemüht, Methoden zu entwickeln, mit denen man über bestimmte Anlagen oder Fähigkeiten eines Testanten Informationen erhalten kann. Dazu gehören u. a. Intelligenz, Neigungen, Fertigkeiten, Einstellung oder psychische Zustände im Unterbewußten, die auf diese Weise erkennbar gemacht werden.

Testpsychologie sollte man ernst nehmen

Die Qualität und Effektivität vieler auch wissenschaftlich entwickelter Test ist umstritten; es gibt Verfechter und Gegner von Testverfahren, und hier – wie vielfach auch in anderen Bereichen – liegt wohl das Richtige in der Mitte. Sicherlich ist es z. B. unangemessen, wenn der psychologische Fachbereich einer Universität die Zulassung eines Abiturienten zum Studium der Psychologie ablehnt, weil der Bewerber in Mathematik nur eine Abiturnote von 3 hatte. Als wenn Psychologie nur in mathematischen Be-

Tests sind trotzdem umstritten

Der Einstieg in die Menschenkenntnis

Der Einstieg in die Menschenkenntnis

rechnungen sich erschöpfen könnte! Und umgekehrt ist der Widerstand gegen Tests jeder Art wegen angeblicher Gefahr der Ungenauigkeit ebenso dumm, denn diejenigen, von denen diese Tests entwickelt wurden, waren doch qualifizierte Wissenschaftler, denen man sorgfältige und pflichtbewußte Arbeit unterstellen kann.

In treffsicherer Weise schildert Charles Schulz, der Schöpfer der weltbekannten Comic Strip Serie der Peanuts, die Problematik von Testen, insbesondere bei Alternativ-Fragen. Der Verfasser gestand, daß er nicht die Absicht hatte, mit dieser Episode die Psychiatrie ins Lächerliche zu ziehen, sondern eigentlich nur seine eigenen Erfahrungen wiedergeben wollte. Und solche Erfahrungen hat wohl schon jeder von uns gemacht. (Abb. 130)

Tests können – und dies sollten wir hier festhalten – durchaus angemessene Hilfsmittel sein, um über einen Menschen Dinge in Erfahrung zu bringen, die sonst nicht erkennbar und auch ihm selbst nicht bewußt sind. Aber sie sind sicher auch nicht das alleinig unbestrittene Mittel, einen Menschen zu analysieren oder gar – wie der Volksmund sagt – auseinanderzunehmen und in meßbare Einheiten zu zerlegen. **Tests sind nicht das einzige Mittel**

Nach vieljährigen Versuchen bin ich zu der persönlichen Erkenntnis gekommen, daß im Bereich der Menschenkenntnis sogenannte wissenschaftlich fundierte Tests nicht angebracht sind, um exakt meßbare Ergebnisse zu bringen. Der Mensch ist nun eben einmal nicht „quantifizierbar" – und das ist wohl gut so!

Im weiteren Fortschreiten zur Menschenkenntnis werden auch wir mit Fragebogen arbeiten, die der interessierte Leser ausfüllen sollte. Diese sind jedoch nicht im entferntesten Sinne Testbogen, sondern nur als Übungen gedacht, die dem Anwender spielerisch Hilfen geben sollen, über sich selbst etwas zu erfahren, was er womöglich bis dato noch nicht gewußt hat bzw. ihm wohl nicht bewußt war. Diese Fragebogen dienen also ausschließlich dem Selbsterkenntnisprozeß; dies verlangt von jedem, der sich mit ihnen beschäftigt, daß er – im ureigensten Interesse – sie in spielerischem Ernst so genau wie möglich beantwortet, denn Oberflächlichkeit oder Ungenauigkeit bringen ihm dann auch ungenaue oder unrichtige Erkenntnisse über sich selbst. **Übungen zur Selbsterfahrung**

Der Einstieg in die Menschenkenntnis

*An dieser Stelle sollte der ernsthaft an seiner Selbsterkenntnis und der Verbesserung seiner Fähigkeiten zur Menschenbeurteilung Interessierte **auf keinen Fall** die Lektüre fortsetzen, ohne zunächst die in der Einband-Tasche befindlichen Übungsbogen I–III herausgeholt und ausgefüllt zu haben. Auf den Bogen ist unmißverständlich beschrieben, wie ausgefüllt werden sollte. Bitte denken Sie daran, daß jede Oberflächlichkeit oder Ungenauigkeit bei der später vorzunehmenden Ausdeutung Sie allein trifft, indem für Sie selbst Unklarheiten entstehen. – Nach Ausfüllen der Bogen legen Sie bitte dieselben beiseite und nehmen Sie erst wieder vor, wenn Sie im Text dazu aufgefordert werden. Ich unterstelle, daß kein um die Dinge ernsthaft Bemühter versuchen wird, im hinteren Teil des Buches nachzuschlagen, um seine Neugierde zu befriedigen; im Gegenteil – Sie sollten gespannt abwarten, welche Ergebnisse Ihnen – nachdem wir im Lehrstoff weiter fortgeschritten sein werden – über Sie selbst bewußt werden.*

Welche Ausdrucksformen sind beobachtbar? Zu der in der Überschrift dieses Abschnittes gestellten Frage, was beobachtbar sei, kann zunächst generell geantwortet werden: viel mehr, als man gemeiniglich glaubt! Die Ausdrucksformen der Eigenart eines Menschen sind:

statische
○ die statischen Ausdrucksformen des Körpers, zu denen wir den Gesamtkörper, die Statur sowie alle Körperteile und deren Knochenbau, Muskulatur, Haut und Behaarung zählen;

dynamische
○ die dynamischen Ausdrucksformen des Körpers wie Haltung, Bewegung, Gangart, Mimik und Gestik;

sprachliche
○ die Ausdrucksformen der Sprache – hierzu rechnen wir nicht nur Sprechweise und Stimme, sondern auch diesen beiden zuzuordnende Formen wie Lautstärke, Artikulation, Stimmhöhe, Sprechgeschwindigkeit, Wortwahl und Sprechstil sowie sogar Pausen und Atmung;

graphische
○ die Ausdrucksformen der Schrift und des Graphischen, worauf wir gleich gesondert eingehen werden,

leistungsmäßige
○ und die Ausdrucksformen der Leistung*, sowohl der körperlichen als auch der intellektuellen.

---

* Der Begriff „Leistung" soll hier völlig wertfrei als die Art und Weise verstanden werden, mit der ein Mensch eine Aufgabe oder Tätigkeit angeht und bewältigt.

Der Einstieg in die Menschenkenntnis

Gerade bei dem letzten Punkt mag uns deutlich werden, wie vielfältig unsere Beobachtungsmöglichkeiten sind, wenn wir nur einmal beispielsweise auf folgende Möglichkeiten achten, wie ein Mensch eine Aufgabe anpackt: verhalten, zögernd, unbesonnen, draufgängerisch, grübelnd, zurückhaltend, planend und in kleinen Schritten, das Zweite vor dem Ersten, sprunghaft, systematisch, intuitiv usw. Allein diese wenigen Begriffe zeigen uns deutlich, welche Unzahl von Beobachtungsmöglichkeiten und daraus zu ziehenden Schlußfolgerungen sich bei den Ausdrucksformen der Leistung ergeben, wobei wir noch die Art und Weise der Durchführung – schnell oder langsam, genau oder oberflächlich, engagiert oder desinteressiert – unberücksichtigt gelassen haben.

Wie wird eine Leistung angegangen?

O Über die Ausdrucksform der Leistung hinaus kennen wir dann noch die beobachtbaren Verhaltensweisen und Einstellungen zur Umwelt, zu den Menschen, zur Kunst und zu abstrakten Begriffen. Hierauf wird dann noch später einzugehen sein, denn auch sie können uns viel über die Wesensart eines Menschen sagen.

Einstellung zur Umwelt

Nachzutragen habe ich noch meine persönlichen Anmerkungen zur Beobachtbarkeit der Schrift und des graphischen Ausdrucks. Die Graphologie ist – obwohl anerkanntes Prüfungsfach im psychologischen Fachbereich – durch zwei Umstände in ein schiefes Licht geraten, was vor allem im Bereich der Personalführung im Unternehmen sich negativ auswirken kann.

Zum einen gibt es bei der Graphologie keine staatlich überprüfte Zulassung zur Ausübung des Gewerbes; d. h., jedermann kann – eventuell nur nach Durchlesen von drei Fachbüchern – sich ein Schild an die Haustüre hängen, welches anzeigt, daß hier ein Graphologe seine Tätigkeit ausübt. Die Kontrolle ist also – im Gegensatz beispielsweise zu Ärzten – hinsichtlich der Qualifikation eines sich Niederlassenden nicht gegeben; daher ist auch die Gefahr, einem Kurpfuscher in die Hände zu fallen, wesentlich größer.

Zum anderen haben die Praktiken, mit denen Unternehmer und Personalleiter bei Neueinstellungen die „Schriftprobe" und das darauf fußende graphologische Gutachten als ausschlaggebend für ihre Entscheidung gemacht haben, diese in Mißkredit gebracht. Auch ich würde niemanden eine Schriftprobe von mir zu irgendwelchem Zweck überlassen, wenn ich nichts über die Qualifikation des Gutachters (s. o.) wüßte. Und auch dann, wenn diese über allem Zweifel erhaben sein sollte, ist es von dem Einstellenden verantwortungslos, nur auf dieser e i n e n Ausdrucksform des menschlichen Wesens eine für den Betroffenen wohl lebenswichtige Entscheidung zu treffen.

Man kann und darf ein graphologisches Gutachten, auch wenn es von einem noch so qualifizierten Fachmann stammt, niemals allein werten, sondern muß es stets im Zusammenhang mit anderen Informationen, deren Möglichkeiten wir zuvor aufgeführt haben, sehen. Wenn wir wissen, daß „Schrift = geronnene Bewegung" ist und insofern zu den dynamischen Ausdrucksformen des Körpers gezählt werden muß (und dies ist das Ernstzunehmende an der Graphologie), dann werden wir uns der Absurdität einer solchen Entscheidungsfindung bewußt: es wäre genauso, wie wenn man einen Bewerber deshalb nicht einstellen wollte, weil er gerade wegen eines Hühnerauges am Fuß hinken würde.

beobachtbare Äußerungen

Doch nun zurück zum Beobachtbaren: Wie nebenstehend dargestellt, können wir um die Schichten, die wir im führungspsychologischen Regelwerk im Zusammenhang mit den psychischen Funktionen (S. 97 ff.) kennengelernt haben, nun auch die weiteren Schichten der beobachtbaren Ausdrucksformen des Menschen legen. Diesmal allerdings – im Gegensatz zu der festliegenden Reihenfolge der psychischen Funktionen – in einer wahllosen Abfolge, weil dieser keine Bedeutung zukommt. – Es sei hier auch besonders betont, daß es sich nur um eine Hilfskonstruktion handelt; in Wirklichkeit sind die Dinge wesentlich komplizierter. Aber zur Veranschaulichung der nun zu erarbeitenden Erkenntnis mag die Zeichnung aufschlußreich sein.

Hier irrte nämlich Wilhelm Busch, den wir zu Anfang dieses Abschnittes zitierten: wir sehen eben nicht nur die „Weste", sondern können auch durch deren und anderer Ausdrucksformen Beobachtung Rückschlüsse auf den psychischen Zustand des Menschen ziehen – auf sein Herz – wie Busch sagt.

Der Einstieg in die Menschenkenntnis

Durchgehende Eigenschaften

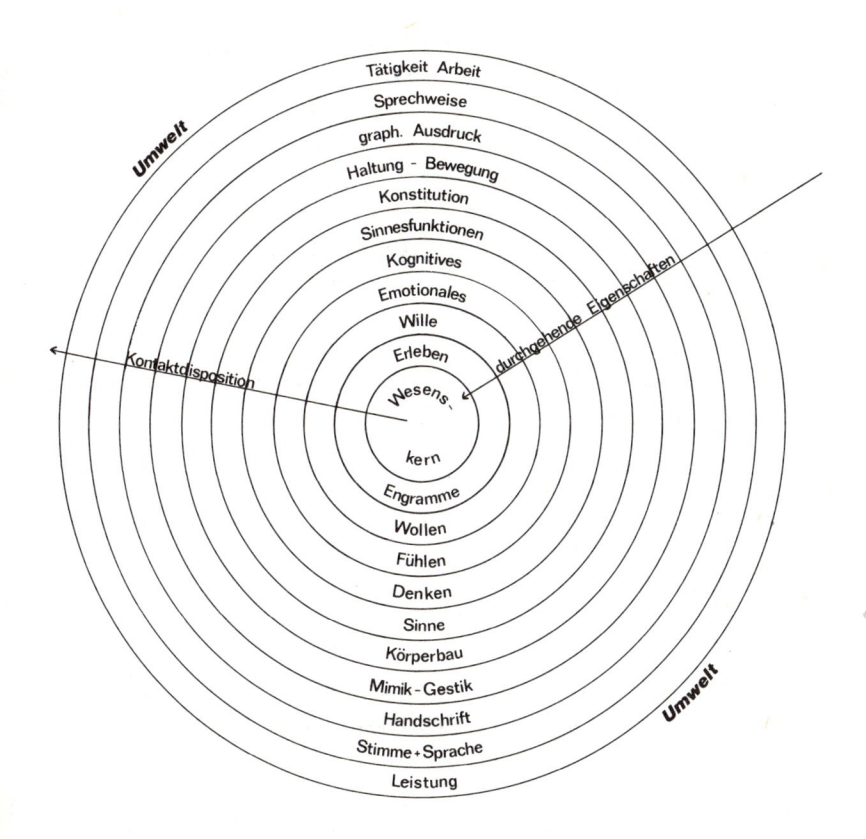

（Diagramm: konzentrische Kreise mit Beschriftungen – von außen nach innen: Tätigkeit Arbeit, Sprechweise, graph. Ausdruck, Haltung – Bewegung, Konstitution, Sinnesfunktionen, Kognitives, Emotionales, Wille, Erleben, Wesenskern, Engramme, Wollen, Fühlen, Denken, Sinne, Körperbau, Mimik – Gestik, Handschrift, Stimme + Sprache, Leistung; Pfeile: Umwelt, Kontaktdisposition, durchgehende Eigenschaften）

Zur Erläuterung dieser Zeichnung sei nochmals betont, daß die Reihenfolge der inneren Schichten psychologisch (gemäß der Endres'schen Schichtlehre – S. 99) unveränderbar festliegt. Die äußeren Schichten ab „Konstitution – Körperbau" sind wahllos in ihrer Reihenfolge aufgeführt, weil diese ohne Bedeutung ist. – Der Begriff „Kontaktdisposition" wird in einem späteren Schritt erklärt werden; er sollte hier zunächst noch unbeachtet bleiben.

Der Einstieg in die Menschenkenntnis

Verantwortungs-bewußtsein beim Urteilen

Wir tun dies sogar schon im täglichen Leben ständig, allerdings ohne entsprechendes Verantwortungsbewußtsein, das umso größer werden wird, je mehr wir über die Zusammenhänge der Dinge erfahren. In unserem Beispiel könnte es durchaus sein, daß wir anhand einer knallgelben, karierten Weste zu dem vorschnellen Urteil gelangten, dieser Mensch sei ein Geck oder Angeber, ein Narr oder ein Playboy. Dieses Urteil wäre erst dann fundiert und berechtigt, wenn wir durch eine ganze Anzahl anderer Ausdrucksformen, die wir an dem Westenträger vermerken und die in die gleiche Richtung laufen – also etwa ein geziertes Gehabe, eine hochnäsige Sprechweise, affektierte Bewegungen oder ähnliches – bestätigende Verstärker erhalten würden.

der Mensch ist wie innen so außen

Denn – und diesen Leitsatz sollten wir uns merken – das Verhalten eines Individuums unterliegt den Gesetzlichkeiten seines Wesens! Dies bedeutet: so wie der Mensch innen ist, so ist er auch außen. Wenn wir also bei den außen zu erkennenden Ausdrucksformen gewisse Übereinstimmung in bestimmten Richtungen oder Eigenschaften erkennen, können wir darauf schließen, daß auch in dem inneren Bereich der psychischen Funktionen und der Wesensart, die nicht beobachtbar sind, die gleiche Richtung sich fortsetzt. Dies ist auf unserer Zeichnung mit dem Pfeil der sogenannten „durchgehenden Eigenschaften" dargestellt – selbstverständlich auch nur als Hilfskonstruktion schematisch zu verstehen.

durchgehende Eigenschaften

Häufigkeit gleichartiger Informationen

Und hier sind wir auch in unserem Verantwortungsbewußtsein bei der Menschenbeurteilung gefordert: erst wenn wir – im Sinne der als Voraussetzung eingangs geforderten Häufigkeit – durch eine ganze Anzahl von Informationen in den Kreisen der verschiedenen Ausdrucksformen bestimmte Übereinstimmungen finden, dürfen wir uns ein – zunächst noch vorsichtiges – Urteil erlauben. Immer bereit, dies zu korrigieren, falls wir weitere Informationen beobachten, die mit den ersten Eindrücken nicht übereinstimmen.

Um dies noch einmal an einem Beispiel zu verdeutlichen: wir beobachten einen Menschen, von dem wir den Eindruck gewonnen haben, er sei schwerfällig. Wenn dies tatsächlich eine durchgehende Eigenschaft ist, dann wird dieser Mensch in seiner Leistung wohl ziemlich umständlich und schwerfällig sein; wir se-

hen, wie er seine Arbeit langsam und ohne viel inneren Schwung angeht. Die Handschrift (aber dies Urteil muß ein guter Graphologe fällen) wird wahrscheinlich kräftig und druckstark sein, sicherlich nicht zierlich oder verschnörkelt. Die Sprechweise wird ziemlich langsam sein, auch im sprachlichen Ausdruck wird er kaum gewandt sein und sich vielleicht umständlich ausdrücken. Sicherlich wird er auch in den dynamischen Körperausdrücken wie Mimik und Gestik, auch etwa in seiner Gangart, langsam oder gar verhalten, aber vielleicht doch dann wuchtig daherkommen. Sein Körperbau wird wohl kaum dem eines kleinen, wieselflinken Mannes entsprechen, sondern stabil oder gar behäbig sein, etwa auch mit festem Knochenbau und kräftiger Muskulatur, gegebenenfalls auch breitschultrig. Seine Sinnestüchtigkeit wird vielleicht der eines Grobschmiedes oder der eines Mannes, der harte körperliche Arbeit gewohnt ist, sein – wahrscheinlich wird er keine Feinfingerfertigkeit haben wie ein Uhrmacher oder ein sensibler Künstler.

Und wenn wir diese Eigenschaft der durchgängigen Schwerfälligkeit an ihm durch Beobachtung erkannt haben, dann können wir auch auf seine nicht beobachtbaren psychischen Funktionen durchgehend schließen: er wird in seinem Denken langsam, vielleicht ein wenig umständlich sein und auch wohl nicht so schnell begreifen; in seinem Fühlen braucht es schon eines ganz massiven Anstoßes, bis er sich zu irgendwelchen Gefühlsäußerungen bekennt; seine Entschlußkraft, die im Willensbereich verankert ist, bedarf ebenfalls starker Anstöße, denn so leicht ist dieser Mensch nicht in Bewegung zu setzen; und seine Erlebnisfähigkeit ist beschränkt: bis ihn einmal wirklich etwas besonders beeindruckt, braucht es schon massiver Engramme. Und nun können wir sagen: dies ist ein Mensch von schwerfälliger Wesensart – wir haben diese durchgängige Eigenschaft erkannt. Wohlgemerkt: eine von hunderten von möglichen Eigenschaften ist uns offensichtlich geworden und wir werden mit unserem Urteil „dies ist ein schwerfälliger Mensch" wahrscheinlich richtig liegen.

Aufgrund einer solchen Erkenntnis verwenden wir dann im Sprachgebrauch die Redewendung „das ist typisch für ihn" und meinen damit, daß der Betreffende sich in dieser oder jener Situation so verhalten hat, wie wir dies aufgrund unserer bisherigen Beobachtung und der Feststellung einer durchgängigen Eigen-

der Begriff des Typs

Der Einstieg in die Menschenkenntnis

schaft erwartet haben. Und damit haben wir den Begriff „Typ" gebraucht, über den im Zusammenhang mit der Menschenkenntnis einiges zu sagen ist.

3.1.5 Jeder Typ kostet eine D-Mark!

Schlag oder Prägung – das Wesentliche

Vorauszuschicken ist, daß wir, wenn wir uns mit dem „Typ" beschäftigen, selbstverständlich nicht darunter das verstehen, wenn im modernen Deutsch etwa von jungen Menschen geäußert wird: „Da kam da irgendso ein irrer Typ in die Disko rein..." oder ähnliches. Der Begriff Typ wird im Bereich der Menschenkenntnis vielfach gebraucht und kommt ursprünglich aus dem Altgriechischen, in dem „typos" soviel wie Schlag oder Prägung, auch Markierung (auf Grenzsteinen) bedeutet. Gerade bei Grenzsteinen wurden mit der Axt bestimmte Zeichen eingeschlagen; wir finden den Begriff „Schlag" auch heute noch bei den Herkunftsbezeichnungen von Tieren als Unterteilung einer Rasse – beispielsweise wenn wir bei Pferden von einem „Hannoveraner Schlag" sprechen. Aber schon Plato hat das Wort „typos" in Verbindung mit dem Menschen gebraucht und meinte damit das Urbild, das Kennzeichnende, das Wesentliche.

Menschen lassen sich nicht in Typen pressen

In diesem Sinne kann man das Wort Typ auch heute noch gebrauchen, aber mit einer bestimmten Einschränkung: die Menschen lassen sich nicht in Typen pressen. Und wer glaubt, Menschenkenntnis sei ganz einfach dadurch zu praktizieren, daß man 3, 5, 6 und 12 oder gar mehr Typen kenne und jeden Menschen, der einem begegnet, schnell und leicht zuordnen kann, liegt völlig falsch.

Um diese vielfach vorhandene Fehleinstellung wirksam zu unterbinden, habe ich beispielsweise in meinen Menschenkenntnis-Seminaren den Gebrauch des Wortes „Typ" mit einer kleinen Geldbuße für einen guten Zweck belegt. Es lag mir daran, den Teilnehmern durch ein kleines Engramm bewußt zu machen, daß das Wort nichts bei uns verloren hat, wenn wir uns ernsthaft mit der Beurteilung des ganzen Menschen in seiner Vielfalt befassen wollen.

Der Einstieg in die Menschenkenntnis

Dies ändert nichts an der Tatsache, daß die Vorstellung von einem bestimmten Typ durchaus hilfreich sein kann zur gegenseitigen schnelleren Verständigung; keineswegs jedoch zur genaueren Beschreibung einer bestimmten Person. Ein Beispiel, das angeblich von Prof. Mathieu stammt, der als Psychologe zu Anfang seiner Vorlesungen über Typenlehren folgende Übung mit seinen Studenten vornahm, mag dies erläutern:

Typenbegriff kann hilfreich sein

Der Professor erzählte seinen Hörern von zwei alten Schulfreunden, die sich nach langen Jahren wieder einmal trafen und einander, bei einem Glase Wein, über ihr Ergehen in der Zwischenzeit berichteten. Nach einiger Zeit des Erzählens sagte der eine zum anderen: „Sag mal, du hast jetzt mehrfach schon eine Dame erwähnt, die anscheinend bei dir einen besonderen Eindruck hinterlassen hat – beschreibe mir doch einmal diese Frau!" – Und der andere erwiderte: „Ach, weißt du, das ist so ein richtiges Rokokopersönchen!"

An dieser Stelle brach der Professor seine Erzählung ab und stellte an seine Studenten die Frage: „Nun möchte ich von Ihnen wissen – wie stellen Sie sich ein solches Rokokopersönchen vor? Groß oder klein?* – Zierlich oder robust? – Anmutig oder grobschlächtig? – Beweglich oder schwerfällig? – Tanzt sie gern oder nicht? – Wird sie bei einem Streit massiv oder arbeitet sie mit Intrigen? – Bei Unglück in der Liebe: kommt sie leicht darüber hinweg oder dreht sie den Gashahn auf? – Ist sie elegant oder einfach? – Derb oder graziös? – Charmant oder zurückhaltend? – Traurig oder lustig? – Temperamentvoll oder ruhig? – Zuverlässig oder etwas leichtfertig? – Launenhaft oder ernstzunehmend?

Wir wollen das Beispiel hier abbrechen. Nicht nötig, zu erwähnen, daß bei den alternativ gestellten Fragen fast einhellig alle Anwesenden die gleiche Entscheidung trafen. Und es stellte sich somit heraus, daß fast alle die nahezu gleiche Vorstellung vom Typ des Rokokopersönchens hatten. Aber mit dieser Demonstra-

---

* Jeder Leser mag sich an dem kleinen Fragespiel selbst beteiligen und denjenigen Begriff, der ihm zutreffend erscheint, unterstreichen. Im Vergleich mit anderen wird er feststellen, daß die Antworten tatsächlich ziemlich einhellig ausfallen.

tion über den Begriff Typ war das Lehrstück nicht beendet, es folgte noch die Quintessenz:

Wenn der Professor nämlich nun nach dieser Erkenntnis gemeinsamer Vorstellungen über einen Typ die Frage stellte: „Wenn aber nun durch die Tür des Hörsaals ein Dutzend solcher Rokokopersönchen hereinkämen – (an dieser Stelle wurde er durch begeisterten Beifall der männlichen Studenten unterbrochen!) –, dann", fuhr er fort, „könnten wir alle feststellen, daß jede einzelne Dame von der anderen sehr verschieden wäre!!!"

Typenbegriff als Orientierungshilfe Das ist der springende Punkt! Der Begriff Typ kann uns lediglich eine nützliche Hilfe zu einer allgemeinen Orientierung und auch Verständigung sein; zur exakten Beschreibung eines Individuums aber ist er in keinem Falle ausreichend.* Und dies sollte uns bei unserem weiteren Vorgehen auch stets bewußt bleiben.

3.2 Typologien sind nichts anderes als Gerüste

Für die Praxis der Menschenkenntnis ist es vorteilhaft, möglichst viele Typologien zu beherrschen; wer nur über ein einziges Typensystem verfügt, wird feststellen, daß dieses nicht einmal ausreicht, um seine Bekannten zu erfassen . . . Typen dürfen nicht mit Sammelschachteln verglichen werden, in die sich die ganze Menschheit restlos einordnen läßt. Sie sind vielmehr Aspekte, unter denen die Vielfalt individueller Gestalten geordnet und verstanden werden kann.   Rudolf Spieth

Wer sich mit der historischen Entwicklung der Typenbegriffe und Typenlehren näher befassen und doch nicht zu sehr in die äußerst umfangreiche Fachliteratur einsteigen möchte, dem sei

---

* Dies entspricht übrigens auch etwa dem Begriff der „Typisierung", wie er in der Betriebswirtschaftslehre gebraucht wird. Man versteht darunter einen groben Raster, der eine Zuordnung erleichtert – im Gegensatz zu den Begriffen der Normung und der Standardisierung.

Der Einstieg in die Menschenkenntnis

das Werk von Rudolf Spieth „Menschenkenntnis im Alltag" (Lit.113) empfohlen, das einen umfassenden Überblick bietet und gut verständliche Darstellungen enthält. Wir wollen uns bei unserem weiteren Vorgehen nur auf bestimmte Typenbegriffe und Typologien beschränken, die für unsere zum Schluß dieses Schrittes erkennbare Gesamtschau von Bedeutung sind.

nur ernstzunehmende Typologien sind nützlich

3.2.1 Vorwissenschaftliche Begriffe und Vorstellungen

Wie weit die Bemühungen um eine ordnende Erkenntnis zurückreichen, mag jedoch zunächst erwähnt werden: schon der griechische Arzt Hippokrates von Kos* (460–327 v. Chr.) sprach von zwei generellen Typen: dem „Schlaganfall-Habitus" und dem „Schwindsucht-Habitus", – wohl jeder kann sich unter diesen Bezeichnungen etwas vorstellen. Ebenfalls aus dem Altgriechischen stammen die heute noch fast jedem bekannten vier Temperamente, die Hippokrates noch mit den damals bekannten vier Elementen Feuer, Wasser, Erde und Luft in Beziehung setzte. Wenn man einmal die beiden Begriffe der Energie und der Intensität des Handelns und Reagierens miteinander in Bezug bringt, dann entsteht die in der Abbildung gezeigte Übersicht.

Die vier Temperamente*

	schnell	langsam
stark	Feuer CHOLERIKER (heißblütig)	Erde MELANCHOLIKER (schwerblütig)
schwach	Luft SANGUINIKER (leichtblütig)	Wasser PHLEGMATIKER (kaltblütig)

* Nach Prof. Wilhelm Wundt (1832–1920), Mediziner, Psychologe und Philosoph an den Universitäten Heidelberg, Zürich, Leipzig.

Anmerkung: Um sprachlichen Mißverständnissen vorzubeugen, sei darauf hingewiesen, daß „Temperamente" etwas anderes sind als Anlagen oder Fähigkeiten.

---

* Ärzte schwören heute noch den „hippokratischen Eid".

Da es jedoch keine eindeutige wissenschaftliche Abgrenzung des Begriffes Temperament gibt, sei diese Typenlehre, die auch heute noch vielfach gebraucht wird, nur der Ordnung halber erwähnt; wir werden ihr später noch einmal im Zusammenhang mit Goethe und mit Rudolf Steiners Farbenkreis begegnen.

Astrologie ist kein Humbug

Jedermann bekannt ist auch die Zuordnung zu den zwölf Tierkreiszeichen, die die Astrologie vornimmt, wohl die älteste Wissenschaft schlechthin. Die ernstzunehmenden Astrologen raufen sich zwar die Haare über die „Orakel", die alltäglich in den Zeitungen oder wöchentlich in den Illustrierten erscheinen; man darf daher auch die Astrologie keineswegs etwa als Humbug abtun. Immerhin unterscheidet sie bereits nach dem Sonnenstand der Geburtsstunde zwölf verschiedene „Anlagen-Typen". Wenn man jedoch auch noch den sogenannten Aszendenten (das Sternbild, das in der Geburtsminute am östlichen Horizont aufsteigt) hinzunimmt, kommt man bereits auf 144 Kombinationsmöglichkeiten und damit eine sehr breite Differenzierung, vom zusätzlich zu deutenden Stand des Mondes und der Planeten einmal ganz abgesehen. Das Buch von Hans Laesecke „1:0 für die Planeten" (Lit. 72) gibt einen gut verständlichen Überblick über den heutigen Stand der Astrologie. – Trotzdem muß es jedem einzelnen überlassen bleiben, inwieweit er das astrologische System als Hilfsmittel für eine Ordnung seiner Vorstellungen zur Menschenkenntnis betrachtet. Auch hierauf werden wir im 4. Schritt im Zusammenhang mit den Farben nochmals eingehen und auch erkennen, daß im Sinne ganzheitlicher kosmologischer Betrachtung die Astrologie aus der Gesamtschau nicht wegzudenken ist.

Typenbegriffe ohne Ordnung

nach Berufen

nach psychischen Funktionen

Während die Astrologie alles in die von ihr geschaffene Ordnung eingliedert, sind die Typenbegriffe, die wir oft im Sprachgebrauch verwenden, weniger geordnet. Man orientiert sich vielfach an Berufsbezeichnungen und den betreffenden Berufen zugeordneten Eigenschaften, wenn man beispielsweise von einem typischen Schneider, einem Beamtentyp oder einem Offizierstyp spricht. Auch verwendet man oft den Ausdruck, dies sei ein typischer „Schulmeister" oder „Federfuchser", auch „Buchhalter" oder „Bauern" müssen für die Kennzeichnung eines Typs herhalten. Eine gewisse Ordnung schafft man sich allerdings schon dadurch, daß man nach den hervorstechendsten psychischen Funktionen des Denkens, Fühlens oder Wollens von einem „Verstandesmenschen", einem „Gefühlsmenschen" oder einem „Willensmenschen" spricht.

Die Verwendung anderer Typenbezeichnungen allerdings ist völlig wahllos nach irgendwelchen allgemeinen Vorstellungen oder bestimmten Vorbildern. Hierzu gehören beispielsweise Begriffe wie Don Juan, Hagestolz, Michael Kohlhaas, der eingebildete Kranke (nach dem Lustspiel von Molière), der „Kerl, mit dem man Pferde stehlen kann" oder der Gentleman oder Playboy. Im weiblichen Bereich sind Begriffe wie Gretchentyp, Blaustrumpf, alte Jungfer, Zimtziege, große Dame, steiler Zahn, Heimchen am Herd, Sportsmädel, dumme Gans, Emanze oder gute Kameradin gebräuchlich. **nach „Proto-Typen"**

Um 1800 legte ein Franzose namens Halle ein System vor, wonach er vier Typen von Menschen unterschied: den Unterleibs-Typ, den Muskel-Typ, den Brust-Typ und den Nerven-Typ. Darauf haben andere Ärzte und Forscher weitere Systeme aufgebaut, doch ist das Ganze wieder in Vergessenheit geraten. – Auf die Naturell-Lehre des deutschen Forschers Carl Huter, die 1911 erstmalig zusammenhängend veröffentlicht wurde (Lit. 71), werden wir später noch einzugehen haben (s. S. 194 ff.). Sein Lehrsatz „Des Körpers Form ist seines Wesens Spiegel" ist eine Grunderkenntnis, die auch für unsere Arbeit wesentlich ist. **Naturell-Lehre**

Bekannt sind auch die Arbeiten von Eduard Spranger (1882–1963), der eine philosophisch ausgerichtete Einteilung vornimmt. Er unterscheidet sechs verschiedene Geisteshaltungen, die dann auch für bestimmte Dinge Interesse bringen, und nennt den theoretischen, den ökonomischen und den ästhetischen Menschen, sodann den sozialen Menschen, den Machtmensch und den religiösen Menschen. Spranger nennt seine Typen „Lebensformen" (Lit. 114); sie sind zwar einigermaßen gute Hilfsmittel zur Kennzeichnung von Wert-Richtungen, aber einer umfassenden, in der Praxis anwendbaren Menschenkenntnis können sie, da sie Idealformen darstellen, nicht dienen. **Sprangers „Lebensformen"**

Ebenfalls mit dem „Gerichtetsein" eines Menschen, d. h. also mit der Zielrichtung seines Wesens, haben sich um 1920 – fast zur

Der Einstieg in die Menschenkenntnis

nach innen oder außen gerichtetes Prinzip

gleichen Zeit, jedoch voneinander unabhängig – drei Forscher befaßt, die erkannt hatten, daß ein nach innen gerichtetes (nach außen abgeschlossenes) sowie nach außen gerichtetes (alles in sich aufnehmendes) Prinzip im menschlichen Wesen zu finden sein kann. Erich Jaensch (Lit. 65) unterschied zwischen „desintegriert" (abgeschlossen) und „integriert" (aufnehmend), Hermann Rorschach, der den bekannten „Rorschach-Test" entwickelte, sprach von „introversiv" (nach innen gewandt) und „extratensiv" (nach außen strebend). Schließlich prägte Carl Gustav Jung (1875–1961) die Begriffe „introvertiert" (nach innen gerichtet) und „extravertiert" (nach außen gerichtet), die auch außerhalb der Fachpsychologie in den allgemeinen Sprachgebrauch eingegangen sind (Lit. 67).

Da diese Begriffe doch vielfach allgemein gebraucht werden, sollen hier zumindest die Extremformen einmal kurz beschrieben werden.:

○ *Der „Introvertierte" ist in seiner gesamten Lebenseinstellung nach innen gerichtet. Alles, was um ihn herum vorgeht, also die realen Dinge, sind für ihn nur in zweiter Linie von Bedeutung. Ihm kommt es stets darauf an, wie er die Außenwelt und die äußeren Vorgänge innerlich, d. h. geistig-seelisch verarbeitet, wie er sie versteht und wie er sich zu ihnen einstellt.*

In der p o s i t i v e n Ausprägung besticht der Introvertierte durch klaren, sachlichen Verstand, durch feine, differenzierte Gefühle und durch wohlüberlegtes Handeln. Er ist individuell geprägt und läuft nicht mit der Masse.

In der n e g a t i v e n Form haben wir es mit einem weltfremden Träumer zu tun, der gar ein lebensuntüchtiger Sonderling sein kann. Seine Beziehungen zur Umwelt sind so schwach, daß er sich entweder „ins Schneckenhaus" zurückzieht oder sich zu einem nur seinen Ideen lebenden verkrampften Fanatiker entwickeln kann. Weder in der einen noch der anderen dieser Formen entwickelt er Sinn für reale Möglichkeiten.

○ *Der „Extravertierte" wendet sich in seiner Lebenshaltung vor allem der Außenwelt zu. Er nimmt die realen Dinge und Ge-*

schehnisse, wie sie sind, ohne viel über sie nachzudenken oder sie innerlich ernsthaft zu verarbeiten.

In der p o s i t i v e n Form ist dieser Mensch aufgeschlossen und weltoffen; er erfaßt die Strömungen der Zeit mit sicherem Instinkt und nutzt schnell die sich bietenden Gelegenheiten. Seine frei und sicher zupackende Art bringt ihm das Wohlwollen seiner Mitmenschen ein; Schwierigkeiten meistert er mit Improvisation und mit gesunder Anpassung.

In der n e g a t i v e n Ausprägung dagegen haben wir es bei dem Extravertierten mit einem Menschen zu tun, der aus Mangel an eigenem Urteil zum Mitläufer und zum Herdenmenschen werden kann – er kann labil, gefühlsabhängig und auch unzuverlässig sein – ein Spielball äußerer Einflüsse.

Wir haben die Vorstellungen von C. G. Jung hier deshalb so ausführlich behandelt, weil wir nicht nur in einem späteren Zusammenhang nochmals darauf zurückkommen werden, sondern weil hier auch der erste ernsthafte Versuch einer wissenschaftlichen Ordnung im Sinne einer polaren Lehre gemacht wurde.

Jungs Versuch der wissenschaftlichen Ordnung

Polare Darstellungen finden wir vielfach in allen Bereichen; bekannt ist vor allem die Anwendung in der Politik, wo man von den

extrem Linken ←———— Zentrum ————→ Ultrarechten

spricht und dazwischen nun alle anderen Parteien ansiedelt, wobei vielleicht allein eine Zentrumspartei einigermaßen genau lokalisiert werden könnte. Und bei den anderen Parteien, die über eine gewisse Spannweite innerhalb der Linie verfügen, spricht man dann auch noch vom linken oder vom rechten Flügel.

polare Darstellungen

Auf den Menschen bezogen kann man eine solch polare Darstellung etwa für die Aktivitäts-Energie

aktiv ←————————→ passiv

oder auch für das männliche und weibliche Element vornehmen:

Der Einstieg in die Menschenkenntnis

Super-		weibischer	Mann-		Voll-	Super-
mann	Mann	Mann	Weib	Frau	Weib	frau)

Auch mit den Begriffen

introvertiert ◄─────────────► extravertiert

eindimensionale Lehre

kann man also eine solch polare Darstellung vornehmen; es wäre dem Fachmann vorbehalten und dient auch zur Verständigung innerhalb der Fachleute, von einem Menschen – beispielsweise bei einer gutachtlichen Äußerung – festzustellen, in welchem Bereich zwischen den beiden Polen er einzuordnen sein könnte. Mit dieser polaren Darstellung haben wir eine e i n d i m e n s i o n a l e Lehre; wir werden im Laufe unseres weiteren Vorgehens dann noch zu zweidimensionalen und schließlich zu dreidimensionalen Vorstellungen kommen.

3.2.2 Typenlehren auf naturwissenschaftlicher Basis

Auch wenn wir einleitend vom Ende des kartesianischen Zeitalters und davon gesprochen haben, daß das naturwissenschaftliche Denken vielerorts an seine Grenzen zu stoßen scheint, so bedeutet dies doch keineswegs, daß wir zukünftig auf logisch-systematisches Vorgehen, das vorzugsweise von unserer linken Gehirnhälfte gesteuert wird (s. S. 7 ff.), verzichten wollen und können. Nur im Zusammenspiel zur Ganzheit der Funktionen des Hirnes und des gesamten Menschen werden wir in der Lage sein, unser Bewußtsein zu erweitern.

Kretschmers Konstitutions-Typen

Es ist das große Verdienst von Ernst Kretschmer (1888–1964), der an den Universitäten Marburg und Tübingen lehrte, als Erster die Zusammenhänge zwischen dem psychischen Zustand eines Patienten (er war Nervenarzt) und seiner körperlichen Konstitution auf der sicheren Basis empirischen Vorgehens erforscht zu haben. Anhand des Materials von mehr als 10 000 Personen kommt er in seinem grundlegenden Werk „Körperbau und Charakter" (Lit. 69) zur Aufstellung von drei Konstitutions-Typen:

Der Einstieg in die Menschenkenntnis

- Pykniker (pyknós = dick, dicht) – Rundwüchsiger

- Athletiker (athleticós = kraftvoll) – Breitwüchsiger

- Astheniker (asthenós = kraftlos) – Schmalwüchsiger, für den letzteren wird auch der Begriff des „Leptosomen" gebraucht („leptos" = schwächlich sowie „soma" = Körper).

Über die Fachsprache der Mediziner und Psychologen hinaus haben diese Begriffe auch Eingang in die allgemeine Umgangssprache gefunden.

Diesen drei Grundformen des Körperbaus, dem rundlichen, dem kräftig-breitwüchsigen und dem schwächlich-schmalwüchsigen ordnet Kretschmer nun aufgrund seiner Beobachtungen ganz bestimmte psychische Konstitutionen zu:*

Der P y k n i k e r ist gesellig, freundlich, gemütlich, aber auch weich, bequem, empfindsam, schwernehmend – also „cyclothym", d. h. im Kreise schwingend: himmelhochjauchzend – zu Tode betrübt.

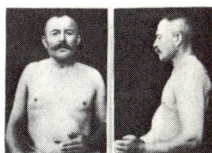

Merke: (schwingend) von heiter bis traurig.

Der A t h l e t i k e r ist ruhig, bedächtig, nüchtern, unerschütterlich, gründlich, nur langsam in Fahrt kommend, aber dann kraftvoll, wuchtig – also „viskös", d. h. zähflüssig.

Merke: (verharrend) passiv wie explosiv.

Der A s t h e n i k e r (Leptosome) ist verschlossen, sich absondernd, scheu, ernst, nervös, empfindlich, kritisch zerlegend, also „schizothym", d. h. auf Spaltung, (Unter-)Scheidung aus.

Merke: (springend) von kühl auf reizbar.

Selbstverständlich enthält Kretschmers Arbeit noch eine Vielzahl von Detailangaben, die hier aber nicht aufgeführt werden können, da wir uns auf das Wesentliche beschränken wollen. Seine Typologie ist der geniale Versuch, sowohl die körperlichen

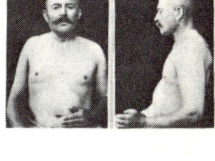

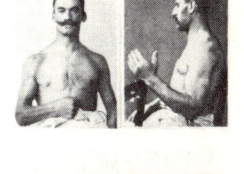

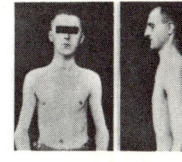

3 Grund-Anlagefaktoren

---
* Original-Formulierungen von Kretschmer.

Der Einstieg in die Menschenkenntnis

Wuchstendenzen als auch die Fülle der seelischen Eigenschaften auf einige wenige Anlagefaktoren zurückzuführen.

Der gesamte Stil des Denkens, Fühlens und Wollens eines Menschen, seine Gestimmtheit und sein persönliches Tempo sind nach Kretschmer nicht zufälliger Art, sondern zutiefst bestimmt durch die Konstitution, also die Gesamtheit aller psychischen und physischen Anlagen des Menschen. Auf das Verhältnis zwischen Erbfaktoren und Umwelteinflüssen werden wir noch später einzugehen haben.

Kretschmer kam zu seiner Lehre durch Beobachtung der krankhaft übersteigerten Extreme – anhand des Materials, das ihm als Nervenarzt zur Verfügung stand.

aber keine „Mischtypen"
Diese Extreme stehen sich als Typen gewissermaßen im Dreieck gegenüber. Zwischen den Eckpunkten liegen die Übergangsformen als „Mischtypen"; sie sind seiner Beobachtungsmethode weniger zugänglich gewesen, weil sie für ihn „untypisch" waren. Aber die meisten Menschen sind nun eben Mischtypen; daher ist Kretschmers Typologie zwar für den Arzt, der sich mit dem Krankhaften beschäftigt, äußerst wertvoll, für die Praxis des Alltags unserer Menschenkenntnis jedoch nicht ausreichend.

Sheldons Grund-Komponenten
Bei diesem Mangel der Kretschmerschen Typologie setzt William H. Sheldon (*1899) an, der als Professor an der Harvard-, später Columbia-Universität mehr als 4000 Studenten untersuchte. Aufgrund genauer körperlicher Messungen und geistig-seelischer Analyse kam er (Lit. 111) zu der Feststellung, daß es nur drei Grundkomponenten gibt, die zwar an sich völlig verschieden sind, aber durch ihr Zusammenwirken alle möglichen Mischformen des Erscheinungsbildes eines Menschen ergeben. Die Gesamtkonstitution ist also ein „Mischungsverhältnis" von drei Tendenzen, die Sheldon folgendermaßen bezeichnet:

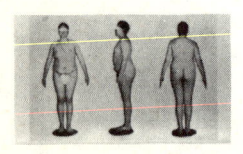

– *Kugeltendenz (Endomorphie)* *prägt Rundschädel und Verdauungsapparat; als seelische Ausprägung „viscerotonisch" (viscera = Eingeweide) – Freude am „Verdauen" – Entspannung – Bedürfnis nach Kontakt und Verlangen nach Zustimmung.*

Der Einstieg in die Menschenkenntnis

- *Breitentendenz (Mesomorphie) prägt Breitschädel und Muskelapparat; als seelische Ausprägung „somatotonisch" (soma = Körper) – Bedürfnis nach Bewegung und Anspannung – Energie – Herrschlust – Verlangen, immer etwas zu tun.*

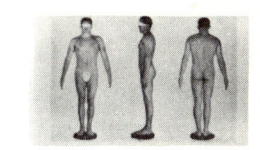

- *Lineartendenz (Ektomorphie) prägt Langschädel und Nervensystem; als seelische Ausprägung „cerebrotonisch" (cerebrum = Gehirn) – Bedürfnis nach Alleinsein – Zurückhaltung – Gehemmtheit, aber auch schnelles Reagieren – Feinnervigkeit*

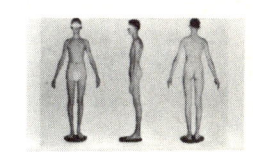

Entscheidend ist Sheldons Erkenntnis, daß jeder Mensch von allen drei Grundkomponenten etwas hat; der Anteil der dominierenden Grundkomponente zeigt den Schwerpunkt bzw. die Hauptrichtung des betreffenden Individuums.

Den Fall, daß ein Mensch von allen drei Grundkomponenten gleiche Anteile hat, bildet die Ausnahme, weil fast immer eine Komponente dominiert. Sheldon bezeichnet einen solchen Menschen als „average", was in diesem Falle als „mittelmäßig" (nicht abwertend gemeint!) zu verstehen wäre.

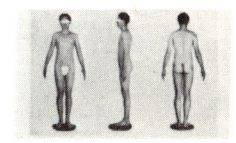

Für unsere Betrachtungen entscheidend ist, daß diese beiden Forscher, so verschieden ihre Vorgehensweise, ihre Typologien und ihre Fachbezeichnungen auch sein mögen, **d r e i** Grundtendenzen der Körperformen und der dazu gehörigen psychischen Strukturen erkannt haben. Diese sind – von semantischen Varianten abgesehen – nahezu deckungsgleich und bieten sich uns in drei Formen an, die wir auf die drei geometrischen Figuren des Kreises (Pykniker – Kugeltendenz), des Quadrats (Athletiker – Breitentendenz) und des Dreiecks (Astheniker – Lineartendenz) zurückführen können.

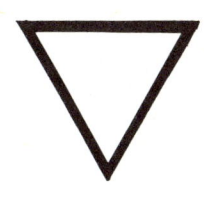

3 Grund-Tendenzen:

ähnliche anthropologische Erkenntnisse

In diesem Zusammenhang darf nicht unerwähnt bleiben, daß die Anthropologen schon zu Anfang des Jahrhunderts in verschiedenen Forschungsarbeiten über die europäiden Rassen zu ähnlichen grundsätzlichen Unterscheidungen gekommen sind. Hans F. K. Günther (1891–1968) bezieht sich bei seiner Rassenlehre (Lit. 51) vor allem auf drei Rassen, die nordische, die ostische und die westische, die in ihrem Erscheinungsbild und den psychischen Ausprägungen ziemlich genau den Vorstellungen von Kretschmer und Sheldon entsprechen.*

Ich bin bei Vorlesungen und Seminaren mehrfach wegen der Erwähnung der Rassen angegriffen worden, nationalsozialistisches Gedankengut zu verwenden. Hierzu muß eindeutig festgestellt werden: die Anthropologie mit ihren bedeutenden deutschen Repräsentanten Günther, von Eickstedt, Clauss und Hellpach ist eine ernstzunehmende Wissenschaft, deren Wirken vor allem in den ersten Jahrzehnten dieses Jahrhunderts veröffentlicht wurde. Daß der Nationalsozialismus diese Erkenntnisse adaptierte und für seine Weltanschauung ge- bzw. mißbrauchte, indem er – entgegen der immer wieder bekundeten Meinung der Rassenforscher über die Wertfreiheit – die Rassen und ihre Eigenschaften (z. B. nordische) bewertete, ist nicht Schuld der Forscher. Günthers grundlegendes Werk ist bereits 1922 erschienen, also zu einer Zeit, die lange vor der Machtergreifung der Nationalsozialisten lag.

Auch zu diesem Zeitpunkt sollte der Interessierte die Lektüre unterbrechen, um sich mit den Übungen VI–VIII, zu denen die Blätter in der Umschlagtasche zu finden sind, befassen. Allerdings sollte man diese Übungen nicht so „zwischendurch" erledigen, sondern nach Möglichkeit ein paar ruhige Stunden am Abend dazu verwenden, in denen man sich der Arbeit völlig ungestört – das ist sehr wichtig! – widmen kann. Und auch hier gilt wieder das bei den vorigen Übungen Gesagte: Trägheit oder Oberflächlichkeit und – zu deutsch – Hudelei vermindern nur die Aussagekraft der Übung, wenn sie später gedeutet werden soll. Man sollte auch sich nicht dadurch beeinflussen lassen, wegen der nicht im Hause befindlichen Farbstifte (Filzmaler) etwa nur einen Bleistift zu gebrauchen; wer tatsächlich das Bedürfnis hat, in Farben zu malen, der besorge sich eben die Utensilien zuvor.

---

* Übrigens findet man auch in den anderen Hauptrassen der Welt ebenfalls rundwüchsige, breitwüchsige und schmalwüchsige Typen, sowohl bei den mongoloiden als auch bei den negroiden Rassen.

Der Einstieg in die Menschenkenntnis

Im Gegensatz zu den bisher genannten Forschern, die sich empirisch an dem Material über Menschen orientierten, wehrte sich Walter Schleip (1904–1971) dagegen, daß man Kranke (Kretschmer) und Unausgewachsene (Studenten bei Sheldon*) zum Ausgangspunkt der Untersuchungen genommen hatte. Er versuchte eher rückschließend auf die biologischen Grundlagen einzugehen und sie dann durch die Praxis – insgesamt über 4000 Testanten – bestätigen zu lassen. Wie auf der Abbildung ersichtlich, sprach er von drei Urfähigkeiten, die in jedem Einzeller und in jeder Eizelle, die sich später zu einem Organismus entwickelt, enthalten sein müssen:

Schleip: Urfähigkeiten

- *die Fähigkeit, aus eigener Kraft sich zu bewegen, zu wachsen und sich fortzubewegen (verantwortlich: der Zellkern)*

- *die Fähigkeit, aus Nahrungsstoffen durch Stoffwechsel die eigene Substanz aufzubauen (verantwortlich: das Protoplasma)*

- *die Fähigkeit, auf Reize durch Differenzierung (Teilung, Fortpflanzung) zu reagieren (verantwortlich: das Zentralkörperchen, das sich bei äußerer Reizung zuerst teilt und damit den Teilungsprozeß der [Ei-]Zelle in die Wege leitet)*

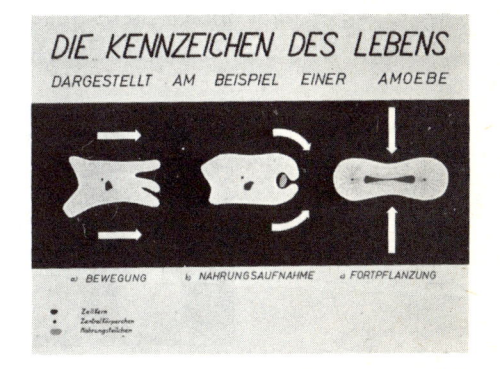

Von diesen 3 Ur-Fähigkeiten sprach Schleip als den „Lebensprinzipen" (von lat. principes = die ersten, nicht zu verwechseln mit Prinzipien = Grundsätze!) und bezeichnete sie in der oben verzeichneten Reihenfolge als

Lebensprinzipe

- das motorische
- das elastische   } Prinzip
- das differenzierte

---

* **Anmerkung:** Aufgrund meiner vieljährigen praktischen Forschungsarbeit bin ich zu der Überzeugung gelangt, daß man von einer einigermaßen ausgereiften Persönlichkeitsstruktur – sowohl psychisch als auch physisch – erst ab einem Alter von etwa 25 Jahren sprechen kann. (Der Verfasser)

Der Einstieg in die Menschenkenntnis

Schleips Schlußfolgerungen hieraus sind biologisch fundiert*: diese drei Prinzipe, die die Formkräfte des Lebens sind, kann man in jedem Stadium der Entwicklung des Lebens verfolgen. Durch jedes Prinzip entstehen – auf dem Wege über die drei Keimblätter – ganz bestimmte Nervensysteme und Organe. Und da diese drei Prinzipe in ihrer Anlage – von der Erbstruktur her – bei jedem Menschen ganz verschieden stark sind, müssen auch Nerven, Organe, körperliche und psychische Konstitution eines jeden einzelnen Menschen vom anderen unterschieden sein.

Den drei Prinzipen schreibt nun Schleip für ihre spätere Entwicklung im Organismus drei Grundformen zu, die deckungsgleich sind mit den bereits bei Kretschmer und Sheldon erkannten geometrischen: quadratisch, kreisförmig, dreieckig. Und er bezieht sie auf die Entwicklung der 3 Keimblätter:

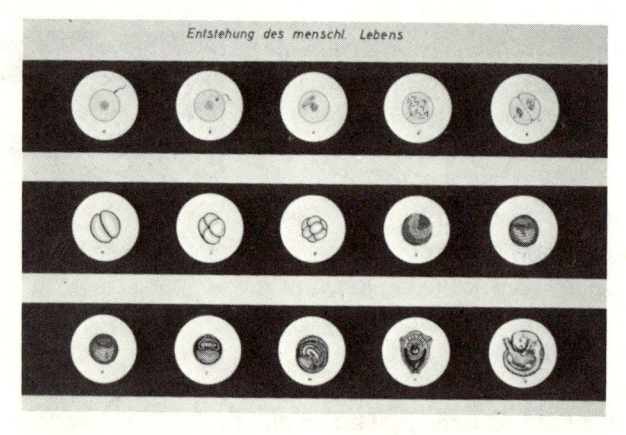

Entwicklung aus den Keimblättern

Schon wenige Tage nach der Befruchtung der Ei-Zelle wird die gesamte Masse des wachsenden Organismus in drei Formen geteilt; diese drei Formen entstehen als Keim-Schichten, die wie Blätter umeinander liegen und daher „Keimblätter" genannt werden. Aus jedem dieser 3 Keimblätter gehen dann ganz bestimmte Organ-Zellen hervor. Auch Sheldon hat schon in seiner Lehre die drei Grundkomponenten auf diese Keimblätter und die ihnen entsprechenden Organe zurückgeführt. Bei dem sich dann ent-

---

* mit Absicht wurden hier und in einigen folgenden Abschnitten die Original-Formulierungen von Schleip verwendet, die in seinem als Manuskript gedruckten „Führungskolleg" erstmals veröffentlicht wurden, das jedoch nicht im Buchhandel erhältlich ist.

wickelnden Embryo sind die aus den drei Keimblättern entstandenen 3 Formprinzipe schon klar erkennbar und zuzuordnen:

- Die **Wirbelsäule** mit dem Rückenmark ist das Bewegungszentrum des Menschen, also die Verkörperung des **motorischen** Prinzips. Und zu diesem Bereich gehören Knochen, Muskeln, Sehnen – aber auch Herz und Blutgefäßsystem.

- Die **Eingeweide**, also Magen, Darm mit dem Eingeweide-Nervensystem („sympathisches Nervensystem"), Leber, Niere, Galle usw. sind für den Stoffwechsel zuständig und daher die Verkörperung des **elastischen** Prinzips.

- Das **Gehirn** mit den Gehirnnerven und allen Sinnesorganen ist in seinem differenzierten und differenzierenden Aufbau die Verkörperung des **differenzierten** Prinzips.

Und nun sind – so folgerte Schleip richtig – diese drei Prinzipe bei jedem Menschen in der Anlage unterschiedlich stark entwickelt. Darauf baute er dann in seiner „Biologischen Konstitutionspsychologie" den Begriff der „Dominanz" auf, wie wir dann bei der Entwicklung der „Strukturformel" sehen werden.

Biologische Konstitutions-Psychologie

Um diese biologische Strukturformel erstellen zu können, kürzte Schleip ab: für das motorische Prinzip setzte er = M, für das elastische = E und für das differenzierte = D. Nun kann bei einem Menschen beispielsweise M am stärksten, E am zweitstärksten und D am schwächsten angelegt sein – dies wäre als Strukturformel dann mit M-E-D zu schreiben. Entsprechend würde D-M-E bedeuten, daß das D- (sprich: „differenzierte") Prinzip das stärkste, das M-Prinzip das zweitstärkste und das E-Prinzip das schwächste wäre. Sind aber nach dem vorherrschenden Prinzip (beispielsweise E) die beiden anderen gleich stark nachgeordnet, so würde man E-^M_D schreiben. Auch der umgekehrte Fall, daß zwei Prinzipe vorne gleichermaßen dominieren, während das dritte nachgeordnet ist, läßt sich schreiben: ^E_D-M (als Beispiel). Der Fall,

Strukturformel

M-E-D

D-M-E

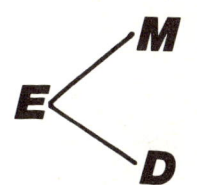

E$\langle^M_D$

Der Einstieg in die Menschenkenntnis

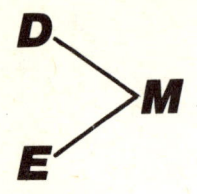

```
D
 \
  >M
 /
E
```

daß bei einem Menschen alle drei Prinzipe völlig gleich stark angelegt sind, ist so selten, daß wir ihn hier außer Betracht lassen können.*

Dominanz erkennen

Bei den meisten Menschen herrscht ein Prinzip so deutlich vor, daß man diese Dominanz leicht erkennen kann. Haben wir einmal diese „Dominante" eines Menschen erst erkannt, so wissen wir auch schon sehr viel über seine körperliche und geistig-seelische Verfassung. Denn entsprechend dem dominanten Prinzip herrschen auch die diesem Prinzip zugehörigen körperlichen und psychischen Anlagen vor, während die dem schwächsten Prinzip entsprechenden Organe und Eigenschaften auch die am schwächsten entwickelten sind.

Für die strukturpsychologische Beurteilung kommt es also darauf an:

– die „Strukturformel" des Menschen durch Beobachtung seiner körperlichen Erscheinung, seiner Haltung, Bewegung und Verhaltensweise zu erfassen und

– aus dieser „Strukturformel" die entsprechenden Rückschlüsse auf die gesamte körperlich-gesundheitliche, geistige und charakterliche Anlage zu ziehen.

Überschaubare Zusammenstellung

Es ist Schleips Verdienst, eine für den Laien – seine 4000 Testanten waren als Führungskräfte der Wirtschaft seine Seminarteilnehmer – überschaubare Zusammenstellung der drei Formprinzipe und der mit ihnen zusammenhängenden Anlagen geschaffen zu haben, mit der jedermann in der Praxis umgehen kann. Daher seien im folgenden seine Darstellungen teilweise wörtlich zitiert.

Zunächst einmal die Beziehungen der drei Formprinzipe zu dem Nervensystem und den Organen:

---

* s. Sheldon „average" S. 149.

Der Einstieg in die Menschenkenntnis

	M Motorisches Prinzip	**E** Elastisches Prinzip	**D** Differenziertes Prinzip
Nervensystem:	Rückenmark	Vegetatives Nervensystem	Gehirn und Hirnnerven
Organe:	Wirbelsäule, Knochen, Muskeln, Bindegewebe	Magen, Leber, Verdauungsorgane, Drüsensystem	Sinnesorgane, Haut, Denk- und Sprachzentrum

(Lunge, Herz und Sexualorgane nehmen eine Sonderstellung ein, da an ihnen zwei bzw. drei Prinzipe Anteil haben)

Ein Mensch mit der Strukturformel M-E-D hat also einen stabilen Knochenbau und eine kräftige Muskulatur (M = Dominante), aber ein schwächeres Empfindungs-, Unterscheidungs- und Differenzierungsvermögen (D = schwächstes Prinzip). Und die Strukturformel E-D-M bezeichnet einen Menschen mit gutem Magen und gesundem Verdauungsapparat (E), dagegen weniger kräftigen Muskeln und Knochen. Schon diese Beispiele zeigen, daß sich entsprechend der „Stärke" und der Funktionstüchtigkeit der verschiedenen Nervensysteme und der dazu gehörigen Organe auch die Körperform des Menschen ausprägt.

M-E-D

E-D-M

Da das motorische Prinzip, wie wir sehen, verantwortlich ist für Rückenmark, Wirbelsäule, Knochen, Muskeln und Bindegewebe, ist es einleuchtend, daß durch die Betonung dieses Muskel- und Knochenapparates der Körper ein stabiles, kräftig-breites Aussehen erhält. Der Motorisch-Dominierte* besitzt also kraftvolle Gliedmaßen, einen breiten Brustkorb und eine ausgeprägte Muskulatur. An ihm ist nichts zerbrechlich oder zart, er wirkt im Gegenteil stabil, oft robust. Sein Körper ist sehnig, Schädel und Stirn sind eckig. Das Gesicht ist markant: die Nase ist betont, die Backenknochen treten deutlich hervor (betontes Mittelgesicht) und typisch ist häufig auch eine senkrechte Stirnfalte. Behaarung und Bartwuchs sind stark. Die Hände sind kräftig, breit und hart – wie geschaffen zur Pionierarbeit; die Finger sind spatelförmig, ihre Spitzen eckig. – Die Bewegungen des Moto-

motorisch

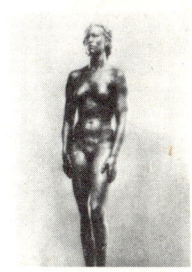

---

* so soll – unter Vermeidung des unzutreffenden Begriffes „Typ" – derjenige bezeichnet werden, bei dem das motorische Prinzip offensichtlich am stärksten ausgeprägt ist.

Der Einstieg in die Menschenkenntnis

risch-Dominierten sind eckig, meist schwerfällig, manchmal auch rasch und plötzlich.*

elastisch

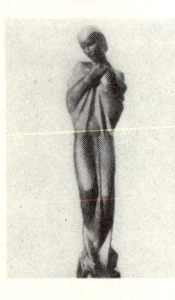

Das elastische Prinzip formt – wie wir in der Tabelle sehen – das vegetative Nervensystem sowie Magen, Leber und Verdauungsorgane. Es ist also sozusagen verantwortlich für die Rundlichkeit – das „Fettpolster" des Menschen; d. h.: je stärker das E-Prinzip ausgeprägt ist, desto rundlicher und dicklicher ist der Mensch.

Der Elastisch-Dominierte hat also ein rundliches Aussehen, und da die dem E-Prinzip entsprechenden Organe ihren Schwerpunkt im Leib haben, finden wir beim Elastisch-Dominierten oft auch die wohlgerundete Form des „Bäuchleins". Auch der Kopf ist der Kugelform stark angenähert. Die Nase ist fleischig-stumpf, die Wangen sind voll und „wohlgenährt", der Mund ist weich, das Kinn ist rund (betontes Untergesicht). Weiches, welliges Haar und im Alter die spiegelnde Glatze sind kennzeichnend für ihn. Seine Hände sind weich, der Händedruck ist sanft, und die Finger nehmen bei wohlbeleibten Vertretern des E-Prinzips oft eine „Würstchen"-Form an. Die Bewegungen des Elastisch-Dominierten haben nichts Eckiges, sie sind vielmehr weich, wohlabgewogen, elastisch.

Das differenzierte Prinzip bedingt die Entwicklung des Gehirns und der Sinnesorgane sowie des Denk- und Sprachzentrums. Der Differenziert-Dominierte ist daher vornehmlich „Sinnesmensch" mit betontem Obergesicht („Denkerstirn"). Glieder und Rumpf sind schlank und lang; die körperliche Erscheinung erweckt den Eindruck eines „sparsamen Baues". Der Kopf zeigt eine längliche Form, das Gesicht – von vorne gesehen – eine deutlich wahrnehmbare Dreiecksform, das Kinn ist spitz. Das Haar ist fein, meist strähnig, und typisch sind (oft schon in jungen Jahren) die „Geheimratsecken" (Eckenglatze). Die Bewegungen des Differenziert-Dominierten sind verhalten, zögernd und mitunter ängstlich sogar. Seine Hände sind schmal und lang und scheinen mehr für die Feder als zur Handhabung eines Werkzeugs geschaffen zu sein; die langen, spitzen Finger zeugen von Feinfühligkeit.

differenziert

---

* Diese Beschreibung trifft – mit Einschränkung bei der Behaarung – selbstverständlich auch für Frauen zu.

	M Motorisches Prinzip	E Elastisches Prinzip	D Differenziertes Prinzip
Körperbau:	breitwüchsig stabil; eckig; muskulös brustbetont derbe, großporige Haut	rundwüchsig weich; kugelig; „gepolstert" bauchbetont glatte, rosige Haut	schmalwüchsig zart; lang; mager kopfbetont dünne, blasse Haut
Kopfform:	Breitschädel	Rundschädel	Langschädel
Gesicht:	betontes Mittelgesicht (Backenknochen)	betontes Untergesicht (Doppelkinn)	betontes Obergesicht („Denkerstirn")
Mund: Augen: Nase: Kinn: Haar:	energisch; fest; groß mittelgroß; offen kräftig; hervortretend eckig dick; störrisch; selten Glatze	weich; voll klein; hervortretend fleischig; stumpf rund weich; wellig; Rundglatze	schmal; gespannt tiefliegend; verhängt schmal; scharf spitz dünn; strähnig; Eckenglatze
Hände:	kräftig; knochig; sehnig breite, eckige Finger	kurz; fleischig; weich kurze, dicke Finger	schmal; mager; feinnervig lange, spitze Finger

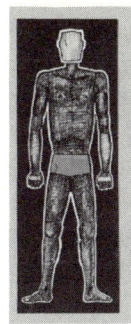

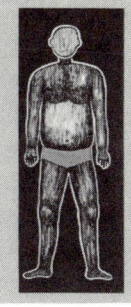

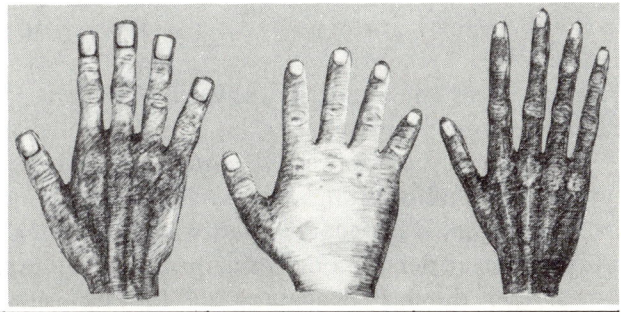

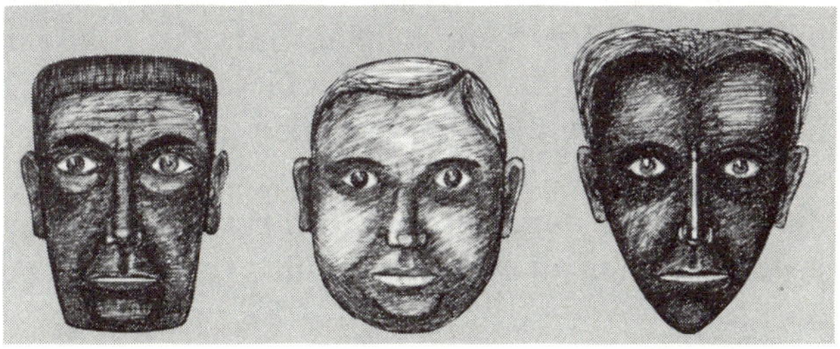

Auch hier haben wir noch einmal eine tabellarische Gegenüberstellung eine Übersicht über die körperlichen Merkmale der einzelnen Formprinzipe gegeben; die eingefügten Zeichnungen für Gesamtstatur, Köpfe und Hände in der jeweils extremen Erscheinungsform sind selbstverständlich nur schematisch.

Es wäre nun falsch, zu sagen (und dieser Fehler wird bei vielen Typenlehren gemacht), der M-Dominierte habe grundsätzlich kein Fett, denn das hängt von seinem E-Anteil ab. Ein M-Dominierter mit der Strukturformel M-E-D kann durchaus Fettpolster haben, ein M-D-E-Strukturierter dagegen kaum. Falsch wäre es auch, zu sagen, der E-Dominierte habe schwache Muskulatur; diese ist von seinem M-Anteil abhängig. Und auch ebenso falsch wäre die Annahme, der D-Dominierte habe immer einen zerbrechlichen Körperbau, denn auch dies ist von seinem M-Anteil abhängig. Wir müssen stets das Gesamtbild des Menschen betrachten, denn wir wissen – aus den Erkenntnissen von Sheldon über das Zusammenspiel der Grundkomponenten – daß eben nicht nur das dominierende Prinzip entscheidet, sondern der jeweilige Anteil aller Formprinzipe.

Zusammenspiel aller Komponenten

Die Tabelle auf S. 157 ermöglicht es uns nun, durch genaue Beobachtung des äußeren Erscheinungsbildes eines Menschen – seiner Statur, seines Gesichtes, seiner Hände und seiner Bewegungen – die wahrscheinliche Rangfolge der drei Prinzipe zu erkennen, d. h. seine Strukturformel zu finden. Und diese Strukturformel kann uns dann wiederum Aufschluß geben über die Stabilität bzw. die Anfälligkeit der entsprechenden Nervensysteme und Organe, was hinsichtlich seiner beruflichen Tätigkeit und seiner Belastbarkeit von besonderer Bedeutung ist.

Rangfolge der Prinzipe erkennen

Wenn wir uns nun erinnern, was wir im Zusammenhang mit den durchgängigen Eigenschaften (s. S. 135 f.) zu Anfang unserer Überlegungen zur Menschenkenntnis gesagt haben, so ist die logische Schlußfolgerung, dies auch auf unsere Strukturformel zu übertragen. Das bedeutet, daß wir uns mit den psychischen Auswirkungen der drei Formprinzipe befassen müssen und dann – wenn wir durch Beobachtung die Strukturformel eines Menschen erkannt zu haben glauben – auch viel über seinen psychischen Bereich wissen.

Rückschlüsse auf die psychische Struktur

Der Einstieg in die Menschenkenntnis

Das motorische Prinzip – im körperlichen Bereich Formkraft des Rückenmarks, der Muskeln und Knochen sowie eines stabilen, breiten, eckigen Körperbaus – formt auch im geistig-seelischen Bereich alle Anlagen und Funktionen, die in der Richtung von Kraft, Energie, Ausdauer, Stabilität – aber auch Plötzlichkeit liegen. Der Motorisch-Dominierte zeichnet sich daher aus durch Aktivität, Energie, Durchsetzungskraft, Vitalität und Initiative. Er ist meist schon an der Straffheit und Offenheit seines Gesichtsausdrucks, an einer lauten Stimme, an der Bestimmtheit seiner Bewegungen und an der Unmittelbarkeit seines Handelns zu erkennen. Er verläßt sich auf seine Kraft und sein Können, ergreift die Initiative, ohne lange zu überlegen oder auszuprobieren, und hat Freude an der Überwindung von Schwierigkeiten und Widerständen. Er strebt nach Anerkennung, übernimmt gerne Verantwortung, reißt häufig – wie selbtverständlich – die Führung an sich und gibt gern Befehle. Er selbst hört wenig auf andere, läßt sich nicht beeinflussen und ändert seine Einstellung und seine Meinung nur selten. In seinem Wesen ist er frei heraus, ungezwungen, verläßlich, standhaft. Er wirkt oft „eroberungssüchtig"; es kommt ihm aber mehr auf den Erfolg als solchen denn auf Besitzerwerb an.

Motorik

Initiative

Erfolgsstreben

Er liebt die Bewegung und die frische Luft, kann körperliche Anstrengungen lang aushalten und ist gegen Schmerz ziemlich unempfindlich. Er braucht relativ wenig Schlaf, schläft dafür meist tief und fest, träumt wenig und ruht gut aus. Gerät der M-Dominierte in Schwierigkeiten, so muß er sofort etwas tun, um das Bedrückende loszuwerden. In Gefahrensituationen ist er kaltblütig.

Das elastische Prinzip – im körperlichen Bereich bestimmend für das vegetative Nervensystem, für Magen, Leber und Verdauungsorgane sowie für einen rundlichen, weichen, elastischen Körperbau – formt im psychischen Bereich ebenfalls das Elastische, Weiche, Nachgiebige, Entspannte. Der Elastisch-Dominierte ist daher in Haltung und Bewegung entspannt, ruhig, „abgerundet", ausgleichend, geschmeidig. Er hat das Bedürfnis, mit seiner Umwelt in Harmonie zu leben. Daher ist er tolerant; seine Parole ist: „Leben und leben lassen!"

Elastizität

Der Einstieg in die Menschenkenntnis

Harmoniestreben Er strebt nach Lebensfreude, Genuß und Harmonie. Seine besondere Vorliebe gilt dem guten Essen und gemütlichen Festen. Er versteht etwas von Speisen und Getränken und umgibt sich gerne mit Dingen, die das Leben angenehm machen. Seinen Mitmenschen bringt er Liebenswürdigkeit, Interesse und Anteilnahme entgegen; er braucht ihre Zuneigung und liebt familiären und freundschaftlichen Zusammenschluß. Seine Gefühlsäußerungen sind unmittelbar und mitempfindend. Er ist kontaktfreudig; es kommt ihm dabei aber mehr auf das Angenehme als auf tiefere Bindungen an.

Trägheit Körperliche Anstrengungen schätzt er nicht; er verharrt vielmehr oft in einer gewissen Trägheit, und erweckt daher auch den Eindruck langsam zu sein. Er schläft gern, tief und ruht gut aus. Gerät der E-Dominierte in Schwierigkeiten, so braucht er Menschen, um sich mit ihnen auszusprechen; dann ist für ihn „alles nur noch halb so schlimm". In Gefahrensituationen wartet er gern ab und versucht auszuweichen.

Differenziertheit

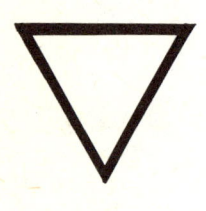

Sensibilität Das differenzierte Prinzip – Formkraft des Gehirns, der Sinnesorgane, des Denkzentrums und der Haut – ist auch im psychischen Bereich verantwortlich für alles Feine, Differenzierte, Sensible, für einen hohen Grad der Empfindungen, der Wahrnehmungen und ihrer geistigen Verarbeitung. Der Differenziert-Dominierte ist daher in seiner ganzen Haltung gespannt. Er hält sich zurück, möchte nicht auffallen. Seine Stimme ist verhalten, nie frei heraustönend. Er haßt Lärm und lautes Treiben und reagiert schon auf kleinste Störungen sehr empfindlich. Alle äußeren Eindrücke muß er zunächst innerlich verarbeiten, daher hat er das Bedürfnis nach Alleinsein und Ruhe. Er verläßt sich auf seinen Verstand. Da er seine Gedanken und Empfindungen im allgemeinen nicht preisgibt, überrascht er seine Umgebung oft dadurch, daß er anders reagiert, als man es erwartet hätte. Daher wird er oft auch als „undurchsichtig" empfunden.

Problemfreude Er strebt nach innerem Kontakt mit den Problemen, die er in den Dingen, den Ereignissen, seiner Umwelt und in sich selbst sieht. Dabei ist er ebenso kritisch wie empfindsam. Freundschaften schließt er nur wenige, und es widerstrebt ihm, Gefühle zu zeigen.

Der Einstieg in die Menschenkenntnis

Er wirkt daher kontaktscheu, oft sogar ichhaft und eingebildet; dies kommt jedoch daher, daß er Irrtümer und Enttäuschungen, die er nur schwer ertragen kann, vermeiden möchte. Infolge seiner intensiven Empfindungen und weil er alles innerlich verarbeiten muß, ist sein Energieverbrauch sehr hoch; daher benötigt er viel Schlaf, schläft jedoch schlecht, unruhig, träumt viel und wacht leicht auf. Gerät der D-Dominierte in Schwierigkeiten, dann zieht er sich am liebsten ganz in sich selbst zurück, um nachzudenken; denn: „Damit muß man doch alleine fertig werden!"

Die folgende Tabelle gibt noch einmal einen zusammenfassenden Überblick über die psychischen Strukturen der drei Prinzipe.

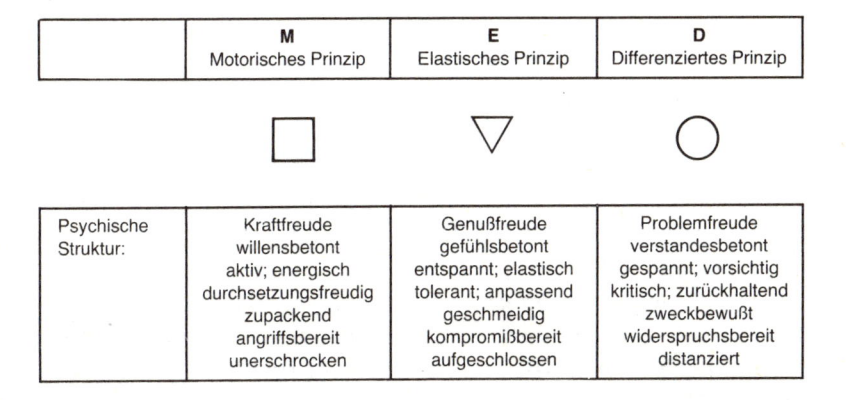

	M Motorisches Prinzip	**E** Elastisches Prinzip	**D** Differenziertes Prinzip
	□	▽	○
Psychische Struktur:	Kraftfreude willensbetont aktiv; energisch durchsetzungsfreudig zupackend angriffsbereit unerschrocken	Genußfreude gefühlsbetont entspannt; elastisch tolerant; anpassend geschmeidig kompromißbereit aufgeschlossen	Problemfreude verstandesbetont gespannt; vorsichtig kritisch; zurückhaltend zweckbewußt widerspruchsbereit distanziert

Um nicht den Eindruck entstehen zu lassen, hier werde nur theoretisiert, möchte ich an dieser Stelle eine kleine Episode einfügen, die ich vor Jahren selbst erlebte. Anläßlich eines längeren Beratungsgesprächs in einem Hotel ging ich am Abend mit den beiden Chefs des Lebensmittel-Großunternehmens in die hoteleigene Sauna. Nach dem ersten Gang gingen wir in die Schwimmhalle; ich stieg als erster ins Wasser. Herr F., sportlich gewachsener, kräftiger Erfolgstyp mit deutlicher M-Dominanz, nahm Anlauf und sprang mit kräftigem Hechtsprung in das Bekken, um dann im Kraulstil hin und her das Wasser zu durchpflügen, daß es nach allen Seiten spritzte. Ich – bei dem die E-Dominanz deutlich überwiegt – flüchtete vor dem „Schnellboot" an den Beckenrand, um mich in Sicherheit zu bringen. Und als ich dann draußen den zweiten Chef, Herrn S. – ein Mann mit starker D-Dominanz – frug, ob er denn nicht auch ins Wasser wolle, um sich abzukühlen, antwortete der: „Nicht, bevor dieser Wahnsinnige das Becken verlassen hat!" Deutlicher kann man Aktivität und Reaktionen der drei Formprinzipe kaum machen; aber wir werden sehen, wie sich solche Beispiele ständig in der täglichen Praxis bieten.

Arbeitsweise und Tätigkeit

Es fehlt uns nun noch – was für unsere späteren Überlegungen hinsichtlich der beruflichen Tätigkeit von Bedeutung ist – eine Übersicht über die Arbeitsweise und die Eignung der Menschen; dies soll wiederum an extremen Beispielen aufgezeigt werden:

Der Motorisch-Dominierte ist – wie wir festgestellt haben – von stabilem Körperbau, braucht Bewegung und Kraftentfaltung, ist u. a. willensbetont und energisch, zielbewußt. Es ist daher selbstverständlich, daß er nur in solcher Tätigkeit Befriedigung finden kann, die seinem Bedürfnis nach Kraft- und Willenseinsatz, nach Bewegung und Aktivität entspricht (dies gilt sowohl auf dem Gebiet der körperlichen wie auch der geistigen Arbeit!). Ihm liegt vor allem an der Durchführung, weniger an der Planung. Sein Auftreten ist unerschrocken-unbekümmert, seine Ausdrucksweise knapp und bestimmt (seine Schrift meist eckig, druckstark, oft schulmäßig). Überall da, wo es gilt, geistige oder körperliche Pionierarbeit zu leisten, ist er richtig am Platz. Wird er vor eine Führungsaufgabe gestellt, so wird es bei ihm immer eine energische Führung sein.

Aktivität

energische Führung

Der Elastisch-Dominierte, der einen mehr weichen, rundlichen Körperbau hat und dessen Stärke in der Gesundheit des vegetativen Bereichs liegt, ist u. a. – wie wir gesehen haben – elastisch, tolerant, anpassend, kompromißbereit usw. In seinen Reaktionen ist er ruhig und im Auftreten verbindlich-liebenswürdig; seine Ausdrucksweise ist anschaulich und bildreich (seine Schrift ist rund, weich, flüssig). Er wird sich dort wohlfühlen und das Beste leisten können, wo es auf ausgleichendes Verhalten, freundliches Auftreten, auf Kontaktpflege und Zusammenarbeit, weniger auf Durchsetzung und Tempo ankommt. Ihm liegt daher der Publikumsverkehr, der Umgang mit der Kundschaft und die Pflege der Marktpartner, sodann die Teamarbeit in der Gruppe

Verbindlichkeit

Der Einstieg in die Menschenkenntnis

und die Pflege auch der innerbetrieblichen Kommunikation. Wenn ihm eine Führungsaufgabe übertragen wird, dann wird dies immer eine **ausgleichende** Führung sein.

ausgleichende Führung

Der **Differenziert-Dominierte** ist mit seinem zarten und schlanken Körperbau und den empfindlichen Sinnesorganen kein Mann der Grob- und Schwerarbeit. Er ist – wie wir erkannt haben – verstandesbetont, vorsichtig zurückhaltend, kritisch und den Dingen genau nachgehend. Er hat eine Tendenz zur Absonderung und auch zum Formalen. Seine Ausdrucksweise ist verhalten und überlegt (seine Schrift ist dünn, steil, oft unverbunden). Er ist dort richtig eingesetzt, wo es gilt, das „Problem" zu erkennen, wo es auf kritisches Abwägen und Kontrollieren, auf organisatorisches Planen, auf Nachdenken, auf Entwicklung, auf Einzelarbeit ankommt. Vor eine Führungsarbeit gestellt, wird er stets den Weg der **organisatorischen Führung** wählen.

Kritikfähigkeit

organisatorische Führung

Vor wenigen Jahren fiel mir ein Prospekt des Deutschen GRID-Institutes in die Hand, in dem verschiedene Manager-„Typen" und ihr Verhalten dargestellt waren.

Die Abbildungen waren hochinteressant: bei dem Manager mit der Kurzbeschreibung „1,9 – hohe Betonung der menschlichen Dimension, niedrige der Ergebnis-Dimension, ‚Glacéhandschuh-Manager', Konflikte vermeiden" war ein eindeutig E-Dominierter abgebildet. Das Bild eines M-Dominierten hatte die Kurzerläuterung „9,1 – Hohe Betonung der Ergebnisse, niedrige Betonung der menschlichen Dimension, der ‚autoritäre' Manager, Durchboxer um jeden Preis".*

Meine Rückfrage beim Leiter des Instituts ergab, daß die bearbeitende Werbe-Agentur diese Bilder vorgeschlagen und die Institutsleitung entsprechend zugestimmt hatte.

Wir können aus diesem Beispiel ersehen, wie wir vielfach auf allen Gebieten des täglichen Lebens mit diesen Kenntnissen umgehen und sie unbewußt anwenden. Hartmut Volk bespricht dies ausführlich in seiner Darstellung „Führen nach dem Verhaltensgitter" (Lit. 127).

---

* Die Bilder wurden freundlicherweise vom Deutschen GRID-Institut in Recklinghausen zur Verfügung gestellt.

Tabellarische Übersicht der drei Formprinzipe
(nach Schleip: Strukturpsychologie – Biologische Konstitutions-Psychologie)

	M Motorisches Prinzip	**E** Elastisches Prinzip	**D** Differenziertes Prinzip
Nervensystem:	Rückenmark	Vegetatives Nervensystem	Gehirn und Hirnnerven
Organe:	Wirbelsäule, Knochen, Muskeln, Bindegewebe	Magen, Leber, Verdauungsorgane, Drüsensystem	Sinnesorgane, Haut, Denk- und Sprachzentrum
Körperbau:	breitwüchsig stabil; eckig; muskulös brustbetont derbe, großporige Haut	rundwüchsig weich; kugelig; „gepolstert" bauchbetont glatte, rosige Haut	schmalwüchsig zart; lang; mager kopfbetont dünne, blasse Haut
Kopfform:	Breitschädel	Rundschädel	Langschädel
Gesicht:	betontes Mittelgesicht (Backenknochen)	betontes Untergesicht (Doppelkinn)	betontes Obergesicht („Denkerstirn")
Mund: Augen: Nase: Kinn: Haar:	energisch; fest; groß mittelgroß; offen kräftig; hervortretend eckig dick; störrisch; selten Glatze	weich; voll klein; hervortretend fleischig; stumpf rund weich; wellig; Rundglatze	schmal; gespannt tiefliegend; verhängt schmal; scharf spitz dünn; strähnig; Eckenglatze
Hände:	kräftig; knochig; sehnig breite, eckige Finger	kurz; fleischig; weich kurze, dicke Finger	schmal; mager; feinnervig lange, spitze Finger
Psychische Struktur:	Kraftfreude willensbetont aktiv; energisch durchsetzungsfreudig zupackend angriffsbereit unerschrocken	Genußfreude gefühlsbetont entspannt; elastisch tolerant; anpassend geschmeidig kompromißbereit aufgeschlossen	Problemfreude verstandesbetont gespannt; vorsichtig kritisch; zurückhaltend zweckbewußt widerspruchsbereit distanziert
Verhaltensweise: Arbeitsweise:	Neigung zum Praktischen Tendenz zur Durchsetzung tatkräftiges Verhalten unerschrockenes Auftreten starke Reaktionen eckige Bewegungen nüchtern im Ausdruck harte, laute Stimme eckige, druckstarke Schrift	Neigung zum Persönlichen Tendenz zur Anpassung ausgleichendes Verhalten liebenswürdiges Auftreten ruhige Reaktionen ruhig-weiche Bewegungen anschaulich im Ausdruck melodische, weiche Stimme runde, flüssige Schrift	Neigung zum Formalen Tendenz zur Absonderung kritisches Verhalten zurückhaltendes Auftreten gesteuerte Reaktionen zögernde Bewegungen vorsichtig im Ausdruck trockene, leise Stimme dünne, steile Schrift
Eignung für:	Pionierarbeit, Durchführung energische Führung	Gruppenarbeit, Kontakt ausgleichende Führung	Einzelarbeit, Entwicklung organisatorische Führung
	□	○	▽

Der Einstieg in die Menschenkenntnis

Ergänzt um diese Angaben über die Verhaltensweise, den Tätigkeitsstil und die Eignung für bestimmte Aufgaben sind nunmehr nebenstehend einmal in Tabellenform die gesamten Auswirkungen der drei Formprinzipe übersichtlich zusammengestellt. Wohlgemerkt: ein Prinzip allein wird niemals auf einen Menschen ausschließlich zutreffen, sondern immer in Verbindung stehen mit zumindest einem oder gar den beiden anderen. Deshalb ist es absolut falsch, unter Bezugnahme auf die Biologische Konstitutionspsychologie von einem E-Typ oder M-Typ oder D-Typ zu sprechen, denn solche Typen gibt es nicht! In jedem Menschen sind alle 3 Formprinzipe wirksam, und immer muß der Mensch in seiner Gesamtheit gesehen werden.

alle Prinzipe wirken zusammen

3.2.3 Wertfreiheit ist unabdingbar

Ehe wir nunmehr an die sicherlich von vielen Interessierten mit einer gewissen Spannung erwarteten Ausdeutung der Übungsbogen herangehen, muß zuvor noch etwas Grundsätzliches gesagt werden, das für den Umgang mit der Menschenkenntnis von eminenter Wichtigkeit ist und daher nicht deutlich genug betont werden kann:

nichts ist gut oder schlecht

Die Strukturformel ist völlig wertfrei!

Dies bedeutet, daß alle Begriffe, alle Kennzeichen der körperlichen Erscheinungsformen und des Audrucks sowohl wie die Auswirkungen der psychischen Eigenschaften und Fähigkeiten, die wir den drei Prinzipen M, E und D zugeordnet haben, weder „gut" noch „schlecht" sind! Und alle diese Bezeichnungen, Formulierungen und Begriffe, die wir sowohl im Text als auch in den tabellarischen Übersichten verwandt haben, sind wertneutral: sie geben stets nur eine Richtung und in keinem Falle einen – vielleicht sogar noch quantifizierbaren – Wert an!

Richtung ist kein Wert

Es ist nämlich gar nicht so einfach, für all das, was zu den einzelnen Prinzipen zu sagen ist, auch jeweils Begriffe zu finden, die von jedem völlig ohne Wertung aufgefaßt werden. Die vorliegende Arbeit war von mir aus die 15. redaktionelle Neufassung der Begriffe innerhalb der letzten zwei Jahrzehnte! – Beispels-

Der Einstieg in die Menschenkenntnis

weise: irgendein Wort, das von mir völllig neutral – also wertfrei – gebraucht wird (z. B. das Wort „geschmeidig"), empfindet der eine vielleicht als gut (im Sinne von „gewandt – geschickt"), während ein anderer es ausschließlich als schlecht (im Sinne von „ausweichend – kneifend") auffaßt. Und keiner von den beiden kann sich überhaupt nur vorstellen, daß man unter diesem Begriff auch etwas anderes verstehen könne als das, was er meint und wie er es selbst empfindet.

Auswirkung der Anlage

Um es also nochmals zu betonen: alle zur Kennzeichnung der Struktur benutzten Begriffe sind völlig ohne Wertung zu verstehen. Ob nämlich die Anlage, die einem Menschen durch seine Struktur (völlig neutral) gegeben ist, positive, d. h. gute, oder negative, d. h. schlechte Auswirkungen hat, das hängt vom Menschen selbst, von den Umwelteinflüssen und seiner Selbsterziehung ab. Und d a s ist aus der Strukturformel nicht zu erkennen!

Was dies bedeutet, soll an drei Beispielen der extrem dominierten Fälle noch einmal ausführlich erläutert werden:

a) Ein Mensch mit M-Dominanz kann sein: kräftig, muskulös, Sportstyp, energisch, ausdauernd, standhaft, aktiv, tatkräftig, mutig, sicher, unbekümmert, ein ausgesprochener Praktiker;

b) er kann aber auch sein: ein grober Klotz, ein Kraftprotz, stur, dickköpfig, ellenbogig, aggressiv, „Elefant im Porzellanladen", angeberisch, ungeistig, denkfaul – – –

a) Ein Mensch mit E-Dominanz kann sein: wohlgenährt, rundlich, lebensfroh, gemütlich, mitfühlend, umgänglich, verträglich, wendig, charmant, anteilnehmend, phantasievoll;

b) er kann aber auch sein: dick, aufgeschwemmt, Genüßling, sentimental, standpunktlos, nachgiebig, schleimig, aufdringlich, „hinten-hinein-kriechend", ein ausgesprochener Schwätzer – – –

a) Und ein Mensch mit D-Dominanz kann sein: schlank, drahtig, zäh, kontrollierter Denker, abwägend, diskussions-

Der Einstieg in die Menschenkenntnis

freudig, bescheiden, vornehm zurückhaltend und ein sensibler Ästhet;

b) er kann aber auch sein: dürr, schwächlich, ein Umstandskrämer, kalter Intellektualist und Besserwisser, nörglerisch, blasiert, herablassend, ein ausgesprochener „Griffelspitzer" – – –

Wie verschieden sind doch die unter a) gezeichneten Menschen von denen unter b) geschilderten! Und doch haben sie beide jeweils die gleiche Strukturformel – nur hat die ursprünglich völlig neutrale Anlage einmal eine positive und zum anderen Mal eine negative Ausprägung erfahren.

Die folgende Gegenüberstellung soll dies noch einmal klar verdeutlichen:

Dominanz: −   +   Form:

	− Negative Ausprägung	← Strukturelle Anlage →	Positive Ausprägung +	
M	grober Klotz Kraftprotz eigenwillig, stur ellenbogig, dickköpfig aggressiv, cholerisch „Elefant", angeberisch ungeistig, denkfaul aufbrausend mundfaul, brüsk	stabil, eckig-breit Kraftfreude willensbetont durchsetzungsfreudig angriffsbereit unerschrockenes Auftreten Neigung zum Praktischen starke Reaktion knappe Ausdrucksweise	kräftig, muskulös Sportstyp energisch, ausdauernd standhaft aktiv, tatkräftig mutig, sicher, unbekümmert „Praktiker" kraftvoll reagierend sachlich, bestimmt	□
E	dick, aufgeschwemmt Genüßling sentimental standpunktlos nachgiebig, haltlos schleimig aufdringlich faul, lahm, träge Schwätzer, weitschweifig	weich, kugelig Genußfreude gefühlsbetont anpassend, tolerant kompromißbereit liebenswürdiges Auftreten Neigung zum Persönlichen ruhige Reaktion anschauliche Ausdrucksweise	wohlgenährt, rundlich lebensfroh, gemütlich mitfühlend umgänglich, verträglich wendig charmant, gewandt anteilnehmend, menschlich ausgeglichen, bedächtig bildreich-phantasievoll	○
D	dürr, schwächlich „Umstandskrämer" kalter Intellektualist nörglerisch Besserwisser blasiert, herablassend „Griffelspitzer" Intrigant „geschraubt"	schmal, lang, mager Problemfreude verstandesbetont kritisch widerspruchsbereit zurückhaltendes Auftreten Neigung zum Formalen gesteuerte Reaktion vorsichtige Ausdrucksweise	schlank, drahtig, zäh Denker kontrolliert abwägend diskussionsfreudig bescheiden, vornehm Ästhet überlegt handelnd gewählt, bedacht	▽

Der Einstieg in die Menschenkenntnis

Zur Beachtung: Man darf bei Anwendung der Tabelle auf S. 167 keinesfalls in den Fehler verfallen, nun anzunehmen, daß bei einem Menschen mit bestimmter Dominanz, bei dem man auch gewisse negative Ausprägungen festgestellt zu haben glaubt, nun alle Auswirkungen im negativen Bereich liegen. Dies würde zu Vorurteilen führen, die jeglicher Grundlagen entbehren. Denn ein Mensch beispielsweise mit E-Dominanz kann durchaus ein dick aufgeschwemmter Genüßling (–) und trotzdem hingegen sehr gewandt und charmant (+) sein.

nicht verallgemeinern

Bei einer solchen tabellarischen Übersicht besteht allerdings eine Gefahr, auf die noch aufmerksam gemacht werden muß: Man sollte sich davor hüten, nun wiederum in „Typen zu denken" – etwa in dem Sinne, daß man sich nun einen positiven und einen negativen Typ (M+ und M–) vorstellt. Solche Gedankenspiele liegen sehr nahe, wenn Begriffe so präzisiert in Rubriken geordnet sind. Aber um dies auch hier an einem Beispiel ad absurdum zu führen: ein M-Dominierter kann eine Ausprägung in positiver Weise haben, indem er mit seiner Durchsetzungsfreude sehr „standhaft" und verläßlich ist, aber in einem anderen Punkte, z. B. bei seiner knappen Ausdrucksweise negativ zu sehen ist, weil er maulfaul und brüsk ist.

Strukturformel gibt nur die Richtung an

Wir sehen, welche vielfältigen Möglichkeiten hinter der absolut w e r t f r e i e n Strukturformel stecken, die jeweils nur eine Richtung der Anlage angibt, aber nichts über „gut" oder „schlecht" aussagt.

Und hierzu ist zu merken: nur wer die physische und psychische Disposition bei sich selbst und bei anderen richtig erkennt, kann auch die Möglichkeiten beurteilen und nutzen, die durch dieses Wissen dann für die eigene Persönlichkeitsentwicklung und für die Führung anderer Menschen ihm gegeben sind!

Wenn ich Sie bitten muß, Übungsbogen III–V auszufüllen, ehe wir gemeinsam die Ausdeutung der beiden ersten Bogen (I + II) durchgehen, dann lediglich deshalb, damit Sie nicht in den Fragestellungen ein System erkannt zu haben glauben und dementsprechend nicht etwa – unterbewußt – bei der Beantwortung beeinflußt sind. Bitte nehmen Sie sich also nun die Fragebogen III–V vor und füllen Sie – in Ihrem eigenen Interesse – genauestens aus. Jede mangelnde Sorgfalt wird sich später bei der Ausdeutung in einer Ungenauigkeit der Aussage über Sie selbst niederschlagen – und das will doch wohl keiner!

Nun zu der **Ausdeutung** (nicht „Auswertung", denn die Strukturformel ist – wie wir festgestellt haben – völlig wertfrei!) zunächst des Übungsbogens I. Dieser Bogen dient lediglich dazu, Ihnen eine Hilfe zum leichteren Finden Ihrer eigenen Strukturformel zu geben. Die Spalten a, b, c entsprechen, wie jeder Informierte jetzt schon auf den ersten Blick bemerken wird, den Dominanten M, E und D in der Reihenfolge von links nach rechts. Wenn Sie nun die Kreuze in den Spalten zusammenzählen, bekommen Sie unten vielleicht die Zahlen 11 – 7 – 3, dann wäre Ihre Strukturformel M-E-D. Lauten die Zahlen vielleicht 8 – 13 – 5, dann würde die Strukturformel E-M-D heißen. Und eine Zahlenfolge von 2 – 7 – 14 müßte als D-E-M gedeutet werden. Nun ist der Abstand der Zahlen bei vielen Menschen nicht immer so deutlich – auch ergeben sich Ungenauigkeiten dadurch, daß mancher Doppelkreuze in zwei Spalten gemacht und andere Fragen überhaupt nicht angekreuzt haben mag. Es ist daher durchaus verantwortbar, eine Zahlenfolge von 11 – 9 – 4 schon als ^M_E-D oder eine von 5 – 14 – 6 als E-^M_D auszudeuten; auf einen Punkt mehr oder weniger kommt es kaum an, wenn aus der Strukturformel nur in etwa die Richtung der Dominante erkennbar ist. Aber Sie können doch schon aus den Abständen der Zahlen einigermaßen auch die Stärken und Schwächen Ihrer Formprinzipe im Verhältnis zueinander sich deutlich machen. Scherzhaft: Sollten Sie vielleicht – unwahrscheinlicherweise – die Kombination 8 – 8 – 8 oder – ein wenig abweichend – 9 – 7 – 8 haben, dann dürfen Sie Ihrem Partner stolz verkünden, Sie seien ein „Idealtyp", der von allem „gleich viele gute Anlagen" habe. – Scherz beiseite: Nun dürfen Sie aber nicht zu der Überzeugung gelangt sein: „Aha, jetzt weiß ich endlich genau, wie ich bin!" Gar nichts wissen Sie noch! Dies ist erst **e i n e** von 8 Übungen; in den restlichen können sich für Sie noch eine ganze Menge neuer Erkenntnisse hinzu ergeben. Also bitte kein Vorurteil über sich selbst anlegen!

Die Übung II kann Ihnen ein Verstärker der Erkenntnisse aus Übung I sein. In den Dreiergruppen gehört jeweils der obere Begriff zum Formprinzip M, der mittlere zu E und der untere zu D. Zu den unten befindlichen 3 leeren Kreisen schreiben Sie die Anzahl der Kreuze hin, die Sie bei M, E und D vermerkt haben; also z. B. würde (von oben nach unten) 6 – 3 – 1 auf eine Strukturformel M-E-D hinweisen, dagegen entspräche 2 – 4 – 4 der Formel ^E_D-M usw. Sollte die aus dieser Übung zu deutende Strukturformel ganz kraß von der in Übung I erkannten abweichen, dann prüfen Sie noch einmal nach, ob Sie nicht doch bei den Überlegungen zur Beantwortung der Fragen vielleicht hier oder da oberflächlich oder ungenau waren. Oder Ihr Charakterbild ist tatsächlich so diffus, daß es mit den relativ wenigen Items noch nicht schlüssig erfaßt werden kann; dann müssen Sie die Ergebnisse der weiteren Übungen, die noch mehr Genauigkeit erbringen, abwarten.

3.2.4 Anwendung der Strukturformel in der Praxis

Und nun ist es soweit: Mit der nun erfolgten Erklärung für die Ausdeutung der Übungsbogen (zunächst) I und II wird jeder, der alles sorgfältig genau betrieben hat, vielleicht einen wichtigen Schritt weitergekommen sein in seiner Selbsterkenntnis.

Jetzt sollten wir aber auch lernen, mit den hieraus gewonnenen Erkenntnissen im täglichen Leben umzugehen. Das wird auf die Dauer sogar richtiggehend Spaß machen; allerdings nur dann, wenn man es wirklich übt.

Jedem, auch wenn er der jüngeren Generation angehört, wird der Name des Filmschauspielers Hans Albers (1892–1960) ein Begriff sein. Einer der Filme, in denen er die Hauptrolle spielte, lautete „Hoppla, jetzt komm' ich!" Und dies war auch charakteristisch für diesen großen Schauspieler, der stets den Draufgängertyp verkörperte, dem es höchste Freude und Befriedigung bereitete, Widerstände zu überwinden. Zielbewußt, energisch, willensbetont, stets angriffbereit und unerschrocken, voller Freude an der eigenen Kraft, mit energischen Bewegungen und einer knappen, kaum Widerspruch duldenden Sprechweise – ein „Motorisch-Dominierter", wie er im Buche steht. Und wie sah er aus? – Breitschultrig, muskulös, das Gesicht scharf geschnitten, ein energischer Mund, kräftige Nase, kräftige und knochige Finger – also auch im Äußeren ganz das Bild eines M-Dominierten.

Dieses Beispiel mag für viele stehen, auch wenn die Dominanz nicht immer auf den ersten Blick so deutlich hervortritt wie bei Hans Albers. Was wir tun sollten und könnten, ist, einmal ein wenig herumzuschauen, um bei den uns begegnenden Menschen zu versuchen, die Strukturformel zu erkennen. Und nach einigem Üben werden wir feststellen, daß dies gar nicht so schwer ist – ja daß es sogar Spaß machen wird. Nicht nur auf der Leinwand und auf der Mattscheibe begegnen wir Menschen, die etwas darstellen –, nein, auch im täglichen Leben der Nachbar oder der Kollege können interessante Übungsobjekte sein, um unsere Sicherheit im Umgang mit der biologischen Konstitutionspsychologie und mit der Strukturformel zu fördern. Denn diese Erkenntnisse gelten auf allen Gebieten.

Der Einstieg in die Menschenkenntnis

Ein überzeugendes Beispiel aus der Politik: Otto von Bismarck (1815–1898), genannt der „Eiserne Kanzler". Schon in diesem Beinamen kommt das Charakteristische seines Wesens deutlich zum Ausdruck: Energie, Ausdauer und rücksichtsloser Einsatzwille. In seiner Jugend galt er als der „tolle Junker" wegen seines draufgängerischen Mutes, seiner Verwegenheit und Kraft. Seine Politik war die der Stärke, des eisernen Durchhaltens und der kraftvollen Überwindung von Widerständen. Sein Ausspruch dazu lautete: „Die Politik des Reiches wird mit Blut und Eisen geschrieben!" Und die körperliche Konstitution dieses Mannes: breitschultrig, mit einem quadratischen Schädel, robust und vor Kraft strotzend – dies paßt zu seiner Energie und oftmals Ungeduld, wenn er – um einen Diener zu rufen – mit der Pistole in die Decke schoß oder bei einer Rußlandreise während des aufhaltenden Pferdewechsels einen schweren Feldstein aufhob und ihn so weit schleuderte, daß Kutscher und Bedienstete vor der Kraft dieses Diplomaten in Ehrfurcht erstarrten.

Nun ein wenig weiter in der Politik: Gustav Stresemann (1878–1929), der mit seinem Verhandlungsgeschick nach dem 1. Weltkrieg Deutschland wieder zu internationalem Ansehen brachte, war deutlich E-dominiert, ebenso wie Winston Churchill (1874–1965), dem ein guter Whisky und eine gute Zigarre ebensoviel bedeuteten wie seine Malerei und die vielen Freundschaften, die er pflegte. Aber das zweitstärkste Prinzip war bei Churchill zweifellos M (seine Strukturformel lautete also E-M-D); ihm verdankt er seine weltpolitische Durchsetzungskraft und sein zähes Aushalten in schwierigen Krisenzeiten.

Für die D-Dominanz ist zweifellos der ehemalige indische Volksführer Mahatma Ghandi (1869–1948) ein hervorragendes Beispiel: ein schmaler, zerbrechlicher Körper, der nahezu verhungert aussah, und darauf ein großer, übermächtiger Schädel mit langer Nase und klugen Augen – klassisch D-dominiert. Er hat – was dieser Dominanz entspricht – dem indischen Volk die Freiheit erkämpft ohne Waffen. Mit seiner „Lehre von der Gewaltlosigkeit" und durch sein kluges und beispielhaftes Verhalten hat Ghandi einen politischen Erfolg größten Ausmaßes herbeigeführt –, er war der reine Vertreter des Geistes. Dies wird dann besonders deutlich, wenn man ihn etwa mit Stalin (1879–1953) vergleicht, dessen rücksichtslose Brutalität schon eine sehr negative Ausprägung seiner offensichtlichen M-Dominanz war.

Aber wir brauchen gar nicht so weit zu solchen geschichtlichen Persönlichkeiten zurückzugehen: Konrad Adenauer mit seiner Feingeistigkeit und doch Beharrlichkeit, die manchmal an Sturheit grenzte, hatte zweifellos M und D – vielleicht gleichermaßen ausgeprägt – als Dominanten. Bei Helmut Schmidt können wir sicherlich von einer M-Dominanz sprechen, der aber D sehr dicht nachfolgt. Helmut Kohl, der „schwarze Riese", hat M-Dominanz gepaart mit einem sehr starken, manchmal sogar überwiegenden E-Anteil, und Willy Brandt hat wiederum M und D beinahe gleichermaßen vorn. Walter Scheel ist ausgesprochen E-dominant, während Karl Carstens und sein Nachfolger Friedrich von Weizsäcker beide M und D im Vordergrund haben.

Die Aufzählung ließe sich noch beliebig fortsetzen, aber wir sollten einmal einen Blick in andere Bereiche des Lebens tun. Im Sport finden wir – vor allem, wenn es sich um Einzelkämpfer handelt – vorwiegend die M-Dominanz, beispielsweise der Zehnkämpfer Jürgen Hingsen oder der Rekord-Schwimmer Mark Spitz, während Langstreckenläufer oder Springer vorwiegend D-Dominanz aufweisen (Carlo Thraenhardt).

Der Einstieg in die Menschenkenntnis

Hans Günther Winkler, der trotz Verletzung bei den Olympischen Spielen 1956 das Springreiten durchstand und die Goldmedaille holte, ist M-dominiert; dagegen der Dressurreiter Joseph Neckermann kann seine reiterlichen Leistungen wegen seiner D-Dominanz gerade in dieser Disziplin, die exakteste Genauigkeit und Feinfühligkeit erfordert, bringen. Dr. Egon Schumacher, Pferdenarr und Besitzer des Hofgutes Neuhof bei Frankfurt, ist E-dominiert und sieht seine reiterliche Betätigung mit dem Schwerpunkt der Fuchsjagden und der damit verbundenen Geselligkeit.

Viele kennen sicherlich das Zitat aus Shakespeares Drama Julius Caesar: „Laßt wohlbeleibte Männer um mich sein, mit glatten Köpfen und die nachts gut schlafen. Der Cassius dort hat einen hohlen Blick, der denkt zuviel – die Leute sind gefährlich!" Mit weniger Worten und treffender kann man nicht E- und D-Dominierte beschreiben, wie es hier Caesar tut: Aus seiner Sicht sind die gemütlichen, rundlichen Männer ungefährlich, jedoch ein D-Dominierter – mit „hohlem Blick" = langgestrecktem Gesicht – ein Mensch, der durch seine kritische Denkweise ihm gefährlich werden könnte. Wie es dann ja auch später geschah, als Cassius neben Brutus zu den Verschwörern zählte, die Caesar ermordeten. Shakespeare – vor 400 Jahren!

Auf den Bereich der Kunst und der Künstler soll später noch eingegangen werden, aber ein Beispiel mag hier für viele stehen: Den Freunden der Musik ist der Name Wilhelm Furtwängler (1886–1954) sicherlich ein Begriff. Dieser große Dirigent war von ausgesprochener D-Dominanz, groß, schlank, mit schmalem Gesicht und mächtiger Stirn. Die begriffliche Strenge seiner musikalischen Auffassung und die ausgesprochene Prägnanz und Ge-

Der Einstieg in die Menschenkenntnis

schliffenheit seiner Darbietung lassen auch gar keine andere Ausdeutung zu. – Im Gegensatz hierzu ist Herbert von Karajan (* 1908), der noch in hohem Alter Bergtouren im Himalaya unternahm, von solch ausgeprägter M-Dominanz, daß er – zumindest im menschlichen Bereich der Kommunikation – durch seinen Starrsinn manchmal in Schwierigkeiten gerät.

Und noch drei Beispiele, diesmal ein wenig entfernt von der klassischen Musik: Der Sänger Heino, Quadratschädel, volles Haar, M-dominiert, zieht vor, Lieder zu interpretieren, die durch ihre ²/₄- oder ⁴/₄-Takte das Motorische deutlich machen; sogar das Walzerlied „Es war im Böhmerwald..." wird von ihm in manchen Strophen im Marschrhythmus gesungen. Reinhard Mey hingegen verfaßt und singt meist Lieder, in denen subtile Beschreibung und auch Kritik, verbunden mit sensiblen Träumen, den Inhalt bilden – entsprechend seiner D-Dominanz. Und Roger Whitacker – rundlich und E-dominiert – hat das Weiche, Entspannte und Gemütvolle im Schwerpunkt seines Programms.*

---

* Für die Freunde der Musik steht eine ganz besondere Ausarbeitung zur Verfügung: Ein 45-Minuten-Vortrag eines hervorragenden Musikkenners mit einer großen Anzahl musikalischer Beispiele erläutert, wie die einzelnen Komponisten gerade ihre besten Werke geschaffen haben, die der Dominanz ihrer Struktur entsprachen. Und warum andere Werke von ihnen, die nicht aus ihrem ureigensten Wesen heraus entstanden, weniger bedeutend und auch somit weniger bekannt wurden. Die Stereo-Tonbandkassette mit gedrucktem Text und Bildern ist sehr instruktiv und macht auch denjenigen, die keine besondere Beziehung zur Musik haben, bewußt, warum dies oder jenes sie musikalisch anspricht oder auch nicht. Eine Bestellkarte in der Einschlagtasche dieses Buches gibt den Interessierten die Möglichkeit, das Material zum Selbstkostenpreis zu erwerben.

Der Einstieg in die Menschenkenntnis

Die Beispiele aus der Praxis, die man bis ins Unendliche fortsetzen könnte, mögen abgeschlossen werden mit den Päpsten, die die meisten von uns noch gekannt haben: Pius XII., vormals als Kardinal Pacelli Nuntius im Berlin der Hitlerzeit, war – wenn man einmal sein Bild betrachtet, von ausgesprochener D-Dominanz. Wenn es darüber noch einen Zweifel gäbe, so würde er durch den – oft lächelnd vorgebrachten – Ausspruch des Papstes widerlegt werden: „Die geistige Waffe ist die einzige, die mir zur Verfügung steht." – Sein Nachfolger Johannes XXIII. war hingegen eindeutig E-dominiert; er war es, der die Kirche öffnete, mit dem II. Vatikanischen Konzil der Kirche die Möglichkeit zur Anpassung an moderne Entwicklungen schuf – und der in der Menge „badete" und die Kinder auf den Arm nahm. Paul VI. war wieder D-dominiert, während Kardinal Wojtyła, jetzt Johannes Paul II. eine $\frac{M}{E}$-D-Struktur aufweist und sowohl menschliche Wärme und Kontaktfähigkeit demonstriert – aus seinem E-Anteil heraus – als auch – entsprechend seinem M-Anteil – sehr motorisch-kämpferisch (siehe Polen) und manchmal auch nahezu stur am Traditionellen festhaltend sein kann.

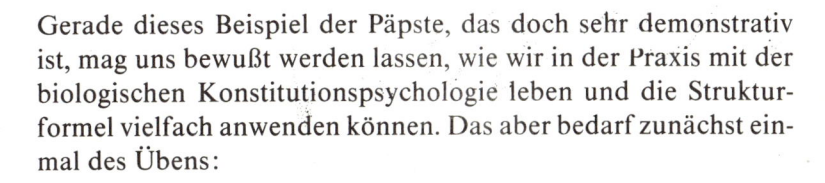

Gerade dieses Beispiel der Päpste, das doch sehr demonstrativ ist, mag uns bewußt werden lassen, wie wir in der Praxis mit der biologischen Konstitutionspsychologie leben und die Strukturformel vielfach anwenden können. Das aber bedarf zunächst einmal des Übens:

Und dies kann jeder jederzeit und an jedem Orte tun – in der Familie, in der Straßenbahn, im Lokal bei der Beoachtung von Mitmenschen, im Theater oder beim Fernsehen. Gerade das letztere Medium, in dem ständig Interviews mit mehr oder weniger bekannten Persönlichkeiten gebracht werden, ist eine hervorragende Übungsmöglichkeit, bei der man Vergleiche zwischen dem optisch beobachtbaren Eindruck der Struktur des betreffenden Menschen und den Inhalten seiner Aussagen, seien diese nun politisch, wirtschaftlich, sozial, wissenschaftlich oder kulturell oder auf anderen Gebieten, vornehmen kann. – Jeder sollte sich bewußt machen: Damit, die vorhergegangenen Informationen gelesen zu haben, ist nichts getan – es muß und muß bei jeder Gelegenheit geübt werden, bis die Dinge in Fleisch und Blut gegangen sind.

Standpunkt IV

Die Wurzeln des Lebens wachsen zum Dreiklang

> Nun aber bleibet Glaube, Hoffnung, Liebe, diese drei; aber die Liebe ist die größte unter ihnen.
>
> 1. Korinther, 13

Als ich – vor mehr als drei Jahrzehnten nach den Stürmen der Jugend, dem Inferno des Krieges und der Trostlosigkeit der Gefangenschaft und Nachkriegszeit – in der Freimaurerei erstmalig mit der Zahl 3, ihren Zusammenhängen und Bedeutungen in Berührung kam, hat dies tiefen Eindruck auf mich gemacht. Die Symbolik der Freimaurer ist zum großen Teil auf der Drei aufgebaut; sowohl Entwicklungsstufen als auch philosophische Kräfte wie auch Beziehungen zwischen Elementen haben die Drei zur Grundlage. Und ich verrate kein freimaurerisches Geheimnis, wenn ich hier erläutere, daß der „Tempel der Menschheit", an dem zu bauen sich die Brüder der Logen bemühen, auf drei Säulen ruht, die die Namen „Weisheit", „Schönheit" und „Stärke" tragen. Wie die Entwicklung des Mitglieds im Freimaurer-Bereich sich in drei Stufen vom Lehrling über den Gesellen zum Meister vollzieht, so ist allenthalben die freimaurerische Tätigkeit – bis hin zur architektonischen Gestaltung – von der Symbolkraft der Zahl 3 bestimmt. Und seit dieser Zeit hat mich auch im täglichen Leben sowie bei der beruflichen Tätigkeit die Zahl 3 stets interessiert, – um nicht zu sagen: fasziniert.

Als ich jedoch mir im Rahmen der vorliegenden Arbeit die Aufgabe stellte, auch einiges über die Bedeutung der Drei in unserem Leben niederzuschreiben, bin ich erstaunt. Denn allein der Umfang der hierzu vorliegenden Literatur ist derart gewaltig, daß es ein hoffnungsloses Unterfangen zu sein scheint, auch nur einigermaßen erschöpfend den Stoff zu behandeln. Daher möchte ich im folgenden eigentlich nichts weiter als den Versuch unternehmen, die Rolle der Drei auch bei unseren Überlegungen zur Unternehmenspraxis und zum Führungsstil der Zukunft einzubeziehen.

Hierzu sollten wir uns zunächst einmal bewußt machen, wie die Drei in der Entwicklung der Menschheit stets eine außergewöhnliche Rolle gespielt hat und daher keineswegs zu Unrecht vielfach als „heilige Zahl" betrachtet wurde und wird.

Standpunkt IV

Schon durch den Zeugungsakt, wo aus Mann und Weib ein Drittes, das Kind als neues Lebewesen entsteht, hat die Drei einen grundlegenden Symbolwert, der auch schon in der frühen Geschichte der Menschheit so verstanden wurde. In den Sagen und Mythen der vorgeschichtlichen Zeit fast aller Völker spielt die Drei ihre Rolle, sei dies in den drei Reichen der griechischen Götterwelt (Zeus, Poseidon, Pluto) oder der indischen „Trimurti" (Dreigestalt) aus Brahma, dem Schöpfer, Wischnu, dem Erhalter und Schiwa, dem Zerstörer. Bei den Germanen war die „Welten-Esche Yggdrasill" der Baum des Lebens und der Schauplatz des Weltgeschehens; ihre Kraft bezieht sie aus ihren drei Wurzeln, an deren jeder sich ein Brunnen befindet. Bei fast allen Völkern findet man die Form des Baumes als Sinnbild des Lebens mit seinen drei Teilen: den Wurzeln, dem Stamm und der Krone.

Auch das Christentum hat in vielfältiger Form die Drei übernommen, nicht nur in der Dreieinigkeit (oder Dreifaltigkeit = Trinität), sondern auch im Marienkult, bei den heiligen 3 Königen, in der Liturgie und anderweitig. – Bei der altgriechischen Philosophenschule der Pythagoreer galt das Dreieck – jeder erinnert sich wohl noch des Dreiecks-Lehrsatzes des Pythagoras aus der Schulzeit – sogar als heilig; sie betrachteten es als das formbildende Prinzip des Weltalls, wozu sich später auch Plato bekannte.

In der Architektur des Mittelalters spielte das Dreieck über das Technische hinaus eine symbolische Rolle; der „Goldene Schnitt" war viele Jahrhunderte lang nicht nur in der Baukunst, sondern auch in Malerei und Plastik die Grundlage für die Schönheit künstlerischer Werke. Von hier ist es nur ein kleiner Schritt zur Harmonielehre der Musik, in der der Dreiklang die wichtige Rolle spielt.

Im täglichen Leben begegnen wir auf Schritt und Tritt der Dreigliederung, nicht zuletzt fand dies auch seinen Ausdruck im Sprichwort „Aller guten Dinge sind drei".

Die Zahl 3 ist die erste ungerade Primzahl und spielt überall eine bedeutsame Rolle in Volksglauben und Brauchtum als bedeutungsträchtige Einheit. Vor allem weil sie wohl die Zählgrenze Primitiver ausmacht, gilt sie auch als Zahl des Ausgleichs; auf ihre Bedeutung als Synthese zwischen zwei polaren Gegensätzen – These und Antithese – werden wir noch im Zusammenhang mit der Gruppe zu sprechen kommen (s. 7. Schritt). Denn ich betrachte sie in diesem Zusammenhang als die höchste Form der kommunikativen Verständigung.

Standpunkt IV

Abgesehen davon, daß sie in vielen Bereichen der Wissenschaft und des Wissens die Grundlage bildet für Systembildungen wie beispielsweise in der Chemie (Triadenregel) oder der Mathematik (Dreisatz), gebrauchen wir die Dreigliederung auch bei einfachen Systemen wie Vergangenheit, Gegenwart und Zukunft, Geburt – Leben – Tod oder auch Jugend – Reife – Alter.

Schriftsteller verfassen oft Trilogien, mittelalterliche Altäre waren als Triptychon in drei Teilen aufgestellt, Schöffengerichte sind ebenso mit mindestens drei Personen besetzt wie etwa Vorstände in Vereinen oder Gesellschaften. Schauspieler wünschen sich mit dem dreifachen Toi – toi – toi Erfolg, Freunde umarmen und küssen sich dreimal bei Begrüßung oder Verabschiedung; man könnte die Reihe der Aufzählung der Gebräuche mit der Drei bei allen Lebenssituationen lange fortsetzen bis zum Begräbnis, wo man dem Verstorbenen noch drei Schaufeln Erde oder drei Blumen in das Grab folgen läßt.

Auch in unseren Überlegungen haben wir bisher mehrfach mit der Drei Bekanntschaft gemacht, bei der Steuerstrecke eines Ablaufes ebenso wie bei den drei wichtigsten psychischen Funktionen des Denkens, Fühlens und Wollens wie auch bei den drei Kardinaltrieben. Von letzteren haben wir festgestellt, daß sie ebenso biologisch begründet sind wie die drei Formprinzipe, die wir bei Kretschmer, Sheldon oder Schleip erwähnt finden. Sie entsprechen in der äußeren Form den drei geometrischen Grundformen des Quadrats, des Dreiecks und des Kreises. Und sie sind zurückzuführen auf die drei Keimblätter, die wir wirklich als die Wurzeln des Lebens ansehen können. Alles Leben wächst aus ihnen zu einem funktionsfähigen Organismus – ähnlich wie im germanischen Glauben die Welten-Esche aus drei Wurzeln das Weltgeschehen schöpfte.

Es ist nicht von ungefähr, daß ich nun wieder auf einen Baum zu sprechen komme, in einer Epoche, da die Menschen allerorten den Baum als Symbol des Lebens in die größte Gefahr gebracht haben. Auf einer Reise durch die grüne Insel Irland beeindruckten mich besonders die vielen wunderbaren, alten Bäume, die man dort überall finden kann – oft hunderte von Jahren alt. Mir erschienen sie auf einmal als Symbol dieses so sehr seiner Tradition bewußten Volkes – und es wunderte mich nicht, zu erfahren, daß die Kelten, von denen die Iren ihre Herkunft ableiten, den Sitz ihrer Götter in die Bäume gelegt hatten. Einen besonders schönen Brauch fand ich in dem „Anlehen", bei dem ein Mensch sich an einen Baum anlehnt, um von ihm und durch ihn Kraft, Standhaftigkeit und Mut zu über-

Standpunkt IV

nehmen, allen Stürmen und Schwierigkeiten des Lebens widerstehen zu können.

Aus den Wurzeln wächst der Baum zu seiner Form und zu seinem Leben, – sie geben ihm Halt und Festigkeit. Aus ihnen gewinnt er Kraft, sich zu bilden und zu formen, um vor uns zu stehen als ein Symbol eines vollkommenen lebendigen Organismus, eines Ganzen.

So wie der Dreiklang in der Musik die Harmonie begründet, können wir auch im Baum das harmonische Ganze finden wie im Menschen. Und wenn es uns gelingen sollte, auch mit den anderen Menschen in Harmonie zu gelangen, dann wäre das die schönste Erfüllung des Lebens. Wir haben die Wurzeln, aus denen uns die Kraft kommt, in den Keimblättern gesehen und wissen, daß alles Leben in der Dreiheit zum harmonischen Ganzen findet, – in diesem Sinne wollen wir uns weiterhin bemühen, unser Herz aufzuschließen und unser Bewußtsein zu erweitern – auf dem Wege zum „homo integrans".

4. Schritt:
Farben und Formen im Kreis integriert

Wär' nicht das Augen sonnenhaft,
Die Sonne könnt' es nie erblicken;
Läg' nicht in uns des Gottes eigne Kraft,
Wie könnt' uns Göttliches entzücken?
Goethe

Wir haben uns bisher mit der Menschenkenntnis dergestalt befaßt, daß wir versucht haben, allgemeingültige Erkenntnisse zu gewinnen und diese – noch sehr vorsichtig und behutsam – auf die Praxis zu übertragen, um durch den täglichen Umgang damit Bestätigungen zu finden. Daß wir dabei mit dem allergrößten Verantwortungsbewußtsein vorgehen müssen, ist wohl jedem klar geworden; zu nahe liegt die Versuchung, durch vorschnelle Urteile leichtfertig Fehler zu begehen, die später nur schwer zu korrigieren sind.

Verantwortungs-
bewußtes
Vorgehen

Mit der Behandlung weiterer fundierter Lehren, die sich auf dem Gebiet der Menschenkenntnis darstellen, soll es genauso gehandhabt werden: wir wollen mit Verantwortlichkeit die Dinge erkennen, die durch Parallelität oder Deckungsgleichheit mit anderen ernstzunehmenden Lehren uns gesichert erscheinen und als Handwerkszeug dienen können. Aber ebenso wollen wir alles, was anfechtbar oder unwesentlich ist, als unnötigen Ballast abwerfen, um insgesamt zu überschaubaren Erkenntnissen zu gelangen, die uns in der Menschen- und Unternehmensführung der täglichen Praxis helfen können, unser Verhalten zu verbessern.

unnötigen
Wissensballast
abwerfen

4.1 Erst die Farben geben den Formen das Leben

Farben sind Taten und Leiden des Lichts.
Goethe

Die Dreiheit der Formen mit den drei geometrischen Grundbegriffen des Quadrats, des Kreises und des Dreiecks sind uns bekannt; ins Dreidimensionale übertragen werden sie zum Kubus, zur Kugel und zur Pyramide. Oskar Schlemmer (1888–1943),

Drei geometrische
Grundformen

Farben und Formen im Kreis integriert

zeigt dies in seiner Bauhaus-Arbeit vornehmlich für Bühnenbild und Tanz (nach 1921) in einer Zeichnung, die uns die drei Grundformen am menschlichen Körper verdeutlicht (Lit. 128).

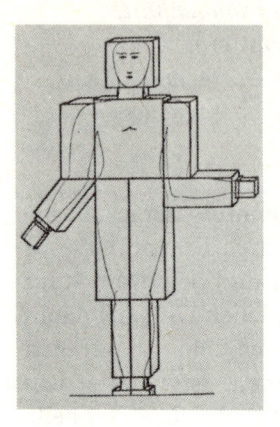

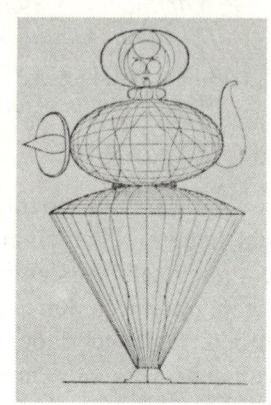

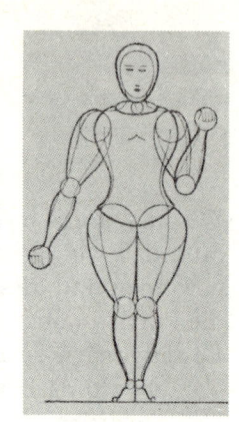

Ähnliches erkennen wir in der Nebeneinander-Stellung der drei Plastiken,

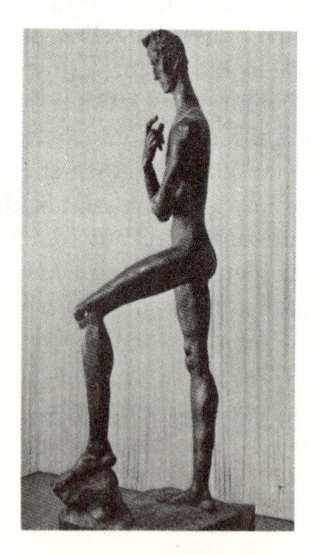

an denen wir deutlich die unterschiedliche Entwicklung der Körperformen aus – wie wir jetzt wissen – unterschiedlicher Dominanz der Keimblätter und der aus ihnen entwickelten Prinzipe sehen.

Farben und Formen im Kreis integriert

Aber alles dies hat sich bisher im Schwarz-Weiß-Kontrast und seinen Grauabstufungen demonstriert; das Leben jedoch ist farbig. Wer einmal zwei Photoabzüge der gleichen Aufnahme – den einen in Schwarz-Weiß und den anderen in Farbe – nebeneinander betrachtet, wird sich auf einmal dessen bewußt werden, was Farbe für unser Leben bedeutet. Viele bedeutende Menschen – nicht nur eben Maler, die dies aus ihrer Berufung heraus tun – haben sich mit der Wirkung der Farben in unserem Leben befaßt; allen voran Goethe*. Seine Farbenlehre (entstanden 1810, Lit. 45) wurde von den Naturwissenschaftlern, vor allem den Physikern, mehr als 150 Jahre milde belächelt als die laienhafte Arbeit eines großen Genies, das sich damit auf ein Gebiet begeben habe, von dem es nichts verstand.

Das Leben ist farbig

Erst in unserer Zeit – mit den aufkommenden Zweifeln am kartesianischen Weltbild – merken viele, wie recht seinerzeit Goethe bereits mit seiner Frontstellung gegen Newton gehabt haben mag. Er selbst schreibt gegen Ende seines Lebens: „Auf alles, was ich als Poet geleistet habe, bilde ich mir garnichts ein". Er tatsächlich setze allein auf seine Arbeiten „Zur Farbenlehre". Die Mühe eines halben Lebens hätten sie ihn gekostet, und das reue ihn nicht, versicherte der Alte; „ich hätte vielleicht ein halbes Dutzend Trauerspiele mehr geschrieben, das ist alles, und dazu werden sich noch genug Leute nach mir finden". Auch wenn damals ein Rektor der Leipziger Universität Goethes Arbeit als „totgeborene Spielerei eines autodidaktischen Dilettanten" abtat, so wissen wir doch heute, daß vor allem seine psychologischen Überlegungen über die Zusammenhänge zwischen Farben und sinnlich-sittlicher Wirkung und Harmonie beim Menschen sich in den Erkenntnissen der Jetztzeit voll bestätigen**.

Goethe und die Physiker seiner Zeit

Harmonische Grundeinstellung

Daß Farben nicht nur Symbolcharakter haben, sondern auch echte Bezüge zu menschlichen Stimmungen, zur Wesensart und zum Charakter, ist heute unumstritten, nur sind die Ausdeutungen sehr unterschiedlich.

---

* Dies behandelt ausführlich der Göttinger Germanist und Goethe-Forscher Albrecht Schöne (Lit. 108).
** Aus Goethes Farbenlehre zeigt die Farbtafel B seinen Farbkreis mit entsprechenden Erläuterungen.

Farben und Formen im Kreis integriert

Ich entsinne mich, gelesen zu haben, daß man im Rotchina Maos vor vielen Jahren den Versuch gemacht haben soll, die Verkehrsampeln zu ändern. Aus weltanschaulichen Gründen erschien es der Regierung untragbar, daß bei Rot – der Farbe der Revolution und des Fortschrittes – die Fahrzeuge stehenbleiben sollten. Man schaltete also um: Grün bedeutete „Stop" – und bei Rot durfte wieder weitergefahren werden. Das Ergebnis war eine Verkehrskatastrophe, weil man nur an die weltanschauliche Symbolik der Farben gedacht hatte, jedoch nicht an den Lichtwerteffekt und somit die Aufmerksamkeitswirkung. Man ist dann dort schleunigst wieder zum alten System zurückgekehrt.

Farbtafel D   Der wohl einflußreichste Farbkenner und -forscher unseres Jahrhunderts war – aus der Praxis der Malerei kommend – der ebenfalls seinerzeit am Bauhaus als Lehrer tätige Johannes Itten (1888–1967), dessen Werk „Kunst der Farbe" (Lit. 64) zu den Standardwerken in diesem Bereich gehört.* Auch er findet eine Dreiheit der Betrachtungsweise des ästhetischen Problems der Farben: sinnlich-optisch (impressiv), was dem elastischen Formprinzip entspricht, psychisch (expressiv), dem Motorischen zuzuordnen, und intellektuell-symbolisch (konstruktiv), vergleichbar mit dem differenzierten Prinzip.

symbolisch-konstruktiv

sinnlich-impressiv

psychisch-expressiv

Auch Itten kommt – von einer ganz anderen Richtung her – zur Erkenntnis der Notwendigkeit des Zusammenwirkens, wenn er schreibt: „... Symbolik ohne optisch sinnliche Richtigkeit und ohne psychisch-sittliche Kraft wäre blutleerer intellektueller Formalismus. Sinnlich-impressive Wirkung ohne geistig-symbolische Wahrheit und psychisch-expressive Kraft wäre naturalistische, imitative Banalität. Psychisch-expressive Wirkung ohne symbolisch-konstruktiven Gehalt und ohne optisch-sinnliche Kraft würde im Bereich eines sentimentalen Ausdrucks bleiben. Selbstverständlich wird jeder Künstler seinem Temperament gemäß arbeiten müssen und die eine oder andere Wirkungsweise mehr betonen." Welche tiefe und weise Erkenntnis über den Wert der Malerei steckt doch in diesen wenigen Worten, die sich mancher sogenannte Künstler hinter den Spiegel oder die Staffelei stecken könnte!

---

* Farbtafel D zeigt Ittens zwölfteiligen Farbkreis als Grundlage einer Farbenordnung und -systematik.

Farben und Formen im Kreis integriert

Wir werden auf Itten und seinen Farbkreis noch einmal zu sprechen kommen. Im Augenblick aber wollen wir nur festhalten, welche Bezüge er zwischen Formen und Farben sieht; dazu wieder einige Zitate: **Ittens Farbkreis ist eine Grundordnung**

> „... Wie für die drei Grundfarben Rot, Gelb und Blau lassen sich auch für die drei Grundformen Quadrat, Dreieck und Kreis eindeutige expressive Werte finden. Das Quadrat, dessen Grundcharakter von zwei sich schneidenden Horizontalen und Vertikalen gleicher Länge bestimmt wird, ist Symbol für die Materie, für Schwere und harte Begrenztheit. ... Man empfindet eine starke Spannung ... Die Schwere und Undurchsichtigkeit des Rot gehört zu der statischen und schweren Form des Quadrates. ... Die spitzen Winkel des Dreiecks wirken kämpferisch und aggressiv, es ist das Symbol des Denkens, und in der Farbe entspricht seinem schwerelosen Charakter das helle Gelb ... Im Gegensatz zum Quadrat erzeugt der Kreis ein Gefühl der Entspanntheit und stetigen Bewegung, ... dem als Symbol des einheitlich bewegten Geistes ... entspricht als Farbe das Blau ... – Die Zuordnung bestimmter Farben zu entsprechenden Formen bedeutet einen Parallelismus ... zu jedem Menschen gehören aufgrund seiner Konstitution bestimmte Formcharaktere ..."

Trotz der nur knappen Textauszüge wird jeder hier sofort die Parallelen zu unseren 3 Formprinzipen finden und sie auf diese Weise aus einer ganz anderen Richtung bestätigt sehen*.

4.2 Wo überall wir den Farben begegnen

Es gibt an den Hochschulen für Gestaltung eigene Lehrstühle für Farbpsychologie; Unternehmensberater und Zulieferer für Architekten und Raumgestalter ersinnen die interessantesten und oft auch merkwürdigsten Zusammenstellungen für Räume, in denen Menschen leben und arbeiten müssen. Wenn ein Unternehmen sich besonders exponiert und Geld dafür ausgibt, die Räume für die Mitarbeiter in den einzelnen Abteilungen farbpsychologisch speziell auszugestalten, so kommen Arbeitnehmervertreter

farbliche Raumgestaltung

---

* Die von Itten erwähnten Formen und Farben – auch für die Zwischenwerte – sind auf Farbtafel D dargestellt.

Farben und Formen im Kreis integriert

und geißeln diese Maßnahme als einen Trick, um aus den armen Mitarbeitern noch mehr Leistung herauszuholen. Umgekehrt fordern die Gewerkschaften oft Schönheit am Arbeitsplatz, wobei die Unternehmer sich fragen, was das soll und ob die Investition sich lohnt. Überall wird mit den Farben umgegangen, aber die wenigsten verstehen wirklich etwas von den psychologischen Zusammenhängen, die sich auf den Menschen auswirken.

Heilkräfte der Farben

Farbtafeln E + F

Schon immer hat es ernstzunehmende Bemühungen gegeben, die Wirkung von Farben auf die Sinne und die Psyche des Menschen auch im therapeutischen Bereich – sowohl gegen physische wie auch psychische Störungen – einzusetzen. Lilli Eberhard (Lit. 26) befaßt sich seit Jahrzehnten mit den „Heilkräften" der Farben und deckt – mit Goethes Farbenlehre als Fundament und Wegweiser – interessante Zusammenhänge vor allem zwischen Farben und Charakter auf. Sie ordnet – keineswegs als erste – den vier Temperamenten (s. S. 141) des Melancholikers, Cholerikers, Sanguinikers und Phlegmatikers die Farben Blau, Rot, Gelb und Grün zu und paßt sich damit der auch von Goethe und später von Rudolf Steiner (Lit. 58 + 126) vorgenommenen Vierer-Einteilung an. Hierzu müssen wir darauf hinweisen, daß Grün eine Mischfarbe von Blau und Gelb ist; die drei Grundfarben Rot, Blau und Gelb sind nach wie vor Grundlage jeglicher Systematik im farblichen Bereich.

Farben und Yoga

Die Autorinnen Annie Wilson und Lilla Bek (Lit. 131) gehen vom Yoga als Basis aus und kommen – in Verbindung mit Chakras (Farbsymbolzeichen) – zu einer Siebener-Einteilung. Sie entspricht den bekannten Grundfarben und den dazwischen liegenden gemischten Komplementärfarben Rot – Orange – Gelb – Grün – Blau – Violett, wobei Blau noch einmal aufgeteilt ist in Hellblau und Indigo, so daß sich sieben Farben gemäß der Auffassung der Yoga-Lehre von den sieben Körpern ergibt. Die Zuordnung der Wesensarten des Menschen zu einzelnen Farben ist nahezu deckungsgleich mit den Erkenntnissen, die wir später noch erarbeiten werden.

Mit der Farbsymbolik im Wandel der Jahrtausende und ihrem Bezug zum Menschen befaßt sich Rudolf Groß (Lit. 49), doch ist diese historische Zusammenstellung – mehr journalistischen

Charakters – für unsere Bemühungen zur Menschenkenntnis nur am Rande interessant. Äußerst aufschlußreich hingegen sind die Arbeiten von Heinrich Frieling, der wohl als einer der bedeutendsten Farbwissenschaftler unserer Zeit angesehen werden darf. Sein Buch „Gesetz der Farbe" ist ein Standardwerk für denjenigen, der sich studienmäßig mit Farben befaßt (Lit. 36). Aus ihm ist eine Tafel (Lit. 37) entstanden, die wir – mit freundlicher Genehmigung des Verlages – auf S. 188 abbilden. Wegen des komplizierten Vielfarbendrucks beim Original ist die Wiedergabe leider nur in Schwarzweiß möglich; wesentlich und für uns interessant sind die Beziehungen, die Frieling zwischen den Farben und allen Bereichen des Lebens aufzeigt. Wir werden in einer späteren Gesamtübersicht vieles in den Zusammenhängen bestätigt finden, auch wenn Frieling vielfach tief in Details einsteigt, dem wir nicht unbedingt folgen müssen.

Gesetz der Farbe

4.2.1 Max Lüscher und seine Tests

Weithin bekannter Fachmann für die Farbpsychologie ist zweifellos Max Lüscher, dessen Farbtest inzwischen weltberühmt geworden ist. Abgesehen von seiner Tätigkeit als Hochschuldozent und als Berater für bestimmte Gestaltungsvorhaben hat Lüscher mit seinem Buch „Der Lüscher-Test" (Lit. 76) eine einmalige Möglichkeit für jedermann geschaffen, sich seines derzeitigen psychischen Zustandes bewußt zu werden. Vermittels der Auswahl von acht Farbkarten, die dem Buch beigefügt sind, hat der Testant die Möglichkeit, je nach seiner getroffenen Wahl dann im Buch über seinen derzeitigen Seelenzustand Auskunft zu erhalten.

Weltberühmt ist Lüschers Farbtest

Ich habe den Lüscher-Test mehrfach in meinen Seminaren eingebaut und mit großem Erfolg durchgeführt. Mehr als 80 % aller Testanten bestätigten mir, daß mit der erarbeiteten Aussage ihr derzeitiger seelischer Zustand äußerst treffend beschrieben sei. Auch die den Aussagen des Buches beigefügten Empfehlungen – Lüscher ist ja Psychologe – sind durchaus angemessen und zu akzeptieren. Interessant ist in diesem Zusammenhang noch zu erwähnen, daß man diesen Test nach einigen Monaten oder nach längerer Zeit wiederholen kann und erstaunt sein wird, wie

Farben und Formen im Kreis integriert

Weltbild Farbe – der Farbenkreis als semantischer Raum (H. Frieling)

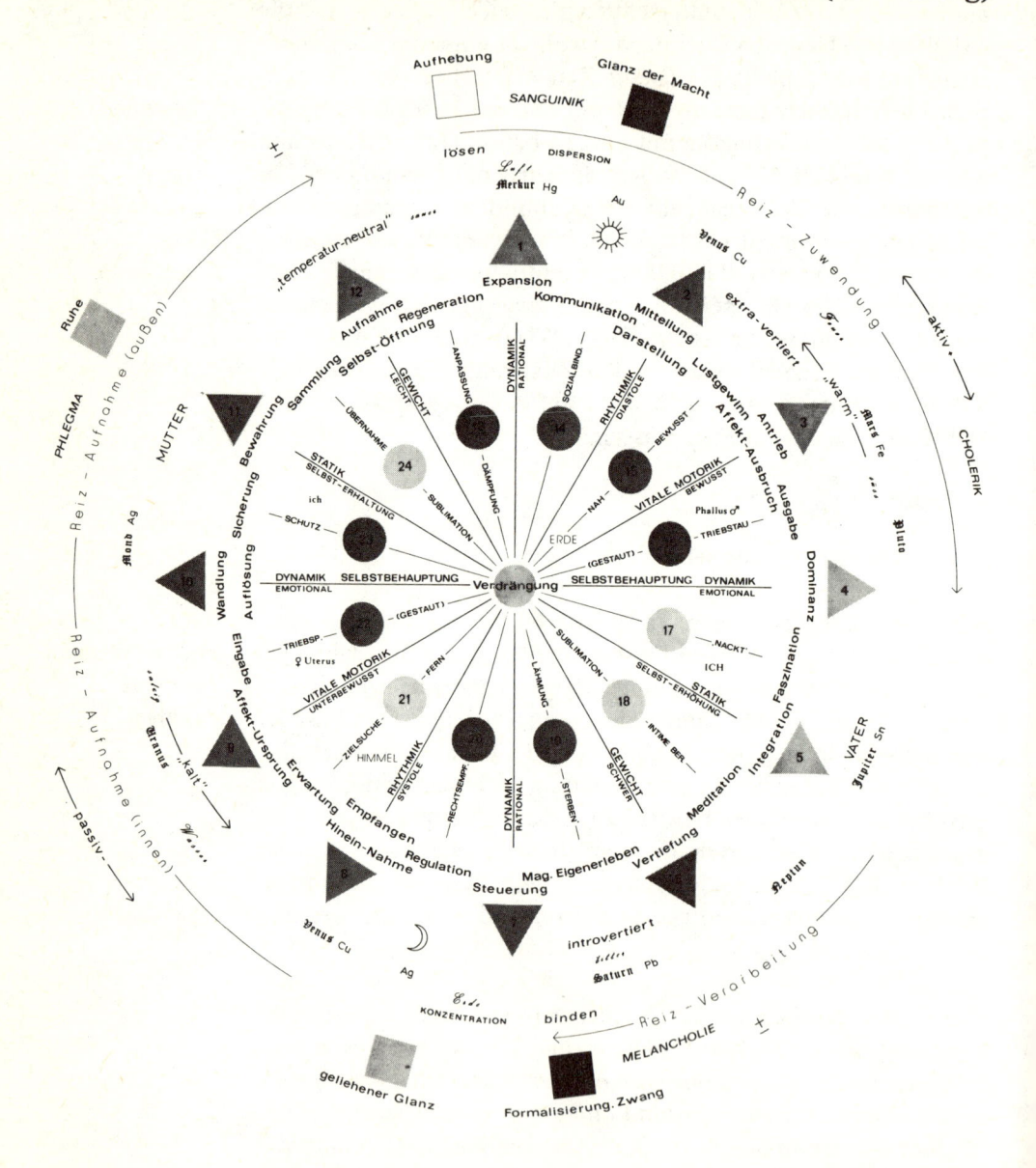

Da eine farbgetreue Wiedergabe nicht möglich ist, folgen hier die Farbenangaben für den äußeren Kreis:
1 Gelb – 2 Gelborange – 3 Rotorange – 4 Rot – 5 Purpur – 6 Violett – 7 Violettblau – 8 Blau – 9 Grünblau – 10 Blaugrün – 11 Grün – 12 Gelbgrün. Die beim Verlag (Lit. 37) erhältlichen 60 × 80 cm Schautafel ist eine erläuternde Broschüre beigegeben.

sich – falls der psychische Zustand inzwischen sich verändert haben sollte – auch die Testaussage entsprechend geändert hat und zutreffend ist.

Vom Lüscher-Test sollten wir uns merken, daß er – im Gegensatz zu allen anderen Typenlehren, die wir bisher kennenlernten – sich nicht auf die vorhandenen Anlagen bezieht, sondern lediglich gewissermaßen eine Momentaufnahme, eine Angabe über die derzeitige Situation darstellt. Im Zusammenhang mit unseren Bemühungen um Menschenkenntnis ist dies eine nur selten benötigte Hilfe. **Darstellung akuter Situationen**

Zum anderen gibt uns aber Lüscher auch mit seinen Feststellungen der psychischen Zuordnungen von Farben einiges als Bestätigung, was wir bisher schon erkannt haben. So weist er der (dunkel-)blauen Farbe Eigenschaften wie Gefühlstiefe, vereinigend, verbindend, Ruhe, Zufriedenheit, Liebe und Zuneigung sowie noch andere zu, die wir bei der E-Dominanz, der die blaue Farbe zuzuordnen ist, schon vermerkt haben. Orangerot, was in etwa der M-Dominanz entspräche, hat nach Lüscher die Willensstoßkraft und steht für autonom, offensiv, motorisch, erobernd, Begehren u. a., also z. T. wörtlich die gleichen Eigenschaften, die wir dem motorischen Prinzip zugerechnet haben. Und bei Gelb vermerkt Lüscher Gefühlslebhaftigkeit, Sensibilität im Sinne des Erwartenden, entfaltend, suchend, hoffend, Veränderung, – Eigenschaften, die wir auch beim D-Dominierten finden. **Psychologische Zuordnungen für Blau, Rot und Gelb**

Bedauerlicherweise hat Max Lüscher seinem wirklich weltweiten Ansehen durch die Veröffentlichung seines zweiten Buches „Der 4-Farben-Mensch" (Lit. 77) geschadet. Das Buch ist ein Sammelsurium von unbewiesenen Behauptungen bis hin zu ethischen und philosophischen Vorstellungen, das alle Fachleute nur die Köpfe schütteln ließ. Aber die Vermarktung war gut und noch dadurch gesteigert, daß unter Mitwirkung einer großen Illustrierten bei einem von Lüscher gegründeten Institut Psychoskope* angefordert werden konnten, deren Aussagewert den von Tageshoroskopen in Boulevard-Zeitungen kaum übertrifft. **4-Farben-Mensch**

---

* Wortschöpfung nach dem „Horoskop", das wörtlich mit „Blick in die Stunde" übersetzt werden könnte – „Psychoskop" also etwa: Blick in die Psyche.

Hingegen bedarf ein hochinteressantes Werk Lüschers besonderer Erwähnung. Anläßlich des 100jährigen Jubiläums der Druckfarben-Fabrik Gebr. Schmidt (Lit. 78) hat Lüscher ein Buch gestaltet, das in künstlerischer Form seine Vorstellungen von den Beziehungen der Farben zur Psyche und Physis des Menschen ausweist. Auch wenn man wiederum nicht mit allen seinen darin ausgesprochenen Ideen einverstanden sein muß, so ist es diesem Mann doch gelungen, sie eindrucksvoll darzustellen.

4.2.2 Das Struktogramm des Rolf W. Schirm

Eine Methode, die in den letzten Jahren besondere Aufmerksamkeit erregte, ist das sogenannte Gehirn-„Struktogramm", das der Anthropologe Rolf W. Schirm entwickelte, der sich im wesentlichen auf die Forschungsarbeiten des Amerikaners MacLean (Lit. 80) und des Russen Luria (Lit. 79) bezieht. Nach deren Erkenntnissen in der Hirnforschung hat das menschliche Gehirn – gewissermaßen als „Hardware" – drei Teile, die entwicklungsgeschichtlich nacheinander entstanden sind und verschiedene Aufgaben übernehmen, z. T. oftmals voneinander unabhängig und ohne Abstimmung mit den anderen Teilen. Das S t a m m h i r n (das MacLean auch das „Reptiliengehirn" nennt) ist als ältester Teil Speicher der Erfahrungen von Jahrmillionen, Sitz der Ur-Instinkte und der Lebensgefühle, wozu auch die Reaktionsfähigkeiten zur Arterhaltung wie Nahrungssuche, Brutpflege, Territoriumsverteidigung usw. gehören.

Stammhirn

Zwischenhirn

Großhirn

Im Z w i s c h e n h i r n sitzen nach MacLean die Emotionen und die Fähigkeiten zur Selbstbehauptung, insbesondere durch die Fähigkeit zu lernen. Und das G r o ß h i r n (die Großhirnrinde) als der entwicklungsgeschichtlich jüngste Teil des Gesamthirnes hat die Fähigkeiten des planenden und logischen Handelns, der Voraussicht und der Entscheidungsfindung. Diese drei Hirnteile haben ihre spezifischen Aufgaben, aber auch bei jedem Menschen eine andere Dominanz; d. h., ähnlich wie bei den drei Formprinzipen ergibt sich eine Art Reihenfolge der Durchsetzungskraft in einem individuell unterschiedlichen Anteilsverhältnis. Inwieweit dies in Beziehung mit den drei Keimblättern des Menschen steht, ist bei diesem System nicht ausgesagt.

Farben und Formen im Kreis integriert

Das eigentliche Struktogramm ist ein Hilfsmittel, bei dem durch eine Anzahl bestimmter Fragen der Testant die Gewichtung der Anteile seiner drei Hirnteile feststellen und auf diese Weise erfahren kann, wo seine Stärken und Schwächen liegen. Allerdings werden dem Interessierten bei der Selbstanalyse nur sechs Fragenblöcke vorgelegt, in denen er aus jeweils drei Fragen eine Auswahl zu treffen hat. Unsere zu Anfang unserer Überlegungen zur Menschenbeurteilung aufgestellte Voraussetzungen der Häufigkeit wird damit keineswegs erfüllt; die Schöpfer des Struktogramms behaupten allerdings, die Fragen seien so repräsentativ extrahiert, daß die Antworten bindende Schlüsse zuließen.

Struktogramm zur Selbstanalyse

Interessant ist die tabellarische Ordnung, die Schirm aufstellt und deren Komponenten-Merkmale deutliche Ähnlichkeiten und sogar Deckungsgleichheiten mit den von uns bisher erkannten drei Richtungen aufweist. Demnach entspricht die Stammhirn-Steuerung der von uns erarbeiteten E-Dominanz, das Zwischenhirn ist für den M-Anteil zuständig und das differenzierte Formprinzip (D-Dominanz) wird vom Großhirn gesteuert.

„Typische Komponenten-Merkmale"

	Stammhirn-Steuerung	Zwischenhirn-Steuerung	Großhirn-Steuerung
Zwischenmenschliche Beziehung	**Kontakt** Sucht und findet menschlichen Kontakt, hat ein „Gespür" für Menschen, ist beliebt.	**Dominanz** Sucht Überlegenheit, besitzt natürliche Autorität, mißt sich gern mit und an anderen.	**Distanz** Braucht Abstand, gewinnt erst bei längerem Kennen, läßt nicht in sich hineinschauen.
Vorherrschende Dimensionen der Zeit	**Vergangenheit** Baut auf Bekanntes. wird von „Erfahrungen" bestimmt, meidet radikale Veränderungen.	**Gegenwart** Erfaßt den Augenblick, entscheidet spontan, ist von mitreißender Dynamik.	**Zukunft** Muß alle Konsequenzen zu Ende denken, tut nichts ohne Plan, teilt die Zeit fest ein.
Vorherrschende geistige Fähigkeit	**Spüren** Verfügt über Intuition und „Fingerspitzengefühl", erfaßt Signale aus dem Unbewußten, kann sich auf „erste Eindrücke" verlassen.	**Begreifen** Denkt konkret und praktisch, erkennt das „Machbare", neigt zum Probieren, ist gut im Improvisieren.	**Ordnen** Denkt systematisch, hat hohes Abstraktionsvermögen, beherrscht die Sprache als Werkzeug.
Erfolg durch	**Sympathie**	**Mitreißen**	**Überzeugen**

Wir können diese Tabelle gut und gerne als zusätzliche Aussage zu unseren bisher erkannten drei Richtungen hinzufügen und haben eine wichtige Ergänzung und Bestätigung gefunden.

Farben und Formen im Kreis integriert

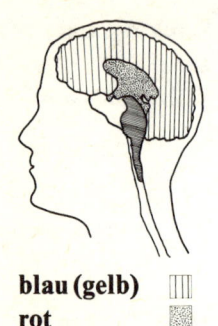

blau (gelb)
rot
grün (blau)

Bedauerlicherweise hat Schirm zur Unterscheidung der drei Gehirnteile und ihrer Zuständigkeiten Farben gewählt, die nicht die Farbentsprechungen der Psychologie haben, wie wir sie als allgemein gültig feststellen konnten. Das Stammhirn, das dem Formprinzip E entspräche und dementsprechend mit der blauen Farbe identisch ist, hat bei Schirm eine grüne Färbung erhalten. Das Zwischenhirn entspricht dem roten motorischen Prinzip und ist auch bei Schirm rot markiert, und das Großhirn mit seinem differenzierten Formprinzip und der gelben Farbe wird bei Schirm blau gezeichnet.*

4.2.3 Der dreigliedrige Mensch der Anthroposophen

Rudolf Steiner schuf das Goetheanum

In seinem Buch „Der dreigliedrige Mensch" (Lit. 126) behandelt Lothar Vogel die morphologischen Grundlagen einer allgemeinen Menschenkunde aus der Sicht der Anthroposophen. Das Werk, das für den Unterricht an den Waldorf-Schulen gedacht ist, bezieht sich in breiten Teilen auf die Ideen von Rudolf Steiner (1861–1925), dem Begründer der Anthroposophie. Dieser wiederum, ein großer Verehrer Goethes, hat viel von den naturwissenschaftlichen und philosophischen Gedanken des großen Dichters übernommen und weiter ausgedehnt; nicht umsonst hat er auch das zentrale Gebäude der Anthroposophischen Bewegung in Dornach in der Schweiz „Goetheanum" benannt. Zu Goethes 150. Geburtstag zitiert Rudolf Steiner 1899 in seinem Festaufsatz aus der Goethe'schen Erzählung „Die Auswanderer" (Lit. 44) das Märchen von der grünen Schlange und der schönen Lilie, mit dem Goethe die Kräftebeziehungen der seelisch-geistigen Struktur des Menschen als Mikrokosmos darstellt:

In der symbolisch-heiligen Handlung, durch die der „Jüngling" befähigt wird, das neubegründete Reich einer neuen Weltepoche zu regieren, übergeben ihm drei Könige ihre Insignien: Von dem

---

* Ich habe mit Juergen Schoemen, dem Leiter der Deutschen Struktogramm-Zentrale, über diese Divergenz Gespräche geführt, und er hat mir zugestanden, daß man auch andere graphische Unterscheidungsmerkmale (wie Schraffierung) hätte wählen können. Nun aber, da -zigtausende von deutschen Führungskräften das System mit dieser Farbunterscheidung kennengelernt haben, ist daran nichts mehr zu ändern.

Farben und Formen im Kreis integriert

ehernen König erhält er das Schwert mit dem Auftrag: „Das Schwert in der Linken, die Rechte frei!" Der silberne gibt ihm das Zepter, indem er den Satz spricht: „Weide die Schafe!"; der goldene drückt ihm den Eichenkranz aufs Haupt mit den Worten: „Erkenne das Höchste!" Die drei Könige sind Symbole für die drei Grundkräfte der menschlichen Seele.

Dies sind eindeutig die Richtungen, die wir auch erkannt haben: die erste entspricht dem motorischen, die zweite dem elastischen und die dritte dem differenzierten Prinzip, also in der Reihenfolge der zuzuordnenden Farben Rot, Blau und Gelb.

Noch deutlicher wird diese Dreiteilung in dem Zitat von Rudolf Steiner: „Der Leib als Ganzes, nicht bloß die in ihm eingeschlossene Nerventätigkeit, ist physische Grundlage des Seelenlebens. Und wie das letztere für das gewöhnliche Bewußtsein sich umschreiben läßt durch Vorstellung (gemeint ist das Denken! D. Verf.), Fühlen und Wollen, so das leibliche Leben durch Nerventätigkeit, Stoffwechselvorgänge und rhythmisches Geschehen." Diese Worte bezeichnet Vogel als die Darstellung der großen morphologischen Entdeckung Rudolf Steiners. Die Dreiteilung entspricht genau der von uns bisher erkannten Zuordnung der Eigenschaften bei den drei Formprinzipen.

Denken
Fühlen
Wollen

Noch in einem weiteren Zusammenhang sind Rudolf Steiners Arbeiten für unsere Menschenkenntnis von Bedeutung: er bezieht sich auf den Farbenkreis Goethes und die Zuordnung, die Schiller und Goethe den Temperamenten gegeben haben. Obwohl über die verschiedenen „Typen", die innerhalb der Temperamente eingeordnet sind, unterschiedliche Meinungen bestehen könnten, ist doch der Versuch einer solchen ordnenden Einteilung (Farbtafel C) außerordentlich bemerkenswert.*

Farbtafel C

---

* Wer sich mit Rudolf Steiners Vorstellungen zur Farbenlehre intensiver befassen möchte, dem sei das Werk von Rudolf Hebing (Lit. 58) „Welt, Farbe und Mensch" empfohlen. Hebing (1891–1973) war akademischer Maler und hat mit seiner Arbeit wesentliche Grundlagen für die Kunsterziehung an den Waldorf-Schulen gelegt.

4.3 Der Kreis der Naturelle und Wesensgruppen

Farbe ist Seele der Natur und des ganzen Kosmos, und wir nehmen Anteil an dieser Seele, indem wir das Farbige miterleben.
Rudolf Steiner

Psycho-Physiognomik

Wer sich ernsthaft mit Menschenkenntnis und -beurteilung befassen will, wird nicht umhin kommen, sich mit Carl Huter (1861–1912) auseinanderzusetzen, dessen Psycho-Physiognomik in der Bearbeitung seines Nachfolgers Amandus Kupfer heute noch als ein Standardwerk (Lit. 71) gilt. Aber Huter hatte das Unglück, in einer Zeit zu leben und zu arbeiten, in der die naturwissenschaftliche Forschung im Zusammenwirken mit dem Anwachsen der Industrialisierung keine Zeit und keinen Raum für seine Entdeckungen fand, die beinahe ungehört zu Anfang dieses Jahrhunderts verhallten. Erst heute – mit der Abkehr vom Ausschließlichkeits-Dogma naturwissenschaftlicher Forschung – besinnt man sich wieder seiner und steht mit Staunen und Respekt

Werk eines genialen Mannes

vor dem Werk dieses Mannes, dem – weil er nicht studiert hatte – die Wissenschaft bislang nicht einmal die Bezeichnung „Forscher" zugestand.

4.3.1 Huters dreifach geniale Entdeckungen

Ähnlich wie der im gleichen Jahr geborene Rudolf Steiner begann auch Huter, sich mit Goethe und Lavater zu befassen, um sich dann später der Biologie zuzuwenden. Auch sammelte er ein Häuflein getreuer Anhänger um sich, die allerdings – weil sie versuchten, naturnah zu leben – schon deshalb der Gesellschaft suspekt erscheinen mußten. Um die Jahrhundertwende und im ersten Jahrzehnt erschienen dann seine Veröffentlichungen, die sich durch drei geniale Ideen auszeichneten, auf die wir näher eingehen müssen.

Naturell-Lehre

Zum Ersten bezog Huter seine Naturell-Lehre – er nennt seine „Typen" Naturelle – auf die biologischen Erkenntnisse über die Entwicklung der drei Keimblätter – und dies 40 Jahre, bevor Sheldon seine Typologie von den Grundkomponenten veröffent-

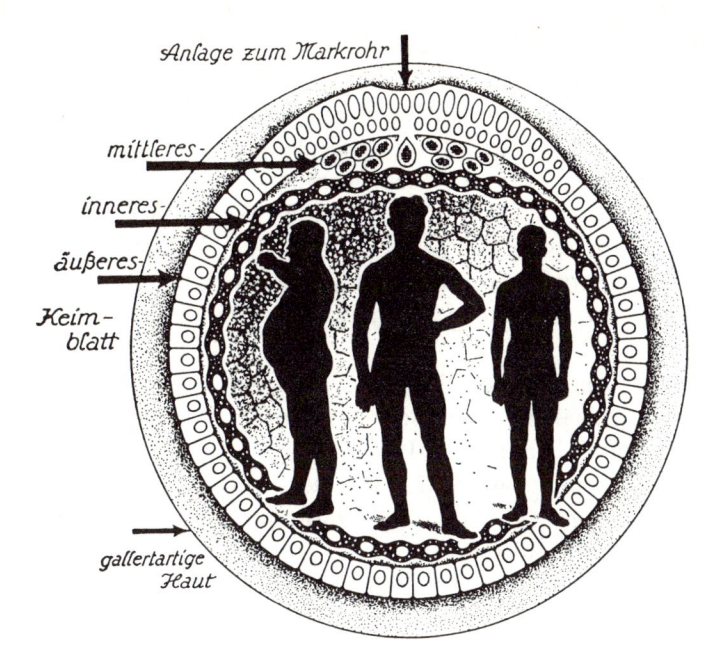

Farben und Formen im Kreis integriert

Kennzeichen für die Originalität
der Carl Huterschen Naturellentdeckung
©

lichte. Er nennt den mit der Dominanz aus dem inneren Keimblatt (Endoderm) sich entwickelnden Typ das „Ernährungs-Naturell" – 20 Jahre bevor Kretschmer den Begriff des „Pyknikers" schuf. Aus dem mittleren Keimblatt (Mesoderm) entsteht bei entsprechender Dominanz – so Huter – das „Bewegungs-Naturell", und das äußere Keimblatt (Ectoderm) ist – wenn dominant – Ausgangsform für das „Empfindungs-Naturell". Die Parallelität auch der beiden letztgenannten zu Kretschmers Athletiker und Astheniker ist offensichtlich – wie ebenso die zu Sheldons Grundtendenzen insgesamt oder zu Schleips Formprinzipen; sie sind praktisch alle die gleichen Formen, die gefunden wurden. Nur eben von Carl Huter einige Jahrzehnte früher!

Ernährung

Bewegung

Empfindung

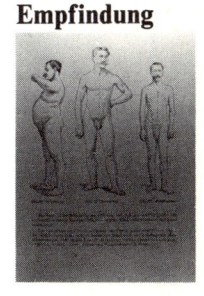

Während wir bei Kretschmer festgestellt haben, daß sich die drei Typen im Dreieck gegenüberstehen, Sheldon diesen Mangel der fehlenden Übergangsmöglichkeit durch seine Lehre vom „Mischungsverhältnis" auszugleichen suchte und Schleip mit der Strukturformel andeuten wollte, daß jeder von jedem Formprin-

Farben und Formen im Kreis integriert

Zwischenformen im Kreis

zip etwas habe, verfiel Huter – um es nochmals zu betonen: Jahrzehnte vor den anderen – auf den Gedanken, Zwischenformen zu schaffen und diese in Kreisform zu ordnen. Das war seine zweite geniale Idee! Denn der Kreis gibt nun die Möglichkeit, alle Übergänge zwischen den verschiedenen Formen – Naturellen – fließend sichtbar zu machen und anschaulich darzustellen. Wohl mag Huter die Anregung hierzu bei Goethe (s. S. 183 und Farbtafel B) gefunden haben; sein Verdienst jedoch ist, daß er damit eine anwendbare systematische Ordnung geschaffen hat.

Zweidimensionales System

Die Zwischenformen, also Übergänge zwischen seinen Grundnaturellen der Ernährung, der Bewegung und der Empfindung, nannte Huter nun „Ernährungs-Bewegungs-Naturell" oder auch – falls der zweite Begriff etwa stärker in den Vordergrund zu rücken war – „Bewegungs-Ernährungs-Naturell". Sinngemäß entstanden dann noch die weiteren Zwischenformen des „Ernährungs-Empfindungs-Naturells" und des „Empfindungs-Bewegungs-Naturells" bzw. umgekehrt. So hatte Huter ein komplexes zweidimensionales System geschaffen, mit dessen Ordnung man in der Praxis etwas anfangen konnte.

Anwendung auch in anderen Bereichen

Aber hier muß eine Einschränkung gemacht werden, die dazu beitrug, Huters Lehre im Ansehen der Öffentlichkeit in Zweifel zu ziehen. Wie viele Menschen, die sich einer Idee begeistert oder gar fanatisch verschreiben, verlor sich Huter dann in Spekulationen, diese drei Grundformen auch auf Tiere und Pflanzen anzuwenden und sprach beispielsweise beim Pinscher oder beim Reh vom Empfindungs-Naturell oder beim Krautkopf vom Ernährungs- und beim Korn als Halmgewächs vom Bewegungs-Naturell. Wir wollen darüber nicht richten aus unserem heutigen Verständnis; vielleicht wird ein zukünftiger Wandel im Denken einst bestätigen, daß Huters Gedanken in dieser Hinsicht intuitiv nicht so abwegig waren, wie man heute sie zu beurteilen geneigt sein mag.

Primär- + Sekundär- Naturelle

Für unsere Menschenkenntnis ist noch wichtig, daß Huter die drei Naturelle und ihre Zwischenformen nicht nur bei den europäiden, sondern auch bei den mongoloiden und negroiden Rassen nachwies. Auf die Tatsache, daß Huter dann in seinen Kreis auch noch Sekundär-, Tertiär- und neutrale Naturelle einbezog,

Farben und Formen im Kreis integriert

brauchen wir hier nicht weiter einzugehen. Wichtig ist für uns seine Lehre der Primärmodelle, die mit den von uns bisher erarbeiteten deckungsgleich sind, und seine Idee der Anordnung im Kreis unter Einbeziehung der Zwischenformen, die er als Sekundär-Naturelle bezeichnet.

Die dritte geniale Tat Huters war die Zuordnung der Farben in einem Kreis, für den er wohl auch die Anregung bei Goethe gefunden hat. Sollte dies so sein oder nicht: wichtig ist für uns das brauchbare und anschauliche Modell, das durch Zusammenwirken der Farben und der Formen – der Erscheinungsformen des Menschen – nun vor uns liegt. Und daß die Zuordnung der Farben nicht von ungefähr ist, sondern ihre psychologische Begründung und Bedeutung hat, braucht nicht mehr erläutert zu werden.

Zuordnung von Farben

Farbtafel E

Wir wollen Huter bei so viel genialer Schöpferkraft nicht eines Fehlers bezichtigen, sondern es vielleicht nur als einen Irrweg bezeichnen, was nun noch zu erwähnen bleibt: Huter hat sich in seiner wahrscheinlichen Begeisterung in eine Bewertung der Menschentypen hineingesteigert, die manches in zweifelhaftem Lichte erscheinen läßt.

Während wir bisher überall zu der Erkennntnis gelangt sind, daß man die Menschenkenntnis völlig wertfrei anwenden soll, schuf Huter die Begriffe des „Harmonischen" und des „Disharmonischen" Naturells. Zwar gibt er selbst zu, daß es die beiden in ihrer Extremform nicht geben kann, weil sie dann Gott bezw. Teufel wären, aber er rückt die einzelnen Modelle seines Schemas in näheren oder weiteren Abstand zu diesen polaren Naturellen – bildet also damit eine Wertskala. Und versucht dann noch, diese polaren Naturelle in seinen Kreis einzuordnen. Das geht so nicht! Denn die Farben Weiß und Schwarz, die er dem Harmonischen bezw. Disharmonischen zuordnet, gehören nicht in die Ordnung des Kreises, der das Symbol eines fließenden Übergangs sein soll.

Harmonische und Disharmonische Naturelle

Ich muß für meine Person gestehen, daß mich der Gedanke des Harmonischen, das in der Physiognomie eines Menschen als Ausdruck seines inneren Zustandes erkennbar wird, von Anfang an irgendwie faziniert hat. Allerdings sah ich das mehr oder weniger Harmonische im Gesichtsausdruck nicht als ein Zeichen

Farben und Formen im Kreis integriert

von Gut im Sinne eines Wertes an, sondern eher als eine Ausgeglichenheit – eine Reifung zur Weisheit des Alters – eines Menschen, bei dem die verschiedenen Prinzipe in ziemlich gleicher Größenordnung vertreten sind. Wenn man einen solchen Zustand bei einem Menschen farblich darstellen wollte, dann wäre es ein Zusammenklang a l l e r Farben, denn der ergibt bekanntlich W e i ß. Und dann müßte dieses Weiß in der Mitte eines Farbenkreises liegen, in der sich alle Farben treffen und dieser Effekt entstehen könnte.* Huters Konstruktion, das Harmonische mit der weißen Farbe oben in seinem Kreis zwischen Grün und Gelb anzusiedeln, kann ich nicht folgen; sie entsprang seinen Vorstellungen einer moralischen Bewertung, wonach eben Gut oben und Böse unten angesiedelt sein sollten. Und bei einem Kreis gibt es nun einmal kein „Oben" und „Unten".

Körper-Strahlungen Aus diesen Wertvorstellungen Huters heraus sind auch seine Ausführungen zu verstehen, in denen er sich mit den Körperstrahlungen, mit Magnetismus, Medioma, Od und der Lebenskraft Helioda befaßt. Sie bergen interessante Überlegungen, sind jedoch für die Praxis unserer Menschenkenntnis schon deshalb kaum verwertbar, weil sie ein ausgiebiges Studium der Details erfordern.

4.3.2 Kontaktdisposition und Wesensgruppen

Als man sich in der psychologischen Wissenschaft – vornehmlich in der ersten Hälfte dieses Jahrhunderts – mit der sogenannten „Tiefenpsychologie" befaßte, kam man auch auf die Bezeichnung „Kontaktdisposition". Darunter kann sich der Laie zunächst nichts vorstellen; daher soll hier versucht werden, eine kurze Erläuterung zu geben.

Wir verstehen unter Kontaktdisposition das Eingestelltsein oder Angelegtsein eines Menschen zu seiner Umwelt, aus dem heraus

---

* Johannes Itten hat in seinem bereits erwähnten Buch „Kunst der Farbe" (Lit. 64) einen Farbstern dargestellt. Derselbe setzt sich aus den 12 Farben seines Farbkreises zusammen, die sich innen zu Weiß treffen und dessen Strahlen, nach außen immer dunkler werdend, sich in Schwarz verlieren.

Farben und Formen im Kreis integriert

sein beobachtbares Verhalten entsteht. Hierzu bedarf es jedoch noch einiger semantischer Definitionen:

In dem Begriff U m w e l t ist alles enthalten, was ein Lebewesen umgibt, also: die Dinge (materielle Umwelt) – die Menschen (personelle Umwelt) – und die Begriffe (abstrakte Umwelt). Hinzu kommen selbstverständlich noch alle Arten des Umweltgeschehens wie – die beruflichen und wirtschaftlichen Verhältnisse – die sozialen und politischen Entwicklungen – die geistigen und weltanschaulichen Kräfte und Strömungen – sowie natürlicherweise auch die fortlaufenden Veränderungen in den genannten Bereichen.

Was ist „Umwelt"?

Der Begriff K o n t a k t ist nicht etwa im Sinne des „Kontaktstrebens" der drei Kardinaltriebe zu verstehen, sondern bedeutet hier einfach jegliche Form von Beziehung zur Umwelt, also: alle Sinnesempfindungen wie Sehen, Hören, Riechen, Tasten, Schmecken – alle kognitiven, also Denk-Vorgänge wie Interesse, Überlegungen, Gedächtnis, Intuition, Logik uw. – die affektiven, also Gefühls- bezw. Empfindungsvorgänge wie Freude, Trauer, Zu- und Abneigung, Angst, Vertrauen usw. – alle Willensvorgänge wie Impulse, Fleiß und Trägheit, Energie, Ausdauer, Mut usw. – sowie alle Erlebnisformen wie Glück, Überraschung, Enttäuschung, Träume usw.

Was ist „Kontakt"?

Und obwohl wir uns sonst bemühen wollen, möglichst wenig Fremdwörter zu verwenden, ist das Wort „Disposition" im Sinne unseres Gebrauchs besser als das deutsche Wort „Angelegtsein". Jeder Mensch ist seinem Wesen nach zu einer bestimmten A r t des Kontaktes zu seiner Umwelt disponiert, bereit und fähig. K o n t a k t - D i s p o s i t i o n bedeutet also:
– die Art der Empfangs- und Aufnahmebereitschaft (und -fähigkeit),
– die Art der Verarbeitungs- und Erlebnisbereitschaft (und -fähigkeit)
– und die Initiativ-, Aktivitäts- und/oder Handlungsbereitschaft (und -fähigkeit).

Kontakt-Disposition

Die Kontaktdisposition eines Menschen ist also bestimmend dafür, w i e sich sein Kontakt zur Umwelt – in allen vorgenannten

Kontaktformen – vollzieht. An einem kleinen Beispiel soll dies einmal erläutert werden.

Nehmen wir an, eine Gruppe von einigen Menschen besucht eine allen fremde Stadt. Wenn man sich abends bei einem Glas Wein zusammensetzt, stellt man fest, daß jeder einzelne sehr unterschiedliche Eindrücke von der Stadt vermerkt hat. Während der eine von dem Verkehr der Autos, Busse und Straßenbahnen berichtet, der ihn beeindruckt hat, erzählt der andere von den vielen Anlagen und Grünflächen, Vorgärten und Parks, die ihm aufgefallen sind. Ein dritter nennt die Schaufenster-Auslagen und das große Angebot von vielfältigen Waren, das ihm verwirrt hat, und dem vierten sind die Menschen aufgefallen, die – wie er meint – alle sehr gehetzt und unruhig durch die Straßen gehen. Der fünfte berichtet begeistert von den architektonischen Leistungen und der glücklichen Lösung eines Ausgleichs zwischen altehrwürdigen Bauten und moderner Architektur, während der sechste nur von dem Lärm und dem Gestank spricht, der ihm diese Stadt unerträglich machte.

Auswirkung der Kontaktdisposition

Dieses Beispiel mag uns verdeutlichen, wie sich die Kontaktdisposition auswirken kann und wie wir selbst wiederum bei der Beobachtung eines Menschen deren Auswirkung auf unsere Beurteilung einbeziehen müssen. Der Soziologe Werner Sombart (1863–1941), Biologe Jakob Johann von Uexküll (1864–1944) und der Psychologe Walter Schulz (1888–1963) befaßten sich in den 30er Jahren fast gleichzeitig mit den Beziehungen des Lebewesens zu seiner Umwelt. Und Sombart brachte die damals vielbeachtete und auch belächelte Behauptung, es gebe überhaupt

es gibt keinen Wald an sich

keinen Wald an sich, als objektiv fest bestimmte Umwelt: „... es gibt (so Sombart in seinem Buch „Vom Menschen", Lit. 112) nur einen Förster-, Jäger-, Botaniker-, Spaziergänger-, Naturschwärmer-, Holzleser-, Beerensammler- und einen Märchenwald, in dem Hänsel und Gretel sich verirren."

Wenige Jahre zuvor hatte v. Uexküll in seinem Buch „Streifzüge durch die Umwelten von Tieren und Menschen" (Lit. 120) die aufgrund seiner unzähligen Versuche gemachte Entdeckung veröffentlicht, daß sich die Umwelten der verschiedenen Lebewesen – bedingt durch die völlig unterschiedlichen Arten der Kontakt- und Beziehungsnahmen – so stark unterscheiden, daß sie über-

unterschiedliche Umwelten

haupt nicht miteinander vergleichbar sind. Auch wenn wir uns dies – beispielsweise bei Ameisen und Elefanten, Fisch oder Vogel – gut vorstellen können, so zeigt uns diese Erkenntnis doch, daß sie sich auch in gewissem Sinne auf Menschen übertragen läßt; unser Beispiel mit dem Stadtbesuch der Gruppe macht dies deutlich.

Leider gibt es von dem Psychologen Walther Schulz kein veröffentlichtes Werk, da die gesamten Forschungsunterlagen den Bomben des II. Weltkriegs zum Opfer fielen. Er hatte an einer sehr interessanten Aufgabe gearbeitet, nämlich der Untersuchung der Arbeitsweise und des Arbeitsrhythmus' von Menschen verschiedener Berufe, wobei er ebenfalls von den strukturpsychologischen Erkenntnissen ausging.

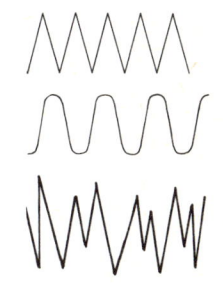

Beispielsweise hatte Schulz herausgefunden – durch empirische Untersuchungen an vielen Hunderten von Menschen bestimmter Berufsgruppen – daß sich tatsächlich drei verschiedene Kurven des Arbeitsrhythmus und der damit verbundenen Leistung herauskristallisierten (s. Abb.). Sie entsprechen genau den Verhaltensweisen des M-, E- und D-Dominierten, selbstverständlich nicht immer in einer solch extrem eindeutigen Form wie in der Zeichnung.

Bei den M-Dominierten wechseln sich Arbeitsanspannung und -entspannung in einem nahezu exakt gleichmäßigen Rhythmus ab, bei stets gleichbleibender Zeiteinheit. Beim E-Dominierten ist zwar der Wechsel ebenfalls gleichmäßig, jedoch nicht abgehackt, sondern eher mit fließenden bzw. schwingenden Übergängen in der Leistung. Und die Kurve des D-Dominierten zeigt weder den scharfen noch den schwingenden Rhythmus, sondern ist vielfach völlig unregelmäßig – starken Anspannungsphasen folgen unterschiedliche starke oder schwache Leistungsabfälle; sowohl die Anspannungs- als auch Entspannungszeiten sind ungleich lang und ergeben ein völlig unrhythmisches Bild.

Arbeits-Rhythmen

Man kann es als eine glückliche Fügung bezeichnen, daß nach dem Kriege Schulz und Schleip, die sich schon durch frühere wissenschaftliche Arbeiten kannten, sich zusammenfanden und gemeinsam an der Weiterentwicklung der Erkenntnisse von Schulz arbeiten konnten. Denn Schleip stellte jenem umfassende Arbeitsmöglichkeiten zur Verfügung.

Farben und Formen im Kreis integriert

Zahllose Untersuchungen in Seminaren

In vielen Hunderten von Seminaren in den 50er und Anfang der 60er Jahre hatte Schulz Gelegenheit zu umfassenden Untersuchungen mit zahllosen Tests. Daß die beiden Forscher zunächst einmal von der polaren Typenlehre von C. G. Jung ausgingen und zu einem bestimmten Zeitpunkt zur Erkenntnis von zunächst fünf verschiedenen Typen bezw. Gruppen gelangten, ist lediglich historisch und interessiert hier nicht.

6 Wesensgruppen

Entscheidend ist, daß Schulz/Schleip – mit der Hilfe zahlreicher Tests – schließlich ein System von 6 „Wesensgruppen" entwickelten, die sie in der folgenden Tabelle ordneten. Zur Verdeutlichung haben wir die Wesensgruppen I, III und V mit den geometrischen Symbolen des Quadrats, des Kreises und des Dreiecks versehen, weil sie genau den 3 Formprinzipen entsprechen. Man könnte diese Tabelle an die auf S. 164 aufgeführte anhängen und hätte dann die genauen Entsprechungen zu M, E und D. Die Wesensgruppen II, IV und VI hingegen erscheinen dann als Zwischenformen und bieten eine bessere Differenzierung, entsprechend etwa den Übergängen (Sekundär-Naturellen) bei Huter.

	□		○		▽	
	I	II	III	IV	V	VI
Sinnes-funktion	klar realistisch	wertgerichtet	ganzheitlich bestimmt	von Phantasie beeinflußt	kontrolliert kritisch	analysierend
Denk-funktion	real-logisch	organisch	anschaulich	intuitiv	konstruktiv	abstrakt-logisch
Gefühls-funktion	wenig ansprechbar	für Ideale zu begeistern	starkes Einfühlungs-vermögen	leicht ansprechbar vielseitig	verstandes-gesteuert	kühl verhalten
Willens-funktion	beharrlich	wertstrebig ausdauernd	beweglich elastisch	impulsiv vielstrebig	zweckabhängig nützlichkeits-gerichtet	normgebunden unelastisch
Erlebnis-funktion	verschlossen	wertbedingt erlebnisfähig	erlebnisbereit und -freudig	abwechslungs-freudig	kritisch erlebnisfähig	vernunftbetont

Hierbei sei darauf hingewiesen, daß die Nummerierung von I–VI in keinem Falle ein Wertordnung oder eine in irgendeinem Sinne beabsichtigte wertbedingte Reihenfolge darstellt, sondern nur eine Ordnungshilfe. Und die anschließende Ordnung im Kreis macht dies dann auch noch deutlich: in einem Kreis gibt es kein oben und unten, obwohl Goethe als auch Huter eine solche Wertung ausgedrückt haben wollten.

Farben und Formen im Kreis integriert

Zu jedem einzelnen der angeführten Begriffe wäre natürlich noch eine ganze Anzahl von weiteren, damit zusammenhängenden oder verwandten Begriffen hinzuzufügen. Denn es handelt sich hier lediglich um Stichwörter, die wiederum, wie wir schon bei den Formprinzipen erwähnt haben, als völlig wertfrei zu verstehen sind. Die folgende Zusammenstellung mag dies noch einmal verdeutlichen – ein Mensch der betreffenden Wesensgruppe kann eine Spannweite haben von: **Stichwörter der Wesensgruppen**

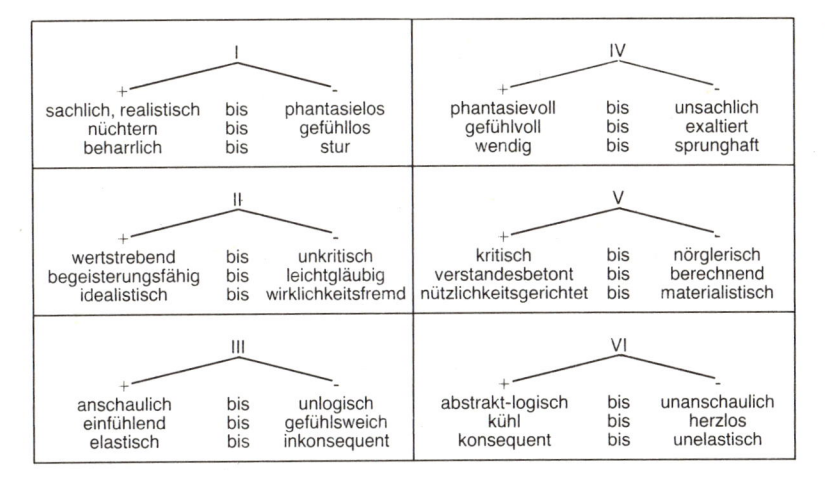

Spannweite

I			IV		
+		−	+		−
sachlich, realistisch	bis	phantasielos	phantasievoll	bis	unsachlich
nüchtern	bis	gefühllos	gefühlvoll	bis	exaltiert
beharrlich	bis	stur	wendig	bis	sprunghaft

II			V		
+		−	+		−
wertstrebend	bis	unkritisch	kritisch	bis	nörglerisch
begeisterungsfähig	bis	leichtgläubig	verstandesbetont	bis	berechnend
idealistisch	bis	wirklichkeitsfremd	nützlichkeitsgerichtet	bis	materialistisch

III			VI		
+		−	+		−
anschaulich	bis	unlogisch	abstrakt-logisch	bis	unanschaulich
einfühlend	bis	gefühlsweich	kühl	bis	herzlos
elastisch	bis	inkonsequent	konsequent	bis	unelastisch

In diesem Zusammenhang sei nocheinmal an unsere im 3. Schritt (Abschn. 3.2.3) getroffene Feststellung (S. 165 ff.) erinnert, daß die Strukturformel völlig wertfrei gesehen werden muß. Nur wenn man dies bei der Analyse der eigenen Person und bei der Betrachtung anderer Menschen stets berücksichtigt, wird man schließlich zur objektiven Anwendung der Menschenkenntnis gelangen, die einem dann auch als Handwerkszeug einen beachtlichen Nutzen bringen kann. Und dies bedarf ständiger Übung im Umgang mit den Begriffen und ständiger Bemühung um wertfreies Verständnis derselben.

Wahrscheinlich angeregt von den Arbeiten Carl Huters sind dann auch Schulz/Schleip darauf gekommen, diese Wesensgruppen in eine Kreisordnung zu bringen, um auf diese Weise fließende Übergänge zu ermöglichen. Dies hat dann folgendermaßen ausgesehen: **fließende Übergänge**

Farben und Formen im Kreis integriert

Kreisordnung der Wesensgruppen

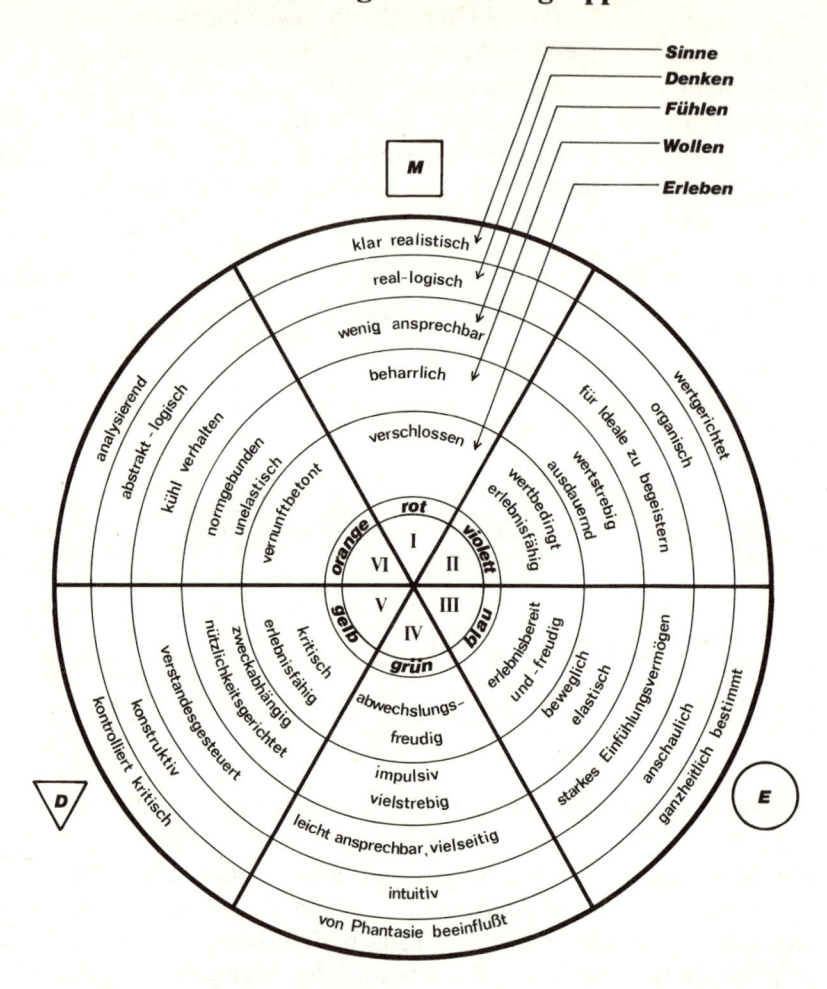

Denkrichtungen

Wie sehr sich jeder einzelne der angeführten Begriffe über Fähigkeiten und Eigenschaften nochmals differenzieren läßt, ist ein semantisches Problem. Für den Bereich des Denkens ist mit der nebenstehenden Graphik einmal der Versuch gemacht worden, die den verschiedenen Wesensgruppen zugehörigen Denkrichtungen sprachlich zu formulieren. Auch hierbei muß – einmal abgesehen von der erforderlichen Wertfreiheit – beachtet werden, daß allein das Verständnis der verschiedenen Begriffe in semantischer Hinsicht sehr unterschiedlich sein kann. Es würde jedoch zu weit führen, jeden Begriff im einzelnen nochmals zu definie-

Farben und Formen im Kreis integriert

ren, zumal auch hier unterschiedliche Auffassungen auftreten könnten. An der jeweils recht vielfältigen Auswahl jedoch kann der Anwender durchaus eine Überschau bekommen und so die Richtung erkennen und sich selbst – entsprechend wertfrei bemüht bleibend – auslegen*.

Denk-Richtungen

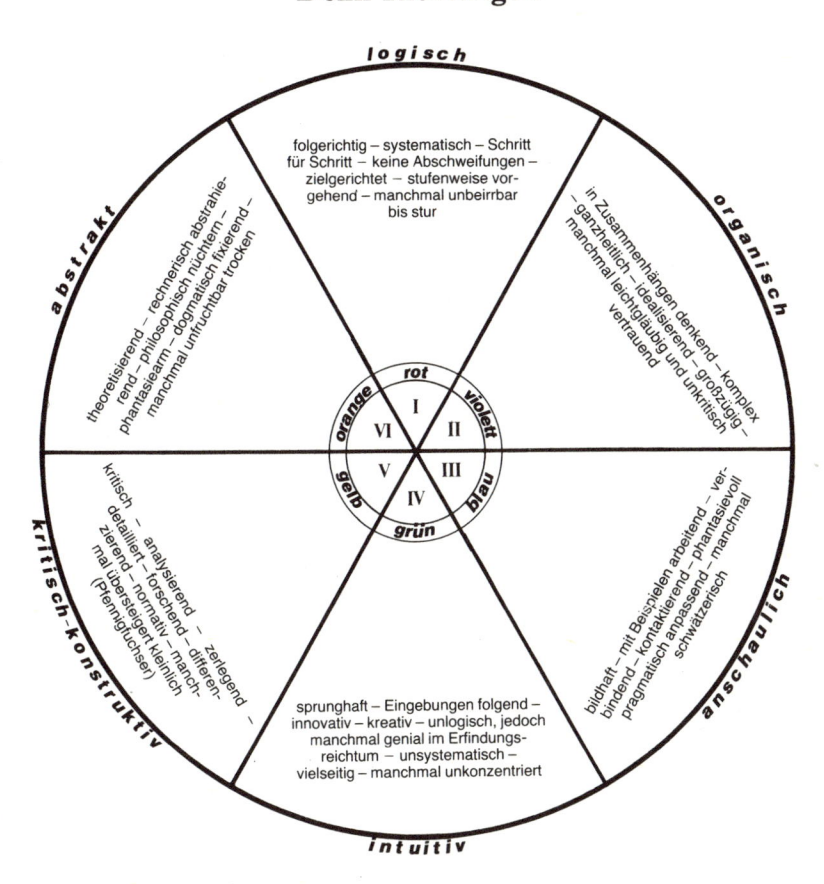

logisch (I, rot): folgerichtig – systematisch – Schritt für Schritt – keine Abschweifungen – zielgerichtet – stufenweise vorgehend – manchmal unbeirrbar bis stur

organisch (II, violett): in Zusammenhängen denkend – komplex – ganzheitlich – idealisierend – großzügig – manchmal leichtgläubig und unkritisch vertrauend

anschaulich (III, blau): bildhaft – mit Beispielen arbeitend – verbindend – kontaktierend – phantasievoll – pragmatisch anpassend – manchmal schwätzerisch

intuitiv (IV, grün): sprunghaft – Eingebungen folgend – innovativ – kreativ – unlogisch, jedoch manchmal genial im Erfindungsreichtum – unsystematisch – vielseitig – manchmal unkonzentriert

kritisch-konstruktiv (V, gelb): kritisch – analysierend – zerlegend – detailliert – forschend – differenzierend – normativ – manchmal übersteigert kleinlich (Pfennigfuchser)

abstrakt (VI, orange): theoretisierend – rechnerisch abstrahierend – philosophisch nüchtern – phantasiearm – dogmatisch fixierend – manchmal unfruchtbar trocken

Dies ist für die spätere Ausdeutung der Übungen IV–VI besonders wichtig, denn diese Übungen sollen – wie bereits erwähnt – keine Tests quantifizierbarer Werte, sondern lediglich Hinweise auf mögliche Richtungen sein – nicht mehr.

---

* Diese Darstellung ergänzt die bereits im 2. Schritt (s. S. 88 ff.) gemachten Erläuterungen zur Denkfunktion.

Farben und Formen im Kreis integriert

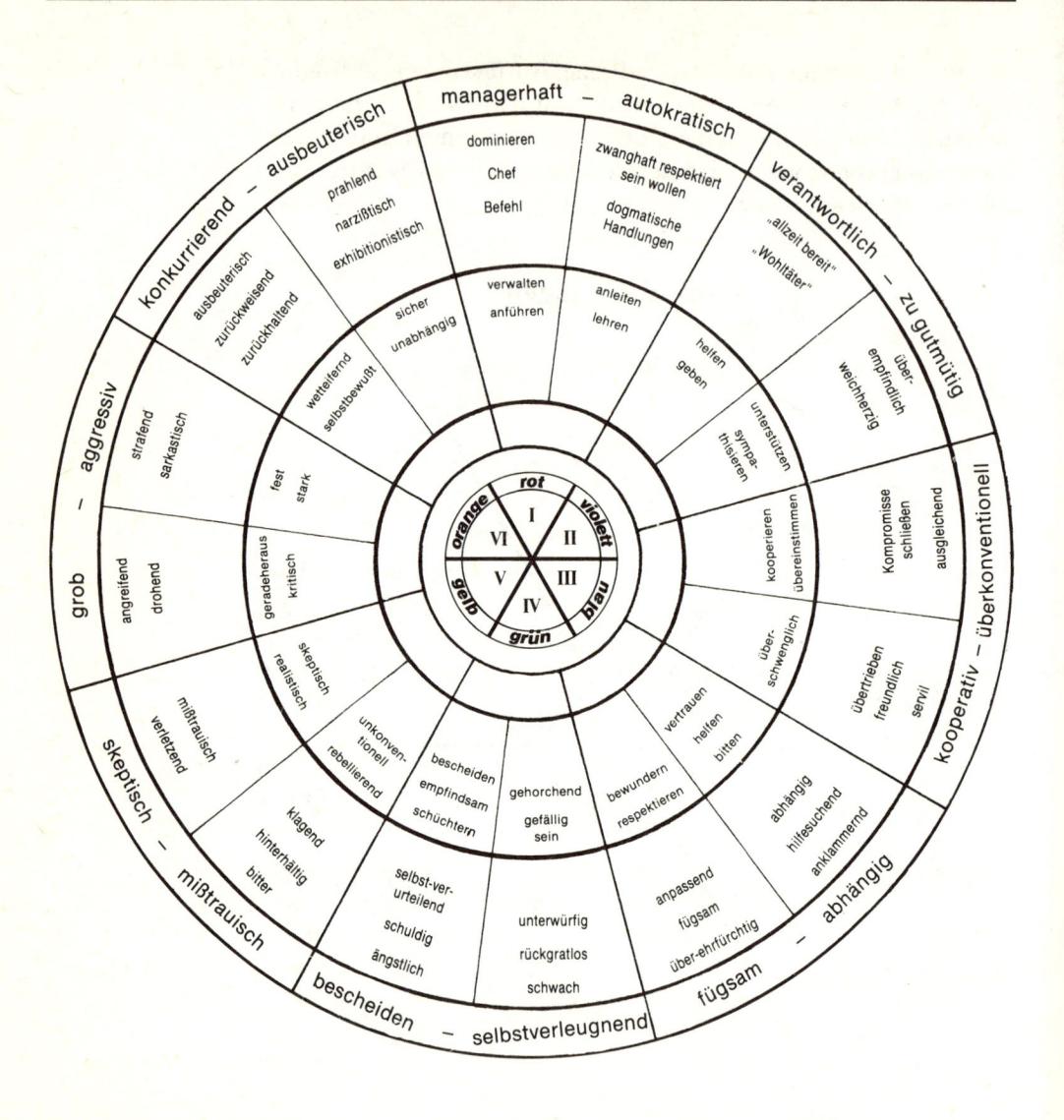

Eine erstaunliche Ähnlichkeit mit dem Kreis der Wesensgruppen findet sich in der Arbeit des Gründers der „Washington School of Psychiatry" (1936), Harry Stack Sullivan, der – wahrscheinlich schon in den 40er Jahren – ebenfalls ein Modell in Kreisform entwickelt hat. Er gebrauchte dieses Modell zur Beschreibung der „Persönlichkeit" eines Menschen, allerdings von vornherein als Grundlage zur Therapie psychisch gestörter Menschen. Seine Arbeiten haben später durch verschiedene Interpreten unterschiedliche Ausdeutung und Auswertung gefunden. Für uns interessant ist die Reihenfolge der zugeordneten Eigenschaften und Verhaltensweisen im Kreis, die – allerdings mit etwas verschobenen Schwerpunkten – deckungsgleich mit den Wesensgruppen im Strukturkreis ist. (Lit. Nachtrag). – Um eine Vergleichsmöglichkeit zu geben, haben wir in dieses Modell in der Mitte die Wesensgruppen eingefügt, wodurch interessante Parallelen deutlich werden.

4.3.3 Das dreiteilige eidetische Modell von Arnet

Werner J. Arnet (* 1927), Schweizer Arzt (Naturheilkunde) und Fachpsychologe für Eidetik und zwischenmenschliche Beziehungen, der in Kanada Schüler von Fritz Perls (Humanistische Psychologie) war, hat dort in einer umfangreichen eigenen Beraterpraxis Erkenntnisse gewonnen und ein Modell geschaffen, das unsere bisherigen Kenntnisse erweitert und abrundet.

> *„Nichts unter der Sonne ist Zufall; das Wort Zufall ist bereits eine Gotteslästerung!" sagt G. E. Lessing. Und so war es sicherlich auch eine für mich glückliche Fügung, daß ich im Jahre 1974 in einem abgelegenen Hotel im Rheinland den gerade dort weilenden Werner Arnet kennenlernte. In ausführlichem Gedankenaustausch stellten wir fest, daß er bei seinen Forschungsarbeiten in Kanada zu nahezu deckungsgleichen Ergebnissen gekommen war wie seinerzeit Schulz/Schleip mit den Formprinzipen und den Wesensgruppen. Nur daß Arnet mit einer genialen Lösung in Formen und Farben die gesamten sprachlich-ausdrucksmäßigen Barrieren überwunden hatte.*

Arnet gründet sein Lehrgebäude, über das es noch – außer den schriftlichen Seminar-Unterlagen für Teilnehmer – keine eigene Literatur gibt, auf drei wesentlichen Fundamenten:

1. Der Begriff der E i d e t i k (vom griech. „eidos" = Aussehen), den er mit „Wahrnehmungshaltung" umschreibt*, basiert auf der angelsächsischen psychologischen Richtung des „Behaviorismus" (beobachtbares Verhalten) einerseits und den Praktiken der Gruppendynamik seines Lehrers Fritz Perls andererseits. Arnet hält es daher für wesentlich, daß derjenige, der andere Menschen erkennen und verstehen will, in der w e r t f r e i e n Beobachtung geschult wird, – eine Grundvoraussetzung, die wir bisher schon mehrfach betont haben.   **Eidetik**

Wertfreie Beobachtungs-Haltung

2. Die Verwendung von F a r b e n und F o r m e n als supraverbaler Ausdruck lag für Arnet, der in der Schweiz eine Grundausbil-

---

* Bekanntgeworden ist der Begriff der Eidetik vornehmlich durch die Arbeit von E. R. Jaensch (Lit. 65). Hiernach ist der „Eidetiker" ein Mensch, der bestimmte Objekte anschaulich „sieht", obwohl sie sich nicht im Bereich seiner Wahrnehmung befinden.

Farben und Formen im Kreis integriert

Farben als supraverbale Begriffe

dung als Maler und Graphiker (Johannes Itten, Bauhaus!) genoß, nahe – auf diese Weise können sprachliche Barrieren und Kommunikationsschwierigkeiten mühelos überwunden werden. Statt entsprechend den einzelnen Lehren etwa von „Athletiker", „Breitentendenz", „somatotonisch", „mesomorph", „motorischer Dominanz", „Willensmensch", „Bewegungs-Naturell", „nordischer Rasse" oder „Wesensgruppe I" zu sprechen, verwendet man einfach die Bezeichnung der Farbe „Rot" und/oder die quadratische oder würfelförmige „Form", um sich – auch international – leichter zu verständigen.

Auch Arnet geht zunächst von den drei Grundfarben Rot, Blau und Gelb aus, um gewisse Grundtendenzen festzustellen, die er in einem in einer Spirale übergehenden Kreis einordnet, in der dann die Zwischenfarben Grün, Orange, Violett zu finden sind. Auf die Gründe zur Wahl der Spiralform einzugehen, würde hier zu weit führen.

dreidimensionale Sicht

3. Einen entscheidenden Schritt hat Arnet außerdem damit getan, daß er die von Freud geschaffenen Begriffe des Über-Ich, des Ich (Ego) und des Es (Id) sowie die dazu parallelen Begriffe der Transaktions-Analyse von Eric Berne (Eltern-Ich, Erwachsenen-Ich, Kindheits-Ich – Lit. 8) in sein Modell einbaut. Im Gegensatz zu allen anderen bisher genannten Lehren, die sich zweidimensional anbieten, ist bei Arnets Arbeit eine dritte Dimension darauf projiziert. Auf diese Weise ist es im eidetischen Modell auch möglich, außer der Darstellung der Anlagen und Grundtendenzen auch den Umwelteinflüssen gerecht zu werden, was Schulz/Schleip mit dem Gebrauch der Kontaktdisposition versucht haben.

Beispielsweise könnte etwa ein seiner Grundstruktur nach „roter" Mensch durch unterstützende oder bewegende Einflüsse der Umwelt im Rahmen seiner ihm gegebenen Variationsbreite zu „Orange" oder zu „Violett" gelangen. Dies läßt sich – gemäß Arnet – durch farbige Deckblätter auf dem Grundmodell so darstellen, daß tatsächlich eine dreidimensionale Lehre entsteht.

Die folgende tabellarische Übersicht, die sich im Wesentlichen auf die Erkenntnisse der Huter'schen Naturell-Lehre stützt, bil-

Farben und Formen im Kreis integriert

det für Arnets eigentliche Arbeit nur eine Eingangsstufe. Als Beobachtungsübung – Schulung in wertfreier Wahrnehmungshaltung – ist sie für uns interessant, denn jeder wird durch sie eine große Anzahl von Anregungen zu Beobachtungsmöglichkeiten finden.*

Tabellarische Übersicht der Erscheinungsformen

(nach Arnet – Huter)

□ Rot	○ Blau	▽ Gelb
Allgemeine Erscheinung groß, breit, Brust und Schultern sehr betont und entwickelt, mager, kaum Fett, gut proportioniert, kräftig, muskulös	abgerundete Formen, Tendenz zu Schlaffheit und aufgedunsenem Fettgewebe, aufgebläht, mittelgroß, Bauch ist sehr betont, groß, angeschwollen	klein bis mittelgroß, die meisten Formen proportioniert und fein entwickelt, oft zart, schmächtig, kein Fettansatz
Schädel – Kopfform lang, oft schmal, viereckig, Gesicht und Kopf mit scharfen Formen, niedere Stirn, Betonung der mittleren Gesichtspartie (Backenknochen und Nase)	kugelförmig, breit entwickelte, mittlere Stirn, Betonung der Partie unterhalb der Nase (Mund und Kinn)	umgekehrte Birnenform, oft hohe Stirn, dominierende Formen in der Partie oberhalb der Augen (Stirne, Oberhaupt)
Haare kräftig, oft störrisch, gerader Ansatz an der Stirn, selten Glatze	weich, wellig oder lockig, Anlage zur Rundglatze	dünn, fein, oft strähnig, Ansatz zur Eckenglatze
Augen beobachtend, wachsam, stechend, durchdringend, eigenwillig	gemütlich, vergnügt, listig, humorvoll	sensitiv, träumerisch, ausdrucksvoll, offen bis verhangen
Nase fest, lang und/oder scharf, stark entwickelte Nasenwurzel, aggressiv wirkend (wenn Nasenrücken eckig oder gebogen, auch Habichtsnase)	voll und rund, oft Knollennase Flügel und Spitze rundlich, sehr betont	Durchschnittslänge, fein, ästhetisch, zierlich, wenn länger, dann meist mit schwachem Rücken, Wurzel und Rücken wenig betont
Lippen schmal, gradlinig, verschlossen, schmale Oberlippe, sachlich bis verbissener Ausdruck	weich, rundlich, geschwungen, oft breit, sinnlich, offener Ausdruck	feinfühlig zart, fein gezeichnet, oft schmal geschwungen, munter, ausdrucksvoll

---

* Da Werner Arnet heute den Schwerpunkt seiner Tätigkeit im therapeutischen Bereich sieht, soll hier festgestellt sein, daß die dargestellte Übersicht keinen tragenden Teil seiner Arbeit ausmacht.

Farben und Formen im Kreis integriert

□ Rot	○ Blau	▽ Gelb
Kinn groß, oft vorgestreckt, eckig, knochig, willensbetont (dadurch oft aggressiv erscheinend)	rund und weich, Hängekinn oft Doppelkinn, Tendenz zur Fett-Schwellung	klein, fein, meist rundlich spitz, oft fliehend (wirkt dadurch kindlich)
Hals lang, muskulös, stark (Stiernacken)	kurz, massiv, oft fett (Specknacken)	fein, schlank, gut proportioniert
Ohren nur funktionell (sieht mehr als er hört), Formen wirken hart, Ohr steht oft vom Kopfe ab	fleischig, einfach, flach, rund, wenig Ausdruck, oft großes fleischiges Ohrläppchen	Neigung zur Zierlichkeit, „gemeißelte Form", sensitiv unterschiedlich, kleines od. mangelndes Ohrläppchen
Drüsen gleichmäßig entwickelt, geringe Transpiration	überaktiv, gut entwickelt, transpiriert leicht	schwach bis unzureichend entwickelt, hat Last mit zu großer Körperhitze, schwach transpirierend
Knochen stark, schwer, kräftig entwickelt, brechen selten (können Anstrengungen ertragen)	spröde, leicht brechend, oft nicht stark genug für Körpergewicht	elastisch, flexibel, brechen selten, aber Neigung zu Bänderrissen (Akrobaten, Schlangenmenschen)
Muskulatur hervorragend entwickelt, kräftig, Fleischansatz karg, mehr Fasergewebe	voll entwickelt, wirkt fleischig und rund, Bindegewebe neigt zu Ansammlung von Flüssigkeit und Fettstoffen	mangelhaft entwickelt, jedoch zäh und sehnig, Neigung zu nervösen Muskelstörungen
Blutgefäße großes Volumen, sehr muskulöses Herz, geeignet für Streß und Dauerleistung	Herz und Adern nur mittl. Entwicklung, aber elastisch Neigung zu Herzbeschwerden	kleines Volumen, Neigung zu hohem Blutdruck, Herz ist anfällig für emotionell-nervöse Störungen (Ausgleich sehr wichtig)
Lunge enorme Reserven, solange Brust in voller Funktion, jedoch fatale Oberflächenreaktion, wenn sie beeinträchtigt ist	kurzer schwerer Atem, Neigung zu Atembeschwerden, Asthma, heilt aber leicht	mittlere Reserven, widerstandsfähig bei Erkrankung der Atemwege, Nervenfunktionen benötigen viel Sauerstoff
Nieren stabil entwickelt, kann starke Belastung ertragen	oft nur mittelmäßig entwickelt, Neigung zu übermäßiger Flüssigkeitsaufnahme: Nierenleiden	normalerweise keine Probleme außer neurologischer Art (bei übergroßer Sensibilität: Adrenalin und Noradrenalin)
Temperatur liebt die meisten Wetterarten, anpassungsfähig an heißes und kaltes Wasser, Feuchtigkeit geduldet	liebt kühles bis kaltes Wasser, zieht heißes Klima vor, verabscheut feuchtes	liebt warmes, mildes Klima verabscheut kalte Luft und kaltes Wasser
Umweltverhalten liebt Strapazen u. Streß, sucht u. liebt einflußreiche Lebensweise, Neigung zu Macht und Gewalt	liebt körperl. Bequemlichkeit, Neigung zu materiellem Denken und Leben	liebt Kunst, sucht intellektuelle Herausforderung, muß geistig-seelisch befriedigt und erfüllt sein
Aktivität liebt dauernde Bewegung, ruhelos, angespannt, schläft wenig	wünscht Ruhe und Bequemlichkeit, liebt viel Schlaf	benötigt ausbalanciertes Wechselspiel zwischen Ruhe und sinnvoller Tätigkeit

Farben und Formen im Kreis integriert

□ Rot	○ Blau	▽ Gelb
Spiel/Sport Abenteuer jegl. Art (Initiator), Jagd, Autorennen, Fechten, Boxen, Ringen	Karten, Wetten, Billard, Toto, Börse, Sportzuschauer	verabscheut Spielerei, sucht ernsthafte Freizeitbeschäftigung, Schach, Segeln
Reisen will Welt erleben, um Neues zu erfahren, ruhelos	seßhaft, heimatverbunden, verabscheut herumreisen	liebt Reisen, um zu lernen, mehr intellektuelle Neugier
Kleidung eigen in bezug auf Material und Schnitt (Uniform) Farbwahl leuchten u. kontrastbereich, neigt zu auffälligen Kombinationen	einfacher Geschmack, meist sorglos und praktisch, Farbwahl schlicht bis uninteressant (Pastell-Farben)	liebt feines weiches Material (Wolle, Seide, Samt), bei Farbwahl: elegante Kombinat. Vorliebe für Schmuck, neigt zu Aufwendigem
Gespräche über Sport, Reisen, Arbeit, Erfolge, Krieg, Fertigkeiten, Entdeckungen, Macht	meist über Essen, Erlangen von Reichtum und Bequemlichkeit	über Studien, Kunst, Bücher, Intellekt, Religion, Philosophie
Familie benutzt die Familie als Notwendigkeit, Ort für kurze Rastpausen	normalerweise guter Versorger, liebt das Heim und die Häuslichkeit – Kinder	findet die Familie anregend, sieht Ideale in der Erziehung
Getränke Weinbrand, Rum, Schnaps, Wein, hohe Gläser, Flaschen	Bier, Longdrinks, niedrige Gläser, Steinkrüge	Tee, Limonade, Wasser, Likör, Sekt, schöne Gläser
Haushalt und Geschäft kann nicht gut wirtschaften, sorgt sich aber nicht, verdient ausreichend durch Aktivität, kommt gerade so aus, gibt leicht Geld aus für mater. Besitz wie Autos, Pferde, Häuser, Uniformen usw.	vielfach gutes Wirtschaftstalent, wichtig sind Ausgaben für persönliches Wohlergehen und Bequemlichkeit, Neigung zu Unzuverlässigkeit, oft wenig Exaktheit, kann auch großzügig sein	kalkulierend, denkt an Gewinn, hält aber Fairneß hoch, ist opferbereit für Ideale, Neigung zum Träumen, zu unorthodoxen Methoden und auch oft zu unpraktischem Handeln

Es muß nochmals ausdrücklich – wie bei den früher genannten Lehren – darauf hingewiesen werden, daß die beschriebenen „Typen" in ihrer extremen Ausprägung fast nie zu finden sein werden, weil sie sonst krankhafte Monstren darstellten. Jeder Mensch hat – wie wir schon durch Sheldon (s. 3. Schritt S. 148) gelernt haben – von allen Grundelementen anteilige Ausprägungen. Ihre Dominanten können wir jedoch durch die vorliegende Übersicht leichter beobachten und besser erkennen.

Keine extremen „Typen"

4.4 Die Zusammenschau

Überschau für das Durchgängige

Farbtafeln G–J

Wir haben im 3. Schritt bereits erklärt, weshalb wir den Begriff „integrierte" Menschenkenntnis gebrauchen: zum einen, um dem Einzelnen Hilfen zu geben in der Entwicklung zum „homo integrans" – zum anderen, weil wir versuchen wollten, aus der Integration aller gängigen und fundierten Menschenkenntnislehren und Typologien das Durchgängige, Gemeinsame in einer Überschau zu entdecken. Mit der Übersicht (Farbtafeln G–J) ist hiermit erstmalig ein solcher Versuch gemacht worden. Er wird zwar von den meisten Vertretern der betreffenden Lehren Proteste einbringen, weil sie – wahrscheinlich mit einer gewissen Berechtigung – meinen, daß dieser oder jener Faktor, der doch ihre Lehre so wesentlich von allen anderen unterscheide, nicht genügend berücksichtigt worden sei. Und weil keiner will, mit den anderen in einen Topf geworfen zu werden.*

Esoterik ist kein Hokuspokus

Der dritte Teil der Schautafel enthält vornehmlich Zuordnungen aus dem mystischen und esoterischen Bereich. Mit Absicht wurden diese Lehren bei unseren bisherigen Erkenntnissen nicht behandelt. Denn Menschen, die noch dem kartesianischen Weltbild verhaftet sind, neigen vielfach dazu, Kabbala, Astrologie und andere Lehren dem Hokuspokus zuzuordnen. Aber auch ihnen wird bei der Betrachtung der durchgehenden farb-formlichen Elemente und der psychischen und körperlichen Eigenschaften auffallen, daß gerade die beiden genannten Lehren schon seit Jahrtausenden entsprechende Zuordnungen vornehmen, die sich mit unseren Erkenntnissen auf naturwissenschaftlicher Basis decken.

Hilfe zur Bewußtseins-Erweiterung

Niemand soll hierdurch zu Meinungsbildung und Einstellungen gezwungen werden, die ihm nicht liegen. Aber wenn der eine oder andere über solche Zusammenhänge nachdenklich werden sollte, dann kann dies ein Schritt zur Bewußtseinserweiterung sein. Die Anhänger der betreffenden Lehren werden jedoch hier Bestätigungen für ihre Glaubensmeinungen finden, die auch

---

* Paul Helwig (Lit. 59) Doktorvater von Walter Schleip, der in Braunschweig und Heidelberg Psychotechnik lehrte, bezeichnet dieses vielerorts zu findende Scheuklappendenken als „Gläubigkeit vieler Psychologen an die jeweils verabsulutierten Systeme, die etwas ärgerlich Unwissenschaftliches an sich" habe.

Farben und Formen im Kreis integriert

ihnen interessante Bezüge aufzeigen. – Für alle aber sei dies ein Schritt zur Intensivierung ganzheitlicher Schau im Weltbild.

Es sei jedoch hier noch einmal deutlich ausgesprochen: keiner aller bislang aufgeführten Lehren soll etwas von ihrem Wert und ihrer Bedeutung genommen werden – und auch die vielen hier nicht genannten Lehrmeinungen sollen keineswegs etwa als irrig abgetan sein. Alle sind von ernstzunehmenden Menschen verantwortungsbewußt erarbeitet worden und haben sicherlich ihre Daseinsberechtigung; auch wenn vielleicht hie und da Irrtümer oder Denkfehler unterlaufen sein könnten. Darüber steht uns nicht an, zu richten, – dies wird der Futterneid der Wissenschaftler untereinander schon allein gründlich besorgen. Unsere Übersicht soll lediglich eine Art „größten gemeinsamen Nenner" verdeutlichen.

Was wir wollten und was uns hoffentlich gelungen ist, soll eine Erweiterung des Bewußtseins bei jedem Einzelnen sein, der sich des besseren Umgangs mit sich selbst und mit seinen Mitmenschen bemühen will. Und wenn es einigen dann noch gelingen sollte, die gewonnenen grundsätzlichen Erkenntnisse in die Praxis ihres Unternehmens zu übertragen, dann werden sie den Nutzen zu spüren bekommen. Wie einfach dies sein kann, mag folgendes Geschehnis belegen. **Übertrag in die Praxis**

Als Berater in Personalfragen war ich in einem mittleren Unternehmen vor einigen Jahren tätig, dessen Inhaber deutlich im violetten Bereich lagen (Wesensgruppe II). Der eine vielleicht ein wenig mehr noch nach Rot ausgerichtet – seine spezielle Tätigkeit befaßte sich mit Organisation und Aufbau; der andere hatte mehr eine Neigung zu Blau – seine Stärke war der Kundenkontakt wie der gesamte Marketingbereich. Aber im Violetten waren sie deckungsgleich und verstanden sich prächtig: sie expandierten, gründeten neue Niederlassungen und Auslandsvertretungen und jubelten sich gegenseitig zur Euphorie hoch, wenn wieder eine Ausweitung des Geschäftes irgendwo anstand.

Nach einiger Beobachtung des Geschäftsgebahrens sagte ich mir, daß dies auf die Dauer nicht immer weiter so gut gehen könne, weil die Beiden in ihrer Begeisterungsfähigkeit irgendwann jeglichen Maßstab verlieren müßten. Und ich empfahl ihnen dringend, einen dritten Mann in die Geschäftsleitung mit hineinzunehmen, der im gelben Bereich (Wesensgruppe V) angesiedelt sei und ihnen „auf die Nerven gehen" müsse mit seiner zurückhaltenden Genauigkeit, seinem berechnenden Zögern und seiner – von ihnen aus gesehen – entsetzlichen Entschlußlosigkeit, ja Feigheit.

Ich wollte ihnen einen solchen Geschäftsführungs-Kollegen beschaffen und hätte wahrscheinlich auch den geeigneten Mann gefunden. Aber meine Vorwarnung, die ich den Beiden deshalb geben mußte, weil sie kein Menschenkenntnis-Seminar bei mir besucht und daher den tieferen Zusammenhang meiner Vorstellungen nicht erkannt hatten, verschreckte sie so, daß sie meinem Vorschlag nicht folgten und in der gleichen Weise wie bisher weiter „wursteln". Nach den von mir vorausgesagten Rückschlägen backen sie heute „kleinere Brötchen".

Führungs-Tätigkeit

Wie sehr unsere bisher erworbenen Kenntnisse nützen können, wenn man einmal im Zusammenhang die durchgehenden Eigenschaften der verschiedenen Lehren miteinander vergleicht, mag die Zusammenschau auf S. 215 zeigen. In ihr ist der Versuch gemacht worden, einmal deckungsgleiche Aussagen hinsichtlich des Arbeitseinsatzes insbesondere für Führungskräfte nebeneinanderzustellen. So kann uns die „integrierte Menschenkenntnis" nützen.

4.4.1 Die Technik der Ausdeutung der Übungsbogen

Auch für diejenigen Leser, die die in der Umschlagtasche dieses Buches befindlichen Fragebogen nicht ausgefüllt haben, ist dieser Abschnitt lesenswert, weil aus ihm hervorgeht, wie der im nächsten Schritt zu behandelnde Strukturkreis entstanden ist und sich zusammensetzt. Wer jedoch aus irgendwelchen Gründen die Übungsbogen noch nicht – wie auf S. 150 + 168 angeregt – ausgefüllt haben sollte, hat dazu nunmehr noch die letzte Gelegenheit, es unvoreingenommen zu tun. Ein späteres Ausfüllen nach Kenntnisnahme der nun folgenden Erläuterungen ist sinnlose Zeitvergeudung.

Zunächst muß noch einmal generell darauf aufmerksam gemacht werden, daß die erkennbaren Aussagen nur als Hinweise verstan-

Farben und Formen im Kreis integriert

Führungsfähigkeiten aufgrund der Anlagen

☐ ○ ▽

Schleip – Biologische Konstitutionspsychologie (Dominanzen)		
Motorisch-dominiert Neigung zum Praktischen, Tendenz z. Durchsetzung, tatkräftig, unerschrockenes Auftreten, Pionierarbeit, praktische Durchführung, Überwindung von Widerständen, energische Führung	Elastisch-dominiert Neigung zum Persönlichen, Tendenz zur Anpassung, ausgleichend, liebenswürdig, ruhige Reaktionen, Gruppen-(Team-)Arbeit, Kontaktpflege, Verbindlichkeit, ausgleichende Führung	Differenziert-dominiert Neigung zum Formalen, Tendenz zur Absonderung, kritisches Verhalten, zurückhaltend, gesteuerte Reaktionen, Einzelarbeit, Entwicklung, Systematik, organisatorische Führung
Schulz/Schleip – Wesensgruppen (ohne Berücksichtigung der Nachbargruppen)		
Wesensgruppe I wirklichkeitsnah, gleichmäßig, nüchtern, reaktionssicher, fähig zu Dauerkonzentration, gleichförmige Arbeit, zuverlässig, in der Ausführung, beständig	Wesensgruppe III umweltverbunden, einfühlend, vielseitig, weniger an Kleinarbeit interessiert, oft großzügig-nachgiebig, elastisch, anpassungsfähig, künstlerisch produktiv	Wesensgruppe V nützlichkeits- und zweckgerichtet, konstruktiv, vielseitig gewandt und interessiert, kritikfähig und -freudig, von verstandesmäßig kontrollierter Phantasie
Huter – Naturell-Lehre (ohne Berücksichtigung der Übergangs-Naturelle)		
Bewegungs-Naturell harte Natur, Faustrecht, herrschsüchtig bis zur Rücksichtslosigkeit, Neigung zur Überhebung, entschlossen, nüchtern, tatkräftig, Überwindung von Widerständen, Liebe zur Freiheit und Unabhängigkeit	Ernährungs-Naturell Einstellung auf körperliche Genüsse, Bequemlichkeit und Ruhe, keine Anstrengungen, wirtschaftlich, leben und leben lassen, Eignung zum Kleingewerbe, ökonomisch klug und lebenspraktisch	Empfindungs-Naturell keine robuste Tatkraft, stimmungsabhängig bis Tatunlust, Neigung zu Studium, sensibel, oft auch überempfindlich, natürlich-vornehme Lebensart, Feingeschmack, Neigung zu Lebensverfeinerung
Arnet – Eidetisches Modell (nur Grundfarben)		
Rot liebt Stellungen mit viel Verantwortung, große Unternehmungen, guter Geschäftsführer, Diktator, Soldat, Dynamik, Neigung zu Hast, impulsiv, oft explosive, kräftige Handlungen	Blau ist ein ausgezeichneter Wirt und Gastgeber, Landwirt, Bankier, Gesellschafter, Schauspieler, Politiker, ziemlich unbekümmert, gemächliche Art mit Suche nach praktischen Ergebnissen	Gelb ausgezeichneter Lehrer, Arzt, Seelsorger, Psychologe, Sozialarbeiter, sensibler Künstler, ausgewogene Weiterentwicklung, berechnend, intuitiv mit oft nur schwer realisierbaren Ideen

Es sei nochmals besonders darauf hingewiesen, daß alle vorgenannten Aussagen nur für die sogenannten „reinen" Typen zutreffen, die jedoch in der Praxis kaum in solch extremer Ausprägung vorkommen.

Farben und Formen im Kreis integriert

Vielzahl der Informationsmöglichkeiten

den werden dürfen. Dies mag z. B. daraus ersichtlich werden, daß in dem bereits ausgedeuteten Übungsbogen I insgesamt nur 12 Fragen enthalten sind, die sich mit dem Körperbau sowie der Bewegung befassen. Aber jeder aufmerksame Leser wird zugestehen, daß wir bisher ein Vielfaches dieser Zahl an Informationen über äußere Merkmale, die beobachtbar sind, kennengelernt haben. Und da die im Übungsbogen gestellten Fragen auch nicht im Sinne der Testpraktiken repräsentativ sind, dürfen die Antworten ebenfalls nicht als generell geltend angesehen werden.

Verstärker- oder Nachprüfung

Ebenfalls kann der Übungsbogen II mit nur 10 Fragen keine definitive Aussage ergeben, sondern entweder als Verstärker der in I gefundenen Formel dienen oder - bei krasser Abweichung – zum nochmaligen Nachprüfen und Nachdenken Anlaß sein.

Richtung kann schon erkennbar werden

Zeigt jedoch dem sich Beteiligenden die Strukturformel aus den beiden ersten Übungsbogen einigermaßen eindeutig in eine bestimmte Richtung, so kann dies schon als Ausgangspunkt auch für die folgenden Übungen gesehen werden.

Denn wer z. B. deutlich die Formel D-E-M erkannt hat, wird wissen, daß dies nunmehr den Wesensgruppen V-III-I entspricht und nach den Farben eine Dominanz von Gelb vor Blau ergibt. Dies bedeutet aber – um keine irrigen Erwartungshaltungen aufkommen zu lassen – keineswegs, daß in den folgenden Übungen Rot überhaupt nicht in den Ergebnissen vorhanden sein dürfte, – im Gegenteil: es ist im Sinne des Sheldon'schen „Mischungsprinzips" sogar normal, wenn solche „Ausrutscher" als Abweichungen von der generell erkennbaren Richtung auftreten.

Frage zur Kontaktdisposition

Nun zu der Ausdeutung des Ü b u n g s b o g e n s III: In a) sind die Begriffe der drei Spalten des Denkens, Fühlens und Wollens in der Reihenfolge der Wesensgruppen von I–VI von oben nach unten geordnet bzw. in der Farbabfolge Rot, Violett, Blau, Grün, Gelb und Orange, ohne daß dies selbstverständlich eine Wertordnung darstellt. Jeder Anwender kann also nun schon feststellen, ob die drei Aussagen dicht beieinander liegen oder ob krasse Divergenzen bestehen. In b) ist die Frage nach der Kontaktdisposition enthalten – ebenfalls in der genannten Reihenfolge. Wobei durchaus der Fall eintreten kann, daß jemand auch noch die Nachbarzeile seiner Wahl als zutreffend ansieht.

Farben und Formen im Kreis integriert

Wenn beim Übungsbogen IV eine Verkäuferposition ausgeschrieben ist, so sollte der Ausfüllende nicht die darin enthaltenen Aussagen ablehnen aus der Meinung heraus, er sei ja gar kein Verkäufer – und das ginge ihn nichts an. Wir haben bei der Definition des Begriffes „Führen" im 1. Schritt (S. 42) erwähnt, daß „Verkaufen" auch ein Führen ist im Sinne unserer Erläuterung, „einen oder mehrere Menschen so zu beeinflussen, daß sie ihren Standort, ihren Standpunkt oder ihre Richtung verändern".

Verkaufs-Position

Nur ist bei diesen beiden Vorgängen das „Autoritätsgefälle" unterschiedlich: bei der Führung kann der Führende aufgrund seiner Machtposition gegebenenfalls etwas durchsetzen, was der Verkäufer nicht kann, weil in seinem Falle normalerweise der Kunde die stärkere Position innehat. Verkaufen ist daher psychologisch oft viel schwieriger als Führen – und es braucht also niemand, der in einer Führungsposition steht, zu glauben, daß deshalb der Übungsbogen IV für ihn nicht zutreffend sei. Im übrigen sind auch die darin aufgeführen Begriffe zum großen Teil direkt auf Führungstätigkeit anwendbar.

Verkaufen ist vielfach schwieriger als Führen

Zur Verschlüsselung für denjenigen, der sich mit dem Bogen und seinen Angeboten befaßt, enthalten die Chiffren der einzelnen Anzeigen in der letzten Ziffer der dreistelligen Nummer die Zahl der Wesensgruppe, der die Anzeige entspricht. Die Chiffre Nr. 436, die die vierte Anzeige aufweist, entspricht also der Wesensgruppe VI (Orange) in ihrem Inhalt.

Das Ankreuzen der bevorzugten Anzeige und damit die Wahl der Wesensgruppe gibt dem Anwender wiederum eine bestimmte Richtung als Aussage über sich selbst an. Wenn die unter b) gefragte Ersatzanzeige in der Wesensgruppe benachbart liegt, so kann man schon darauf schließen, daß die Richtung, die man erkannt zu haben glaubt, zutreffen mag – mit einer eventuellen Neigung – Variationsbreite – nach rechts oder links auf dem Kreis. Sollte die Wahl der Ersatzanzeige jedoch diametral entgegengesetzt liegen, so muß der Betreffende darüber nachdenken, was ihn wohl zu dieser Wahl bestimmt haben mag. In diese Überlegungen sollten dann auch die Angaben auf die unter c) gestellte Aufforderung einbezogen werden, denn dort ist nach dem Anziehenden und dem Interessanten der erwähnten Begriffe gefragt.

Verstärker der Richtung durch Nachbargruppe

augenblickliche Situation kann Einfluß haben

Die Abweichung von der erkannten Hauptrichtung der erstgewählten Position kann zwei gute Gründe haben, die der Anwender bei seinen Kontroll-Überlegungen mit einbeziehen sollte. Zum einen kann die derzeitige psychische Situation im Leben, die durch besondere Umstände wie Streß, Angst, Arbeitslosigkeit, Schwierigkeiten in der Familie u. v. a. m. bedingt sein könnte, dazu führen, daß man nicht „normal" reagiert, wie es dem eigentlichen Wesen entspräche. Dies muß jeder selbst beurteilen können; vielleicht könnte hier auch ein Lüscher Farbtest (s. 4. Schritt S. 187) dem Betreffenden zusätzlichen Einblick in den derzeitigen Zustand seiner Psyche bringen.

Reiz des interessanten Gegensatzes

Ein anderer Grund der Abweichung könnte sein, daß der Anwender das Ganze insofern als Spiel betrachtet hat, als er ja im wirklichen Leben im Augenblick nicht seine Position zu wechseln gedenkt und daher es ganz reizvoll fände, hypothetisch einmal etwas ganz anderes zu machen, als das, was er zur Zeit tut und mit dem er auch einigermaßen zufrieden ist. Dieser Reiz des Interessanten, den man auch aus dem Sprichwort „Gegensätze ziehen sich an" kennt, kann auch bei unseren Übungen nicht ausgeschaltet werden, weil er vielfach aus dem Unbewußten kommt und der Betreffende sich über die Quelle nicht im klaren ist.

Entsprechung der derzeitigen Wesens-Einstellung

Der Ü b u n g s b o g e n V ist für die Arbeit des Anwenders an sich selbst von besonderer Bedeutung. Auch hier sind die sechs Begriffe in den zehn Wortgruppen in der Reihenfolge der Wesensgruppen I–VI aufgeführt, also von Rot über Blau und Gelb bis Orange, das an sechster Stelle steht. In der Frage a) ist zunächst einmal gefordert, daß der Beantworter in jeder der zehn Gruppen denjenigen Begriff ankreuzt, von dem er annimmt, daß er seiner Wesensart zur Zeit entspricht. Mit Absicht ist mit der Formulierung „zur Zeit" der derzeitige Zustand gefordert, denn es könnte durchaus sein, daß ein Mensch – wie zuvor geschildert – durch äußere Umstände sich in einer psychischen Situation befindet, die nicht der Grundanlage seines Wesens entspricht. Darüber sollte er sich bei dem Ankreuzen bzw. der Ausdeutung klar werden.

Wie möchte ich gern sein?

Die zweite Forderung in diesem Teil a) ist die, denjenigen Begriff mit einem „o" zu versehen, der den Zielvorstellungen entspricht,

Farben und Formen im Kreis integriert

die man sich wünscht. Diese Übung ist insgesamt nicht leicht und darf auch nicht leichtfertig vorgenommen werden; sie kann dem Anwender großen Aufschluß über sich selbst geben.

Selbstverständlich ist es durchaus möglich, daß im einen oder anderen Falle die beiden Dinge deckungsgleich sind, d. h. daß der derzeitige Zustand der Wesensart auch zugleich der erwünschte ist; in diesem Falle würde eben der betreffende Begriff mit einem Kreuz u n d einem Kreis versehen. Wenn aber jemand – wie ich es bei einem meiner Seminarteilnehmer erlebte – in allen 10 Wortgruppen jeweils denselben Begriff mit + und o versieht, dann ist dies entweder Faulheit oder – was noch schlimmer ist: Arroganz. Letzteres traf denn auch zu, – auf Befragen erwiderte der junge Mann, er sei genau so, wie er sich dies wünsche und er wolle auch nicht anders werden!

Bei der Ausdeutung geht man am besten so vor, daß man sich einen Zettel nimmt und notiert, wieviel Begriffe man in jeder Wesensgruppe angemerkt hat. Dies kann beispielsweise folgendermaßen aussehen:

```
  I: +        oo
 II: + + +    –
III: + +      o
 IV: + + +    o
  V: –        oo
 VI: +        oooo
```

Dies würde ziemlich deutlich zeigen, daß der Betreffende zur Zeit seine Stärken und Fähigkeiten im Bereich des Violetten, Blauen und Grünen sieht, aber auch erkannt hat, daß er in den gegenüberliegenden Bereichen von Gelb und Orange bis Rot noch Schwächen hat, die er auszugleichen anstrebt. Dies muß nicht immer so deutlich erkennbar werden; z. B. könne man Anmerkungen der folgenden Art ganz anders ausdeuten:

Schwerpunkte der Richtung sind meist erkennbar

```
  I: +        o
 II: + + + +  oo
III: + + +    oooo
 IV: + +      oo
  V: –        o
 VI: –        –
```

Farben und Formen im Kreis integriert

Ablehnung dessen, was einem nicht liegt

Hier scheint es so zu sein, daß der Betreffende seine Hauptrichtung erkannt hat, aber mit einem Ausgleich etwa im Bereich des kritischen oder abstrahierenden Denkens überhaupt nichts im Sinne hat, weil er vielleicht schon weiß, daß ihm das nicht liegt und er das nie können wird. Er setzt also auch bei seinen Wunschvorstellungen auf eine Vertiefung oder einen größeren Ausbau seiner an sich schon vorhandenen Stärken, die eindeutig im blauen Bereich, flankiert von Violett und Grün, liegen – hier hat er nicht weniger als 9 seiner Kreuze und auch 8 seiner Kreise angebracht.

Flankierungen sind aufschlußreich

Eine besondere Bedeutung kommt der Beachtung der Flankierungen zu: wenn sie rechts und links der Haupt-Richtung liegen, dann ist dies eine eindeutige Verstärkung und wohl auch eine Bestätigung, daß die Erkenntnisse einigermaßen richtig liegen. Wenn sich aber ein sehr diffuses Bild ergibt wie z. B. bei dem folgenden Beispiel, dann müssen daran noch einige Überlegungen angeknüpft werden.

```
  I: + +       o
 II: +         oo
III: + +       –
 IV: +         ooo
  V: + + +     oo
 VI: +         oo
```

Vergleiche mit anderen Übungsbogen

Zunächst – und dies sollte in allen ähnlich gelagerten Situationen bedacht werden – besteht die Möglichkeit, daß der Ausfüllende oberflächlich oder zerstreut gearbeitet hat; vielleicht auch unterbrochen oder sonstwie in der konzentrierten Beantwortung gestört wurde. Wenn er aber nach nochmaliger Überprüfung aller seiner Aussagen dabei bleibt, daß diese Angaben von ihm tatsächlich so gemeint seien, dann bleibt nur noch die Möglichkeit des Heranziehens von Vergleichen mit den anderen Übungsbogen.

Richtung wird erkennbar werden

Wenn also im oben angeführten Beispiel der Testant in den Übungen I und II eine eindeutige E-Dominanz auswies, mit D an zweiter Stelle, wenn in der Übung III die Wesensgruppen III–V (Blau, Grün, Gelb) vorherrschten und auch in der IV. Übung die

Farben und Formen im Kreis integriert

Wahl auf die Position 4 gefallen war (mit Ersatzangebot 3), dann kann man wohl sagen, daß eine gewisse Richtung in dem genannten Farbbereich tendiert, zumal auch in der Übung V doch insgesamt 6 von 10 Kreuzen diese 3 Farben treffen. Außerdem können dann noch die Ausdeutungen herangezogen werden von den Übungen VI–VIII, über die später noch einiges zu sagen sein wird.

Zumindest wird jedem Anwender jetzt schon klar geworden sein, welch wichtige Bedeutung in dieser Übung steckt und wie sehr es notwendig ist, in und mit ihr auch eine Nacharbeit zu betreiben, ohne die man in der erstrebten Selbsterkenntnis nicht viel weiterkommen wird. Diese Nacharbeit braucht sich nicht nur auf die akute Situation zu beschränken, sondern kann nach vielleicht einem halben Jahr oder einem Jahr wiederholt werden, indem man zu diesem Zeitpunkt überprüft, ob man jetzt auch noch so reagieren würde wie beim ersten Mal oder ob sich bestimmte Einstellungen verändert haben.

Nacharbeit ist unbedingt vonnöten – auch später

Der Teil b) ist lediglich eine kleine Übung, die einen Verstärker zu a) bilden kann. In ihr ist nach dem Begriff gefragt, der einem am erträglichsten erscheint – es ist also eine Art Negativ-Auslese, wiederum in der Reihenfolge der Wesensgruppen bzw. Farben von Rot bis Orange geordnet. Aber die Gewichtigkeit dieser kleinen Übung ist nicht von solch besonderer Bedeutung, daß man sich – wenn die Aussage nicht mit den anderen Aussagen übereinstimmt – den Kopf darüber zerbrechen sollte. Denn gerade bei diesen Negativ-Begriffen spielen bei jedem Einzelnen unterschiedliche Assoziationen – natürlich aus dem Unterbewußten früherer Erlebnisse – vielfach eine Rolle, so daß seine Aussage hierzu nicht unbedingt in der Richtung liegen muß, die seiner allgemeinen Tendenz entspricht.

Negativ-Auslese

Erfahrungsgemäß bringt der Testant im Teil c) dieses Übungsbogens noch 1–2 Begriffe, aus denen man bei der Ausdeutung dann auch auf eine gewisse Richtung schließen kann; z. B. wäre der Begriff „Kameradschaft" bei Blau oder Violett zuzuordnen, dagegen der Begriff „Gliederung" etwa bei Rot oder Orange und ein Begriff wie „Kreativität" sicherlich bei Grün anzusiedeln. Dies ist dem Umgang des Einzelnen mit der Übung überlassen;

nochmals Richtungs-Verstärker

bei späterem Überblick über den gesamten Strukturkreis wird dies noch leichter fallen.

Der Umgang mit dem Teil d) sollte zurückgestellt werden, bis wir uns mit den Ausdrucksformen im Zusammenhang mit der Bildbeschreibung (Übung VI) befassen.

Schwerpunkt muß noch nicht erkennbar sein

Aber im jetzigen Stadium unseres Vorgehens mag auch derjenige noch nicht ungeduldig werden, bei dem sich seiner Ansicht nach keine klare Richtung abzeichnet. Denn noch stehen drei Übungen aus, deren Deutung mehr Klarheit schaffen können. Aber bei den meisten Testanten wird sich jetzt schon ein gewisser Schwerpunkt herausgebildet haben. Wenn aber jemand den Eindruck haben sollte, ihm entstehe – da er in allen Farbbereichen „Punkte gesammelt" habe (dieser scherzhafte Ausdruck sollte vermieden werden, da unsere Ausdeutungen in keinem Falle meßbar, also quantifizierbar sind!) – überhaupt keine Klarheit über eine erkennbare Hauptrichtung seiner Fähigkeiten, so ist das nichts Schlimmes.

Rundum-Begabungen haben etwa 10 % aller Testanten

Große Genies wie Goethe, Beethoven, Leibniz, Verdi, Dürer hatten auch eine „Rundum-Begabung", d. h. sie konnten mit ihren breitgestreuten Fähigkeiten fast alles. Aber dies sind natürlich die Ausnahmen. In unseren Untersuchungen in den letzten Jahrzehnten konnten wir feststellen, daß etwa 10 % unserer Testanten keinen klar erkennbaren Schwerpunkt ihres Angelegtseins auswiesen. Sie hatten – auch bei sorgfältiger Nachprüfung aller gemachten Aussagen – tatsächlich rundum in allen Farbrichtungen Fähigkeiten, was allerdings nicht zu dem Schluß verleiten sollte, man habe hier einen kleinen Goethe oder Dürer vor sich.

„Feuerwehrleute" kann man immer brauchen

Aber etwas ist schon dran an dieser Erkenntnis: es sind Menschen, die vielfältige Fähigkeiten haben und die man als „Feuerwehrleute" im Unternehmen hier oder dort einsetzen kann, wo gerade ein guter Mann gebraucht wird. Sicherlich werden sie an der betreffenden Stelle die Aufgaben nicht so bewältigen, wie einer, der von seiner Anlage her dafür besonders begabt ist.

Aber oft wird man im Unternehmen froh darüber sein, einen zuverlässigen Mitarbeiter oder eine Führungskraft zu haben, die

Farben und Formen im Kreis integriert

man einmal im Außendienst und ein andermal – wenn Not am Mann ist – auch gut in der Verwaltung einsetzen kann. Und glücklich wird man sich auch schätzen, von einem Mitarbeiter zu wissen, daß er sowohl in der Kreativität und Innovation einiges zu leisten imstande ist und trotzdem als systematischer Arbeiter seine Aufgaben mit zuverlässiger Genauigkeit und Ordnung bewältigt.

Die Ü b u n g VI ist in etwa das, was jeder schon im Deutschunterricht in der Schule unter der Bezeichnung „Bildbeschreibung" kennengelernt hat. Im pädagogischen Bereich dient sie dazu, den Schüler zu einer sorgfältigen und genauen Beobachtung zu führen und ihn in die Lage zu versetzen, das Beobachtete und Erkannte in schriftlicher Form auszudrücken. Wir wissen, daß gerade mit dieser Art der Übung in Deutschkunde viel Fehlerhaftes betrieben wurde und wird, weil kaum ein Lehrer in der Lage sein wird, die eigene, subjektive Einstellung zu dem behandelten Bild auszuschließen.

Bildbeschreibung

Ein Beispiel, das dies für jeden einleuchtend macht, mag das erläutern: Der Lehrer kommt in das Klassenzimmer, hängt ein Bild auf und fordert die Schüler auf, in einem Aufsatz dieses Bild zu beschreiben. (Es handelt sich um Schüler der Oberstufe). Ein Schüler schreibt: „Es handelt sich um die Darstellung einer Marktszene, vermutlich in einer holländischen Kleinstadt des Mittelalters, da das Bild von Pieter Brueghel stammt, der im Mittelalter in den Niederlanden lebte. Im Vordergrund befindet sich . . .*, der Mittelgrund ist ausgefüllt links von . . ., in der Mitte von . . . und rechts durch . . . Im Hintergrund sehe ich links . . . und rechts . . . Ganz im Hintergrund sind graue Häuser, darüber blauer Himmel mit einigen weißen Wolken . . . Das Bild ist gut aufgebaut und übersichtlich gegliedert."

Ein anderer Schüler schreibt: „Ein strahlender Samstagmorgen in einem holländischen Kleinstädtchen des Mittelalters, wo die Frauen auf den Markt gehen, um ihren Wochenendbedarf einzukaufen. Kinder spielen schreiend zwischen den Ständen umher, Hunde bellen, im Hintergrund hört man das Davonrollen der

---

* Detailangaben gekürzt

Fuhrwerke, die die Waren gebracht haben. Und die Glocken des nahen Münsters läuten den Sonntag ein – ein wunderschönes Bild sommerlichen Lebens und Treibens im alten Holland, im strahlenden Sonnenschein dargestellt. Dieses Bild würde ich mir kaufen und zuhause in mein Zimmer hängen."

Es bedarf nach unseren bisherigen Erkenntnissen keiner langen Überlegung, daß der erste Schüler wahrscheinlich – wenn wir den Kreis der Denkveranlagungen zu Hilfe nehmen – im Bereich des Orange-Rot (Wesensgruppe VI–I) zu suchen ist, während das zweite Beispiel auf einen Verfasser deutet, der sicherlich im Blau-Grün-Bereich (Wesensgruppe III–IV) zu finden sein wird (vgl. auch Zeichnung der Denker-Gegensätze – S. 89). Beim ersten Schüler gibt der Lehrer, der auch in der gleichen Richtung liegt, die Note 1, während er dem zweiten Schüler wegen ausschweifender Unsachlichkeit eine 5 gibt. Ein anderer Lehrer, der etwa auch dem Blau-Grün-Bereich angehört, würde dem zweiten Schüler eine 1 geben, während bei ihm der erste Schüler wegen seiner trockenen Phantasielosigkeit auf jeden Fall eine 5 zu erwarten hätte. Ein Musterbeispiel der Relativität von Urteilen, wie wir sie bei den Voraussetzungen zur Menschenkenntnis bereits erwähnt haben.

Lehrer unterliegen auch der Relativität des Urteils

Man mag diese Abschweifung verzeihen, aber es sollte noch einmal daran erinnert werden, wie unterschiedlich wir aufgrund unserer Kontaktdisposition Dinge sehen und verarbeiten sowie dann auch in völlig unterschiedlicher Weise uns darüber äußern. Dies genau ist auch der Sinn der Übung VII, nur daß wir es hier nicht mit einem Schulaufsatz zu tun haben, sondern mit dem Versuch, einmal etwas über unsere eigene Verarbeitung von Eindrücken und unsere Äußerung darüber zu erfahren.

Beispiel unterschiedlicher Kontaktdisposition

Die Abbildung gibt einen Überblick über die Äußerungsform, die für die einzelnen Wesensgruppen typisch ist, wobei wiederum darauf aufmerksam gemacht werden muß, daß keineswegs die Äußerung eines Menschen nun genau so passend einer Wesensgruppe (Farbe) allein zugeordnet werden kann, sondern durchaus auf eine oder zwei Nachbargruppen übergreifen kann. Aus früheren Übungen mit Seminarteilnehmern sind im folgenden einmal Musterbeispiele aufgeführt, die eine eindeutige Zuord-

einige Musterbeispiele

nung zu jeweils einer Gruppe gestatten – dies muß jedoch, wie gesagt, nicht immer so offensichtlich erkennbar sein.

Äußerungsformen

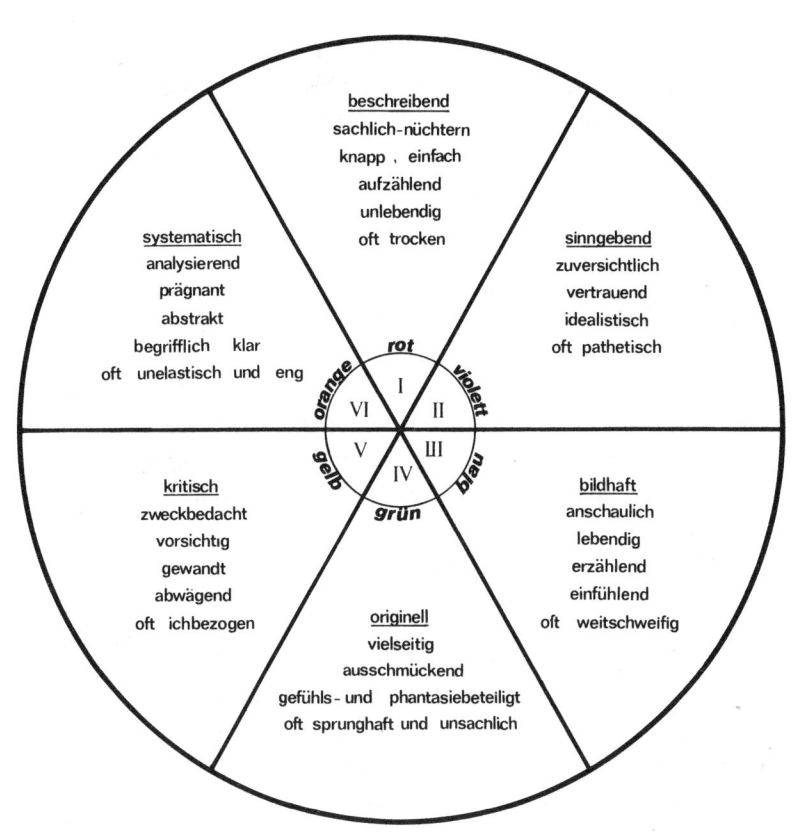

beschreibend
sachlich-nüchtern
knapp, einfach
aufzählend
unlebendig
oft trocken

systematisch
analysierend
prägnant
abstrakt
begrifflich klar
oft unelastisch und eng

sinngebend
zuversichtlich
vertrauend
idealistisch
oft pathetisch

kritisch
zweckbedacht
vorsichtig
gewandt
abwägend
oft ichbezogen

bildhaft
anschaulich
lebendig
erzählend
einfühlend
oft weitschweifig

originell
vielseitig
ausschmückend
gefühls- und phantasiebeteiligt
oft sprunghaft und unsachlich

Rot (Wesensgruppe I)
– *Das Bild stellt eine brennende, durch Kriegseinwirkung zerstörte Kirche dar. Einige Mauern stehen noch, Reste von Glasfenstern sind zu erkennen. Aus den Trümmern steigt Rauch auf. Vor der Kirche steht ein Mann mit einem Besen und blickt in die Trümmer. Mehr ist nicht zu erkennen.*

Und noch ein zweites Beispiel zu Rot:
Krieg – eine zerschossene Kirche brennt. Ein Soldat steht davor.

Farben und Formen im Kreis integriert

Violett (Wesensgruppe II)
– Neues Leben blüht aus den Ruinen! Die Hoffnungslosigkeit darf den Menschen nicht überwältigen. Mut und Wille zum Aufbau werden auch wieder zum Erfolg führen!

Als zweites Beispiel:
Ein Gotteshaus steht zerstört und brennend in dunkler Nacht. Ein Soldat steht machtlos davor und kann nichts retten. Jedoch das Kreuz mit dem Heiland ist bei dieser Verwüstung unversehrt geblieben und steht als Zeichen einer höheren Macht groß und mahnend inmitten des Bildes. Der Glaube wird über allem Schrecklichen bestehen bleiben und siegen!

Blau (Wesensgruppe III)
– Es ist während des Krieges. Ein Soldat, der vor Stunden noch im Kampf um das Dorf stand, hat Wache. Bei seinem Gang durch die zerschossenen Straßen kommt er an der einzigen Kirche des Dorfes vorbei. Aus der völlig zerstörten Kirche ragt wie ein Fels noch die Wand mit dem Christus am Kreuz. Eben noch mitten im Morden und Kämpfen gestanden, wirkt dieses Kreuz unendlich ruhig und erlösend auf ihn. Der Soldat denkt an seine Kameraden und an seine Lieben zuhause und an die Sinnlosigkeit des Krieges, die er hier wieder erfährt.

Grün (Wesensgruppe IV)
– Das Bild zeigt die ganze Grausamkeit des Krieges – auch gegenüber den Werten der Kultur. Es ist ein beängstigender Anblick! Oben Christi am Kreuz – Frieden den Menschen – inmitten der Furie des Krieges. Wieviel Stunden ist es her, daß das Feuer über die Stadt kam? Und was ist geblieben?

Schecklich muß dem Soldaten davor zu Mute sein. Was er wohl denkt? Er möchte am liebsten davonlaufen, aber er darf es nicht. Er kann es auch nicht ändern. Schwer bedrückt und von Gram gebeugt, stützt er sich auf sein Gewehr, auf die Waffe, mit der er selbst mordet und zerstört – weil er muß. Es ist schecklich, das alles!

Gelb (Wesensgruppe V)
– Das farblose Schwarz-Weiß-Bild mit ganz guter Raumaufteilung, auch ästhetisch nicht abstoßend wirkend, will offenbar ir-

gendeinen Sinn zum Ausdruck bringen, der von einem Zerstörungs-Ereignis einer Kirche seinen Ausgang nimmt und wohl gleichzeitig das Unzerstörbare des christlichen Glaubens oder Geistes darstellen und zur Wirkung bringen will – symbolisiert durch das unversehrt über den Steinmauern ragende Kruzifix. Doch darauf kommt man nie durch Nachdenken, wozu das Bild offenbar anregen will.

Die im Vordergrund des Bildes, im Tor der zerstörten Kirche stehende Soldatenfigur, die sich auf das Gewehr stützt und wohl nach innen auf die Trümmer schaut, soll wahrscheinlich einen Wachtposten darstellen von derjenigen Militärmacht, unter deren Verantwortung das Ereignis stattfand, das offenbar erst ganz kurz zurückliegt, da es im Innern des Gebäudes noch schwelt, wie aus den gen Himmel ziehenden Schwaden zu schließen ist.

Ich frage mich noch, ob es ein Bomben- oder Artillerie- oder Plünderungsschaden ist, was jedoch unwesentlich bleibt gegenüber dem eindrucksvollen Kontrast zwischen zerstörter Materie und unzerstörter geistiger Symbolik.

Orange (Wesensgruppe VI)
  – Angesichts dieser Trümmer stellen sich folgende Fragen:
  1. *Was soll mit der Ruine geschehen?*
  2. *Lohnt sich der Wiederaufbau? Wenn ja, dann:*
      a) *Soll man ganz die alte Form wiederherstellen?*
      b) *Sollen bestimmte moderne Veränderungen in den Wiederaufbau einbezogen werden?*
  3. *Die Fragen zu 2 a) und b) müßten vor Inangriffnahme des Aufbaus grundsätzlich geklärt werden.*

Und nun noch – zur Erheiterung – das Zitat der Äußerung eines Witzboldes unter den Testanten, der schrieb: „Mit einem einzigen Schuß aus meiner Knarre – das glaubt mir mein Spieß nie im Leben!"

An diesen relativ extremen Beispielen haben wir gesehen, wie unterschiedlich sich die Menschen der verschiedenen Farbbereiche ausdrücken können; hier ist nun wirklich keine Meßlatte anzulegen, sondern nur das Heranziehen unseres Ausdruckskreises auf S. 225 kann einige Hilfen geben.

Wie man innen ist, sieht man das Äußere

Ein berühmtes Andachtsbuch des Mittelalters mit dem Titel „Imitatio Christi" von Thomas v. Kempen (1380–1471) bringt den bemerkenswerten Satz „So wie einer inwendig ist, so sieht er das Äußere". Und das trifft genau unsere Vorstellung, die wir mit dieser Bildbeschreibungs-Übung verbinden: der Anwender soll sich einmal anhand seiner Äußerungen bewußt werden, wie er Dinge sieht, betrachtet und innerlich verarbeitet, also in welcher Richtung seine Kontaktdisposition liegen könnte.

Mehr Übungen wären noch überzeugender

Um es nochmals zu betonen: nur wenige werden die Angaben aus einer einzigen Wesensgruppe allein für sich zutreffend finden, jedoch eine generelle Richtung – übergreifend von Erläuterungen der benachbarten Farbbereiche – wird erkennbar werden. Und zum anderen muß noch gesagt werden: dies würde viel überzeugender und treffender, wenn der Testant – vor Kenntnis der Deutung – etwa ein Dutzend solcher Beschreibungen anfertigen würde über verschiedenste Bilder. Dann würde sich deutlich seine für ihn typische Äußerungsform herauskristallisieren. Aber einer solch umfangreichen Versuchsreihe stehen natürlich technische, organisatorische, zeitliche und finanzielle Probleme entgegen. Möge der Anwender diese Übung ebenso wie die nachfolgende eher als einen Denkanstoß betrachten, sich mit sich selbst und seinen Wesensäußerungen genauer und kritischer zu befassen.

Auch die Übung VII, die wir als Farb-Form-Versuch verstanden wissen wollen, wäre natürlich aufschlußreicher, wenn ein Testant sie mehrmals vornehmen könnte, ohne zu wissen, wie seine darin enthaltenen Wesensäußerungen auszudeuten sind. Wir müssen uns mit dieser einmaligen Übung begnügen, wobei aufgetretene Fehler im Verständnis und in der Durchführung begreiflicherweise schwerer ins Gewicht fallen.

Wenn also beispielsweise jemand bei der Gestaltung der Zeichnung eine bestimmte Linie oder Form mit einer bestimmten Farbe zeichnen wollte, ihm aber beim Ansetzen der Stift abbricht und er – da er im Augenblick über keinen Spitzer verfügt – mit einem Stift anderer Farbe weiterzeichnet, weil er meint, dies sei

Farben und Formen im Kreis integriert

doch unwichtig, so kann die Aussage für die spätere Ausdeutung schon verschoben sein. Daher ist bei der Anleitung auch ausdrücklich darauf hingewiesen, daß der Betreffende sich nicht durch äußere Umstände stören bzw. daran hindern lassen sollte, das zu zeichnen, was i h m Freude macht.

Man kann den zuvor erwähnten Satz, daß einer so, wie er innen sei, auch das Äußere sehe, auch dahingehend ergänzen, daß man noch hinzufügt: „so drückt er sich aus". Und dies gilt dann sowohl für den sprachlichen Ausdruck des Teils d) im Übungsbogen V und die Bildbeschreibung des Übungsbogens VI wie auch für den graphischen Ausdruck in dem nun zu behandelnden Farb-Form-Versuch (Übungsbogen VII).

Wie man das Äußere sieht, drückt man sich aus

Für das auf S. 230 aufgezeigte Deutungsschema gilt das Gleiche, was wir schon zuvor bei der Ausdeutung des sprachlichen Ausdrucks gesagt haben: selten wird ein „Typ" in reiner Ausprägung ersichtlich sein, – meist sind mindestens 2 oder 3 benachbarte Bereiche beteiligt, aus denen man dann immerhin einigermaßen eine Richtung erkennen kann. Interessant ist auch die Verwendung bzw. Einbeziehung der auf der Vorlage angebrachten Punkte: Orange, Rot und Violett (VI, I und II) werden mit ihnen arbeiten, Blau, Grün und Gelb (III, IV und V) werden sich bei ihrer Darstellung kaum oder überhaupt nicht an sie halten. – Ebenfalls sind auch hinsichtlich der Farb-Armut bzw. des Farb-Reichtums zur Deutung interessante Anhaltspunkte gegeben.

Einbeziehung der Punkte

Farb-Armut und -Reichtum

Aber einen Fehler darf der Deutende nicht begehen: zu glauben, daß der Angehörige der Wesensgruppe II (Violett) nun auch beispielsweise bei seinem Bild die Blätter eines Baumes etwa violett zeichnen würde. Es ist aber durchaus anzunehmen, daß ein „Zweier" etwas mehr mit den ihm benachbarten Farben Rot und Blau arbeitet. Im Übrigen ist auch das Erkennen der verwendeten Formen bei der Ausdeutung von Wichtigkeit; ein solch „violetter" Testant wird wahrscheinlich mit geraden (aus I) und mit runden (aus III) Linien und Formen arbeiten, dagegen spitze und bogige Linien weitestgehend nicht gebrauchen.

Formen werden dazu passen

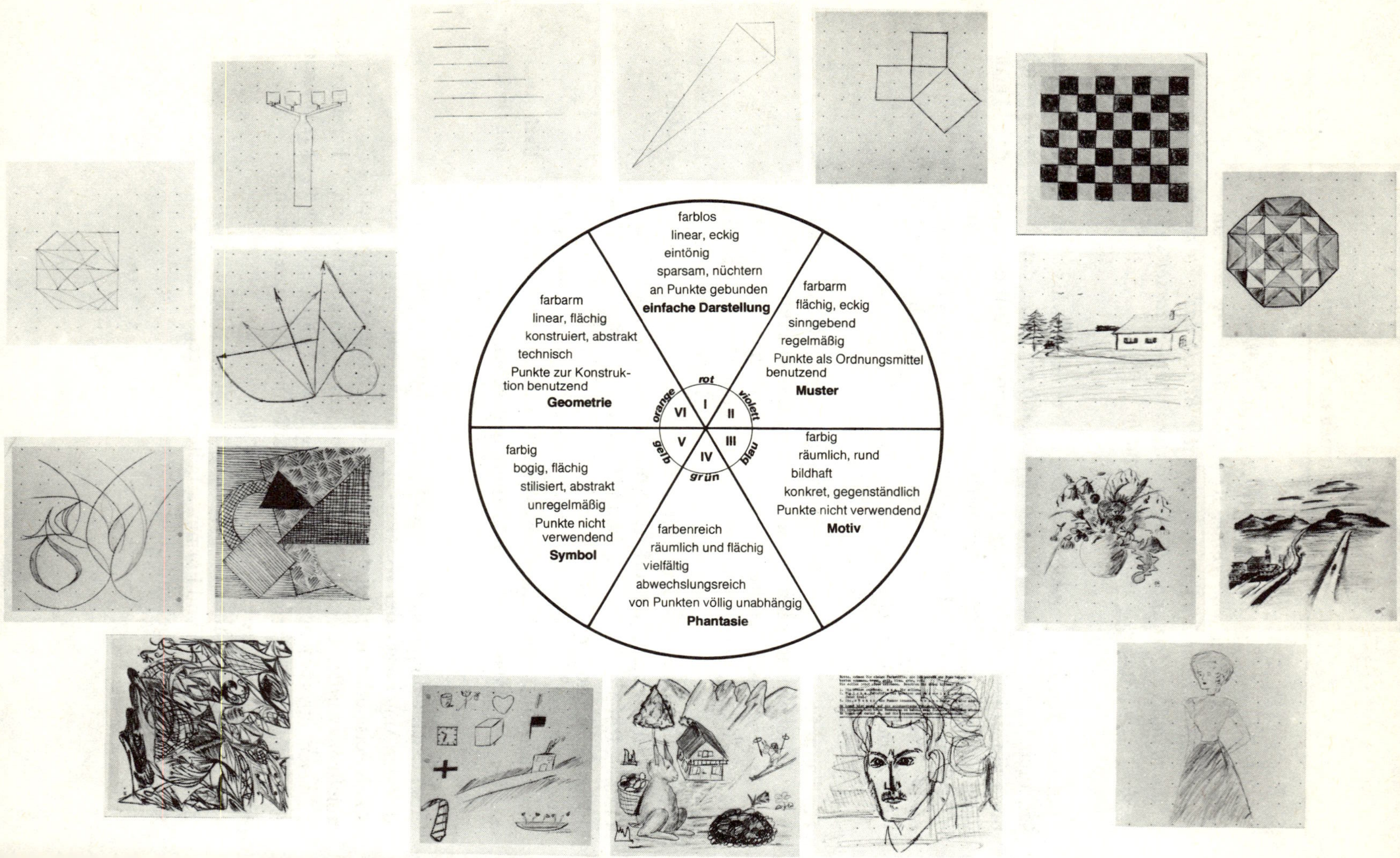

Muster
farbarm
flächig, eckig
sinngebend
regelmäßig
Punkte als Ordnungsmittel benutzend

Motiv
farbig
räumlich, rund
bildhaft
konkret, gegenständlich
Punkte nicht verwendend

einfache Darstellung
farblos
linear, eckig
eintönig
sparsam, nüchtern
an Punkte gebunden

Phantasie
farbenreich
räumlich und flächig
vielfältig
abwechslungsreich
von Punkten völlig unabhängig

Geometrie
farbarm
linear, flächig
konstruiert, abstrakt
technisch
Punkte zur Konstruktion benutzend

Symbol
farbig
bogig, flächig
stilisiert, abstrakt
unregelmäßig
Punkte nicht verwendend

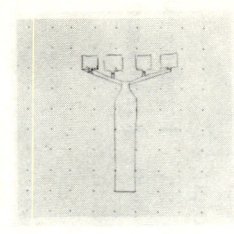

rot I · violett II · blau III · grün IV · gelb V · orange VI

Farben und Formen im Kreis integriert

Es geht also darum, bei der Ausdeutung alle Faktoren mit zu berücksichtigen, die in der Abbildung angegeben sind, wobei es keine ausschlaggebende Rolle spielt, wenn der Testant einen oder mehrere Faktoren seiner Wesensgruppe nicht angewandt hat. Auf Seite 232 sind einige Beispiele von Arbeiten von Testanten gegeben und erläutert, welchen Wesensgruppen sie zugeordnet werden können. Wir haben uns bemüht, das mittlere Bild jeder Dreiergruppe als das am stärksten in die betreffende Richtung tendierende zu stellen, während die beiden daneben plazierten Bilder den Anschluß bzw. Übergang zum Nachbarbereich ausdrücken.

Beispiele

Trotzdem wird es für den Anwender nicht immer leicht sein, sich selbst einzuordnen. Eine kleine Hilfe sei hier noch gegeben: Darstellungen von Häusern oder komplexen Dingen wie ein Auto oder ein Schiff haben meist einen starken Anteil der Wesensgruppe II (Violett), Landschaften und Blumen gehören stets zur Gruppe III (Blau), einzelne unzusammenhängende Gegenstände deuten den „Vierer" (Grün) an und graphische Darstellungen – auch mit Kurven – haben stets einen Hauptanteil von VI (Orange). Der Rote (Wesensgruppe I) zeichnet mit sehr einfachen geraden Linien, ohne viel Farbe zu verwenden – manchmal sehr druckstark, manchmal aber auch dünn und beinahe gehemmt, schüchtern, zurückhaltend. Beim Gelben (V) ist man vor Überraschungen nie sicher; er ist oft am schwersten herauszulesen, weil er sehr vielseitig und versponnen sein kann.

Weitere Hinweise zur Deutung

Damit die Anwender eine Vorstellung davon erhalten, wie leicht ein Mensch bei den Übungen zur Selbsterkenntnis durch äußere Umstände, Vorurteile, Ungenauigkeiten gegenüber den Hinweisen oder unterbewußten Reaktionen daran gehindert werden kann, eine wirklich seiner Wesensart entsprechende Aussage in diesem oder jenem Falle zu machen, sei folgende Episode angefügt:

Äußere Einflüsse stören unterbewußt

Zu Beginn meiner Menschenkenntnis-Seminare lege ich Schnellhefter in den 6 Farben aus und bitte die Teilnehmer, daß jeder sich eine Mappe mit der ihn ansprechenden Farbe – zum späteren Abheften der Seminar-Unterlagen – nehmen möge. Ein Perso-

(Lesen Sie bitte weiter auf S. 234!)

I				rot
II				violett
III				blau
IV				grün
V				gelb
VI				orange

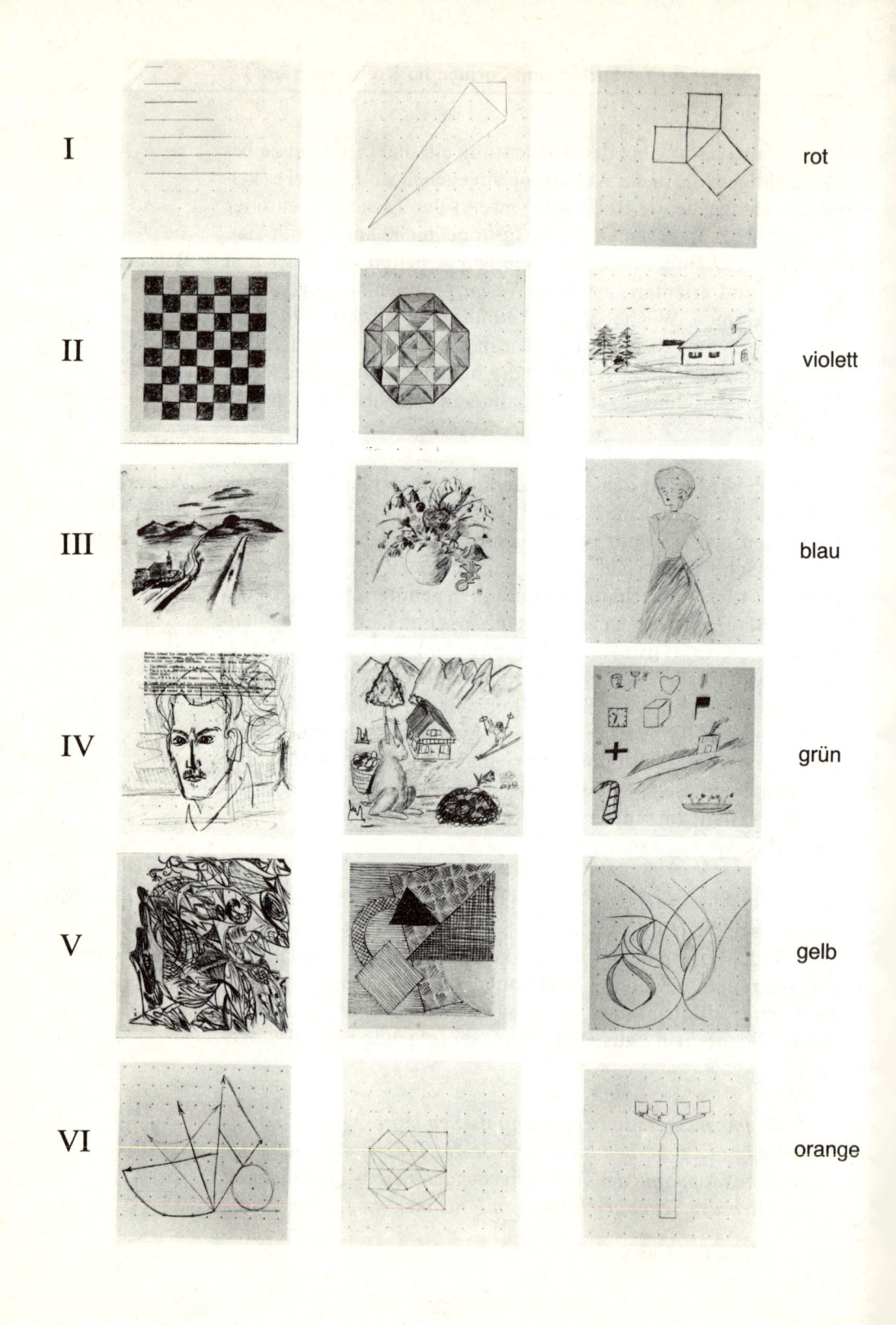

Farben und Formen im Kreis integriert

Sechs Maler der sechs Wesensgruppen sehen ein Bild

Walter Schulz hat den interessanten Versuch unternommen, sechs Malern, die er den Wesensgruppen I–VI zugeordnet hatte, die Aufgabe zu stellen, nach einer Vorlage (nebenstehendes Photo) ein Bild zu malen. In der Reihenfolge I–VI von links oben nach rechts unten sind die Ergebnisse hier gezeigt – samt den von den Malern gegebenen Erklärungen dazu. (Ich bitte, die teilweise schlechte Qualität der Potokopien zu entschuldigen; die besonders auch hinsichtlich ihrer Farben hochinteressanten Originale sind der Zerstörung im Krieg anheimgefallen. Der Verf.)

Mit dem Auge der Kamera

Ähnlichkeit mit dem Modell

Im Mittelpunkt steht der Mensch

Hauptthema: Frauenbildnis

Mich interessiert vor allem die Farbe

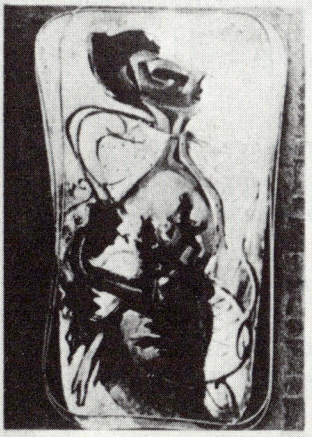

Mit Draht und Farbe

Ich male, wie ich muß

Farben und Formen im Kreis integriert

nalleiter eines größeren Unternehmens, von Statur und Verhalten eindeutig ein „Roter", nahm sich eine grüne Mappe, was mich erstaunte.

Gegen Ende des dreitägigen Seminars sagte dieser Mann (dessen Übungen übrigens samt und sonders seine motorische Dominanz bestätigt hatten) zur Gruppe plötzlich, nun sei ihm auch klar geworden, warum er bei der Wahl der Farbmappen eine grüne gewählt habe. Im ersten Augenblick habe er spontan nach einer roten Mappe gegriffen, sie dann jedoch gegen eine grüne umgetauscht, weil er sich gesagt habe: „Mein Chef erwartet von mir einen Bericht über dieses Seminar – und da unsere Firmenfarbe grün ist, wird er schon positiv gestimmt sein, wenn ich die Unterlagen ihm in einer ebenfalls grünen Mappe vorlege." Der Teilnehmer selbst und wir alle waren sehr beeindruckt von diesem Vorgang der Selbsterkenntnis.

Vorbemerkungen zur Einstellung zur Kunst

Zur Ausdeutung des Übungsbogens VIII bedarf es einiger ausführlicher Vorbemerkungen und Betrachtungen grundsätzlicher Art, die unser Dasein allgemein betreffend und auch im Zusammenhang mit der Forderung nach dem „homo integrans" stehen. Auch wenn viele Menschen in der Hektik unseres materiellen Zeitalters die Beschäftigung mit der Kunst als keineswegs vorrangig oder gar etwas völlig Nutzloses betrachten, so sollte man dies nicht als Verarmung der menschlichen Seele bezeichnen oder gar den Betreffenden Vorwürfe des Banausentums oder ähnlichem machen. Im Wesentlichen liegt die mangelnde Beziehung der Menschen unserer Zeit zur Kunst nicht daran, daß sie die Kunst als solche ablehnen, sondern daß sie weder durch Kunsterziehung – in der Schule schon – noch durch andere Wege hingeführt worden sind.

In einem Seminar mit 14 Filialdirektoren einer großen Bank erklärte ich bei der Ausgabe des Übungsbogens VIII erläuternd, daß niemand darob einen Zwang empfinden solle oder gar ein Eindringen in die persönliche Sphäre; wer keinerlei Beziehung zur Kunst oder bestimmten Kunstbereichen habe, der möge eben einen Strich durch den Bogen machen und ihn mir unausgefüllt am anderen Morgen zurückgeben. Dies sei garnichts Negatives und werde sicherlich nicht übel vermerkt.

Farben und Formen im Kreis integriert

Am anderen Morgen stellte ich fest, daß von den 14 Teilnehmern einer den Bogen einigermaßen ausgefüllt hatte, ein zweiter hatte bei der Frage nach dem von ihm meistgeschätzten Künstler „James Dean" hingeschrieben und sonst nichts – und die restlichen 12 hatten einen Strich durch den Bogen gemacht. Und dies waren alles Menschen, die einigermaßen gebildet waren und eine Führungsposition innehatten mit Verantwortung für zahlreiche Mitarbeiter!

Wir haben anschließend ausführlich über die Situation diskutiert, und es hat sich herausgestellt, daß die Betreffenden ihr gestörtes bzw. überhaupt nicht vorhandenes Verhältnis zur Kunst selbst sehr bedauerten, aber sie hätten – wie sie sagten – erstens keine Zeit und zweitens auch niemanden, der ihnen künstlerische Dinge nahebringen könne.

So wird es leider vielen Menschen heute ergehen: wer nicht erfahren und begriffen hat, welche tiefsten Wirkungen Kunst jeder Art auf unsere Seele haben kann, der ist bemitleidenswert, weil ihm ein Teil der Verwirklichung des Lebens fehlt. Kunst im Spiegel der Seele ist ein Teil unserer Wesensart, – sie muß nur angerührt werden wie die Saiten einer Harfe, um zum Klingen gebracht zu werden. Und daher ist auch der Übungsbogen VIII in unsere Bemühungen zur Arbeit an uns selbst aufgenommen worden, – auf die Gefahr hin, daß jemand sich fragt: Was soll denn das überhaupt? – Wenn denjenigen die nachfolgenden Überlegungen veranlassen sollten, einmal über sein Verhältnis zur Kunst nachzudenken, dann hätte auch er schon etwas an sich gearbeitet.

Kunst ist Spiegelung der Seele

Weshalb wir den Übungsbogen VIII in den Bewußtmachungsprozeß der Selbsterkenntnis und der Menschenkenntnis mit einbeziehen, hat zwei Gründe: zum einen, um dem Anwender Gelegenheit zu geben, sich über einige tiefste Dinge seiner Wesensart klarer zu werden und vielleicht einiges bei sich selbst zu entdecken, um darzustellen, daß unsere „integrierte Menschenkenntnis" gerade mit und durch die Einbeziehung der Kunst sich im besonderen bestätigt: nicht als irgendeine Typologie oder Lehre wie viele Dutzende andere, die es gibt, sondern als Schlüssel zum Einblick in das Leben selbst. Hölderlin hat dies treffend ausge-

in die Tiefe der eigenen Wesensart hineinsteigen

Farben und Formen im Kreis integriert

drückt, indem er sagte: „Lern im Leben die Kunst, im Kunstwerk lerne das Leben! Siehst du das eine recht, siehst du das andere auch!" –

einführende Betrachtung zu Künstlern und ihren Werken

Wenn wir uns im folgenden daher zunächst mit großen Künstlern und ihren Werken beschäftigen, so nicht, um hier Schöngeisterei um ihrer selbst willen zu betreiben, sondern um dann anschliessend dem Anwender in der Ausdeutung des Fragebogens Erkenntnisse über sich selbst finden zu helfen.

Ganz allgemein ist über den Ausdrucksstil von Künstlern in dem auf S. 175 angebotenen Musikvortrag etwas ausgesagt, das außer bei der Musik auch für die Literatur, die bildende Kunst und eigentlich alle Kunstsparten gleichermaßen gilt; es sei gestattet, im Folgenden diese wichtige Passage wörtlich zu zitieren:

„... der Gedanke, die Kenntnisse der biologischen Konstitutionspsychologie* auf den Ausdrucksstil von Künstlern anzuwenden, ... ist naheliegend. Künstler sind ... Menschen, die alles ... mit besonders empfänglicher Seele aufnehmen, auf eine sehr persönliche Weise in sich verarbeiten und dann in einer Form wiedergeben, die notwendigerweise aufs stärkste von ihrer Veranlagung und Eigenart geprägt sein muß. Da sie zudem ... die Gabe haben müssen, ... Empfindungen, Erlebnisse und feinste Regungen auszudrücken, ist zu erwarten, daß man in ihren Werken ihre geistig-seelische Struktur deutlich erkennen kann. Wenn nun die Konstitutionspsychologie lehrt, daß zwischen der äußeren Erscheinung des Menschen und seiner geistig-seelischen Struktur ein Zusammenhang besteht, dann muß sich auch zwischen dem Äußeren beispielsweise eines Musikers und dem allgemeine Charakter seiner Musik ein Zusammenhang erkennen lassen. Denn die Musik ist in besonderem Maße Ausdruck des individuellen Wesens ... Beethoven sagt: von Herzen, möge sie zu Herzen gehen! ..."

---

* Anmerkung: Mit „biologischer Konstitutionspsychologie" bezeichnet der Verfasser die Schleip'sche Strukturpsychologie mit den drei Formprinzipen und der Strukturformel (s. S. 153 ff.).

Farben und Formen im Kreis integriert

Was der Verfasser hier in bezug auf die Musik sagt, gilt selbstverständlich ebenso für alle anderen Kunstsparten. Jeder Künstler drückt in seinem Schaffen seine ureigenste Wesensart aus, – tut er dies nicht, so ist er schlichtweg kein Künstler. Wir wollen daher im Folgenden einmal an Beispielen der Literatur und der Malerei sowie – in Kurzform – auch der Musik diesen Zusammenhängen zwischen dem Menschen und seinen Werken nachspüren.

Künstler drückt seine Wesensart aus

Beginnen wir zunächst mit der L i t e r a t u r als derjenigen Kunstform, welche – mit Ausnahme von Lesungen und Theater – über das Auge zunächst in die Denkfunktion eindringt, um dann gegebenenfalls Gefühle anzusprechen und eventuell auch zum Erlebnis zu werden. Über den Zusammenhang zwischen der Konstitution von Dichtern und Geisteswissenschaftlern und ihren Werken hat der Verfasser eine umfassende und bebilderte Ausarbeitung erstellt, die jedoch noch nicht im Druck erschienen ist. Drei markante Beispiel hieraus sollen im folgenden zitiert werden:

Zunächst die Literatur

„Berauscht von Entzücken und doch jeden Eindrucks bewußt, schwamm er gemach dem leuchtenden Strome nach, der aus dem Becken in den Felsen hineinfloß. Eine Art von süßem Schlummer befiel ihn, in welchem er unbeschreibliche Begebenheiten träumte, und woraus ihn eine andere Erleuchtung weckte. Er fand sich auf einem weichen Rasen am Rande einer Quelle, die in die Luft hinausquoll und sich darin zu verzehren schien. Dunkelblaue Felsen mit bunten Adern erhoben sich in einiger Entfernung; das Tageslicht, das ihn umgab, war heller und milder als das gewöhnliche, der Himmel war schwarzblau und völlig rein. Was ihn aber mit voller Macht anzog, war eine hohe, lichtblaue Blume, die zunächst an der Quelle stand, und ihn mit ihren breiten, glänzenden Blättern berührte. Rund um sie her standen unzählige Blumen von allen Farben und der köstlichste Geruch erfüllte die Luft.

Er sah nichts als die blaue Blume, und betrachtete sie lange mit unnennbarer Zärtlichkeit. Endlich wollte er sich ihr nähern, als sie auf einmal sich zu bewegen und zu verändern anfing; die Blätter wurden glänzender und schmiegten sich an den wachsenden Stengel, die Blume neigte sich ihm zu, und die Blütenblätter zeigten einen blauen, ausgebreiteten Kragen, in welchem ein zartes Gesicht schwebte. Sein süßes Staunen wuchs mit der sonderbaren Verwandlung..."

Nun – auch wer nicht weiß, aus welcher Dichtung dieser Text stammt, wird wohl auf Anhieb schließen, daß der Schriftsteller aus dem blauen Bereich kommen mag. Darauf deutet weniger die mehrfache Erwähnung der Farbe Blau („dunkelblaue Felsen", „schwarzblauer Himmel", „lichtblaue Blume", „blauer Kragen"), sondern das phantasievolle Gemälde, das uns der Dichter in einmaliger Anschaulichkeit beschreibt. Sein Name ist Friedrich von Hardenberg, unter dem Dichternamen Novalis (1772–1801) bekannt als der bedeutendste frühromantische Poet, mit Hegel und Schiller befreundet.

Novalis

Seinem Bild entnehmen wir deutlich die Dominanz des Elastischen, das Rundliche, Weiche und Entspannte, auch Träumerische herrscht vor. Nicht von ungefähr ist auch seine Dichtung vom Symbol der „Blauen Blume" geprägt, die sich mit der Sendung des Dichters und mit dem Wesen der Dichtkunst befaßt und als Gegenstück zu dem Goethe'schen „Wilhelm Meister" verstanden werden sollte, der Novalis zu bürgerlich-prosaisch erschien.

Das Bild des amerikanischen Schriftstellers Ernest Hemingway (1899–1961) zeigt deutliche Züge der motorischen Dominanz, mit eckigem Schädel, kräftigen Backenknochen und starker Nase, auch festem Haaransatz – ein dem roten Bereich zuzuordnender, mit Neigung zu bildhafter Sprache (Blau) und idealistischem Einsatz (violett – span. Bürgerkrieg) in zweiter Position. Sein Lebenslauf ist dynamisch genug: Abenteurer, Stierkämpfer, Großwildjäger, der schon als Junge sich gegen häusliche und schulische Konvention auflehnte; seine Helden, in denen er vielfach sich selbst verkörpert sieht, zeigen Draufgängertum durch Mut, Triebe, Liebe in Krieg, Jagd und Sport. Auch die folgende Textprobe demonstriert dies und ist gewissermaßen eine Visitenkarte dieses Schriftstellers – aus dem Roman „Wem die Stunde schlägt", der im spanischen Bürgerkrieg spielt:

Ernest Hemingway

Laß das sein und beruhige dich, sagte er zu sich. Du mußtest ein gewisses Risiko auf dich nehmen, und etwas Besseres stand dir

Farben und Formen im Kreis integriert

nicht zur Verfügung. Man hat dich angeschissen, sagte er sich. Man hat dich einfach hineingelegt, nach allen Regeln der Kunst. Verlier nicht den Kopf, hör auf, wütend zu sein, hör auf zu lamentieren wie eine verdammte Klagemauer. Das ist zu billig. Weg ist das Zeug. Hol dich der Teufel, es ist weg! Oh, oh, hol der Teufel dieses dreckige Schwein! Du wirst dich schon herauswinden. Du mußt dich herauswinden, du weißt, daß du die Brücke sprengen mußt, und wenn du dich hinstellen mußt und – das ist auch dummes Zeug... Hol der Teufel dieses ganze verräterische Teufelsland und sämtliche verteufelten Spanier hüben wie drüben... alle sollen sie krepieren, alle soll sie der Teufel holen... Gott verdamme diesen Pablo! Pablo, das ist ganz Spanien!...

Motorisch genug?! – Und wer daran noch den geringsten Zweifel haben sollte, braucht nur auch zusätzlich den Stil* zu betrachten: kurze knappe Sätze voll kräftiger Dynamik – nichts Verschnörkeltes oder bildhaft romantisches, sondern knappster Ausdruck mit deftiger Wortwahl – exemplarisch Rot, was selbstverständlich nicht politisch zu verstehen sein soll, obwohl es in diesem Falle passen würde.

Ein Unterschied wie Tag und Nacht dagegen ist der Stil des gelbdominierten Schriftstellers Thomas M a n n, der allerdings eine große Spannweite in seinen Fähigkeiten aufweist, die von Grün über Gelb und Orange bis Rot und Violett reicht. Sein Schwerpunkt, der auch aus seinem Gesicht mit den schmalen Lippen, der angedeuteten Dreiecksform und dem Ansatz der Eckenglatze zu erkennen ist, liegt aber zweifellos in der Wesensgruppe V im gelben Bereich. Eine Stilprobe aus seinem heiteren Roman des Hochstaplers Felix Krull mag dies verdeutlichen:

Thomas Mann

Mich verlangte nach keiner Beschäftigung, keiner Lektüre. Zu sitzen und zu sein, was ich war – welcher Unterhaltung sonst noch bedurfte es? Sanft und träumerisch war meine Seele davon bewegt, aber derjenige würde fehlgehen, der glaubte, meine Zufriedenheit habe allein, oder auch nur vorwiegend, dem Umstand gegolten, daß ich nun so sehr vornehm war. Nein, die Veränderung und Erneuerung meines abgetragenen Ich überhaupt,

---

* S. auch unsere zur Übung VI beigefügten Übersicht der Ausdrucksformen auf S. 225.

> *daß ich den alten Adam hatte ausziehen und in einen anderen hatte schlüpfen können, dies eigentlich war es, was mich erfüllte und beglückte. Nur fiel mir auf, daß mit dem Existenzwechsel nicht allein köstliche Erfrischung, sondern auch eine gewisse Ausgeblasenheit meines Innern verbunden war, – insofern nämlich, als ich alle Erinnerungen, welche meinem ungültig gewordenen Dasein angehörten, aus meiner Seele zu verbannen hatte. Wie ich hier saß, hatte ich auf sie kein Anrecht mehr, was gewiß kein Verlust war. Meine Erinnerungen! Es war ganz und gar kein Verlust, daß sie nicht mehr die meinen zu sein hatten. Nur war es nicht ganz leicht, andere, die mir jetzt zukamen, mit einiger Genauigkeit an ihre Stelle zu setzen. Ein eigentümliches Gefühl von Gedächtnisschwäche, ja Gedächtnisleere wollte mich ankommen in meinem luxuriösen Winkel . . .*

Wenn wir in der Wesensgruppe V (Gelb) bei den Ausdrucksformen (s. S. 225) festgestellt haben, daß sie vorsichtig, abwägend, gewandt, ichbezogen und kritisch sind, so finden sich in diesem Text klassische Beispiele dafür wie etwa „Zufriedenheit habe allein, oder auch nur vorwiegend . . ." oder „. . . mit einiger Genauigkeit . . .". Also keine direkte, sich festlegende Aussage, sondern vorsichtig ausgedrückt, um nicht von einem kritischen Menschen (der er selbst ja war!) „festgenagelt" zu werden. Und der Gipfel ist in diesem Falle, daß ein Nobelpeisträger der Literatur sich erlauben kann, einen Begriff zu gebrauchen und dann die Verbesserung desselben auch noch im Reindruck des Manuskriptes stehen zu lassen: „. . . Gefühl von Gedächtnisschwäche, ja Gedächtnisleere . . ." – Das ist typisch für den Gelb-Dominierten in seiner sensiblen Genauigkeit, die auch in den orangenen Bereich hinübergreift. Und dazu die verschachtelten Sätze mit ihrer feinsinnigen Konstruktion; man findet bei Mann manchmal an anderen Stellen Sätze, die fast eine halbe Seite lang sind. Klassisch differenziert!

Und nun noch zur Erheiterung eine Ergänzung durch einen Schriftsteller, der ebenfalls mit seinem Schwerpunkt im gelben Bereich liegt, aber durch flankierendes Grün zu den skurrilsten Ideen reifte: Christian M o r g e n s t e r n (1871–1914), dessen berühmtes Gedicht „Die unmögliche Tatsache" schon die Differenzierung, die Feingeistigkeit und die Skurrilität im Titel andeutet:

Farben und Formen im Kreis integriert

Palmström, etwas schon an Jahren,
wird an einer Straßenbeuge
und von einem Kraftfahrzeuge
überfahren.

„Wie war" (spricht er, sich erhebend
und entschlossen weiterlebend)
möglich, wie dies Unglück, ja –:
daß es überhaupt geschah?

„Ist die Staatskunst anzuklagen
in Bezug auf Kraftfahrwagen?
Gab die Polizeivorschrift
hier dem Fahrer freie Trift?"

„Oder war vielmehr verboten,
hier lebendige zu Toten
umzuwandeln, – kurz und schlicht:
D u r f t e hier der Kutscher nicht?"

Eingehüllt in feuchte Tücher,
prüft er die Gesetzesbücher
und ist alsobald im Klaren:
Wagen durften dort nicht fahren!

Und er kommt zu dem Ergebnis:
Nur ein Traum war das Erlebnis.
Weil, so schließt er messerscharf,
nicht sein k a n n, was nicht sein d a r f!

Christian Morgenstern

Und wie die Auswirkung solch „gelber" Feingeistigkeit und Sensibilität auch in entgegengesetzter Haltung sich zeigen kann, gibt uns die westfälische Dichterin Annette von Droste-Hülshoff (1797–1848) das Beispiel. Eines ihrer bekanntesten Gedichte „Der Knabe im Moor" ist von höchster Empfindungskraft mit der blühenden Phantasie der „Spökenkiekerin" und doch von einer kritischen Präzision der Aussage und einer stilistisch ausgefeilten Darstellung der Angst geprägt. Zwei Dichter – Morgenstern und die Droste – mit fast der gleichen Prägung, aber von völlig unterschiedlicher Einstellung und daher auch anderer Wirkung.

Annette von Droste-Hülshoff

Farben und Formen im Kreis integriert

Nun aber genug der Literatur; der Beispiele könnten noch viele angefügt werden. Auch für den Bereich der M a l e r e i liegt eine noch nicht gedruckte Arbeit des Verfassers vor, aus der im folgenden einige markante Beispiele gezeigt werden sollen. Im Gegensatz zum Lesen ist das Betrachten eines Bildwerkes, das zwar auch mit dem Sinnesorgan des Auges aufgenommen wird, nicht unbedingt zunächst die Denkschicht ansprechend, sondern der optische Eindruck geht meist direkt in den emotionalen Bereich.

Farben und Formen sprechen direkt Emotionales an

Farben und Formen sowie deren Kombinationen und die Anschaulichkeit des Bildes schlagen sich oft zunächst im Gefühl nieder und werden dann vielleicht gar zum Erlebnis. Die gedankliche Verarbeitung mit Assoziationen oder Sinnfindung erfolgt meist in einem – manchmal nur geringfügig – später einsetzenden Prozeß. Insofern ist die Wirkung der Malerei oft unmittelbarer als die des gedruckten Wortes, das auf jeden Fall zunächst einmal durch das Sieb des Kognitiven hindurchgehen muß. Zumal in vielen Fällen bei den verschiedensten Menschen in der Betrachtung eines Bildes überhaupt kein kognitiver Vorgang stattfindet, sondern die Freude, der Genuß oder auch das Abstoßende sich direkt in der Gefühlsschicht abspielen.

Damit nicht von vornherein eine falsche Erwartung sich einstellt, muß deutlich gesagt werden, daß sicherlich nicht ein Maler einer bestimmten Wesensgruppe nur mit der dazugehörigen Farbe und ebenfalls den entsprechenden Formen arbeitet; dies wäre unfruchtbar und außerdem im Widerspruch zu der Erkenntnis von dem Anteil aller Komponenten, die wir bei Sheldon gewonnen haben. Aber Beispiele besonders deutlicher Dominanz lassen sich für alle Wesensgruppen finden, wobei wir allerdings aus technischen Gründen auf die Wiedergabe von Bildern verzichten müssen. Es darf wohl unterstellt werden, daß dem an Malerei Interessierten die zu nennenden Bilder geläufig sind.

Oskar Kokoschka

Beginnen wir mit dem „Roten": Oskar Kokoschka (1886–1980), von dem fast jede Großstadt, die etwas auf sich hält, ein Städtebild besitzt. Statt eines Photos zeigen wir sein Selbstportrait, aus dem die M-Dominante deutlich erkennbar ist: ein Quadratschädel mit kräftiger Nase, festem Haaransatz und eckigem Kinn. Eines seiner bekanntesten Werke ist der „Rote Christus"; tatsächlich spielt in seinen Bildern – allerdings unter-

Farben und Formen im Kreis integriert

schiedlich in verschiedenen Lebensphasen – die rote Farbe vielfach eine sehr dominierende Rolle.

Auch wenn es auf dem Selbstportrait von Ferdinand H o d l e r, dem berühmtesten Schweizer Maler, so scheinen mag, als ob eine Eckenglatze (Geheimratsecken) angesetzt sei, die auf Orange-Gelb schließen lassen dürfte, so ist doch die Grundform des Schädels rechteckig mit rundlichem Kinn, so daß wir von einer Dominanz im Violetten sprechen können. Und dies wird durch seine Bilder in hohem Maße bestätigt: sie sind vielfach von Symbolik und Sinngebung geprägt, die wir der Wesensgruppe II zuordnen, als da sind: Vertrauen, Sinnfindung, positiver Glaube, Motivation zum Guten, zuversichtlich, idealistisch, oft pathetisch. Und viele seiner allegorischen Bilder haben auch einen starken Anteil des Rot-Blauen oder direkt des Violetten.

Ferdinand Hodler

Im blauen Bereich ist es schwierig, extrem gerichtete Maler zu finden; auch diejenigen, die von ihrer Konstitution her rundlich waren, wie etwa Rembrandt und Goya, haben doch eine solche Spannweite der Ausdruckskraft, daß man sie in ihrer Genialität nicht nur einseitig gerichtet sehen darf. Am deutlichsten wird die Tendenz zum Blau noch bei Paul C é z a n n e (1839–1906) erkennbar, aus dessen Selbstbildnis wir die Wesensgruppe III mit E-Dominanz gut herauslesen können. Die Schwarz-Weiß-Reproduktion kann nicht zeigen, daß auch der Blau-Ton in diesem Bild ebenso vorherrscht wie bei vielen anderen Gemälden dieses französischen Impressionisten; bei Stilleben bringt er es sogar fertig, entgegen allen Gepflogenheiten der Kontrastwirkung eine blaue Vase auf einem blauen Tischtuch vor einer blauen Wand stehend zu malen, selbstverständlich in jeweils unterschiedlichen Blautönen.

Paul Cézanne

Interessanterweise ist zu vermerken, daß es u. E. einen Maler mit einer Dominanz im grünen Bereich zumindest unter den bekannten nicht gibt. Am ehesten könnte man noch Marc Chagall, dessen Bild keine besondere konstitutionsbedingte Dominanz erkennen läßt, weil er als ein „Rundum-Genie" wohl von allem etwas hat, in der Wesensgruppe IV lokalisieren. Denn seine Bilder haben auf jeden Fall die Vielseitigkeit, die Sprunghaftigkeit, auch oft das Phantastisch-Unzusammenhängende und die unwahrscheinlichste Farbenvielfalt des „Grünen".

Farben und Formen im Kreis integriert

Vincent van Gogh

Viele Künstler sind im gelben Bereich angesiedelt; keiner jedoch so deutlich wie Vincent van Gogh (1853–1890), dessen Selbstportrait deutlich die Dreiecksform des Gesichtes zeigt. Und tatsächlich spielt bei ihm die gelbe Farbe eine gewichtige Rolle: eines seiner bekanntesten Bilder ist „Sonnenblumen", das – in der gleichen Art wie vorhin bei Cézanne erwähnt – gelbe Blumen in einer gelben Vase vor einer gelben Wand auf einem gelben Tisch darstellt. Auch wenn man die Hypersensibilität, die sein Leben kennzeichnete, einbeziehst, die ja dann auch im Selbstmord endete, ist hier die Dominanz der differenzierten Wesensgruppe V deutlich zu erkennen.

Lionel Feininger

Lionel Feininger (1871–1956) ist wohl der Repräsentant der Wesensgruppe VI, bei dem nicht nur die Farben Gelb-Orange-Rot eine gewisse Vorherrschaft aufweisen, sondern der auch z. T. mit dreieckigen Konstruktionen – besonders bei seinen Kirchenbildern zu erkennen – malt. Seinem Kopf sieht man deutlich die Konstitution an, die zwischen Wesensgruppe V (Gelb) und I (Rot) einzuordnen ist. Sein Schwerpunkt liegt tatsächlich in Orange.

Paula Becker-Modersohn

Zum Abschluß der Gedanken zur Malerei noch eine interessante Parallele: eine der bedeutendsten Malerinnen unseres Jahrhunderts, die Bremerin Paula Becker-Modersohn (1876–1907), die viele Jahre in der Künstlerkolonie Worpswede lebte und malte, könnte die geistig-seelische Schwester der Dichterin Annette von Droste-Hülshoff sein – ebenfalls im gelben Bereich wirkend und von übersteigerter Sensibilität der Wesensgruppe V. Es wäre eine interessante Arbeit, einmal das Gemeinsame dieser beiden großen Künstlerinnen zu untersuchen.

Musik

Hinsichtlich der Musik wollen wir uns deshalb etwas kürzer fassen, weil hier die Darstellungsmöglichkeiten mit Beispielen nicht gegeben sind; dies ist einer gesonderten Kassettenlieferung vorbehalten – wie an anderer Stelle erwähnt.* Aber einiges

---

* Carl Loef hat in einer ausführlichen Untersuchung die Zusammenhänge von Musik, Form und Farbe aufgrund ihrer Schwingungen aufgezeigt und ist zu verblüffenden Ergebnissen gekommen. Für den Musikliebhaber, der einige mathematische Grundkenntnisse mitbringt, eine außerordentlich aufschlußreiche Arbeit, die im übrigen unsere Erkenntnisse weitaus bestätigt (Lit. 75).

Farben und Formen im Kreis integriert

Grundsätzliches soll hier gesagt werden: den drei Grundfarben entsprechen auch in der Musik bestimmte Charaktere, die sich im äußeren Erscheinungsbild der Komponisten vielfach wiederfinden lassen. Als Beispiel im Motorischen Bereich (Wesensgruppe I – Rot) muß zunächst einmal Johann S. Bach (1685–1750) genannt werden, dessen viereckiger Schädel mit herrischem Mund und kräftiger Nase deutlich die M-Dominanz ausweist. Der allgemeine Charakter seiner Musik ist kraftvoll, motorisch-bewegt, stark im Rhythmus und von zupackender Gewalt und Vitalität. Ähnlich liegen auch Haydn, Ravel und Strawinski, um nur einige Beispiele zu nennen.

J. S. Bach

Joseph Haydn    **Maurice Ravel**    **Igor Strawinski**

Im blauen Bereich finden wir diejenigen Musiker, deren Musik melodisch gefühlvoll, unbefangen natürlich, mit Wärme und Liebreiz bis hin zum „Schmalz" ausgestattet ist; als Musterbeispiel ist Franz Schubert (1797–1821) zu nennen, dessen rundliche E-Dominanz (Wesensgruppe III) seine Freunde veranlaßte, ihn „Schwammerl" zu nennen. Ihm liegt das Motorische überhaupt nicht; sein „Militärmarsch Nr. 1" ist eher für eine Mummenschanz denn für eine zackig marschierende Truppe geeignet.

Franz Schubert

Georg Fr. Händel    **Robert Schumann**    **Max Reger**

Farben und Formen im Kreis integriert

In der gleichen Richtung liegen auch Georg Friedrich Händel, Robert Schumann und – um einen Modernen zu nennen – Max Reger, der ebenfalls vom elastischen Prinzip bestimmt ist und sehr weiche und gefühlvolle Musik schreiben konnte.

Frédéric C h o p i n (1810–1849) ist ein Künstler, dessen Musik man geradezu als „differenziert" bezeichnen könnte – und so stellt er sich auch konstitutionsmäßig dar: ein schmaler Kopf mit leicht sinnlichem Mund und traurigen, verhangenen Augen. Das Trio in seinem Trauermarsch soll liedhaft-melodiös sein, aber es ist kärglich im Melos und schwach. Denn das liegt Chopin eben nicht: er hat nichts Motorisches wie Bach und nichts Melodiöses im Sinne des Elastischen wie Schubert oder Schumann. Seine Stärke liegt im differenzierten Reiz – und darin ist er vergleichbar mit Hugo Wolff, der ähnlich strukturiert ist, und – um auch einen älteren Komponisten zu nennen – mit Claudio Monteverdi. Sie alle sind vornehmlich im gelben Bereich (V).

Frédéric Chopin    **Hugo Wolff**    **Claudio Monteverdi**

jeder Künstler drückt seine ureigenste Wesensart aus

Es wäre zu dem umfangreichen Gebiet der Kunst ganz allgemein noch sehr viel zu erläutern, aber dies würde unseren Rahmen sprengen. Wir sollten festhalten, daß jeder Künstler – gleich welcher Sparte – sich in seinen Werken so ausdrückt, wie es seiner Veranlagung entspricht. Zwar wird man bei vielen Künstlern Werke der verschiedensten Richtungen finden können, aber –

Farben und Formen im Kreis integriert

und das ist das Wesentliche – die besten und entsprechend auch bekanntesten oder gar berühmtesten Werke sind immer die, in denen der Künstler seine ureigenste Wesensart ausdrückt.

Diese kurze Exkursion in die Kunst mußte vorausgestellt werden, um dem Anwender unseres Übungsbogens VIII den Sinn der Fragen verständlich zu machen. Hinsichtlich der Ausdeutung ist er allerdings bei diesem Bogen weitestgehend sich selbst überlassen. Anhand der vorangeschickten Ausführungen muß er nun selbst versuchen, sich über sein Verhältnis zur Kunst, zu bestimmten Kunstrichtungen, zu einzelnen Künstlern und deren Werken klar zu werden – einen Maßstab kann man da nicht setzen. Auch sind wir nicht im entferntesten in der Lage, anhand einer Aufstellung oder Übersicht hierzu irgendwelche Hilfen zu geben. Wenn aber der Anwender durch die gegebenen Anregungen in diesem oder jenem Falle erkennt, warum er wohl von diesem Schriftsteller so angetan ist und andererseits jenen ablehnt, dann hat sich schon ein Bewußtwerdungsprozeß entwickelt, der der Selbsterkenntnis dient. **eigene Beziehung zur Kunst finden**

Auf einen Umstand muß in diesem Zusammenhang – gerade in bezug auf die Kunst, bei der sehr viel vom Geschmack abhängt – aufmerksam gemacht werden. Es kann durchaus vorkommen, daß sich ein Mensch besonders von der Kunstäußerung einer Wesensgruppe angezogen fühlt, die diametral seiner eigenen gegenüber liegt. Diesen Effekt bezeichnet der Volksmund mit dem Sprichwort „Gegensätze ziehen sich an". Aber wer mit Hilfe unseres Strukturkreises, auf den wir anschließend eingehen werden, einmal ungefähr seine eigene Grundrichtung oder Tendenz erkannt hat, dem wird es auch nicht schwer fallen, einen dieser Richtung entgegenstehenden Reiz zu erkennen. Ein Reiz im Sinne jener Gegensätze, die sich anziehen, entsteht nämlich lediglich für eine gewisse Zeit als besonderes Interesse, manchmal auch aus einem unterbewußten Neidgefühl aus der Willensschicht „ach, wenn ich das nur auch so könnte – oder verstände, wie jener". **Gegensätze ziehen sich an**

solange Interesse vorhanden ist

Ein Beispiel aus der persönlichen Sphäre mag dies erläutern: ich habe meinen Schwerpunkt im blauen Bereich und dementsprechend eine besondere Begabung für Anschaulichkeit. Bei allen

Vorgängen oder Begriffen, die ich anderen erklären will, fällt mir sofort ein anschauliches Beispiel ein, mit dem ich die Sache dem anderen begreiflich machen kann. Andererseits habe ich einen guten Freund, der ein ausgesprochen eiskalt-logischer Denker ist und der spielend mit dem Abstrakten umgehen kann.

Ich beneide ihn um diese Fähigkeit, denn ich habe zwar auch gelernt, logisch zu denken und zu abstrahieren wie mein Freund, der sich in Orange befindet, werde aber kaum dessen natürliche Fähigkeit so erreichen, wie er es mühelos aus seiner Veranlagung heraus kann. Zum anderen beneidet er mich stets um meine Begabung zur Bildhaftigkeit; dort, wo er sich umständlich mühen muß, jemanden eine abstrakte Angelegenheit zu erklären, springe ich ein und schüttele gewissermaßen aus dem Ärmel ein Beispiel, das mit Vergleichen, Bildern und Anschaulichkeiten das Fragliche verständlich macht.

Interesse an gegensätzlicher Richtung

Wer also um seine eigenen Stärken und Schwächen weiß, wird auch akzeptieren, daß er einmal etwas nicht so gut kann oder versteht wie ein anderer, der aus seiner Grundveranlagung heraus damit besser umgehen kann. Und so darf auch bei der Kunst eine Richtung angesehen werden, die einem nicht liegt, aber für die man Interesse aufbringt, obwohl sie der eigenen Veranlagung entgegengesetzt gegenüber steht. Über die Möglichkeiten dazu kann hier natürlich nichts gesagt werden, weil dies allzusehr von der Kunstsparte und der Kunstform sowie von den individuellen Gegebenheiten abhängig ist. Aber hier liegt ein wesentlicher Teil der Erkenntnisse zur Arbeit an sich selbst, auf die wir im Zusammenhang mit der Charakterbildung noch zu sprechen kommen werden.

4.4.2 Der farbige Strukturkreis als Orientierungshilfe

Nach vielen, über lange Jahre hinweg angestellten Versuchen, die Ergebnisse der Übungsbogen mit den verschiedensten Methoden und Techniken zu quantifizieren, hat der Verfasser, gemeinsam mit einigen Wissenschaftlern des Spezialgebietes Testpsychologie, es aufgegeben. Die Übungen im einzelnen erfüllen nicht die Forderungen, die allein von mathematischer Seite an aussagefä-

Farben und Formen im Kreis integriert

hige Tests gestellt werden; darüber hinaus sind gerade die abstrakten Begriffe z. B. der Bogen III und V sowie die vielfach gefühlsmäßigen Äußerungen in den Bogen VI, VII sowie besonders VIII in keiner Weise meßbar. Dazu kommt, daß die Stärke der Aussagen in den verschiedenen Bogen sehr unterschiedlich ist und man ein kompliziertes Verfahren mit Multiplikatoren ersinnen müßte, um eine gewisse Gleichwertigkeit zu erreichen; auch dies ist nicht möglich.

Aussagen der Übungsbogen nicht quantifizierbar

Aus diesen Gründen wurde der Strukturkreis entwickelt, der dem Anwender eine leicht überschaubare Orientierungshilfe zur Menschenkenntnis und Menschenbeurteilung geben kann.

Überschaubare Hilfe zur Orientierung

Ich habe viele Jahre lang den Strukturkreis – in verkleinerter und etwas vereinfachter Form – stets bei mir geführt und ihn bei Beratungsgesprächen, Personal-Einstellungs- sowie Kundengesprächen immer wieder zu Rate gezogen. Mit der Zeit habe ich ihn natürlich auswendig beherrscht, aber trotzdem beim Betrachten stets eine anschauliche Hilfe gehabt. – Den Strukturkreis finden Sie als gesondertes Blatt in der Einstecktasche des hinteren Einband-Deckels.

Der Gebrauch des Strukturkreises im Umgang mit anderen Menschen – insbesondere bei Gesprächen beispielsweise zu einer Personal-Einstellung – wird noch später an einem Beispiel erläutert werden. Zunächst aber kann der Anwender, um über sich selbst zusammenschauend etwas zu erfahren, die von ihm ausgefüllten Übungsbogen durchgehen und einige Erkenntnisse im Strukturkreis notieren. Am besten macht man sich dazu Punkte oder Kreuze in dem betreffenden Sektor beim entsprechenden Begriff.

Vermerke im Strukturkreis

Um einmal mit den Übungsbogen I und II zu beginnen, kann man die Strukturformel – je nach ihrer Dominanz – in dem inneren, um den Begriff „Wesensgruppe" gelagerten Kreis dergestalt eintragen, daß man in den entsprechenden Sektoren insgesamt sechs Kreuze verteilt, entsprechend wie die Relation innerhalb der Strukturformel erkannt wurde. Zum Beispiel würde ein im Bogen I erkanntes Verhältnis von 8-12-4 bei E-M-D 3 Kreuze für E, 2 für M und 1 für D ergeben. Dagegen sollten für das Ergebnis des Bogens II nur vier Kreuze in entsprechendem Verhältnis eingemerkt werden; dies sollte der Anwender selbst abschätzen.

Mehrfachkreuze können verwendet werden

Farben und Formen im Kreis integriert

Wohlgemerkt: dies sind die einzigen Bogen, bei denen man mit solchen Multiplikatoren arbeiten kann – und auch dies ist keine exakt meßbare Größe. Da jedoch diese beiden Bogen gewisse grundsätzliche Richtungen erkennen lassen, darf ausnahmsweise dieses Mittel angewandt werden.

Möglichkeiten der Eintragung auf dem Strukturkreis

Bei Übungsbogen III wird die Übertragung der Antworten mit Kreuzen (oder Punkten) in den Strukturkreis keine Schwierigkeiten bereiten; beim Bogen IV kann man für die erstgewählte Position zwei und für die Ersatzposition ein Kreuz übertragen. Vom Übungsbogen V werden nur die zehn Kreuze in die betreffenden Wesensgruppen übertragen, nicht dagegen die „0", die über die Wunschvorstellungen etwas aussagen. Außerdem kann das Kreuz der Negativ-Auslese b) ebenfalls übertragen werden sowie die 1–2 Begriffe aus c), sofern der Anwender sich im klaren darüber ist, welcher Wesensgruppe er die gewählten Begriffe zuordnen kann. Auch der unter d) angeführte und erläuterte Begriff kann mit einem Kreuz vermerkt werden.

Manche der Begriffe, die auf den Übungsbogen III, IV und V genannt sind, kann der Anwender auch – falls im Strukturkreis nicht vorhanden – handschriftlich in die noch freien Räume des Sektors der betreffenden Wesensgruppe als Ergänzung eintragen. Sie dienen dann gewissermaßen als Verstärker von Erkenntnissen über sich selbst; ihre Zuordnung ist eine nützliche Übung zur Arbeit an sich selbst.

Bei den Bogen VI, VII und VIII muß es dem Anwender überlassen bleiben, wie er sie ausgedeutet hat und in die entsprechenden Kreise des Strukturkreises mit Kreuzen überträgt.

Gewichtung selbst bestimmen

Alles in allem: dies ergibt keine meßbaren Zahlenangaben, sondern Richtungen, bei denen der Anwender völlig auf seine eigene Verantwortung gestellt ist. Dies ist ein schwieriges Stück der Arbeit an sich selbst, doch wird derjenige, der es mit Ernst und Verantwortlichkeit sich selbst gegenüber vornimmt, einen ganz entscheidenden Schritt vorwärts tun in seiner Selbsterkenntnis und auf dem Wege zur Persönlichkeitsbildung. Dazu gehört auch die Gewichtung, die der einzelne bei Erforschung seines eigenen Verhaltens und seiner Ausdrucksweise vornimmt; beispielsweise

Farben und Formen im Kreis integriert

könnte es möglich sein, daß jemand seinem graphischen Ausdruck in der Übung VII solche Bedeutung zumißt, daß er in der erkannten Wesensgruppe (Farbe) gleich drei Kreuze einträgt. Es ist selbstverständlich, daß man sich hierbei vor eigenen Wunschvorstellungen hüten muß.

Wenn man nun – nach aller sorgfältigen und gewissenhaften Prüfung – sich eine Folie nimmt, auf den Strukturkreis auflegt und auf ihr die angezeichneten Kreuze (oder Punkte) vermerkt, dann wird ein „Strukturportrait"* entstehen, aus dem Richtung und Schwerpunkt einigermaßen deutlich erkennbar werden.

Strukturportrait als Folie auf dem Kreis

Die Zeichnung auf S. 252 zeigt in verkleinerter Form, wie ein solches Strukturportrait auf einer Folie aussehen könnte. Man kann sich dies gegebenenfalls auch noch farbig ausgestalten. Es ist als Bemühung um Selbsterkenntnis aber nur dann sinnvoll, wenn man auch zu späteren Gegebenheiten noch bereit ist, durch Hinzufügen neuer Erkenntnisse (weiterer Kreuze) ständig daran zu arbeiten und nicht glaubt, daß man nun einmal so – wie eben erkannt – sei und sich daran nichts ändern werde. So kann der Strukturkreis mit der dazugehörigen Folie des Strukturportraits eine wichtige Orientierungshilfe sein, mit der der Anwender laufend umgeht, um sich ständig über seine Persönlichkeit und deren Veränderungen und Entwicklungen zu informieren. Es ist allerdings eine harte und schwierige Arbeit.

nur sinnvoll durch spätere Nacharbeit

---

* **Anmerkung:** Ich habe zeitweilig anstelle des Wortes „Strukturportrait" auch den Begriff „Fähigkeitsprofil" gebraucht. Dies hat aber bei den Anwendern insofern zu Mißdeutungen geführt, daß sie glaubten, es mit festgelegten Fähigkeiten zu tun zu haben, an denen nichts mehr zu ändern sei. Hingegen scheint mir der Begriff „Strukturportrait" deutlich zu machen, daß er Ausdruck sowohl ererbter Anlagen als auch erworbener Fähigkeiten (durch Engramme des Umwelteinflusses) beinhaltet. In diesem Sinne sollte der Anwender auch damit umgehen. (Der Verfasser)

Strukturportrait

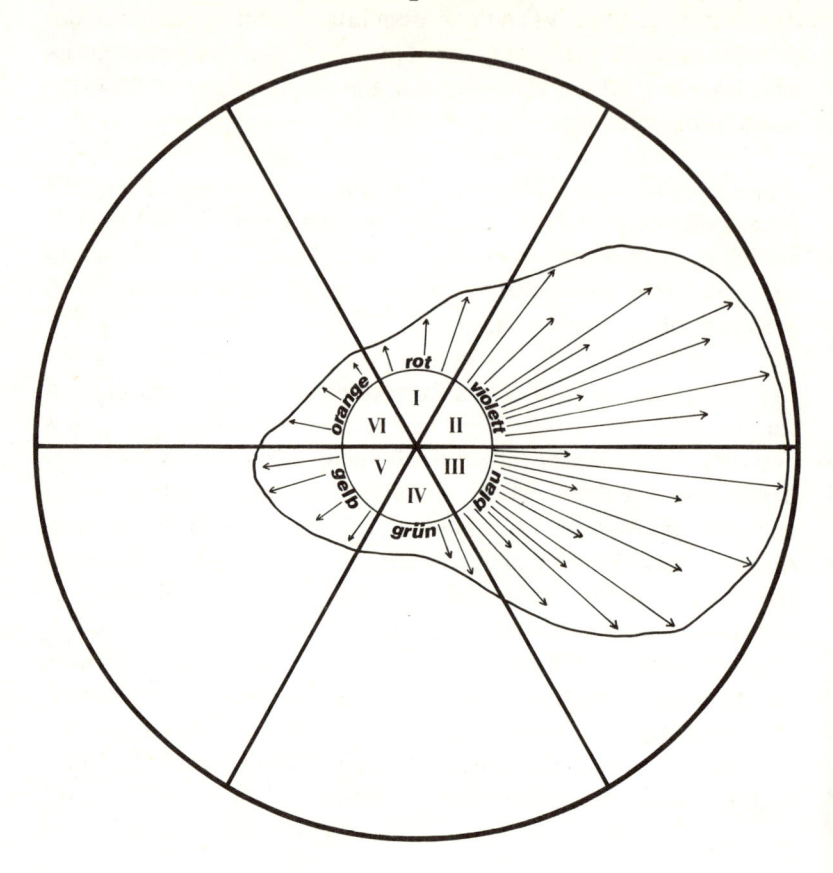

4.4.3 Ein Beispiel zur Praxis der Anwendung

Der öftere Umgang mit dem Strukturkreis in bezug auf die eigene Situation wird den entscheidenden Effekt haben, daß einem die Begriffe, die Ausdrucks- und Äußerungsformen so in Fleisch und Blut übergehen, daß man sie auch im täglichen Leben gebrauchen kann. Und dies ist ja das zweite Ziel unserer Beschäftigung mit der Menschenkenntnis: daß wir schneller und besser in der Lage sein werden, andere Menschen treffender zu beurteilen. An einem ausführlich dargestellten Beispiel soll dies einmal vorgeführt werden.

Farben und Formen im Kreis integriert

Nehmen wir einmal an, in „unserem" Unternehmen ist eine Führungsposition neu zu besetzen: Der bisherige Leiter unserer Niederlassung (mit Verkaufsbüro und Lager) in X hat gekündigt, weil er – seit der Gründung der Niederlassung vor 2 Jahren – nicht recht gegen den örtlichen Wettbewerb angekommen ist und den kleinen Betrieb (12 Mitarbeiter) noch nicht aus den roten Zahlen herausgebracht hat. Wir suchen nun also einen Mann, der als Führungspersönlichkeit nicht nur in personeller Hinsicht Ordnung schafft (die Fluktuationsrate war sehr hoch), sondern der auch mit Energie und Tatkraft die vielfältigen Probleme energisch anpackt, ohne viel zu überlegen „rangeht" und mit Schwung – weniger durch Theoretisieren als durch Probieren – die Situation zu verbessern versucht.

Das Anforderungsprofil dürfte ziemlich klar sein: es muß ein Mann des roten Bereichs sein, der aber hinsichtlich des organisatorischen Aufbaus und der Planung für neue Aktivitäten auch Eigenschaften aus der Wesensgruppe VI (Orange) haben muß. Und vom „Zweier" in Violett muß er einiges an Motivation mitbringen und auch an die Mitarbeiter weiterzugeben in der Lage sein. Nach längerer Arbeit in der Vorauswahl bleiben schließlich zwei Bewerber übrig, die in der fachlichen Qualifikation ziemlich gleich sind; Bewerber A hat allerdings einiges weniger an Erfahrung in der Branche aufzuweisen – B hingegen kann Erfolge in ähnlichen Positionen aufgrund seiner Zeugnisse belegen. Wir bitten beide Bewerber zu einem ausführlichen persönlichen Gespräch.

Bewerber A stellt sich vor: seine Erscheinung ist mittelgroß, breit, kräftig, muskulös – breite Schultern (doch das könnte auch Watte sein!), aufrechter Gang. Die Gesichtsform ist eckig, breites Kinn, etwas betonte Backenknochen, kräftige Nase. (All diese Merkmale deuten aus M-Dominanz, also Wesensgruppe I = Rot.) Der Mund allerdings ist etwas weich, die Lippen etwas dicker als beim M-Dominierten (was auf E = Blau hindeutet). Die Hände sind kräftig mit breiten Fingern, doch ohne fleischigen Ansatz. Die äußere Erscheinung zeigt also dominierende Merkmale des roten Bereichs.

Farben und Formen im Kreis integriert

A

Das Verhalten des Bewerbers ist unerschrocken, sachlich-nüchtern, wie wir es von einem Rot-Dominierten erwarten, aber er scheint auch offen-vertrauensvoll zu sein; sein freundliches Entgegenkommen bei der Begrüßung scheint einen starken Anteil von Elastizität (E-Anteil = Blau) anzudeuten. Doch dies kann auch angelernte Maske sein; schließlich möchte er ja wohl die Stelle bekommen. Die Redeweise ist frei heraus (Rot), aber auch gewandt in der Formulierung und in der Höflichkeit (was wieder den Gedanken an einen blauen Anteil nahelegt). Wenn unsere (zunächst noch vorsichtig getroffene) Struktur-Diagnose „Rot dominant mit einigen Anteilen von Blau" stimmt, so würde dies der Wesensgruppe II – Violett entsprechen. Wir wollen also in dem anschließenden Interview in dieser Richtung die Probe machen:

Frage: *„In Ihrem beruflichen Werdegang fehlen Ihnen leider einige Branchenerfahrungen, die wir eigentlich vorausgesetzt haben..."*
– Antwort: *„Dessen bin ich mir durchaus bewußt gewesen, als ich*

Farben und Formen im Kreis integriert

meine Bewerbung einreichte. Aber ich glaube, daß ich dies ausgleichen kann und daß ich mir in relativ kurzer Zeit das angeeignet haben werde, was mir heute noch fehlt." – "In Ihren Zeugnissen sind mehrmals Pünktlichkeit und Ordnungsliebe besonders betont; ist dies Zufall oder hat das einen besonderen Grund?" – "Nein, das ist wohl kein Zufall, denn Ordnung ist für mich die Grundlage einer sauberen und rationellen Arbeit; wenn ich keine Ordnung habe, kann ich nicht schaffen." – "Sind Sie sich darüber im klaren, daß gerade die Übernahme der nicht so recht funktionierenden Niederlassung Ihren Ordnungssinn vor einige Probleme stellen wird?" – "Ja, durchaus – aber ich glaube, daß mich diese Aufgabe geradezu reizt." – "Noch eine Frage: Haben Sie ein Hobby – treiben Sie vielleicht Sport?" – "Ich habe bis vor einigen Jahren aktiv Handball gespielt, aber jetzt betreue ich in unserem Verein die Jugendmannschaft." – "Ist das nicht heute bei den manchmal etwas aufmüpfigen Jungen etwas schwierig?" – "Oh nein, damit gibt es gar keine Probleme: meine Jungen sind alle begeistert dabei – und im vergangenen Jahr haben wir die Meisterschaft der B-Klasse gemacht. Es macht viel Spaß, mit den Jungens zu arbeiten." – "Bleibt Ihnen denn bei der Vereinsarbeit noch Zeit für die Familie; Sie haben doch – wie ich aus Ihrem Lebenslauf ersehe – zwei Kinder?" – "Oh natürlich; der Verein braucht mich ja nur an einem oder höchstens zwei Abenden in der Woche, sonst widme ich mich sehr viel meinen beiden Töchtern – fast jeden Sonntag sind wir draußen in der Natur, manchmal sogar mit dem Zelt. Meine Frau macht auch mit." – "Und Ihr Fernseher?" – "Ach, ab und zu sehe ich mir ganz gerne einmal gute Filme oder Komödien an, aber die erzieherischen, sozialkritischen oder problematischen Sendungen schalte ich gar nicht erst ein – das empfinde ich als negativ."

Wir bitten den Bewerber A, etwas zu warten, und empfangen nun den Bewerber B: die Erscheinung groß, kräftig, vielleicht etwas schlanker als A. Die Gesichtsform ist eckig, scharf ausgeprägte Nase, betonte Backenknochen, energischer Mund mit schmalen Lippen. Die Hände sind kräftig, sehnig, aber mit schlankeren Fingern (Gesamteindruck der äußeren Erscheinung: vorwiegend Rot, aber mit einigen Anteilen von Orange, denn Schlankheit, scharfe Nase, schmale Lippen, schlanke Finger deuten einen Gelb-Anteil (differenziert – Wesensgruppe V) an. Sein Verhalten ist ein wenig zurückhaltender, ernster als das von A, und die Be-

Farben und Formen im Kreis integriert

wegungen sind eckiger. Auch eine gewisse Freundlichkeit tritt auf, doch ist sie vielleicht nur höfliche Form. Die Redeweise ist wie bei A sachlich-nüchtern, aber vorsichtiger, doch äußerst klar, präzise und zielbewußt. (Auch hier dominiert ganz einwandfrei Rot; daneben sind aber auch gelbe Merkmale wie die Zurückhaltung und die Vorsicht im Antworten – manchmal sogar erst nach einer Überlegungspause – zu erkennen; Gelb dürfte wohl das zweitstärkste Prinzip sein.) Das nun folgende Gespräch soll nun klären, ob wir mit unserer Struktur-Diagnose „Rot dominant mit Anteilen von Gelb – also wahrscheinlich Wesensgrupe VI = Orange" richtig liegen.

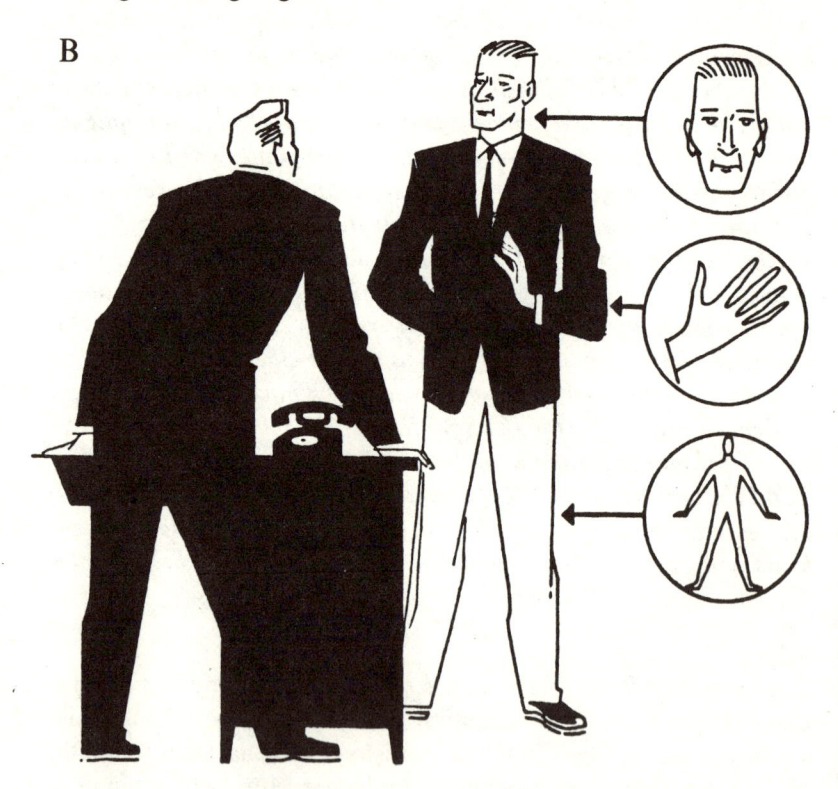

B

Frage: *„Nachdem ich Ihnen hier nun kurz die Tätigkeit geschildert habe, die Ihnen bevorstehen würde, wenn wir zusammenkommen: glauben Sie, daß Sie diese Aufgabe bewältigen könnten?" – „Sicherlich, denn wie Sie meinen Zeugnissen entnehmen konnten, habe ich einige Branchenerfahrung, die wohl ins Gewicht fallen dürfte." – „Ja, dies habe ich auch vermerkt, nur kommen auf Sie* *auch einige Aktivitäten zu, die ganz allgemein mit der Durchsetzung der Organisation zusammenhängen." – „Nun, Organisation ist meine Stärke, ich plane alles sehr genau, damit von vornherein keine Fehlleistungen auftreten können." – „Gut, jedoch müßten Sie auch manchmal unkonventionelle und nicht vorauszuplanende Dinge entscheiden." – „Ich nehme doch an, daß es für solche Situationen schriftlich festgelegte Anweisungen gibt, nach denen ich mich richten kann." – „Ja, die gibt es schon, aber trotzdem würden Sie auch manchmal sehr schnell selbständige Entscheidungen fällen müssen." – „Aber auch dafür gibt es doch bestimmt Richtlinien und Grundsatzbestimmungen, die maßgebend sein müssen – oder nicht?" – „Ja, die gibt es, aber vielleicht nicht so, wie Sie sich das vorstellen. – Treiben Sie übrigens einen Sport?" – „Nein, nicht mehr. Früher war ich einmal ganz gut in Stabhochsprung, aber jetzt, da ich älter bin, spiele ich gerne Schach, auch lese ich viel." – „Und sehen Sie auch fern?" – „Ja, ab und zu – aber nicht bis tief in die Nacht hinein. Die bringen zu später Stunde oft noch Problemstücke, die mich dann die halbe Nacht hindurch nicht einschlafen lassen . . ."*

Nun, der Fall ist ziemlich klar: die konstitutions-psychologische Beobachtung des Bewerbers A deutete auf Rot-Dominant mit Anteilen von Blau hin; die Unterhaltung gab uns dann die Sicherheit, daß er zur Wesensgruppe II – Violett neige. Deutlich kamen nämlich in den wenigen Sätzen zuversichtliche Grundhaltung, Selbstvertrauen, Ordnungsliebe, Kommunikationsfähigkeit und -bedürfnis, Streben nach Harmonie, Sinn für höhere Werte zum Ausdruck.

Beim Bewerber B „tippten" wir schon konstitutions-psychologisch auf Rot-Gelb, und die Unterhaltung brachte dann auch eindeutige Hinweise auf die Wesensgruppe VI – Orange: die Fragen nach Normen, Richtlinien, Grundsatzbestimmungen, die Freude an der Einzelleistung (Stabhochsprung), an der intellektuellen Beschäftigung (Schachspiel, Lesen) und die Problembezogenheit (Nicht-einschlafen-Können nach Problemen).

Welcher der beiden Bewerber ist nun der richtige zur Besetzung unserer Stelle? Wir erinnern uns noch einmal an die Anforderungen: Energie, Tatkraft, unbekümmertes „Rangehen", Schwung,

Farben und Formen im Kreis integriert

Motivation, Organisationsfähigkeit und Durchsetzungsvermögen. Es handelt sich hier um eine Tätigkeit, die vornehmlich im roten Bereich einzuordnen ist, die aber auch Elemente von Blau und – hinsichtlich der Organisationsplanung – auch etwas von Orange enthält. Der Bewerber B, den wir der Wesensgruppe VI – Orange zugeordnet haben, würde uns wohl nicht befriedigen, weil er wahrscheinlich zu lange überlegen und nach theoretischen Gesichtspunkten, Paragraphen, Normen usw. entscheiden würde. Auch er selbst würde auf die Dauer nicht befriedigt sein und psychisch überfordert werden, da man von ihm eine unbekümmert-rangehende, zuversichtliche, ja optimistische Grundhaltung verlangt, die ihm nun einmal nicht gegeben ist.

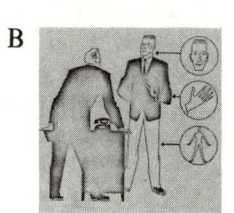

A   B

Bewerber A hingegen – ein Mann des violetten Bereichs (Wesensgruppe II) wird uns hinsichtlich der Verhaltensweise und seiner Arbeitsauffassung das bringen, was wir in dieser Position erwarten. Er wird an alle, auch an unvorhergesehene und schwierige Aufgaben mit Zuversicht und Optimismus herangehen, nicht nach Normen, Regeln oder Konvention fragen, sondern mit dem festen Glauben an den guten Ausgang zupacken und probieren, dabei auch die Mitarbeiter motivierend mitreißen können. Die fachliche Qualifikation war bei beiden Bewerbern gleich; Bewerber A hatte allerdings da etwas weniger Branchenerfahrung aufzuweisen. Aber es ist ihm zuzutrauen, daß er dies – wie er selbst sagte – in Kürze nachholen und ausgleichen kann.

Wir entscheiden uns also für den Bewerber A für die ausgeschriebene Position. Aber falls wir im Unternehmen noch eine Position haben, die Genauigkeit, Kritikfähigkeit, vorsichtiges Planen und organisatorisches Können verlangt, dann sollten wir uns dieses Mannes B versichern, denn er macht einen guten Eindruck – und gute Leute sind nach wie vor selten!

Farben und Formen im Kreis integriert

Wer unsere bisherigen Ausführungen zur Menschenkenntnis genau gelesen und verarbeitet hat, wird wissen, daß es noch eine große Anzahl zusätzlicher Möglichkeiten gibt, einen Bewerber zu beobachten und zu prüfen, um ein einigermaßen zutreffendes Urteil über ihn zu erhalten. Man kann – ehe man z. B. unseren Fragebogensatz* an Mitarbeiter oder Bewerber ausgibt – zunächst einmal bei Freunden und Familienmitgliedern damit üben, um sich eine gewisse Routine anzueignen, die unbedingt erforderlich ist, ehe man mit dem Material umgehen darf.

---

* Komplette Sätze des Übungsbogen-Materials sind beim Verlag mit der beiliegenden Bestellkarte anzufordern.

Standpunkt V

Ohne Gerechtigkeit hat das Leben keinen Wert

Von allen Tugenden die schwerste und seltenste ist die Gerechtigkeit. Man findet zehn Großmütige gegen einen Gerechten.

Grillparzer

Eine Stunde Gerechtigkeit ist mehr als siebzig Jahre Gebet.

Aus der Türkei

Es ist doch merkwürdig, daß eine große Anzahl von bedeutenden Männern – von Cicero bis Dürrenmatt und von Goethe bis Adenauer – sich über die Gerechtigkeit ausgelassen haben, aber daß wir sie in unserem täglichen Leben so wenig gebrauchen und vielfach nicht einmal im Munde führen. Auch die obenstehende Überschrift zu diesen Überlegungen entstammt einem Wort von Immanuel Kant, der in seiner „Metaphysik der Sitten" geschrieben hat: „Wenn die Gerechtigkeit untergeht, so hat es keinen Wert mehr, daß Menschen leben." Und Johann Gottlieb Seume hat diesen Gedanken noch erweitert, indem er sagte: „Wo keine Gerechtigkeit ist, ist keine Freiheit, und wo keine Freiheit ist, ist keine Gerechtigkeit." Marie von Ebner-Eschenbach schließlich schreibt in ihren Aphorismen: „In der Jugend meinen wir, das Geringste, das die Menschen uns gewähren können, sei Gerechtigkeit. Im Alter erfahren wir, daß es das Höchste ist."

Alles wunderschöne Worte, denen man im Grunde zustimmen muß, aber ich frage mich oft: Wo bleibt die Gerechtigkeit im täglichen Leben? Wenn sie überhaupt erwähnt wird, dann meistens von Politikern oder Journalisten, die diesen hohen Begriff vor ihren Karren spannen und damit laut tönend durch die Lande und über den Bildschirm reisen. Und dabei trifft man Ungerechtigkeit überall auf der Welt wie Pfützen nach einem schweren Landregen; wir sind auf dem besten Wege, gleichgültig zu werden, wenn wir erleben, wie man die Gerechtigkeit überall mit Füßen tritt – ja, wir beachten es kaum mehr.

Aber sie ist wirklich eines der höchsten Güter des menschlichen Lebens, – nur finden sich leider nicht oft wahre Sachwalter der Gerechtigkeit. Ich glaube, daß dies ganz allgemein an unserem mangelnden Bewußtsein in bezug auf die Gerechtigkeit liegen mag – daran, daß wir vielleicht abgestumpft sind und Mangel an Gerechtigkeit gar nicht mehr wahrnehmen. Unsere Juristen überschlagen sich, immer wieder neue Gesetze zu ma-

Standpunkt V

chen und zu praktizieren, aber je mehr diese sich zu einem undurchschaubaren Dschungel auswachsen, um so mehr verlieren wir dabei auch den Blick für wahre Gerechtigkeit – – –

Warum ich mir dies alles vom Herzen schreibe, hat nicht nur den Grund, daß man den Waagemenschen eine besondere Beziehung zur Gerechtigkeit nachsagt, sondern daß ich im Umgang mit meinen vielen Seminarteilnehmern eine merkwürdige Erfahrung machen mußte: Wenn ich in den Gruppen – alles Führungskräfte – die Frage nach der wichtigsten Führungseigenschaft stellte, dann kamen die vielfältigsten Antworten.

Von Vorleben bis Unbestechlichkeit, von Persönlichkeit bis Kontrolle und Überwachung, von Durchsetzung bis Tatkraft, Durchblick und Härte, Anständigkeit und Abstand wurde mir eine ganze Skala von wirklichen oder vermeintlichen Führungstugenden genannt, aber die Gerechtigkeit wurde meist vergessen. Erst wenn ich dann eine hinführende Frage stellte und wissen wollte, wie denn ein Führender sich Vertrauen zu seiner Person – der ersten Voraussetzung in unserem führungspsychologischen Regelwerk – schaffe, wurde ab und zu die Gerechtigkeit genannt.

Dann allerdings ergaben sich engagierte Diskussionsbeiträge, und ich erlebte oft bei den Gruppen ein erwachendes Bewußtsein in bezug auf den Begriff der Gerechtigkeit. Viele wurden sich – vielleicht zum ersten Male in ihrer Laufbahn als Führungskraft – darüber klar, wie entscheidend das Führen anderer Menschen davon abhängt, ob und wie der Führende sich um gerechtes Handeln bemüht. Denn auf die von mir gestellte Frage: „Sind Sie denn immer gerecht?" folgte meist ein betretenes Kopfschütteln.

Wir kamen dann gemeinsam zu der Feststellung, daß man dies auch gar nicht sein könne, weil es einfach über die eigene Kraft und die Möglichkeiten hinausgehe – man überfordert sei. Und so kamen wir dann zu dem Schluß, daß sich der Führende – wenn er schon nicht selbstsicher behaupten dürfe, daß er stets gerecht sei – wenigstens darum bemühen könne, Gerechtigkeit zu praktizieren, wo immer sich die Möglichkeit biete.

Dies ist leichter gesagt als getan. Denn schon bei der Frage, ob Gerechtsein bedeute, stets alle gleich zu behandeln, wurden die Seminaristen nachdenklich. Und wir stellten dann fest, daß es gerade ungerecht wäre, beispielsweise einen Mitarbeiter, der sich die größte Mühe gibt und

Standpunkt V

fleißig und zuverlässig ist, gleichzubehandeln mit einem stinkfaulen Drückeberger, der auf Kosten der anderen sich einen guten Tag macht. Nein, hieß es dann: Gerecht sein muß bedeuten, nicht jeden gleich, sondern jeden nach seinem Verdienst, seinem Einsatz, seiner Einstellung und seiner Leistung zu behandeln. Wer als Führender sich darum bemüht, diese Verhaltensweisen zu erkennen und zu würdigen, der wird sich gerecht verhalten und sich auch das Vertrauen seiner Mitarbeiter erwerben.

Wenn über einen Führenden gesagt wird: „Unser Chef ist streng, aber gerecht!" dann ist dies ein hohes Lob. Weil es besagt, daß die Mitarbeiter sogar bereit sind, ein gewisses Maß an Strenge in Kauf zu nehmen, wenn sie sich nur gerecht behandelt fühlen. Gerade dieser Gedanke sollte uns die Bedeutung des Bemühens um Gerechtigkeit bewußt machen – und dies ist auch der Grund, weshalb wir diese Überlegungen hier überhaupt anstellen: Derjenige „Vorgesetzte", der nicht seine Beziehung zu gerechtem Umgang mit den ihm Anvertrauten bewußt zu machen sich bemüht, ist fehl am Platze und mag sich in der Müllabfuhr oder an der Börse betätigen (ohne daß wir diese Tätigkeiten abwerten wollen!), aber es darf ihm nicht erlaubt sein, mit Menschen, dem kostbarsten Gut, das wir in der Wirtschaft haben, umzugehen! Wie schön klingt doch das eben erwähnte Wort von den Anvertrauten – von Menschen, die ihr Vertrauen in die Hand des Führenden legen, damit er damit richtig und gerecht umgehe!

Man halte mich nicht für einen hoffnungslosen Utopisten, indem man mir entgegnet, in der täglichen Praxis des Unternehmens sei dies alles ganz anders. Da müsse man mit Härte arbeiten, sonst komme man unter die Räder. Und wenn man einem Mitarbeiter einmal den kleinen Finger reiche, dann wolle er gleich die ganze Hand – – – und was dergleichen kluge Sprüche mehr sind. Sie sind nicht klug, sondern in den meisten Fällen Schutzbehauptungen von schwachen Führenden, die ihrer Persönlichkeitswirkung unsicher sind oder sogar genau wissen, welche arme Würstchen sie abgeben. Mitarbeiter haben dafür ein feines Gespür und erkennen meist sehr schnell, wo und wann ein Führender unsicher ist und diese Unsicherheit mit Grobheit, mit Anbiederung oder mit anderen Mitteln überspielen will.

Armselige Typen von Führungskräften haben wir in der deutschen Wirtschaft – und vor allem auch in der Verwaltung – mehr als genug! Was uns fehlt, sind wirkliche Persönlichkeiten in den Führungspositionen – gleichgültig in welcher Ebene. Und weshalb ich dies alles darstelle? Eben weil

Standpunkt V

die Bemühung um Gerechtigkeit eine Maxime sein muß, ohne die jegliche Arbeit an der eigenen Persönlichkeit vergebens sein wird. Persönlichkeit kann man nicht im Supermarkt kaufen, sie muß in harter und mühevoller Arbeit an sich selbst geschaffen werden. Im folgenden Schritt werden wir sehen, was in dieser Hinsicht getan werden kann.

5. Schritt: Die Arbeit am Charakter hört nie auf

> *Wie an dem Tag, der dich der Welt verliehen,*
> *Die Sonne stand zum Gruße der Planeten,*
> *Bist allsobald und fort und fort gediehen*
> *Nach dem Gesetz, wonach du angetreten.*
> *So mußt du sein, dir kannst du nicht entfliehen,*
> *So sagten schon Sybillen, so Propheten,*
> *Und keine Zeit und keine Macht zerstückelt,*
> *Geprägte Form, die lebend sich entwickelt.*
> *(Goethe: Urworte – Orphisch)*

Es ist schon eine einmalige Sache um ein Genie! Da entwickeln sich umfangreiche Lehren, ganze Bereiche der Wissenschaft, und unzählige Berufene und Unberufene befassen sich seit Jahrtausenden – von den indischen Veden bis zu Karl Jaspers – mit dem Begriff der Persönlichkeit und des Charakters. Und dann drückt ein wirkliches Genie vor mehr als eineinhalb Jahrhunderten, lange ehe die moderne Wissenschaft entsprechende Erkenntnisse gewonnen hat, in nur zwei Zeilen den gesamten Inhalt des Problems in einer konzentrierten Kürze aus, daß es einem den Atem verschlägt.

Goethes prägnante Kürze

Wir wollen einmal davon absehen, daß Goethe sich an den Anfangszeilen auf die Astrologie bezieht, von der wir bereits erwähnt haben, daß sie wichtiges Erfahrungsgut auszusagen hat, daß aber nicht unbedingt jeder zu ihren gläubigen Anhängern zählen muß. Goethe spielt in den ersten beiden Zeilen auf den Sonnenstand und den Aszendenten der Geburtsstunde an, die nach astrologischer Meinung einen wesentlichen Einfluß auf das Leben und das Schicksal des Menschen haben, der aus einer Grundprägung seiner Anlagen in das Leben hinaustritt. Unter diesem Gesetz ist der Mensch „angetreten", und durch die Umwelteinflüsse „gedeiht er fort und fort". Und auch äußere Einwirkungen von Macht und Zeit werden an dieser „geprägten Grundform" nichts ändern, sondern ihn nur in dieser Richtung „sich entwickeln" lassen.

astrologische Vorstellungen

Aber gerade weil wir hier diese Grundgedanken so komprimiert erfahren, bedarf es für uns der Erläuterung und Auslegung dieser genialen Worte, damit wir für die Lebenspraxis damit etwas anfangen können.

5.1 Was ist das eigentlich: der Charakter?

Es bildet ein Talent sich in der Stille,
Sich ein Charakter in dem Strom der Welt.
(Goethe: Torquato Tasso)

das „Eingeprägte"

Wieder eine durch nichts zu überbietende Kurzdefinition unserer Frage nach dem Charakter. Aber es bedarf doch, daß wir noch mehr darüber erfahren. Charakter ist ein aus dem Griechischen stammendes Wort, das ursprünglich „das Eingeprägte" bedeutet. Nachdem es die griechischen Philosophen des klassischen Altertums gebrauchten, wurde es bei uns erst im 17. Jahrhundert gewissermaßen „wiederentdeckt" und seitdem in weitester Bedeutung als „die gestalthafte Eigenart einer Erscheinung" betrachtet. Man kann darunter beispielsweise den Charakter einer Landschaft, einer Musik, eines Kirchenbaues oder etwa eines Weinjahrgangs verstehen.

**Ganzheitliches –
Einmaliges –
Einzigartiges**

Im engeren Sinne wird der Charakter eines Menschen vielfach von den Autoren, die sich damit befaßt haben, als ein normativer oder ethischer Begriff mit einer bestimmten Wertung gesehen. Paul Helwig (Lit. 59) spricht zwar von dem Charakter als etwas „Ganzheitlichem" und etwas „Einmaligem und Einzigartigem", auch von der Prägung durch die Umwelt und die Einstellung zu dieser als etwas „Gewordenem".

Charakterlump

Aber wenn wir in unseren bisherigen Überlegungen stets die Wertfreiheit als oberstes Prinzip gefordert haben, so können wir Helwigs Feststellung, daß der Charakter auch etwas Postularisches habe – im Sinne von nichts Seiendem, sondern von etwas, was so oder so sein sollte, nicht folgen. Denn dann kommen wir zu zwei polaren Gegensätzen: man versteht unter „Charakter" einen Menschen mit positiven Eigenschaften wie etwa Grundsatztreue, unbeirrbarer Standpunkt, Festigkeit des Wesens, Gesinnungstreue, Unbestechlichkeit oder Verläßlichkeit u. a. m. Als Gegensatz hierzu kennt man den Charakterlump oder das Cha-

Die Arbeit am Charakter hört nie auf

rakterschwein als einen Menschen, der nicht diese positiven Eigenschaften aufweist; im Rheinland sagt man von einem solchen: „Er hat ene fiese Charakter."

Fritz Künkel (Lit. 70) hingegen gibt in seinem Buch „Die Arbeit am Charakter" als erste Regel an: „Begreife, daß du gleichzeitig Subjekt und Objekt bist, daß du frei und verantwortlich bist und dich den Folgen deines Verhaltens nicht entziehen kannst..." Und wir finden bei Künkel zu einer Zeit, da die Psychologie sich in zunehmendem Maße in empirisch-mathematische Methoden verstrickte, den bemerkenswerten Satz: „..., daß die Tiefenpsychologie aufgehört hat, Naturwissenschaft zu sein; ... das Irrationale (Freiheit, Verantwortung, Produktivität) kommt dadurch auch in der empirischen Wissenschaft – erstmalig seit dem Mittelalter (!) – wieder zu gebührender Geltung, aber nicht als idealistische Träumerei, sondern als reale, mit voller Verantwortung beladene Lebensaufgabe."

irrationale Bezüge

Entwicklungsstufen des Ich
(nach Dr.-Ing. Walter Schleip)

Erlebnisse	Grenzen
1. Lösung vom Mutterleib, eigene, noch unbewußte Organfunktion	Körperliche Abhängigkeit vom Mitmenschen
2. Körperliche Freiheit, bewußte Organbetätigung und -befriedigung	Abhängigkeit von der Moral der Umgebung
3. Seelische Freiheit durch Willensbetätigung und -befriedigung	Abhängigkeit von „dem Anderen" – Sozialkonflikt/Vertrauen
4. Schicksalsfreiheit durch gesteuertes Verhalten	Abhängigkeit von der Erbanlage und dem Kollektivrahmen
5. Macht der Vernunft über die Kräfte der Natur	Abhängigkeit von transzendentalen Gesetzen (Gott)

Einen in diesem Zusammenhang interessanten Überblick hat Schleip geschaffen, wie wir in der obenstehenden Tabelle sehen. Er zählt bestimmte Ur- oder Grund-Erlebnisse auf, die jeder

Ur-Erlebnisse

Weg des "homo integrans"

Mensch in seiner Entwicklung erfährt und durch die ihm auch wiederum die Grenzen seiner Situation bewußt werden können. Für Schleip als Naturwissenschaftler war dann die letzte Erlebnisform (5) die „Macht der Vernunft über die Kräfte der Natur". Aber deren Grenzen wird der „homo integrans" unserer Vorstellung nicht in der Abhängigkeit vom Transzendentalen erfahren, sondern vielleicht „grenzenlos" in der Einfügung und Einbindung des einzelnen in die Gesamtheit der Schöpfung.

Damit kommen wir dem Charakterverständnis, wie wir es sehen wollen, ein gutes Stück näher: denn der Begriff in wertfreier Auffassung setzt sich aus drei Faktoren zusammen, die ihn bilden: die Erbanlagen, die Umwelteinflüsse und die Arbeit an sich selbst. An den beiden erstgenannten kann der Mensch – zumindest bis zu jenem Zeitpunkt, an dem er sich darüber klar wird, daß er an sich selbst arbeiten kann – nichts ändern; sie haben ihn so geprägt, wie er in diesem Augenblick dasteht.

Aber mit der Arbeit an sich selbst wird der Mensch – im Rahmen seines Entscheidungsspielraumes aus innerer und äußerer Freiheit – sehr wohl etwas bewirken. Unsere bisherigen Schritte zum Individualstil, zur Menschenführung und zur Selbsterkenntnis haben die Grundlagen dazu vermittelt. Und wir wollen weiterhin in diesem Sinne Hilfen geben für denjenigen, der ernsthaft bereit ist, sein Führungsverhalten im Sinne einer persönlichen Transformation zu verändern.

Erbanlagen und Umwelteinflüsse

Befassen wir uns zunächst mit den beiden ersten Faktoren, aus denen sich der Charakter bildet: den Erbanlagen und den Umwelteinflüssen. Während bei den erstgenannten Veränderungen nicht möglich sind, wie wir aus der biologischen Konstitutionspsychologie und den Lehren über die Keimblätter erfahren haben, sind vielfache wissenschaftliche Untersuchungen vorgenommen worden, die sich mit den Umwelteinflüssen beschäftigen. Ausgehend von der Freudschen Psychoanalyse wird bis heute mit den verschiedensten Methoden und Mitteln der unterschiedlichsten Lehrrichtungen versucht, nachträglich auf früher gehabte Engramme bzw. deren Wirkung Einfluß zu nehmen, um den betreffenden Menschen von eben diesen Auswirkungen, die im Unterbewußten liegen, zu befreien. Das berühmte schwarze Sofa der Psychotherapeuten hat hierbei schon einen fast legen-

Die Arbeit am Charakter hört nie auf

dären Ruf bekommen; für unsere Überlegungen ist dies nicht von Bedeutung, weil dies in den Bereich der Therapie fällt.

Wir aber wollen uns mit dem gesunden und normal reagierenden Menschen befassen, nicht mit dem psychisch gestörten, dem Kranken. Wobei allerdings anzumerken ist, daß im psychosomatischen Sinne uns sehr wohl die psychischen Wurzeln einer körperlichen Erkrankung noch beschäftigen werden, wenn wir uns mit der Ganzheit des Menschen im medizinischen Sinne – mit dem Gebiet der Psychosomatik – im nächsten Standpunkt auseinandersetzen wollen.

uns interessiert nur der „Normale"

Uns interessiert zunächst einmal die Frage, inwieweit die Erbanlagen und die Umwelteinflüsse, also die erfahrenen Erlebnisse – Engramme, den menschlichen Charakter prägen – im Sinne von Goethes „geprägter Form, die lebend sich entwickelt". In welchem Verhältnis stehen sie zueinander? Diese Frage ist seit mehr als einhundert Jahren der Gegenstand heftiger Auseinandersetzungen zwischen den Anhängern der Vererbungslehre und den Verfechtern der Milieutheorie. Die ersteren stehen auf dem Standpunkt, daß der Mensch entscheidend von den Erbanlagen geprägt ist, die mit den Genen der männlichen Samenzelle und der weiblichen Eizelle durch die Zeugung zusammenfinden. Dem Milieu, d. h. den Umwelteinflüssen, schreiben die Verfechter der Vererbungslehre keine bzw. nur äußerst geringe Einflüsse auf die Bildung des Charakters zu.

Erbanlagen aus den Genen

Im Gegensatz hierzu behaupten die Anhänger der Milieutheorie, daß der Mensch bei seiner Geburt eine Art „tabula rasa" sei; ein Begriff, der schon bei Aristoteles und auch bei Plato zu finden ist. Er bedeutet „unbeschriebenes Blatt" bzw. „leere Tafel", worauf erst das Leben – mit seinen Engrammen, Umwelteinflüssen – seine Einzeichnungen, Einritzungen oder Einprägungen vornimmt. Wir wissen zwar heute, daß gerade die ersten Lebensmonate mit ihren Eindrücken ganz entscheidende Spuren im Gehirn des Kindes hinterlassen; die Milieutheoretiker leugnen jedoch jeglichen Einfluß von vorhandenen Erbanlagen.

tabula rasa

Eine ganz besondere Gewichtung bekam dieser heftige Streit, der zunächst unter den Wissenschaftlern ausgefochten wurde, dadurch, daß er im Laufe unseres Jahrhunderts auf die politische

Verlagerung auf die politische Ebene

Bühne verlegt wurde. Marxisten und Sozialisten ergriffen die Milieutheorie, um mit ihrer Hilfe zu behaupten, daß man nur – mit Hilfe des Klassenkampfes oder der Umverteilung der Güter – das Milieu der Menschen, vor allem der unterdrückten und notleidenden Klassen, zu verändern, also zu verbessern brauche, um auch bessere und glücklichere Menschen zu schaffen.

Und da der Nationalsozialismus die Rassenlehre (und mit ihr die Vererbungslehre) adaptiert hatte, wurde andererseits den Anhängern dieser Richtung Rassismus, Faschismus und als Folgeerscheinung Unmenschlichkeit, Unterdrückung sogenannter „Minderwertiger" und ähnliches vorgeworfen. Dies ging und geht auch heute noch so weit, daß vielfach ernsthaft arbeitende Wissenschaftler der Biologie in der Ausübung ihrer Forschung behindert werden. Im folgenden zur Erläuterung der Situation Auszüge aus einer 1972 in den USA (Lit. 97) veröffentlichten Resolution, die von 77 bedeutenden Wissenschaftlern aus zahlreichen Ländern, darunter vier Nobelpreisträgern, veröffentlicht wurde:

Resolution über Bedeutung der Vererbung

> ... Wir haben ein großes Beweismaterial über die mögliche Rolle der Vererbung bei der Ausbildung menschlicher Fähigkeiten und Verhaltensweisen untersucht, und wir sind der Meinung, daß solche erblichen Einflüsse sehr stark sind ... Wir wünschen mit allem Nachdruck, Forschungen über die biologische und erbmäßige Basis des Verhaltens zu fördern, da sie eine notwendige Ergänzung der zahlreichen Versuche milieu-theoretischer Verhaltenserklärungen sind ... Wir beklagen zutiefst, daß man Fragen der Erblichkeit in den eingeführten Lehrbüchern totschweigt, und daß man in solchen Wissenschaftszweigen wie Soziologie, Sozialpsychologie, Sozialanthropologie, Pädagogik, Psychometrie und vielen anderen die Wichtigkeit der Vererbung nicht gewissenhaft erforscht und entsprechend hervorhebt ..."

Und ein anderer Satz in dieser Resolution, der da lautet „... wir bestehen ganz entschieden auf dem Recht und betonen die wissenschaftliche Pflicht des Lehrers, Erbeinflüsse auf das Verhalten zu diskutieren ...", ist eine vornehme Umschreibung dessen, daß vielfach die Unterzeichner und andere Professoren mit geworfenen Tomaten oder Gewaltmitteln von marxistischen

Die Arbeit am Charakter hört nie auf

Studentengruppen in der Ausübung ihrer Tätigkeit behindert wurden.

Im Grunde hätte – wenn nicht der politische Hintergrund den Streit am Schwelen gehalten hätte – er schon längst durch die Ergebnisse der Zwillingsforschung ab absurdum geführt werden können. Denn diese haben eindeutig bewiesen, daß sowohl das Erbgut als auch die Umwelteinflüsse ihre Auswirkungen auf die Entwicklung des menschlichen Individuums haben. Dies konnte man für eineiige Zwillingspaare, die ja logischerweise das völlig gleiche Erbgut haben, überzeugend in dem schon 1929 erschienenen „Erblichkeits-Index" nachlesen, der angab, daß wahrscheinlich die Erbfaktoren mehr als die Hälfte aller Entwicklungen beim Menschen ausmachen. Aber ungeachtet dieser wissenschaftlich unanfechtbaren Erkenntnis ging nunmehr der Streit weiter um die Prozentanteile. Und auch trotz einer sehr klugen Kompromißformulierung, die Irenäus Eibl-Eibesfeldt (Lit. 28) gefunden hat, schwelt er – politisch geschürt – weiter. Der Wissenschaftler, Schüler von Konrad Lorenz, drückt es so aus: „Wenn nur einer der beiden Faktoren – Erbanlagen oder Umwelteinflüsse – 20 % oder ein Fünftel der Verhaltensweisen begründen würde, wäre er bereits so einflußreich, daß man ihn nicht übersehen und in der Forschung übergehen dürfte."

Eine beinahe sensationelle Entwicklung haben die Untersuchungen ergeben, die ein Forschungsteam der Universität von Minneapolis unter der Leitung von David Lykken und Thomas Bouchard seit 1979 betreibt und über die Hoimar v. Ditfurth in der Zeitschrift GEO (Lit. 23) berichtete. Die Übereinstimmungen von Zwillingspaaren, die nach der Geburt getrennt und erst mehrere Jahrzehnte später von dem genannten Forschungsteam untersucht wurden, war so verblüffend – bis hin zu Gewohnheiten und Gleichheiten in den getrennten Leben der Testanten – daß Bouchard, selbst überzeugter Milieutheoretiker, der bei den 68er Studentenrevolten sogar wegen linker Umtriebe im Gefängnis gesessen hatte, sprachlos war. Auf die Frage von Ditfurths, was er dann dazu sage, daß Zwillinge, die einander nie gesehen hatten, bei dem ersten Zusammentreffen im Alter von 39 Jahren nicht nur sich äußerlich glichen, sondern auch z. B. geschieden waren, ihrer beider erste Frau Linda und die zweite Frau Betty, jeder Sohn aus zweiter Ehe James Allan bzw. Jame Alan und bei beiden der Hund Toy hießen, antwortete Bouchard: „Nichts!"

Seitenleiste:
Zwillings-forschung brachte „Erblichkeits-Index"

mindestens Anteil von einem Fünftel

verblüffende neue Erkenntnisse

Die Arbeit am Charakter hört nie auf

„gespensterhafte" Übereinstimmungen

Bisher hat das Team 31 solcher Fälle eineiiger Zwillingspaare untersucht und vielfach derart merkwürdige Übereinstimmungen gefunden, daß sie von den Forschern als „spooky" – gespensterhaft – bezeichnet wurden. Wir können vor der Veröffentlichung des exakten wissenschaftlichen Ergebnisses dazu nichts sagen, als daß wohl der Erbfaktor eine noch viel größere Rolle spielen dürfte, als bisher angenommen wurde. Dies bedeutet, daß wir uns getrost auf den dominant prägenden Wert unserer strukturpsychologischen Erkenntnisse verlassen dürfen, auch wenn wir Umwelteinflüsse nicht ganz oder auch nur teilweise als unwirksam beiseite schieben können.

Als ich vor Jahren mit einem Unternehmer aus Norddeutschland zusammentraf, war mir beim ersten Anblick seines Äußeren sofort ziemlich klar, hier einen eindeutig „Blauen" vor mir zu haben; rundlich, mit Glatzenansatz, Kopf in Kugelform, weiche Lippen, fleischige Finger und viele andere Merkmale mehr des Elastisch-Dominierten. Um so mehr erstaunte mich seine harte und knappe Sprechweise und sein direktes, starres und manchmal aggressives Verhandeln, sein harter Umgangston mit den Mitarbeitern, seine penible Genauigkeit in Programmplanung und die Sturheit in der Durchführung, die mit Konsequenz schon nichts mehr zu tun hatte.

Als wir uns dann näher kannten und abends einmal ein Glas Wein (offengestanden: mehrere!) tranken, löste sich für mich das Rätsel dieses Mannes. Er war wirklich von seiner Struktur und seinem ganzen Wesen her ein „Blauer", wie er im Buche steht. Aber ein besonderes Schicksal hatte ihn dazu gezwungen, sich gegen beinahe unüberwindliche Widerstände selbständig durchzukämpfen. Mit Tränen in den Augen gestand er mir, wie hart es ihm oft ankomme, das Image des energisch sich durchsetzenden Unternehmers zu spielen und nicht seiner inneren Güte und Weichheit nachzugeben, die ihn immer wieder in Zwiespielt bringe.

Wir werden später noch einmal auf diesen Fall zurückkommen – im Zusammenhang mit der nun erforderlichen Arbeit an sich selbst.

Die Arbeit am Charakter hört nie auf

Hier zeigt sich, wie wir mit unserer Menschenkenntnis in der Praxis arbeiten können: wenn wir Dinge und Wesensäußerungen an einem Menschen beobachten, die nicht zusammenpassen, dann können dies durchaus Beispiele von Gegensätzen sein, die aus der Struktur der Erbveranlagung und den Engrammen der Umwelteinflüsse entstanden sind. Das läßt sich natürlich nicht immer nur durch bloße Beobachtung schließen, sondern muß dann hinterfragt werden; vorausgesetzt, der Befragte ist bereit, wahrheitsgemäß auszusagen. Aber hier kann dann schon eine Überlegung zur Arbeit am Charakter ansetzen.

wenn etwas nicht zusammenpaßt

Zwei Beispiele für Struktur und Umwelteinflüsse sollen hier noch angeführt werden. Zum einen Friedrich der Große (1712–1786), König von Preußen, war – wie wir aus seinem Jugendbildnis ersehen – von starker Dominanz im blauen Bereich; lediglich die Nase ist groß und kräftig ausgeprägt, dem Motorischen zuzuordnen. In seiner Jugend konnte er sich auch noch den Musen und schönen Künsten widmen; mit Übernahme der Königswürde und -bürde (1740) begann die Auseinandersetzung mit Österreich in den drei schlesischen Kriegen. Man sieht an den zusammengekniffenen Lippen und dem betont dynamischen Gesichtsausdruck des zweiten Bildes, wie sich diese Situation in der Physignomie widerspiegelt.

Nach dem Ende des siebenjährigen Krieges 1763 schaltete Friedrich um auf die Fürsorge eines gütigen Landesvaters, der sich um sein zerstörtes Land kümmert, Familien ansiedelt, Boden kultivieren läßt – im Ausdruck des dritten Bildes ist zu erkennen, daß die Grundstruktur des rundlichen Kinns keineswegs verloren gegangen war (Knochen verändern sich ja nicht!), daß jedoch Mund und Augenpartie deutlich dem blauen Bereich – wie ursprünglich – zuneigen. Das vierte Bild schließlich zeigt im Alter des Monarchen die entstandene Durchgeistigung; die Lippen zeigen der Form nach in Richtung zum gelben Bereich – wer die Lebensgeschichte des Alten Fritz kennt, kann seine Entwicklung an diesen vier Bildern eindrucksvoll demonstriert sehen.

Wir wollen hier festhalten, daß dieser große Mann seiner Erbstruktur gemäß in der Hauptrichtung Blau orientiert war, daß aber das Leben – die Umwelteinflüsse – ihn dazu brachten, im Rahmen seiner Variationsbreite einmal bis zu Rot und später

Die Arbeit am Charakter hört nie auf

dann bis zur Grenze seiner Möglichkeiten nach Gelb hin sich auszubreiten. Die Grundstruktur des Blauen ist jedoch stets erhalten geblieben.

Ähnlich kann man eine Entwicklung in den Werken des großen spanischen Malers Francisco de Goya (1746–1828) verfolgen, dessen Bild deutlich die blaue Dominante zeigt. In seinen Bildern der Jugendzeit herrscht eindeutig die Farbe Blau vor, während er dann – im Kampf Spaniens gegen Napoleon Anfang des 19. Jahrhunderts und zugleich mit seiner Kritik an den gesellschaftlichen Verhältnissen – die rote Farbe mehr zur Geltung bringt. Im Alter folgte dann eine Zunahme der Durchgeistigung, die sich im Mehrgebrauch der gelben Farbtöne äußerte.

aus dem Gesicht die Wurzel ziehen

Diese beiden Beispiele stehen für viele, die man anführen könnte; ein jeder mag an sich selbst, gegebenenfalls auch an seinen Verwandten und Freunden sich mit diesen Entwicklungen und ihren Ausprägungen befassen. Solche Übungen schärfen die Beobachtungsgabe und das Bewußtsein und machen einem vertrauter im Umgang mit dem Handwerkszeug. Olaf Gulbransson (1873–1958), der große Zeichner und Karikaturist, hat dies einmal treffend ausgedrückt: „Ich versuche aus einem Gesicht die Wurzel zu ziehen wie der Mathematiker bei einer Rechenaufgabe."

Arbeit an sich selbst

Nachdem wir uns mit den beiden grundlegenden Faktoren der Charakterbildung und ihrem Zusammenwirken beschäftigt haben, wollen wir uns nun dem dritten Faktor, der Arbeit an sich selbst, zuwenden. Diese Formulierung ist so leicht ausgesprochen, aber so unendlich schwer zu tun – vielleicht die schwerste Aufgabe überhaupt, die sich ein Mensch stellen kann. Obwohl wir bereits eine Menge an Handwerkszeug für diese Arbeit kennengelernt haben, soll zunächst einmal ein Beispiel erläutern, was unter ihr zu verstehen ist.

Ein Junge bekommt bei seiner Geburt – Vater ist Regisseur, die Mutter Schauspielerin – ein beachtliches Talent schauspielerischer Befähigung mit; dies gehört zu seinen Erbanlagen. Trotz vielfältiger Engagements der Eltern erlebt er in seiner Jugend ein gutes Familienleben, erfährt eine gute und gründliche Schulaus-

Die Arbeit am Charakter hört nie auf

bildung, kommt – durch die Beziehungen des Vaters – in eine gute Lehre bei einem berühmten Schauspieler und kann, durch Glück und gute Rollen begünstigt, in seiner Schauspielkunst früh aufsteigen, bekommt Berufungen an bedeutende Bühnen und schließlich nach Hollywood, wo er als großer Schauspielstar weltberühmt wird, von Preisen und Ehrungen überhäuft. Dies sind die – in diesem Falle günstigen – Umwelteinflüsse, die eine solche Karriere sich dergestalt entwickeln lassen.

Nehmen wir aber nun einmal an, daß der gleiche Junge mit den gleichen Eltern und dem gleichen angeborenen Talent kein glückliches Elternhaus hat. Die Ehe der Eltern wird früh geschieden, er kommt zu fremden Leuten, die ihn nicht liebevoll aufziehen; später wird er in ein Heim gesteckt und nützt seine nach wie vor vorhandene schauspielerische Begabung für erste Streiche. Schon im Halbwüchsigenalter gerät er in schlechte Gesellschaft und kommt mehrmals mit kleineren Delikten mit dem Gesetz in Konflikt. Aber er merkt auch, daß er mit seinen darstellerischen Fähigkeiten bestimmte Möglichkeiten hat, die er dann auch ausnutzt: er wird ein Betrüger und Hochstapler, der mit seiner Begabung in dieser Hinsicht bedeutende Erfolge erzielt. – Völlig andere Umwelteinflüsse haben aus diesem zweiten Menschen etwas ganz anderes werden lassen als im ersten Fall.

Und nun kommt das, was wir als „Arbeit an sich selbst" bezeichnen wollen: Im ersten Beispiel des weltberühmten Schauspielers tut der Betreffende wenig im positiven Sinne – er hat auf der Höhe seines Ruhmes keinerlei Maßstab mehr für sein Leben und seinen Umgang, er trinkt, hurt herum und verfällt dem Rauschgift – und schließlich endet er durch Selbstmord in der Gosse. Dies soll – glaube ich – in Hollywood schon einmal vorgekommen sein.

Im zweiten Fall läuft es ganz anders: der – ebenfalls durch seine Begabung – berühmte Gauner und Hochstapler wird erwischt und wandert ins Gefängnis, wo er eine zehnjährige Haftstrafe verbüßen muß. In dieser Zeit geht er in sich, erkennt, daß sein Leben so nicht weitergehen kann, erlernt im Gefängnis einen handwerklichen Beruf und erspart sich ein wenig Geld. Nach seiner Entlassung kann er sich damit eine bescheidene Existenz bil-

Die Arbeit am Charakter hört nie auf

den: er wird Schneidermeister und findet dann eine gute Position als Garderobenmeister in einem großen Theater – ein nützliches Glied der Gesellschaft nunmehr geworden. Und zufrieden!

Dieses konstruierte Beispiel kann uns sehr wohl bewußt machen, was „Arbeit an sich selbst" bedeutet. W i e dies allerdings zu bewerkstelligen ist, können wir hier nicht sagen; dazu gibt es auch keine Patentrezepte. Zwar verkünden zahlreiche Lehrer, Trainer, Institutionen, Gruppen, Sekten und Gurus, daß sie dem Menschen helfen könnten, zu sich selbst zu finden und so Arbeit an sich selbst sinnvoll zu praktizieren. Aber es ist auf diesem Felde außerordentlich schwer, die Spreu vom Weizen zu scheiden: Neben vielen ernstzunehmenden und hervorragend arbeitenden Einrichtungen, von denen die dorthin kommenden Menschen meist viel Nutzen für sich mitnehmen, gibt es leider auch zahlreiche Heilslehren, Praktiken, Gruppen und „Propheten", denen mehr daran gelegen ist, den zu ihnen Kommenden das Geld aus der Tasche zu ziehen und davon gut zu leben. Ratschläge sind da sehr schwer zu geben.

die Spreu vom Weizen scheiden

Ich selbst habe mich in den letzten Jahren bei der Gründung und dem Aufbau eines „Internationalen Creativ-Centrums" in der Schweiz engagiert (Lit. 7). Gerade weil eben der einschlägige Markt für den Interessierten immer weniger überschaubar geworden ist, haben meine Freunde und ich mit der Gründung dieser gemeinnützigen Stiftung eine Institution zu schaffen versucht, die dem Ratsuchenden helfen kann, mit seriösen Einrichtungen in Kontakt zu kommen, wenn er ernsthaft daran interessiert ist, für sich und an sich etwas zu tun.

Eine generelle Empfehlung jedoch sollte stets beachtet werden: es gibt viele gute Methoden, die angeboten werden und die dem Suchenden helfen können. Nur darf man sich auf keinen Fall von irgendeinem System oder einer Lehre so geistig-seelisch gefangennehmen lassen, daß man sie als die alleinseligmachende ansieht – dies wird einem immer mehr Schaden als Nutzen bringen. Viele Menschen, die sich von irgendeiner Methode angesprochen fühlen und auch wirklich Nutzen davon erhalten, verrennen sich dann darin und lassen beinahe fanatisch nichts anderes mehr gelten. Vor dieser Gefahr einer Entwicklung kann nicht genug gewarnt werden!

nichts ist alleinseligmachend

Die Arbeit am Charakter hört nie auf

Einer meiner Freunde, den ich sehr schätze, ist einen solchen Weg gegangen: er hat vor einigen Jahren sich mit der Transaktionsanalyse (TA) befaßt, einer an sich sehr guten Methode, sich Klarheit über sich selbst und das eigene Verhalten in der Kommunikation mit anderen Menschen zu verschaffen. Aber er hat sich nach dem Besuch mehrerer Kurse immer mehr in die Methode verrannt und wurde immer unverständlicher für uns, seine Freunde. Denn fast jeden Satz, den wir im zwanglosen Gespräch miteinander wechselten, analysierte er nach den Regeln der TA, so daß ein flüssiges Gespräch überhaupt nicht mehr zustande kommen konnte. Das Ergebnis war, daß sich viele seiner Freunde von ihm abwandten, weil sie sein Scheuklappenverhalten einfach unerträglich fanden.

Neben der Transaktions-Analyse, die internationale Anerkennung gefunden hat und für die sich Führungskräfte durchaus einmal interessieren sollten (Lit. 57), weil sie interessante Aspekte aufweist, gibt es noch zahlreiche andere Lehren zur Arbeit an sich selbst. Diese sind jedoch nicht zu verwechseln mit jenen Methoden zur Selbstrationalisierung, die vielfach mit Anzeigen und anderer Werbung sich empfehlen und keineswegs preiswert sind.   **Transaktions-Analyse (TA)**

Hier sind zu nennen die Großmann-Methode des Helf-Recht-Instituts (Lit. Nachtrag), die wohl vielfach als führend in diesem Bereich betrachtet wird. Von vielen Veröffentlichungen dürfte das Buch Großmanns „Das Privileg der Begabung verwerten" dasjenige sein, das auch für unsere Zielvorstellungen besonders nützlich ist. – Auch das EKS-System (Mewes) hat eine zunehmend wachsende Zahl von Anhängern, während die Hirt-Methode – vielen durch manchmal aufdringlich erscheinende Werbung suspekt – der Großmann-Methode „nachempfunden" zu sein scheint. Die Löhn-Methode schließlich (Lit. Nachtrag) hat ebenfalls eine große Zahl von Anwendern, sowohl im betriebswirtschaftlichen als auch im Verkaufsbereich.   **verschiedene Systeme zur Selbstrationalisierung**

Alle diese genannten Systeme und noch einige mehr haben eines gemeinsam: sie wenden sich vornehmlich an den Intellekt und bieten Möglichkeiten zur Selbstrationalisierung an, die durchaus ihren Nutzen haben. Aber sie sprechen eben – wie das Wort „Rationalisierung" aussagt – in erster Linie die Vernunft und den   **alle wenden sich nur an die Ratio**

Die Arbeit am Charakter hört nie auf

Verstand an, unsere linke Gehirn-Hemisphäre. Dies macht sie alle mehr oder weniger einseitig, weil sie – trotz aller Nützlichkeit dieses Bereichs – die Ganzheit des Menschen, dem auch Gefühle, Intuitionen und Erleben zu eigen sind, nur unzulänglich berücksichtigen.

auch Erweiterung der Kenntnisse ist nützlich

Für die Arbeit des Führenden an sich selbst sind die Erkenntnisse, die wir im Zusammenhang mit den führungspsychologischen Regeln und der integrierten Menschenkenntnis gewonnen haben, von grundlegender Bedeutung. Wenn man sie beherrscht und anwendet, kann man nicht fehlgehen. Dies ist keine Behauptung in dem Sinne, unser geordnetes System als das „alleinseligmachende" im Gegensatz zu anderen Lehren anzusehen, sondern um noch einmal bewußt zu machen, daß es auf biologischen Grundlagen aufgebaut ist – Lehren des Lebens, die nicht angezweifelt werden können. Jedem Anwender ist es unbenommen und vielleicht sogar nützlich, wenn er sich noch mit anderen Lehren befaßt und dadurch Ergänzungen seiner bisher hier gewonnenen Erkenntnisse findet. Er sollte nur darauf achten, daß er nicht durch ein Zuviel verwirrt wird, sondern sich stets zuerst an den von uns erarbeiteten Grunderkenntnissen orientieren.

sind wir determiniert?

Eine Frage, die vielfach für denjenigen entsteht, der sich mit dem Problem der Arbeit an sich selbst befaßt, ist die des vorhandenen Spielraums. Wenn doch schon – so fragt sich mancher – so viel meines Charakters durch die Erbanlagen und durch die Umwelteinflüsse gerichtet ist: was bleibt mir denn dann noch wo, wann und wie zu tun? Sind wir nicht eigentlich schon determiniert? Diese Frage ist durchaus berechtigt; auch Hoimar von Ditfurth hat sie bereits in seiner Abhandlung (Lit. 23) über die Zwillingsforschung gestellt. Er sagt dort:

> „... fest davon überzeugt, daß der ‚gesunde Menschenverstand' den tatsächlichen Einfluß erblicher Veranlagungen hoffnungslos unterschätzt ... Er (der Leiter des Minneapolis-Forschungsteams) hat sich zu der Einsicht durchgerungen, daß wir alle aufgrund unserer subjektiven, psychischen Selbsterfahrung unsere individuelle Handlungsfreiheit maßlos überschätzen ... Wir werden uns hinsichtlich der Möglichkeit menschlicher Persönlichkeitsentwicklung ... in einem bescheideneren Rahmen einrichten müssen ... Und schließlich: Wer könnte angesichts der-

Die Arbeit am Charakter hört nie auf

artiger Befunde den Gedanken in den Wind schlagen, daß wir alle an jedem unserer Tage, mit jeder unserer Entscheidungen womöglich ein Programm exekutieren, das in den Kernen aller unserer Zellen steckt, seit die Eizelle, aus der wir hervorgingen, sich zu teilen begann?"

Wir wollen dem Verfasser zugestehen, daß er diese Gedanken um eines journalistischen Effektes so ausspricht, und wir wollen ihm anrechnen, daß er sie im Konjunktiv als Frage formuliert. Denn zu glauben, daß es tatsächlich so sei, würde Fatalismus bedeuten, jene Schicksalergebenheit, die gleichzeitig auch lähmend auf das Leben wirkt.

Fatalismus wirkt lähmend

In all unseren bisherigen Betrachtungen haben wir uns mit dem Leben, seinen Funktionen, seinem Sinn und seinem Wert befaßt. Wenn wir solchen Gedanken der Determination aber Raum geben, dann sind wir nicht mehr weit vom Nihilismus entfernt, einer Philosophie, die zwar auch ihre Anhänger hat, aber für unsere Überlegungen zu neuem Denken des „homo integrans" nicht akzeptabel ist. Wir wollen daher weiter der Überzeugung bleiben, daß wir sehr wohl Möglichkeiten haben, aus freiem Willen an uns selbst zu arbeiten – allerdings vielleicht in einer geringeren Bandbreite, als man dies manchmal glauben mag.

Um nicht dem Vorwurf zu unterliegen, zu theoretisch zu sein, wollen wir uns nochmals des Beispiels jenes Unternehmers aus Norddeutschland erinnern, der zu seiner erblichen Grundveranlagung in Blau durch tiefwirkende Umwelteinflüsse das Bild eines motorischen, unnachgiebigen „Roten" abgab, dessen Härte und Mißtrauen jedem sofort auffallen mußten, der ihm begegnete.

Aus dem einen Geständnis im Gespräch beim Wein wurden noch eine ganze Reihe von Zwiegesprächen, in dem ich versuchte, ihm seinen nahezu schizophrenen Zustand bewußt zu machen. Vor allem galt es, ihn zu überzeugen, daß das stets wache Mißtrauen, das aus den vielen Rückschlägen und menschlichen Enttäuschungen im Laufe seines Lebens entstanden war, unberechtigt und nur ihm selbst schädlich sei. Und wir haben es gemeinsam geschafft, auch wenn es mehr als zwei Jahre gedauert hat, in denen wir immer wieder zusammensaßen und uns über Situationen und Verhaltensweisen unterhielten.

Heute ist dieser Mensch zwar noch genauso Chef seines Unternehmens, aber seine Verhaltensweisen, sein Auftreten, sein Ton sind offener, verbindlicher, von Aufgeschlossenheit und Vertrauen getragen, wobei er sich – wie er zugesteht – viel wohler fühlt. Die Beziehungen zu den Mitarbeitern, das Betriebsklima, das zuvor im argen gelegen hatte, und die geschäftlichen Erfolge haben sich deutlich verbessert. In dem Unternehmen herrscht jetzt eine viel freiere Atmosphäre. Während der Chef früher nach dem Grundsatz aus dem Bibelspruch „Das Auge des Herrn macht das Vieh fett" überall kontrollierte und sich auch um den „letzten Dreck" (so seine Führungskräfte) persönlich kümmerte, hat er nunmehr vertrauensvoll den Führungskräften aller Ebenen mehr Kompetenz gegeben, die sich dieser erhöhten Verantwortlichkeit sogar freuen.

sei Du selbst

Hier hat sich einmal wieder das lateinische Wort „Alterius non sit, qui suius esse potest" (Ein anderer soll nicht sein, wer er selber sein kann) bewiesen: dieser Mensch lebt jetzt bewußter und fühlt sich wohler, weil er seiner angelegten Richtung, seiner Wesensart gemäß sich verhalten kann. Und dies nach einem sich zwar über einen gewissen Zeitraum erstreckenden, verhältnismäßig einfachen Prozeß der Bewußtseinsbildung, zu dem wir im augenblicklichen Stadium unseres Vorgehens bereits eine Menge Erkenntnisse erarbeitet haben. Mit der Umsetzung solcher Erkenntnisse haben wir einen relativ großen Spielraum geschaffen, in dem wir uns im wahrsten Sinne des Wortes selbst verwirklichen können.

Charakter heißt: mehr wissen über sich

Charakter ist – um auf unsere anfängliche Frage zurückzukommen – nichts anderes als: mehr über sich selbst zu wissen und aufgrund dieses Wissens eigenverantwortlich sich in der Kommunikation mit anderen Menschen zu verhalten. Welche Maßstäbe der Religion oder Philosophie der einzelne sich selbst als Maxime setzt, ist unerheblich – entscheidend ist die eigene freie Entscheidung des Menschen, sich und seine Verhaltensweisen an bestimmten Grundsätzen und Maßstäben zu orientieren – zur Erfüllung seines Lebens.

5.2 Objektivität der Beurteilung = Führungsverantwortung

> *Wenn du dem anderen sein Anderssein*
> *nicht zugestehst, bist du noch weit vom*
> *Wege der Weisheit entfernt.*
> *(Aus dem alten China)*

Wir haben zwar die Relativität unseres Urteils als eine wichtige Voraussetzung zur integrierten Menschenkenntnis im 3. Schritt mit dem Beispiel des „Pedanten" und des „Schlampers" schon erwähnt; es bedarf jedoch im Zusammenhang mit der Arbeit am eigenen Charakter – insbesondere für den in einer Führungsverantwortung Stehenden – nochmals einer ausführlichen Behandlung. Denn in den später folgenden Schritten zur innerbetrieblichen Kommunikation ist dies von ausschlaggebender Bedeutung.

Relativität unseres Urteils

Der schwedische Erzähler und Essayist Kurt Kusenberg (1904–1983) (Lit. Nachtrag) schildert in einer seiner skurrilen Geschichten, wie ein wunderlich-närrischer Vater seine beiden Zwillingssöhne nicht zur Schule schickte, sondern sie selbst anhand des Lexikons so unterrichtete, daß Peter alles lernte, was von A–L, und Paul das, was von K–Z im Lexikon aufgeführt war. Einzeln war das Wissen der beiden Brüder zwar Stückwerk, weil Peter beispielsweise die „Elektrizität" prächtig beherrschte, ihm aber die Lehre von den „Wellen" (weil sie alphabetisch in Pauls Bereich fiel) verschlossen blieb. Und umgekehrt machten Paul z. B. die fünf Erdteile sehr zu schaffen, weil sie in der ersten Hälfte des Lexikons zu finden waren, die ihm verschlossen blieb. Die humorige Erzählung hat einen solch feinsinnigen Schluß, daß er hier wörtlich zitiert sei:

Doch was besagten diese Lücken, die beiderseits kaum als solche empfunden wurden, verglichen mit jenen hämischen Vermerken (gemeint sind die Hinweispfeile oder Verweiszeichen innerhalb des Lexikons, d. Verf.), *die mitten in Pauls Gebiet auf Peters Reich verwiesen und umgekehrt? Der Eid war Peter vertraut, das Wissen um den Meineid jedoch mußte er Paul überlassen. Dieser jedoch hätte andererseits, da ihm das Papier und seine Herstellung geläufig waren, gerne Näheres über Hadern (Lum-*

Die Arbeit am Charakter hört nie auf

pen) erfahren, was ihm jedoch ebensowenig gelang, wie Peter sich seinerseits über die Hadernkrankheit ein Bild machen konnte, weil sie sich hinter dem wiederum in Pauls Bereich zu findenden Wort „Milzbrand" verbarg.

Mit einem Wort: unsere Zwillinge waren Hälften, die keinerlei Aussicht hatten, sich jeweils zu runden. Da aber alle Wesen auf ihre Weise bestrebt sind, ein Ganzes zu bilden, kam es dahin, daß jeder von beiden sein eigenes Wissen für erschöpfend und – wider besseres Verständnis – das des anderen für reines Blendwerk hielt. Fragte man einen von ihnen nach einem Gegenstand, der ihm nicht zugehörte, so ward einem der Bescheid: „Das weiß mein Bruder." Die Antwort hörte sich leicht und gutartig an; man konnte jedoch einen Unterton heraushören – etwa wie: „Das gibt es nicht, aber wenn Sie sich täuschen lassen wollen, dann fragen Sie meinen Bruder."

So blieb es, bis die Zwillinge eines Tages starben, zur selben Stunde und mit der gleichen Würde – der eine an „Hadernkrankheit" und der andere an „Milzbrand".

Welch eine tiefe Lebensweisheit ist in dieser Erzählung enthalten! Sind wir nicht alle geneigt, unser Wissen für erschöpfend und das des anderen – weil er nicht so ist wie wir – als Blendwerk zu betrachten? Das chinesische Wort, das wir an den Anfang dieses Abschnittes stellten, geht noch einen Schritt weiter: es unterstellt nicht nur, daß wir den anderen ablehnen, weil er anders denkt und anders ist als wir, sondern es fordert auch, daß wir ihm dieses Anderssein zugestehen. Wenn nicht, so werden wir kaum Weisheit erlangen. Und genau dies läßt sich tatsächlich auf unser Leben übertragen – als ein ganz wesentlicher Faktor menschlichen Zusammenseins. Wer sich um gegenseitiges Verstehen nicht bemüht, wird nirgends zu einer echten Kommunikation gelangen. Ein Beispiel mag dies verdeutlichen:

gegenseitiges Verstehen

Nehmen wir einmal an, ein junger deutscher Mann, blond und blauäugig, großgewachsen, verliebt sich auf einer Reise in den Pazifik in eine mandeläugige Schönheit von Südseeinsulanerin, mit brauner Haut und blauschwarz glänzendem Haar. Die beiden finden sich, heiraten und leben zusammen – es ist ohne

Die Arbeit am Charakter hört nie auf

Bedeutung, wo. Wie lange wird dies gutgehen? Nun, zumindest so lange, wie nach dem Sprichwort, daß sich Gegensätze anziehen, jeder am anderen immer noch etwas Neues, Andersartiges entdeckt und es reizvoll findet.

Wenn es aber nach einiger Zeit nichts mehr Neues am anderen zu entdecken gibt, fallen dem einen wie dem anderen die Unterschiede und Gegensätzlichkeiten in allen Bereichen immer mehr auf; sie können eines Tages so groß werden, daß man schließlich keinen anderen Weg mehr sieht als die Trennung: Charaktere, Denkweisen, Lebensgewohnheiten, Anschauungen, Mentalität und vieles andere mehr klaffen so auseinander, daß ein Zusammensein unerträglich für beide Partner wird.

Unsere erfundene Geschichte, die von der Wirklichkeit gar nicht so weit entfernt ist, weil es Tausende solcher Episoden schon gegeben hat, wird nur dann ein Happy-End haben, wenn beide Partner genügend Toleranz aufbringen können, das Anderssein des Anderen zu ertragen und es ihm als seine Individualität zuzugestehen. Daß ein solches Verhalten großer Liebe und viel menschlicher Großmut bedarf, ist keine Frage. Aber wenn diese auf beiden Seiten vorhanden sind oder sich entwickeln, dann wird dies eine menschlich sehr schöne Episode sein.

T o l e r a n z – das ist das entscheidende Wort, das uns für unsere Arbeit an einer Führungspersönlichkeit noch fehlt –, mit ihm sollten wir uns noch befassen. Es leitet sich ab vom lat. „tolerare" = ertragen, und wird im ethischen Sinne als Duldsamkeit gegen abweichende Überzeugungen aufgefaßt. Sie kann sich aus der Auffassung ergeben, daß ohnehin niemand die volle Wahrheit für sich in Anspruch nehmen könne; man kann aber auch die eigene Meinung für wahr und alle anderen für irrig halten – dann wird man sie mit der Achtung vor dem (wenn auch irrenden) Gewissen des anderen begründen. In der „Erklärung der Menschenrechte der Vereinten Nationen von 1948" ist sie vorgeschrieben; sie gilt als eine der Grundvoraussetzungen in einer freiheitlichen Demokratie.

Toleranz gehört zu den Menschenrechten

Die ethisch wohl tiefgreifendste Auffassung findet man in der Mystik; dort versteht man unter Toleranz die Anerkennung jeder Religion als Möglichkeit der Begegnung mit dem Heiligen, wobei

Die Arbeit am Charakter hört nie auf

alle Religionen sind eins

eine institutionelle Einheit uninteressant ist. Ihr liegt der Gedanke zugrunde, daß alle Religionen eigentlich eins seien, jede suche ihren eigenen Weg zur Gottheit. Ob eine solche Auffassung sich – auf anderer Ebene selbstverständlich – auch auf das Zusammenwirken in einem Unternehmen übertragen läßt, werden wir später noch bei den Überlegungen zur Integration untersuchen.

Toleranz zur Gerechtigkeit

Für Führungskräfte, die sich mit der Einflußnahme auf andere Menschen befassen, darf die Toleranz nicht dahingehend mißverstanden werden, daß man nunmehr jeden tun und lassen sollte, wie er mag – dies wäre der Ansatz zum Chaos. Aber bei der Beurteilung des anderen und bei der Kommunikation untereinander ist praktizierte Toleranz die Grundlage zum gerechten Umgang miteinander – und die Bemühung um Gerechtigkeit haben wir als eine Maxime der Führungspersönlichkeit in unserem Standpunkt festgestellt.

Dominanz:	– Negative Ausprägung	→ Strukturelle Anlage ←	Positive Ausprägung +	Form + Farbe:
M	grober Klotz, Kraftprotz, eigenwillig, stur, ellenbogig, dickköpfig, aggressiv, cholerisch, „Elefant", angeberisch, ungeistig, denkfaul, aufbrausend, mundfaul, brüsk	stabil, eckig-breit, Kraftfreude, willensbetont, durchsetzungsfreudig, angriffsbereit, unerschrockenes Auftreten, Neigung zum Praktischen, starke Reaktion, knappe Ausdrucksweise	kräftig, muskulös, Sportstyp, energisch, ausdauernd, standhaft, aktiv, tatkräftig, mutig, sicher, unbekümmert, „Praktiker", kraftvoll reagierend, sachlich, bestimmt	☐ Rot
E	dick, aufgeschwemmt, Genüßling, sentimental, standpunktlos, nachgiebig, haltlos, schleimig, aufdringlich, faul, lahm, träge, Schwätzer, weitschweifig	weich, kugelig, Genußfreude, gefühlsbetont, anpassend, tolerant, kompromißbereit, liebenswürdiges Auftreten, Neigung zum Persönlichen, ruhige Reaktion, anschauliche Ausdrucksweise	wohlgenährt, rundlich, lebensfroh, gemütlich, mitfühlend, umgänglich, verträglich, wendig, charmant, gewandt, anteilnehmend, menschlich, ausgeglichen, bedächtig, bildreich-phantasievoll	◯ Blau
D	dürr, schwächlich, „Umstandskrämer", kalter Intellektualist, nörglerisch, Besserwisser, blasiert, herablassend, „Griffelspitzer", Intrigant, „geschraubt"	schmal, lang, mager, Problemfreude, verstandesbetont, kritisch, widerspruchsbereit, zurückhaltendes Auftreten, Neigung zum Formalen, gesteuerte Reaktion, vorsichtige Ausdrucksweise	schlank, drahtig, zäh, Denker, kontrolliert, abwägend, diskussionsfreudig, bescheiden, vornehm, Aesthet, überlegt handeln, gewählt, bedacht	▽ Gelb

Die Arbeit am Charakter hört nie auf

Hier muß noch einmal erinnert werden, daß wir im 3. Schritt erklärt haben, die Strukturformel müsse völlig wertfrei betrachtet werden. Die dort aufgestellte Tabelle, die vor allem semantische Klarheit über die Unterschiedlichkeiten des Verständnisses bringen sollte, wollen wir hier nochmals betrachten. Diesmal jedoch unter dem Gesichtspunkt, daß jeder Mensch geneigt ist, sich und seine Eigenschaften, Fähigkeiten, Einstellungen und Ansichten als positiv zu betrachten, jedoch diejenigen des anderen, der ihm etwa im Strukturkreis diametral gegenüber angesiedelt ist, als negativ abzuwerten. **sich selbst sieht jeder positiv**

Wenn man diese Tabelle nun auf eine Kreisform bringen wollte, so könnte dies ein wenig unübersichtlich werden. Wir haben daher nur den Versuch unternommen, einige wenige Begriffe (mit einem + versehen) in unseren Kreis einzubringen (Abb. S. 287), um auf diese Weise deutlich zu machen, wie ein Mensch sich selbst mit seinen Eigenschaften positiv sieht und gleichzeitig vom anderen, ihm gegenüberliegenden, negativ gesehen werden kann.

Der Anwender kann auch noch andere Eigenschaften, die er bei sich als seine Stärken positiv erkannt hat, gegebenenfalls zusätzlich von Hand einfügen, um sich – bei der Betrachtung des entsprechenden „Negativ-Ausdrucks" – bewußt zu machen, wie er von einem anderen Menschen der ihm gegenüberliegenden Wesensgruppe (Farbe) gesehen wird. Und umgekehrt muß er sich bewußt machen, daß alles, was er am anderen als negativ empfindet, von diesem als sein eigenes Plus betrachtet wird, auf das er womöglich sehr stolz ist.

Wir stehen nicht an, zu behaupten, daß dieser „Toleranzkreis", den man selbst noch variieren kann, wohl ein entscheidendes Handwerkszeug zur Charakterbildung der Führungskraft darstellt. Wer sich diese gegensätzlichen Formulierungen von Auffassungen bewußt macht und mit ihnen – wie mit dem umfassenden Strukturkreis – als Hilfsmittel ständig umgeht, schafft sich die Voraussetzungen für eine wertfreie Einstellung zum anderen Menschen und somit zu einer gerechteren Verhaltensweise. **wertfreie Einstellung zum anderen**

Daß dies ernsthafter Bemühung und dauernder Übung bedarf, braucht nicht erwähnt zu werden. Aber jeder, der damit umzuge- **damit muß geübt werden**

Die Arbeit am Charakter hört nie auf

hen lernt, wird bereits nach einiger Zeit feststellen, wie sehr er sich in seiner Einstellung anderen Menschen gegenüber verändert und auf einmal vieles ganz anders zu sehen lernt als bisher. Dies ist ein Entwicklungsprozeß, den man bewußt fördern sollte – jeder Anwender wird nach einiger Übung erstaunt sein über den Effekt, den er an sich selbst feststellen kann.

Respektieren anderer Meinungen

Um es aber auch deutlich zu sagen: eine solche Anpassung der Sicht ist keineswegs verbunden mit dem Aufgeben des eigenen Standpunktes oder gar mit einem „Hinten-hinein-Kriechen" beim anderen – im Gegenteil: ein Bewußtmachungsprozeß bei beiden wird – trotz manchmal sachlich bedingt unterschiedlicher Auffassungen – doch dazu führen, daß jeder den anderen und dessen Meinung respektiert und nicht als negativ, dumm oder gar böswillig von vornherein verwirft.

Die Arbeit am Charakter hört nie auf

Toleranz-Kreis

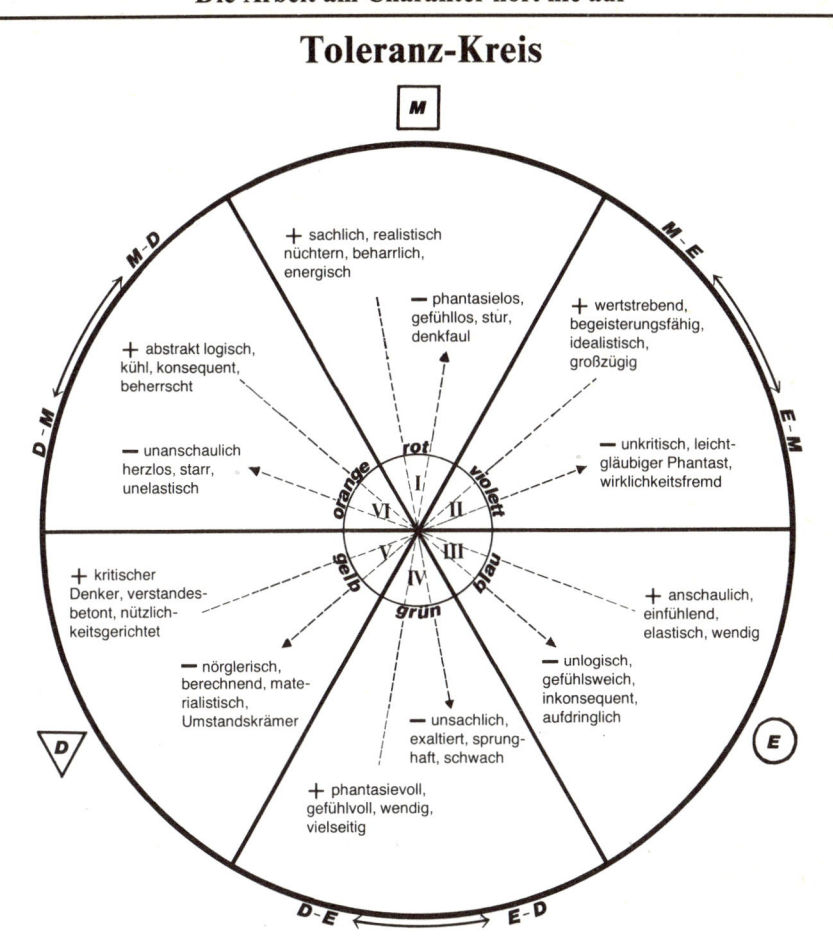

Sektor I (rot) – M:
+ sachlich, realistisch, nüchtern, beharrlich, energisch
− phantasielos, gefühllos, stur, denkfaul

Sektor II (violett) – M-E:
+ wertstrebend, begeisterungsfähig, idealistisch, großzügig
− unkritisch, leichtgläubiger Phantast, wirklichkeitsfremd

Sektor III (blau) – E:
+ anschaulich, einfühlend, elastisch, wendig
− unlogisch, gefühlsweich, inkonsequent, aufdringlich

Sektor IV (grün) – D-E / E-D:
+ phantasievoll, gefühlvoll, wendig, vielseitig
− unsachlich, exaltiert, sprunghaft, schwach

Sektor V (gelb) – D:
+ kritischer Denker, verstandesbetont, nützlichkeitsgerichtet
− nörglerisch, berechnend, materialistisch, Umstandskrämer

Sektor VI (orange) – D-M:
+ abstrakt logisch, kühl, konsequent, beherrscht
− unanschaulich, herzlos, starr, unelastisch

Diesen Toleranzkreis kann man getrost als eines der wichtigsten Hilfsmittel für den Umgang mit anderen Menschen, insbesondere in der Hand von Führungskräften, betrachten. Jeder Mensch, der sich in einer bestimmten Richtung angesiedelt weiß, muß sich ständig bewußt machen, daß andere, ihm diametral gegenüberliegende Menschen, von ihm vielfach unbewußt negativ gesehen werden. Und daß diese wiederum sich selbst positiv, aber ihn negativ betrachten.

Jeder ist aufgefordert, in seinem eigenen Bereich gegebenenfalls noch zusätzliche Eigenschaften einzutragen und sich bewußt zu machen, wie dieselben von dem Gegenüberliegenden gesehen werden – und umgekehrt. Jeder Führende sollte diesen Toleranzkreis täglich bei sich führen, um damit umgehen zu lernen und ihn ständig anzuwenden.

Standpunkt VI

Vom Einzeller zum Organismus – Leben ist Ganzheit

> Immer strebe zum Ganzen, und kannst du selber
> kein Ganzes werden, als dienendes Glied
> schließ an ein Ganzes dich an!
>
> (Schiller)

Ich habe im Laufe meiner Tätigkeit viele Unternehmen kennengelernt, habe Firmengründungen und Pleiten miterlebt, habe gesehen, wie manche neugeschaffenen Unternehmen wuchsen und expandierten und andere wiederum kärglich dahinsiechten, bis sie eines Tages liquidiert werden mußten. Dies alles hat mich immer wieder zu Vergleichen aus der Biologie veranlaßt, wo nach Zeugung und Geburt das Wachsen und Gedeihen erfolgt bis zum Blühen und Vermehren, oder aber auch das armselige Dahinkümmern – wenn die Lebensbedingungen mangelhaft sind – und schließlich das Absterben. Vielfach ist man zu der Überzeugung gelangt, daß Unternehmen als Organismen genau solche Entwicklungen haben können wie wir sie in der Biologie kennen; darauf werden wir im nächsten Schritt eingehen, wenn wir unser Unternehmensmodell entwickeln.

Dazu gehört jedoch, daß wir uns zunächst einmal einige biologische Zusammenhänge bewußt machen, die wir zwar alle mehr oder weniger intensiv in der Schule gelernt haben, aber doch uns nicht mehr so vorstellen, um damit umgehen zu können. Einige Zitate aus dem sicherlich noch den Älteren bekannten Biologie-Lehrbuch „Der Schmeil" (Lit. Nachtrag), das noch bis in die 70er Jahre an unseren höheren Schulen verwendet wurde, möchte ich hier wieder in unser Bewußtsein zurückrufen:

O Die Zellen fügen sich zum Gewebe, Gewebe zu Organen, Organe zu Organismen, – Einzelwesen (Individuen) zu Symbiosen, Lebensgemeinschaften, Familien, Sippen usw. zusammen. Damit wird der Grundzug des Lebens offenbar: daß sich nämlich untergeordnete Einheiten zu Einheiten immer höherer Ordnung zusammenfügen. – Ich brauche wohl nicht darzustellen, daß wir dies allenthalben erleben: Die Tendenz des Einzelnen zum Zusammenschluß und die Tendenz von Organisationen zur Bildung von Einheiten immer höherer Ordnung ist also eine **natürliche** Entwicklung und unterliegt den Gesetzmäßigkeiten des Lebens schlechthin – trotz aller negativen Begleiterscheinungen, an denen unsere Zeit so reich ist. Es wird allerdings noch darüber zu sprechen sein, wo – zumindest bei Unternehmen – die Ausdehnung bzw. das Wachstum an gewisse

Standpunkt VI

Grenzen stößt, die kommunikationstechnisch und anderweitig gesetzt sind.

○ Die Folge des Zusammenschlusses zu Einheiten größerer Ordnung ist Arbeitsteilung und Spezialisierung: Muskelzellen, Knochenzellen, Nervenzellen, Drüsenzellen, Keimzellen ... „Die Beschränkung auf eine bestimmte Aufgabe hat aber den Nachteil, daß die Glieder einer Gemeinschaft ihre Selbständigkeit aufgeben müssen..." – *Auch dies erleben wir überall – in der Arbeitsorganisation wie in der Wirtschaftspolitik –, auch die Soziologie kommt um diese Gesetzmäßigkeit nicht umhin.*

○ Jede Zelle, die infolge ihrer Eingliederung in den größeren Verband der Arbeitsteilung und Spezialisierung unterliegt, verliert ihre „potentielle Unsterblichkeit", d. h. sie verfällt dem Altersabbau. – *Man lege mir dies nicht als banalen Vergleich aus, wenn ich behaupte, daß Menschen mit geistiger und körperlicher Regsamkeit und Vielseitigkeit in ihrer Lebenserwartung den einseitig gerichteten Spezialisten überlegen sind.*

○ Die Zelle im Zellenverband verhält sich anders als die Einzelzelle – *wir werden noch ausführlich darauf zu sprechen kommen, daß sich Menschen in Gruppen anders verhalten denn als Einzelwesen.*

○ Die Leistung einer isolierten Zelle ist etwas anderes als ihre Leistung im organismischen Zusammenhang – *auch diese Gesetzmäßigkeit werden wir wiederfinden, wenn wir von Gruppenarbeit, Teamwork, Konferenztechnik und Zirkel-Leistung zu sprechen haben werden.*

○ Der Organismus ist als ein einheitliches Ganzes aufzufassen und so zu untersuchen ... Man kommt an das typisch Lebendige nur heran, wenn man es als Geschehen auffaßt. Das Wesen des Organismus ist dadurch gekennzeichnet, daß es sich verändert; der Organismus befindet sich also im ständigen Fluß. – *Hier haben wir es wieder: Das Ganze ist eben mehr als die Summe seiner Teile und ein synergetischer* Effekt – das Zusammenwirken von Einzelfaktoren zur Leistung ist praktisch das Leben schlechthin.*

---

* Synergie: Zusammenwirken verschiedener Faktoren oder Organe zu gemeinsamer und abgestimmter Leistung. Gegensatz: Antagonismus = gegeneinander wirkende Triebe oder Kräfte.

Standpunkt VI

Man mag mir nachsagen, daß ich es mir sehr leicht mache mit meinen Behauptungen – und spezialisierte Naturwissenschaftler mögen hier einwenden, daß dies doch alles nicht so einfach und unkompliziert sei, wie es hier dargestellt werde. Das weiß ich natürlich auch, aber ich habe mir ja gerade die Aufgabe gestellt, nicht Spezialisten differenzierendes Denken beizubringen, sondern normalen Menschen einen Überblick über Zusammenhänge zu bieten, aus deren Erkenntnis sie dann verantwortungsbewußt ihr Verhalten einstellen können. Ich will hier Frederic Vester zitieren, der in einem Festvortrag (Lit. 123) folgendes ausführte:

„Das größte Risiko sehe ich in der Tat darin, daß wir die Welt weiterhin als ein mit fachblindem Expertentum zu eroberndes Spielfeld sehen, jedes Projekt für sich angehen und uns lediglich auf die Perfektion von Details, von Einzelabläufen konzentrieren, ohne die Gesamtzusammenhänge zu beachten."

Vester sagt es deutlich: statt Gesamtsicht nur Detailpuzzelei! Und auf einem Gebiet, das wir alle kennen, bietet sich ein klassisches Beispiel der Flickschusterei und Reparaturklempnerei: der Medizin.

Ein großer Teil der Vertreter der Schulmedizin reagiert allergisch, wenn von der Psychosomatik die Rede ist – ja, viele sind der Ansicht, daß dies bestenfalls eine Philosophie oder Weltanschauung sei, mit der sich ein ernstzunehmender Mediziner nicht abzugeben habe. Dabei bräuchten diese Herren lediglich in Platons „Charmides" nachzulesen, wo wörtlich zu finden ist, der größte Fehler bei der Krankheitsbehandlung sei, „daß es Ärzte gibt für den Körper und Ärzte für die Seele, wobei das doch nicht getrennt werden kann. Dem Ganzen sollen sie ihre Sorge zuwenden; denn dort, wo es dem Ganzen schlechtgeht, kann unmöglich ein Teil gesunden".

Treffender kann man eigentlich die Forderung der Psychosomatik, der Lehre von dem Zusammenspiel zwischen körperlichen und psychischen Vorgängen bei der Erkrankung, nicht ausdrücken. Denn wenn wir schon überall auf dem Wege sind, ganzheitliche Zusammenhänge heute mehr denn je zu erkennen, ist es unverständlich, daß die Medizin in einer vielfach nicht zu überbietenden Selbstherrlichkeit der „Halbgötter in Weiß" alles mit der Psychosomatik Zusammenhängende ignoriert oder sogar als mehr oder weniger Humbug ablehnt.

Standpunkt VI

Seit vielen Jahren befasse ich mich mit den Problemen der körperlichen Erkrankungen im Zusammenhang mit psychischen Störungen und bin zu der Überzeugung gelangt, daß sicherlich der allergrößte Teil aller physischen Leiden (die Zahl 90 % wäre wahrscheinlich nicht zu hoch gegriffen, doch dies läßt sich noch nicht beweisen) seine Wurzeln oder zumindest Parallelerscheinungen im psychischen Bereich hat. Wenn es nach mir ginge, müßte jeder Mediziner, der nach vier Semestern sein Physikum (also den Nachweis seiner Kenntnisse des körperlichen Bereichs) macht, auch noch weitere vier Semester Psychologie und Psychotherapie studieren, um dann auch ein „Psychikum" zu absolvieren.

Solange aber unser Krankenkassensystem mit der Zahl der im Quartal abgerechneten Krankenscheine dem ernsthaft um das Wohl seiner Patienten bemühten Arzt gar keine Zeit läßt, den Menschen in seiner Ganzheit kennenzulernen und etwa psychische Zusammenhänge und Verbindungen zur akuten körperlichen Erkrankung aufzuspüren, ist er schon wirtschaftlich nicht in der Lage, das früher so berühmte Gespräch des alten Hausarztes zu führen.

Wenn erst einmal die Krankenkassen diese Zusammenhänge erkannt hätten, dann würden sie auch Krankenscheine für psychiatrische und psychotherapeutische Behandlung einführen, weil sie sich dann sogar eine Menge Kosten ersparen könnten, die für körperliche Erkrankungen gar nicht erst anfallen würden. Aber da sind natürlich wiederum die Mediziner dagegen, weil dies bei ihnen an den Geldbeutel – den nervus omnium rerum – gehen würde. Eine hoffnungslose Situation!

Im Herbst 1984 hat darum wieder einmal der Berufsverband Deutscher Psychologen mit Recht gefordert, daß ein Zulassungsgesetz für Psychologen geschaffen wird, die dann einen den niedergelassenen Ärzten vergleichbaren Status erhalten sollten (Lit. 21). Und dabei wurde eine Berechnung aufgestellt, die ergab, daß den Krankenkassen tatsächlich Milliarden-Ersparnisse entstehen könnten. Dies setzt aber ein völliges Umdenken voraus.

Ein Psychosomatiker geißelt das Verhalten der Schulmediziner so: für sie ist der beste Patient der, der nur chinesisch spricht und im Koma liegt – dann können sie wenigstens nach Herzenslust mit ihren Maschinen an ihm – im wahrsten Sinne des Wortes – „herumdoktern". – Und von einer mir bekannten jungen Ärztin, die sich besonders schon während ihres Studiums mit Psychosomatik und auch mit dem Beistand für Sterbende

Standpunkt VI

befaßt hatte, erfuhr ich: als sie ihre Assistentenzeit in einem Krankenhaus absolvierte und bei der Visite ihr Chefarzt mit ihr das Zimmer eines sterbenden Patienten verlassen hatte, sagte dieser zu ihr: „Wenn Sie meinen, daß es noch was hilft, dann gehen Sie doch hinein und halten Sie Händchen!"

In die gleiche Richtung geht auch die 1984 allen Ernstes von den Chirurgen entfachte Diskussion, ob man bei einem „Beistandsgespräch" für einen Sterbenden ein Honorar von DM 70,– ansetzen könne.

Da kann man nur noch den Kopf schütteln! Erfreulicherweise ist es nicht überall in der Medizin so: Vielfach haben Ärzte verschiedener Fachbereiche und allerorten die Zeichen der Zeit erkannt und stellen sich darauf ein. Nur sind sie mit ihrem Ganzheitsdenken leider noch sehr in der Minderzahl. Und wenn ein gestandener und erfolgreicher Arzt wie Werner Nawrocki (Lit. 86) sich zu seiner Medizin auch noch mit Esoterik befaßt und sich dahingehend äußert, daß der Arzt – wie früher gewisse Priesterärzte – dem Menschen helfen muß, wieder ein Ganzes zu werden in Einheit mit den Gesetzmäßigkeiten des Kosmos, dann schütteln seine Kollegen den Kopf und bezeichnen das schlichtweg als Spinnerei.

Wir aber wollen aus diesem Beispiel der Medizin generell lernen, daß der Mensch eine Ganzheit ist, bei der der Körper mit seinen Leiden nie ohne Blick in die psychischen Zusammenhänge gesehen werden darf. Wenn immer mehr Menschen dies wissen und auch entsprechend ihre Forderungen gegenüber der Medizin und ihren Vertretern erheben, wird sich vielleicht auch hier endlich der Wandel zur Ganzheit vollziehen können. Wir haben es dringend nötig!

Nicht nur in der Medizin, sondern auf vielen Gebieten des menschlichen Lebens ist ganzheitliches Denken und ganzheitliche Sicht einfach deshalb heute mehr erforderlich, weil die immer noch zunehmende Differenzierung dem Einzelnen vielfach überhaupt keine Chance mehr gibt, Zusammenhänge zu erkennen. Dies gilt vor allem auch in der Pädagogik, wo die Schulreformer der letzten zwei Jahrzehnte Experimente angestellt haben, die unsere Kinder ausbaden mußten und die ich schlichtweg als geistige Verbrechen bezeichne.

Als ich wenige Seiten zuvor die Zitate aus dem Biologielehrbuch von Schmeil niederschrieb, rief ich vorsichtshalber einen jungen Biologie-

Standpunkt VI

Lehrer, Studienrat, an und frug ihn, ob denn der Schmeil immer noch in den Schulen verwendet werde. Die Antwort: „Nein, offiziell ist er schon seit etwa 1972 durch andere Biologiebücher im Unterricht ersetzt worden, die tatsächlich einige Dinge auf neuerem Stand bringen. Aber ich muß gestehen, daß sowohl meine Kollegen als auch ich stets noch für die Vorbereitung des Unterrichts zum ‚Schmeil' greifen, weil er die Zusammenhänge, die in den modernen Büchern nicht mehr erkennbar dargestellt sind, so komplex wiedergibt. Das ist das, was wir brauchen!"

Dem ist nichts hinzuzufügen! Wir sollten uns alle darauf einrichten, daß Ganzheit in Zukunft mehr und mehr gefordert werden wird: Der „homo integrans" muß sich wieder hineinfinden in seine Bezüge zur Schöpfung. Und dafür sollten wir alle offen sein!

Zum Eingang in die Überlegungen, wie solche Ganzheitlichkeit auch in der Wirtschaft und im Unternehmen praktikabel ist, noch ein Zitat aus dem zuvor bereits erwähnten Festvortrag von Frederic Vester, der übrigens das Thema behandelte „Wenn ich als Biologe Controller wäre". Er schloß mit folgendem Appell an die versammelten Wirtschaftler:
- *Machen wir uns die relativ einfachen Regeln des Lebens in der Welt zu eigen!*
- *Bequemen wir uns zu einem neuen Arbeiten und Gestalten mit der Natur statt gegen sie; d. h. nach ihren vorteilhaften Organisationsprinzipien!*
- *Erhalten wir ihre selbstregulierenden Kräfte und profitieren wir von ihnen!*
- *Bequemen wir uns zu einer Evolution unserer Wirtschaftsweise, die die Natur beherrscht, nicht weil sie sie vergewaltigt, sondern weil sie ihr gehorcht!*

Zugegeben: Dies sind Forderungen eines Biologen und nicht eines Wirtschaftswissenschaftlers. Aber wir werden im nächsten Schritt sehen, inwieweit in der Praxis der Unternehmensführung diesen Forderungen Rechnung getragen werden kann – auf dem Wege zu einem kommenden Wandel, den wir nicht umgehen können und wollen.

6. Schritt: Tod der Institution – es lebe das Unternehmen!

> *Die Institution kann wie eine Krebsgeschwulst wuchern, sie kann aber auch in ihren Formen erstarren – beides ist lebensfeindlich.* (Verfasser unbekannt)

In der absolutistischen französischen Monarchie gab es das bekannte Wort „le roi est mort – vive le roi" = der König ist tot – es lebe der König! Es ist stets dann gebraucht worden, wenn der König gestorben war und man dem Volke beibringen wollte, daß der alte Monarch zwar nunmehr tot sei, aber der Nachfolger bereits seinen Platz eingenommen habe, – also die Kontinuität der bisherigen Ordnung und Gewalt – der Institution – gesichert sei.

Wir haben in unseren Schritten Erkenntnisse darüber gewonnen, daß vieles bisher im Leben der Menschen Instituierte einem bevorstehenden Wandel ausgesetzt sein wird, wovon auch – wie wir sagten – die Wirtschaft nicht ausgenommen bleiben wird. Nach diesem bisher Erkannten sollten wir uns jetzt schon auf einer erweiterten oder gehobenen Bewußtseinsebene befinden, – insofern nämlich, als wir Zusammenhänge wiederentdeckt haben, die dem Menschen der modernen Zeit verloren gegangen waren wie die Instinkte des in der Natur integrierten Lebewesens.

gehobenes Bewußtsein für Zusammenhänge

An zwei grundlegende Erkenntnisse, die wir gewissermaßen gleichzeitig als Forderungen schon im 1. Schritt erhoben haben, sei hier nochmals erinnert: Zum einen das Verlangen, daß zukünftig der Mensch bei all unseren Überlegungen im Mittelpunkt zu stehen habe, – er also nicht mehr für das Unternehmen, sondern das Unternehmen für den Menschen dazusein hat. Und zum anderen die Notwendigkeit, zukünftig das Unternehmen als lebendigen Organismus und nicht als tote Institution zu verstehen.

Unternehmen oder Institution

Gerd Gerken drückt dies sehr apodiktisch aus, wenn er formuliert „. . . denn institutionalisierte Organisationen haben zukünftig nur noch die Wahl, zu überaltern oder sich der Transformation zu öffnen". (Lit. 41)

> *Eine andere Gegenüberstellung bringt Richard T. Pascale in seinen Überlegungen zu „Zen und die Kunst des Managements" (Lit. 91):*

> „... Die Japaner unterscheiden zwischen unserem Begriff der ‚Organisation' und ihrem Begriff vom ‚Unternehmen'. In ihrer Vorstellung bezieht sich der Begriff ‚Organisation' nur auf das System; ihre Vorstellung vom Unternehmen schließt zusätzlich dessen Charakter mit ein, ... dieser beschreibt eine gemeinsame Vorstellung seiner Mitarbeiter, die durch Gruppennormen aufrechterhalten wird. Das führt zu Vorgehensweisen, die anders sind, als wenn man sich nur an der Effizienz ausrichten würde. Die ‚Unternehmung' kann dieselben Aufgaben erledigen wie eine ‚Organisation', beansprucht aber mehr Platz, bewegt sich mit mehr Gewicht und spiegelt eine Verpflichtung gegenüber höherliegenden Zielen und nicht nur Erledigung einer Aufgabe wider ..."

Übertrag in unsere Praxis

Auch wenn hier keineswegs etwa der Übernahme japanischer Vorstellung das Wort geredet werden soll, was allein wegen der völlig anderen Mentalität der Menschen dort unsinnig wäre, so wollen wir doch im Folgenden Überlegungen anstellen, wie und auf welche Weise positive Aspekte solcher Gedanken in unsere allgemeine und alltägliche Unternehmenspraxis einfließen könnten.

6.1 Die Führungsfunktionen im Unternehmen

> *Ein Riesenunternehmen ist eigentlich zu groß, um menschlich zu sein.*
>
> Henry Ford I

Vom ersten Tag seines Bestehens an muß ein Unternehmen geführt werden; der oder die verantwortlichen Führenden haben hierzu grundsätzlich drei Funktionen zur Verfügung. Organisation, Kommunikation und Motivation sind die drei Führungsfunktionen, mit deren Hilfe die Abläufe – kybernetisch gesteuert und geregelt – vor sich gehen können.

Tod der Institution – es lebe das Unternehmen!

Als Organisation wollen wir nicht den üblichen Begriff verstehen, der in manchen Unternehmen sogar von einer eigenen „Orga"-Abteilung bewältigt wird. Sondern hiermit soll alles gemeint sein, was irgendwie „organisierbar" – also in seinen Beziehungen und Abläufen mit Hilfe bestimmter Systematik geordnet und geregelt sein kann. So gesehen, sind dazu sowohl Entwicklung wie Produktion – Lagerung wie Marketing – Finanzen wie Personal und Kontrolle wie Verwaltung der Organisation zuzuordnen bzw. durch sie zur Effektivität zu bringen.

alles, was „organisierbar" ist

Alle diese Bereiche und noch einige mehr können nur funktionieren, wenn sie durch eine Ordnung, ein System oder ein Schema strukturiert und in den Gesamt-Organismus des Unternehmens eingefügt sind. Man kann diese Auffassung von Organisation auch als die Struktur des Unternehmens ansehen. Sie ist ein Hilfsmittel, dessen sich die Unternehmensführung bedient, um alle notwendigen Abläufe überschaubar und sicher im Griff zu haben.

Mit dem menschlichen Organismus verglichen, könnte die Organisation etwa dem Knochenbau, der Muskulatur und dem Zusammenwirken aller Organe gleichgesetzt werden. Sie ist gewissermaßen der strukturelle Aufbau, der alle Bewegungsabläufe der Lebensäußerung ermöglicht.

Organisation ist struktureller Aufbau

Die Kommunikation ist die Führungsfunktion, die gewissermaßen alles durch richtigen Informationsfluß zusammenhält und zusammenwirken läßt; ähnlich wie die Nerven eines menschlichen Organismus. Mit diesem Vergleich ist bereits ein einfacher Beweis geführt, daß im Unternehmen alle Informationen in drei Richtungen zu laufen haben: von unten nach oben, von oben nach unten – und in der horizontalen Ebene von Bereich zu Nachbarbereich, wenn eine Einschaltung höherer Ebenen nicht erforderlich ist.

Kommunikation geht in alle Richtungen

Am Modell des Menschen kann man diese Informationsflüsse bereits erkennen. Die Aufnahme und Weiterleitung von Sinnesreizen über die zuständigen Nerven zum Gehirn entspricht im Unternehmen dem Informationsweg von unten nach oben oder auch von außen nach innen. Die Information von oben nach unten im Unternehmen ist gleichzusetzen mit den Entscheidungen im menschlichen Gehirn, die über die Nerven an die Organe bzw. Körperteile zu entsprechender Aktivität als Befehle weitergegeben werden.

Quer-Informationen ohne „Chefetage"

Und schließlich die querlaufenden Informationen sind im menschlichen Organismus die Reflexe, die vielfach vom Rückenmark bewältigt werden, ohne Einschaltung der „Chefetage" des Gehirns. Denn der Weg, beispielsweise beim Greifen der Hand in eine Flamme erst eine Meldung an das Gehirn zu geben, um von dort die Entscheidung und dann den Befehl zum Rückziehen der Hand zu erhalten, wäre auch bei sehr schnellem Informationsfluß zeitlich zu lang; daher wird dies auf „unterer Ebene" sofort geregelt.

Motivation gegen „Null-Bock"

Die Motivation ist im Unternehmen das Gleiche, was auch beim Menschen in den psychischen Funktionen, insbesondere in der vielfach von den Kardinaltrieben gesteuerten Willensfunktion, sich abspielt. Auch im Unternehmen als lebendiger Organismus geht ohne Motivation nichts; vergleichbar mit einem bedauernswerten Individuum, das vom „Null-Bock auf Nichts" – um mit moderner Sprache zu reden – geprägt ist.

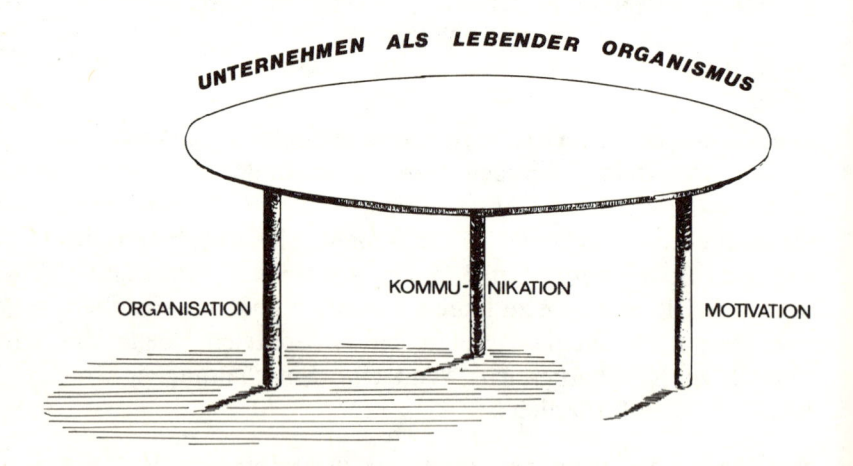

UNTERNEHMEN ALS LEBENDER ORGANISMUS

ORGANISATION   KOMMU-NIKATION   MOTIVATION

nur gleicher „Level" ist gesund

Das Wichtigste für diese drei Führungsfunktionen ist allerdings, daß sie sich auf der gleichen Entwicklungsstufe – dem gleichen „Level" – befinden müssen, wenn das Unternehmen gesund funktionieren soll. Wenn eine dieser drei Funktionen in der Entwicklung – in ihrem Zustand – den beiden anderen voraus ist oder nachhinkt, dann ist dies ein Krankheitssymptom, das erkannt und beseitigt werden muß.

Eine Situation, die wahrscheinlich schon viele in der Wirtschaft Tätige erlebt haben: Ein Betrieb will sich eine EDV-Anlage anschaffen in einer bestimmten Technik und einer bestimmten Größenordnung. Aber der verkaufende EDV-Berater – wir unterstellen, daß er es seriös und ernst meint – erklärt der Unternehmensleitung rundweg, diese gewünschte Anlage bringe dem Unternehmen keinen Nutzen. Weil nach seinem Eindruck der Organisationsstand des Unternehmens noch nicht das Niveau erreicht hat, für das die Anlage zugeschnitten ist. Erst bedarf es einer Anhebung des Organisationsgrades und -standes auf die Informationskapazität der EDV-Anlage, ehe diese dann sinnvoll nutzbringend eingesetzt werden kann.

Dies ist nur ein Beispiel unterschiedlichen Niveaus der beiden Bereiche Organisation und Kommunikation; es ließen sich andere Beispiele der Differenzen zwischen zwei bzw. drei Führungsfunktionen ausreichend finden.

Und nun ziehen wir wiederum den Vergleich des „lebendigen Organismus Unternehmen" mit dem menschlichen Individuum: Wenn einer der drei zuvor mit unseren drei Führungsfunktionen gleichgestellten Bereiche – also körperlich, nervlich oder psychisch – nicht in Ordnung ist und nicht das gleiche gesunde Niveau hat wie die beiden anderen, dann ist dieser Mensch entweder körperlich erkrankt (Organisation), nervenkrank (Kommunikation) oder psychisch krank (Motivation). Jeder wird zugestehen, daß man sich auf diese Weise die gesunde Lebensfähigkeit eines Unternehmens deutlich machen kann. **Gesundheit = Lebensfähigkeit**

Aber wir gehen noch einen Schritt weiter: Wenn ein Mensch körperlich oder nervlich erkrankt ist, kann es durchaus sein, daß er durch entsprechende Willenskraft – Motivation – diese Krankheit zu überwinden in der Lage ist; hierfür brauchen wir keine Beispiele anzuführen, denn die gibt es alltäglich. Und sie sind auch, wenn man die psychosomatischen Gegebenheiten kennt und akzeptiert, keineswegs etwas Besonderes oder gar Außergewöhnliches. Nur sollten wir daran erkennen, daß auch im Unternehmens-Organismus die Motivation die wichtigste der drei genannten Führungsfunktionen darstellt. **Motivation ist das Wichtigste**

Tod der Institution – es lebe das Unternehmen!

Wie sieht es aber in der Praxis der deutschen Unternehmen aus? Gerade diesem Bereich wird die wenigste Aufmerksamkeit geschenkt: wenn etwas schief geht, Mißerfolge sich einstellen und Schäden entstehen, dann sucht in den meisten Fällen die Unternehmensleitung dies durch organisatorische, informatorische oder personelle Maßnahmen oder Veränderungen der Markt- oder Geschäftspolitik zu bereinigen. Aber in den seltensten Fällen erkennt man überhaupt, daß mangelnde Motivation letztlich die Ursache für die Fehlleistungen war. Und noch seltener ist man bereit, tatsächlich in dieser Hinsicht entscheidende Veränderungen in die Wege zu leiten.

Fehlleistungen aus mangelnder Motivation

Mit Beispielen hierüber könnte ich aus der Praxis eines Vierteljahrhunderts ein umfangreiches Buch füllen. Mit der Zahl jener Chefs – aller Größenordnungen – die trotz aller negativer Ergebnisse die Schuld daran überall, nur nicht bei sich selbst suchen, wäre sicherlich eine mittlere Stadt zu bevölkern. Und dies alles, obwohl der Bewußtmachungsprozeß – wie wir soeben erfahren haben – doch relativ einfach ist. Wenn einmal gespart werden muß in einem Unternehmen, dann beginnt man damit bei Schulungen und Seminaren für Führungskräfte, weil das ja noch am leichtesten entbehrlich ist. Und – obwohl es wohl kaum meßbare Erfolge bringt – man es eigentlich bislang nur praktiziert hat, um sagen zu können, daß man für die Führungskräfte auch etwas tut. Kosmetik oder soziale Pfläsherchen hat man angewandt, statt zu erkennen, daß die Motivation – und vor allem die der Führungskräfte – das Wichtigste im Unternehmen schlechthin ist.

Ich muß mich immer wieder wundern, daß viele Unternehmen trotz dauernder Demotivation der Mitarbeiter und Führungskräfte überhaupt noch am Leben sind. Und kann es mir – zumindest für die letzten Jahre – nur dadurch erklären, daß wieder mehr mit Angst – aufgrund der hohen Arbeitslosigkeit – regiert wird denn mit Vertrauen.

Erkennen von Störungen

Wenn wir nun das Verhältnis der drei Führungsfunktionen zueinander und ihre Gewichtung im lebendigen Unternehmen kennen, dann ist es nicht mehr schwierig, bei Störungen und Fehlleistungen die Ursachen zu erkennen und zu versuchen, sie zu beseitigen. Eine einfache Faustregel, deren sich manche Berater schon seit Jahren bedienen: wenn man in ein Unternehmen hineinkommt, dann braucht man nur die Schwachstellen-Analyse in bezug auf die drei Führungsfunktionen vorzunehmen, um sehr schnell zu erkennen, wo mit Verbesserungen angesetzt werden sollte.

6.2 Das Unternehmens-Modell „Zirkel 2000"

Wie fruchtbar ist der kleinste Kreis, wenn man ihn wohl zu pflegen weiß! (Goethe)

Von vielen Menschen wird der Kreis als die vollkommenste zweidimensionale geometrische Figur angesehen. Deshalb hat der Begriff auch in vieler Hinsicht symbolhafte Bedeutung – man denke nur an Worte wie Freundeskreis, Bibelkreis, Interessentenkreis, Künstlerkreis u.v.a.m. Wenn wir unserem Modell die Kreisform gegeben haben, so auch aus ähnlichen symbolischen Gründen. Denn im Gegensatz zur hierarchischen Pyramide soll der Kreis, auf dessen Peripherie alle Punkte die gleiche Entfernung zum Mittelpunkt haben, andeuten, daß eine Gleichberechtigung angestrebt ist für alle Dazugehörigen. Sie sollen sich in der Rundung eingebunden fühlen und nicht wie beim Patriarchalischen von vornherein den Eindruck haben, sich auf einer – unteren bzw. oberen – Ebene zu befinden, die zwangsläufig zu „übergeordneten" Vorgesetzten und „untergeordneten" Befehlsempfänger führen muß*.

Kreis symbolisiert Gleichberechtigung

Um es aber gleich vorweg zu nehmen: hier soll weder einer öden Einebnung noch einer kommunistischen Gleichmachung der Besitzverhältnisse das Wort geredet werden. Unsere Bemühung um Gleichheit bezieht sich auf das Verhältnis der Menschen im Unternehmen untereinander: keiner soll sich mehr dünken als der andere, der dem Unternehmen an anderer Stelle, aber in gleicher Weise zu dienen hat. Gleichheit der Rechte bedeutet auch Gleichheit der Pflichten! Und in seiner abgerundeten Geschlossenheit soll der Kreis auch Symbol für den geschlossenen lebendigen Organismus des Unternehmens sein; die Natur verwendet den Kreis in den vielfältigsten Lebensformen.

gleiche Rechte – gleiche Pflichten

---

* Hier sei an das Zitat von Johannes Itten (Lit. 64) erinnert, der feststellt „... im Gegensatz zum Quadrat erzeugt der Kreis ein Gefühl der Entspanntheit und stetiger Bewegung ... als Symbol des einheitlich bewegten Geistes ..." (s. S. 185).

Tod der Institution – es lebe das Unternehmen!

Zirkel zur Verständigung

Wir haben das Wort Z i r k e l für unser Modell gewählt, weil wir wirklich hier einen gängigen Begriff schaffen wollten, der in engstem Bezug zur Konferenztechnik als Zirkel-Praxis stehen soll, die wir im nächsten Schritt gesondert behandeln. Aber auch die Anwender sollen damit semantisch ein Verständigungsmittel erhalten, das auf die bevorstehenden Transformationen hinweist; ob diese sich dann in dieser oder jener Form verwirklichen werden, müssen wir heute noch offen lassen.

Der Zirkel ist nicht nur das Instrument, mit dem man Kreise schlagen kann, sondern auch der Begriff für Zusammenschlüsse von Menschen zu irgendwelchen Zwecken; im studentischen Brauchtum war er früher fest verankert. Aber auch heute noch verwendet man das Wort Zirkel gelegentlich für einen Kreis von Menschen gleicher Interessen wie z. B. einen Künstlerzirkel oder – im esoterischen Bereich – einen Zirkel von Eingeweihten.

Farbtafel K

Wechselbeziehungen der Zirkel

Wir gebrauchen den Begriff des Zirkels für unser Unternehmensmodell, weil wir damit nicht nur einen gewöhnlichen Kreis bezeichnen wollen, sondern auch die Umschreibung der Wechselbeziehungen zwischen den einzelnen Unternehmensbereichen, die in sich wieder geschlossene Kreise – Zirkel – darstellen. Unsere Farbtafel K macht dies deutlich: jeder Bereich – ob Rot, Blau oder Gelb – hat seinen inneren Kern, der in der vollen Farbe dargestellt ist, und seinen Bezugskreis, der in das gesamte Unternehmen hineinreicht, ohne die inneren Kerne der anderen Bereiche zu stören. Zur Mitte des Zirkels hin finden sich alle zusammen, denn dort befindet sich – symbolisch – der Mensch als Mittelpunkt; für ihn ist das Unternehmen geschaffen. Daß in diesem Zentrum die Unternehmensleitung ihren Platz hat, ist nur folgerichtig; in ihr laufen alle Bezüge der einzelnen Bereiche zusammen – und wir wissen aus der Farbenlehre, daß die Summe aller reinen Farben Weiß ergibt – hier Sinnbild für die neutrale und gerechte Führung des Unternehmensorganismus.

jeden geht alles an

Das Übergreifen der Farbbereiche – außerhalb der eigentlichen Kerne – bis an die Ränder der anderen Farbkerne soll zu verstehen geben, daß j e d e n auch a l l e s angeht, was im Unternehmen geschieht, jedoch ein direktes Eingreifen in die spezielle Zuständigkeit der anderen Bereiche ausgeschlossen ist. Wir

Tod der Institution – es lebe das Unternehmen!

werden aufgrund dieses Gedankens später noch auf die Unsinnigkeit übertriebener Geheimhaltung zu sprechen kommen, die einen entscheidenden Störfaktor für das Funktionieren des Organismus darstellt.

An dieser Stelle sei noch ein wichtiger Gesichtspunkt eingefügt: ein Kreis ist rund und hat daher kein „Oben" oder „Unten". Wenn bei unseren Darstellungen bisher der rote Bereich stets oben plaziert war, dann lediglich, um beim Anwender eine gewisse Gewöhnung an die Ordnung im Farbkreis zu schaffen, keineswegs aber, um eine Bewertung anzudeuten*. So haben wir auch im Folgenden bei der näheren Definition des Modells den roten Bereich oben angeordnet, ohne in irgendeiner Weise damit eine Priorität anzudeuten. Wenn Priorität, dann im Zentrum – und dort befindet sich symbolisch der Mensch und praktisch die Unternehmensleitung!

Kreis hat kein oben und unten

6.2.1 Die Hauptfunktionen des Unternehmens in den Farben

Aus der klassischen Betriebswirtschaftslehre kennen wir die sogenannten sieben Hauptfunktionen des Unternehmens: Entwicklung/Forschung – Einkauf/Materialwirtschaft – Produktion – Verwaltung/Organisation/Personal – Marketing – Finanz- und Rechnungswesen – Kontrolle. Hinzu kommen dann noch die früher erwähnten restlichen Führungsfunktionen der Kommuniktion/Information und der Motivation sowie der Bereich der Kreativität, dem Intuition und Innovation zuzuordnen sind.

Funktionen zur Lebensfähigkeit

Auf der Farbtafel L ist nun zu erkennen, daß in die drei Grundfarben jeweils zwei Hauptfunktionen eingeordnet wurden; die Komplementärfarben sind dann für Funktionen gesetzt, die in mehrere Bereiche greifen. Im Einzelnen sieht die Zuordnung folgendermaßen aus:

Farbtafel L

---

* Es sei nochmals darauf hingewiesen, daß es beim Farbkreis auch völlig gleichgültig ist, ob die Farben in ihrer Folge rechts oder links herum laufen. Bei Goethes Kreis (s. Farbtafel B) ist die Abfolge entgegengesetzt der beim Kreis von Carl Huter (s. Farbtafel E).

Tod der Institution – es lebe das Unternehmen!

Verwaltung + Organisation

rot

Rot ist, wie wir von unserem Strukturkreis her wissen, der Bereich, in dem klare Folgerichtigkeit, Systematik, knappe Sachlichkeit und Nüchternheit sich mit motorischer Dynamik und unbeirrbarer Zielstrebigkeit vereinen. Dieser Farbe ist also zweifellos die Verwaltung/Organisation zuzuordnen, wobei wir diesmal – im Gegensatz zu unserer Betrachtung bei den Führungsfunktionen, wo wir dem Begriff „Organisation" eine übergeordnete Bedeutung gaben – die Organisation als rein technische Hilfsinstitution verstehen, die sich beispielsweise gewisser Zeitplanungen, des Formularwesens oder örtlich/räumlicher Probleme annimmt. Sie wird – je nach dem Betriebscharakter und der speziellen Situation des Unternehmens – mit der Verwaltung mehr oder weniger eng verbunden sein oder gar in ihr aufgehen. Eine Existenz der Organisation um der Organisation willen ist eine Krankheit, an der viele Unternehmen leiden; daher solle man nur so viel davon haben, wie unbedingt notwendig, insgesamt aber so wenig wie möglich.

Produktionsablauf

Die zuvor dem roten Bereich zugeordneten Eigenschaften wie motorische Dynamik und unbeirrbare Zielstrebigkeit – auch Kontinuität – sind natürlich kaum die besondere Domäne der Verwaltung, sondern mehr der Produktion zuzuweisen, die ebenfalls in diesem Sektor liegen muß. Daß bei einem gesamten Produktionsablauf von der Arbeitsvorbereitung bis zur Endkontrolle natürlich viele Anforderungen gestellt werden, ist uns bewußt – nur die Hauptrichtung des gesamten Fertigungsbereiches ist zweifellos mit dem Schwerpunkt in Rot zu sehen. Ohne systematische Folgerichtigkeit, ohne klare Planung und Steuerung in Regelkreisen und ohne logistisch aufgebaute Abläufe ist eine Produktion nicht zu bewältigen – einfach undenkbar.

Kontakt nach außen

blau

Im blauen Bereich liegt – wie wir vom Strukturkreis ablesen können – die besondere Fähigkeit zur Kontaktpflege sowohl beim Marketing wie auch beim Einkauf – er ist gewissermaßen für die „Außenpolitik" zuständig. Daß Verkäufer die Fähigkeit haben müssen, nicht nur geschickt zu verkaufen, sondern auch ein langfristiges Vertrauensverhältnis zu den Kunden aufzubauen, ist nichts Neues. Hierzu gehört auch der Kundendienst. Wichtig ist aber ebenfalls der Aufbau eines solchen Verhältnisses im Einkaufsbereich. Leider wird der Einkauf in vielen Unter-

Tod der Institution – es lebe das Unternehmen!

nehmen recht stiefmütterlich behandelt; man zitiert zwar gerne den Spruch „Im Einkauf liegt der Gewinn", aber ansonsten nimmt man diese Abteilung oft nicht für voll.

Dies hat zum Teil seine Gründe darin, daß in vielen Unternehmen die Leitung des Einkaufsbereichs nicht immer qualifizierten Persönlichkeiten anvertraut wurde und wird. Vielfach sagt man in der Unternehmensleitung von einer ihre Position nicht ausfüllenden Führungskraft: „Na ja, hier hat er nun einmal versagt – was machen wir mit ihm? Stecken wir ihn doch in den Einkauf, dort kann er nichts verderben! Und Angebote vergleichen und das günstigste herausfinden, – dies wird er ja wohl noch können!"

Der Betroffene, vielleicht wirklich eine Niete, fühlt sich in seiner Karriere auf's Abstellgleis geschoben und will es denen nun aber zeigen: er entwickelt Aktivität und ein Geltungsbedürfnis, das den anderen Abteilungen bald mehr als lästig wird.

Hiermit soll beileibe kein verallgemeinerndes Urteil über Einkäufer gesprochen werden, unter denen sich viele hervorragende Menschen befinden. Die Auslassung sollte nur erklären, wie es zu den vielerorts in den Firmen vorhandenen negativen Meinungen über den Einkauf gekommen ist.

Einkauf ist Vertrauens-Kommunikation zur Umwelt

Dabei ist tatsächlich auch der Einkauf ein wichtiger Teil der Vertrauenskommunikation des Unternehmens zu seiner Umwelt: ein Einkäufer mit guten menschlichen Beziehungen zu seinen Lieferanten kann oftmals mehr wert sein als ein eiskalter Rechner, der eine Vertrauensbrücke überhaupt nicht aufbauen läßt und demgemäß eher mit Enttäuschungen durch die Lieferanten zu rechnen hat. Ein guter und auch den menschlichen Kontakt pflegender Einkäufer wird dem Unternehmen stets am Nützlichsten sein und auch einen guten Beitrag zum Image des Betriebes in der Außenwelt leisten.

Eine dritte Funktion, die zwar vielfach nicht offiziell, aber trotzdem sehr notwendig ist, sollte auch dem blauen Bereich zugeordnet werden: die sogenannten „human relations", die wir der Einfachheit halber die innerbetrieblichen menschlichen Beziehungen nennen wollen. Hier ergibt sich aus unserer Forde-

Tod der Institution – es lebe das Unternehmen!

Mensch im Mittelpunkt

rung, daß der Mensch im Mittelpunkt aller unternehmerischen Bestrebungen zu stehen habe, ein sehr weites Feld, das einer eigenen schriftlichen Abhandlung wert sein könnte.

Vom Betriebsrat bis zum Sozialreferenten, vom Gestalter und Organisator von Betriebsfesten bis zum beratenden Psychologen ergibt sich hier die Spannweite von Aufgabenstellungen. Zu ihnen gehören die vielzitierte Menschlichkeit am Arbeitsplatz wie auch die Sozialhilfe des Betriebes für Mitarbeiter, die Fürsprache für Gehemmte oder Behinderte, die Betreuung der Mütter und vieles anderes mehr, das von einem oder mehreren Menschen des blauen Bereichs praktiziert werden sollte. Über die besondere Funktion des Betriebsrats wird später noch einiges zu sagen sein.

▽ *gelb*

entwickeln, was der Markt braucht

G e l b ist das Farbsymbol der kritischen Einzelarbeit mit analysierendem Denken, problemfreudig und zweckbedacht, kritisch-konstruktiv und detailgenau. Hier sind die Funktionen der E n t w i c k l u n g und der K o n t r o l l e anzusiedeln. Die Entwicklung, die aufgrund der vom Markt beschafften Informationen mit der Aufgabe betraut ist, für die Produktion das zu erarbeiten, was sich auch dann verkaufen läßt, braucht Menschen der gelben Grundrichtung, die sich intensiv und genau, mit Freude an der Problemlösung, dieser Aufgabe widmen und in ihr aufgehen, analysierend und konstruktiv.

nicht kontrollieren, sondern überwachen

Die Kontrolle hingegen ist der Bereich, der zwar unbestechlich in seiner Kritik sein muß, jedoch – gegebenenfalls gemeinsam mit der Entwicklung – bei Fehlern auch Möglichkeiten zu deren Beseitigung bzw. Vermeidung erarbeitet. Ein sogenannter „Controller", der seine Aufgabe nur wie ein kriminalistischer Spürhund im Aufdecken von Fehlern sieht und nicht zugleich sich mit den Verursachern über die Möglichkeiten zur Vermeidung dieser Fehler auseinandersetzt, ist schon aus psychologischen Gründen in einem Unternehmen fehl am Platze. Aus dieser Überlegung heraus haben wir auch bei der Behandlung der Kybernetik (im II. Standpunkt) den Begriff „Kontrolle" nicht verwendet. Man könnte das Wort „Überwachung" gebrauchen, denn dieser Begriff beinhaltet nicht nur die Kontrolle als Feststellung einer Abweichung vom Soll-Zustand, sondern auch die darauf zu ergreifenden Maßnahmen.

Lösungen spezieller Probleme

Die im gelben Bereich angesiedelten Menschen sind außerdem in hervorragender Weise dazu geeignet, sich mit besonderen Problemen in anderen Teilen des Unternehmens zu befassen – seien die-

Tod der Institution – es lebe das Unternehmen!

diese nun technisch-sachlicher Natur im roten oder menschlich-psychologischer Art im blauen Bereich. Überall kann die oft feingeistige und kritische Überlegung des Gelben von Nutzen sein, wenn sie angefordert wird.

In diesem Sinne ist auch der beim gelben Bereich eingefügte Begriff der „Sicherheit" zu verstehen. Nicht etwa als Werkschutz oder Abwehreinrichtung von fremder Betriebsspionage, sondern als Funktion, die überall dafür sorgt, daß alles mit der erforderlichen Genauigkeit und Zuverlässigkeit erfolgt und abläuft; eine Kontrollfunktion, die das allgemeine Zusammenspiel sichert.

Von den Komplementärfarben Orange, Violett und Grün wissen wir, daß sie sich jeweils aus zwei Grundfarben zusammensetzen und daher auch – im Zusammenspiel der benachbarten Wesensgruppen – sowohl Fähigkeiten und Eigenschaften der einen wie der anderen Gruppe teilweise besitzen, also demgemäß auch gemischte Aufgaben übernehmen können. Die Zuordnung bei den bisher genannten betriebswirtschaftlichen Hauptfunktionen Organisation und Produktion zu Rot, Einkauf und Verkauf zu Blau sowie Entwicklung und Kontrolle zu Gelb konnten wir mühelos vornehmen.

Komplementärfarben decken zwei Bereiche ab

Lediglich der Finanzbereich ist noch nicht zugeordnet worden: er gehört eindeutig zu Orange. Denn wir wissen, daß hier nüchterne Planung und systematisches Vorgehen erforderlich sind; Orange muß von Rot die dynamische Risikobereitschaft in der unternehmerischen Finanzierung genau so übernehmen wie von Gelb die kritische Prüfung und das sorgsame Abwägen. Beides zusammen wird – sowohl bei Eigen- wie bei Fremdfinanzierung – für den richtigen Wirkungsgrad sorgen. In unserem Modell ist der orange Kreis etwas vom Zentrum verschoben; dies hat rein optisch-darstellerische Gründe und bedeutet keine Bewertung oder Gewichtung in irgendeiner Richtung. Das Gleiche haben wir mit den beiden anderen Komplementärfarben vorgenommen; ihre Beziehung zu allen anderen Farbenbereichen – insbesondere zur Mitte unseres Modells hin – wird aber offensichtlich sein.

Finanzen reichen überall hin

Dem violetten Bereich unterstellen wir sowohl die Motorik und das Vorwärtsstreben des Roten wie auch die menschlich-

Tod der Institution – es lebe das Unternehmen!

kommunikativen Fähigkeiten des Blauen. Im Zusammenwirken ist dieser Bereich besonders der M o t i v a t i o n zugeordnet: hier muß der Geist des Unternehmens geprägt werden und auch gegebenenfalls der Idealismus zu seinem Recht kommen – wohl meist mit Hilfe des Lernens, von dem wir wissen, daß es durch Information + Motivation zur Verhaltensänderung führen kann (s. S. 24).

gegenpolige Wirkung zum Ausgleich

Der violette Bereich wird also den Schwung zum Lebenswillen und die Motivation zur Leistung bringen – der gegenüberliegende gelbe Bereich wird dafür sorgen, daß diese oft idealistischen Vorstellungen „auf dem Teppich" bleiben. Und so haben überall die gegenpoligen Positionen die Aufgabe des Zurechtrückens der entgegengesetzen Extreme. Dies finden wir auch bei Blau hinsichtlich des Finanzwesens in Orange: hier ist es genauso erforderlich, daß der Finanzbereich den blauen Bereich an der ihm naheliegenden Großzügigkeit in Gelddingen bremst wie umgekehrt der andere dafür sorgen muß, daß nicht unter einer allzu engstirnigen Auslegung der Finanzen das Menschlich-Verbindende innen wie außen auf der Strecke bleibt.

Sinnzusammenhang der Tätigkeit

Übrigens ist es die besondere Aufgabe des violetten Bereiches, allen Mitarbeitern jederzeit den Sinnzusammenhang ihrer Tätigkeit bewußt zumachen, ohne dessen Erkennen alle Motivation leer bleiben muß.

Intuition

G r ü n ist die Farbe des Lebens und der schöpferischen Vitalität. Mit der vielseitigen K r e a t i v i t ä t setzt sie sich zusammen aus der offenen Spontaneität des Blauen und der kritischen Sensibilität des Gelben; hier kommen die Denkanstöße aus der Intuition und bilden den Gegenpol zum manchmal schwer beweglichen und kaum aus der Richtung zu bringenden Roten, der wiederum dem manchmal undisziplinierten und unsachlichen Ausbrechen des Grünen die richtige Bremse sein muß.

So wie die Zirkel der Komplementärfarben exzentrisch – also nicht auf den eigentlichen Mittelpunkt unseres Modells bezogen – sind, so haben auch die von außen nach innen gerichteten Pfeile ihre spezielle Bedeutung für diese Bereiche: sie deuten an, daß die jeweilige Funktion sowohl von außen als auch von innen dem Unternehmen Nutzen bringen soll. Bei den Finanzen in Orange ist dies selbstverständlich und bereits erwähnt: es sind die Möglichkeiten der eigenen oder der Fremd-Gelder.

eigene und Fremd-Gelder

Tod der Institution – es lebe das Unternehmen!

Die Funktion der Motivation im Violetten kann ebenfalls sowohl als Selbstmotivation vor sich gehen, die in betrieblichen Überlegungen und Vorgängen ihren Ausgangspunkt hat, als auch in der Form von Fremd-Motivation sich bilden. In letzterem Falle kann man noch die Unterscheidung treffen, ob diese fremden Motivationsanstöße gezielt gewünscht oder gar erworben werden – z. B. durch Seminare und Schulungen – oder ob es Umwelteinflüsse sind, die dann eigentlich nur den Anstoß für eine darauf reagierende Selbstmotivation bilden.

eigene und fremde Motivation

Und für die kreative Schöpferkraft des grünen Zirkels bedeutet der gleichfarbige Pfeil das Gleiche: Kreativität kann aus dem Unternehmen selbst kommen, – dies ist sogar die funktionelle Aufgabe dieses Bereiches ganz besonders, durch entsprechende Kenntnisse, Anstöße und Techniken anderen Bereichen mit Innovationen behilflich zu sein. Aber auch von außen kommende Anregungen können kreative Wirkungen haben, die für das Unternehmen umzusetzen die Aufgabe des Grünen ist. Über die Kreativität speziell werden wir noch im nächsten Schritt zur Kommunikation einiges zu bemerken haben.

Kreativität von außen und von innen

Wir sind im Wandel begriffen zu einer Informationsgesellschaft, – es ist daher selbstverständlich, daß der Information in unserem Modell eine ganz besondere Bedeutung zukommt. So wie der menschliche Organismus nicht lebens- und überlebensfähig wäre ohne das Nervensystem als dem Übermittler von Reizen und Impulsen, so ist der Gesamtkomplex des Informationsflusses im Unternehmensorganismus entscheidend für die Kommunikation und damit für die Lebensfähigkeit. Im nächsten Standpunkt befassen wir uns damit, daß die Kommunikation Träger der Lebensenergie schlechthin ist.

Kommunikation ist Lebensfähigkeit

Ausgehend von den Orwellschen Visionen hat sich der Computer in den Köpfen vieler Menschen zu einem Feindbild entwickelt, das seine vorläufig stärksten Auswüchse in der überzogenen Tätigkeit der Datenschützer und dem höchstrichterlichen Gerangel um fälschungssichere Personalausweise und Volkszählung gefunden hat. Im Gegensatz hierzu wollen wir für unser Unternehmensmodell feststellen, daß der Computer zwar kein „Freund" sein kann – denn dies hieße ihn vermenschlichen –, aber ein unabdingbares Handwerkszeug der Information. Ohne seine Schnelligkeit und Speicherfähigkeit wird ein modernes Unternehmen wenig Überlebens-Chancen haben.

Computer ist kein Feind und kein Freund

Tod der Institution – es lebe das Unternehmen!

Information ist integraler Bestandteil des Zirkels

Auf welche Weise die – vom Computer als technischem Hilfsmittel transportierte – Information eingesetzt wird, ist selbstverständlich abhängig von Größe und Aufgabenstellung des Unternehmens. Wir haben daher in unserem farbigen Modell auch den Begriff der „Information" nicht irgendwo im Zirkel lokalisiert, sondern so angebracht, daß er als integraler Bestandteil des Ganzen – aller Farbbereiche – gesehen werden kann und sollte. Vielleicht vermag nicht jeder der Argumentation von John Naisbitt (Lit. 85) zu folgen, der den Computer als „Befreier" bezeichnet, – allerdings nur unter bestimmten Umständen. Aber um eine Informations-Transparenz zu schaffen, wie sie Gerken (Lit. 41) mit

Glashaus-Syndrom

„Glashaus-Syndrom" als etwas im Unternehmen Anzustrebendes bezeichnet, ist er unabdingbar. Indem er nämlich die technischen Möglichkeiten dazu schafft, daß allen Mitarbeitern in allen Zirkeln zu jeder Zeit und an jedem Ort der Sinnzusammenhang ihrer Tätigkeit bewußt wird – eine Hilfe zur Integration und zur Identifizierung eines jeden mit dem Unternehmens-Organismus.

Computer als Befreier

In diesem Sinne könnte man auch den Computer als einen Befreier von früherer Unwissenheit und Unsicherheit betrachten.

nur ein Modell

Wir sind uns bewußt, daß in dem von uns nun erarbeiteten farbigen Zirkel-Modell tatsächlich nur ein M o d e l l zu sehen sein kann. Jedes Unternehmen, auch wenn alle Mitarbeiter von unserer Idee begeistert wären und freudig zustimmen wollten, hat doch seine spezifischen Gegebenheiten, die noch besondere Fein-Entwicklungen des Organismus erfordern. Aber das ist nicht etwa betrüblich, sondern gut so: jedes Unternehmen sollte auch auf seine Eigenart stolz sein und sich nicht in eine Zwangsjacke stecken lassen, die vielleicht nicht paßt. So, wie wir gelernt haben, daß sich die Menschen nicht in Typen pressen lassen, so muß auch ein Unternehmen – sei dies bei einer Neugründung

Unternehmens-Charakteristika

oder einer Strukturveränderung – seine spezifischen Charakteristika in das Modell „Zirkel 2000" einbringen. Nur so kann letztlich auch eine befriedigende Motivation der Mitarbeiter vor sich gehen.

unser Modell bietet Einstieg in die Zukunft

Entscheidend allein ist das Grundsätzliche: wer den Farbenkreis und seine natürlichen Zuordnungen der Fähigkeiten und Leistungen einmal begriffen hat, wird alles andere Drum und Dran der unterschiedlichen Details auch einzugliedern wissen. Und wenn er erst einmal erkennt, daß wir mit den Kommunikationspraktiken das Modell auch noch voll funktions-, also l e b e n s fähig machen können, dann wird er auch begreifen, daß dies der Einstieg ist in eine Zukunft, die uns das Überleben bringen wird. Hier ist nicht irgend eine neue Lehre, ein Modell, eine Technik oder eine Philosophie dargestellt um ihrer selbst willen, sondern unser Modell basiert eindeutig – dies wird jeder bisher erkannt haben – auf biologischen Grundsätzen und Vorgängen, nach denen die Natur der Mutter Erde schon seit Jahrmillionen arbeitet, ohne jemals pleite gemacht zu haben.

6.2.2 Der richtige Mann an den richtigen Platz

Es gibt keine These innerhalb des Bereichs der Wirtschaft – aber auch in der Politik, beim Militär oder in vielen anderen Gebieten –, die so viel als Forderung erhoben wurde und wird und so wenig oder selten tatsächlich erfüllt werden konnte. Auch hier ist in unseren Unternehmen vielfach Flickschusterei betrieben worden: weil dieser oder jener in der derzeitigen Aufgabe zwar unfähig, aber auch unkündbar war, hat man ihm dann da oder dort einen anderen Platz ausgeguckt, der nicht schlechter dotiert sein durfte, aber von dem man auch nicht wußte, ob er ihm gemäß ist. **Falsche Leute am falschen Platz**

Unsere Überlegung ist ganz einfach – und daher ist es eigentlich verwunderlich, daß man so wenig Bemühungen findet, eine Lösung zu versuchen. Wenn ein Mensch eine Arbeit tut, die er kann und die ihn deshalb auch ausfüllt, wird sie zur Tätigkeit, die ihn befriedigt*. Wenn ihn aber eine Tätigkeit befriedigt, dann wird er sie auch mit einer ganz anderen Einstellung angehen, als wenn die Arbeit ungeliebt wäre und er sie widerwillig – also im wahrsten Sinne des Wortes wider seinen eigenen Willen – tun müßte. Und schließlich wird er auch, wenn er mit einer positiven Einstellung an diese Tätigkeit herangeht, eine ganz andere Leistung erbringen, die nicht nur dem Organismus Unternehmen, dessen Teil der ist, nützt, sondern auch ihn selbst befriedigen wird. **von der Arbeit zur Tätigkeit**

---

* Auf die Unterscheidung, die Ralf Dahrendorf zwischen „Arbeit" und „Tätigkeit" vornimmt, werden wir im 8. Schritt noch zu sprechen kommen. (Lit. 19)

Tod der Institution – es lebe das Unternehmen!

Umsetzung in die Praxis

Freilich mögen hier Skeptiker einwenden, daß dies wohl zu idealistisch gesehen werde. Aber niemand wird ableugnen können, daß man zumindest versuchen könnte, diese Überlegungen oder Teile davon in die Praxis umzusetzen. Dies ist bisher u. E. kaum irgendwo geschehen. Der Logik der Gedankenfolge von Fähigkeiten – Tätigkeit – Befriedigung – Leistung wird zumindest sich niemand widersetzen können; daher wollen wir im folgenden überlegen, wie sie praktiziert werden könnte.

Anforderungsprofil

Um eine Position mit dem richtigen Mitarbeiter bzw. der richtigen, zur Bewältigung dieser Tätigkeit befähigten Führungskraft besetzen zu können, brauchen wir das Anforderungsprofil. Dieser Begriff wird heute in zunehmendem Maße verwendet; wir wollen versuchen, ihm einen geordneten Inhalt zu geben.

Seit vielen Jahren führe ich in allen mir zugänglichen Medien und in den unterschiedlichsten Gremien einen leider bislang noch nicht von Erfolg belohnten Kampf gegen das Wort „Stellenbeschreibung", das vor allem durch das „Harzburger Modell" eine große Verbreitung gefunden hat. Ich bin nämlich der Ansicht, daß es Ausdruck eines grundsätzlichen Denkfehlers ist, von dem das sogenannte Modell aus Bad Harzburg keineswegs verschont geblieben ist.

Anstelle des Wortes Stellenbeschreibung sollte man den Begriff „Funktionsbeschreibung" verwenden und damit deutlich zum Ausdruck bringen, daß die betreffende Position nicht irgendeine Stelle in irgendeiner – gegebenenfalls toten – Institution ist, sondern als lebendige Funktion in der Kommunikation mit den anderen Funktionen des Organismus Unternehmen ihre Aufgabe erfüllt. Wir sprechen ja auch – um wieder einmal den Vergleich zum menschlichen Organismus heranzuziehen – bei einem Gewebe oder einem Organ nicht davon, an welcher Stelle es sitzt, sondern uns interessiert vor allem, was es tut, wozu es da ist und wie es mit den anderen Organen im Organismus zusammenwirkt.

Genauso muß dies im Unternehmen gesehen werden: ein Stellenplan ist eine tote Sache, in der sich jeder einzelne auf irgendeiner Ebene angesiedelt sieht und logischerweise nur das Bestreben entwickeln muß, bald auf einer höheren – und besser dotierten –

Tod der Institution – es lebe das Unternehmen!

Ebene anzulangen. Dabei ist ihm der Gesamtorganismus herzlich gleichgültig – und der Kollege, der Mitmensch in der benachbarten Stelle höchstens ein lästiger Mitbewerber.

Wenn wir es erreichen können, daß – wie wir es im nächsten Abschnitt über den integrativen Führungsstil noch besonders darstellen – jeder in jeder Funktion sich als verantwortliches Teil des Ganzen sieht und entsprechend handelt, dann wäre dies zur Lebenserhaltung des Organismus entscheidend.

Wieviel mehr könnte in den Unternehmen allein dadurch geleistet werden, daß die Mitarbeiter nicht mehr einen beträchtlichen Anteil ihrer Schaffenskraft dem Gerangel mit dem Mitbewerber, dem Kollegen, dem Neidhammel, dem Feind zuwenden, sondern sich auf die für die Lebenserhaltung des Ganzen erforderliche Kommunikation konzentrieren?!

Man hat vielfach im Zusammenhang mit der Beschreibung dessen, was in einer bestimmten Position zu tun sei, das Wort „Leistungsprofil" verwandt. Aber da wurden dann – nicht zuletzt aus den Reihen der Gewerkschaften, aber vor allem aus jenen akademischen Ecken, denen Leistung ein Störfaktor für ihre Trägheit bedeutet – eine Menge Stimmen laut, die den Begriff verteufelten und als Demonstration unternehmerischen Ausbeutungswillens ablehnten. Wir werden im letzten Standpunkt auch noch auf den Begriff der Leistung in unserer Gesellschaft zu sprechen kommen; zumindest wollen wir jetzt schon festhalten, daß er kein Schimpfwort ist.

Leistung ist kein Schimpfwort

Um aber jeglichen Einwendungen zu begegnen, glauben wir, daß der Begriff „Anforderungsprofil" genau das trifft, was wir darunter verstehen wollen: eine Darstellung der Aufgaben, die in der betreffenden Position zu bewältigen sind und für die selbstverständlich eine gewisse Leistung gefordert werden muß.

Anforderungsprofil

Daher ist auch der äußere Ring unseres Strukturkreises mit „geforderte Leistung" beschrieben und auch so zu verstehen und zu verwenden. Dies bedeutet, daß wir in diesem äußeren Ring die Aufgaben finden können, die der fraglichen Position – in jeder Ebene selbstverständlich – zugeordnet werden; wir haben uns also in jedem Falle bei der Erstellung eines Anforderungsprofils

geforderte Leistung

daran zu orientieren, welche Aufgaben bzw. Leistungen an welcher Stelle in unserem Kreis zu finden sind. An einem Beispiel mag dies erläutert werden:

Vor einigen Jahren hat man in einem großen Bankunternehmen die Notwendigkeit erkannt, einen bestimmten Kreis von Privatkunden, die einigermaßen vermögend waren, gesondert hinsichtlich der Anlagemöglichkeiten speziell zu beraten. Sehr oft hatten diese Kunden aufgrund ihres Wohnsitzes ihr Konto bei einer Zweigstelle oder kleinen Filiale, zu der ein gewisses persönliches Verhältnis bestand; der Kunde fühlte sich dort gut betreut. Trotzdem war der zuständige Zweigstellenleiter, der ja in einem kleinen Betrieb sehr vielfältige Kenntnisse haben muß, überfordert, wenn es um Anlagegespräche ab einer gewissen Größenordnung aufwärts ging. Er verfügte einfach nicht über das entsprechende Wissen, um dem anspruchsvollen Kunden ein kompetenter Gesprächspartner und Berater zu sein.

Man schuf daher eine Position des sogenannten „Privatkunden-Betreuers", für die eine spezielle Ausbildung erforderlich war. Neben den rein fachlichen Kenntnissen mußte ein solcher Mitarbeiter auch einem bestimmten Anforderungsprofil entsprechen, dessen Merkmale im folgenden dargestellt werden:
— *kontaktfreudig, sicher im Auftreten, gewandt und verbindlich,*
— *Interesse an den Aufgaben, selbständiges Arbeiten, überdurchschnittliche Einsatzbereitschaft, über das übliche Maß hinausgehende Belastbarkeit,*
— *verkäuferische Fähigkeiten, klar und geschickt im Verhandeln,*
— *rasche Auffassungsgabe, selbständiges Denken, Fähigkeit, sich schnell auf neue Situationen einzustellen, Bereitschaft zu eigner Urteilsbildung und Entscheidung,*
— *Verantwortungsbewußtsein, Zuverlässigkeit, Lernbereitschaft, zielstrebig und mit persönlichem Engagement um Weiterbildung bemüht,*
— *ausdrucksgewandt in Wort und Schrift.*

Es bedarf keiner besonderen Erläuterung, daß es sich hier um einen Menschen des blauen Bereiches handeln mußte, mit einigen Fähigkeiten der benachbarten Gruppen Violett und Grün. Das

Tod der Institution – es lebe das Unternehmen!

Fachliche, so sagte man sich in der Fortbildungsabteilung der Bank, kann ihm allemal zusätzlich vermittelt werden, zumal er ja lernbereit ist.

Für eine Führungsposition muß das Anforderungsprofil in einem erweiterten Sinne gesehen werden. Wir haben zwar bereits Beispiele behandelt, wo bestimmte Führungsaufgaben in einer genau zu beschreibenden Richtung festgelegt werden. Zum Beispiel der Auf- und Ausbau einer neuen Niederlassung oder die Aufgabe, für ein besseres Zusammenspiel der einzelnen Betriebsbereiche zu wirken, oder etwa die Notwendigkeit, für ein elastisches, jedoch unbestechliches Kontrollsystem zu sorgen. In jedem Falle wird eine Persönlichkeit mit gewissen Schwerpunkten ihrer Fähigkeiten – in der angeführten Reihenfolge der Beispiele von Rot, Blau und Gelb – vonnöten sein.

breites Profil für Führungspositionen

Aber da Führung im Unternehmen immer zugleich auch Menschenführung ist, müssen wir von einer Führungskraft mehr verlangen als nur Fähigkeiten in bezug auf die sachlich gestellte Aufgabe. Denn der Führende wird – bei allen Bemühungen, den richtigen Mann an den richtigen Platz zu stellen – doch eben auch in seinem Bereich, seiner Gruppe, seinem Team, seinem Zirkel Menschen der unterschiedlichsten Veranlagungen und Fähigkeiten zu gemeinsamer Leistung zu motivieren haben. Und dies bedeutet, daß er als Führungspersönlichkeit sein Fähigkeitsprofil nicht nur einseitig in die erforderliche sachliche Richtung ausgeprägt haben muß, sondern darüber hinaus – über die Mitte unseres farbigen Zirkel-Modells hinweg – auch für die gegenüberliegenden Fähigkeiten Aufgeschlossenheit und Verständnis aufbringen sollte. Wenn er aus seiner Grundveranlagung schon einiges in dieser Hinsicht mitbringt, dann um so besser; anderenfalls muß er im Sinne der Gerechtigkeit und entsprechend unserer im Toleranzkreis erkannten Gegensätze an sich arbeiten.

Führung ist immer auch Menschenführung

Man könnte es bildhaft so ausdrücken: eine Führungspersönlichkeit wird um so mehr menschliche Wirkung auf ihre Umwelt erzielen, je mehr es ihr gelingt, sich über den Mittelpunkt hinaus zur Gegenrichtung ihrer Grundveranlagung auszuweiten. Oder anders ausgedrückt: je mehr der Betreffende in unserem Modell „weißen" Raum ausfüllen kann, desto besser ist dies für seinen

sich dem Gegenpol aufschliessen

Tod der Institution – es lebe das Unternehmen!

Führungserfolg und damit natürlich auch für den Unternehmens-Organismus. Wenn ihm die – zugegeben schwere – Aufgabe gelingt, seinen persönlichen Führungsstil dem integrativen des Unternehmens anzunähern, dann wäre dies ein großer Erfolg seiner Arbeit an sich selbst.

keine Selbstaufgabe

Um nicht mißverstanden zu werden: niemand verlangt, daß jemand seine grundlegenden Charaktereigenschaften, seine Wesensart und seine Veranlagungsrichtung aufgibt und nicht mehr er selbst ist. Aber die Arbeit an den eigenen Verhaltensweisen bietet noch genügend Spielraum für jeden einzelnen, sich um Möglichkeiten zur Anpassung zu bemühen, ohne in charakterlose Selbstaufgabe zu verfallen. Die Grenze zwischen Individualität und dem Leben in der Gemeinschaft ist nicht verbindlich vorzuschreiben; sie muß von jedem einzelnen für sich und seine Situation im Unternehmen nicht irgendwie nur gefunden, sondern – oft gemeinsam mit anderen – hart erarbeitet werden.

nichts wird vollkommen

Um es noch einmal deutlich hervorzuheben: niemand wird ein solch hoffnungsloser Utopist sein, zu glauben, daß er in seinem Unternehmen in allen Positionen jedesmal den richtigen Mann am richtigen Platz haben kann. Wir wissen, daß nichts auf dieser Welt vollkommen sein kann; das wäre wahrscheinlich auch langweilig, weil dann keine Aufgaben mehr gegeben werden, um deren Erfüllung man sich bemühen darf. Aber gerade die Bemühung, dem Vollkommenen zuzustreben, macht den Reiz des Lebens aus, – auch wenn man weiß, daß es nie erreicht werden kann. Deshalb kann man auch von jedem, der eine Führungsaufgabe wahrnimmt, zumindest erwarten, daß er versucht, die bisher gewonnenen Erkenntnisse anzuwenden, wo immer ihm dies möglich ist.

Einer meiner Stammtischfreunde, Inhaber einer Elektrogroßhandlung mit ca. 40 Beschäftigten, berichtete mir von einem Mitarbeiter, der ihm Sorgen bereitete, weil er – an sich ein guter, einsatzbereiter und intelligenter Mensch – im Verkauf keinerlei Erfolge bringe. Ich ließ mir dessen Verhaltensweisen ein wenig beschreiben und hatte schon nach wenigen Informationen – stets dunkle Brille tragend, leise Stimme, schmächtige Figur mit Eckenglatze, völlig ablehnend mit Kontakt mit den Kollegen, bei

Tod der Institution – es lebe das Unternehmen!

den Kunden erfolglos, sehr viele Probleme mit sich herumtragend, sehr genau und pünktlich, aber auch sehr berechnend – den Eindruck, daß es sich hier um einen ausgesprochen dem gelben Bereich zuzuordnenden Menschen handeln müsse. Einige Kontrollfragen in dieser Richtung an den Chef über die Verhaltensweisen des Mannes bestätigten mir dieses Urteil.

Nun fragte ich den Unternehmer, ob er nicht in seinem Betrieb eine Position habe, die genaue Einzelarbeit und systematische Kontrolle verlange. Tatsächlich meinte dieser nach einiger Überlegung, daß im Bereich der dem Einkauf zugeordneten Lagerhaltung ein Sachbearbeiter fehle (die bisherige Inhaberin dieser Stelle hatte aus familiären Gründen gekündigt und war auch nicht sehr gut gewesen), der die Lagerbestände ständig überprüfen, eine entsprechende Kartei auf dem laufenden halten und sehr zuverlässig exakt sein müsse.

Auf meine Empfehlung hin wurde der Mitarbeiter mit dieser Aufgabe betraut. Und wenige Wochen später berichtete mir der Chef, daß er nur so staunen müsse darüber, wie dieser Mann in der neuen Position sich engagiere, über die Arbeitszeit hinaus bleibe bis alles tadellos in Ordnung sei, nun neuerdings auch mit konstruktiven Ideen komme, was z. B. mit diesem oder jenem Posten von Ladenhütern anzufangen sei, und hierzu auch bis ins Einzelne gehende Planungen und Vorschläge ausarbeite. Der Mann sei – so sein Chef – geradezu in seiner neuen Position aufgeblüht und habe sich auch bereits die Achtung vieler Arbeitskollegen erworben, die ihm ein solches Engagement für die Firma bisher nicht zugetraut hatten.

Aus diesem Beispiel, das sich tatsächlich so abgespielt hat, mag ersehen werden, wieviel man mit den bisher erworbenen Kenntnissen in der Praxis anfangen kann, wenn man sie beherrscht und anzuwenden bereit ist.

Alles in allem: die These, den richtigen Mann an den richtigen Platz zu stellen, ist keine Forderung, sondern eine Lebensnotwendigkeit für ein Unternehmen! Wer sich nur einmal bewußt macht, wieviel Fehlverhalten alltäglich in den deutschen Unternehmungen dadurch entstehen, daß überall falsche, für ihre derzeitige Arbeit ungeeignete Menschen in allen Positionen stehen, – wieviel

Lebensnotwendigkeit für das Unternehmen

Mismanagement, Frustrationen, Überspielen von Schwächen, Demütigungen, Fehlleistungen, Mißgriffe, Vertrauensbrüche, Reibungen und tausend Fehler verschiedenster Art allein schon in den menschlichen Beziehungen und in ihrer Folge in den Leistungen der Betriebe sich allüberall abspielen, der sollte als Verantwortlicher – Unternehmer oder Manager – seine Aktivität Nr. 1 auf diesen Punkt richten.

Um noch einmal auf das Beispiel des menschlichen Organismus zu kommen: kein Arzt würde auf die Idee kommen, bei einem Patienten mit einer kranken Leber nun an deren Stelle eine Schilddrüse oder ein Auge einzupflanzen. Im Gegenteil: sogar bei Organ-Transplantationen kann es sein, daß der Gesamtorganismus das neue Organ, das aus den gleichen spezialisierten Zellen und Geweben besteht wie das alte, ausgeschiedene, abstößt. Aber das kann auch beim Organismus Unternehmen vorkommen. Wichtig ist, daß die Spezialisten, die Könner an der richtigen Stelle sitzen; wenn dies der Fall ist, ist bereits die Grundlage für ein Zusammenwirken für das Ganze gegeben – zum Wohle aller Beteiligter.

6.3 Der integrative Führungsstil im Zirkel-Modell

*Den Stil verbessern, das heißt den
Gedanken verbessern.*

(Friedrich Nietzsche)

Begriff „Epochalstil" ist richtig und falsch

Wir haben im ersten Schritt festgestellt, daß Führungsstil mehr sei als nur eine Technik, und den Begriff des „Epochalstils" gewissermaßen als richtig und falsch zugleich bezeichnet. Falsch deshalb, weil das Unternehmen selbst in seiner Entwicklung verschiedene Phasen durchläuft, die unabhängig von den epochalen Entwicklungen der Umwelt sein können; am Beispiel eines Unternehmens und seiner Erscheinungsformen in den letzten zwei Jahrzehnten wurde dies dargelegt.

Ordnung zum Leben miteinander

Richtig ist es allerdings, von einem epochalen Führungsstil zu sprechen, wenn wir die Gedanken folgerichtig weiterführen, die um unser Unternehmens-Modell „Zirkel 2000" kreisen. Ausgehend von der Feststellung, daß wir – aus den biologisch fundierten Erkenntnissen heraus – eine neue Einstellung zum Unter-

Tod der Institution – es lebe das Unternehmen!

nehmen praktizieren wollen, in dem der Mensch als kleinste Einheit wie die Zelle sich im Ganzen integriert, haben wir auch in der Form des Zirkels gleichzeitig eine Ordnung geschaffen. Und aus der Einstellung und dieser Ordnung des Bezugs der Organe – Teilbereiche – untereinander und zum Leben miteinander muß auch ein Stil sich entwickeln, der es dem Einzelnen ermöglicht, in der Gemeinschaft mit den anderen Gliedern dieses Ganzen umzugehen.

Dies mag sehr theoretisch sich lesen und philosophisch klingen, ist aber sehr einfach zu erklären, wenn wir uns noch einmal im Detail mit den Kriterien der Führung befassen, die in der Übersicht schon auf S. 59 dargestellt wurden, zur besseren Handhabung jedoch hier nochmals aufgezeigt sind.

Kriterien der Führung

Dem Pionierstil als Frühform und dem patriarchalischen Stil als der Manier direktiver Führung, in der sich die meisten Unternehmen heute noch befinden, haben wir in der rechten Spalte unter der Bezeichnung „integrativ" die Möglichkeiten gegenübergestellt, die sich aus neuem Denken heraus entwickeln können, weil sie einfach folgerichtig auf den bisherigen Erkenntnissen aufbauen. Und auch diese Erkenntnisse, die wir als sieben Prämissen aufgestellt haben, seien hier noch einmal in Kurzform erwähnt:

Prämissen

– die Menschen sind – weil besser und breiter informiert – sich ihres Persönlichkeitswertes mehr bewußt;
– Mensch im Mittelpunkt aller Überlegungen; – das Unternehmen ist für den Menschen da, nicht umgekehrt;
– Unternehmen als Ganzheit muß lebendiger Organismus und nicht tote Institution sein;
– Wandel des Autoritätsverhältnisses von der Autorität „kraft des Amtes" zu jener „kraft der Persönlichkeit";
– Kontrolle ist zwar notwendig, aber das Vertrauen muß die Basis des Umgangs miteinander bilden;
– Unternehmensführung ist immer Menschenführung – und
– Lernen ist ein lebenslanger Prozeß der Entwicklung, der nicht aufhören kann und darf.

Wenn wir diesen Grundgedanken dann auch noch die zuletzt erarbeitete Erkenntnis hinzufügen, daß der einzelne Führende in der Entwicklung seines Ich sich gleichzeitig als Dienender in die

Entwicklungsphasen zum Unternehmensstil (Kriterien der Führung)

Führungsstil:	autoritär (Pionierstil)	direktiv (Patriarchalstil)	integrativ (Kollegialstil) – Partner –
Arbeitsweise:	isoliert	nebeneinander	miteinander ⟶ tolerant integriert
Arbeitstechnik:	Heim- Einzel- Arbeit	industrielle Organisation: Funktionen und Abläufe	kybernetisch Organismen ⟶ geregelte
Aufgabe:	Arbeitserledigung	Erreichen vorgegebener Planziele (objectivs)	Erreichen von ⟶ zum Bedarf Ergebnissen
Verantwortung:	isoliert	differenziert	koordiniert ⟶ jeder einzelne trägt sie mit
Vorgesetzter:	Antreiber	Aufpasser	Berater ⟶ integrierte Persönlichkeit
Leitungsfunktion:	Anweisung Arbeits-Vorgabe Kontrolle	Aufgaben-Zuweisung Planziel-Vorgabe Dienst-Aufsicht	Unternehmenspolitik Ergebniserwartung ⟶ Leben Erfolgsbeobachtung
Organisations- a) Prinzip:	Zentralisierung	Differenzierung	Zusammenführung Integration ⟶ Zirkel Gemeinsamkeit 2000
b) Form:	Zentral- Organisation	Aufbau- Organisation	Ablauf-Organisation in Regelkreisen
Kommunikation:	nach Bedarf selektiert	v. oben selektiert, v. unten nach oben Berichtswesen	horizontal und ⟶ keine vertikal in allen Geheimnisse Richtungen ⟶ Zirkel 2000
Motivation:	Befehle und Vorschriften	Anweisungen gemäß Verteiler	Mensch unter Menschen – Heranziehen zum Mitdenken – Befriedigung durch Tätigkeit am richtigen Platz ⟶ Sinn
Problematik:	Bewältigung der Materie	Bewältigung der Energie	Bowältigung der Information – Sinnfindung zum Leben des Einzelnen und der Gemeinschaft

Tod der Institution – es lebe das Unternehmen!

Gemeinschaft des Ganzen einfügt, ohne dabei – wie wir betont haben – seine Individualität aufzugeben, dann wird uns auch klar, warum wir diesen Führungsstil im Unternehmen als „integrativ" bezeichnen. Nicht, weil wir etwa alle Begriffe rund um die „Integration" als Modeworte gebrauchen wollen, sondern weil der „homo integrans" nun einmal genau so zur Ganzheit strebt wie die „integrierte" Menschenkenntnis und der Führungsstil, der – wie wir nun sehen werden – auf die Ganzheit des Unternehmens-Organismus zielt, in der sich alle Teile zusammenwirkend finden, um gemeinsam leben zu können.

Warum „integrativer" Stil?

Dies beginnt schon – wenn wir einmal unsere Übersicht systematisch von links nach rechts und von oben nach unten durchgehen – rechts oben mit dem Begriff des Kollegialstils, dem wir das Wort Partner beigesellt haben. Mit dem in der Prämisse dargestellten Wandel des Autoritätsverständnisses wird wohl auch bewußt, was mit der Überwindung der im Pionierstil enthaltenen Autorität gemeint ist: die „geborene" oder Amts-Autorität – also ex officio –, nicht diejenige ex persona – aus der Persönlichkeit heraus, die jeder Führende anstreben sollte.

Partner im Kollegialstil

Autorität ist nicht etwas grundsätzlich Abzulehnendes, sondern etwas Lebensnotwendiges: sie entspricht den natürlichen Strebungen der höheren Lebewesen, wie wir in der Führungspsychologie bei den Kardinaltrieben (S. 100 ff.) sie beim Geltungstrieb gefunden haben und was Konrad Lorenz direkt als Autoritätsbedürfnis zumindest den höheren Lebewesen (zu denen wir wohl auch den Menschen rechnen dürfen) zuweist. Daher ist z. B. auch der Begriff „antiautoritäre Erziehung" ein Nonsens in sich und nur von Leuten erfunden, die gegen alles „anti" eingestellt sind. Wenn die Betreffenden an der Erziehung Veränderungen propagieren wollen, dann könnten sie von einer Bemühung um „unautoritäre Erziehung" in bestimmten Fällen sprechen – darüber könnte diskutiert werden. Aber gegen Autorität schlechthin zu sein, bedeutet, sich gegen Naturgesetze, die sich in den Trieben äußern, anzutreten; das kann nicht gutgehen!

Autorität ex persona

Zugestanden, daß im Anfangsstadium eines Unternehmens der Gründer oder Chef nichts anderes ist als ein besserer „Vor-Arbeiter" im wahrsten Sinne des Wortes, indem er den anderen mit

Vorarbeiter im Pionierstil

gutem Beispiel – eben wie ein Pionier – vorweg arbeitet. Aber sehr bald wird sich daraus die patriarchalische Ordnung entwickeln, die in direkter Form mit den „untergeordneten" Ebenen kommuniziert; da dies wohl jeder zur Genüge kennt, können wir uns die Darstellung von Beispielen ersparen.

Reibungsverluste durch menschliches Fehlverhalten

Auch auf die Schilderung der damit verbundenen psychologischen Fehler wie Überheblichkeit, Machtlüsternheit, Konkurrenzstreben gegenüber dem Kollegen, Demütigung von Untergeordneten, Statussymbolik, Neid und Mißgunst, Intrigen u. v. a. m. kann hier verzichtet werden, denn jeder hat wohl aus eigener Anschauung heraus solche Dinge kennengelernt. Entscheidend ist, sich einmal bewußt zu machen, wieviel Schaffenskraft viele Menschen in ihren Führungspositionen für solche psychologischen Differenzen aufwenden – entweder um dem anderen Nachteile zuzufügen oder Schäden für sich selbst abzuwehren.

Auch nur alltägliche Kleinigkeiten wie beispielsweise die Überlegung: „Diese Aufgabe gebe ich dem X., da ärgert der sich mächtig darüber, daß er es machen muß!" oder der Gedanke: „Wenn der Y. dieses Faktum dem Z. beibringen muß, geht der die Wand hoch!" sind Dinge, die den Veranlasser selbst und einem oder mehreren Kollegen Nervenkraft und Energie kosten, mit denen dem Unternehmen an anderer Stelle besser gedient wäre.

Auf dem Gebiet der menschlichen Reibungen ist noch ein riesiges Feld für Rationalisierungen offen, das vom finanziellen Effekt her gar nicht hoch genug eingeschätzt werden kann. Wenn an einer Maschine Reibungsverluste entstehen, sind sofort die Techniker da, um das in Ordnung zu bringen. Aber auf dem menschlichen Gebiet hat man sich offensichtlich darauf eingerichtet, daß Reibungsverluste sein müssen – man verdrängt sie und will sie nicht wahrhaben, weil jeder selbst munter mitmischt.

Nun wollen wir sicher nicht behaupten, daß wir mit dem integrativen Verhalten im Kollegialstil den Stein der Weisen gefunden haben, nunmehr alle Manager jeder Ebene zu reinen Engeln umzufunktionieren, die nur in Liebe miteinander umgehen. Das wäre nicht menschlich-realistisch. Aber durch die Bewußtseinspro-

Tod der Institution – es lebe das Unternehmen!

zesse, die wir bisher im Bereich des menschlichen Verhaltens, der Führungspsychologie, der integrierten Menschenkenntnis und der biologischen Gesetzlichkeiten zur Ganzheit durchgemacht haben, kann sehr wohl bewirkt werden, daß der eine oder andere Mensch in führender Position sein persönliches Verhalten zu verändern und zu verbessern sucht.

Weg zur Verhaltensänderung

Durch Weitergabe dieser Erkenntnisse und durch Vorleben auch auf die anderen Kollegen und nachgeordneten Führungskräfte entsteht eine positive Wirkung, zumal jeder das gemeinsame Interesse an der Lebensfähigkeit des Unternehmens erkennt. Dies ist ein Prozeß, der von der häufigen Wiederholung und Praktizierung aller unserer bisher gegebenen Informationen abhängt. Auch Autofahren kann man noch nicht, wenn man gerade die Fahrprüfung bestanden hat, sondern erst, wenn man jahrelang – im Sinne der Häufigkeit – geübt hat. Wobei eingeschränkt werden muß, daß – sowohl in der Führung als auch beim Autofahren – manche es niemals lernen werden.

Üben, Üben, Üben!

Ein jüngerer Kollege von mir hat die Äußerung schon öfters gemacht, Kollegen gebe es nicht – man könne für dieses Wort ruhig den Begriff „Neidhammel" setzen. Leider hat er nicht unrecht. – Daher habe ich in unserer Aufstellung noch das Wort „Partner" eingefügt; es wird in zunehmendem Maße auch bei Firmenbezeichnungen verwendet, wo offensichtlich der Chef demonstrieren will, daß er seine Teilhaber – trotz eventueller Beteiligungsverhältnisse – nicht majorisieren will, sondern mit ihnen gleichberechtigt gemeinsam die geschäftspolitischen Entscheidungen fällt. Wenn solche Formulierungen mehr wären als nur ein Modetrend der Zeit, dann wäre dies eine sehr erfreuliche Entwicklung.

Wenn es uns – jedem einzelnen für sich – gelingen sollte, zukünftig in zunehmendem Maße in dem Kollegen und dem unterstellten Mitarbeiter primär den Menschen zu sehen, dann würde das Wort „Partner" im Rahmen unserer Vorstellung vom integrativen Führungsstil zu einer sinngerechten Bedeutung werden. Auch die Zellen eines Gewebes in einem lebenden Organismus würden es sich nicht einfallen lassen, gegenseitig sich zu vernichten, weil die einen sich mehr dünken und glauben, wichtiger zu sein als die an-

dem Begriff „Partner" einen Sinn geben

deren. Auf solche Dummheiten kommt nur der Mensch als intelligentestes Lebewesen!

Wenn ich bei Seminaren und Vortragsdiskussionen gefragt wurde, was ich mir denn unter „integrativem" Führungsstil vorstelle, pflegte ich unter anderem zu antworten: „. . . daß nicht mehr der eine Abteilungsleiter sich händereibend freut, wenn er erfährt, daß der Kollege, der Leiter der Nachbarabteilung, nicht mitkommt und in seinem Bereich ständig in den roten Zahlen bleibt. Sondern daß dieser Mann betrübt ist über die Rückstände des Kollegen, weil er sich dessen bewußt ist, daß dies nicht nur ein Schaden für die Abteilung – den Bereich – des Kollegen ist, sondern zugleich auch ein Schaden für das ganze Unternehmen und damit auch ein Schaden für ihn selbst." – Wenn wir ein solches Denken erst einmal erreichen könnten, wären wir schon viel weiter.

Arbeits-Beziehung

Was die A r b e i t s w e i s e betrifft, so bedeutet das allgemeine Wort „isoliert" im Pionierstil nicht, daß hier nie eine Zusammenarbeit stattgefunden hätte, – es soll nur andeuten, daß in einer solchen Frühform des Unternehmens außer dem Chef als „Vor-Arbeiter" kaum eine Verbindung zwischen den einzelnen Mitarbeitern bestand. Im Patriarchalstil gibt es zwar eine zumindest räumliche und zeitliche Beziehung der Mitarbeiter untereinander, aber man arbeitet nebeneinander, ohne miteinander einen Bezug zu einem gemeinsamen Ziel zu haben. Das kann vielfach zum Scheuklappendenken führen nach dem Motto: „Ich mache meine Arbeit, – tue du die deine und kümmere dich nicht um mich; du willst ja auch nicht, daß ich dir hineinrede."

Scheuklappen-Denken

Im militärischen Bereich, in dem die hierarchische Ordnung des patriarchalischen Systems besonders ausgeprägt ist, kann dieses Nebeneinander schicksalsentscheidend und tödlich sein. Im Kriege habe ich mehrfach miterleben müssen, wie an Nahtstellen zwischen zwei größeren Einheiten – etwa Divisionen oder Armeen – sich zwar die Führer der direkt nebeneinander agierenden kleinen Einheiten wie Kompanien über die Notwendigkeit gemeinsamer Handlungsweise in ihrem Frontabschnitt in bestimmten Situationen einig waren, aber keiner konnte mit dem benachbarten Offizier koordiniert handeln, weil für jeden von

Tod der Institution – es lebe das Unternehmen!

seinem Vorgesetzten unterschiedliche – oder keine entsprechenden – Befehle vorlagen. Und wenn einer dann selbständig ohne Befehl handelte, konnte es geschehen, daß er hierfür von seiner vorgesetzten Stelle zur Rechenschaft gezogen wurde.

Im integrativen Stil des Zirkels kann – im übertragenen Sinne – derartiges nicht geschehen: ohne sich in die Arbeitsweise des anderen einzumischen, weiß doch jeder um den Zusammenhang der gemeinsamen Arbeit und ist durchaus in der Lage, sich direkt mit dem benachbarten Kollegen des anderen Bereichs abzustimmen, ohne ein solches Gespräch „auf dem Dienstweg" über die jeweiligen „Vorgesetzten" oder gar über die noch „Höheren", notfalls die Geschäftsleitung, laufen zu lassen. **direkt mit dem Partner abstimmen**

Im Gegenteil: bei erkannten Unstimmigkeiten an Nahtstellen zwischen zwei Bereichen ist es sogar die Pflicht eines jeden Mitarbeiters, in Situationen, die sofortiges Handeln erfordern, verantwortlich mitdenkend etwas zu tun, ohne vielleicht erst lange die Zustimmung der etwa gerade nicht erreichbaren zuständigen Führungskraft einzuholen. Nach dem Motto „lieber etwas Falsches tun als gar nichts!" – Daß solche Ausnahmefälle nicht zur Regel werden dürfen, verbietet sich von selbst, – es sollte nur dargelegt werden, wie wichtig das Mitdenken aller Beteiligten in jedem Zirkel sein muß. **Mitdenken**

Zur Ablehnung des zuvor erwähnten Scheuklappendenkens gehört auch die Achtung vor der Aufgabe und der Tätigkeit des anderen. Hier sei etwas kurz vorweggenommen, auf das wir bei der Gruppenführung noch ausführlicher einzugehen haben werden: es besteht vielfach die Neigung – und dies ist psychologisch bedingt –, die Arbeit des oder der anderen abzuwerten und dafür die eigene Tätigkeit als besonders wichtig anzusehen. Im integrativen Führungsstil muß jeder Mitarbeiter wissen, daß jede Arbeit an jeder Stelle als Funktion des gesamten Organismus wichtig ist, – ob sie nun klein oder leicht oder groß oder schwer sei. Dies ist auch ein Stück Toleranz zum besseren Zusammenwirken in gegenseitigem Verstehen. **Achtung vor der Arbeit des anderen**

Anfang der sechziger Jahre hatte Heinrich Nordhoff, der Vorstandsvorsitzer der Volkswagenwerke, eine Prämie von DM 1000,– ausgesetzt für denjenigen, der bessere Bezeichnungen als

Tod der Institution – es lebe das Unternehmen!

die üblichen betriebswirtschaftlichen Begriffe „produktive und unproduktive Bereiche" finden könnte. Damals waren beispielsweise der Motorenbau, die Lackiererei oder die Endmontage „produktive" Abteilungen, während die Buchhaltung oder die Endkontrolle zu den „unproduktiven" Bereichen gezählt wurden. Und es bestand ein gewisses Ansehensgefälle – scherzhaft ausgedrückt: ein Mitarbeiter der ersteren hielt es für unter seiner Würde, mit einem Angehörigen der zweiten Gruppe überhaupt zu sprechen. – Man fand damals keine anderen Bezeichnungen; das Problem löste sich von selbst, weil die Begriffe dann im Laufe der Zeit nicht mehr gebraucht wurden. Aber in manchen deutschen Unternehmen geht man noch heute damit um.

Kein Platz für Intoleranz

Es ist ein Kriterium des integrativen Führungsstils, daß in ihm wegen der natürlichen menschlichen Achtung vor dem anderen und seiner Tätigkeit Überheblichkeit und Intoleranz keinen Platz haben. Daß wir alle keine Engel sind und trotzdem stets mit solchen rein menschlich verständlichen Einstellungen rechnen müssen, ändert an der grundsätzlichen Erkenntnis nichts.

Zunehmende Differenzierung schafft bezugloses Nebeneinander

Die Arbeitstechnik ist im Pionierstil selbstverständlich vornehmlich von der Branche und den entsprechenden Zielvorstellungen des Unternehmens abhängig; hier kann es sowohl Heimarbeit als auch Arbeit am einzelnen Arbeitsplatz sein. Die Kommunikation ist direkt und unmittelbar auf die Notwendigkeiten eingestellt. Mit der industriellen Organisation entwickeln sich Produktionsabläufe und – je nach Größenordnung – zunehmende Funktionen wie Planung und Entwicklung, Materialwirtschaft und Arbeitsvorbereitung, technische Abläufe, Zulieferungen, zunehmende Spezialisierung und entsprechende Netzpläne, die alle zur Folge haben, daß das zuvor erwähnte „Nebeneinander" entsteht, weil für den einzelnen die Zusammenhänge immer unüberschaubarer werden.

Überschaubare Betriebsgrößen

Der integrative Führungsstil kann sich nur zu seiner gewünschten Wirkung entfalten, wenn das Unternehmen in sich überschaubar ist; Großfirmen sollten dazu in Teilbereiche mit Größenordnungen aufgegliedert werden, die selbständige, überschaubare Organismen bilden. Dann können die einzelnen Teilbereiche kybernetisch geregelte Abläufe praktizieren, an denen jeder unmittelbar Anteil nehmen kann. Dies wäre auch aus psychologischen Gründen erforderlich; es gibt größere Unternehmungen, die auf diesem Wege der Aufgliederung heute schon erste erfolgreiche Ansätze gemacht haben. Und die Erfahrungen mit solchen Versuchen zeigen, daß Engagement und Zugehörigkeitsgefühl der Mitarbeiter sich entwickeln, – auch wenn das Gebilde keinen eigenen Namenseintrag im Handelsregister vorweist.

Hinsichtlich der **Aufgaben** ist im Pionierstil damit lediglich die Arbeitserledigung verbunden, während in den verschiedenen Formen des patriarchalischen Führungsstils die zahllosen „management-by-..."-Techniken gebraucht werden. Wir haben hier das „management by objectives" angeführt, weil Zielvorstellung und Ziele erreichen weitverbreiteter und auch vielfach gut anwendbarer Praxis entspricht. Hierüber gibt es ausreichend Spezialliteratur.

„management by..."-Techniken

Wenn wir für den integrativen Führungsstil statt dessen die Formulierung „Erreichen von Ergebnissen" gewählt haben, so deshalb, weil die Vorgabe von Planzielen, wie sie bei unseren Unternehmen, vor allem den amerikanisch beeinflußten oder abhängigen, manchmal groteske Formen angenommen hat, die jeglicher Realität widersprechen. Es war und ist eine der üblichen Praktiken, Planziele so hoch angesetzt vorzugeben, daß sowohl der Führende als auch die Ausführenden – seien dies nun Mitarbeiter, Sachbearbeiter oder untere Führungskräfte – von vornherein um die Nichterfüllbarkeit der Forderung wissen.

Vorgabe von irrealen Planzielen

Wenn man dann den Vorgebenden auf diesen Nonsens aufmerksam macht, dann hat er zwei Erklärungen zur Hand: zum einen sagt er, das werde (von einer höheren Stelle) auch von ihm verlangt und daher könne er gar nichts dafür – er gebe das nur weiter. Wobei man dann wirklich bei einer solchen Aussage an der Fähigkeit zum Führen zweifeln muß, weil ein solcher Mensch sich nur als Befehlsübermittler versteht. Zum anderen erklärt er aber auch, daß man „von den Burschen da unten" eben eine 120%ige Leistung verlangen muß, wenn man wenigstens eine 80%ige erwarten will. Deutlicher kann die Armseligkeit einer Führungspersönlichkeit kaum demonstriert werden.

Führungsschwächen

Während meiner Schulungstätigkeit bei Verkäufern eines großen Mineralölkonzerns erfuhr ich dann gelegentlich zu meinem Erstaunen von einer dort – und wahrscheinlich überall in der Branche – praktizierten Selbstverständlichkeit: es gab nicht nur Vorgaben, wieviel in diesem oder jenem Monat verkauft werden mußte, sondern auch, wieviel n i c h t verkauft werden durfte, weil gerade die Weltmarktpreise für Rohöl, die Lagerkapazitäten in Rotterdam oder die Optik der Endpreisbewegungen dies als geboten erscheinen ließ.

Und viele der Verkäufer nahmen es als selbstverständlich hin, daß sie – durch diese vorgegebenen Beschneidungen des Verkaufs (deren Gründe sie nur selten erfuhren) – auch in ihrem Erfolg und ihrem Verdienst geschmälert wurden. Sie baten mich, ihnen nicht nur die Technik des Verkaufsgesprächs beizubringen, sondern auch die des „Kunden-Abwimmel-Gesprächs".

Glücklicherweise konnte ich mir damals leisten, die Zusammenarbeit mit diesem Konzern aufzugeben; es wäre mir nicht möglich gewesen, dort weiterhin in der Verkäuferschulung tätig zu sein.

Ziele oder Ergebnisse? Auf den grundsätzlichen Unterschied zwischen Zielen und Ergebnissen werden wir im Zusammenhang mit der Technik der Zirkelarbeit in der Gruppe noch ausführlich zu sprechen kommen.

isolierte Verantwortung Eine umfangreiche Abhandlung könnte über die V e r a n t w o r t u n g und iher Praktizierung in den verschiedenen Führungsstilen geschrieben werden; wir wollen uns hier auf das Wesentliche zum Verständnis des integrativen Führungsstils beschränken. In unserer Übersicht finden wir unter dem Pionierstil die Verantwortung als isoliert, – dies ist wiederum natürlich abhängig von der Art des Unternehmens und seiner Struktur. Aber immerhin kann dem einzelnen Mitarbeiter vom „Chef" gesagt werden, daß er ihm für die Qualität bzw. die zu erbringende Leistung verantwortlich sei – dies ist ein normaler Vorgang.

differenzierte Verantwortung Die Vielschichtigkeit im hierarchisch aufgebauten patriarchalischen Führungsstil bedingt eine große Vielfalt von Auffassungen über Verantwortlichkeit, Zuständigkeiten, Wirkungsbereichen,

Tod der Institution – es lebe das Unternehmen!

Begrenzungen, Einschränkungen, Übergriffen, Kompetenzen, Hineinreden und -regieren sowie vieles anderes mehr. Viele sind sehr empfindlich, wenn man sie in ihrem Verantwortungsbereich beschneidet, aber sie haben keine Hemmungen, anderen in deren Verantwortung hineinzureden oder gar hineinzupfuschen. Und eine beträchtliche Energie wird in vielen Unternehmen darauf verwandt, in Organigrammen und anderen Darstellungen präzise auch die Verantwortungsbereiche abzugrenzen, worauf wieder viele der Betroffenen einen Großteil ihrer Arbeitskraft der genauen Einhaltung der vorgegebenen Grenzen und der Abwehr kollegialer Versuche, diese Grenzen zu überschreiten, widmen. Und wie schön ist es dann, sich über den ertappten Kollegen zu beschweren!

Neben dieser oft sinnlosen Energievergeudung um Kompetenzen und Zuständigkeiten, die dem Streß des Managers sehr förderlich ist, haben wir aber noch einen Begriff, der seit 2 Jahrzehnten in den Köpfen der deutschen Führungskräfte herumspukt: die Delegation von Verantwortung.

„Delegation von Verantwortung" ist widersinnig

Seit vielen Jahren führe ich beinahe einen „Windmühlenkampf" gegen diesen Begriff, der trotz seiner sprachlichen und inhaltlichen Unsinnigkeit nicht auszurotten ist. Schon Mitte der sechziger Jahre habe ich in einer Podiumsdiskussion gegenüber Reinhard Höhn, dem Vater des „Harzburger Modells" und somit Schöpfer des Begriffes, erklärt, daß allein das Wort Delegation schon sprachlich falsch sei, – in jedem mittelmäßigen Lexikon kann man nachlesen, daß es Abordnung, Ausschuß, auch Entsendung von Bevollmächtigten bedeutet, aber nicht das „Delegieren" oder die „Delegierung" von Zuständigkeiten, wie sie im juristischen Bereich üblich ist.

Von diesem sprachlichen Fehler jedoch abgesehen, kann man tatsächlich alle möglichen Dinge delegieren wie z. B. Leistungen, Befugnisse, Zuständigkeiten oder Aufgaben, aber niemals Verantwortung, wodurch der Delegierende dann ihrer ledig wäre. Das wäre widersinnig! Denn es würde, wenn man diesen Gedanken logisch fortführt, bedeuten, daß der oberste „Boß" aller Sorgen ledig ist und man ihn auch für nichts mehr haftbar machen kann, weil er seine Verantwortung schön gestückelt an alle seine Untergebenen weitergegeben hat.

Tod der Institution – es lebe das Unternehmen!

Wechselspiel der Aufgaben-Erledigung

Gemeint ist mit dieser Begriffs-Mißgeburt, die jeder Führungsverantwortliche aus seinem Vokabular möglichst schnell eliminieren sollte, etwas ganz anderes, das auch im modernen integrativen Führungsstil praktiziert werden kann: die Vergabe von Aufgaben und die Erfüllung von verlangten Leistungen im Wechselspiel zwischen Führendem und Geführtem. Der erstere gibt diesem eine Aufgabe, von der er überzeugt ist, daß dies der richtige Mann ist, der diese Aufgabe optimal bewältigen kann. Und der Geführte führt diese Aufgabe oder Leistung entsprechend der erkannten Notwendigkeit aus, weil sie dem Ganzen dienlich ist.

gemeinsame Verantwortung

Verantwortung tragen beide – der Führende, weil er die Aufgabe demjenigen überträgt, der nach seiner Meinung sie bewältigen kann und gut durchführen wird, der Ausführende übernimmt mit der Aufgabe zugleich die Verantwortung gegenüber dem Ganzen, sie so gut wie möglich zu bewältigen. Beide koordinieren sich und sehen ihre gemeinsame Verantwortung darin, dem Ganzen zu dienen. Dies mag sich sehr theoretisch oder gar idealistisch anhören – an einem alltäglichen Mismanagement-Beispiel mag es erläutert werden:

Abteilungsleiter Müller gibt Sachbearbeiter Weber telefonisch die Anweisung (den Befehl!), eine Zusammenstellung aller Kunden zu machen, die innerhalb des letzten halben Jahres bei der Begleichung der Rechnungen ihre Zahlungsziele überschritten haben. – Nach geraumer Zeit fragt der Abteilungsleiter nach und erhält die Auskunft von Weber, er habe sich der Sache noch nicht widmen können, weil er andere vordringliche Arbeiten hatte, außerdem habe die Buchhaltung ihn die erforderlichen Unterlagen noch nicht einsehen lassen. Abteilungsleiter Müller wird böse und erklärt, er brauche diese Angaben sofort, weil eine bestimmte Kundenaktion gestartet werden solle. Weber antwortet, daß er nicht gewußt habe, daß die Sache so dringend sei – Müller habe ihm dies auch nicht gesagt. Außerdem liege es auch zum Teil an der mangelnden Kooperationsbereitschaft von Buchhalter Meyer, der ihm – Weber – gesagt habe, die Zahlen gingen ihn nichts an und wozu er sie überhaupt haben wolle ... usw.

Ein alltäglicher Fall, über den Fachleute eine umfangreiche Untersuchung anstellen könnten, wer wohl wann was falsch ge-

macht habe: die Liste wäre sehr umfangreich – aber jeder mag sich dies selbst ausdenken.

Im integrativen Führungsstil könnte dies völlig anders ablaufen: Müller informiert Weber über die bevorstehende Kundenaktion, für die auch die (erwähnte) Zusammenstellung notwendig sei, und fragt außerdem Müller, bis wann er diese Liste erstellen könne. Dieser verweist auf noch andere Arbeiten, die er z. Z. zu erledigen habe, worauf ihm Müller bedeutet, was Vordringlichkeit habe und was er zurückstellen könne. Und auf die Frage Webers bezüglich der Einsicht in die Buchhaltungsunterlagen versichert Abteilungsleiter Müller, daß er sofort mit dem Buchhalter Meyer wegen der Bereitstellung der Informationen sprechen werde.

Die Leser dieser Begebenheit, die sich tatsächlich so abgespielt hat, werden sich in zwei Lager teilen: die einen sagen, daß sie dies schon immer so machen, wie es für den integrativen Führungsstil geschildert wurde. Wenn sie dies nicht als Schutzbehauptung äußern, sondern es der Wahrheit entspricht, dann wird diese Gruppe sehr, sehr klein sein.

das machen wir schon immer so!

Die zweite, sicherlich wesentlich größere Gruppe wird sagen, daß sie im Wirbel der Tagesgeschehnisse gar keine Zeit hätte, so lange mit Weber zu reden – der solle machen, was ihm aufgetragen werde und damit basta! Und keiner bedenkt, daß die Zeit, die mit dieser Kurzform der Anweisung eingespart wurde, um ein Vielfaches mehr dann benötigt wird, wenn die Sache – wie geschildert – fehlgelaufen ist. Von dem psychologischen Effekt des Ärgers, der bei allen Beteiligten entsteht, ganz zu schweigen!

mach', was ich dir gesagt habe!

Aber für ein wesentliches psychologisches Faktum der Führung sind hier wieder die Ansätze zu erkennen: das Führen mit Angst oder mit Vertrauen. Denn aus unserem Beispiel kann sich jeder ausrechnen, wie und wann – durch entsprechende Wiederholungen auch noch so nebensächlicher Begebenheiten – bei den Mitarbeitern die ständige Angst entsteht, wieder etwas falsch zu machen. – Wenn gegenseitiges Vertrauen die Kommunikationsbasis ist, wie wir es schon in unserem 1. Schritt (s. S. 77) dargelegt haben, dann ist dies schon die Grundlage dafür, daß sich solche

Angst oder Vertrauen

Tod der Institution – es lebe das Unternehmen!

Vorgänge ganz anders entwickeln oder gar jeglicher Basis entbehren.

Mit dieser Überlegung sind wir nun bei dem Begriff des Vorgesetzten angelangt, der eigentlich die Schlüsselfigur für die Praktizierung des Führungsstils darstellt. Wenn er nicht durch Vorbild und Vorleben sich bemüht, die Erkenntnisse für ein neues Verhalten in die tägliche Praxis umzusetzen, dann sind alle noch so schönen Darstellungen, Empfehlungen, Ratschläge oder gar Führungsrichtlinien wertlos.

Antreiber muß nichts Negatives sein

Die in unserer Aufstellung für den Pionierstil verwandte Bezeichnung „Antreiber" mag manchem ein wenig übertrieben und negativ erscheinen; gemeint ist damit – ohne sarkastischen Beigeschmack – die Motorik und Dynamik, die aus dem roten Bereich in der Pionierphase des Unternehmens nun einmal vonnöten ist und auch nicht abgelehnt werden soll.

Im direkten Patriarchalstil soll mit dem Begriff des Aufpassers verdeutlicht werden, zu welcher Rolle der Führende abgleiten kann: in vielen Unternehmen beschränken sich tatsächlich insbesondere die Personen des mittleren Managements auf diese oft recht klägliche Funktion. Ohne Möglichkeit und auch ohne Bereitschaft zur Eigeninitiative sind sie eingebunden in eine Unzahl von Vorschriften und Begrenzungen von Zuständigkeiten, die jegliche Entfaltung behindern und die zwangsläufig Aktivitäten in falsche Richtungen drängen. So ergibt sich oft ein Wachhunddasein, das dem einzelnen wenig Befriedigung bringen kann, weil er in ihm zwischen dauernden Ängsten lebt, nach oben anzuecken und unten gefürchtet zu sein – inmitten argwöhnischer und neidischer Kollegen der gleichen Führungsebene.

oft nur Wachhunddasein

Wer meint, ich habe hier maßlos überzeichnet, weil er selbst derartiges nicht kennt, mag sich glücklich schätzen – oder hat sich die tatsächlichen menschlichen Beziehungen und Reibungsflächen im Betrieb nicht richtig einmal bewußt gemacht. Vielfach habe ich Gespräche mit Angehörigen des gehobenen mittleren Managements über diese Probleme geführt. Dabei wurde mit beängstigender Übereinstimmung darüber geklagt, daß man einen hohen Anteil der täglichen Arbeitszeit damit verbringen müsse, „Minen, die Kollegen und Vorgesetzte einem in den Weg gelegt haben, aufzuspüren und unschädlich zu machen und anderer-

Tod der Institution – es lebe das Unternehmen!

seits selbst wiederum Fallstricke und Hindernisse anzulegen, über die die anderen stolpern sollten." Es war für mich erschütternd, zu erfahren, daß die Schätzungen des Energieverlustes der einzelnen bis zu 60% betrugen.

Nun soll dem nicht entgegengehalten werden, daß im integrativen Führungsstil alles eitel Freundlichkeit sei und man sich ständig in gegenseitiger Zuneigung umarme. Mitnichten – denn dafür sind alle nur Menschen, mit allen menschlichen Fehlern und Schwächen behaftet, von denen man niemals erwarten darf, daß ein Idealbild hundertprozentig erreicht werden kann. Entscheidend ist doch, daß wir in einem neuen Denken erkennen, wie es sein sollte, und uns gemeinsam mit den anderen bemühen, dorthin zu gelangen. In ständiger Wechselbeziehung mit den anderen Führungskräften im Zirkel ist aber der einzelne mit diesen Bemühungen nicht allein gelassen, sondern wird erkennen daß der Kollege im anderen Bereich ebenfalls Probleme hat, die leichter gelöst werden können, wenn man sich gegenseitig mitteilt, ausspricht und gemeinsam über die dem Ganzen dienenden Lösungen nachdenkt.

alle haben menschliche Schwächen

Kollegiale Kommunikation im Zirkel

Auch der Begriff Berater, dem wir die Bezeichnung „integrierte Persönlichkeit" beigefügt haben, bedarf der Erläuterung. Gemeint ist damit, daß der Führende im integrativen Stil – gleichgültig in welcher Funktion und Ebene – sich nicht als „der liebe Gott persönlich" verstehen soll, der allein alles entscheidet, weil nur er es richtig machen kann. Er muß durchaus mehr Befähigungen haben als seine Mitarbeiter – sonst wäre er ja nicht in der verantwortlichen Führungsposition. Da er aber in der heutigen Zeit der zunehmenden Differenzierung und Spezialisierung gar nicht mehr in der Lage sein kann, alle Details besser zu wissen und zu können als seine verschiedenen Spezialisten, müssen seine Qualitäten in der Überschau, der Koordination und der Kooperation für alle liegen.

Chef ist nicht der „liebe Gott"

Beispielsweise war noch vor etwa eineinhalb Jahrzehnten der Leiter einer Bankfiliale mit etwa 8–10 Mitarbeitern tatsächlich derjenige, der alles besser wissen und können mußte als jeder seiner Mitarbeiter. Mit der zunehmenden Spezialisierung hat sich dies völlig verändert: ein solcher Filialleiter ist heute gar nicht mehr in der Lage, z.B. im Hypothekenbereich, im Kreditge-

schäft, in der Anlagenberatung und im Sparbereich sowie in der Kundenbetreuung gleichermaßen alles besser zu wissen als seine hierfür zuständigen und gesondert ausgebildeten Spezialisten, die Sachbearbeiter.

Selbstverständlich muß er jedem von diesen – insbesondere für Problemfälle oder in Situationen, die über die Entscheidungsmöglichkeiten des einzelnen hinausgehen – beratend zur Seite stehen. Insofern ist die Bezeichnung als Berater zutreffend. Darüber hinaus aber ist sein Aufgabenbereich weiter gesteckt: er ist für die gesamte Filiale, für ihr Zusammenwirken, für die Koordination der einzelnen Aufgabengebiete und für das Image nach außen ebenso zuständig wie für das menschliche Verhältnis der Mitarbeiter untereinander, – so wie der „Chef" ist, ist auch das Betriebsklima.

Leitungsfunktion wird sehr unterschiedlich aufgefaßt

Diese Vorstellungen stehen bereits im Zusammenhang mit dem, was wir in unserer Übersicht als L e i t u n g s f u n k t i o n verstehen: die funktionelle Darstellung der Tätigkeit des Führenden. Im Pionierstil finden wir die klare Vorgabe und die Arbeitsanweisung, deren Durchführung dann durch die Kontrolle überprüft wird. Für den patriarchalischen Führungsstil ist die Leitungsfunktion durch Aufgaben-Zuweisung, Planziel-Vorgabe und Dienst-Aufsicht gekennzeichnet; diese Begriffe stehen nur stellvertretend für eine Unzahl von anderen, die in den verschiedenen Managementlehren und Führungsmodellen gebraucht werden und deren Darstellung hier zu umfangreich und auch überflüssig wäre.

Dienstaufsicht und Normen

Auf das Wort „Dienstaufsicht" jedoch sollte hier noch eingegangen werden, weil es eine Geisteshaltung ausdrückt, die dem zuvor erwähnten „Aufpasser" entspricht und u. E. eine Entwürdigung der Führungskraft mit einbezieht. Welchen Gedankengängen dies entspricht, macht ein Zitat aus dem „Führungsbrevier der Wirtschaft" von Reinhard Höhn (Lit. 62) klar, wo es heißt: „Dienstaufsicht und Erfolgskontrolle – keine ethischen Forderungen, sondern verpflichtende Normen".*

---

* Erfreulicherweise haben sich seit den 60er Jahren, in denen das „Führungsbrevier" erschienen ist, auch die Auffassungen, die in der Akademie für Führungskräfte in Bad Harzburg vertreten werden, ganz deutlich in die Richtung unserer Erkenntnisse gewandelt.

Tod der Institution – es lebe das Unternehmen!

Das ist es: wir setzen dem bewußt die ethische Forderung entgegen, den Menschen in den Mittelpunkt aller Überlegungen zu stellen. Normen müssen selbstverständlich – wo notwendig – sein und beachtet werden. Denn wo kämen wir hin, wenn jeder nach eigenem Gutdünken sich Normen und Werte setzen wollte?! Aber wenn wir uns nur den – auch nur von Menschen, die irren können, geschaffenen – Normen unterwerfen, entmenschlichen wir uns selbst. Wir machen uns zum Objekt, mit dem umgegangen wird, statt selbst Subjekt zu sein, das aus eigener Entscheidung sich in die Ordnung einfügt, die für lebenstragend erkannt wurde.

Subjekt statt Objekt sein

Nicht unbedacht haben wir daher auch in der Spalte des integrativen Führungsstils neben die Begriffe der Unternehmenspolitik, Ergebniserwartung und Erfolgsbeobachtung das Wort „Leben" gestellt, um daran zu erinnern, daß alle Leitungsfunktionen und Aktivitäten darauf ausgerichtet sein müssen, den Unternehmens-Organismus am Leben zu erhalten.

Die drei genannten Begriffe bedürfen daher auch keiner besonderen Erläuterung. Unternehmenspolitik ist die Art der Führung, die sich um die Lebenserhaltung des Unternehmens in seinem Umfeld – im Markt, in der Gesellschaft, im Staat und in der Menschheit, aber auch in seiner Umwelt bemüht. Ergebniserwartung erwächst aus der Aufgabenstellung, die am Bedarf orientiert ist; es sollte beachtet werden, daß nicht irrationale Zielvorstellungen angestrebt werden, sondern sich alle dem Unternehmen Verbundenen bemühen, möglichst gute Ergebnisse zu erreichen.

Unternehmenspolitik

Ergebniserwartung

Schließlich ist die Erfolgsbeobachtung auch eine Art der Kontrolle, wie mancher meinen könnte, nur mit dem Unterschied, daß sie nicht eine mit Angst vor Strafmaßnahmen erwartete Überprüfung durch dritte oder durch einen Vorgesetzten darstellt. Sie ist vielmehr das gemeinsame Bestreben, nach einer vollbrachten Leistung festzustellen, ob etwas nicht gut gemacht wurde und wie man in Zukunft noch Verbesserungen vornehmen kann. Ein kybernetisch regeltechnischer Vorgang.

Erfolgsbeobachtung

Hinsichtlich der Organisation als der ersten der drei nun in unserer Übersicht aufgeführten Führungsfunktionen, deren Zusammenspiel wir bereits im ersten Abschnitt dieses Schrittes

Tod der Institution – es lebe das Unternehmen!

(S. 296) als ausschlaggebend für die Lebenserhaltung dargestellt haben, müssen wir unterscheiden zwischen dem Organisations-Prinzip und der Form, wie dies praktiziert wird.

Zentral-Organisation

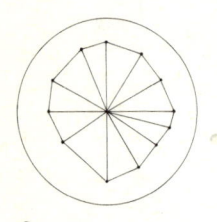

Die Organisations-Prinzipien (also die Grundsätze – im Gegensatz zu den „Prinzipen", die wir bei der Menschenkenntnis gebraucht haben) stehen deutlich nebeneinander: die Zentralisierung im Pionier-Stil als das auf den Gründer, den Boß, den Chef, den Patron ausgerichtete Prinzip, die Differenzierung im patriarchalischen Stil und die Integration im modernen Unternehmensorganismus. Entsprechend sind auch die Organisationsformen. Bei der Zentralisierung ist es die Zentral-Organisation, die auf den Mann in der Mitte – oder auch auf den „Vorarbeiter" im Pionierstil – ausgerichtet sein muß, – er hat die Fäden zu den wenigen Mitarbeitern im überschaubaren Rahmen alle noch direkt in der Hand.

Hierarchische Ordnung der Aufbau-Organisation

Die Differenzierung als Form im patriarchalisch geführten Unternehmen bedingt die Aufbauorganisation in ihrer hierarchischen Ordnung; sie ist entstanden aus der stets zunehmenden Arbeitsteilung und Spezialisierung und ist praktisch – je nach Größe des Unternehmens – nach oben und unten unbegrenzt erweiterbar. Denn ob es sich nun um vier Ebenen handelt wie in unserer Zeichnung (s. unten) oder um acht, ändert am Prinzip, an den Vorteilen und Nachteilen nichts. Vorteile einer solchen Aufbauorganisation sind die jederzeit überschaubaren Funktions-Zusammenhänge, die Abgrenzung, die eindeutigen Zuständig-

Aufbau - Organisation

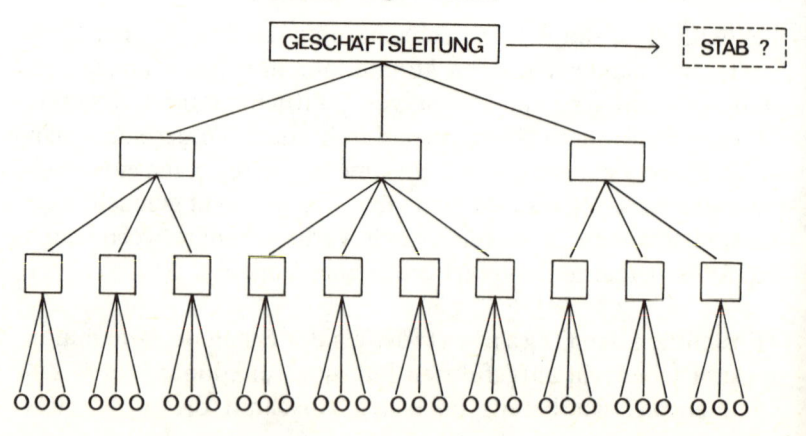

keiten und Verantwortungsbereiche, die klar abgesteckten Rechte und Pflichten sowie die folgerichtige Gliederung und Gewichtung in den verschiedenen Ebenen.

Vorteile

Die negativen Begleiterscheinungen, die nicht unbedingt auftreten müssen, aber vom Menschlichen her sehr naheliegen und die daher wohl jeder schon kennengelernt hat, sind folgende: Ressortegoismus, Rivalitäten, Subordination und Subalternität, „Dienstweg", Bürokratie, Scheuklappendenken, Erstarrung u. v. a. m. (Lit. 106). Die psychologischen Auswirkungen haben wir bereits mehrfach behandelt.

und Nachteile

Der biologischen Grundtendenz der integrativen Führung entspricht vernünftigerweise die sogenannte Ablauforganisation, die sich auf der Steuerstrecke und dem Regelkreis aufbaut – kybernetisches Verhalten, das wir als das Grundprinzip des Lebens schon in unserem Standpunkt zur Kybernetik (S. 61) erkannt haben. Aber es ergibt sich hier kein starres System, das den Unternehmen als Klischee aufgesetzt wird, sondern jedes Unternehmen muß sich selbst seine Abläufe erarbeiten und in ihre Position im Zirkel einbringen.

Ablauf-Organisation hat kein Klischee-System

Der Zirkel selbst in seinen Farben und Zugehörigkeiten ist die symbolische Organisationsform; alle Aufgaben und Vorgänge oder Abläufe in den einzelnen Bereichen werden von diesen selbst bzw. in Zusammenarbeit mit den anderen Beteiligten gemeinsam erstellt. Wobei stets darauf zu achten ist, daß – wie in der Übersicht angedeutet – die Gemeinsamkeiten und die Zusammenführung aller Aktivitäten zur Integration im Ganzen oberstes Prinzip sind. Dies mag sehr theoretisch klingen, ist aber – wenn alle Beteiligten von der gleichen Grundeinstellung beseelt sind – ohne jegliche Problematik.

Grundeinstellung aller ist entscheidend

Wie solch ein Vorgang im Zirkel-Modell ablaufen kann, mag folgendes Beispiel darlegen: Außendienst-Mitarbeiter haben eine Marktlücke entdeckt, die von unserem Unternehmen bisher überhaupt nicht beachtet, von einem Wettbewerbs-Unternehmen nur mit einem sehr mangelhaften Produkt abgedeckt wird. Der (blaue) Leiter des Marketing-Bereiches bringt diese Information in der nächsten Routine-Sitzung des Geschäftsleitungs-Zirkels ein; man beschließt eine probeweise Entwicklung eines geeigne-

ten Produktes und den versuchsweisen Einsatz in einem ausgewählten Verkaufsgebiet.
Nun setzen sich der (gelbe) Leiter der Entwicklungsabteilung, der (rote) Produktionsleiter sowie der (blaue) Verkaufsleiter in einem eigens hierfür gebildeten Arbeitszirkel zusammen und entwickeln einen Ablaufplan, gegebenenfalls sogar mit Netzplan, in dem die Reihenfolge der Aktivitäten bei der Entwicklung, Arbeitsvorbereitung, Probeproduktion, Verkäufer-Information und Probeangebot in ihren Abläufen festegelegt werden, gleichzeitig mit den jeweiligen Rückmeldungen über den Stand der Dinge.
Aus der Ergebniserwartung und der Erfolgsbeobachtung ergeben sich – dann wieder durch Beschluß des Geschäftsleitungs-Zirkels – die Maßnahmen, die dem Unternehmen in dieser Sache Erfolg bringen sollen. Oder man erkennt anhand verschiedener Störfaktoren während der Durchführung, daß die gesamte Angelegenheit wenig oder keinen Nutzen bringt, und stoppt sie dann rückkoppelnd ab.

Dieses konstruierte Beispiel, das man in seinen Einzelheiten noch viel detaillierter darstellen könnte, mag zeigen, wie entscheidend positive Grundeinstellung zur Gesamtheit, verbunden mit Flexibilität aller Beteiligten, sich trotzdem in die Form der Ablauforganisation bringen lassen, an der alle Beteiligten auch ihren geistigen Anteil haben. Nur so kann Lebendigkeit eines Unternehmensorganismus praktiziert werden.

Kommunikation im Pionier-Stil

Dies alles steht und fällt natürlich mit der nächsten Führungsfunktion, der K o m m u n i k a t i o n, mit der wir uns im folgenden Standpunkt und mit deren Technik im gesamten 7. Schritt ausführlich befassen werden. Daher brauchen wir hier nur kurz die Kommunikations-Verhältnisse der beiden ersten Stile zu erläutern. Im Pionier-Stil ist die Kommunikation nach Bedarf selektiert; sie besteht eigentlich aus unterschiedlichen Informationen, die je nach Notwendigkeit vom Chef an den betreffenden Mitarbeiter als Anweisung oder vom Mitarbeiter an den Chef als Vollzugsmeldung gegeben werden.

Der Welt ganzer Jammer aber mag den Betrachter ankommen, wenn er sich die Kommunikation in den patriarchalisch geführten Unternehmen betrachtet. Es gibt normalerweise nur zwei In-

Tod der Institution – es lebe das Unternehmen!

formationswege: von oben nach unten und von unten nach oben. Letzterer ist meist als Berichtswesen bezeichnet und ist manchmal armselig verkümmert, in anderen Unternehmen wiederum mit einer Akribie ausgebaut, daß jedermann über die zusätzliche Belastung durch das ständige Verfertigen von Berichten flucht, von denen man weiß, daß sie „oben" sowieso nicht gelesen werden.

nur zwei Informationswege im patriarchalischen Stil

Von oben nach unten gelangt meist nur das an Informationen, was nicht im Filter der einzelnen Vorgesetzten-Ebenen hängengeblieben oder gar mit Absicht zurückgehalten wurde.

Beim Militär hat man – aus verständlichen Gründen der Geheimhaltung – folgenden Grundsatz, den noch ich als Unteroffiziers-Anwärter seinerzeit auswendig lernen mußte: „Kein Offizier, Unteroffizier oder Mann darf von einer geheimzuhaltenden Sache mehr erfahren, als zur direkten Durchführung seiner Aufgabe dazu unbedingt notwendig ist." Verständlich im militärischen Bereich – unverständlich, daß sich im wirtschaftlichen Bereich viele Vorgesetzte ebenfalls nach diesem Grundsatz richten, obwohl die meisten Dinge überhaupt nicht geheim sind oder zu sein brauchen.

Aber hier bin ich seit Jahren dem Phänomen auf der Spur, daß insbesondere unsichere Führungspersönlichkeiten geradezu eine Meisterschaft in der Geheimhaltung entwickeln. Das einzige, was solche armseligen Typen (ich kann sie nur als solche bezeichnen!) nämlich anderen und vor allem ihren Untergebenen voraus haben, sind bestimmte Informationen, die sie den anderen vorenthalten, damit sie selbst unentbehrlich werden. Ihre Äußerungen sind dann etwa solche wie „da können Sie nicht mitreden, denn dazu fehlt Ihnen der Durchblick" oder „Sie kennen die Zusammenhänge nicht, lassen Sie die Finger davon" oder gar „ich kann und darf Ihnen dazu nicht mehr sagen – meine Position läßt das nicht zu".

In Wahrheit wollen sie nichts verlauten lassen, denn ihr Informationsvorsprung ist ihr wirksamstes Statussymbol, – mit ihm sind sie unersetzlich im Gefüge der hierarchischen Ordnung.

jeder soll den Sinnzusammenhang seiner Tätigkeit kennen

Wenn wir uns einmal bewußt machen, wie entscheidend es für die Motivation der Mitarbeiter und für deren Leistung ist, den Sinnzusammenhang ihrer Tätigkeit zu kennen, können wir uns auch vorstellen, welch immenser Schaden alljährlich in den deutschen Betrieben allein dadurch entsteht, daß Menschen nicht wissen, warum etwas so oder so gemacht werden soll – und es daher falsch machen, von der mangelnden Motivation zu einer guten Leistung ganz zu schweigen. Die Redewendung „der braucht das nicht zu wissen und soll nur machen, was ihm gesagt wird" ist der klassische Ausdruck für eine solche Einstellung von Vorgesetzten, die sich damit allein schon als Führungskräfte abqualifizieren.

es gibt keine Geheimnisse

Im Zirkel mit integrativem Führungsstil gibt es keine Geheimnisse – alles, was lebenswichtig ist, geht alle an, ohne daß damit zum Dreinreden beim anderen aufgefordert werden sollte. Aber außer bestimmten, genau festzulegenden Bereichen wie z. B. Produktentwicklung, von der der Wettbewerb nichts erfahren darf, oder gewissen finanziellen Zusammenhängen braucht doch eigentlich nichts in einem Unternehmen geheim zu sein. Scherzhaft: Warum sollte unser großer Fußzeh den Besitz eines Hühnerauges verheimlichen? – Nein, er vermeldet es über die Nachrichtenleitung der Nerven durch Schmerzen, damit etwas dagegen unternommen werden kann. Und wenn ein wärmendes Fußbad wohltut, dann freut sich der ganze Organismus einschließlich der Seele ob dieser Annehmlichkeit – die Füße behalten die Wohltat nicht durch Geheimhaltung für sich allein.

neue Form: die Matrix

Eine besondere Organisationsform, die von der hierarchischen Ordnung des patriarchalischen Stils bereits einen Weg weist zur Überbrückung der verschiedenen, zuvor geschilderten Negativerscheinungen oder -folgen der Aufbau-Organisation ist die M a t r i x (Lit. 107). Gerade für größere Unternehmen im Zirkel-Modell kann sie eine Hilfe bieten, um auch Kommunikationsverbindungen sichtbar zu machen. Wenn wir zuvor erwähnt haben, daß im Unternehmens-Zirkel jeden alles angeht, dann ist dies natürlich nicht so zu verstehen, daß man alles per Betriebsversammlung regelt. Denn dann könnte man solche von morgens bis abends veranstalten und käme zu keiner produktiven Tätigkeit mehr.

Tod der Institution – es lebe das Unternehmen!

Die Matrix geht von dem Gedanken aus, daß es bestimmte Funktionen gibt, die quer durch alle Bereiche verlaufen und auch einer gewissen einheitlichen Ordnung bedürfen. Dies wird dann besonders vonnöten sein, wenn das Unternehmen eine bestimmte Größe hat und verschiedene Bereiche, Hauptabteilungen, Produktionszweige, die gegebenenfalls auch noch räumlich getrennt sein können. In einem solchen Unternehmen kann die Matrix-Organisation einen Rahmen bilden, der auch die Wege der Kommunikation direkter macht und damit verkürzen hilft, trotzdem aber eine Übersichtlichkeit wahrt, deren viele Betriebsangehörige bedürfen und die eben ab bestimmten Größenordnungen schwierig wird.

Quer-Funktionen durch alle Bereiche

Die Graphik auf S. 342 zeigt eine solche Matrix-Form, aus der vor allem ersichtlich wird, daß das Autoritätsgefälle der Aufbau-Organisation wegfällt und die einzelnen Beteiligten – je nach Bedarf – miteinander kommunizieren können; dies entspricht der Forderung des integrativen Führungsstils im Zirkel-Modell. Im vorliegenden Falle sind die sieben Hauptfunktionen des Unternehmens vertikal geordnet, die einzelnen Bereiche horizontal.

Kein Autoritätsgefälle

Wir nehmen an, daß im Bereich III der Leiter einen neuen Abteilungsleiter für eine bestimmte Produktgruppe sucht. Er wird in einer speziell angesetzten Zirkel-Sitzung gemeinsam mit dem Leiter der Gesamtproduktion und dem Personalleiter darüber befinden, gegebenenfalls kann auch noch der Finanzchef hinzugezogen werden, falls gehaltliche Probleme bei den Bewerbern mit hineinspielen.

Erst wenn diese vier, an deren Sitzung gegebenenfalls ihre Stellvertreter oder Assistenten teilnehmen, sich nicht einigen können, greift die Geschäftsleitung ein, die wir in unserer Zeichnung links oben als neutrale Stelle eingeordnet haben. Dies ist der Sonderfall, – normalerweise sollte es zu einer Einigung der vier Funktionsleiter kommen, ohne daß man die Geschäftsleitung mit dem Fall behelligt. Wenn diese aber zur Entscheidung herangezogen wird, dann kann man dies als echtes „management by exception" bezeichnen – die Ausnahme, die nicht durch normale Abläufe und Regelungen im kybernetischen Sinne vonstatten geht. Hier muß dann eben die Geschäftsleitung die Störung zu überwinden helfen.

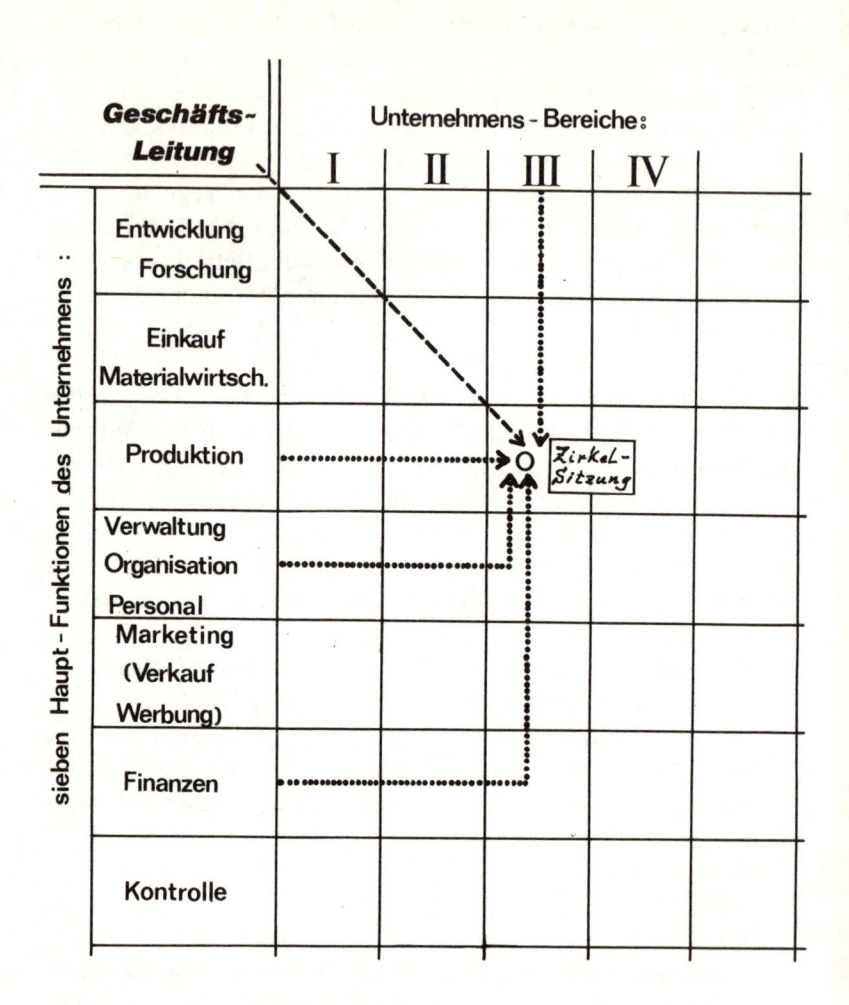

MATRIX-ORGANISATION

	Geschäfts-Leitung	Unternehmens-Bereiche:			
		I	II	III	IV
sieben Haupt-Funktionen des Unternehmens:	Entwicklung Forschung				
	Einkauf Materialwirtsch.				
	Produktion			O Zirkel-Sitzung	
	Verwaltung Organisation Personal				
	Marketing (Verkauf Werbung)				
	Finanzen				
	Kontrolle				

Dieses Modell einer Matrix-Organisation kann selbstverständlich entsprechend der Unternehmensstruktur und den spezifischen Gegebenheiten abgewandelt werden. Es kann also beispielsweise durchaus möglich sein, daß eine Produktgruppe einen eigenen Markt und eine eigene Vertriebsorganisation hat, so daß die Hauptfunktion „Marketing" nicht durchgängig für alle Unternehmensbereiche gilt.

Tod der Institution – es lebe das Unternehmen!

Wir haben zu Anfang dieses Schrittes festgestellt, daß die drei Führungsfunktionen im Unternehmen gleichermaßen entwickelt sein müssen, wenn dieses als Organismus gesund und lebensfähig sein soll. Die betrübliche Erkenntnis, daß von diesen dreien die M o t i v a t i o n diejenige ist, die am meisten in unseren Unternehmen vernachlässigt wird, ist auch heute noch längst nicht überall bewußt geworden. Der Begriff war noch in den 70er Jahren in vielen Betrieben ein wirkliches Fremdwort; wenn man Unternehmer oder Manager darauf ansprach, wie es denn um die Motivation der Mitarbeiter in ihrem Betrieb bestellt sein, erhielt man sinngemäß etwa die Antwort „die verdienen ja alle ganz gut, warum sollten die da nicht motiviert sein?" Die Vorstellung, daß mit Geld alles zu machen sei, ist grundfalsch, aber sie ist – vor allem bei Führungskräften der Wirtschaft, für die vielfach die Beziehung zum Finanziellen die Grundlage des Denkens ist – einfach nicht auszurotten.

Motivation ist nicht nur mit Geld zu machen

In einer Gruppe von Meistern einer Textilfabrik sprachen wir über das Problem der Überstunden und der Samstagsarbeit in besonderen betrieblichen Situationen. Die Meister klagten darüber, daß die Mitarbeiter kaum mehr dazu zu bringen seien, an Samstagen, an denen sie eventuell familiäre oder private Aktivitäten geplant haben, zu Sonderschichten zu kommen, auch wenn zusätzlich eine besondere Geldprämie oder andere Vergünstigungen versprochen wurden. Auch die Erklärung der betrieblichen Notwendigkeit – Nacharbeiten für eine Produktionsrückstand oder gar Verlust eines wichtigen Auftrages für das Unternehmen bei nicht fristgerechter Lieferung – interessiere die Leute überhaupt nicht, meinten die Meister.

Als ich ihnen aber dann die Frage stellte, ob bei einem guten persönlichen Vertrauensverhältnis zwischen dem Meister und seinen Arbeitern doch eine Motivation möglich sei, wurde dies mir bestätigt: es könne durchaus geschehen, daß ein Mitarbeiter sage, das Geld interessiere ihn weniger, aber dem Meister zuliebe werde er am Samstag kommen und arbeiten, wenn dieser meine, daß es notwendig sei.

Gerade im Bereich der Motivation wird der Wandel im Führungsstil und zu neuem Denken deutlich: auf unserem Über-

Tod der Institution – es lebe das Unternehmen!

Wandel in der Motivation am deutlichsten

sichts-Blatt stehen den Begriffen in den beiden linken Spalten des Pionier- und des patriarchalischen Stils – Befehle und Vorschriften, Anweisungen nach Verteiler – in der rechten Spalte Gedanken gegenüber, die einen polaren Gegensatz zu ersteren ausdrücken.

Eingangs haben wir bereits erwähnt, daß man wohl kein Unternehmen finden wird, das in reinster Ausprägung einem der drei in unserer Übersicht aufgeführten Stile entspricht; in den einzelnen Faktoren wie z. B. Arbeitsweise oder Aufgabe oder Leitungsfunktion wird ein Unternehmen unterschiedlich plaziert sein –

alle Übergänge sind fließend

hier fortschrittlicher (nach rechts orientiert), da wieder ein wenig (in einer linken Spalte) zurückgeblieben in seiner Entwicklung. Dies ist ganz natürlich, da die Übergänge überall fließend sein können.

Nur in der Führungsfunktion der Motivation ist eine breite Kluft von den beiden linken Spalten zur rechten zu überwinden, weil sie total mit eingefahrenen Vorstellungen aufräumt und den „Quantensprung" vom reagierenden zum agierenden Menschen

Quantensprung vom reagierenden zum agierenden Menschen

darstellt. Dies wird vielleicht auch besser verständlich, wenn wir uns vorstellen, daß die Motivation nicht mehr – wie bisher – durch die Vorgesetzten praktiziert wird, sondern daß sie bei dem einzelnen Mitarbeiter als Eigenmotivation aus ihm selbst entwickelt werden muß.

Hier sind wir an einem S c h l ü s s e l p u n k t unserer Überlegungen und Erkenntnisse angekommen! Wir wissen, daß unter den Führungsfunktionen im Unternehmen die Motivation durch ihre Auslösungsenergie die wichtigste ist – so wie im menschlichen Organismus der Geist und die aus ihm gesteuerte Willenskraft den Körper und die Seele bewegen können. Und wir haben jetzt erkannt, daß in einem modernen Unternehmens-Organismus die Motivation der Mitarbeiter – aller Menschen, die ihm verbunden sind, gleich in welcher Position – nicht von irgendwoher angeordnet werden,

Motivation kann nicht befohlen werden

sondern aus der eigenen Kraft der Menschen entstehen muß und nur auf dem Boden der Gemeinsamkeit wachsen kann.

In diesem Sinne sind auch die Begriffe zu verstehen, die wir in der rechten Spalte unserer Übersicht lesen: der Mensch muß sich

Tod der Institution – es lebe das Unternehmen!

unter anderen Menschen finden und wohlfühlen, statt in einer abgestuften Ordnung Abhängigkeit und Unterdrückung seines Ichs empfinden zu müssen. Daß er als Mensch unter Menschen durch Mitdenken auch teilhaben kann an den Geschehnissen und Entscheidungen, befriedigt seine natürlichen Bedürfnisse. Die Kardinaltriebe des Haben-Wollens, Sein-Wollens und Gemeinschaft-Wollens sind ja, wie wir aus den Gesetzmäßigkeiten der Führungspsychologie im 2. Schritt erfahren haben, stets latent vorhanden und drängen nach Befriedigung. Und schließlich findet der Mensch auch im Leben einen Sinn, wenn er eine Tätigkeit verrichtet, die ihm liegt und die ihn durch seine erreichte Leistung ebenfalls befriedigen kann.

Bedürfnis-Befriedigung

Aus dieser grundlegenden Erkenntnis zum modernen, integrativen Führungsstil sollte aber niemand schließen, daß er als Führungskraft denn nun wohl überflüssig geworden sei, weil ja – wie soeben dargestellt – die Eigen-Motivation aus jedem Menschen selbst kommen müsse. Für die Führungskraft bleibt noch die unendlich wichtige Aufgabe, der Auslöser der Motivationen zu sein, die der einzelne Mensch allein vielfach nicht finden kann. Der Führende hat die Pflicht (wir sprechen hier bewußt von einer Pflicht, die er seinem „Amte" schuldig ist!), den ihm anvertrauten Menschen im Unternehmen die Sinn-Zusammenhänge bewußt zu machen und somit den Boden vorzubereiten mit Anstößen zur Motivation des einzelnen. Ohne den gepflügten Acker und ohne daß der Samen in den Boden gesenkt wurde, kann man auch keine Pflanze und kein Kornfeld erwarten. Und ohne die helfende Hand des Winzers, der den Weinstock stützt und pflegt, werden keine Reben geerntet werden können!

Führungskraft als Auslöser von Motivationen

Die abschließenden Stichwörter zur Problematik haben gewissermaßen epochalen Charakter. Obwohl wir erwähnt haben, daß epochaler Führungsstil sich nicht an Jahreszahlen orientiert wie an geschichtlichen Epochen, sondern am Entwicklungsstatus des Unternehmens, bilden die Problembewältigungen der Materie, der Energie und der Information eine historische Abfolge. Arbeit war ursprünglich das Werk der Hände, zu dem man zwar über die menschliche Kraft hinaus schon in früher Zeit andere Mittel wie Werkzeuge, Hebelwirkungen, Gewichte, Wasser- oder Pferdekräfte zusätzlich zu Hilfe nahm, aber eigentlich erst mit

Bewältigung von Materie, Energie, Information

Tod der Institution – es lebe das Unternehmen!

der Nutzung der Elektrizität begann die Epoche der gezielt eingesetzten Energie in großem Maße. Und es scheint nicht von ungefähr, daß nunmehr – nachdem die Energienutzung an die Grenzen gelangt ist, deren Überschreitung zur Selbstzerstörung führen könnte – das Problem der Bewältigung der Information ein neues Zeitalter prägen wird.

Neben den Begriffen des „nachindustriellen" oder „postindustriellen" Zeitalters verwendet man in der einschlägigen Literatur in zunehmendem Maße das Wort von der „Informationsgesellschaft", die durch den epochalen Wandel sich entwickelt. Sie wird die „Massenkonsum-Gesellschaft" ablösen, in der wir zur Zeit leben.

Informations-gesellschaft

10 Megatrends zukünftiger Entwicklungen

Der amerikanische Zukunftsforscher John Naisbitt zeigt in seinem Buche (Lit. 85), das zeitweise die Bestsellerlisten in den USA anführte, deutlich auf, daß wir mitten im Wandel von dem ausklingenden, auf Güterproduktion gegründeten Industriezeitalter zu der heraufkommenden Epoche der Information begriffen sind. In diesem Zeitalter werden sich die meisten Menschen mit der Beschaffung, Verarbeitung oder Verteilung von Wissen beschäftigen. In den 10 sogenannten „Megatrends", wie er die zukunftsträchtigen Entwicklungen bezeichnet, sind übrigens viele Gedanken enthalten, die wir bereits in praktische Erkenntnisse umgemünzt haben.

Dezentralisierung

erhöhtes Kontakt-Bedürfnis

Zum Beispiel belegt er die Entwicklung von zu starker Zentralisierung zur Dezentralisierung, was wir im Sinne der Schaffung von überschaubaren Einheiten bereits gefordert haben, ohne daß hierdurch Strebungen zur Ganzheit behindert werden. Er stellt einen anderen Megatrend fest, der in den Satz gipfelt: „Je höher die Technologie, desto größer das menschliche Kontaktbedürfnis", einer Erkenntnis, der wir mit den Kriterien des integrativen Führungsstils entsprechen wollen.

Blüte kleinerer Unternehmen

Naisbitt zeigt auch die Entwicklung auf, die weggeht von der Institutionalisierung hin zur Selbständigkeit und im wirtschaftlichen Bereich zur neuen Blüte kleinerer Unternehmen. Und schließlich spricht er noch von einem Megatrend, der die „Umstellung von hierarchischen Organisationsformen auf Netzstrukturen" bewirken wird, – genau das, was wir bereits im Wandel des Führungsstils von der Aufbauorganisation hin zur Ablauforganisation mit gegebenfalls Netzplantechnik (Lit. 106) erwähnt haben.

Umstrukturierung

Die wichtigste Aussage von Naisbitts Buch dürfte wohl die über den Megatrend sein, der durch die Umorientierung von kurzfristigem Denken auf langfristiges gekennzeichnet ist. Dies entspricht nicht nur unseren bisher erarbeiteten Vorstellungen vom „Leben" eines Unternehmensorganismus, das länger dauern wird, als die auf vier Jahre begrenzte Wahl eines Vorstandsmitgliedes, sondern auch unserer Forderung nach Flexibilität, vor allem für den Einzelmenschen. Dies gelte (Zitat:) „... vor allem hinsichtlich Ausbildung und Berufswahl. Der Gedanke eines lebenslangen Lernprozesses beginnt, das herkömmliche Bildungskonzept – Schule, Berufsausbildung, fertig – zu verdrängen. Wahrscheinlich werden künftig überwiegend Allroundleute gebraucht, die ihre Qualifikationen ständig weiter ausbauen. Wer sich zu sehr spezialisiert, läuft Gefahr, aufs Abstellgleis zu geraten." Soweit die wörtlichen Formulierungen des amerikanischen Autors, die unsere Überlegungen zum Lernen und zur Flexibilität, vor allem in bezug auf die ganzheitliche Sicht, nur bestätigen.

Langfristiges Denken

Lebenslanger Lernprozeß

Naisbitt bestätigt das, was wir als Prozeß in den verschiedensten Bereichen bereits festgestellt haben: der Wandel hat bereits begonnen. Die Schlußworte seines Buches sind so voll von begründetem Optimismus, daß sie hier zitiert sein sollen:

„Obwohl die Zeitspanne zwischen zwei Zeitaltern immer unsicher ist, ist es aber auch eine große und trächtige Zeit, voll von unendlichen Möglichkeiten. Wenn wir es fertigbringen, uns mit der Unsicherheit anzufreunden, werden wir, wenn wir die vielen sich bietenden Möglichkeiten nutzen, unendlich viel mehr erreichen als in den sogenannten stabilen, aber meist chancenlosen Zeitaltern.

In stabilen Zeiten hat alles seinen festen Namen und seinen festen Platz, deshalb läßt sich da nirgendwo ein Hebel ansetzen, der die Dinge weiterbringt, schon gar nicht aus den Angeln hebt.

Doch in den sogenannten Zwischenzeiten bieten sich schier unabsehbare Möglichkeiten, Hebel und Einflüsse – individuell-persön-

Tod der Institution – es lebe das Unternehmen!

lich, professionell und institutionell – an- und einzusetzen, wenn wir dabei nur einen klaren Kopf behalten und ein klares Konzept vor Augen haben, auf dem Weg in eine neue, sicher noch bessere Zukunft, als es sie bisher jemals gegeben hat.

Mein Gott, in welcher phantastischen Zeit wir doch leben!"

Ansatz mit vielen Möglichkeiten

Abschließend sollte zum Thema Führungsstil folgendes festgestellt werden: wir haben uns mit voller Absicht so ausführlich gerade auch mit den Details unserer Übersicht zu den Unternehmens-Stilen befaßt, um jedem aufzuzeigen, wie vielfältig die Möglichkeiten sind, Fortschritte in Richtung auf neue Strukturen und einen ihnen gemäßen Führungsstil zu erzielen. Man kann sicherlich nicht als Chef eines Unternehmens eines Morgens einen technischen Hebel umlegen und erklären, daß ab sofort ein neuer Stil maßgeblich sei und alles anders gemacht werden müsse.

Ich habe dies tatsächlich einmal miterleben müssen: nach einem langen Wochenendseminar über die Gedanken und Möglichkeiten neuen Führungsstils waren die Teilnehmer – Geschäftsführung einer Marktkette – so angetan bzw. begeistert von den neuen Ideen, daß sie am Montag morgen begannen, alles im Betrieb umzukrempeln und anders zu machen. Ergebnis: die totale Katastrophe – das entstehende Chaos konnte nur mit großer Mühe wieder geordnet werden.

Voraussetzung: persönliche Transformation

Nein, so kann man es natürlich nicht machen. Ein Struktur- und Stilwandel ist ein sehr sensibler und langfristiger Prozeß, der mit großer Behutsamkeit in einzelnen Schritten vor sich gehen muß. Dies ist allein schon dadurch bedingt, daß wir wissen, wie sehr eine allgemeine Transformation die Transformation der Menschen als Voraussetzung nötig hat. Der Führende, der nicht mit Verhaltensänderungen bei sich selbst beginnt, wird sicherlich keinen Erfolg bei der Umstrukturierung seines Unternehmens haben, sei er auch noch sehr von dessen Notwendigkeit überzeugt und mag er auch noch so sehr darüber mitreißend reden.

Weg der kleinen Schritte

Jedem aber – gleichgültig in welcher Position er im Unternehmen steht – bieten sich täglich Möglichkeiten, hier oder da einen kleinen Schritt in die richtige Richtung zu tun, – sei dies mit einem

Tod der Institution – es lebe das Unternehmen!

freundlichen Wort an einen „Erzfeind" oder mit einer hilfreichen Hand beim Kollegen, sei es mit einem Lob an den Mitarbeiter, der solches nicht gewohnt ist, oder durch den einsamen Entschluß, eine von anderen oft bemängelte dumme Angewohnheit nun endlich abzulegen. Führende sollten auf diesem Wege der kleinen Schritte vorbildlich sein und sie jeweils mit Informationen verbinden, aus denen die anderen lernen können, wie es gemacht werden kann. Gerade weil epochale Veränderung auch im Unternehmen ein langwieriger Prozeß ist, werden diejenigen, die ihn so früh wie möglich beginnen, den Nutzen davon eher haben und einen Vorsprung gegenüber den „Schlafmützen" gewinnen.

Integrativer Führungsstil ist keine ausgeklügelte Theorie und auch kein anzustrebendes Idealziel, sondern ein fortschreitender Prozeß, auf dem der eine dieses, der andere jenes Ergebnis des Wachstums erreicht. Denn Wachstum ist damit verbunden, wenn der einzelne seine Fähigkeiten sich entwickeln sieht, mit den anderen und dem Ganzen angepaßter und besser umzugehen und sich dienend einzufügen, um gleichzeitig wegweisend zu führen. Handwerkszeug zur Verbesserung der Verhaltensweisen für das Individuum haben wir schon zur Genüge erarbeitet: in dem führungspsychologischen Regelwerk und in der integrierten Menschenkenntnis sind so viele Erkenntnisse zur Arbeit an sich selbst vorhanden, daß ein Leben damit angefüllt werden kann. Wer dazu bereit ist, wird bald Fortschritte an sich selbst spüren und Befriedigung empfinden; wer nicht an sich arbeiten will, ist sein Geld als Führungskraft nicht wert!

Wachstum des einzelnen

Standpunkt VII

Kommunikation trägt die Lebensenergie

Sein ist nicht mit Worten beschreibbar und nur durch gemeinsames Erleben kommunizierbar.
(Erich Fromm)

Ich hätte nicht gewagt, den Gedanken zu diesem Standpunkt die apodiktische These von der die Lebensenergie tragenden Kommunikation vorauszustellen, wenn nicht Erich Fromm in seinem Buch „Haben oder Sein" (Lit. 38) dies auch so gemeint hätte: Kommunikation ist Erleben und Erleben ist Kommunikation – und dadurch wird überhaupt unser Sein. Aber da ich mir vorgenommen hatte, alle die niederzuschreibenden Standpunkte in Verbindung zum Begriff des Lebens zu bringen, bin ich zu dieser Feststellung gekommen.

Kommunikation ist eigentlich erst in der zweiten Hälfte unseres Jahrhunderts als Begriff in den Gebrauch gekommen, aber dann explosionsartig in die Köpfe vieler Menschen gedrungen, die ihn verwenden, jedoch oft nicht allzuviel davon verstehen.

Natürlich haben sich auch die Wissenschaftler mit ihr in zunehmendem Maße befaßt; die eigentliche Kommunikationswissenschaft jedoch ist kaum zwei Jahrzehnte alt. Aber auch die angrenzenden Gebiete wie die Psychologie, die Soziologie, die Semantik, die Sprachwissenschaften, die Publizistik und viele andere haben sehr schnell den Begriff der Kommunikation adaptiert und in ihrem Sinne ausgelegt oder gebraucht.

Und schon schmückt sich heute jeder mit dem Gebrauch dieses Wortes bei jeder Gelegenheit, um beispielsweise nicht mehr wie früher zu sagen: „Wir verstehen uns nicht", sondern zu formulieren: „Wir haben eine Kommunikationsstörung." Auf diese Weise kann man auch die psychologische Klippe umschiffen, sich entscheiden zu müssen zwischen „Ich verstehe Sie nicht" oder „Sie verstehen mich nicht" – und außerdem klingt es so ungeheuer gebildet und „up to date". – Man könnte eine Satire schreiben über das Mißverhältnis zwischen dem massenhaften Gebrauch des Wortes Kommunikation und der mangelhaften Anwendung des Begriffes auf allen Gebieten unseres Lebens.

Es ist mir nicht bekannt, ob es wissenschaftliche Untersuchungen über den Zusammenhang zwischen menschlicher Kommunikation und Lebensenergie gibt, aber je mehr ich darüber nachdenke, desto mehr er-

Standpunkt VII

scheint mir dieser als ein wirkliches Phänomen, dessen wir uns einmal bewußt werden sollten.

Das Wort hat die lateinische Wurzel „communis", was soviel wie gemeinsam, gemeinschaftlich, allgemein bedeutet; es gibt auch das Hauptwort „communicatio", das mit „Mitteilung" zu übersetzen ist. Während die Information gewissermaßen eine Nachricht ist, die auf einer Einbahnstraße verläuft, ist Kommunikation eine zweibahnige Straße, auf der Nachrichten bzw. Informationen von mindestens zwei Menschen untereinander ausgetauscht werden. Wir wollen hier einmal davon absehen, daß und wie sich auch Tiere und sogar Pflanzen kommunikativ verhalten.

Schon zu Anfang unserer Betrachtungen haben wir erwähnt, daß der Mensch ein Gesellschaftstier* ist, – durch diese Grundeigenschaft hat sich – über das zur Erhaltung der Art notwendige Zusammenfinden zur Zeugung hinaus – die Kommunikationsfähigkeit entwickelt. In der Evolution hat sich zunächst die Gebärdensprache und danach die Sprache in Urlauten geformt, bis wir durch dauernde Differenzierung des sprachlichen Ausdrucks heute so weit gekommen sind, daß wir uns immer weniger verstehen.

Denn noch im Mittelalter hat man geglaubt, daß die Menschen eine gemeinsame Ur-Sprache besessen haben könnten. Man hat einmal den grausamen Versuch unternommen, Waisenkinder – zwar mit dem Lebensnotwendigsten versehen – ohne irgendwelche menschliche Kommunikation aufwachsen zu lassen. Die Hoffnung, daß diese armen Wesen dann eine Art Ursprache entwickeln, die in jedem verankert sei und die man auf diese Weise kennenlernen wollte, wurde nicht erfüllt: Die Kinder sind, wie wir heute wissen, am Mangel an Kommunikation jämmerlich gestorben.

Auch wenn man heute solche Versuche nicht mehr unternimmt, so wissen wir doch durch zahlreiche andere Erkenntnisse der Soziologie, daß Kommunikation für den normalen und gesunden Menschen lebensnotwendig ist. Ausnahmen von Aussteigern, Eremiten oder Yogis, die ihr Leben in der Einsamkeit verbringen, bestätigen nur diese Erkenntnis, denn solche Menschen sind – ohne daß ihr Verhalten hier abgewertet werden soll – eben nicht „normal".

---

* Die altgriechischen Philosophen bezeichneten ihn als „zoon politikon".

Standpunkt VII

Ein in den USA sehr bekannter Repräsentant der Humanistischen Psychologie ist Abraham Maslow (Lit. 81), der zusammen mit Perls und Rogers eine neue Erkenntnis-Theorie über menschliches Verhalten schuf. Von ihm stammt die in Amerika sehr viel und auch bei uns häufig gebrauchte sogenannte Maslow'sche „Bedürfnis-Hierarchie" (Abb. S. 354), die von der These ausgeht, daß ein Mensch, wenn er ein Grundbedürfnis befriedigt hat, das jeweils nächsthöhere in der Pyramide anstrebt.

Die erste Stufe umfaßt die physiologischen Bedürfnisse des Menschen wie Essen, Trinken, Schlafen, Wärme usw. Wenn diese erreicht sind, so strebt er die nächste Stufe an, die ihm Sicherheit und Geborgenheit gibt; in der Frühzeit des Menschen kam nach der Ernährung dann das Streben, sich einen bestimmten Raum gegen andere abzusichern. Beide Stufen zusammen ergeben übrigens den bei unserer Trieblehre (s. 100 ff.) genannten Besitztrieb, das Haben-Wollen. Wenn der Mensch diese Sicherheit erworben hat (in der modernen Gesellschaft geht dies über den Hausbau bis zur Lebensversicherung), dann entwickelt er das Streben nach Zugehörigkeit, Zuneigung, Zusammengehörigkeit, Liebe – in der Urgesellschaft die Familie, die Sippe, die Gruppe, der Stamm. Es entspricht in unseren Kardinaltrieben dem Kontakttrieb, dem Gemeinschaft-Wollen, und entsteht aus der Erkenntnis, daß er alleine auf die Dauer nicht existieren kann.

Die nächste, vierte Stufe ist dann die, daß der Mensch anstrebt, innerhalb dieser Gruppe eine Rolle zu spielen und sich ein Ansehen zu erwerben, Anerkennung und Geltung zu finden, was dem Geltungstrieb unserer Trieblehre, dem Sein-Wollen, entspricht. Maslow nennt dies die Realisierung des äußeren Ichs. Die fünfte Stufe schließlich ist – wenn der Mensch nicht bislang auf der Strecke der 2., 3. oder 4. Stufe steckengeblieben ist – dann die Realisierung des inneren Ichs, – was auch immer darunter zu verstehen ist, denn darüber gehen die psychologischen Lehrmeinungen auseinander. Mit dieser Stufe der Selbstverwirklichung („self-actualization") endet dann bei Maslow diese Pyramide; dies soll das Höchste sein, was ein Mensch erreichen kann.

Aber nun kommt das, was wir im heutigen Jargon als einen „Knüller" bezeichnen könnten: Der Zukunftsroman von Hermann Hesse „Das Glasperlenspiel" (Lit. 61) enthält eine Beschreibung der menschlichen Persönlichkeit, der noch eine weitere Stufe der Pyramide entsprechen

Standpunkt VII

Bedürfnis-Pyramide

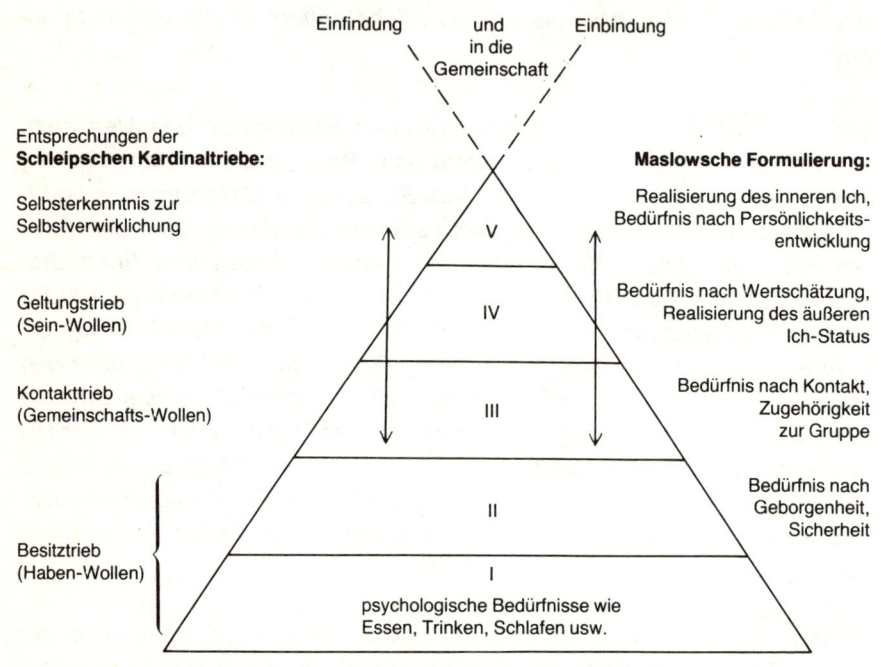

Einfindung und Einbindung
in die
Gemeinschaft

Entsprechungen der
Schleipschen Kardinaltriebe:

Selbsterkenntnis zur
Selbstverwirklichung

Geltungstrieb
(Sein-Wollen)

Kontakttrieb
(Gemeinschafts-Wollen)

Besitztrieb
(Haben-Wollen)

Maslowsche Formulierung:

V — Realisierung des inneren Ich, Bedürfnis nach Persönlichkeitsentwicklung

IV — Bedürfnis nach Wertschätzung, Realisierung des äußeren Ich-Status

III — Bedürfnis nach Kontakt, Zugehörigkeit zur Gruppe

II — Bedürfnis nach Geborgenheit, Sicherheit

I — psychologische Bedürfnisse wie Essen, Trinken, Schlafen usw.

Lehrsatz (nach Maslow): Wenn ein Bedürfnis befriedigt ist, strebt der Mensch die Befriedigung des nächsthöheren Bedürfnisses an

Die von Abraham Maslow (Lit. 81) entwickelte Bedürfnis-Hierarchie ist in dieser Pyramide dargestellt. Die Entsprechungen aus der Schleip'schen Trieblehre (s. S. 100ff.) sind links verzeichnet. Und die mögliche Fortsetzung der Pyramide nach oben im Sinne der Gedanken von Hermann Hesse (Lit. 61) ist durch die gestrichelten Linien angedeutet.

Standpunkt VII

könnte und die ich auf unserer Zeichnung mit gestrichelten Linien angedeutet habe. In der Einleitung seines Buches schreibt der Dichter:

„... Es ist ja allerdings das, was wir heute unter Persönlichkeit verstehen, nun etwas erheblich anderes, als was die Biographen und Historiker früherer Zeiten damit gemeint haben. Für sie ... scheint das Wesentliche einer Persönlichkeit das Abweichende, das Normwidrige und Einmalige, ja oft geradezu das Pathologische gewesen zu sein, während wir Heutigen von bedeutenden Persönlichkeiten überhaupt erst dann sprechen, wenn wir Menschen begegnen, denen jenseits von allen Originalitäten und Absonderlichkeiten ein möglichst vollkommenes Sich-Einordnen ins Allgemeine, ein möglichst vollkommener Dienst am überpersönlichen gelungen ist."

Das ist die faszinierende Sicht eines großen Geistes: Weit über der Ebene der menschlichen Zugehörigkeit, die wir in der Pyramide in der dritten Stufe finden, und noch über der Stufe der Selbstfindung wächst die Realisierung des inneren Ich hinein in die Gemeinschaft mit anderen Menschen, der zu dienen höchste Form des irdischen Daseins darstellt, wenn wir einmal einen vom jeweiligen Glaubensbezug abhängigen „Gottesdienst" unberücksichtigt lassen. Die Einfindung und Einbindung in die Gemeinschaft der Schöpfung führt den Menschen in Demut zum Erleben des Seins in Kommunikation mit anderen, wie dies Erich Fromm ausgedrückt hat. Kommunikation ist daher Ausdruck des Lebens selbst – der „homo integrans" findet seine Bestimmung.

Wir werden uns im nächsten Schritt mit dem Umgang der Menschen untereinander – insbesondere in der Gruppe – befassen. Dabei spielt die Erkenntnis eine bedeutsame Rolle, daß gerade im Gruppenprozeß schöpferische Kräfte freigesetzt werden. Der Einzelne hat zwar ein großes Kreativitätspotential, ist aber oft alleine, auf sich gestellt, nicht in der Lage, es zu nutzen. Erst in der Kommunikation mit anderen, mit der Gruppe, können kreative Kräfte wirksam werden, von deren Reichtum und Wirksamkeit sich der Mensch zuvor – noch ohne Kommunikation mit anderen – keinerlei Vorstellung machen konnte.

Auch der Begriff der Kreativität ist – ähnlich wie der der Kommunikation – auf dem Wege, zum allseits im Munde geführten Modewort zu werden. Die lateinische Wurzel des Wortes kommt von „schaffen, erzeugen, gebären" – daher wird man Kreativität am treffendsten mit „Schöpferischem"

Standpunkt VII

übersetzen, aber auch mit dem Potential, der Kraft, die uns überhaupt dazu befähigt und in die Lage versetzt, etwas zu schaffen.

Wir haben schon im einleitenden Einstieg (s. S. 7ff.) unserer Betrachtungen die rechte Hälfte der Großhirnrinde erwähnt und bei den Denkveranlagungen auch auf diesen Bereich hingewiesen, von dem anzunehmen ist, daß in ihm die Kreativität des Menschen ihren Sitz hat. Aber unabhängig davon, was in dieser Hinsicht die Hirnforscher entdeckten und noch sicherlich entdecken werden, sollten wir uns dieses Kreativ-Potentials freuen, das jedem gegeben ist, auch wenn wir es vielfach noch kaum zu nutzen verstehen.

Kreativität ist Schöpferkraft und Energie, ist die Möglichkeit, aus sich und dem Leben etwas zu gestalten. Und wenn in der Kommunikation mit anderen diese Kraft besonders lebendig und wirksam werden kann, dann können wir unsere Eingangsbehauptung als eine echte Prämisse erkennen: Kommunikation trägt die Lebensenergie!

7. Schritt: Mensch und Gruppe – Technik der Zirkelarbeit

> *Im engen Kreis verengert sich der Sinn.*
> *Es wächst der Mensch mit*
> *seinen größern Zwecken.* (Schiller)

Wir können der im 1. Schritt genannten Prämisse, daß „Unternehmensführung immer unabdingbar auch Menschenführung" sei, eine weitere anfügen, mit der wir uns nun ausführlich befassen wollen: „Menschenführung ist stets auch Gruppenführung". Sie gilt deshalb, weil jeder Mensch ausnahmslos – von extremen Sonderfällen abgesehen – meist mehreren oder sogar vielen Gruppen angehört, die sein Verhalten bewußt oder unterbewußt oft sehr stark beeinflussen. Gemeint sind damit nicht umfassende weltanschauliche, religiöse oder politische Einheiten, sondern vor allem Gruppierungen des täglichen Lebens, die situativ bei allen möglichen Gelegenheiten auf die Verhaltensweisen der ihnen Zugehörigen wirken.

Menschenführung ist immer auch Gruppenführung

Jeder von uns kann einmal den Versuch unternehmen, von sich selbst festzustellen, welchen Gruppen allen er sich zugehörig fühlt, – beispielsweise der Gruppe der Frühaufsteher, der Brillenträger, der Kaffeeliebhaber, der Popmusik-Fans, der Willy-Brandt-Gegner, der Eintracht-Anhänger, der Spanienurlaub-Freunde, der J. R. Ewing-Hasser, der Kessler-Zwillinge-Verehrer und so fort. Aber auch die Zugehörigkeit zu Gruppen, die bestimmte Aktivitäten bewirken, wie die Jogger, die Kinobesucher, die Partei- oder Gewerkschaftsmitglieder, die Kirchenbesucher, die Stammtisch-Freunde und die Kegelbrüder, schafft Bindungen, die partiell auf die täglichen Verhaltensweisen einen bestimmenden Einfluß ausüben. Wobei wir noch nicht einmal Familie und Beruf erwähnt haben, die normalerweise den größten Anteil des Engagements eines Menschen ausmachen.

Jeder gehört vielen Gruppen an

Wenn man diesen Bewußtmachungsprozeß, den wir hier praktiziert haben, nun noch etwas erweitern will, so braucht der einzelne sich nur einmal bestimmte Situationen vorzustellen, in denen er sich sagen würde, daß er dies oder jenes nicht tut – oder gerade tut – weil er Katholik, Freimaurer, Gewerkschafter, Umwelt-

Gruppenbindung bewußt machen

schützer, Friedensfreund, Rassist, Alkoholgegner, Familienvater, Führungskraft oder sonst etwas ist und daher nicht gegen seine Grundsätze verstoßen will. Wer diese Bewußtseinserweiterung einmal an sich selbst versucht, wird – in einer Form der Selbsterkenntnis – plötzlich merken, wie vielfältig die Einflüsse von Gruppen auf den Menschen wirken. Daher ist Menschenführung und Unternehmensführung stets auch Gruppenführung, weil Führende und Geführte den unterschiedlichsten Gruppen angehören und ihr Verhalten vielfältig von diesen bestimmt wird.

Vielfältige Einflüsse von Gruppen

Wir wollen in diesem Schritt die Einflüsse von Gruppen auf Menschen nicht nur untersuchen, sondern uns auch mit den Techniken vertraut machen, die einer Führungskraft die Möglichkeit geben, mit Gruppen angepaßter und besser umzugehen – zum Nutzen des Unternehmens.

7.1 Der Umgang in und mit der Gruppe

Sowohl weises Betragen als auch einfältige Aufführung nimmt einer vom anderen an, wie Krankheiten anstecken. Deswegen mag sich jeder mit seiner Gesellschaft vorsehen.

(Shakespeare: Falstaff)

Die Soziologie als die Wissenschaft vom Zusammenleben der Menschen – auch der Tiere und Pflanzen – ist ähnlich wie die Psychologie von sehr unterschiedlichen Lehrmeinungen beherrscht, wobei diese oft sehr stark von politischen Richtungen bestimmt sind. Als Gesellschaftswissenschaft befaßt sie sich mit den Phänomenen der Verhaltensweisen von Menschen in Gruppen; wir wollen – entsprechend unserem bisher geübten Grundsatz der Vereinfachung – auch hier versuchen, grundsätzliche Erkenntnisse so darzustellen, daß der Führende in der täglichen Praxis des Umgangs mit den ihm Anvertrauten etwas anfangen kann, ohne sich zuvor allzu intensiv mit der Wissenschaft befassen zu müssen.

Soziologie = Gesellschaftswissenschaft

Zunächst einmal zur Begriffsdefinition des Wortes Gruppe: wissenschaftlich betrachtet, bilden bereits zwei Menschen eine

Mensch und Gruppe – Technik der Zirkelarbeit

Gruppe, weil sie bereits gruppenspezifisches Verhalten entwickeln können – nicht müssen. Im Bereich der verbalen Kommunikation, also des Umgangs mit dem gesprochenen Wort, verwendet man den Begriff des „Gruppengesprächs", mit dem wir uns in der Zirkeltechnik noch ausführlich befassen werden, erst bei dem Zusammensein von mindestens 3 Menschen; das Gespräch zwischen zweien wird als Zwiegespräch oder Dialog bezeichnet.

zwei bilden schon eine Gruppe

Diese Unterscheidung, die die Soziologie nicht vornimmt, treffen wir jedoch, weil für den Führenden ein Gespräch mit einem Partner einen ganz anderen Stil und Effekt haben kann als das Gespräch mit mehreren. Da wir aus unserem führungspsychologischen Regelwerk wissen, wie wichtig die Anwendung des „relativ richtigen Maßes" ist, wird einleuchten, daß dies durch Beobachtung besser zu treffen ist, wenn man sich beobachtend auf nur einen Menschen einzustellen hat. Bei mehreren Menschen unterschiedlicher Wesensart und Verhaltensweisen ist es im Gruppengespräch nicht möglich, das auf jeden angepaßte, relativ richtige Maß der Gesprächsführung zu finden.

relativ richtiges Maß – in der Gruppe schwierig

Bei den wissenschaftlichen Definitionen unterscheidet die Soziologie zunächst nach Klein- oder Großgruppen, wobei allerdings keine exakten Zahlen maßgebend sind. Man kennt auch die formale Gruppe und die informelle; außerdem nennt man Unterscheidungen zwischen Primärgruppen wie Familie, Freundeskreis o. ä. und Sekundärgruppen wie Vereine, Gewerkschaften, kirchliche Gemeinschaften, Parteien oder Volksgruppen. Für unser Vorgehen wird es praktikabel sein, eine Unterscheidung vorzunehmen zwischen der äußeren Form einer Gruppe und der inneren Bindung, wie wir sie auf S. 360* dargestellt haben. Der äußeren Form nach unterscheiden wir als organisatorischen Gruppenbegriff erstens die formlose Gruppe, wie sie sich bei zufälligen Zusammentreffen auf der Straße, in der Eisenbahn oder auch bei einer Veranstaltungspause ergeben kann, – zweitens die natürliche oder naturgegebene Gruppe, die ihren Zusammenhalt durch Alter, Geschlecht, Familie, Sippe, Volk oder Rasse findet, – und drittens die künstliche Gruppe, die zu wirtschaftlichen, beruflichen, politischen, sportlichen, religiösen oder anderen Zwecken geschaffen wird.

Groß- und Kleingruppen

formale und informelle

Primär- und Sekundär-Gruppen

Gruppenart nach äußerer Form

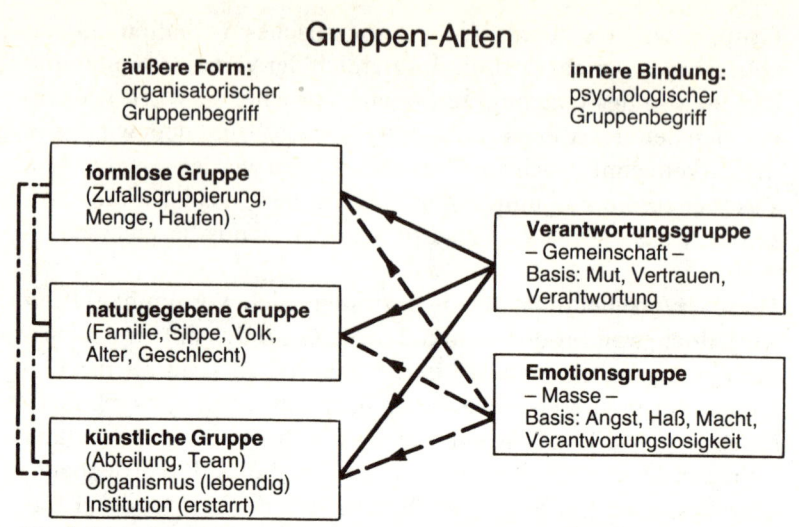

Gruppen-Arten

äußere Form:
organisatorischer Gruppenbegriff

innere Bindung:
psychologischer Gruppenbegriff

- **formlose Gruppe** (Zufallsgruppierung, Menge, Haufen)
- **naturgegebene Gruppe** (Familie, Sippe, Volk, Alter, Geschlecht)
- **künstliche Gruppe** (Abteilung, Team) Organismus (lebendig) Institution (erstarrt)

- **Verantwortungsgruppe** – Gemeinschaft – Basis: Mut, Vertrauen, Verantwortung
- **Emotionsgruppe** – Masse – Basis: Angst, Haß, Macht, Verantwortungslosigkeit

(Die beiden Arten der inneren Bindung können in jeder der drei äußeren Gruppenformen entstehen, wie auch diese drei sich durch Organisation oder Schicksalseinflüsse verändern können.)

– und nach innerer Bindung

Verantwortungsgruppe

Der inneren Bindung nach, also aus psychologischer Sicht, können wir zwei Arten unterscheiden: Die „Verantwortungsgruppe", in der das Wir-Bewußtsein sich gebildet hat aus: dem gegenseitigen Vertrauen, – den gemeinsamen Interessen und Zielen, – der Hilfsbereitschaft untereinander, – einer Disziplin aus innerer Einsicht heraus sowie einem gemeinsamen Verantwortungsbewußtsein, das auch ganz wesentlich ist für den Zusammenhalt der Gruppe. Wir bezeichnen die Verantwortungsgruppe auch als „Wir-Gruppe" oder echte Gemeinschaft.

Emotionsgruppe

Abgrenzung zur Masse

Im Gegensatz dazu ist die „Emotionsgruppe" ein Zusammenschluß, der sich auf Motive wie Angst, Haß, Machtrausch oder Begeisterung begründet, die gefühlsbedingt sind. Die Verhaltensweisen sind vielfach spontan unter Ausschaltung der Denkfunktion und ohne jegliches Verantwortungsbewußtsein. Die zahlenmäßige Abgrenzung zur Masse mit ihren ganz speziellen Funktionen aus den Gesetzlichkeiten der Massenpsychologie** ist nicht

---

* Mit freundlicher Genehmigung des VDI-Verlags, Düsseldorf, aus dem Buch „Konferenztechnik" (Lit. 5) entnommen.

** Als klassisches Werk über die Massenpsychologie gilt heute noch das Buch des französischen Arztes Gustave Le Bon „Psychologie der Massen", das 1895 erstmals erschien und in seinen Grundgedanken noch nicht überholt ist. (Lit.-Nachtrag)

Mensch und Gruppe – Technik der Zirkelarbeit

möglich; schon eine Menschenansammlung von 10–15 Personen kann emotional bedingt Massenverhalten an den Tag legen, während eine Wir-Gruppe mit Verantwortungsbewußtsein durchaus vielleicht 30 Menschen oder mehr umfassen kann.

Aus diesen Erkenntnissen ersehen wir bereits, wie es auch in unserem Zirkel-Modell für die Führenden von ausschlaggebender Bedeutung ist, die ihnen anvertrauten Gruppen, die ja künstlich geschaffen sind, zu jenen inneren Bindungen zu führen, aus denen Verantwortungsgruppen entstehen können, und Entwicklungen zu verhindern, die sich zur Emotionsgruppe ausweiten können.

Führung zu innerer Bindung

7.1.1 Wie entstehen Gruppen?

Die drei Kardinaltriebe, die die Bedürfnisse und Strebungen des Menschen steuern, sind auch die Basis für die beiden Faktoren, die Gruppenbildung entstehen lassen. Den ersten Faktor bilden aus der Umwelt – den Gegebenheiten und Situationen – die äußeren Gründe, die zur Gruppenbildung führen, der zweite Faktor sind die inneren Motive, die in der psychischen Beschaffenheit des Menschen ihre Wurzeln haben. In der Übersicht

äußere Gründe – innere Motive

Bildung von Gruppen

Kardinaltrieb, der Gründe und Motive auslöst:	Äußere Gründe, die zur Gruppenbildung führen:	Innere Motive, die zur Gruppenbildung führen:
Besitztrieb, „Haben-Wollen"	Erfordernisse der Existenzerhaltung, Nahrung, Information	Lebensraum, Schutz und Sicherheit, materielle Verbesserung
Geltungstrieb, „Sein-Wollen"	Interessen auf geistigem, politischem Gebiet usw., Informationsvorsprung	Anerkennung, Macht, Ehrgeiz, Einfluß, Geltung, Freiheit usw.
Kontakttrieb, „Gemeinschaft-Wollen"	gemeinsame Schicksale, geschichtliche Entwicklung, schwierige und gefährliche Situationen	Kollegialität, Liebe Sympathie, Kameradschaft, Solidarität, Verbundenheit usw.

ist dies verdeutlicht: in der linken senkrechten Spalte finden wir die Kardinaltriebe – und jeweils rechts daneben sowohl die äußeren Gründe als auch die inneren Motive, die zur Gruppenbildung führen.

Führung zur verantwortungsbewußten Wir-Gruppe

In der Praxis ist es allerdings nicht so, daß die Faktoren zur Gruppenbildung stets so säuberlich getrennt auszumachen sind; da greift oft vieles ineinander über und es gibt Querverbindungen, die nicht immer auf den ersten Blick erkennbar werden. Für die Führung im Unternehmen und in seinen Teilbereichen sowie für die Technik der Arbeit in den Zirkeln sollte jeder Führende wissen, daß – ungeachtet der äußeren Form – er entsprechend den inneren Motiven die Gruppen zur Bindung als verantwortungsbewußte Wir-Gruppe zu führen hat. Dies ist – im Gegensatz zur Befehlsfunktion im patriarchalischen Führungsstil – eine beratende Tätigkeit, die sehr viel Beobachtungsgabe und auch Verständnis der psychologischen Zusammenhänge erfordert.

Gruppe ist ein komplexes System

Eine Gruppe ist je nach ihrer Zusammensetzung ein äußerst komplexes System und ein sehr sensibles Gebilde, das immer wieder für Überraschungen in den Verhaltensweisen gut ist. Unsere hier gegebenen übersichtlichen Darstellungen haben nicht den Sinn, den Führenden, der sich damit befaßt, zum perfekten Soziologen auszubilden, sondern ihm nur einen allgemeinen Überblick zu geben, der ihm gegebenenfalls hier oder da Erkenntnisse oder Verständnis für Verhaltensweisen ermöglicht, die ihm sonst rätselhaft erschienen wären.

7.1.2 Gruppenspezifisches und Leistungsvorteile

Wissen um die Gesetzmäßigkeiten von Gruppen

Wir haben unser Modell „Zirkel 2000" nicht etwa deshalb so benannt, weil wir nur einen neuen Modellbegriff schaffen wollten, sondern weil im Zirkel der Ganzheit des Unternehmens (s. Farbtafel L) auch die Teilbereiche als Zirkel arbeiten und bestimmte Aufgaben im Regelkreis mit Zirkeltechnik bewältigt werden können. Dazu benötigen vor allem die Führungskräfte eines solchen Unternehmens intensive Kenntnisse des Umgangs mit Gruppen sowie – über die Beherrschung des psychologischen Regelwerks hinaus – Wissen um die besonderen Gesetzmäßigkeiten, die das Verhalten des Einzelmenschen in der Gruppe bestimmen. Diese gruppenspezifischen Verhaltensweisen greifen teilweise ineinander über oder bedingen einander; es sei im folgenden versucht, sie so einfach wie möglich darzustellen.

Da sind zunächst die Strebungen jeder Gruppe nach Kohäsion und nach Distanzierung, die auch der Laie – einmal darauf aufmerksam gemacht – beinahe täglich bei Gruppen jeglicher Art und Zusammensetzung stets beobachten kann. K o h ä s i o n bedeutet in der Biologie den inneren Zusammenhalt und auch das Zusammenstreben der Moleküle, – ein ähnlicher Aspekt zeigt sich auch bei den Einzelindividuen einer Gruppe, die stets das Bestreben haben, durch Kontakt untereinander dem Streben nach Zusammengehörigkeit zu folgen. Dies mag wohl jeder Mensch schon mehrfach am eigenen Leibe erlebt haben, wenn er sich z. B. „in seinem Verein wie zu Hause fühlt" oder er in seiner Familie oder auch unter Freunden ein Gefühl der Geborgenheit empfunden hat.

Kohäsion

Dieses Streben nach Zugehörigkeit, das dem Kontakttrieb entspricht, ist nicht nur ein reines Befinden, sondern eine aktive Kraft, die beim Individuum sich entwickelt und in der Gemeinschaft der Gruppe ihre Erfüllung findet. Menschen, die sich nicht an Gruppen orientieren oder sich nicht in solche überhaupt hineinfinden können, gelangen in ihrer Einsamkeit oft in ein gestörtes Verhalten. – Wenn der Führende um dieses Zugehörigkeitsgefühl des einzelnen zu seiner Gruppe weiß, wird er Überlegungen hierzu in sein Verhalten gegenüber dem Mitarbeiter einbauen und sich in manchen Fällen auch bewußt werden können, warum der Betreffende so oder so reagiert.

Zugehörigkeit und Geborgenheit

Die D i s t a n z i e r u n g von anderen Menschen und Gruppen, die eine Gruppe und ihre Mitglieder entwickeln, entspringt aus dem Geltungstrieb, dem Sein-Wollen des einzelnen, der sich in der Gruppe als formende Kraft besonders ausprägen kann. Das Zugehörigkeitsgefühl zu einer Gruppe, die sich von den anderen Gruppen abhebt und eine gewisse Eigenständigkeit entwickelt, ist ein vielfach zu beobachtendes Phänomen; der Stolz auf die eigene Gruppe macht auch Individuen, denen man sonst eher die Ängstlichkeit eines Hasen nachsagt, zu furchterregenden Löwen, die laut das Lob ihrer Gruppe ertönen lassen. Auch dies wird

Distanzierung ist auch Stolz auf die Gruppe

wohl jeder schon am eigenen Leibe erlebt haben; wir können uns die Schilderung von Beispielen ersparen, wenn wir nur uns dessen erinnern, daß hierzu auch Anstecknadeln, Inschriften auf T-Shirts oder Autoaufkleber zu rechnen sind.

Ersatz-befriedigung notleidender Triebe

In beiden Strebungen, der Kohäsion und der Distanzierung, finden auch viele Einzelindividuen eine Art Ersatzbefriedigung für ihre individuell gegebenenfalls notleidenden Triebe, aber diese Gedanken bewegen sich bereits in das Gebiet der Psychotherapie, das wir bisher bewußt ausgeklammert haben. Jedoch sie begründen ein weiteres Phänomen, das sich in der Gruppe immer wieder zeigt und um das der Führende unbedingt wissen muß: im Widerstreit zwischen dem Ich-Wollen des einzelnen und dem

Wir-Wollen > Ich-Wollen

Wir-Wollen in der Gruppe siegt beim Individuum meist das Wir-Wollen. Oder anders ausgedrückt: das Individuum, das sich engagiert in eine Gruppe eingebunden fühlt, wird in den meisten Fällen sein eigenes Wollen zurückstellen.

Dies findet man vor allem oft in sogenanntem Normverhalten, das sich sprachlich zeigt in Redewendungen wie „ein Tierfreund tut so etwas nicht" oder „als Katholik komme ich gar nicht auf den Gedanken, dies zu tun" und ähnlichen. In der negativen Ausprägung kann ein solches Verhalten gedankenträger Herdentrieb sein, in der positiven Form kann es ein bewußtes Hintanstellen

Gruppenwollen kann gesteuert werden

des eigenen Willens unter den der Gemeinschaft sein, deren Sinn und Zweck man bejaht und unterstützt. – Der Führende, der mit Gruppen umgeht, kann – in Kenntnis dieser Gesetzmäßigkeit – bewußt darauf hinwirken, das Wollen dieser Gruppen in bestimmte Richtungen zu steuern, und darf erwarten, daß auch die Angehörigen der betreffenden Einheit sich dem gemeinschaftlich angestrebten Wollen anpassen.

Die nunmehr gewonnenen Erkenntnisse über die Verhaltensweisen in Gruppen führen direkt zu dem, was wir als Leistungsvorteile der Gruppen bezeichnen wollen. Wir haben zwar bisher nur einige Male den Begriff der Leistung erwähnt, – und ausführlich werden wir uns erst im nächsten Standpunkt damit befassen. Aber die Tatsache, daß bestimmte Leistungen von Gruppen besser bewältigt werden als von Einzel-Individuen, ist für unsere Führungsüberlegungen im Zirkel-Modell so bedeutsam, daß wir sie an dieser Stelle behandeln wollen.

Mensch und Gruppe – Technik der Zirkelarbeit

Die Gruppe hat – und dies ist eine weitere Prämisse, die wir beachten müssen – gegenüber den Leistungen einzelner bestimmte psychologisch begründete Vorteile, die sie zu einer höheren Effektivität gelangen lassen. Sie übt größere A u t o r i t ä t aus, sie bewirkt stärkere M o t i v a t i o n , und sie schafft bessere K r e a t i v i t ä t. Auch dies sind Tatsachen, die wohl jeder schon selbst miterlebt hat; trotzdem wollen wir es hier an einigen Beispielen erläutern, weil dies für die Führung von außerordentlicher Wichtigkeit ist.

Leistungsvorteile der Gruppe

In mehrtägigen Seminaren habe ich es gerne so gehandhabt, daß die Teilnehmer an einem Nachmittag oder Abend etwas Gemeinsames unternehmen, das völlig vom Seminar-Inhalt wegführte und der Entspannung dienen sollte. Dies konnte ein Kegelabend genauso sein wie die Besichtigung eines Münsters oder eine Bootsfahrt auf einem benachbarten See. Und in manchen Fällen haben sich einzelne Seminar-Teilnehmer mit irgendwelcher Begründung an dieser gemeinsamen Aktivität nicht beteiligen wollen; auch meine ganze Autorität – wenn ich sie hätte in die Waagschale werfen wollen – hätte da nichts genützt. In den meisten Fällen ist es – von einigen Störungsausnahmen abgesehen – jedoch dazu gekommen, daß der Betreffende sich dann doch beteiligte.

Ich habe in vertraulichem Gespräch einen oder mehrere Teilnehmer gebeten, ihm doch beizubringen, daß die Gruppe sehr großen Wert auf seine Teilnahme lege und er sich doch nicht ausschliessen dürfe. – Ich habe also in solchen Fällen bewußt die Gruppenautorität vor meine eigene geschoben oder – anders ausgedrückt – sie mir mit ihrer größeren Kraft nutzbar gemacht. Daß dies sehr von der Situation abhängig ist und nicht immer gelingt, sei zugestanden; wenn man aber als Führender um diesen Leistungsvorteil der Gruppe weiß, kann man ihn bewußt nutzen!

In enger Verbindung mit der A u t o r i t ä t steht verständlicherweise auch die Motivation; daß Gruppen- M o t i v a t i o n stärker sein kann als die Motivation des einzelnen, mag folgendes Beispiel belegen, das Dale Carnegie (Lit. 15) anführt und das beinahe schon zu Tode geritten wurde. Aber es ist einleuchtend und überzeugend.:

Gruppen-Autorität

Gruppen-Motivation

Charles Schwab, vor vielen Jahren Präsident der Bethlehem Steel Cie., machte einen Rundgang durch eines der Walzwerke des Konzerns, das in seiner Leistung stets hinter den vergleichbaren anderen Werken zurückblieb. Abends gegen Ende der Tagschicht (man arbeitete damals noch in zwei Schichten zu 12 Stunden), frug er einen Arbeiter, wieviel Vorwärmungen die Schicht heute gemacht habe. Als die Antwort „sechs" lautete, malte Schwab mit einem Stück Kreide eine große „6" auf den Fußboden und ging wortlos davon. Als die Arbeiter der Nachtschicht zur Ablösung kamen und nach der Bedeutung dieser 6 frugen, erklärten die Kollegen von der Tagschicht, daß der oberste Boß hier gewesen sei und aufgrund der Mitteilung, man habe sechs Vorwärmungen gemacht, diese Zahl hingeschrieben habe.

Als am anderen Morgen die Tagschicht wieder ihren Dienst antrat, sahen die Männer, daß die Sechs weggewischt und durch eine Sieben ersetzt worden war. Mit der Einstellung, dies sei ja wohl noch schöner, wenn die Nachtschicht sie übertreffen wolle, gingen sie mit Feuereifer an die Arbeit – und als am Abend die Nachtschicht wieder die Arbeit aufnehmen wollte, stand eine große „9" auf dem Boden. Und binnen kurzem leistete das Werk wesentlich mehr als jedes andere Werk.

Selbstmotivation der Gruppe

Vielleicht mag man heute über diese primitive Form der Motivation lächeln, aber an der Tatsache, daß Schwab mit einfachen Mitteln eine durchschlagende Wirkung zur Gruppenmotivation erreicht hat, ist nicht zu deuten. Der Werksleiter hatte ihm zuvor versichert, daß er schon alle Führungs-Register versucht habe, von Extra-Entlohnung bis zur Strafe, aber nichts habe gefruchtet. Die Selbstmotivation der Gruppen aber dann war stärker gewesen.

Übrigens sind die Leistungsparolen auf Spruchbändern, die Vorgaben und Sollwerte, die man allenthalben in den Ostblockländern finden kann, ein Zeichen dafür, daß man dort schon sehr lange um diese Zusammenhänge weiß und sie entsprechend auch nutzt. Wenn dann trotzdem dort nicht überall der gewünschte Erfolg sich einstellt, dann läßt sich dies leicht aus unserem psychologischen Regelwerk erklären, aus dem wir wissen, daß überzogene Häufigkeit eine Abwehrreaktion – in diesem Falle Abstumpfung bewirkt (s. S. 82).

Die Kreativität ist der dritte und wohl wichtigste Leistungsvorteil der Gruppe. Auch wenn man in der deutschen Sprache seit langem die sprichwörtliche Redewendung gebraucht, daß „viele mehr wissen als einer", so haben wir doch bis in die 70er Jahre dieses Jahrhunderts hinein das Wort Kreativität und seine Bedeutung kaum gekannt. Noch die Brockhaus Enzyklopädie (Lit. 13) von 1970 erwähnt nur das Wort „kreativ" in seiner Bedeutung als schöpferisch, produktiv, originell; erst der Nachtragsband von 1976 widmet dem Begriff der Kreativität immerhin schon 27 Zeilen und erklärt ihn als einen „bislang nicht eindeutig bestimmten, aus dem Englischen übernommenen psychologischen Fachbegriff, der sich auf kognitive Leistungen bezieht, die durch Flexibilität, Originalität, Einfallsreichtum und Bewertungsfähigkeit charakterisiert sind und besonders zum Auffinden neuer Problemstellungen und Lösungen dienen."

viele wissen mehr als einer

In den letzten 10 Jahren hat sich – ähnlich wie bei dem Begriff der Kommunikation – der Gebrauch des Wortes Kreativität explosionsartig erweitert; heute gibt es schon einige Dutzend Buchwerke, die sich ihm widmen. Als grundlegend kann immer noch das Buch von Paul Matussek „Kreativität als Chance" (Lit. 82), das 1974 erschien, angesehen werden. In dem Taschenbuch „Kreativität – die Chance für unsere Zukunft" nehmen Fachleute aus den verschiedensten Bereichen Stellung (Lit. 7), während das erst 1982 erschienene Werk von Gerd M. Dries „Kreativität – vom reagierenden zum agierenden Menschen" (Lit. 24) einen guten Überblick über den derzeitigen Wissenschaftsstand sowie die Kreativitätstechniken vermittelt.

Literatur zur Kreativität

Aber jenseits aller wissenschaftlichen Betrachtungen haben wir bereits dargestellt, daß wir unter Kreativität das Schöpferische verstehen, und auch erwähnt, daß der Mensch aufgrund seiner seit Jahrtausenden einseitig gerichteten Erziehung und Ausbildung heute noch nicht gelernt hat, sein ungeheures Kreativ-Potential gezielt zu nutzen. Unsere Gruppenarbeit in Zirkeln wird ein Mittel dazu sein.

unser Kreativ-Potential gezielt nutzen

Wohl jedem Menschen wird es schon einmal so ergangen sein, daß er ein Problem mit sich herumgeschleppt hat, das ihn belastete und zu dem er trotz größter Bemühung keine Lösung gefunden hat. Bis er dann auf den Gedanken kam, einmal mit einem anderen Menschen – dem Ehepartner, dem Freund – darüber zu sprechen. Und binnen weniger Minuten hat sich vielleicht dann schon – hervorgerufen durch Rede und Gegenrede – eine große Anzahl von Anregungen für den Betreffenden ergeben, die auch eine mögliche Problemlösung erkennen ließen. In kurzer Zeit waren ihm Zusammenhänge und Möglichkeiten bewußt geworden, die ihm zuvor durch stunden- oder gar tagelanges Grübeln allein nicht eingefallen waren.

Vertrauens-grundlage So einfach ist das! Der französische Schriftsteller La Rochefoucauld hat in seinen Reflexionen geschrieben, das Vertrauen gebe dem Gespräch mehr Stoff als der Geist. Und tatsächlich: jenseits aller wissenschaftlichen Definitionen ist das Gespräch mit einem anderen Menschen – oder mehreren – nach wie vor das beste Mittel, gegenseitig einander zu Gedanken anzuregen, die dem einzelnen allein nicht gekommen wären.

In der Erzählung „Unterhaltungen deutscher Ausgewanderten" (Lit. 44), die wir schon im Zusammenhang mit Rudolf Steiners Arbeit (s. S. 192) erwähnt haben, fragt der König die Schlange: „Was ist herrlicher als Geld?" und sie antwortet: „Das Licht." Und auf weitere Fragen des Königs „Was ist erquicklicher als Licht?" antwortet sie: „Das Gespräch." – Goethe mißt dem Gespräch, dies dürfen wir wohl daraus schließen, deshalb einen solch hohen Wert bei, weil dessen kommunikative Wirkung sowie die Fruchtbarkeit – die Kreativität – ihm so besonders bedeutsam erscheinen.

Kreativitäts-techniken Zwar haben sich in den letzten Jahren bereits eine Anzahl Berufener und leider auch viele Unberufene aufgemacht, um sogenannte Kreativitätstechniken in Kursen und Seminaren zu lehren; dies sind jedoch meist tatsächlich nur Techniken, die gewisse Vorgehensweisen und Ordnungen darstellen, durch die kreatives Denken vorbereitet werden kann. Kreatives Denken kann nicht mit Gewalt herbeigezwungen oder gar befohlen werden, sondern ist in jedem Menschen latent vorhanden; um es auszulösen, ist der Gedankenaustausch im Gespräch mit anderen das einfachste, beste und billigste Mittel. In diesem Sinne werden auch wir die Gesprächsführung in der Zirkeltechnik nutzen können.

Gespräch als bestes Mittel

Mensch und Gruppe – Technik der Zirkelarbeit

Die Leistungsvorteile, die das Zusammenwirken in der Gruppe bringt, sind übrigens nicht besonders neu und auch keineswegs unbekannt. In den USA arbeitet man seit Jahrzehnten mit dem Begriff Teamwork und will damit genau dasselbe erreichen wie die Sowjetrussen, die – noch früher – mit der Arbeit im „Kollektiv" begonnen haben.

Teamwork – Kollektiv

7.1.3 Gruppenarbeit ist zur Zeit „in"

Der etwas saloppe Ausdruck in dieser Feststellung soll sie gleichzeitig ad absurdum führen: es ist eben nicht so, daß die Arbeit in Gruppen zur Zeit nun einmal eine Modeerscheinung ist. Sondern sie ist eindeutig Ausdruck dessen, was wir ganz zu Anfang unserer Überlegungen festgestellt haben: der epochale Wandel hat schon begonnen – und die Wirtschaft wird davon nicht ausgenommen bleiben. Nur ist es merkwürdig, daß wir in Deutschland es immer noch nicht geschafft haben, den Vorsprung, den die USA seit dem Zweiten Weltkrieg hatten, einzuholen. Servan-Schreiber spricht in seinem Buch „Die amerikanische Herausforderung" (Lit. 110) von dem „management gap" – der Lücke oder dem Nachholbedarf, den wir im Management haben. Dagegen ist es interessant, festzustellen, daß die Japaner – aus ihrer völlig anderen Mentalität heraus – zum zweiten Male innerhalb der letzten 100 Jahre einen epochalen „Quantensprung" vollzogen haben, der uns nur mit Staunen erfüllen kann.

eben nicht nur Modeerscheinung

Nachholbedarf des deutschen Managements

In meiner Tätigkeit als Rhetoriklehrer habe ich schon anfangs der 60er Jahre in Seminaren zur „Konferenztechnik" den Führungsstil propagiert, „in, mit und durch Konferenzen – also Gruppengesprächen – das Unternehmen rationeller zu führen". Dies hat nur einen begrenzten Erfolg gehabt; wohl weil – wie ich heute erkannt habe – der Begriff „Konferenzen" der Sache durch die vielfältigen Vorurteile, die man ihm entgegenbrachte, ungeschickt war. Und als ich vor zwei Jahren im Herder-Verlag ein Taschenbuch zu diesem Thema schreiben sollte, lehnte man den von mir vorgeschlagenen Titel, der das Wort „Konferenzen"*

---

* Das Büchlein (Lit. 6) bekam dann den etwas umständlichen Titel „Wie man Besprechungen führt – Erfolgreiche Planung und Gestaltung von Sitzungen, Konferenzen und Gruppenveranstaltungen aller Art".

einbezog, ab, weil man aufgrund einer Marktuntersuchung festgestellt hatte, daß er nicht ankommen werde.

Die Tatsache, daß man anderswo – in Japan, in den USA oder in der Sowjetunion – in der Nutzung der Gruppenarbeit wegen ihrer Leistungsvorteile schon viel weiter ist als bei uns in der Bundesrepublik, müssen wir zur Kenntnis nehmen. Wir brauchen uns allerdings nicht mit ihr abzufinden: die Bestrebungen, hier ebenfalls neue Wege zu finden, sind überall erkennbar.

Quality-Circles auch in Deutschland

Schon in den 60er Jahren haben sich als eine Art Management-Philosophie in Japan sogenannte „Quality-Circles" gebildet, die auch dann in den USA übernommen wurden; in der Bundesrepublik gibt es seit Anfang der 80er Jahre bereits einen „Quality Circle Verband Deutschland e. V." (Lit. 96), der die Idee in Schrifttum, Schulungen und Tagungen verbreitet.

Leistungs- verbesserung

Die Gedanken, die der Bewegung zugrunde liegen, sind beinahe deckungsgleich mit unseren Leistungsvorteilen, die durch Bildung von Gruppen in den Betrieben erreicht werden sollen und sich vornehmlich bei entstehenden Problemen mit deren Lösung oder Beseitigung befassen. Die Teilnahme der Mitarbeiter in den Unternehmen ist freiwillig, das Management wird von den Aktivitäten in Kenntnis gesetzt, Ziel ist vor allem die Verbesserung der Leistung, ohne daß hierdurch die betriebliche Qualitätskontrolle außer Kraft gesetzt wird. Mitarbeiter werden aktiviert und motivieren sich selbst. Eine ganze Anzahl deutscher Unternehmen, darunter Siemens, VW, Daimler Benz, Hoechst u. a. arbeiten mit QC-Programmen, die von entsprechend ausgebildeten Moderatoren geleitet werden.

Modell zur Humanisierung der Arbeitswelt

Weil diese Philosophie und deren Praxis verdächtig nach wohlverpackter und getarnter Ausbeutung roch, fühlten sich die Gewerkschaften und besonders die IG Metall auf den Plan gerufen. Auf ihre Anregung hin wurde – von der SPD/FDP-Bundesregierung finanziell unterstützt – unter dem Oberbegriff der „Humanisierung der Arbeitswelt" ein Modellversuch durch das Soziologische Seminar der Universität Tübingen durchgeführt, der den beinahe abschreckenden Titel hatte „Entwicklung eines Informations- und Entscheidungsmodells zur Förderung der Steuerpotentiale von Industriearbeitern". Das Modell wurde in den Jah-

ren 1981–82 in einem Tübinger Unternehmen praktiziert und brachte bestimmte positive Erkenntnisse hinsichtlich der Kreativität und der Motivation, die wiederum mit unseren Feststellungen fast deckungsgleich sind. Ein abschließender Bericht des Universitäts-Instituts ist noch nicht veröffentlicht.
Gegen die „Quality Circle"-Bestrebungen wird auch von anderen Seiten Kritik laut in der Meinung ..., es gehe nicht an, daß man einfach japanische Methoden kopiere. Heftig äußert sich dazu Prof. Erich Staudt von der Universität Duisburg, der die Methode als naives Bemühen bezeichnet (Lit. 116) und in die Nähe leninistischer Betriebsführungsprinzipien rückt. Er bezeichnet das Ganze schlicht als inhuman. – Aber auch hier wird es wohl so sein, daß Theoretiker-Streit der Professoren entbrannt ist, von dem man nicht einmal wissen kann, welche Kräfte hinter dieser oder jener Meinung verborgen sind. Wir halten bestimmten Grundideen wie z. B. das Anteilnehmen der Mitarbeiter und das entsprechende Engagement bedeutsam, – niemand kann jedoch garantieren, daß nicht auch hier Mißbrauch getrieben wird.

Auch die Hans-Böckler-Stiftung des DGB hat in ihrer Studie Nr. 11 zur Mitbestimmung ein „mitbestimmungsgemäßes Führungsmodell" (Lit. 55) entwickelt, das interessante Ansätze bietet; allerdings sind die Überlegungen zum Führungsstil von der gegenwärtigen Mitbestimmungsposition der Gewerkschaften eindeutig gefärbt, indem sie sich gegen überholte patriarchalische Formen richten, ohne zugleich die Schlußfolgerungen zur vollkommenen Erneuerung des betrieblichen Denkens, vor allem im Mitdenken und in der Mitverantwortung der Mitarbeiter, zu ziehen.

mitbestimmungsgemäßes Führungsmodell der Gewerkschaften

Denn wenn Gewerkschaftsfunktionäre nicht so einseitig beschränkt und Unternehmer nicht so stur wären, hätte man schon längst auch hinsichtlich der Mitbestimmung einen Weg gefunden, der die Fronten nicht weiter aufreißt, sondern eine Kompromißlösung bildet, die beider Seiten Interessen gerecht werden könnte. Die Gewerkschafter verlangen „Mitbestimmung", obwohl kaum einer von ihnen persönlich bereit wäre, einen anderen – und sei es die Ehefrau – in den eigenen Geldbeutel greifen zu lassen.

„Mitbestimmung" ist psychologisch ungeschickt

Und die Unternehmer lehnen die Mitbestimmung grundsätzlich nur deshalb ab, weil sie von den Gewerkschaften so formuliert wurde. Hätten diese auch nur das Wort „Mitverantwortung" ins Spiel gebracht, wären die Unternehmer sicherlich schon viel aufgeschlossener und diskussionsbereiter gewesen.

Mitwirkung ist besser

Wenn man – wie wir es im Zirkel-Modell tun wollen – von „Mitwirkung" sprechen wollte, könnte dies ein Weg sein, den anzugehen sich lohnt. Die Frage ist allerdings, ob beide Seiten in ihrem Selbstverständnis überhaupt nach Kompromissen auszuschauen bereit sind. Wenn nicht, dann wird sie eines Tages der mit Sicherheit kommende Wandel schonungslos überrollen und sich armseliger Funktionärstypen auf beiden Seiten überhaupt nicht mehr erinnern.

Es sei an dieser Stelle – der guten Ordnung halber – zugestanden, daß auch der Begriff „Mitwirkung" im Betriebsverfassungsgesetz mehrfach gebraucht wird. Allerdings im Sinne des Mitspracherechts verstanden und keineswegs – und das ist der entscheidende Unterschied – als lebensnotwendiges Zusammenwirken zum Wohle des Ganzen. Denn das BVG basiert auf dem Klassen-Gegensatz zwischen Arbeitgeber und Arbeitnehmer; es wird überholt sein, wenn durch neues Denken Gemeinsamkeiten die Grundlagen eines Unternehmens bilden werden.

Zum Abschluß dieser Betrachtung, aus der wir erkannt haben, daß vielfach nach neuen Wegen gesucht wird, um die erkannten Leistungsvorteile von Gruppenarbeit nutzbar zu machen, noch ein Zitat aus einem an sich qualitativ hochwertigen Artikel von Dieter Gebert, Ordinarius für Betriebswirtschaftslehre an der Universität Bayreuth:

> *„... unterschiedlich führen. So wird empfohlen, den Grad des dem Mitarbeiter gewährten Einflusses auf das Entscheidungsverhalten des Vorgesetzten vom Informationsniveau des Mitarbeiters, vom erforderlichen Akzeptanzgrad der Entscheidung, vom Konflikt-Potential der von der Entscheidung betroffenen Arbeitsgruppe, vom Grad des Ziel-Konsens aller Beteiligten und ähnlichen Einflußgrößen abhängig zu machen."* (Lit. 39)

Wir wollen versuchen, es einfacher auszudrücken!

7.2 Wie man in Zirkeln miteinander umgehen kann

> *Eine Konferenz ist eine Sache, bei der viele hineingehen und wenig herauskommt.* (Werner Finck)

Wir haben schon erwähnt, daß unser Unternehmens-Modell „Zirkel 2000" seine innerbetriebliche Kommunikation im wesentlichen auf den einzelnen, kleineren und größeren, Zirkeln aufbaut, die den Bereichen, Abteilungen, Gruppen oder Funktionseinheiten entsprechen. Hier ein Organigramm mit festen Strukturen als verbindlich vorzuschreiben, wäre unsinnig, – es würde dem Versuch gleichkommen, einen 5jährigen Jungen in einen für einen erwachsenen Astronauten zugeschnittenen Raumanzug hineinzustecken und ihm zu empfehlen, sich eben anzupassen. Und da solche Fehler bereits zur Genüge im patriarchalischen Führungsstil überall gemacht wurden, wo man Unternehmen unterschiedlicher Struktur und Entwicklung ein Organigramm zu verpassen suchte, das eben nicht angemessen war, wollen wir diesen Fehler nicht wiederholen, sondern dem lebendigen Organismus Unternehmen die Möglichkeit bieten, sich selbst seinen Anzug maßgerecht zu schneidern. **Organigramm muß sich nach Maß entwickeln**

Für die Planung der Kommunikations-Struktur innerhalb eines Unternehmens, das sich am Zirkel-Modell orientiert, können folgende Empfehlungen gegeben werden:

1. In jedem Bereich sollten routinemäßige Rundgespräche stattfinden, deren zeitliche Folge (alle 8 Tage, alle 14 Tage oder 4 Wochen usw.) dem Bedarf entsprechen sollte. **in jedem Bereich**

2. Ebenfalls routinemäßige Rundgespräche führen die Leiter der einzelnen Bereiche untereinander – gegebenenfalls (je nach Unternehmensgröße und -gliederung) in inneren Zirkeln und in einem Zentralzirkel, was den frühen Begriffen der mittleren und oberen Führungsebene entspricht; auch hier wird die Zeit-Abfolge von den Zirkeln selbst festgelegt. **Bereichsleiter miteinander**

3. Für bestimmte Aufgaben können auch Zirkelgespräche festgelegt werden, die in Routine oder nach Bedarf zusammentreten und Querfunktionen entsprechen; daran können Mitarbeiter **Zirkel für spezielle Aufgaben**

und Führungskräfte verschiedenster Aufgabenbereiche teilnehmen.

Zirkel für besondere Situationen

4. Für besondere Situationen können einmalige Zirkel-Gespräche einberufen werden, deren Zusammensetzung aus den verschiedensten Funktionsbereichen vom augenblicklichen Bedarf bestimmt ist.

Das liest sich wahrscheinlich zunächst ein wenig verwirrend, ist jedoch ganz einfach in die Praxis umzusetzen nach dem Prinzip, daß jeder von einer Sache Betroffene grundsätzlich auch an der Mitwirkung zu dieser Sache beteiligt sein soll. Dies ist der Schlüssel für die Zusammensetzung der Zirkel-Gespräche.

Ein einfaches Beispiel zur Erläuterung: Zu einem Problem, das sich bei den Belieferungen der Niederlassungen im Bundesgebiet ergeben, werden alle Führungskräfte im Range der Abteilungsleiter zu einem Zirkel-Gespräch zusammengerufen. Es handelt sich um ein quer durch verschiedene Funktionen gehendes Problem, das fast alle Bereiche angeht. Nur der Sicherheits-Ingenieur, der gleichzeitig auch für den Werkschutz verantwortlich ist, sowie der Entwicklungs-Leiter, beide auch im Abteilungsleiter-Rang, werden nicht eingeladen. Sie haben überhaupt nichts mit dem Problem zu tun und werden froh sein, die Zeit an ihrem Arbeitsplatz verbringen zu können statt bei einem Rundgespräch, dessen Inhalt sie nicht betrifft und zu dem sie auch nichts beitragen können. Daß sie hinterher von dem Ergebnis informiert werden, ist selbstverständlich.

7.2.1 Zirkel-Gespräche – Konferenzen oder Sitzungen?

Begriffsvielfalt

Für den Oberbegriff des Gruppen-Gesprächs bietet die Praxis eine Unmenge von Begriffen an: Sitzung, Beratung, Mitarbeitergespräch, Konferenz, Dienstbesprechung, Aussprache, Diskussion, Kolloquium, Kollektiv oder Versammlung, um nur die gängigsten zu nennen. Hinzu kommen dann auch noch die aus dem anglo-amerikanischen Sprachbereich wie Brainstorming, Panel-Discussion, Meeting, Case-Method, Hearing, Teamwork, Talk-in, Sit-in, die vielfach nur um der Modernität willen – oft sogar am falschen Platz – gebraucht werden.

Interessant im semantischen Sinne ist vor allem der Begriff „Tagung", der im Sprachgebrauch oft auch für Sitzungen verwandt wird, die keinesfalls einen ganzen Tag in Anspruch nehmen. Und ironisierend werden dann Redewendungen gebraucht wie etwa „Die tagen immer noch" oder „schon wieder" oder auch „bei denen wird immer getagt". Der Ton solcher und ähnlicher Äußerungen ist meist abwertend – aus den bitteren Erfahrungen heraus, die viele Mitarbeiter und Führungskräfte mit schlecht geführten und uneffektiven Sitzungen gemacht haben.

Für das Gruppengespräch in und mit Zirkeln in unserem Modell soll es dem Anwender überlassen bleiben, ob er die Bezeichnung „Sitzung" oder das Wort „Konferenz" wählt; dies kann man im Unternehmen nach Belieben einführen. Wir werden im folgenden von Konferenzen sprechen; das Wort „Sitzung" erscheint uns mit einem unlebendigen Beigeschmack behaftet, während das Wort „Konferenz" (aus dem lateinischen conferre = zusammentragen) genau das trifft, was wir im Zirkel-Modell wollen: das Zusammenwirken zu einer Gemeinsamkeit, in die alle Beteiligten eingebunden sind und die die Lebendigkeit und Funktionsfähigkeit der Organe und des Organismus ausdrückt. Wem der Begriff aber – vielleicht aus einem gewissen Vorurteil heraus – zu „hochgestochen" erscheint, der mag jedesmal, wenn wir das Wort Konferenz im folgenden erwähnen, gerne statt dessen „Sitzung" lesen.

Verwendung des Begriffs „Konferenz"

Es ist uns angelegen, zunächst einmal klarzustellen, daß eine richtig durchgeführte Konferenz ein Rationalisierungsmittel ersten Ranges ist; der Verlust, der der deutschen Wirtschaft alljährlich durch mangelhaft vorbereitete und miserabel durchgeführte Konferenzen entsteht, geht in eine Summe von mehreren Milliarden D-Mark. Darin sind nicht einmal eingerechnet die nicht in Geldwert auszudrückenden Demotivationen, die nach einer mißlungenen Konferenz als Enttäuschungserlebnisse und – daraus folgend – als Aggressionen sich auswirken und die das Unternehmen entscheidend schädigen können.

Milliarden-Verluste durch mangelhafte Konferenzen

Ein Beispiel aus meinem persönlichen Erleben, das sich vor einigen Jahren in einem Unternehmen im Hamburger Raum abspielte, mag dies erläutern: die Firma (ca. 1100 Beschäftigte) hatte sich schon eine recht annehmbare Kommunikationsord-

nung geschaffen: Jeden Freitag Vormittag trafen sich die drei Inhaber und die acht Leiter der Bereiche – Prokuristen bzw. Handlungsbevollmächtigte – zu ihrer Routinesitzung. Sie nannten sie „Freitagsrunde"; jeder hielt sich, wenn er nicht gerade auswärts auf Reisen war, diesen Termin unabdingbar frei. Die Leitung ging reihum, d. h.: schon für das ganze Jahr war festgelegt, wer in welcher Woche die Vorbereitung und Leitung der Gesprächsrunde zu übernehmen hatte.

Das Kommunikationssystem sah weiter so aus, daß die Teilnehmer dieser Runde jeweils am darauffolgenden Montagnachmittag mit ihrem mittleren Management eine Routinesitzung hatten, in der die für ihren Bereich wichtigen Punkte aus der Freitagsrunde behandelt wurden; und am Dienstagvormittag führten die Angehörigen dieser Sitzung in ihren Abteilungen – mit den Meistern bzw. Gruppenleitern – eine Besprechung auf der unteren Führungsebene durch. Einwände und Vorschläge aus diesen Gruppen wurden dann wiederum bei der nächsten Freitagsrunde zur Sprache gebracht, – an sich bereits ein recht gut funktionierendes Rückkoppelungs-System.

Man bat nun mich, der Gruppe des oberen Managements noch einige Kenntnisse zur Verbesserung der Konferenztechnik zu vermitteln; wir einigten uns darauf, daß wir ein verlängertes Wochenende mit der Gruppe in einem Tagungshotel in der Lüneburger Heide verbringen wollten. Das Seminar sollte mit der „Freitagsrunde" an Ort und Stelle starten. An diesem Tage begann sie pünktlich um 9.00 Uhr; turnusmäßig hatte der Personalchef die Leitung – und mein Kollege und ich waren als stille Zuhörer anwesend und machten Notizen über den Ablauf, mit einem genauen Soziogramm.

Die Konferenz hatte acht Tagesordnungspunkte und dauerte 3 Stunden 37 Minuten; anschließend ging man zum Mittagessen. Und am Nachmittag waren nun wir, mein Kollege und ich, dran: wir konnten anhand unserer Aufzeichnungen und Auswertung der Konferenzleitung und des Diskussionsablaufs darlegen, daß die Sitzung – bei entsprechend besserer Arbeitsvorbereitung und strafferer Führung – in maximal eineinhalb Stunden hätte abgewickelt werden können.

Mensch und Gruppe – Technik der Zirkelarbeit

Den Teilnehmern leuchteten unsere Darlegungen ein – und nun nahmen wir noch eine Berechnung vor, wieviel das Unternehmen – umgelegt auf die nicht kärglichen Gehälter der 11 Anwesenden – durch diese zwei Stunden Zeitersparnis finanziell eingespart hätte. Es kam eine Summe von über 1600 DM heraus; nicht berücksichtigt die Tatsache, daß die Teilnehmer in diesen ersparten zwei Stunden vieles anderes an ihrem Arbeitsplatz hätten erledigen können. – Wenn man dieses Ergebnis umlegt auf die Jahresleistung und auf die vielen Tausenden von Konferenzen in der deutschen Wirtschaft, die ähnliche Fehlleistungen erbringen, dann mag einem deutlich werden, welchen Rationalisierungseffekt man erzielen könnte.

In allen Bereichen der Unternehmen wird Rationalisierung großgeschrieben, – technisch, organisatorisch und personell bemüht man sich überall, wirtschaftlicher zu arbeiten. Aber auf dem Gebiet der Konferenzen, Sitzungen, Besprechungen – oder wie man dies noch nennen mag – wird drauflosgewurstelt, daß es einen grausen kann. Allerorten maßen sich Chefs an, zu irgendeinem ihnen genehmen Zeitpunkt „Untergebene" zu einer Sitzung zusammenzurufen, wann es ihnen gerade paßt. Ohne dabei danach zu fragen, ob der oder die betreffenden Mitarbeiter nicht gerade etwa eine andere, vielleicht sogar wichtigere Aufgabe zu bewältigen haben. „Wenn ich Zeit habe, dann haben Sie auch Zeit zu haben", lautet die Bemerkung des Vorgesetzten, falls jemand einen Einwand wegen des Termins machen sollte. Und dabei bedenken solche Herren nicht, daß sie den betreffenden Mitarbeiter abqualifizieren, wenn sie ihm auf diese Weise zu verstehen geben, wie unwichtig seine Arbeit (die er ja gerade von seinem Chef aufgetragen bekommen hat) ist gegenüber der wertvolleren Zeit des Vorgesetzten.

vielfach wird drauflosgewurstelt

wenn der Chef gerade Zeit hat

Dem Sinne der Rationalisierung entsprechend müssen bei Konferenzen entweder mit geringerem Aufwand (Zeitbedarf) die gleiche Effektivität – also das gleiche Ergebnis – oder mit gleichem Aufwand (Einsatz der Teilnehmer) eine höhere Effektivität – also ein besseres Ergebnis – erzielt werden. Dies muß jedem einleuchten. Wir wollen nunmehr uns aufgrund der bisher gewonnenen Erkenntnisse bewußt machen, warum nicht nur die Konferenzen durch bessere Techniken rationalisiert werden können, sondern

Aufwand und Ergebnis

Mensch und Gruppe – Technik der Zirkelarbeit

Rationalisierungs- durch sie auch in der Führung im Unternehmen ein echter Ratio-
Effekte: nalisierungseffekt erzielt werden kann.

    a) In einem modernen integrativen Führungsstil ist die Konferenz das **beste Medium**, Führungskräfte und Mitarbeiter zu informieren und zu motivieren; die nebenstehende Graphik macht dies sichtbar.

    b) Dem sich seines **Persönlichkeitswertes** in unserer heutigen Zeit mehr bewußten Menschen gibt die Konferenz die Möglichkeit, mitzureden und auch selbst gehört zu werden; er ist nicht mehr nur Befehlsempfänger und Ausführender, sondern ihm wird der **Sinnzusammenhang** seiner Tätigkeit bewußt.

    c) Eine richtig geführte und gesteuerte Konferenz wird durch die gruppenspezifische Verhaltensweisen der **Kohäsion** und der **Distanzierung** wesentlich zum menschlichen Klima und auch zur Leistungsbereitschaft beitragen.

    d) Die Leistungsvorteile der Gruppe – größere **Autorität**, stärkere **Motivation** und bessere **Kreativität** – werden durch die Konferenz freigesetzt und wirksam.

    e) Bei richtiger Entwicklung des „**Wir-Gefühls**" der Gruppe wird die Konferenz wesentlich zur Überwindung von Hemmungen, Störungen, Schwierigkeiten und negativer Einstellung des einzelnen beitragen.

    f) Die Konferenz befriedigt die in jedem Menschen stets latent vorhandenen **Kardinaltriebe**: sie bietet den Teilnehmern, was sie haben wollen (Information, Wissen, Sicherheit, Minderung der Existenzangst usw. = **Besitztrieb**), sie gibt ihnen, was sie sein wollen (Anerkennung, Mitreden, Mitwirken, Mitverantworten, Geltung, Achtung usw. = **Geltungstrieb**) und sie befriedigt das Streben nach Gemeinschaft-Wollen (Zugehörigkeit, Gemeinsamkeit, Vertrauen, Teamgeist, Aufeinander-verlassen-können usw. = **Kontakttrieb**).

    g) Die Offenheit der Aussprache in einer gut geleiteten Konferenz wird ein wesentlicher Beitrag dazu sein, daß nicht nur gerade in der betreffenden Gruppe, sondern im gesamten Unternehmens-Organismus eine Atmosphäre des **Vertrauens** entsteht und Ängste abgebaut werden oder sich gar nicht entwickeln können; die **Lebensqualität** wird gefördert.

Mensch und Gruppe – Technik der Zirkelarbeit

Kommunikationstechniken und Führungspsychologie zur Information und Motivation einer Gruppe

Notwendigkeiten bzw. Erfordernisse:	Zeitaufwand (bei Vorbereitung und Durchführung, Häufigkeit)	aktenkundig (jederzeit verfügbar, zum Nachschlagen)	Möglichkeit zur Rückäußerung (für alle Betroffenen)	Förderung des Teamgeistes (innerhalb der Gruppe)	Notwendigkeit der Mitarbeit (Mitdenken, Mitfühlen, Mitwollen)
schriftliche Information Rundschreiben, Umlauf, Aktennotiz, Brief, Aushang 2 + und 6 –	–	+	+ – –	– – –	
Einzelgespräche mit jedem persönlich, per Telefon, Band usw. 6 + und 5 –	– –		+ + +	– – –	+ + +
Ansprache vor der Gruppe bei Versammlung, Befehlsausgabe – ohne Rückäußerungsmöglichkeit der Empfänger 4 + und 8 –	+ + +	– – –	– – –	–	+ –
Konferenz mit entsprechender Vorbereitung und optimaler Durchführung einschließlich Protokoll 11 +	+ +	+	+ +	+ + +	+ + +
Gesetzmäßigkeiten des führungspsychologischen Regelwerks:	A 1 bis 3: positive Einstellung, richtiges Maß	C 1: Besitztrieb (Haben-Wollen)	C 2: Geltungstrieb (Sein-Wollen)	C 3: Kontakttrieb (Gemeinschafts-Wollen)	B 1 bis 4: psychische Funktionen

Erläuterung des Verfassers: *Diese Zusammenstellung ist entstanden aus jahrzehntelangen Befragungen von Gruppen hinsichtlich der Effektivität der Kommunikationstechniken. In der linken Spalte sind die einzelnen Techniken – schriftliche Information, Einzelgespräche, Ansprache und Konferenz – aufgeführt. Die obere Querspalte nennt die Ansprüche, die man an diese Techniken stellt bzw. was sie erfüllen können.*
Die + und – Zeichen geben an, wie die Befragten die betreffende Technik hinsichtlich der gewünschten Anforderung beurteilt haben. Also z. B. hat bezüglich des Zeitaufwandes die Ansprache drei +, weil sie mit Abstand die kürzeste Technik ist; hingegen hat die schriftliche Information hinsichtlich der Förderung des Teamgeistes drei –, weil der Kontakttrieb (das Gemeinschaft-Wollen) dadurch überhaupt nicht befriedigt wird.
Die untere Querspalte erläutert und begründet die Ergebnisse darüber noch mit den Gesetzmäßigkeiten des führungspsychologischen Regelwerks.
Das Ergebnis dieser langjährigen Erhebungsarbeit ist ziemlich eindeutig: Die Konferenz ist mit Abstand das bestgeeignete Mittel zur Führung, sowohl hinsichtlich der technischen Effekte als auch in bezug auf die psychologische Wirksamkeit. Dies sollte auch diejenigen überzeugen, die – aus bisher schlechten Erfahrungen heraus – Konferenzen ablehnend gegenüberstehen. Voraussetzung ist allerdings unbedingt, daß die Konferenz richtig praktiziert wird, – so, wie in den folgenden Darstellungen empfohlen.

positive Auswirkungen

Sicherlich könnte auch hier ein skeptischer Betrachter einwenden, dies sei alles in allem zu idealistisch gesehen und werde sich nie so verwirklichen lassen. Das gestehen wir zu, aber es sollte auch eingeräumt werden, daß – wenn auch nur einige der vorgenannten Punkte, die ja ineinandergreifen, realisiert werden könnten – positive Effekte entstehen können, die bislang leider nur in relativ wenigen Unternehmen der deutschen Wirtschaft zu finden sind.

Ein Unternehmen, das sich am Modell „Zirkel 2000" orientiert, braucht diese Kommunikationsstruktur und -technik der Konferenzen, weil durch sie der Geist des Unternehmens-Organismus realisiert werden kann – im Sinne des ganzheitlichen Verständnisses.

7.2.2 Arten der Konferenz

Es gibt unterschiedliche Theorien in der Auffassung, in welche verschiedenen Arten man Konferenzen einteilen soll. Franz Goossens nennt in seinem Buch (Lit. 47) Bildungs- und Beratungskonferenzen, Schlichtungs-, Entscheidungs und Interpretationskonferenzen, andere sprechen von Beschluß-Konferenzen, Innovations- oder Kreativ-Konferenzen oder verwenden allgemeine und unverbindliche Bezeichnungen wie Dienstbesprechung, Routine-Sitzung oder Führungskonferenz. Auch die Begriffe „freie" beziehungsweise „gelenkte" Konferenz sind zeitweise im Schwange gewesen, die aber sehr mißverständlich gedeutet werden können.

viele Begriffe

Problem- oder Ziel-Konferenz

Wenn es darum geht, Konferenzarten zu charakterisieren, dann bieten sich die Bezeichnungen „Problem-Konferenz" und „Ziel-Konferenz" an, mit denen relativ einfach umzugehen ist. Bei der Problem-Konferenz handelt es sich darum, daß ein Problem vorhanden ist, das mit dem Mittel der Konferenz gelöst werden soll. Dies wird die häufigste Art von Konferenzen sein; man sollte sich allerdings nicht verwirren lassen dadurch, daß selbstverständlich eine Problem-Konferenz auch ein „Ziel" hat – nämlich die Lösung des Problems.

Mensch und Gruppe – Technik der Zirkelarbeit

Im Gegensatz hierzu ist jedoch bei einer Ziel-Konferenz das Ziel von vornherein festgelegt, – ob es im Ergebnis dann erreicht wird, ist eine andere Frage. Ziele der Zielkonferenz können Information, Motivation oder Lernen sein; aus der nachstehenden Graphik wird dies ersichtlich.

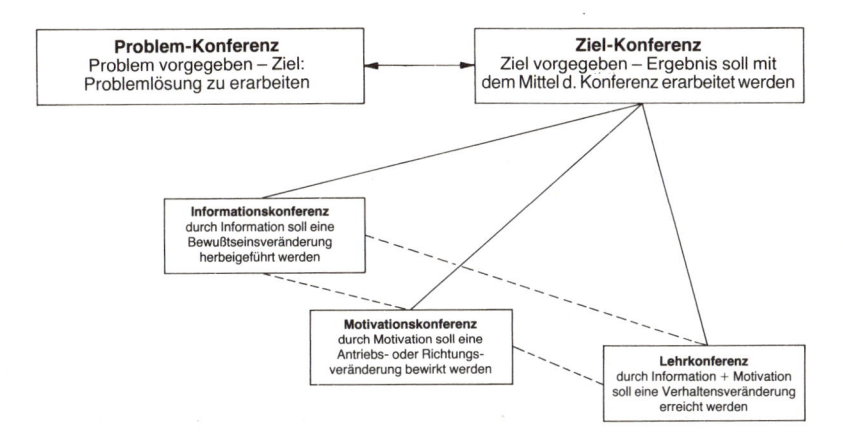

```
┌─────────────────────────┐         ┌─────────────────────────────┐
│   Problem-Konferenz     │◄───────►│      Ziel-Konferenz         │
│ Problem vorgegeben – Ziel:│         │ Ziel vorgegeben – Ergebnis soll mit │
│ Problemlösung zu erarbeiten│        │ dem Mittel d. Konferenz erarbeitet werden │
└─────────────────────────┘         └─────────────────────────────┘

         ┌─────────────────────────┐
         │   Informationskonferenz │
         │  durch Information soll eine │
         │  Bewußtseinsveränderung │
         │    herbeigeführt werden │
         └─────────────────────────┘

                ┌─────────────────────────┐
                │   Motivationskonferenz  │
                │  durch Motivation soll eine │
                │    Antriebs- oder Richtungs- │
                │  veränderung bewirkt werden │
                └─────────────────────────┘
                                    ┌─────────────────────────┐
                                    │     Lehrkonferenz       │
                                    │ durch Information + Motivation │
                                    │  soll eine Verhaltensveränderung │
                                    │     erreicht werden     │
                                    └─────────────────────────┘
```

Während es bei der Problemkonferenz durchaus möglich sein kann, daß man ohne Lösung mit der Feststellung auseinander geht, man müsse erst noch Entwicklungen abwarten, andere Voraussetzungen schaffen oder noch weitere Informationen einholen, haben die Zielkonferenzen festgelegte Ziele, die erreicht werden sollen. Ob dies im Ergebnis gelingt, wird der Konferenzverlauf dann zeigen. **Lösung eines Problems**

In der Problemkonferenz rechnet man vor allem mit dem Leistungsvorteil der Kreativität, der in ihr zum Tragen kommen kann. Bei den Zielkonferenzen hingegen unterscheiden wir – wie aus unserer Übersicht zu ersehen – drei verschiedene Arten: die Informations-, die Motivations- und die Lehr-Konferenz. Die Informations-Konferenz hat das Ziel, durch entsprechende Informationen bei den Teilnehmern einen Prozeß der Bewußtseinsbildung oder -veränderung zu schaffen. Ein Beispiel aus der Praxis mag dies erläutern: **Informations-Konferenz**

In einem Unternehmen der pharmazeutischen Industrie, das auf der alljährlich stattfindenden Therapie-Woche in Karlsruhe mit einem Ausstellungsstand vertreten gewesen war, wünschte der Vorstand vom Marketing-Leiter einen Bericht über Erfolg, Erkenntnisse, Wettbewerbs-Situation etc. Üblicherweise hatte man es in den früheren Jahren so gehandhabt, daß jeder der zwölf Außendienstmitarbeiter, die als Referenten, Besucher oder Standdienst dort anwesend waren, einen schriftlichen Bericht einreichte, die der Marketing-Leiter dann zusammenfaßte zu der Ausarbeitung, die dem Vorstand vorgelegt wurde.

Der Marketing-Leiter lud nunmehr alle Beteiligten zu einer Informationskonferenz ein, bei der alle ihre Eindrücke schildern konnten und nach einer straffen Ordnung die Diskussion geleitet wurde. Sie ergab vor allem die Zurechtrückung subjektiver Eindrücke, die gemeinsame Erkenntnis von Vorgängen und Trends und vieles andere mehr, das im Protokoll festgehalten wurde. Der Vorstand erhielt dann das Protokoll, in dem die Meinungen objektiviert waren und so optimal als Grundlage für geschäftspolitische Entscheidungen dienen konnten.

Die Teilnehmer hatten für die gesamte Arbeit – statt eines Wochenendes für den persönlichen Bericht (mit entsprechender Frustration) – einen Zeitaufwand von zwei Stunden Konferenzarbeit benötigt und konnten mit der Erkenntnis nach Hause gehen, nunmehr doch mehr erfahren zu haben, als es ihre subjektive Situation erlaubt hatte: eine echte Bewußtseinsveränderung – Ziel der Informationskonferenz.

Objektivierung als Rationalisierung

menschliche Stimulierung zum Erlebnis

Wer möchte anhand dieses Beispiels, das sich tatsächlich so abgespielt hat, nicht den Rationalisierungseffekt erkennen, der nicht nur im verringerten Zeitaufwand gegenüber der alten Methode der Einzelberichte und ihrer Zusammenfassung liegt, sondern der auch eine optimale Objektivierung der Aussagen für den Bericht an den Vorstand brachte. Im menschlichen Bereich haben die Teilnehmer nicht nur die Zeitersparnis als positiv stimulierend empfunden, sondern gleichzeitig Erkenntnisse gewonnen – und zwar jeder einzelne für sich – wie subjektiv ihre Aussagen teilweise waren und wie nützlich es ist, andere Meinungen kennenzulernen, einzubeziehen und zu akzeptieren. Das gemeinschaftliche Erlebnis schließlich, etwas für den Vorstand und damit für das Unternehmen Brauchbares erarbeitet zu haben, ist

Mensch und Gruppe – Technik der Zirkelarbeit

das Tüpfelchen auf dem i der Arbeit in der Gruppe. Informationskonferenz als Rationalisierungsmethode.

In einer Motivations-Konferenz ist das Ziel, durch die Motivation einer Gruppe eine Antriebs- oder Richtungsveränderung zu erreichen. Das wird zwar nicht so vor sich gehen, daß der Führende eine Idee oder einen Plan zu realisieren die Absicht hat und sich demgemäß vor seine Gruppe stellt und sagt: „Ich will euch jetzt einmal motivieren!" Obwohl auch dies durchaus dort geschehen könnte, wo aufgrund der Persönlichkeit des Betreffenden und des vorhandenen Vertrauensverhältnisses entsprechende Voraussetzungen vorhanden sind. Leider ist dies in noch vielen Unternehmen und Teilbereichen absolut nicht der Fall, so daß wir eine solche Situation vorläufig noch als Ausnahme ansehen müssen. Es ist aber nicht illusorisch, zu hoffen, daß sich dies im Sinne der bevorstehenden Transformationen ändern könnte. Unser Beispiel, das den Fall einer Motivationskonferenz darstellt, hat den Vorzug, daß es sich in der Praxis genauso abgespielt hat, – nichts daran ist geschönt.

Ankündigung der Motivation

Der Leiter eines Unternehmens ist aufgrund ausführlicher Untersuchungen und durch vielfältige Informationen zur der Überzeugung gekommen, daß es für das Unternehmen – Maschinenfabrik mit ca. 300 Beschäftigten – einen beachtlichen Rationalisierungseffekt bringen könnte, wenn man – statt der bisherigen Urlaubsverteilung mit Kleckerei und Vertretungsschwierigkeiten von Mai bis September – sich auf einen dreiwöchigen gemeinsamen Betriebsurlaub einigen könnte.

Er hätte nun die Möglichkeiten, gemäß unserer Übersicht zu den Kommunikationstechniken (s. S. 379) durch ein Rundschreiben, eine Aktennotiz, einen Aushang oder eine ähnliche Form seinen Entschluß bekanntzugeben. Er könnte andererseits eine Betriebsversammlung einberufen und seine Entscheidung in einer Ansprache darstellen. In beiden Fällen wäre die Gefahr von Widerständen – wegen der mangelhaften Rückäußerungsmöglichkeiten der Empfänger – sehr groß; im zweiten Falle könnte sogar eine Ansteckungskraft der Gefühle in der Masse bewirken, daß ihm die gesamte Veranstaltung entgleitet und er das Gegenteil von dem bewirkt, was er erreichen möchte – nämlich zu überzeugen und zu gewinnen.

Der dritte Weg wäre der der Einzelgespräche, die er mit allen Führungskräften des innersten Zirkels führen und in denen er eine optimale persönliche Einwirkung erreichen würde, da er das jeweils relativ richtige Maß anwenden könnte. Der Effekt, ob die einzelnen Führungskräfte dann die Meinung des Chefs auch ihren Gruppen, Bereichen, Zirkeln richtig und überzeugend weiter-„verkaufen", ist nicht gesichert. – Im integrativen Führungsstil entschließt sich der Chef zur Einberufung einer Führungskonferenz für den innersten Zirkel seiner 8 Abteilungsleiter; der Betriebsrat gehört selbstverständlich dazu – wir werden auf die Rolle des Betriebsratsvorsitzenden im Zirkel-Modell noch später einzugehen haben.

Aufgrund der in der Einladung angekündigten Thematik läßt nun der Chef – gegebenenfalls unter der Konferenzleitung eines der Teilnehmer – alle ihre Meinung zu dem Thema des Betriebsurlaubs äußern und nach jedem Redner über dessen Argumente diskutieren. Er selbst hält sich in der Diskussion zurück, damit nicht der Eindruck entsteht, er wolle – aufgrund seiner „Amtsautorität" – seine Meinung, die er noch nicht geäußert hat, durchsetzen. Die Meinungen zu der Frage sind unterschiedlich, doch scheint sich eine Mehrheit für die Lösung im Sinne des Chefs abzuzeichnen. Nun werden nochmals besonders die Argumente der Teilnehmer geprüft und diskutiert, die dagegen sind; in manchen Fällen wird dann eine Lösung gemeinsam gefunden, die dem Betreffenden hilft, die Schwierigkeiten in seinem Bereich zu überwinden.

Im Endergebnis werden alle einsehen, daß es für das Unternehmen tatsächlich das Beste ist, einen solchen Betriebsurlaub ab nächstem Jahr einzurichten, – mit bestimmten Einschränkungen und Ausnahmen, die den Einwänden oder Schwierigkeiten bestimmter Bereiche Rechnung tragen.

kein Eindruck der Manipulation

Der psychologische sowie der Rationalisierungs-Effekt liegen auf der Hand. Der Unternehmensleiter hat geführt nach dem Grundsatz, zu erreichen, daß die Mitarbeiter das tun w o l l e n, was sie tun s o l l e n. Sie verlassen die Konferenz nicht mit dem Eindruck, hier gegen ihren Willen zu etwas „manipuliert" worden zu sein, sondern aus eigener Überlegung die Erkenntnis gewonnen zu haben, wie es zukünftig am besten mit dem Urlaub gehandhabt werden soll.

Mensch und Gruppe – Technik der Zirkelarbeit

Jeder hat seine Meinung sagen dürfen (Geltungstrieb); man ist gemeinsam zu Erkenntnissen gekommen und niemand wird sein eigenes Süppchen kochen (Kontakttrieb); und alle wissen, daß die beschlossene Maßnahme dem Unternehmen auch einen beachtlichen finanziellen Nutzen und organisatorische Effekte bringen wird (Besitztrieb): Alle drei Kardinaltriebe sind befriedigt. — **alle Triebe befriedigt**

Mit den Leistungsvorteilen der Gruppe kann man rechnen: die Kreativität hat dort genutzt, wo Vorschläge und Lösungen für diejenigen Bereiche eingebracht wurden, denen tatsächlich durch die Maßnahme gewisse Schwierigkeiten entstehen konnten. Und die Gruppenautorität – stärker als die Einzelautorität des an sich sehr geschätzten Chefs – wird bewirken, daß keiner nachträglich aus dem Beschluß ausschert, sondern mit dem empfangenen Motivationsstoß auch in der Lage sein wird, seinen nachgeordneten Führungskräften und Mitarbeitern den Beschluß überzeugend zu verkaufen. — **Leistungsvorteile genutzt**

Es könnte der Einwand erhoben werden, was denn geschehen würde, wenn die Gruppe zu einer anderen Meinung käme als der, die der Leiter durchsetzen möchte, also zur Ablehnung der Maßnahme des Betriebsurlaubs. In unserem Fall kann dies nicht eintreten, denn wir hatten ja vorausgesetzt, daß der Chef vorab sich ausreichend überall informiert hat, so daß er sicher sein konnte, die Summe der positiven Argumente werde weitaus überwiegen, wenn in einer objektiven Aussprache alles Für und Wider gegeneinander abgewogen werde. — **Ablehnung kann nicht eintreten**

Aber er hat dieses Abwägen mit dem Gruppengespräch im integrativen Führungsstil den mündigen Mitarbeitern überlassen und ihnen damit bewußt gemacht, daß sie alle eine Teilverantwortung für das Ganze mittragen. Einstellungen oder Redewendungen einzelner Führungskräfte, die man sonst so oft hört, wie „das ist mir egal, macht Ihr, was Ihr wollt – ich mache da mit meiner Gruppe nicht mit" oder „das ist Ihr Bier, wie Sie das hinkriegen, – uns geht das nichts an" oder gar „da müssen Sie eben sehen, wie Sie zurechtkommen; wir machen das auch ohne Ihre gütige Mitwirkung" werden im Zirkel-Modell mit integrativem Führungsstil überhaupt nicht aufkommen. Wer sich so äußert, — **mündige Mitarbeiter sind sich der Verantwortung bewußt** stellt sich bewußt außerhalb der Gemeinschaft und wird dies bis zur letzten Konsequenz dann zu spüren bekommen.

Die Lehr-Konferenz ist die dritte Art der Zielkonferenz, bei der, wie wir aus der Übersicht (s. S. 383) ersehen, gemäß unserer erarbeiteten Definition des Begriffes „Lernen" erreicht werden soll, daß die Teilnehmer durch Information und Motivation zu einer Verhaltensänderung gelangen. Die Leitung einer solchen Konferenz, deren Techniken neuesten pädagogischen Erkenntnissen entspricht, muß einem dazu eigens ausgebildeten Trainer überlassen werden; gegebenenfalls sollte ein Unternehmen ab einer bestimmten Größenordnung (300 Beschäftigte) einen geeigneten Mitarbeiter einstellen oder aus dem eigenen Stamm extern ausbilden lassen.

Information + Motivation = Verhaltens-Änderung

Wegen der speziellen Art des Vorgehens beim Gruppenlernen (Lit. 17 und 84) würde es zu weit führen, in unseren Betrachtungen darauf einzugehen. Nur soviel sei hier gesagt: auch in der modernen Andragogik (Aus- und Weiterbildung von Erwachsenen) verwendet man die Leistungsvorteile der Gruppe. Mit Hilfe der programmierten Unterweisung arbeitet man so, daß man durch gezielt vorbereitete Fragen die Teilnehmer zur eigenen Erkenntnis von Ergebnissen oder Zusammenhängen führt. Dies hat den Vorteil, daß bei den Betreffenden durch einzelne Erfolgserlebnisse („ich hab's ja selbst entdeckt!") eine wesentlich höhere Lernmotivation sowie ein ganz anderer Behaltenseffekt (Engramm-Wirkung) entstehen. Aber dies muß – wie erwähnt – einem Fachkönner überlassen werden, falls das Unternehmen dazu den entsprechenden Bedarf hat.

das muß der ausgebildete Fachmann machen

Auf eine spezielle Art des Gruppengesprächs soll hier noch eingegangen werden, die vielfach – vielleicht auch wegen des englischen Namens – in den Köpfen von Führungskräften herumspukt: das Brainstorming. Der Begriff bedeutet – wörtlich übersetzt – Gehirnstürmen und ist nur in begrenztem Sinne eine Konferenz, vornehmlich eigentlich eine Kreativitätstechnik. Es kann auch nur in ganz besonderen Fällen angewandt werden.

Gehirn-Stürmen ist eine Kreativ-Technik

Ein Berufsverband ist zu der Überzeugung gekommen, daß der Beruf seiner Mitglieder in der Öffentlichkeit ein durch bestimmte

Vorurteile entstandenes schiefes Bild bekommen hat. Man ist sich bei der Sitzung des Präsidial-Ausschusses – neun Mitglieder – darüber einig, daß irgendetwas in bezug auf die Öffentlichkeitsarbeit getan werden muß, damit bei Presse und Klientele ein besseres Bild über den Beruf entsteht.

Man entschließt sich in der Gruppe, ein Brainstorming zu praktizieren. Unter der Moderation eines Kollegen, der die Technik kennt, oder eines eigens hierzu herbeigeholten Fachmannes läuft das Brainstorming so ab, daß eine gewisse Zeit lang – etwa eine Viertelstunde – alle Teilnehmer kreuz und quer Gedanken, die ihnen zu dem Problem „Was könnten wir tun, um unser Berufs-Image zu verbessern?" einfallen, ausrufen, die dann von dem Moderator an die Tafel bzw. an Blätter an der Wand geschrieben werden. Dabei braucht vor ausgefallenen Ideen nicht zurückgeschreckt zu werden – im Gegenteil: sie können der Kreativitätsbildung nur förderlich sein. Auch die absurdesten Gedanken zur Lösung des Problems wie etwa „Feuerwerk veranstalten", „Baden gehen", „Demonstration in der City", „Offener Brief an den Bundeskanzler", „einen Film drehen" und andere mehr werden zunächst ernst genommen und sorgfältig aufgeschrieben – ohne vorgegebene Ordnung und ohne ein Wort der Diskussion darüber.

Nach einer Viertelstunde ist diese Phase des Brainstorming, die Ideensammlung, beendet; es beginnt die Phase der Ordnung. Die Begriffe, die auch auf einzelnen Blättern oder Magnetkärtchen geschrieben sein können, werden nun in Kategorien bzw. Rubriken geordnet – je nachdem entsprechend dem finanziellen Aufwand, dem Publizitätswert, der organisatorischen Machbarkeit oder anderer Kriterien. Auch hier ist die jeweilige Diskussion nur kurz, wenn irgendein Gedanke etwa in zwei oder mehreren Rubriken untergebracht werden kann.

Nach diesem Vorgehen, das etwa auch eine Viertelstunde oder etwas mehr in Anspruch nehmen kann, folgt die dritte Phase, die Selektion, in der dann die wirklich realisierbaren Vorschläge diskutiert werden; hier kann dann auch bereits in der Form einer Problemkonferenz die Durchführung bestimmter Maßnahmen beschlossen und die Planung behandelt werden.

Wir sehen, daß Brainstorming* zwar sehr nützlich als Kreativtechnik sein kann, aber im normalen betrieblichen Geschehen doch sehr selten anwendbar sein wird. Die letzte Phase wird dann mit Konferenztechnik bewältigt, mit der wir uns im folgenden befassen.

7.3 Konferenztechnik sollte jeder beherrschen

Der Finanzausschuß braucht zweieinhalb Minuten, um über den Bau eines Atomreaktors im Wert von 100 Millionen Dollar zu beschließen. Der Fahrradschuppen für 2350 Dollar beschäftigt das Gremium schon runde 45 Minuten, und über jährliche Ausgaben von 57 Dollar für Erfrischungen, die auf den Sitzungen des Betriebsfürsorge-Ausschusses gereicht werden, muß nach vollen fünf Viertelstunden die Diskussion unterbrochen werden. (C. N. Parkinson)

Konferenz ist Führungsmittel Nr. 1

Dieses Beispiel aus dem Buch von Cyril Northcote Parkinson (Lit. 90), das im übrigen auch das berühmt gewordene „Parkinsonsche Gesetz" enthält, beschreibt in prägnanter Kürze den ganzen Jammer von Konferenzen, ihren unfähigen Leitern und den grotesken Situationen und Verhaltensweisen der Teilnehmer. Und wenn wir in unserem Unternehmens-Modell „Zirkel 2000" die Konferenz als das Führungsmittel Nr. 1 schlechthin einsetzen wollen, dann gehört dazu, daß sämtliche Führungskräfte und viele Mitarbeiter – einmal von wenigen, deren geistige Fähigkeiten sie dazu nicht in die Lage versetzen – die Konferenztechnik voll beherrschen, von ihrem Rationalisierungseffekt überzeugt und

---

* In letzter Zeit macht eine – angeblich verbesserte – Methode des Brainstorming, das sogen. „Quickstorming" von sich reden, durch das vor allem der Zeitaufwand verringert werden soll. Es ist allerdings fraglich, ob ein Kreativitätsprozeß rationalisiert werden kann, ohne daß das Schöpferische dabei auf der Strecke bleibt.

auch demgemäß motiviert sind, sie bei jeder möglichen Gelegenheit anzuwenden.

Dies entspricht wieder einmal den drei Voraussetzungen aus den Grundgesetzlichkeiten der Führungspsychologie (s. 2. Schritt, S. 76 ff.): 1. der „positiven Einstellung" zur Praktizierung von Gruppengesprächen, 2. der Wahl des „relativ richtigen Maßes" in dem Sinne, daß nicht für jede nebensächlichste Angelegenheit eine Konferenz einberufen wird oder wichtige Dinge ohne Gruppengespräch von einzelnen selbstherrlich angegangen werden, und 3. der richtigen „Häufigkeit", damit nicht durch ein Zuviel an Konferenzen dieses hervorragende Führungsmittel abgenutzt oder gar abgelehnt wird.

wiederum die drei Voraussetzungen

In dem bereits erwähnten Buch des Verfassers über „Konferenztechnik" (Lit. 5) sind von rund 120 Seiten, die sich direkt mit der Konferenzleitung befassen, allein 55 Seiten nur den Vorbereitungen zur eigentlichen Konferenzarbeit gewidmet. Die dabei formulierte These „Je besser die Arbeitsvorbereitung, desto mehr Erfolg für die Konferenz" können wir getrost als eine Prämisse für unsere Arbeit in und mit Konferenzen im Zirkel-Modell übernehmen: „Der Erfolg und der Rationalisierungseffekt einer Konferenz sind im wesentlichen von der intensiven Arbeitsvorbereitung abhängig."

Konferenzerfolg hängt von der Arbeitsvorbereitung ab

Da jedoch Arbeitsvorbereitung und Praktiken der Durchführungstechnik vielfach eng ineinander übergehen und das eine nicht vom anderen getrennt werden kann, werden wir uns im folgenden nur mit der Durchführungspraxis beschäftigen, aber an jeder notwendigen Stelle darauf hinweisen, wie diese oder jene Technik oder Verhaltensweise schon durch die Arbeitsvorbereitung zuvor initiiert oder ausgelöst werden konnte. Aus Raumersparnisgründen wird sogar in manchen Fällen nur der Hinweis „(AV)" gegeben werden.

Hinweis „AV"

Und noch ein Hinweis sei gestattet: die beiden nun folgenden Abschnitte befassen sich mit der äußeren und der inneren Ordnung von Konferenzen. Wer den Begriff der Ordnung als zu straff betrachtet und befürchtet, daß durch Einzwängen in Normen und vorgeschriebene Verhaltensweisen gerade Motivation und

Ordnung ist lebenswichtig für den Organismus

Kreativität auf der Strecke bleiben könnten, irrt sich. Wenn wir die Ordnung nicht als Instrument der Macht betrachten, sondern als Mittel zur Erleichterung des Zusammenlebens, dann wird daraus erkennbar sein, daß Ordnung keinen hemmenden, sondern einen fördernden Charakter hat. Vorausgesetzt, man übt sie nicht um ihrer selbst willen aus, sondern als Prinzip zum Zusammenwirken im Organismus, der niemals leben könnte, wenn nicht alle Organe ihren Platz und ihre geordneten Interdependenzen haben würden.

7.3.1 Die äußere Ordnung ist keineswegs nebensächlich

Faktoren der äußeren Ordnung

Zu den Faktoren der äußeren Ordnung der Konferenz gehören nicht nur der Raum und dessen Inventar sowie die Sitzordnung und die Demonstrationsmittel, sondern auch die zeitlichen Faktoren wie Zeitpunkt, Zeitbedarf und -einteilung, sodann die Zusammensetzung des Teilnehmerkreises sowie die – den Umständen entsprechend – rechtzeitige Einladung, die jedoch bereits einen Übergang in die innere Ordnung, die wir später zu behandeln haben, darstellt.

Bei meinen Führungsseminaren habe ich allein schon die Vorbereitung für die äußere Ordnung stets mit solcher Akribie betrieben, daß Außenstehende vielfach nur den Kopf geschüttelt haben. Abgesehen davon, daß ich prinzipiell nie ein Seminar im Unternehmen selbst (und seien dort auch die schönsten Konferenzräume vorhanden gewesen) durchführen wollte, bin ich in kein Hotel gegangen, das ich nicht kannte und von dem ich nicht sicher war, daß alle meine Wünsche bezüglich der äußeren Gegebenheiten – vom Raum über Service, Essen, Freizeitwert bis zur Lärmbelästigung u. a. – erfüllt werden konnten. Und auch dann noch bin ich – meist am Vortage – so früh angereist, daß ich den Seminarraum auf die letzten Kleinigkeiten überprüfen und vorbereiten konnte: dies ging bis zu Lüftungsproblemen, Küchengerüchen, Steckdosen für Projektor und Ort der elektrischen Sicherungen, Essensauswahl und -zeit, Sitzgelegenheiten (oft ließ ich unbequeme Stühle im Raum ausräumen und durch andere ersetzen), Zugluft, Heizung u. v. a. m. –

Ich habe dies nicht so gehandhabt, weil ich etwa ein besonderer Pedant bin, sondern weil mich jahrelange bittere Erfahrungen gelehrt hatten, wie oft kleine und kleinliche Äußerlichkeiten einzelne Teilnehmer stören und der gesamte Erfolg der Konferenz durch lächerliche Nebensächlichkeiten infrage gestellt werden kann.

Natürlich sind betriebliche Konferenzen im Zirkel-Modell etwas anderes als mehrtägige Seminare, zu denen meist bereits die Teilnehmer mit ganz anderer Einstellung kommen, vom Tapetenwechsel einmal abgesehen. Aber darum geht es nicht. Wir müssen uns bewußt machen, daß eine Gruppe nicht nur ein äußerst komplexes System ist, sondern sich auch aus einigen Untergruppen und einer Anzahl von Einzel-Individuen zusammensetzt, die während des ablaufenden Prozesses der Kommunikation in der Gruppe ständig den verschiedensten Einflüssen unterliegen und laufend ihre Verhaltensweisen ändern können.

in einer Gruppe sind Untergruppen –

Darüberhinaus wird auch jeder einzelne mehr oder weniger Wirkung auf die anderen Gruppenmitglieder ausüben; ebenso wird es mit den Untergruppen gehen. Und damit hat der Gruppenleiter in einer Konferenz ausreichend zu tun; es ist also eine wesentliche Erschwerung seiner Aufgabe, wenn auch noch äußere Einflüsse auf die Teilnehmer einwirken. Daher die grundsätzliche Forderung, daß die **räumlichen Verhältnisse** so beschaffen sein müssen, daß sie die Einstellung und die Konzentration der Teilnehmer nicht ablenken und stören, sondern fördern.

und Individuen mit eigenen Wirkungen

Es ist gleichgültig, ob es sich um eine Gruppe in einem dreitägigen Seminar handelt oder um eine einstündige Besprechung innerhalb eines Zirkels im Unternehmen: die Forderungen, die wir an das Ambiente stellen, sind grundsätzlich gleich. Natürlich sind wir uns klar darüber, daß es nur wenige Unternehmen gibt, die Konferenzräume aufzuweisen haben, welche allen der in der folgenden Zusammenstellung aufgeführten Ansprüche gerecht werden können, – solche Idealfälle gibt es nur selten. Aber zumindest kann man bei der Entwicklung eines Unternehmens zum Zirkel-Modell darauf achten, daß möglichst viele der gewünschten Voraussetzungen geschaffen werden, die man unter der Grundforderung „kommunikationsdienlich" zusammenfassen kann.

Forderungen an das Ambiente

absolute Störungsfreiheit	Die Lage des Raumes soll den Hauptanspruch erfüllen, störungsfrei von außen zu sein; weder aus dem Gebäude (Gang, Vorraum, Nachbarräume) noch von der Straße oder von einer Produktionsstätte her dürfen Geräusche störend wirken.

Dazu gehört auch, daß das außen an der Tür während der Sitzungsdauer hängende Schild „Konferenz, bitte nicht stören!" im Unternehmen unabdingbar beachtet wird und auch diensteifrige Sekretärinnen wissen, daß sie sich den höchsten Zorn aller Anwesenden zuziehen, wenn sie meinen, ihren Chef herausholen zu müssen. Und ebenso gehört dazu, daß im Konferenzraum auf keinen Fall ein Telefon installiert ist – und wenn doch, so muß der Apparat während der Sitzungsdauer abschaltbar sein.

Unter Störung ist es auch zu verstehen, wenn der Raum eines oder mehrere Fenster hat, durch die die Teilnehmer Vorgänge außerhalb wahrnehmen können. Ideal ist ein Raum im oberen Stockwerk mit Blick auf einen Park oder eine weite Landschaft; dies wirkt beruhigend und lenkt nicht ab.

Größe des Raumes	Die Raumgröße ist selbstverständlich abhängig von der Gruppengröße; wenn wir später auf Grenzzahlen für Konferenzen zwischen 6–7 und 18–20 (je nach den betrieblichen Erfordernissen in den Zirkeln) kommen werden, so ergibt sich eine Größe von 40–60 qm als ideal. Wobei eine möglichst dem Quadrat anzunähernde Form anzustreben ist, damit die Tischordnung des Kreises stellbar sein kann. (AV)

Architekten verwirklichen ihre Vorstellungen eines Konferenzraumes meist durch einen langen „Schlauch" von etwa 3 × 12 Metern, in dem ein langer Tisch aufgestellt werden kann. Das ist idiotisch, auch wenn der Tisch aus Mahagoni und die Wandvertäfelung aus Teakholz bestehen sollte. Ein solcher Tisch verhindert gleichberechtigte Kommunikation und schafft ein „Oben" und „Unten", das genau das Gegenteil des Zusammenwirkens erreichen kann, das wir uns wünschen.

Damit sind wir bereits bei der Ausgestaltung des Raumes, der besonderes Augenmerk unter dem Gesichtspunkt gewidmet werden muß, daß sich die Teilnehmer dort wohlfühlen. Dies gilt vor allem für die Sitzgelegenheiten, in denen die Menschen stundenlang ihren Platz haben sollen – ohne körperliche Beschwerden. Stühle mit Armlehnen sind unabdingbar; sie sollten eine leicht, aber nicht zu tief gepolsterte Sitzfläche haben. Alle anderen Sitzgelegenheiten – von tiefen Clubsesseln bis zu harten, angeblich orthopädischen Kunststoffstühlen – sind abzulehnen.

Man mag mir die Unterbittlichkeit dieser Forderung nachsehen, aber was ich in Jahrzehnten an Konferenzraum-Bestuhlungen erlebt habe, spottet jeder Beschreibung. Und daß ein Mensch, der sich aus körperlichen Gründen auf seinem Sitzplatz nicht wohlfühlt, aggressiv wird, ist eine Binsenweisheit.

körpergerechte Sitzgelegenheiten

Im Sprachgebrauch sind „Gespräche am runden Tisch" stets symbolhaft für Gleichberechtigung der Beteiligten; dies war schon bei der sagenhaften Tafelrunde an König Artus' Hof der Fall. Eine optimale Kommunikation in einer Gruppe kann nur entstehen, wenn jeder jeden sehen – und demgemäß direkt mit ihm sprechen – kann. Und wenn keinerlei Rangordnung demonstriert wird, durch die sich der eine bedeutender und der andere als unwichtiger empfinden muß. Der runde Tisch ist daher als optimale Lösung für die S i t z o r d n u n g anzustreben; es sollte noch angemerkt werden, daß auch die Anordnung der Sitzplätze rund um den Tisch so vorgenommen werden soll, daß Höherrangige und Mitarbeiter in niedrigeren Positionen völlig gemischt plaziert werden, damit sich keine Überheblichkeits- oder Unterdrücktengruppe auf einer Seite des Tisches formiert. Wie man mit den Tischstellungen umgehen kann, zeigt die Übersicht auf der folgenden Doppelseite, deren Erläuterungen weitere Ausführung hier überflüssig machen.

runder Tisch = Gleichberechtigung

Sitzordung gemischt

Der einzige Nachteil einer Sitzordnung um den runden Tisch ist der, daß sich einige wenige Teilnehmer zur D e m o n s t r a t i o n s f l ä c h e (Tafel, Leinwand, Flip-Chart o. ä.) ein wenig drehen müssen; dies muß aber wegen des Vorrangs der personellen Kommunikation in Kauf genommen werden. Wenn wir uns daran erinnern, daß der Mensch ein Augentier ist und 80 % seiner Informationen optisch aufnimmt, so haben wir auch die Begründung für die ebenfalls unabdingbare Forderung, daß eine Konferenz ohne Arbeit an und mit einer Demonstrationsfläche überhaupt nicht stattzufinden hat. Dies ist als Prämisse zu verstehen!

optische Wirkung in der Konferenz

Mensch und Gruppe – Technik der Zirkelarbeit

Tischform

a) Lange Tafel, an der ein „Oben und Unten" entsteht, bedeutet den Tod einer jeden Konferenz.

b) Auch wenn die Längsseiten etwas geschweift sind, entsteht doch psychologisch der gleiche Effekt, es sei denn, der Leiter setzt sich an die Mitte der Längsseite.

c) Versuch einer Notlösung mit langer Tafel, sofern der Raum dies zuläßt. Der Leiter setzt sich mit besonderem Tisch an die Längsseite, um besseren Überblick zu haben.

d) Auch bei der sogenannten T-Form entsteht der gleiche Effekt wie bei a), sogar noch verstärkt.

e) Der runde Tisch als ideale Lösung, die nur selten praktizierbar ist, weil er in der Größe nicht variabel ist. Bei sieben Teilnehmern müßte er einen kleineren Durchmesser haben als bei zwanzig.

f) und g) Auch der halbierte runde Tisch, verlängert durch ein Zwischenstück, sowie der ovale Tisch sind noch akzeptabel, weil sie der Kreisform der „Tischrunde" nahekommen.

h) Der quadratische Tisch, der aus mehreren kleineren Tischen zusammengesetzt wird und notfalls in der Mitte offen sein kann, ist die am meisten praktizierte Lösung, durch die versucht wird, eine „Tischrunde" zu schaffen.

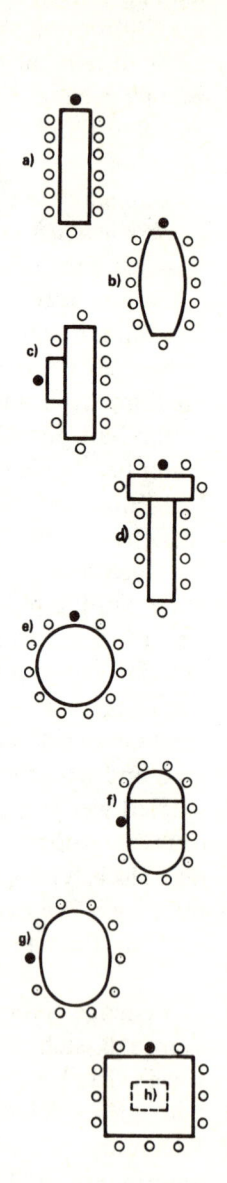

Mensch und Gruppe – Technik der Zirkelarbeit

Konferenzen

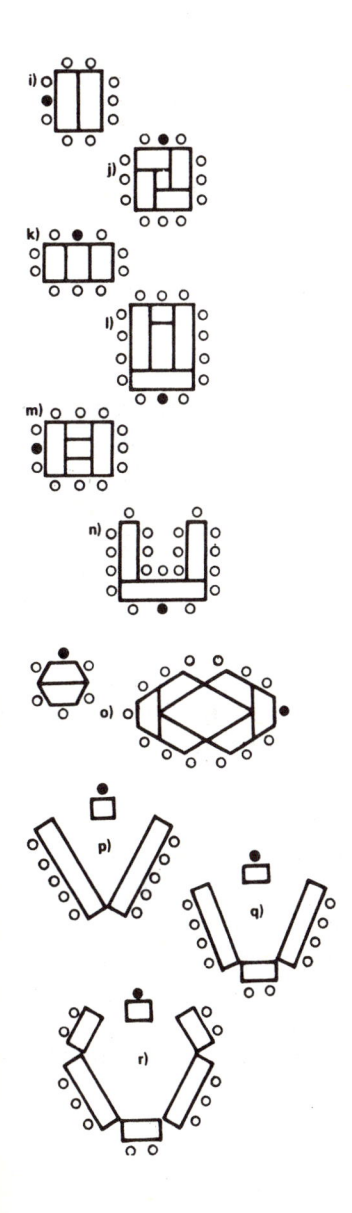

i) bis m) Verschiedene Möglichkeiten, aus vorhandenem Tischmaterial Formen zu erreichen, die psychologisch den gewünschten Effekt der „Tischrunde" bewirken.

n) Bei der Tafel in U-Form steht das U für „unmöglich". So kann keine Konferenz im Sinne des „Conferre" entstehen.

o) Die Möbelindustrie stellt Elementtische mit trapezförmigen Tischplatten her, die als ideale Lösung anzusehen sind, da man mit ihnen für alle gewünschten Konferenzgrößen Kombinationen in allen gewünschten Formen zusammenstellen kann.

p) und q) V-förmige Aufstellung von Tischen für Lehrkonferenzen, bei denen hinter dem Dozenten auch noch eine Demonstrationsfläche steht. Bei solchen Lehrkonferenzen ist der psychologische Effekt der Gleichberechtigung in der Runde nicht so wichtig wie die Demonstration. Will man diesen jedoch auch nicht vernachlässigen, so zeigt

r), wie man die vorderen Enden des V umbiegt, um eine der „Tischrunde" sich annähernde Form zu erreichen.

(mit freundlicher Genehmigung des VDI-Verlages, Düsseldorf, aus dem Buch „Konferenztechnik" von Gerd Ammelburg (Lit. 5) entnommen)

Menschen – auch gestandene Mannsbilder von Führungskräften – sind oft ungeheuer kindisch. Wenn während einer angeregten Diskussion nur einem Kollegen ein Bleistift zu Boden fällt (den Versuch kann jeder einmal nachvollziehen), so wird ein großer Teil der Anwesenden die Bemühungen des Kollegen, diesen Bleistift mit den Füßen wieder unter dem Tisch hervorzuangeln, als wesentlich interessanter gespannt verfolgen und sich von der augenblicklichen Thematik über Millionenbeträge und deren Verwendung ablenken lassen. – Dies ist nur ein Beispiel, das zeigen soll, wie man als Konferenzleiter durch gleichzeitiges optisches Mitvollziehen der Debatten-Entwicklung an der Demonstrationsfläche (AV) intensivere Wirkung über zwei Eingangskanäle der Sinnesfunktionen erzielen kann.

optische Demonstration ist unabdingbar

Über die sogenannte „Tafelarbeit" wird im Zusammenhang mit der inneren Ordnung noch einiges zu sagen sein. Zu ihr gehört allerdings auch, daß mindestens eine große Wandfläche des Raumes von Bildern oder anderem Wandschmuck völlig freigehalten wird, damit Flip-Chart-Blätter mit Zwischenergebnissen dort während der Konferenzarbeit angebracht werden können. Wie überhaupt auf Wandschmuck im gesamten Raum verzichtet werden kann, da dieser nur eine optische Ablenkung bewirken wird. Auch Wandleuchten sind nicht sinnvoll; wenn sie nicht eine wirksame Abdeckung haben, werden zumindest die Teilnehmer, die ihnen gegenübersitzen, geblendet werden.

Blendwirkung ist Störfaktor in Konferenzen

Die Beleuchtung des Konferenzraumes ist ein Problem für sich (AV). Fenster an einer, zwei oder gar drei Seiten des Raumes können eine Blendwirkung erzielen, die – besonders bei gutem Wetter – von den den Fenstern gegenüber Sitzenden auf die Dauer als sehr unangenehm empfunden wird. Deshalb müssen Fenster auf jeden Fall eine verstellbare Sonnenjalousie haben, durch die man die natürliche Beleuchtung regulieren und auch, zu Demonstrationen an der Leinwand, für eine ausreichende Abdunklung sorgen kann.

Solche regulierbaren Lichtverhältnisse sind einem fensterlosen Raum mit künstlicher Beleuchtung, der auch oft durch die Architektur angeboten wird, vorzuziehen. Ein Raum ohne Fenster kann die Wirkung eines sterilen, gefängnisähnlichen Ortes haben, der manchen Teilnehmer stört oder gar bedrückt. Zumal vielfach auch die künstliche Beleuchtung dann nicht entsprechend ist: hellen Lampen oder gar Strahlern, die nur gewisse Punkte ausleuchten, ist indirekte Beleuchtung durch warmes Neonlicht vorzuziehen, wenn man schon in einem fensterlosen Raum arbeiten muß.*

Farbtafel N

Bei einem solchen Konferenzraum ergeben sich vielfach auch Schwierigkeiten mit der Heizung und der Belüftung (AV durch Ausprobieren). Optimale Konferenztemperatur beträgt etwa 18–20° Celsius. Auch wenn Teilnehmer beim Eintreten monieren, es sei ihnen zu kalt, sollte man sich als Konferenzleiter davon nicht beeinflussen lassen, eine eventuell vorhandene Heizung aufzudrehen. Denn spätestens binnen einer halben Stunde hat sich durch die Ausdünstung der Körper und den Sauerstoffverbrauch die Temperatur auf nahezu 24° erhöht – und dies ist schon die obere Grenze für geistige Tätigkeit.

optimale Konferenz-Temperatur

Empfehlenswert ist, den Raum längere Zeit vor der Sitzung (1–2 Stunden) gut durchzuheizen und kurz vor Sitzungsbeginn (AV) mit geöffneten Fenstern durchzulüften. Spätestens nach einer Stunde Konferenzarbeit ist eine Lüftungspause einzulegen, während der alle Anwesenden den Raum verlassen und alle Fenster – auch im Winter – geöffnet werden, um einen Sauerstoffaustausch zu bewirken. Klimaanlagen in fensterlosen Räumen haben ihre Tücken – manchmal sind sie zu kalt oder zu warm, oft bringen sie auch an bestimmten Plätzen Zugluft, die den Teilnehmer sehr stören kann. Dies alles ist zuvor auszuprobieren (AV), damit nicht durch solche Nebensächlichkeiten Störungen in der Konferenzarbeit eintreten.

Lüftungspausen jede Stunde

In meinen Spezial-Büchern über Konferenztechnik habe ich noch einen längeren Abschnitt dem Rauchen in den Konferenzen gewidmet; dies ist heute aufgrund der allgemeinen Veränderung der Einstellung zum Rauchen nicht mehr nötig. Der Argumente

---

* Die Zeitschrift „congress & seminar" (Lit. 16) brachte eine bemerkenswerte Zusammenstellung über Gestaltung von Konferenzräumen, aus der wir – mit freundlicher Genehmigung des Verlags – eine Abbildung über Umbau eines Seminarraumes als Farbtafel N übernommen haben. Aber auch hinsichtlich der Beleuchtung, der Bestuhlung usw. bringt der erwähnte Beitrag wichtige Hinweise.

sind genug gewechselt, – leidenschaftliche Raucher lassen sich sowieso nicht mit Sachargumenten von ihrem Genuß abbringen, da er sich in der Gefühlfunktion bewegt, die man durch sachliches Ansprechen der Denkfunktion nicht erreicht.

Allgemein hat sich jedoch fast überall die Praxis ergeben, die beiden Seiten gerecht wird: das Rauchen während der Konferenz unterbleibt – dafür wird aber etwa jeweils nach 50–60 Minuten eine Zigarettenpause eingelegt, die die Raucher im Vorraum oder auf dem Gang nutzen können. Der guten Ordnung halber schlage ich vor jedem Gruppengespräch diese Regelung vor, die in den allermeisten Fällen die Zustimmung der Gruppe findet.

sogar der Fußboden kann stören

Noch ein Wort zum Fußboden: am günstigsten ist stets ein sehr kurzhaariger und nicht empfindlicher Teppichbelag, der auch pflegeleicht ist. Parkettböden sind oft zu glatt, zumal dann noch oft Teppiche darauf liegen, die durch Verrutschen Unfallgefahr ergeben. Holzfußböden knarren, wenn sie in die Jahre kommen, Kunststoffbelag kann Glätte oder andererseits solche Stumpfheit haben, daß sich Stühle nicht rücken lassen. Und Steinfußböden sind oft so kalt, daß die Konferenzteilnehmer im wahrsten Sinne des Wortes „kalte Füße" bekommen; eine Unannehmlichkeit, die manchen unbewußt zu Aggressionen bringen.

drei Argumente für Namensschilder

Sitzordnung durch Schilder gesteuert

Die Namensschilder der Teilnehmer sind noch ein wesentlicher Teil der Raumgestaltung; auf sie sollte aus drei Gründen nicht verzichtet werden: zum ersten dienen sie der besseren Kommunikation, weil sich die Teilnehmer, ohne überlegen zu müssen, stets anreden können. Insbesondere ist dies notwendig, wenn Gäste teilnehmen, – sie lernen auf diese Weise die Anwesenden schneller kennen. Auch wenn die Gruppe – weil sie als Zirkel eigentlich den ganzen Tag zusammen arbeitet – sich sehr gut kennt, sollten die Namensschilder von jedem zur Zirkelsitzung schon mitgebracht werden. Denn der Umgang mit ihnen bei der Wortmeldung, auf den wir bei der inneren Ordnung noch zu sprechen kommen werden, ist unser zweiter Grund. Und der dritte Grund, der vor allem bei Zirkelsitzungen mit Querfunktionen wichtig ist, ergibt sich daraus, daß der Leiter die Namensschilder vorab so an den Konferenztisch plazieren kann (AV), daß keine Cliquen (die den Tod einer Konferenz bedeuten können) und keine Autoritätsabstufungen entstehen, sondern die Sitzmischung erzielt wird, die die freie Kommunikation fördert. – Namensschilder sind im Handel zu haben; am praktischsten sind kleine dreikantige Kunststoffleisten, auf denen die Buchstaben gesteckt werden können (AV).

Dazu noch ein kleiner Hinweis: der eigene Name ist bekanntlich des Menschen liebstes Wort in der verbalen Kommunikation. Ich habe schon erlebt, daß bei einem Unternehmer-Seminar ein Teilnehmer den Raum betrat, sein Namensschild an seinem Platz sah und mit den Worten: „Mein Name ist falsch geschrieben, ich reise wieder ab!" sich umwandte und ging. Abgesehen von einem solchen, eindeutig neurotischen Extremverhalten reagieren aber viele Menschen tatsächlich sehr empfindlich, wenn ihr Name falsch geschrieben oder ausgesprochen wird. Der Konferenzleiter wird sich daher zuvor (AV) sehr genau darum kümmern müssen, daß hier keine Panne entsteht. – Ich habe es mich schon Ferngespräche kosten lassen, um von wichtigen Personen zu erfahren, wie die genaue Schreibweise oder Aussprache des Namens ist.

Es würde im Rahmen unserer Betrachtungen zu weit führen, noch die vielen kleinen Tricks aufzuzählen, mit denen der Konferenzleiter die äußere Ordnung praktizieren kann (AV); in der Fachliteratur ist dies ausführlicher behandelt (Lit. 5, 6, 47). **es gibt viele Tricks**

Ein wesentlicher Faktor der äußeren Ordnung ist neben dem Raum und seiner Gestaltung auch die Z e i t p l a n u n g. Sie spielt eine besondere Rolle, da jeder Teilnehmer mit seiner Arbeitszeit in verständlicher Weise geizt, weil er strebt, sie sich zur Erledigung seiner Aufgaben entsprechend einzuteilen. Wenn ihm nun durch eine uneffiziente Konferenz Zeit im wirklichen Sinne gestohlen wird, die er für andere Arbeit dringend benötigt hätte, kann man ihm nicht verübeln, daß er eine negative Einstellung auch gegen nachfolgende Konferenzen entwickelt und – aus Vorurteil heraus – schon mit der Erwartungshaltung in die Konferenz kommt, hier werde wiederum Zeit verplempert werden. Daher ist es die Aufgabe des Konferenzleiters, mit der Konferenzzeit am allersorgsamsten umzugehen. **Zeiteinteilung ist jedem wichtig**

Dies beginnt schon mit dem Anfang: ein pünktlicher B e g i n n ist unabdingbar! Zwar gibt es in jeder Gruppe Leute, die ihre Überlastung und Unentbehrlichkeit an ihrem Arbeitsplatz dadurch **pünktlicher Anfang muß Prinzip sein** dokumentieren wollen, daß sie meist demonstrativ zu spät kommen; hier kann der Leiter den Leistungsvorteil der größeren Autorität der Gruppe einsetzen, indem nicht er kritisiert, sondern einen anderen Teilnehmer (AV) gegebenenfalls „anspitzt", einmal namens der anderen Kollegen die Mißbilligung dieses Verhaltens auszusprechen. In vielen Fällen ist dies aber gar nicht nötig, denn wenn alle wissen, daß ausnahmslos stets pünktlich begonnen wird, kann auch das rechtzeitige Erscheinen sehr bald Selbstverständlichkeit werden.

pünktlich Schluß machen

Ein zumindest ebenso wichtiger Faktor ist der pünktliche Abschluß, auf den sich die Teilnehmer verlassen können müssen. Es ist wohl jedem verständlich, daß dies nicht immer möglich ist, weil die Inhalte, neue Informationen oder bestimmte, im Augenblick nicht überbrückbare Gegensätze den Zeitplan über den Haufen werfen können. Doch es gehört im integrativen Führungsstil zum absoluten Respekt vor der Tätigkeit eines jeden einzelnen, daß man sich mit allen Mitteln um die Einhaltung der vorgesehenen Abschlußzeit bemüht. Weil j e d e m zugestanden wird, auch für sich seine Tätigkeit, Aufgaben und Termine oder auch Privates nach Konferenzschluß sorgfältig geplant zu haben. Die Rücksichtslosigkeit selbstherrlicher Chefs, die nach ihrem Gutdünken über die Zeit ihrer Mitarbeiter bestimmen und verfügen, muß der Vergangenheit angehören.

„open end" nie ohne Vorankündigung

Wenn der Konferenzleiter sich von vornherein nicht sicher ist, wie lange man für die vorgesehene Thematik benötigt, dann muß er bei der Einladung ein „open end" ankündigen. Wenn er aber – und dies sollte die Regel sein – die Schlußzeit ankündigt, dann muß er mit allen Mitteln auch versuchen, dies einzuhalten – notfalls mit einer Vertagung. Weiterkonferiert über die Zeit hinaus wird nur, wenn alle dies wünschen.

Aufgliederung der Zeit-Abschnitte

Abhängig von der Thematik, der Tagesordnung und dem Teilnehmerkreis ist natürlich die Z e i t e i n t e i l u n g, über die generell nur folgendes gesagt sein soll:

– Bei einem Zeitbedarf von maximal eineinhalb Stunden kann die Konferenz ohne Pause in einem Arbeitsgang durchgeführt werden;

Mensch und Gruppe – Technik der Zirkelarbeit

- bei einer längeren Zeitdauer ist – wie zuvor schon in Verbindung mit dem Rauchen erwähnt – etwa alle 50–60 Minuten eine Pause von ca. 5 Minuten einzulegen, die dafür genutzt werden kann, eine Zigarette zu rauchen, menschliche Bedürfnisse zu erledigen – und dafür genutzt werden m u ß , daß sich die Teilnehmer die Beine vertreten und daß der Konferenzraum durchgelüftet wird;

- bei längerer Dauer der Konferenz sind auch Kaffeepausen und Essenspausen einzuplanen; es ist dafür zu sorgen (AV), daß die gereichten Getränke bzw. das Essen pünktlich zur Stelle sind wie andererseits auch der Konferenzleiter für die exakt pünktliche Unterbrechung zu sorgen hat;

- der Übereifer, sofort nach der Mahlzeit auf die Fortsetzung der Konferenz zu drängen, ist idiotisch, aber bei vielen Unternehmen nicht auszurotten: nach dem Essen setzt bei jedem Menschen die Verdauung ein, die eine körperliche Schwerarbeit ist. In dieser Phase ist kein Mensch in der Lage, konzentriert zu arbeiten. Eine halbe Stunde Ruhe (nicht in der schlechten Luft des Restaurants sitzen bleiben und gar noch weiter diskutieren) nach dem Essen oder ein Spaziergang an der frischen Luft mag zwar als Zeitverlust erscheinen, ist aber eine Erhöhung der Effizienz für die nachfolgende Diskussion. Hier sollte sich der Konferenzleiter auf keinerlei Zugeständnisse gegenüber Übereifrigen einlassen.

Zur äußeren Ordnung gehört auch, obwohl dies schon in die innere Ordnung hineingreift, der T e i l n e h m e r k r e i s , aus dem sich die Gruppe zum Gespräch zusammensetzt. Auch hier gibt das Buch „Konferenztechnik" eine umfassende Auskunft (Lit. 5), aus der wir nur die wesentlichen Erkenntnisse, die insbesondere das Zirkel-Modell betreffen, anführen wollen: **Wer sollte teilnehmen?**

- zur Effizienz durch die Teilnehmerzahl haben wir bereits festgestellt, daß eine Gruppe von weniger als sechs Teilnehmern eigentlich schon keine Konferenz in unserem Sinne praktizieren kann, auch ist der Leistungsvorteil der Kreativität viel geringer, – eine Gruppe von 18–20 Teilnehmern zerfällt hingegen zu leicht in Untergruppen, die der Konferenzleiter dann nicht mehr im Griff haben kann; **optimale Teilnehmerzahl**

- eine Arbeitsbesprechung innerhalb eines Bereiches im Zirkel-Modell ist selbstverständlich abhängig von den Aufgaben und der Zahl der Mitarbeiter; je nach der Thematik oder Problematik können auch Außenstehende aus anderen Bereichen hinzugezogen werden;

Zusammensetzung der Teilnehmer

- Führungskonferenzen in verschiedenen inneren oder im innersten Zirkel sind in ihrer Zusammensetzung von der Unternehmensstruktur abhängig und werden sich auch meist durch die Routinefolgen der Konferenzen zu einer gewissen Ordnung finden;

- bei besonders zusammengestellten Zirkeln unter Mitwirkung von Querfunktionen wird sich der Leiter bei der Einladung intensiv Gedanken machen über die Zusammensetzung, auch gegebenenfalls unterschiedlicher Denkertypen und Charaktere, die im Aufeinandertreffen vielleicht gerade viel Kreatives bringen kann.

So könnte es zum Beispiel geschehen, daß – nachdem der innerste Zirkel der Führungskräfte beschlossen hat, einen „Tag der offenen Tür" zu veranstalten – nun der mit der Durchführung Beauftragte eine Gruppe zusammenstellt, die die Aktivitäten für diese Veranstaltung plant und vorbereitend Aufgaben verteilt.

In diesem Zirkel ist der Betriebsleiter der Produktion, der mit einigen Meistern Führungen der Besucher vornehmen soll, genauso beteiligt wie der Sozialbeauftragte (ggf. Personalleiter), dem die Betreuung der Rentner obliegen wird, der Kantinenleiter, der für die heißen Würstchen und das kalte Buffet zu sorgen hat, genauso wie die Sekretärin, die als gelernte Kindergärtnerin die Betreuung der Kinder übernehmen wird. Nicht zu vergessen der Lagerverwalter, der eine besondere Befähigung hat, als Alleinunterhalter mit Mundwerk und Zauberkunststückchen ein Publikum zu erfreuen. Und die Frau des Chefs bekommt die Aufgabe, sich besonders der Ehrengäste und deren Damen anzunehmen, während dem Werbeleiter die Betreuung der Presseleute obliegt.

Ein Mitglied des Betriebsrates sowie ein Mitarbeiter des Organisationsbereichs könnten diesen Zirkel noch so ergänzen, daß tatsächlich – ohne daß auf „Rangunterschiede" geachtet zu werden braucht – diese Gruppe in ihren Sitzungen viel Kreativität entwickeln kann. In den Konferenzen dieses Zirkels werden nun alle diese Aktivitäten aufeinander abgestimmt; jeder muß auch wissen, was der andere zu tun hat, damit alles reibungslos klappen kann.

Hier haben wir ein ein Beispiel, wie im Zirkel-Modell mit dem Kommunikations-Instrument der Konferenzen gearbeitet werden kann. Der Zirkel löst sich nach Erledigung dieser temporären Aufgabe wieder auf.

7.3.2 Die innere Ordnung bringt den eigentlichen Effekt

Die Crux der meisten Konferenzen, die in den bundesdeutschen Unternehmen und Verwaltungen, Verbänden und Institutionen fehlschlagen, bewegt sich zwischen zwei Extremen. Die „Befehlsausgabe" einerseits, die etwa durch die Formulierung charakterisiert wird:

„Ich und der Herr Direktor sind der Meinung, daß die Sache X so und so gemacht werden sollte. Hat noch jemand Einwände? Dies ist nicht der Fall – ich danke Ihnen, meine Herren! Die Sitzung ist geschlossen."

und die den einzigen Vorteil hat, daß sie keinen großen Zeitverlust gebracht hat. – Das andere Extrem ist die sich über Stunden hinziehende Diskussion, in der die Lautstärksten und die Unbekümmerten, die nicht immer mit den Kompetentesten identisch sind, sich in rednerischen Monologen ergehen, zu allem und jedem, aber nicht zum Thema reden, während einige andere, denen dies alles zu langweilig ist, resignierend sich in Schweigen hüllen oder Zeitung lesen.

Befehlsausgabe oder Schwafelei

Wir haben mit Absicht hier nur Extreme dargestellt; die Palette der Unfähigkeiten, Demotivationen, Aggressionen, Frustrationen, Selbstbeweihräucherungen, Gehässigkeiten, Angebereien und anderer destruktiver Verhaltensweisen ist weit gefächert. Um dies alles abzubauen, in den Griff zu bekommen und zukünftig sinnvolle Konferenzen zu führen, von denen jeder bereichert nach Hause geht, bedarf es der Kenntnisse der inneren Ordnung

Palette der Unfähigkeiten bringt Demotivation

einer Konferenz – gleich welcher Art – und der Anwendung dieser Ordnungsprinzipien durch den Konferenzleiter und durch die gesamte Gruppe.

Man braucht nur einmal eine Basisversammlung der „Grünen" mitzuerleben, bei der die Beteiligten auch noch stolz darauf sind, daß sie „einzwängende Ordnungen und Normen" über Bord geworfen haben, um eine Anschauung davon zu bekommen, was ein Chaos ist. Die Grünen sind eine Bewegung – keine Partei –, die heute aufgrund bestimmter Lebensrichtung und -motivation in positivem Sinne ganz anders in der Öffentlichkeit und in der Politik wirken könnte, wenn nicht Chaoten schon an der Basis und erst recht auf ihren „Parteitagen" dafür sorgen würden, daß sie uneffektiv bleiben.

Damit soll nichts gegen die Grünen gesagt sein, zu denen ich mich auch bekennen würde, wenn sie ihrer „roten" Unterwanderung Herr werden könnten. Aber das ungeordnete basisdemokratische Palaver ihrer Versammlungen, in denen einige Raffinierte noch dazu die Tagesordnungstechniken zu ihren Gunsten durch Manipulation mißbrauchen, muß abstoßen, weil es der inneren Kraft dieser Bewegung absolut schädlich ist.

Wir wollen in unserem Unternehmens-Modell „Zirkel 2000" dafür sorgen, daß in den Konferenzen durch eine allen geläufige und praktizierte innere Ordnung für Effektivität gesorgt wird, die allein das Überleben des Organismus sichern kann.

Addition der Einzel-Leistungen genügt nicht

Einziges Ziel dieser Ordnung, deren verschiedene Mittel wir nun beschreiben wollen, ist – nach dem synergetischen Effekt, der besagt, daß das Ganze mehr ist als die Summe seiner Teile –, daß auch in der Konferenz mehr herauskommen muß, als wenn die Teilnehmer einzeln gearbeitet hätten und ihre Leistungen addiert worden wären. Dies kann nur geschehen, wenn erreicht wird, daß alle zu gleicher Zeit sich mit den gleichen Dingen gedanklich befassen und darüber kommunizieren; auch nur so kann überhaupt eine gegenseitige Befruchtung erfolgen. Jeder hat sicherlich schon vielfach erlebt, wie auf Besprechungen, Sitzungen, Versammlungen etc. meist aneinander vorbeigeredet wird, weil keiner dem anderen zuhört oder gar nicht zuhören will, etwas anderes meint, als der gerade Sprechende, oder gar an etwas anderes denkt.

Wir können daher die nun darzustellende innere Ordnung auch als „gedankliche" Ordnung bezeichnen, weil sie für geordnete gemeinsame Gedankenabläufe sorgen soll, – selbstverständlich ohne dadurch die Freiheit des Denkens einschränken zu wollen. Der Rahmen, an dem sich die geordnete Vorgehensweise in der Konferenz orientiert, ist die gute alte Gliederung, die jeder wohl schon in der Schule beim deutschen Aufsatz erlernen mußte: A) Einleitung – B) Hauptteil und C) Schluß. Dabei ist es unwesentlich, ob es sich um eine Konferenz von einer Viertelstunde oder von Tagesdauer handelt; diese Gliederung kann stets als gedankliches Gerippe verwandt werden, damit jeder jederzeit weiß, wo man sich im Augenblick gedanklich in der Behandlung des Themas befindet.

Gliederung: Einleitung – Hauptteil – Schluß

Und es ist auch gleichgültig, ob es sich um eine Konferenz mit nur einem Thema handelt oder ob die Routine-Konferenz mehrere Tagesordnungspunkte behandeln muß; in letzterem Falle ist dann jeder einzelne TO-Punkt* eine eigene kleine Konferenz für sich, die nach dem gleichen Schema der Gliederung abgewickelt wird. Der Einfachheit halber werden wir bei der Darstellung der Gliederung im folgenden einmal annehmen, daß es sich um eine einzige Konferenz mit einem einzigen Thema handelt; jeder wird in der Lage sein, die Prinzipien dann auch auf Teilkonferenzen angepaßt zu übertragen.

Aufgliederung in Teil-Konferenzen

A) Die Einleitung

Die Einleitung hat den Zweck, bei den Anwesenden, die aus verschiedenen Umwelten und Situationen sich nun hier zu gemeinsamem Gespräch zusammengefunden haben, eine positive Einstellung zu schaffen und ihnen gleichzeitig Grundlage und Ausgangsposition für die im Hauptteil folgende Diskussion zu geben. Daher muß die Einleitung folgende Punkte enthalten: die Begrüßung mit Dank für Erscheinen, Präliminarien und Regularien, sodann die Angabe des Themas sowie die Themenerläute-

Grundlage zur eigentlichen Diskussion

---

* TO = gängige Abkürzung für „Tages-Ordnung"

rung, und schließlich den Vorschlag über den Modus des Vorgehens.

Die **Begrüßung** sollte im Zirkel-Modell einen anderen Ton haben als die allgemein übliche Floskel „Meine Damen und Herren, ich begrüße Sie und danke Ihnen für Ihr Erscheinen!" Einmal abgesehen von Routine-Konferenzen, für die sich meist schon bestimmte Modalitäten eingespielt haben und der Stil des Umgangs miteinander sich entwickelt hat, dienen die ersten Worte des Konferenzleiters an die Gruppe dem Anstoß zur Entwicklung menschlicher Beziehungen untereinander für die kommenden Stunden. Der Leiter muß sich daher schon außerhalb der Floskel ein paar freundliche Worte überlegen (AV), mit der er die Gruppe einstimmt und zugleich Vertrauen zu seiner Person aufbaut.

menschliche Worte mehr als nur Floskel

Gerade auch der erwähnte Dank für das Erscheinen kann mit einer persönlichen Bemerkung verbunden sein, in der er z. B. erwähnt, daß „wir alle wissen, wie groß die augenblickliche Belastung des Kollegen X durch die Sonderaufgabe ... zur Zeit ist und wir ihm daher sehr dankbar sind, daß er es trotzdem möglich gemacht hat, hierher zu kommen ...". An diesem Beispiel soll dargelegt werden, daß sich sicherlich in jedem Falle bei einer Konferenzeröffnung die Möglichkeit bietet, irgendwelche persönlichen Worte menschlicher Freundlichkeit zu finden, die eine angenehme Atmosphäre einleiten.

Auch die erwähnten **Präliminarien** können im gleichen menschlichen Stil vorgenommen werden; unter ihnen versteht man überlicherweise Erwähnungen wie etwa die, daß Kollegin Meyer sich aus diesem oder jenem Grunde entschuldigt hat und nicht teilnehmen kann. Oder etwa die Frage, wer in der Pause um 10 Uhr Kaffee oder Tee haben möchte, damit dies vorbereitet werden kann. **Regularien** sind bestimmte Ordnungsverbindlichkeiten wie Feststellung der Beschlußfähigkeit o. ä.; sie werden im Zirkel-Modell kaum nötig sein.

zum Thema

Der Teil der Einleitung, der sich mit dem **Thema** und der **Themenerläuterung** befaßt, ist deshalb von besonderer Wichtigkeit, weil durch ihn erreicht werden muß, daß alle Anwesenden für die folgende Diskussion den gleichen Informationsstand haben.

Wohl jeder, der schon einige Konferenzen miterlebt hat, wird auch jenen „lieben" Kollegen kennengelernt haben, der in letzter Minute eintrudelt und dann nach einigen Minuten der Anfangsdiskussion die Frage stellt: „Um was geht's denn eigentlich?" – Und wenn man ihm dann bedeutet, daß dies ja ausführlich in dem Arbeitspapier stand, das der Einladung vor sechs Tagen beigefügt war, erklärt er kühn: „Ja, glauben Sie denn etwa, ich hätte auch noch Zeit, so was zu lesen?"

Für solche wichtigtuenden Angeber ist im Zirkel-Modell kein Nährboden: die Gruppe wird mit ihrer Autorität diesem Kollegen sehr schnell begreiflich machen, daß solche Einstellung nicht in eine Gemeinschaft hineinpaßt.

Um zu erreichen, daß alle Teilnehmer für die im Hauptteil sich anschließende Debatte sich auf dem gleichen Informationsniveau befinden, gibt es vier Möglichkeiten, die der Konferenzleiter (AV) – eventuell auch miteinander kombiniert – verwenden kann. Die erste Form ist die, daß der Konferenzleiter selbst das Thema nennt und einige erläuternde Ausführungen dazu gibt. Dies ist besonders dann vonnöten, wenn aktuelle Informationen gekommen sind, die in der Einladung noch nicht vorhanden waren (AV). **gleiches Informationsniveau vor der Diskussion**

Denn üblicherweise wird das gleiche Informationsniveau schon zuvor damit geschaffen, daß mit der Einladung zugleich auch dem Thema eine entsprechende Erläuterung, Problemstellung, Situationsschilderung o. ä. beigesellt ist. Dies hat den Vorteil, daß sich der Teilnehmer schon vorab mit den Gedanken des Themas befassen kann, kann aber auch die Gefahr in sich bergen, daß Vorurteile im wahrsten Sinne vorher gebildet und in die Konferenz eingebracht werden. Wenn eine schriftliche Einladung zur Konferenz zuvor ergeht, dann sollte die Themenerläuterung – wenn technisch und zeitlich möglich – ein unabdingbarer Bestandteil derselben sein. **Themenerläuterung schon in der Einladung**

Die dritte Möglichkeit ist die, daß ein Fachmann, ein Spezialist des Themas oder jemand, der einen besonderen Bezug dazu hat,

Einführungs-Referat

ein kurzes Einführungsreferat hält, damit alle Anwesenden gleichermaßen informiert sind. Und schließlich gibt es – in Erweiterung einer solchen Einführungsinformation – noch die vierte Form des Referates und Korreferates durch zwei Vortragende, – nämlich dann, wenn es sich bei dem Thema um eine Alternativfrage handelt, für die zwei konträre Lösungsmöglichkeiten bestehen.

Es ist eine der wichtigsten Aufgaben des Konferenzleiters, sich schon bei der Vorbereitung (AV) darüber klar zu werden, welche der Möglichkeiten er wählt, um in seiner Gruppe das gleiche Informationsniveau als Ausgangsbasis für die folgende Diskussion zu schaffen. Dies ist ein unabdingbarer Teil der Rationalisierungstechnik.

Vorgehen muß abgestimmt sein

Ebenso wichtig wie das Basiswissen für die Diskussion ist der letzte Arbeitspunkt der Einleitung: der Beschluß der Gruppe über den Modus des Vorgehens. Dies wird meist vergessen, weil man mit Feuereifer in die Diskussion einsteigt und erst nach einiger Zeit des Hin- und Herredens feststellt, daß man so nicht weiterkommen kann, aneinander vorbeiredet, den Faden verloren hat, keiner auf den anderen hört, sich im Kreise bewegt, in der Sackgasse gelandet ist, keinen Schritt vorwärts gemacht hat, auf dem gleichen Punkt wie zuvor angelangt ist und was dergleichen Erkenntnisse mehr sind, die jeder schon einmal gehört haben mag. Solche Entwicklungen in einer Diskussion liegen lediglich daran, daß man zuvor sich nicht eindeutig darüber geeinigt hat, wie man das Thema angehen will, welche Schritte man aufeinander folgen lassen möchte, wie man untergliedert und welche logische Abfolge das Vorgehen bestimmen soll.

Grundvoraussetzung für Kreativität

Sinn einer solchen Vorab-Einigung über den Modus des Vorgehens, die wir ebenfalls für unabdingbar halten, ist, daß alle an jeder Stelle der Diskussion über den gleichen Gedanken nachdenken und nicht mit ihren Einfällen ausscheren. Nur so kann überhaupt der so wichtige Leistungsvorteil der Kreativität erreicht und eine gegenseitige Befruchtung erzielt werden. Dies muß allen Teilnehmern bewußt sein.

In der Praxis wird dies meist so gehandhabt werden, daß der Konferenzleiter erklärt, er schlage vor, daß man folgender-

maßen in der Diskussion vorgehen sollte. Und dann wird er seinen Vorschlag an der Tafel oder Flip-Chart hinschreiben, besser noch vorher schon aufgeschrieben haben und aufblättern (AV). Er sollte es aber vermeiden, dies diktatorisch als einzigen Weg des Vorgehens zu erklären, sonst könnte aus der Gruppe allein deshalb Widerspruch entstehen, weil man sich „manipuliert" fühlt. Wenn er aber seine Aufzeichnung als „Vorschlag" deklariert, werden ihm die meisten Anwesenden zustimmen, weil sie einräumen, daß er als Konferenzleiter sich schon zuvor eingehend mit der Thematik befaßt und sich Mühe gegeben hat, das Ganze optimal anzugehen – zum Nutzen aller.

Es ist allerdings durchaus denkbar, daß bei dieser Besprechung über den Modus des Vorgehens auch aus der Gruppe ein Vorschlag gemacht wird, der den meisten sinnvoller erscheint. Dann wäre es ein Fehlverhalten des Konferenzleiters, unbedingt auf seinem Vorschlag zu bestehen; wenn die Gruppe durchaus anders vorgehen möchte, – dann bitte! Und falsch wäre es auch von ihm, bei Mißlingen dieser Vorgehensweise dann triumphierend festzustellen, er habe es ja von vornherein gewußt, daß man so keineswegs vorgehen könne. Die Gruppe wird das schon selbst merken und ihre Schlußfolgerungen ziehen.

alternativer Modus ist möglich

Der vorgeschlagene und von der Gruppe angenommene M o d u s des Vorgehens wird dann – für alle sichtbar – auf einem großen Blatt an der Wand befestigt, damit jeder jederzeit im Bilde ist, an welcher Stufe der Konferenzarbeit die Gruppe sich augenblicklich befindet.

B) Der Hauptteil

Der Hauptteil umfaßt die eigentliche Diskussion. Diese ist selbstverständlich abhängig von der Thematik, der Gruppe und dem Leiter, vom beschlossenen Modus des Vorgehens und von noch verschiedenen anderen kleineren Faktoren, – insgesamt bedeutet dies, daß jede Debatte anders strukturiert sein wird und Generelles hier nicht gesagt werden kann. Einige Hinweise aber wollen wir geben, die von Bedeutung sind, weil in dieser Hinsicht oft Fehler gemacht werden.

jede Diskussion läuft anders

Die **Diskussionseröffnung** ist ein solcher Punkt. Damit, daß der Konferenzleiter erklärt: „Ich eröffne hiermit die Diskussion und bitte um Wortmeldungen", ist es nämlich noch nicht getan. Jedermann weiß, daß einer solchen Äußerung manchmal langes Schweigen folgt, wobei manche verlegen unter sich blicken oder auf ihrer Schreibunterlage Männchen malen. Und dann platzt irgendjemand, dem diese belastende Stille peinlich ist, mit irgendeiner wenig qualifizierten Bemerkung heraus, was jedoch einer sachlichen Diskussion ebenfalls nicht förderlich ist.

vier Möglichkeiten der Initialzündung:

einen Teilnehmer aufrufen –

Der Konferenzleiter hat vier Möglichkeiten zur Verfügung, die Initialzündung zur Diskussion auszulösen. Die erste ist die am meisten angewandte und gleichzeitig auch die ungeschickteste: er blickt seinen Nachbarn zur Rechten (oder zur Linken) in der Tischrunde an und fordert ihn auf, etwas zu sagen. Daß dies psychologisch dumm ist, braucht nicht erklärt zu werden. Vielleicht ist der Angesprochene sogar ein guter und gutwilliger Mensch, aber er fühlt sich überfallen oder gar bloßgestellt, vermeinend, der Leiter wolle ihn blamieren. Und er wird – wie jeder andere Zuerstangesprochene – sich sagen: warum denn gerade ich? Nein, diese Methode darf der Konferenzleiter in keinem Falle anwenden.

in Geduld abwarten –

Die zweite Technik ist die, daß der Konferenzleiter nach seiner Aufforderung zur Wortmeldung sich mit Geduld wappnet in der Hoffnung, einer werde dann endlich doch einmal etwas sagen. Das ist ungewiß, birgt viel Peinlichkeit und wird die Anfangshemmungen, die viele haben, nur verstärken. Oder es schiebt sich ein Schwätzer in den Vordergrund, und die Diskussion gerät in eine unsachliche Bahn.

provozierende Frage wirkt immer

Die dritte Möglichkeit ist gut und stets anwendbar: der Konferenzleiter stellt eine provozierende oder sehr leicht zu beantwortende (was auch provozierend sein kann) Frage in den Raum, aufgrund deren er sicher sein kann, daß jemand spontan antwortet – – – und schon ist die Diskussion im Gange, und die Anfangshemmungen sind überwunden. Eine solche Frage muß sich der Leiter allerdings vorher genau überlegen (AV) und die Richtung und ihre Wirkung exakt durchdenken. Dann kann kaum etwas schiefgehen.

Die sicherste Methode, den Anfang der Diskussion gleich in die erwünschte Richtung zu lenken, ist die, daß der Konferenzleiter zuvor einen Teilnehmer „impft". Er wird einen ihm persönlich bekannten Teilnehmer zuvor (AV) in einem Zwiegespräch bitten, bei der Diskussionseröffnung gleich etwas in einer bestimmten Richtung zu sagen, damit die Debatte in Fluß kommen kann. Dies ist keine negativ zu bewertende Manipulation (die es ja nur wäre, wenn es gegen den Willen des Betreffenden geschähe), sondern einfach eine Rationalisierungshilfe, schneller und ohne fehlgerichtetes Geschwätz in die Materie einsteigen zu können. Der Konferenzleiter muß sich allerdings im klaren darüber sein, daß er bei der gleichen Gruppe diesen Trick nicht häufig anwenden kann, sonst merkt man es.

einen Teilnehmer „impfen"

Ein entscheidendes Mittel der gutgeleiteten Diskussion ist die Wortmeldungs-Ordnung, die jeder Teilnehmer beherrschen, der Konferenzleiter aber auch noch praktizieren und durchsetzen muß. Hier ist die Gefahr des Einflusses menschlicher Schwächen und deren Auswirkung sehr groß; daher muß sich der Konferenzleiter größter Korrektheit bedienen, um wirklich gerecht und damit sachdienlich zu wirken.

Modus der Wortmeldungen muß jeder beherrschen

Die Ordnung der Wortmeldung basiert auf demokratischen Spielregeln und hat den Sinn, in gerechter Anwendung jedem Teilnehmer die Möglichkeit zu geben, seine Meinung frei zu äußern. Dazu bedarf sie – wie jede freiheitliche Ordnung – aber auch der einschränkenden Möglichkeiten für die Situationen, in denen jemand seine Freiheit zuungunsten der anderen oder der Gemeinschaft mißbraucht.

Als eines der fortschrittlichsten Systeme auf demokratischer Basis gilt in dieser Hinsicht die „Geschäftsordnung des Deutschen Bundestages" (Lit. 53), an deren Praktiken sich auch viele Satzungen und Geschäftsordnungen von Verbänden, Vereinen und Institutionen orientieren. Auch für ein Unternehmen im Modell „Zirkel 2000" können – entsprechend angepaßt – die Grundsätze übernommen und in der Konferenztechnik angewandt werden. Entscheidend ist hierbei jedoch, daß jeder Teilnehmer (also praktisch jeder Mitarbeiter des Unternehmens, der in die Lage kommen kann, an Zirkel-Arbeit mitzuwirken) die Grundsätze un-

Geschäftsordnung des Bundestags vorbildlich

bedingt beherrscht, damit er weiß, wie er seine Rechte in der Diskussion wahrnehmen kann und welche Pflichten er der Gemeinschaft gegenüber hat.

Vielfach kann man in chaotischen Vereinssitzungen, in studentischen Versammlungen oder bei Tagungen der „Grünen" derart mißbräuchliche Anwendungen von Begriffen der Diskussions-Ordnung hören, daß einen grausen kann. Wenn beispielsweise ein Vereinsvorsitzender in der Mitgliederversammlung formuliert „nun bitte ich Herrn Mayer ums Wort", dann ist dies Blödsinn. Der Herr Mayer kann ums Wort bitten, der Vorsitzende erteilt ihm dann das Wort – so lautet dies korrekt!

Und wenn in einem „Hearing" oder „Sit-in" an einer Hochschule sich ein Student zu Wort meldet mit dem Ruf „Wortmeldung zur Sache", dann ist dies ebenfalls total falsch, denn alle Wortmeldungen haben zur Sache ausgetragen zu werden; von dem Sonderfall einer „persönlichen Erklärung" einmal abgesehen. Aber dieser Student meinte, er werde nun – da er sich zur Sache zu Wort gemeldet habe – vorrangig an die Reihe kommen.

jeder hat das Recht zu sprechen – aber innerhalb der Reihenfolge

Wenn alle Mitarbeiter und Führungskräfte des Unternehmens die Praxis der Wortmeldungen beherrschen – so wie man Höflichkeitsformen (meist) beherrscht und anwendet, dann dürfte es eigentlich keine Schwierigkeiten geben. Grundsatz ist, daß j e d e r Teilnehmer sich zu Wort melden kann – und daß er nach der Reihenfolge drankommt, wie er sich gemeldet hat. Dazu wird der Konferenzleiter auf einem Zettel die Namen der sich Meldenden notieren, um sie dann in dieser Abfolge aufrufen zu können, wenn sie an der Reihe sind. Da der Konferenzleiter aber auch noch auf eine Anzahl anderer Dinge zu achten hat (wie beispielsweise die „Tafelarbeit" oder etwaiges „Abschweifen" des Redners vom Thema oder „Zeiteinteilung" des Konferenzablaufes u. ä.), wird er – etwa von einer Größe der Gruppe von mehr als acht Teilnehmern aufwärts – diese Aufgabe des „Führens der Rednerliste" einem anderen Teilnehmer, am besten einem neben ihm sitzenden, übertragen.

Er selbst kann sich dann intensiv seinen anderen Pflichten im Konferenzablauf widmen und braucht nicht zu fürchten, die eine oder andere Wortmeldung zu übersehen und der Ungerechtigkeit gezogen zu werden. Und der mit dieser Aufgabe vom Leiter betraute Kollege ist mit dieser Tätigkeit, aufzupassen, wer sich zu Wort meldet und dies zu notieren, keineswegs so belastet, daß er nicht auch noch sich an der Diskussion beteiligen könnte. Wenn ein Diskussionsredner seinen Beitrag beendet hat, fragt der Leiter den Führer der Rednerliste, wer jetzt an der Reihe sei, und erteilt dann dem Betreffenden das Wort.

Hier sei daran erinnert, daß wir bei der Behandlung der äußeren Ordnung die Namensschildchen erwähnt haben. Im Gegensatz zu Handzeichen bei den Wortmeldungen, die oft undeutlich sind oder mißverständlich ausgelegt werden können, wenn sich jemand nur beispielsweise mit der Hand durch die Haare fährt, ist das Hochstellen des Namensschildchens ein eindeutiges Zeichen zur Wortmeldung, das in zunehmendem Maße überall auch so gebraucht wird. Es hat den zusätzlichen Vorteil, daß alle und auch der Leiter sehen, wer und wie viele sich zu Wort gemeldet haben; dies kann ganz außerordentlich zur Disziplinierung beitragen, wenn allseits guter Wille vorhanden ist.

Handzeichen können mißverständlich sein

So kann es denn auch geschehen, daß jemand, der sich zu Wort gemeldet hat, erkennt, daß der Vorredner schon das gesagt hat, was er auch sagen wollte. Er wird dann einfach sein Namensschild wieder umlegen und damit zeigen, daß er seine Wortmeldung zurückgezogen hat.

Rücknahme der Wortmeldung

Drei besondere Formen der Wortmeldungen sollten wir hier noch erwähnen. Die Wortmeldung „zur Geschäftsordnung" wird gebraucht, wenn der Betreffende zum Ablauf der Konferenz, zur Zeiteinteilung oder auch zu äußeren Gegebenheiten etwas sagen möchte oder den Antrag auf „Schluß der Debatte"* stellen will. Dieser Redner fügt seiner Wortmeldung (Hochstellen des Schildes) die Bemerkung halblaut hinzu „zur Geschäftsordnung", was der Listenführer vermerkt. Und dieser Teilnehmer erhält dann das Wort vor den anderen, wenn der derzeit Sprechende seine Ausführungen beendet hat.

Meldung zur Geschäftsordnung

---

* Der Begriff „Schluß der Debatte" bedeutet, daß – wenn die Gruppe dem Antrag hierzu zugestimmt hat – nur noch die bisher notierten Teilnehmer der Reihe nach zu Wort kommen, aber kein weiterer in die Rednerliste aufgenommen wird.

„dringend"	Bei der Wortmeldung „zur Geschäftsordnung dringend" unterbricht der Leiter den derzeitigen Redner auf der Stelle, damit der Antragsteller seine dringende Sache sagen kann. Dieser Fall wird nur selten eintreten, aber beispielsweise wäre die Beobachtung, daß ein anderer Teilnehmer sich offensichtlich nicht wohl fühle und man ihm helfen müsse, ein Grund dazu.
	Eine Form der Wortmeldung, die noch nicht überall im parlamentarischen Raum praktiziert wird, hat sich aber vielfach so bewährt, daß wir sie für die Arbeit in Zirkel-Konferenzen übernehmen wollen, weil sie der Effektivität und dem Menschlichen dienen kann.
direkte Erwiderung	Es ist die Wortmeldung „zur direkten Erwiderung", die genauso behandelt wird wie eine Wortmeldung „zur Geschäftsordnung", d. h. der sich Meldende kommt nach dem derzeitigen Redner und vor den anderen Gemeldeten an die Reihe. Sinn dieser Praktik ist, daß gedanklich Zusammenhängendes auch – für alle deutlich – zusammen im Denkvorgang wirkt. Ein Beispiel:

> *Ein Redner erwähnt bei seinem Diskussionsbeitrag einen Umstand, den ein anderer Teilnehmer bestätigen oder gar verstärken kann – oder dem er aus seiner Kenntnis heraus widersprechen muß, weil er nicht zutreffend ist. Wenn er sich nun normalerweise dazu zu Worte melden würde, käme er in der Reihenfolge nach den 5 anderen Teilnehmern dran, die sich vor ihm zu Wort gemeldet hatten. Er müßte dann beginnen mit: „Zu dem, was Herr X vor 20 Minuten in seinem Beitrag über ... gesagt hat, habe ich noch hinzuzufügen, daß ..." Dies wäre unsinnig, weil man inzwischen schon bei ganz anderen Gedankengängen angekommen ist und die Diskussion dadurch zurückspringen müßte.*
>
> *Der Konferenzleiter muß aber besonders darauf achten, daß nicht Überschlaue diese Wortmeldungsform nur als Vorwand benutzen, vor den anderen Rednern an die Reihe zu kommen; dies wird immer wieder versucht werden. Wenn – wie im obigen Beispiel – der Betreffende dann auch tatsächlich eine Berichtigung oder einen Widerspruch in der Aussage des Vorredners formuliert, dann ist dies in Ordnung.*

In dem Augenblick jedoch, da er dann vielleicht noch anfügen sollte: „Im übrigen bin ich der Ansicht, daß ..." und dann mit einer ganz anderen Thematik, die nichts mit seiner direkten Erwiderung zu tun hat, fortfährt, weil er die Gelegenheit nutzen will, da er doch schon einmal am Reden ist, wird er vom Leiter sofort unterbrochen! „Herr Y, sind Sie mit Ihrer direkten Erwiderung an Herrn X fertig? Wenn ja, dann darf ich Sie bitten, sich zu weiteren Äußerungen in unserer Debatte in der Reihenfolge wie auch die anderen Redner zu melden und einzuordnen. Die Gruppe würde mir sehr übelnehmen, wenn ich Sie nun vor den anderen, die sich schon längst gemeldet haben, weitersprechen ließe."

Ein Konferenzleiter, der in einem solchen Falle deutlich macht, daß er sich nichts bieten läßt, wird sich Ansehen ob seiner Bemühung um Gerechtigkeit erwerben. Im übrigen hat er in diesem Falle geschickt die Gruppenautorität ins Spiel gebracht, so daß der Betroffene nicht vermeinen kann, der Leiter habe ihn etwa aus persönlicher Animosität am Weiterreden gehindert.

Verdeutlichung gerechten Verhaltens

So wie die Form der Wortmeldung zur direkten Erwiderung dazu dient, Zusammengehöriges auch in einen deutlichen Bezug zu setzen und damit dem komplexen Denkprozeß zu nützen, so kann auch einmal ein Reden **ohne Wortmeldung** entstehen und sogar bis zu einem gewissen Maße geduldet werden. Ein Zwischenruf beispielsweise ist ein legales demokratisches Mittel; auch der Konferenzleiter wird ihn nur unterbinden oder gar rügen, wenn er beleidigend oder mit der Absicht praktiziert wird, den Redner bewußt zu stören.

Zwischenrufe sind legal

Falls der derzeit Redende einen sachlichen Zwischenruf aufnimmt und beantwortet, kann sich – durch eine nochmalige Äußerung des Zwischenrufers – ein Zwiegespräch faktisch ohne Wortmeldung entwickeln, das der Leitende großzügig laufen lassen kann, solange es der Sache bzw. dem Thema dient.

Zwiegespräch ohne Wortmeldung

Erst wenn der so ad hoc entstandene Dialog persönlich wird oder für den Konferenzleiter der Eindruck entsteht, daß die anderen Teilnehmer nicht mehr Anteil nehmen, weil sie sich auf den Standpunkt stellen, man solle die beiden doch allein die Sache austragen lassen, wird er dieses „wilde" Gespräch beenden. Es zeugt von der Überlegenheit der Persönlichkeit des Leiters, wenn er sich leisten kann, die Dinge gewissermaßen „am lockeren Zügel gehen" zu lassen und nicht stets mit Eingriffen zur strengen Auslegung der Disziplin arbeitet.

Zwischenfrage kann der Redner zulassen

Ein ebenfalls demokratischen Spielregeln entsprechendes Mittel ist die Z w i s c h e n f r a g e, zu der sich ein Teilnehmer mit einem bestimmten (vorher zu vereinbarenden) Zeichen während der Ausführungen des derzeit Redenden bemerkbar machen kann. Der Konferenzleiter wird daraufhin den Redner fragen, ob er eine Zwischenfrage dieses Teilnehmers gestattet; der Redner kann dies zulassen, aber auch ablehnen – dies ist sein gutes Recht, denn ihm ist zur Zeit das Wort erteilt. Aus einer Zwischenfrage und einer entsprechenden Antwort sollte jedoch der Konferenzleiter kein sich entwickelndes Zwiegespräch dulden, sondern den Frager auf seine Möglichkeit, sich gesondert zu Wort zu melden, hinweisen.

optische Demonstrationsmöglichkeit

Ein wichtiger Teil des Ablaufs der inneren Ordnung ist auch die V i s u a l i s i e r u n g, durch die erreicht wird, daß die Teilnehmer auch optisch die bei der verbalen Diskussion sich entwickelnden Vorgänge nachvollziehen. Mittel hierzu sind die Tafel, der Overhead-Projektor (auch Tageslicht-Schreiber genannt) sowie die Flip-Chart, eine Art Staffelei-Gestell mit aufgehängten Papierbögen, die mit Filzstiften beschriftet werden.

Flip-Chart ist optimal

Gerade zur Visualisierung bei Konferenzabläufen ist die letztgenannte Möglichkeit die am besten geeignete, denn man kann Abläufe in ihrem Aufbau besser verfolgen. An einer Tafel muß man, wenn sie vollgeschrieben ist, alles wegwischen; beim Tageslicht-Schreiber hat man nur Folien, die weggenommen oder weitergedreht werden, wenn sie auf einer Rolle laufen. Bei der Flip-Chart kann man jedoch das Blatt mit erarbeiteten Gedanken oder Aufbauteilen wegnehmen und an die Wand hängen sowie beim nächsten Blatt, wenn es vollgeschrieben ist oder eine gewisse gedankliche Stufe darbietet, genauso verfahren. So hat die Gruppe während der Arbeit ständig die bisherige Entwicklung vor Augen, – eine optimale Form der Gruppenmotivation und des Lernens, das wiederum der Kreativität förderlich sein kann.

Mensch und Gruppe – Technik der Zirkelarbeit

Diese Technik der Visualisierung zu beherrschen, bedarf einer gewissen Ausbildung und Erfahrung; in der Regel wird der Konferenzleiter einen Kollegen, der darüber verfügt, im Namen der Gruppe bitten, die Visualisierung zu übernehmen. Daß der Konferenzleiter die „Tafelarbeit" selbst übernimmt, ist nicht empfehlenswert, weil er sich dadurch in seiner Hauptaufgabe, der ordnenden Leitung der Diskussion, behindert.

Visualisierung an Teilnehmer delegieren

Der an der Demonstrationsfläche arbeitende Teilnehmer muß aber auch dazu angehalten werden, daß er nur das anschreibt, was die Gruppe wünscht. Selbständige Entscheidungen des Schreibers darüber, was schriftlich festgehalten werden soll, hat der Leiter zu unterbinden.

Grundsatz der Visualisierungsarbeit sollte auf jeden Fall sein, dem „Augentier Mensch" durch das Optische eine Intensivierung der Gedankenabläufe zu vermitteln. Wir wissen aus dem Bereich der Menschenkenntnis, daß viele Menschen Anschaulichkeit brauchen und sich nicht allein an akustischen Informationen, die ja nur 10–15 % des Eingangs durch die Sinne ausmachen, orientieren können. Außerdem ist es auch wegen des Kurzzeit-Gedächtnisses gut, einen Gedankenablauf stets vor Augen zu haben; der Effektivität der Konferenz kann dies nur dienlich sein. – Die meisten Menschen sind solches Vorgehen allerdings nicht gewöhnt, ja kennen es kaum. In einem Unternehmen modernen Führungsstils muß diese Technik zum täglichen Brot für den Zirkel werden.

„Augentier" Mensch braucht Anschaulichkeit

Auch wenn wir erst im nächsten Abschnitt auf die besondere Leistung des Konferenzleiters zu sprechen kommen, so müssen wir hier doch – im Zusammenhang mit dem Ablauf der Diskussion – darauf eingehen, wann eigentlich der Konferenzleiter selbst d a s W o r t e r g r e i f t. Nach dem Prinzip, daß er eine Funktion innehat, die der des Schiedsrichters ähnelt, ist klar, daß er zu eigenen Meinungsäußerungen sich nicht hinreißen lassen sollte, – in diesem Augenblick wäre bei zumindest einem Teil der Anwesenden der Glauben an seine objektive und gerechte Leitung erschüttert. Darüber später noch mehr. Aber das Wort in der Diskussion wird er in einer ganzen Anzahl von Situationen ergreifen, die im folgenden geschildert werden.

Wann spricht der Leiter?

Mensch und Gruppe – Technik der Zirkelarbeit

In einer Diskussion ergreift der Konferenzleiter in folgenden Fällen das Wort:

– zur Worterteilung und – notfalls – zur Wortentziehung;

– zu disziplinarischen Vorgängen wie z. B. Ermahnung bei Abschweifen des Redners vom Thema oder bei persönlichen oder beleidigenden Angriffen, – nach zweimaliger Ermahnung folgt im dritten Fall der Wortentzug;

– bei Ablauf der Redezeit eines Teilnehmers (merke: Redezeitbeschränkungen kann nicht der Konferenzleiter verfügen, sondern müssen von der Gruppe beschlossen werden, – der Leiter ist dann lediglich der Überwachende, daß dieser Gruppenbeschluß auch erfüllt wird!);

– bei Stockungen des Ablaufs, um mit hinführenden Fragen die Diskussion wieder anzufachen;

– um mit zeitweiligen Zwischenzusammenfassungen gedankliche Klarheit zu schaffen, die vielleicht für einzelne Teilnehmer durch das Hin und Her der Diskussion verlorengegangen sind, und um Übersichten zu vermitteln;

– bei entstehenden Mißverständnissen und zu Klarstellungen, die den Gedankenablauf beeinflussen können – als Regelfunktion, jedoch in keinem Falle zur Meinungsbildung;

– zu technischen Situationen wie Heizung, Lüftung, Beleuchtung, Pausen sowie zu persönlichen Bemerkungen (Bitte an einen Teilnehmer, etwas zu notieren oder zu erledigen u. ä.).

Ansonsten wird der Konferenzleiter – insbesondere in bezug auf seine eigene Meinung* – keinerlei Äußerung tun.

---

* Dies bedeutet nicht, daß er keine Meinung haben darf. Aber er muß vermeiden, durch Erkennbarmachen seiner Meinung andere zu beeinflussen. Bei notwendig werdenden Abstimmungen zu einer Entscheidung wird er sich beteiligen, aber die Begründung seines Abstimmungsverhaltens erst nach dem Ergebnis bekanntgeben, wenn dies gewünscht wird.

C) Schluß

Der Schluß in der Gliederung der inneren Ordnung einer Konferenz umfaßt die drei Begriffe Zusammenfassung, Ergebnis und Protokoll. Diese hängen eng miteinander zusammen. Der Abschluß ist die bedeutsamste und auch schwierigste Aufgabe des Konferenzleiters. Er hat schon vielleicht mehrfach anhand seiner Notizen Zwischenzusammenfassungen während des Konferenzablaufes gegeben, die auch auf den an der Wand befestigten Flip-Chart-Blättern festgehalten sind. Nun wird er nach dem Ende der Diskussion eine Zusammenfassung vornehmen und versuchen, das Ergebnis zu formulieren; eine Aufgabe, die höchste Konzentration verlangt und nur nach einiger Erfahrung gut bewältigt werden kann.

schwierigste Aufgabe des Konferenzleiters

Hierzu können keine Patentrezepte gegeben werden, weil allzuviel von der Denkfähigkeit, der Intelligenz, der Konzentration, der Merkfähigkeit und dem verbalen Ausdruck des Konferenzleiters abhängt. Aber diese Dinge können geübt werden: im Zirkel-Modell werden auch nicht lauter perfekte Konferenzleiter geboren, sondern der stete Wechsel des Vorsitzes bei Routinekonferenzen wird allmählich jeden einzelnen diese Fähigkeiten entwickeln lassen. Darüber noch später einiges.

das kann geübt werden

Sinn der Zusammenfassung und Formulierung des Ergebnisses ist, den Teilnehmern noch einmal die gesamte gemeinsame Arbeit bewußt zu machen und aufzuzeigen, was man mit ihr erreicht hat. Wenn alle gemeinsam erkennen, daß man in der Sache, um die es ging, ein gutes Stück weitergekommen ist, dann ist dies bereits die beste Motivation für die nächste Konferenzarbeit. Und wenn man ein Thema abschließen und ein Ergebnis oder einen Entschluß – je nach Art der Konferenz – schaffen konnte, dann wird alle ein gemeinsamer Stolz befriedigen, auch wenn der eine oder andere seine eigenen Vorstellungen nicht so verwirklicht sieht, wie er sich dies etwa vorgestellt hat. Dies alles zu erkennen und zu formulieren, ist die Schlußaufgabe des Konferenzleiters. Und er hat dafür zu sorgen, daß das Ergebnis protokollarisch festgehalten wird sowie später allen Beteiligten, auch denjenigen, die nicht anwesend waren oder die davon in anderen Bereichen berührt sind, zur Kenntnis gelangt. Dies ist ein wichtiger Teil der Kommunikation innerhalb des Zirkel-Modells.

guter Abschluß ist beste Motivation für die Zukunft

statt Wortprotokoll nur noch Ergebnisprotokoll

Man ist heute von der früheren Praxis des wörtlichen Protokolls weitestgehend abgekommen und arbeitet in den meisten Fällen nur noch mit dem „Ergebnisprotokoll". Abgesehen von wichtigen Verhandlungen oder von umfangreichen grundsätzlichen Sitzungen, bei denen es manchmal auf das kleinste Detail von Formulierungen ankommen mag, wird in den weit überwiegenden Fällen aller Konferenzen das Ergebnisprotokoll seinen Dienst völlig ausreichend tun. Zumal umfangreiche Wortprotokolle doch vielfach von niemanden mehr nachgelesen werden und meist sinnlos in irgendwelchen Aktenordnern dem Zerreißwolf entgegenschlummern.

kein eigener Protokollführer

Die bisher vielfach übliche Praxis, zu Beginn einer Sitzung einen Protokollführer zu ernennen, der alles sorgsam mitschreibt, sollte nur auf hochkarätige Sitzungen beschränkt bleiben, in denen oberste Bosse existenzwichtige Entscheidungen diskutieren. Und da wird man eine Schreibkraft – evtl. mit Tonbandunterstützung – zur Verfügung haben. Für die Arbeit in den alltäglichen Konferenzen läßt sich der Konferenzleiter seine wichtigste Aufgabe, die Notizen über den Ablauf, in keinem Fall von einem Protokollführer abnehmen, von dem er noch nicht einmal sicher sein kann, daß dieser auch wirklich das Wichtigste festhält und nicht vielleicht nur Nebensächliches notiert.

Schluß-formulierung mit Zustimmung aller

Bei einer Sitzung mit einem einzigen Thema wird der Konferenzleiter die Formulierung des zusammenfassenden Ergebnisses der Runde vorschlagen und gegebenenfalls – mit Zustimmung aller – in ein Taschendiktiergerät sprechen. Hier kann auch sofort – wenn einem der Teilnehmer eine Formulierung nicht gefällt – eine Korrektur, wiederum mit Zustimmung aller, vorgenommen werden. Wenn besonders gewünscht, kann auch vermerkt werden, daß Kollege X mit dem Beschluß nicht einverstanden war und gewünscht hat, dies im Protokoll ausdrücklich zu vermerken. Aber ansonsten hat das Ergebnisprotokoll wegen seiner Kürze und Überschaubarkeit den großen Vorteil, daß es hinterher auch noch gelesen wird, falls jemand den Wunsch dazu verspürt. Und das viele Hin und Her der Diskussion, in dem mancher manches gesagt hat, was er vielleicht hinterher bereut, ist nicht festgehalten.

Von der Praxis, während der Konferenz ein Tonband mitlaufen zu lassen, ist dringend abzuraten. Es hat den psychologischen Nachteil, daß die Diskussionsbeiträge nicht so unbefangen, spontan und auch nicht so kreativ kommen, weil jeder im Unterbewußtsein eine gewisse Befürchtung hat, man werde alles, was er sagt, auch noch hinterher nachlesen können. Ganz abgesehen von der Technik, die ebenfalls die freie Meinungsäußerung in wichtigen Augenblicken behindern kann, weil gerade ein neues Band eingelegt werden muß, ist die Tonbandaufzeichnung auch deshalb unrationell, weil sie nachher noch abgeschrieben werden muß, – hier können schon akustisch bedingt die merkwürdigsten Mißverständnisse entstehen. **vom Tonband ist abzuraten**

Bei einer Sitzung mit mehreren Tagesordnungspunkten wird der Konferenzleiter nach jedem einzelnen Punkt oder zwischenzusammenfassend in das Taschendiktiergerät etwa formulieren: „... zu Punkt 3 der Tagesordnung wurde kein Beschluß gefaßt; Herr Müller wurde beauftragt, noch weitere Informationen zu beschaffen, damit bei der nächsten Sitzung dann der Zirkel endgültig entscheiden kann. – Punkt 4 der Tagesordnung: es wurde beschlossen, dem Nachtwächter Schulze für sein umsichtiges Verhalten während des Gewittersturmes am 13. 6. eine einmalige Prämie von 150 DM zukommen zu lassen. Die Lohnbuchhaltung soll dies veranlassen. – Zu Punkt 5 der Tagesordnung: es wurde ein Ausschuß, bestehend aus den Herren Friedrich, Werner und Rudolf gebildet, der die Schwierigkeiten im Produktionsbereich von PCX untersuchen und bis zur nächsten Sitzung am 3. 7. einen Bericht mit entsprechenden Vorschlägen vorlegen soll..."

Diesem Ergebnisprotokoll, das alle während des Diktats mit anhören, können alle ihre Zustimmung geben (oder sofort Einwände aussprechen), und es kann dann später schriftlich verteilt werden – je nach üblichen Kommunikationswegen und Verteiler. **Mithören des Ergebnis-Protokolls**

Auch das Schlußwort des Konferenzleiters muß mehr sein als die übliche Formel „Die Sitzung ist geschlossen!"

Leider ist es bei Konferenzen vielfach so, daß – wenn jemand einen Teilnehmer hinterher fragt, was denn in den Konferenz losgewesen sei – er die Antwort erhält: „Nichts Besonderes, – der

Alte hat mal wieder seine Parolen wiederholt, wie üblich – aber sonst war nichts Neues! Schade um die Zeit, die wir dort verbracht haben!" – Daß solche Reaktionen nach Konferenzen in der bundesdeutschen Landschaft nicht die Ausnahme sind, sondern leider häufig vorkommen, ist erschreckend.

Wenn in einer Konferenz aber durch eine menschliche Atmosphäre des gegenseitigen Vertrauens und mit einer souveränen und gerechten Führung durch den Leiter wirklich das Zusammensein des Zirkels Ergebnisse gebracht hat, die Klarheit für zukünftige Aufgaben geben, dann wird man ganz anders gestimmt auseinandergehen. Der Konferenzleiter kann dann etwa zum Abschluß sagen: „Meine Damen und Herren, wir sind am Schluß unserer Sitzung angelangt – wir haben einiges Wichtiges erreicht und sehen in bestimmten Dingen klarer (Besitztrieb!). Ich habe Ihnen zu danken, daß Sie alle so engagiert sich beteiligt haben (Geltungstrieb!) – und wir haben wieder einmal gesehen, wie gut es ist, wenn wir uns zusammensetzen und gemeinsam die Probleme ausdiskutieren, – dabei kommt immer etwas heraus!" (Kontakttrieb!). – Diese Teilnehmer gehen nicht frustriert aus der Konferenz mit der üblichen Feststellung, es sei wieder ausgegangen wie das berühmte „Hornberger Schießen", sondern sie stellen fest, daß das Zusammensein heute einen Sinn gehabt habe. Die beste Motivation für eine positive Einstellung zur nächsten Konferenz!

Verbesserungen in kleinen Schritten

Man sage nicht, dies sei nicht zu verwirklichen und sei zu ideal gesehen. Selbstverständlich müssen wir immer und überall mit menschlichen Schwächen und Unvollkommenheiten rechnen. Aber das sollte uns nicht daran hindern, wenigstens Verbesserungen anzustreben und uns auf das Ziel von mehr Menschlichkeit, wenn auch vielleicht nur in kleinen Schritten, hinzubewegen, sofern wir – hoffentlich – erkannt haben, daß es sich lohnen wird.

7.3.3 Von der Leistung des Konferenzleiters hängt alles ab

Dieser unbestreitbaren Behauptung muß allerdings auch eine Einschränkung angefügt werden, die da lautet: wenn alle positiv mitmachen. Und dies ist der entscheidende Unterschied des inte-

Mensch und Gruppe – Technik der Zirkelarbeit

grativen Führungsstils im Modell „Zirkel 2000" gegenüber allen anderen Formen, Stilen und Management-Techniken: hier wird der Mitarbeiter zur Mitverantwortung am Gelingen gemeinschaftlicher Aufgaben herangezogen. Er darf eine Konferenz nicht mehr als Podium zu Selbstdarstellungen einzelner betrachten und auch nicht als eine unnütz mit Schwätzerei vertane Zeit, sondern als ein Kommunikationsmittel, das für die Existenz des Unternehmens lebenswichtig ist.

alle tragen Mitverantwortung am Konferenzerfolg

Wenn alle Führungskräfte und die maßgebenden Mitarbeiter bis hin zum einfachen Sachbearbeiter in dieser Einstellung zur Konferenztechnik endlich das Umdenken gelernt haben, dann wird allerdings noch eine ganze Menge an besonderer Leistung dem Konferenzleiter – gleich welche Funktion er innerhalb der Zirkel einnimmt – abverlangt werden. Aber er wird die Aufgabe, bei dieser oder jener Gelegenheit eine Konferenzleitung zu übernehmen, nicht als psychische Belastung empfinden, vor der er Angst zu haben braucht, sondern als Bewährungsmöglichkeit. Denn die Teilnehmer werden ihm nicht von vorneherein als Feinde vorschweben, die ihr einziges Ziel darin sehen, ihn „auflaufen" zu lassen, sondern als Kollegen, die das gleiche Interesse wie er haben: die Konferenz zu einem effektiven Ergebnis zu bringen.

Konferenzleitung ist nicht Belastung, sondern Bewährung

In diesem Sinne sollte auch die Rotation gesehen werden, die wir im Zirkel-Modell in bezug auf die Konferenzleitung als unverzichtbar ansehen. Durch sie werden drei ganz entscheidende Effekte erzielt, die wir uns noch näher betrachten wollen: der Abbau der mißbrauchten Führungsautorität, der Aufbau der Persönlichkeitsautorität und das gegenseitige Verständnis zur Förderung der Zusammenarbeit.

Rotation in der Konferenzleitung ist unverzichtbar

Zunächst zum ersten Effekt, dem Mißbrauch der Führungsautorität: viele Führungskräfte sind sich heute überhaupt nicht dessen bewußt, daß die Personalunion von Führungsposition und Konferenzleitung einer der Hauptgründe ist, weshalb viele Mitarbeiter Konferenzen als etwas Unnützes oder Störendes empfinden.

Mißbrauch der Führungsautorität

Zehntausende auf den Rängen eines Fußballstadions würden aufheulen, wenn der Schiedsrichter plötzlich sich bei einer Mannschaft in den Sturm einfügen und auf das gegnerische Tor schießen würde. Genau dies aber tun Tausende von Managern in Wirtschaft und Verwaltung täglich, indem sie als Konferenzleiter in Verbindung mit ihrer Macht aus der Führungsposition heraus das durchsetzen, was sie als richtig empfinden.

Um dies zu erreichen, bräuchten sie jedoch keine Konferenz, in der die schweigende Mehrheit gedemütigt unterliegt, nachdem sie zuvor kaum oder gar nicht ihre Meinung ausdrücken konnte. Das könnte der Führende nämlich auch ohne Konferenz bewirken, indem er einfach eine Anweisung ausgibt, – in einer solchen Situation ist die Konferenz dann nicht nötig und tatsächlich vertane Zeit. Aber dieser Gedanke kommt diesem Führenden überhaupt nicht, – im Gegenteil: er ist vielleicht noch stolz darauf, mit der Form der Konferenz demonstriert zu haben, wie fortschrittlich er eingestellt ist. Daß das Ganze keine Konferenz, sondern eine getarnte Befehlsausgabe war, empfinden nur die Empfänger, die es aber wohlweislich nicht aussprechen.

mitdiskutierendes Sicheinfügen kann Ansehen heben

Wann endlich wird man in deutschen Unternehmen Schluß machen mit solchen grob demotivierenden Methoden? Wann endlich werden die Führungskräfte erkennen, daß es – wenn sie sich in die Arbeitsrunde einer Konferenz mitdiskutierend einfügen – für sie zwar einen temporären Verlust von Amtsautorität bedeutet, sie aber den Respekt ihrer Mitarbeiter und Führungskollegen gewinnen, der zur Festigung der Autorität ihrer Persönlichkeit dient? Und daß die Ausstrahlung einer Führungspersönlichkeit ein Vielfaches von der Wirkung erzielen kann, die von einer auf einem Vorsitzendensessel thronenden Figur ausgeht.

Ein weiterer Effekt in diesem Zusammenhang ist eine unterbewußte psychologische Auswirkung: wenn der Chef der Gruppe gleichzeitig Konferenzleiter ist, dann wird es stets unter den Anwesenden einige geben, die – auch wenn sie der gleichen Meinung sind wie dieser – doch ihm widersprechen, um vor anderen ihren „Mannesmut vor Königsthronen" zu demonstrieren. Und andererseits wird es auch Teilnehmer geben, die – obwohl sie anderer Meinung sind als der Chef – doch geflissentlich zustimmen, um sich lieb Kind zu machen.

Mit der Rotation vor allem in Routinekonferenzen, die regelmäßig im Zirkel-Modell stattfinden und fester Bestandteil des betrieblichen Lebens sind, wird also zunächst für den eigentlich vom Betrieblichen her die Gruppe Führenden erreicht, daß er nicht mehr der Versuchung erliegen wird, seine unbezweifelbare Führungsautorität durch die Position des Konferenzleiters zu gefährden, indem er beide Machtfunktionen verquickt, was ihm jeder normale Mitarbeiter verübeln würde.

Auf diese Weise ergibt sich in der Konferenz keine echte, auf die Sache abgestimmte und objektive Meinungsbildung, sondern eine völlig schiefliegende, die sich an der Person des Chefs und an dem Verhältnis des einzelnen zu diesem orientiert. Dies ist vielen Konferenzteilnehmern kaum oder überhaupt nicht bewußt, weil sie sich selten über die psychologischen Hintergründe ihrer Verhaltensweisen Rechenschaft ablegen. Und Chefs lehnen eine solche Auslegung überhaupt ab mit der Schutzbehauptung: Meine Leute kennen mich und wissen, daß sie mit mir frei und offen sprechen dürfen. **schiefe Meinungsbildung – an der Person des Chefs orientiert**

Dieser soeben geschilderte Effekt kann durch die Eingliederung des Führenden in die von einem anderen geleitete Gesprächsrunde weitaus abgemildert oder gar ganz beseitigt werden, – und auch für den Chef selbst ist es ein befreiendes Gefühl, unbefangen, ungehindert und unbelastet mitargumentieren zu können, ohne daß viele vor ihm katzbuckeln.

Und auch bei dem oberen Management im innersten Zirkel steht es dem obersten Boß – Geschäftsführer, Vorstandsvorsitzender, Inhaber etc. – gut an, wenn er die menschliche Größe zeigt, sich als Gesprächspartner in die Runde gleichberechtigt einzufügen. Dies ändert – um Mißverständnissen vorzubeugen – keineswegs etwas an der Verantwortung seiner Position und an seiner Handlungsfreiheit für unternehmerische Entscheidungen. Aber Trends, Informationen, Meinungen, Erkenntnisse oder Entwicklungen, die die Grundlagen für seine Entscheidungen mitbilden können, wird er nirgends besser erfahren als in solchen Gesprächsrunden. Voraussetzung allerdings ist immer wieder das echte Vertrauensverhältnis in einem Unternehmen, das auch die sogenannten „Untergebenen" dazu ermutigt, ihre Meinung frei und ohne Furcht auszusprechen. **auch der oberste Boß kann sich eingliedern**

Erlernen der Konferenzleitung durch Praxis

Der zweite Effekt, der durch die Rotation in der Leitung der Routinekonferenzen entsteht, ist der, daß alle diejenigen, die der Reihe nach zur Konferenzleitung herangezogen werden, nur durch diese Praxis allmählich die Konferenztechnik erlernen werden. In diesem Sinne eigentlich sollten sie sich freuen über jede Gelegenheit zur praktischen Übung, damit sie ihr Können dann auch an die Gruppe ihrer Mitarbeiter im nächsten Zirkel – also auf der nächstniedrigen Führungsebene – weitergeben können.

In einer Großbank war es im norddeutschen Raum üblich, daß man alle Halbjahr eine sogenannte Führungskonferenz mit den ca. 60–70 Filialleitern ansetzte, die den angereisten Teilnehmern schon deshalb ein Greuel war, weil einige Herren des Gebietsvorstandes vom Podium herunter vor der Versammlung Monologe hielten, deren Informationswert gleich Null war, weil alles schon schriftlich bekannt war. Und wenn nach einigen (meist 4 oder mehr) Stunden dann zur Diskussion aufgefordert wurde, dann hielten sich die meisten zurück, um möglichst bald nach Hause kommen zu können. Oder weil derjenige, der tatsächlich eine Frage wagte, meist von oben noch dumm angeredet wurde: er habe nicht aufgepaßt oder das könne er da oder dort nachlesen u. ä.

Nach einer Ausbildung in Konferenztechnik, die die Filialleiter zur besseren Mitarbeiterführung von mir erhalten hatten, machte man den Versuch, die bisherigen institutionalisierten Halbjahreskonferenzen in jeweils vier mal vier vierteljährliche Treffen mit je ca. 15 Filialleitern aufzulösen und die Leitung turnusmäßig reihum durch die Teilnehmer selbst praktizieren zu lassen, – also Zusammenstellung der Tagesordnung, Einladung und Durchführung. Bei jeder dieser Teilveranstaltungen war dann ein Vorstandsmitglied zu Gast und konnte – bei Bedarf – gefragt werden.

Die Filialleiter waren von dieser Neuregelung, die ihnen endlich echten und nutzbringenden Gedankenaustausch ohne Hineinreden durch Vorgesetzte bescherte, so begeistert, daß sie – wegen der Effektivität, die die Regelung brachte – dafür plädierten, solche Treffen sogar allmonatlich zu veranstalten. Und keiner empfindet es jetzt als Belastung, statt einmal im Halbjahr nunmehr sechsmal mitzumachen.

Mensch und Gruppe – Technik der Zirkelarbeit

Zu meiner besonderen Freude ergab sich noch der Umstand, daß sich die Betreffenden geradezu darum rissen, als Konferenzleiter an die Reihe zu kommen, um auch den Kollegen zeigen zu können, was sie gelernt hatten und wie sie Konferenzleitung praktizierten. Ein Beispiel von Gruppenmotivation, die einem großen Unternehmen von Nutzen sein kann und die auf keine andere Weise so intensiv erzeugt werden kann.

Der dritte Effekt, den wir zur Rotation erwähnten, ist ganz einfach zu beschreiben: jeder, der turnusmäßig einmal im Zirkel als Konferenzleiter an der Reihe war, wird erkennen, wie schwer es ist, dort vorne zu sitzen und alles richtig und gut zu machen. Er wird, wenn er beim nächsten Mal wieder in der Gruppe sitzt, wesentlich mehr Verständnis für den Kollegen „da vorne" aufbringen und – statt ihm bei dieser oder jener Gelegenheit Knüppel zwischen die Beine zu werfen – eher versuchen, ihm in der Abwicklung der Konferenz zu helfen und kooperativ zu sein.

Verständnis für den Kollegen entwickelt sich

Sicherlich spielt dabei auch der Hintergedanke zunächst mit, daß der andere, dem man jetzt Schwierigkeiten bereitet, beim nächsten Mal, wenn man selbst die Leitung hat, durch ähnliches Verhalten sich rächen könnte. Dies wird in der Anfangsphase eines Unternehmens, das sich auf Konferenzen in Zirkeln umstellt, sicherlich auch eine Rolle spielen; später wird jeder durch das Wachsen des gegenseitigen Vertrauensverhältnisses über solche Gedankengänge nur noch lachen.

keine „Rache"-Gedanken

Dies ist ein entscheidender gruppendynamischer Prozeß, und auch charakteristisch für einen integrativen Führungsstil, der unser Zirkel-Modell durchdringen muß. Wir haben im Zusammenhang mit der Behandlung unserer Vergleichs-Übersicht der Führungsstile (s. S. 320) in der rechten Spalte zu diesem modernen Stil hinsichtlich der verschiedensten Funktionen Begriffe gefunden wie: miteinander, tolerant, integriert, Erreichen von Ergebnissen, Verantwortung koordiniert (indem sie jeder einzelne mitträgt), kybernetisch geregelte Abläufe, Mensch unter Menschen, Heranziehen zum Mitdenken und andere mehr.

Mensch unter Menschen

Alle diese Begriffe sind der geforderten Leistung des Konferenzleiters entsprechend; er wird sich in seiner Leitungfunktion als derjenige verstehen, der durch Auftrag der Gruppe und von ihrem Vertrauen getragen, herausgehoben wurde und zumindest für die Zeitdauer der Konferenz – einschließlich Vorbereitung und evtl. nachträglicher Auswertung – dafür zu sorgen hat, daß die von allen anerkannte und getragene Ordnung bewahrt wird.

Koordinator oder Moderator

Man hat in neueren Versuchen auch mehrfach den Konferenzleiter als Koordinator oder als Moderator bezeichnet; beide Begriffe treffen mit geringen Einschränkungen auch auf die Leistung des Konferenzleiters zu. Koordinatorische Fähigkeiten muß er entwickeln, wenn es darum geht, konträre Meinungen zusammenzuführen und für Gegensätze, die immer einmal entstehen können, wo Menschen zusammenarbeiten, auch Kompromisse zu finden und durchzusetzen. Wir haben an früherer Stelle erwähnt, daß ein Kompromiß keineswegs – wie gemeiniglich vielfach sprachlich gebraucht – eine „faule" Sache sein muß, sondern in Wirklichkeit die realistische Zusammenführung gegensätzlicher Meinungen, bei denen jeder auf einen Teil seiner Forderungen verzichtet, um dem anderen entgegenzukommen. Das ist in der Kernaufgabe des Koordinators enthalten, der darüber hinaus auch noch für Angleichungen, Anpassungen, Feinabstimmungen und Parallelitäten sorgen wird.

ausgleichende Zusammenführung

Moderator bedeutet Neutralität

Der Moderator, durch Funk und Fernsehen ein allgemein bekannter Begriff geworden, hat seine sprachliche Wurzel in dem etwas veralteten Wort „moderat", was so viel wie „gemäßigt" bedeutet und auch in der Musik für ein gemäßigtes Tempo verwendet wird. Der einzige Unterschied zwischen dem Moderator in Rundfunk- oder Fernsehsendungen und unserem Konferenzleiter ist der, daß der Medien-Moderator absolut neutral sein muß und auch sein kann, weil ihn – zumindest in der Sendung – die Streitpunkte der gegensätzlichen Meinungen und ihrer Repräsentanten nichts angehen. Unser Konferenzleiter hat die gleiche Aufgabe der Wahrung der Neutralität, obwohl er durchaus zur einen oder anderen der gegensätzlichen Meinungen neigen kann.

Leitung niederlegen

Falls dies ihm zuviel innere Belastung bringt, hat er noch den letzten Ausweg, die Leitung der Konferenz abzugeben an einen Kollegen oder – falls dies schon in der Vorbereitungsphase ersichtlich wird – sie gar nicht erst anzutreten. Auch im politischen und im Vereinsleben ist es üblich, daß Vorsitzende, die in einem Tagesordnungspunkt persönlich betroffen oder engagierte Partei sind, den Vorsitz der Veranstaltung für den Part abgeben; man wird ihnen dies stets als ehrenwertes Verhalten anrechnen.

Seine Funktion in der Konferenz muß der Leiter nach dem alten lateinischen Spruch handhaben „suaviter in modo, fortiter in re" – was man etwa übersetzen kann mit „verbindlich in der Art und Weise, streng in der Sache". Die Sache ist im Falle der Konferenz nicht das Thema, sondern die Ordnung, die nun einmal unabdingbar eingehalten werden muß, soll die Konferenz nicht in uneffektives Geschwätz ausarten, wie man es leider allzu oft erleben kann. Die Verbindlichkeit aber, der Umgangston miteinander und die Bemühung, alle zum gegenseitigen Zugestehen und Verständnis zu bringen, ist der Geist, der die Konferenz prägt und ihre Ordnung mit Leben erfüllt. **suaviter in modo, fortiter in re**

Eine letzte Überlegung sei noch diesem gegenseitigen Verstehen als einem Grundprinzip auch der Konferenz im integrativen Führungsstil gewidmet. Wir erinnern uns aus unserem 5. Schritt der Objektivität der Beurteilung, die wir als wichtigste Führungsverantwortung erkannt haben. Sie ist mit dem anschaulichen Kreis der Gegensätze und der bewertenden Beurteilungen auf S. 287 unter der Bezeichnung „Toleranzkreis" dargestellt. Ihn sollte vor allem der Konferenzleiter stets vor Augen haben, um sich bewußt zu machen, wie leicht er geneigt ist, einen Menschen des gegenüber liegenden Farbbreiches abzulehnen oder gar abzuwerten. Wenn der Konferenzleiter ein „Blauer" ist, dann wird ihm ein Teilnehmer, der seinen Schwerpunkt im orangefarbenen Bereich hat, als Störfaktor erscheinen – wie umgekehrt. Und ein „roter" Konferenzleiter wird einen „Grünen" in seinem Denken und Verhalten als negativ empfinden – wie umgekehrt. Schließlich wird ein idealistisch gesonnener „violetter" Leiter den „Gelben" als unmöglich ansehen – wie umgekehrt auch. Vielleicht wäre es gar nicht schlecht, wenn ein Unternehmen in seinem Konferenzraum diesen „Toleranzkreis" – von einem Graphiker ausgestaltet – als Wandschmuck an irgendeiner Stelle aufhängen läßt, damit aus **„Toleranzkreis" als „Wandschmuck"**

Gegensätzlichkeiten bewußt machen

Mensch und Gruppe – Technik der Zirkelarbeit

Streiter	Positive	Alleswisser	Redselige	Schüchterne	Ablehnende	Un-interessierte	„Das große Tier"	Ausfrager
Sachlich und ruhig bleiben. Die Gruppe veranlassen, seine Behauptungen zu widerlegen	Ergebnisse zusammenfassen lassen, bewußt in die Diskussion einschalten	Die Gruppe auffordern, zu seinen Behauptungen Stellung zu nehmen	Taktvoll unterbrechen, Redezeit festlegen	Leichte, direkte Fragen stellen, sein Selbstbewußtsein stärken	Seine Kenntnisse und Erfahrungen anerkennen	Nach seiner Arbeit fragen, Beispiele aus seinem Interessengebiet geben	Keine direkte Kritik üben. „Ja – aber..."-Technik	Seine Fragen an die Gruppe zurückgeben

430

gegebener Veranlassung heraus bei Meinungsverschiedenheiten darauf hingewiesen werden kann.*

Wir sind uns darüber im klaren, daß hier noch längst nicht alle Details der Konferenztechnik im Zirkel-Modell dargestellt werden konnten; dies wäre eine zu umfangreiche Ausarbeitung geworden. Und hätte trotzdem nicht die Garantie ergeben, daß alle, die danach handeln wollen, auch dies stets fehlerfrei tun werden. Entscheidend ist der Geist, der aus dem Verständnis der Zirkelkommunikation spricht, – und der muß aus den Menschen, die sich damit ernsthaft befassen, selbst entstehen und wachsen. Mit detaillierten Vorschriften und Regeln ist er nicht zu erzwingen, – hier sei noch einmal das großartige Wort erwähnt „Mind like parachute – function only when open!".

der Geist trägt die Kommunikation

7.3.4 Grundthesen zur Konferenztechnik

Die im Unternehmens-Modell „Zirkel 2000" als wichtigstes Kommunikationsmedium angesehene Gruppenarbeit, die wir unter dem Begriff der Konferenz dargestellt haben, hat verständlicherweise noch wesentlich mehr Möglichkeiten. So können auch z. B. Fortbildungen in Führungspsychologie, in Menschenkenntnis und in der Anwendung von Regelkreismechanismen oder Netzplantechnik mit dem Mittel der Konferenz angegangen werden. Meist wird man sich dazu außenstehende Fachleute als Referenten holen, weil das Unternehmen nicht auf die Dauer alles nur aus eigener Kreativität schaffen kann und Anregungen von außen stets benötigt. Aber ein außenstehender Referent muß dann sich in die Zirkelarbeit einpassen und mit dem Mittel der Lehrkonferenz vorgehen; Monologe und noch so attraktive „shows" von cleveren Darbietern passen nun nicht mehr in den vom Unternehmen entwickelten Stil.

Außenstehende müssen sich anpassen

Die folgenden Thesen sollen noch einmal einen Überblick über die bisher erarbeiteten Grundsätze geben, – ohne bewertende

---

* Die auf S. 430 dargestellte Zeichnung (Quelle leider unbekannt) zeigt in humorvoller Weise, wie ein Konferenzleiter mit bestimmten – stets wieder auftretenden – „Typen" von Teilnehmern umgehen kann, die ihm das Leben schwermachen.

Thesen sind Rahmen-Richtlinien

Reihenfolge und auch ohne den Anspruch auf vollständige Erfassung des gesamten Komplexes. Aber man könnte sie vielleicht als Rahmen-Richtlinien bezeichnen, die stets anzustreben sind. Jeder Unternehmens-Organismus wird darüber hinaus noch einige weitere interne Regeln erarbeiten, die die nun folgenden unternehmensspezifisch ergänzen und gegebenenfalls zusätzliche Verpflichtungen ergeben.

○ Wenn eine Konferenz nicht mehr erbringen kann als die Summe der Einzelleistungen der Teilnehmer, dann sollte sie besser unterbleiben.

○ Bei Routinekonferenzen oder sich häufig wiederholenden Konferenzen innerhalb der gleichen Zirkel muß ein turnusmäßiger Wechsel in der Leitung selbstverständlich sein.

○ Konferenzleiter ist nicht die höchste anwesende Führungskraft bzw. der beste Fachmann der Thematik, sondern ein Könner in Konferenztechnik.

○ Gegenseitiges Vertrauen, das den Geist des Unternehmens im Zirkel-Modell prägt, wird in der Konferenz aktiv und demonstrativ praktiziert.

○ Wer sich in einer Konferenz manipuliert fühlt, muß es sofort aussprechen, damit die Gruppe dies ausdiskutieren kann.

○ Je besser die Arbeitsvorbereitungen, desto mehr Effektivität kann für die Konferenz erwartet werden.

○ Die Gegebenheiten des Konferenzraums und der äußeren Ordnung tragen wesentlich zum Gelingen bei; eine optische Demonstrationsmöglichkeit ist unabdingbarer Bestandteil einer Konferenz.

○ Jeder Teilnehmer sollte nach Möglichkeit ausreichend Vorinformationen zur Konferenz-Thematik erhalten und ist verpflichtet, sich vorab mit diesen intensiv zu befassen.

○ Pünktlicher Beginn und pünktlicher Schluß sind das A und O einer guten Konferenz; Konferenzzeit ist Arbeitszeit, multipliziert mit der Teilnehmerzahl.

○ Namensschilder sind unverzichtbares Requisit der Konferenzarbeit – auch wenn die Teilnehmer einander gut kennen.

○ Cliquenbildung jeglicher Art sind der Tod einer Konferenz; die Suche nach Kompromißlösungen ist existenzwichtig.

○ Der Konferenzleiter greift in die Diskussion nur ein zur Steuerung und Regelung der Ordnung; seine eigene Meinung hat er unbedingt zurückzustellen.*

○ Ein allseits befriedigender Konferenzabschluß ist die beste Motivation für die Durchführung der Konferenzbeschlüsse und für die positive Einstellung zu folgenden Konferenzen.

---

* s. auch Fußnote S. 418.

Standpunkt VIII

Tätigkeit und Leistung bringen Erfüllung des Lebens

Im Schweiße deines Angesichts sollst du dein Brot essen!
(1. Moses 3,19)

Dieser göttliche Fluch hat jahrtausendelang die Menschen bedrückt, weil durch ihn die Arbeit, zur Strafe geworden, dem Menschen als eine Last auferlegt zu sein scheint. Im 90. Psalm dagegen heißt es „unser Leben währet siebenzig Jahr, und wenn es hoch kommt, so sind es achtzig Jahr, und wenn es köstlich gewesen ist, so ist es Mühe und Arbeit gewesen..." Ja, was denn nun? Ist sie, die Arbeit, denn nun eine Strafe oder eine Köstlichkeit? Dichter und Denker, Philosophen und Theologen haben sich zu allen Zeiten mit der Arbeit und ihrer Bedeutung für den Menschen befaßt und sind zu den unterschiedlichsten Auslegungen gekommen. Von der verneinenden Formulierung Nietzsches, „die Arbeit ist eine Schmach, weil das Dasein keinen Wert an sich hat" über Herders idealisierenden Vers „Arbeit ist des Blutes Balsam, Arbeit ist der Tugend Quell" und das Sprichwort „Arbeit adelt" bis zur Pervertierung des Begriffes in der Inschrift „Arbeit macht frei" über dem Tor zum Konzentrationslager.

Ist es nur eine semantische Unterscheidung, wenn Ralf Dahrendorf den Begriff der „Tätigkeit" in direkten Gegensatz zur „Arbeit" stellt? Goethe hat wohl diesen Unterschied nicht gesehen und schreibt:

> Die Tätigkeit ist, was den Menschen glücklich macht, die, stets das Gut schaffend, bald ein Übel selbst durch göttlich wirkende Gewalt in Gutes kehrt.

Dahrendorfs Unterscheidung der beiden Begriffe zielt darauf ab, dem Menschen in einer neuen Gesellschaft ein anderes Verständnis zu geben (Lit. 19). Er definiert Arbeit als das, was Menschen tun müssen, um ihren Lebensunterhalt zu verdienen, ob sie es mögen oder nicht. Tätigkeit dagegen – so Dahrendorf – ist das, was Menschen aus freien Stücken tun, um sich selber zu entfalten. Und er betrachtet es als die große Herausforderung unserer Zeit, die er als die Phase der „Nach-Automatisierung" bezeichnet, daß man die Arbeit, die notwendig ist für den Lebensunterhalt, zunehmend ersetzen kann durch Tätigkeit.

Dies ist sicherlich nicht so zu verstehen, daß die Menschen eines Tages (da es immer weniger Arbeit geben wird) fast überhaupt nichts mehr tun und statt dessen sich nur ihrer Lieblingsbeschäftigung, ihrem Hobby oder

Standpunkt VIII

ihren Neigungen widmen, die dann die Tätigkeit darstellen. Ich verstehe dies anders: Wenn wir es fertigbringen, die Arbeit allmählich und schrittweise in Tätigkeit umzuwandeln, dann wäre dies wohl die richtige Entwicklung. Je weniger dem Menschen die Arbeit eine beschwerliche Last ist und je mehr sie sich in Tätigkeit transformiert, die dem Menschen Freude oder zumindest Befriedigung bringt, desto mehr schreiten wir auch voran auf dem Wege zu einer ganz anderen Einstellung gegenüber unserem Schaffen.

Wenn wir mit unseren Erkenntnissen – über die Fähigkeiten des Menschen, seine Anlagen und sein Gerichtetsein – Möglichkeiten schaffen wollten, den „richtigen Mann an den richtigen Platz" zu stellen, dann ist dies doch ein erster Schritt auf dem Wege zur Tätigkeit. Denn, so jemand eine Arbeit tut, die ihm liegt und die er aus seinen Fähigkeiten heraus kann, dann wird er zu ihr eine ganz andere Einstellung haben als wenn er etwas tun muß, was er nicht kann und demgemäß auch nicht will. Dieser Logik kann sich wohl niemand entziehen.

Ich bin kein so hoffnungsloser Utopist, daß ich im Ernst glauben wollte, man könnte es erreichen, daß eines Tages alle Menschen den Arbeitsplatz erhalten werden, der ihren Fähigkeiten entspricht, und damit alle ihre befriedigende Tätigkeit gefunden haben. Aber wir wollen den letzten Schritt unserer Überlegungen darauf richten, wie wir im Zirkel-Modell diesem Ziel ein wenig näher kommen können.

Denn wenn der Mensch eine Tätigkeit ausübt, die ihn – auch nur einigermaßen – befriedigt, weil sie ihm liegt und er sie aufgrund seiner Fähigkeiten gut bewältigen kann, dann ist die nächste logische Schlußfolgerung die, daß er diese Arbeit/Tätigkeit auch gut macht, also eine bessere L e i s t u n g erbringt.

Und nun höre ich gewissermaßen einen Aufschrei der Entrüstung aus einer bestimmten Richtung, wo man sagen wird: Aha, jetzt ist die Katze aus dem Sack gelassen! Jetzt wird klar, wozu hier Führungspsychologie, Menschenkenntnis und Zirkel-Modell in Wirklichkeit dienen sollen: zur Steigerung der Leistung des arbeitenden Menschen und damit zur größeren Ausbeutung!

Ich unterstelle zunächst einmal, daß wir uns nicht über die Faulen, die solchermaßen tönen werden, unterhalten wollen, die es in jeder Gesellschaft gibt. Sie werden durch unsere Sozialgesetzgebung noch dazu angeregt,

Standpunkt VIII

sich zu Lasten der Gesellschaft parasitär zu verhalten: „Wer Arbeit kennt und sich nicht drückt, der ist verrückt!" – – Aber ich kann mir besonders vorstellen, daß auch die Gewerkschaften hier Unrat wittern werden.

Stets habe ich auf dem Standpunkt gestanden, daß die Gewerkschaften – wenn es sie nicht schon gäbe – unbedingt erfunden werden müßten, um ein Gegengewicht gegen unternehmerische Willkür zu bilden. Das ist ihre Aufgabe. Und so habe ich bei zahlreichen Seminaren, die ich bei Gewerkschaftlern durchführen konnte, auch entsprechend prächtige Menschen kennengelernt, die ihre ganze Kraft idealistisch für das Wohl ihrer Arbeitskollegen eingesetzt haben. Mit manchem verbindet mich heute gute Freundschaft.

In den letzten Jahrzehnten hat sich bei mir immer mehr die Überzeugung verdichtet, daß man übersteigertem Machtstreben nicht energisch genug begegnen kann. Dies gilt überall dort, wo Menschen Macht über andere Menschen ausüben und dabei meist jegliches Maß verlieren: Politiker wie Beamte, Unternehmer wie Gewerkschaftler, Kirchenmänner wie Gurus und viele andere. Und gerade bei den Gewerkschaften, die bei uns in der Bundesrepublik nur durch etwa ein Drittel aller arbeitenden Menschen legitimiert sind, Arbeitnehmer zu vertreten, sind die unangemessen übersteigerten Ansprüche, die man eigentlich nur noch als Anmaßungen bezeichnen kann, deutlich geworden. Die Arbeitskämpfe des Jahres 1984 haben dies mit schonungsloser Offenheit dargelegt.

Wem in der gewerkschaftlichen Organisation es ernst ist mit dem Anliegen, sich für das Wohl des arbeitenden Menschen einzusetzen, der findet – gerade bei der heute noch bestehenden Vielfalt unternehmerischen Fehlverhaltens – genügend Möglichkeiten dazu, gegen Unrecht, Willkür, Benachteiligung u. v. a. m. für andere zu wirken. Aber es wird an der Zeit, Gewerkschaftsfunktionäre in ihre Schranken zu weisen, die mit Angriffen auf allen möglichen Gebieten kein anderes Ziel erkennen lassen, als unsere freiheitliche Gesellschaftsordnung zu zerstören.

Am leichtesten ist dies für Gewerkschaftsführer mit Tiraden gegen die „Leistung" und damit gegen unsere „Leistungsgesellschaft" – hierbei können sie sich des Beifalls der dummen Masse („Verstand ist stets bei wen'gen nur gewesen!" – Schiller: Demetrius) sicher sein. Denn für viele Menschen ist derjenige, der ihre Faulheit unterstützt, ein guter Fürsprecher ihrer Belange. Man darf hier bewußte Irreführung oder Lüge unterstellen, denn so dumm und ungebildet sind vor allem höhere Funktionäre

Standpunkt VIII

sicherlich nicht, daß sie nicht wissen müßten, was Leistung für unser menschliches Leben wirklich bedeutet.

Honoré de Mirabeau, einer der geistigen Träger der französischen Revolution, hat gesagt: „Es gibt nur drei Methoden, um leben zu können: betteln, stehlen oder etwas leisten!" Dem wäre eigentlich nichts hinzuzufügen; es mag mir jedoch gestattet sein, im Hinblick auf unser Unternehmensmodell, dessen Existenz von der Leistung seiner Mitarbeiter abhängt, noch einiges auszuführen.

Aus der linken Ecke der sogenannten Schulreformer, die die Schuld daran tragen, daß seit etwa zwei Jahrzehnten mit unseren Kindern als Versuchskaninchen geradezu Verbrecherisches an der jungen Generation geschieht, kommt die Verteufelung der Leistung, – in Verbindung mit dem Leistungsdruck, dem -streß, der -angst oder gar dem -terror. Ausgelöst durch die Soziolinguistik haben Pädagogen sich überschlagen im Erfindungsreichtum, etwa den Arbeiter- oder Randgruppenkindern Notengutschriften zu geben oder Zeugnisse durch Lernerfolgsberichte zu ersetzen; schließlich bot Gruppenarbeit das ersehnte Alibi, um den individuellen Leistungsanteil und damit auch den Leistungsstand des Einzelnen unkenntlich zu machen.

Aber hier rührt man an eine anthropologische Grundbedingung des Lebens, wie sich Karl Adam (Lit. 1) ausdrückt: „Nicht das Geschenkte, sondern das Erworbene macht Freude, die bestandene Probe, die überwundene Schwierigkeit", schreibt er in seinem Aufsatz „Leistungsglück statt Leistungsangst". Und wir haben bei unseren Grundthesen zur Konferenztechnik im Zirkel-Modell (s. S. 432) festgestellt, daß „ein befriedigender Konferenzabschluß die beste Motivation" sein wird.

Leistung ist nichts Unanständiges und schon gar nicht in den perversen Hirnen ausbeutungslüsterner Unternehmer und Leuteschinder entstanden, sondern naturgesetzlich bedingt zum Überleben. Paradies und Schlaraffenland sind Ausgeburten der Phantasie, die mit dem wirklichen Leben nichts zu tun haben und biologische Gesetze nicht berücksichtigen. Aber die eigene Leistung kann stets nur gemessen werden an der Leistung der anderen, – wer die Selbstverwirklichung ohne Beziehung zu den anderen sucht, betreibt geistige Selbstbefriedigung und stellt sich außerhalb der Gemeinschaft.

Standpunkt VIII

So ist auch die Leistungsgesellschaft, von der Heinz-Dietrich Ortlieb erwartet, daß sie eine Renaissance erleben wird, nichts Verteufelungswürdiges, sondern die Nachfolge jener „demokratischen Playboy-Gesellschaft, in der jeder mitbestimmen will, aber immer weniger bereit ist, Verantwortung und Pflichten noch zu übernehmen" (Lit. 88). Denn in jener entwickelte sich die „Ausbeutung der Leistungswilligen, Vorbilder verblaßten, und es gab nur noch Obertanen, die sich alle mit ihrem Anliegen für den Nabel der Welt halten und die Existenz von Sachzwängen, denen auch sie sich zu unterwerfen haben, schlichtweg leugnen". Ortlieb führt aus, daß Lebensqualitäten und richtig verstandene Selbstverwirklichung nur mit Leistungsfähigkeit und Leistungsbereitschaft verbunden sind.

Denn wie könnte eine als persönliches Glück empfundene individuelle Selbstverwirklichung ohne jene Sicherheit erreicht werden, die aus der Bestätigung erwächst, seine körperlichen, geistigen und moralischen Kräfte entwickelt zu haben, um dadurch auch mit unerwarteten und unerfreulichen Situationen und Aufgaben fertig zu werden! – Hier finden wir wieder die Sinnerfüllung in der Pflicht und in einer freiheitlichen Gesellschaft zu jener höchsten Lebensform, von der Theodor Fontane gesagt hat, sie hieße „in Freiheit zu dienen".

Dies sind Erkenntnisse, die nicht nur die Grundlage zum Leben in einem Unternehmens-Organismus bilden, sondern dann auch der geistigen und wirtschaftlichen Eingliederung dieses Organismus in die Gesellschaft im Einklang mit der Schöpfung keine Schwierigkeiten bereiten werden.

8. Schritt:
Schluß mit der Schizophrenie des Daseins!

*Das Glück besteht nicht darin, daß du tun
kannst, was du willst, sondern darin, daß
du auch immer willst, was du tust.*

Leo Tolstoi

Unser letzter Schritt soll uns die Schlußfolgerungen aus allen bisher gewonnenen Erkenntnissen bringen: Wann, wie und unter welchen Umständen sollte sich ein Unternehmens-Organismus so entwickeln, daß er in den bevorstehenden Wandlungen überleben kann? Gibt es überhaupt Möglichkeiten, durch Veränderungen der derzeitigen Strukturen und Verhaltensweisen die Transformationen des einzelnen und der Gesellschaft auch im Unternehmungen zu praktizieren? Kann es einen sicheren Weg zur Existenzerhaltung derzeit bestehender oder sich noch neu formender Unternehmungen geben?

Gibt es einen sicheren Weg in die Zukunft?

Da es dem Sterblichen – von Ausnahmen einiger begnadeter Menschen abgesehen – nicht möglich ist, Zukünftiges vorauszusehen, wird die Antwort auf alle derartigen Fragen verneinend sein müssen. Niemand kann mit Sicherheit sagen, daß dies oder jenes eintreten oder sich entwickeln wird; dies alles liegt in der Hand des Schöpfers oder läuft – für diejenigen, denen eine Gottesvorstellung nichts zu geben vermag – vielleicht nach einem kosmisch-spirituellen Plan ab, in den wohl kaum ein Mensch einen Einblick hat. Es bleibt uns aber eines: die Zeichen der kommenden Entwicklung zu erkennen und uns auf sie einzustellen. So könnte zumindest die Chance bestehen, daß der einzelne Mensch in und mit seinem Unternehmen, dem er als Teil verbunden ist wie die Zelle dem Organismus, den Einstieg in das dritte Jahrtausend bewältigt und nicht nur überlebt, sondern auch Sinnerfüllung im Leben finden kann.

Nichts in der Zukunft kann man sicher wissen!

Unsere nun folgenden Betrachtungen können daher – dies wird auch wohl niemand erwartet haben – gewißlich keine Patentrezepte bieten und auch keine Garantie geben im Sinne der Sicherheit gegenüber allen Risiken. Unser Unternehmensmodell „Zirkel 2000" ist keine Struktur, die man nur Punkt für Punkt zu erfüllen braucht, sondern nicht mehr und nicht weniger als eine

Unser Modell ist kein Patentrezept, sondern ein Wegweiser

Schluß mit der Schizophrenie des Daseins

Art Wegweiser, der die Richtung angibt, von der wir annehmen können, daß sie die rechte sein wird.

Konjunktivische Ausdrucksweise

Alles, was wir dazu sagen können, darf daher nur im Konjunktiv ausgedrückt werden. In der Möglichkeitsform hat unsere Sprache einen großartigen Ausdruck dafür bereit, daß der Mensch nicht ein willenloses Etwas oder ein Spielball unsichtbarer Mächte oder Kräfte ist, die er nicht beeinflussen kann, sondern daß er die Chance hat, aktiv an seinem Schicksal mitzuwirken – dies müssen wir uns einmal bewußt machen. Und wir wollen uns gleichzeitig dessen bewußt werden, welche einzelnen, oft wohl nur kleinen Schritte wir in jene Richtung vorwärts gehen könnten, von der wir glauben, daß sie uns den Einstieg in die bevorstehenden Wandlungen erleichtern wird.

Orientierungspunkte

Sinnerfüllung des Lebens – Menschlichkeit – Vertrauen – Gemeinschaftssinn – Flexibilität – Leistungsbereitschaft, dies werden die allgemeinen Orientierungspunkte sein, an denen alle Aktivitäten zum Strukturwandel gemessen werden sollten und die den Stil der Führung eines Unternehmens und den Umgang aller damit Verbundenen untereinander bestimmen müssen. Denn nur dann kann sich ein Mensch in „seinem" Unternehmen wohl fühlen und dafür sich einzusetzen bereit sein, wenn er darin nicht einen Bruch oder Gegensatz zu seinem privaten menschlichen Dasein empfindet.

Wie oft mag es wohl geschehen, daß ein Mann sich morgens nach dem Frühstück von seiner Frau verabschiedet mit den Worten: „Jetzt muß ich wieder in diesen Saftladen – und wenn ich mir dem Alten sein Gesicht vorstelle, dann bin ich schon wieder bedient für den ganzen Tag!" – Daß dieser Mann wohl kaum bereit ist, sich in dem „Saftladen" auch nur ein wenig mit seiner Arbeit anzustrengen, dürfte klar sein. Und so tut er denn gerade nur das, was er tun muß – und dies vielleicht auch nicht besonders gut. Den ganzen Tag mit dem Gedanken im Kopf, daß „um 5 Uhr endlich Feierabend sein wird; dann geht es nach Hause – und dann beginnt endlich der lebenswerte Teil des Tages!" – Aus Gründen der selbstverständlichen Gleichberechtigung ist dieses Beispiel, das ja keinen Sonderfall darstellt, natürlich auch ebenso auf berufstätige Frauen übertragbar.

Schluß mit der Schizophrenie des Daseins

Wenn wir aber durch neues Denken, andere Strukturen und menschlichere Verhaltensweisen es fertigbringen könnten, diesen „unmenschlichen Bruch des Daseins" zu überwinden, dann wäre in Zukunft auch der Mensch nicht mehr mit dieser schizophrenen Situation belastet, die jegliche Form des Befriedigtseins oder gar des Glücklichwerdens verhindern muß. An ihr sind bisher schon Millionen und Abermillionen arbeitender Menschen zerbrochen. Wobei wir mit Absicht nicht den Begriff „schizoid"* verwenden, sondern die Krankheitsbezeichnung „schizophren", um darzustellen, daß dieser vielfach gegenwärtige Zustand tatsächlich krankhaft ist, geheilt werden muß und auch kann.

schizophrener Bruch im Dasein

Richard T. Pascale, den wir bereits im Zusammenhang mit der japanischen Auffassung über „Organisation" und „Unternehmen" zitiert haben (s. 6. Schr.), sagt in dem gleichen Beitrag (Lit. 91) von „Harvard manager": „In Japan geht man davon aus, daß Unternehmen einen Mitarbeiter ganz beanspruchen können. (In den USA spricht man ihnen höchstens einen Anspruch auf einen Teil des Mitarbeiters zu.) Die Beziehung ähnelt dem kraftvollen Zusammenhalt einer Familie. Ohne eine solche Philosophie neigen westliche Organisationen dazu, sich auf das zu verlassen, was Bürokratien am besten können – ‚Systemlösungen' finden –, statt sich mit den persönlichen Anforderungen der menschlichen Natur auseinanderzusetzen. Das Ergebnis kann Menschen in der einsamen Illusion der Objektivität isolieren."

Auch wenn wir bereits dargelegt haben, daß keineswegs beabsichtigt werden soll, japanische Mentalität in irgendeiner Weise auf uns übertragen zu wollen, so wird hier doch wieder einmal deutlich, wie sehr ganzheitliches Denken zu völlig anderer Einstellung führen kann. Und da wir die Ganzheit als ein gesundes Verständnis des Menschen im Kosmos sehen – des „homo integrans" –, ist es durchaus berechtigt, von Schizophrenie zu sprechen, die einen krankhaften Zustand bezeichnet.

Ganzheitliches Denken gegen Schizophrenie

---

* schizoid = seelisch zerrissen, gespalten; schizophren = krankhafte Form des sog. Spaltungsirreseins.

Schluß mit der Schizophrenie des Daseins

Heilung in homöopathischen Dosen

Wenn wir schon diesen medizinisch-psychologischen Vergleich wählen, dann haben wir in den bisherigen Erkenntnissen unserer Schritte und Standpunkte auch eine ganze Anzahl von „Medikamenten" und deren Wirksamkeit kennengelernt. Und wir brauchen uns nur noch darüber klar zu werden, daß eine Heilung – also die Schaffung von Voraussetzungen zum Wohlbefinden des Menschen in einer Einheit von Tätigkeit und persönlicher Sphäre – nicht als Radikalkur, sondern lediglich in homöopathischen Dosen, also kleinen Schritten, angegangen werden kann. Im folgenden soll nun eine ganze Anzahl von Anregungen gegeben werden, die – jede für sich – einen solchen kleinen oder auch größeren Schritt bewirken können. Die Vielschichtigkeit und Differenziertheit eines Unternehmens-Organismus gestattet kaum, die einzelnen Gedanken straff geordnet zu gliedern; auch hat fast jeder von ihnen Mehrfachbezüge zu anderen, so daß daher keine wertende Ordnung oder Rangfolge aufgestellt werden kann.

Killerphrasen für Dumme und Faule

Wir müssen uns allerdings von vornherein darüber im klaren sein, daß wir auf dem langen und sicher dornigen Weg, ein heutiges Unternehmen in einen Organismus unserer Vorstellung umzuwandeln, ständig mit dem Widerstand der Dummen und der Faulen zu rechnen haben werden. Darunter sind alle zu verstehen, die entweder den Sinn der Maßnahmen nicht begreifen oder die – aus Trägheit heraus – jede Veränderung grundsätzlich erst einmal ablehnen. Dies äußert sich dann am deutlichsten in den sogenannten „Killerphrasen", die zu erfinden und zu gebrauchen auch die Unbedarftesten enorme Fähigkeiten entwickeln:

○ *Das ist theoretisch ganz schön, aber in der Praxis geht das nicht!*
○ *Das haben wir schon immer so gemacht!*
○ *Das haben wir noch nie so gemacht!*
○ *Dafür haben wir keine Zeit und keine Leute; die laufende Arbeit hat ja schließlich Vorrang!*
○ *In unserem Betrieb ist das nicht anwendbar!*
○ *Soll denn alles, was wir in den letzten Jahren geleistet haben, nun auf einmal nichts getaugt haben?*
○ *Ich habe neulich erst irgendwo gelesen, daß das nicht gehen kann!*
○ *Solche Experimente können wir uns einfach nicht leisten!*

Schluß mit der Schizophrenie des Daseins

- *Aus meiner Erfahrung kann ich Ihnen sagen, daß das einfach nicht funktionieren wird!*
- *Das haben wir alles schon ausprobiert – und da ist es auch nicht gegangen!*
- *Sie wollen doch nicht etwa behaupten, daß Sie schon genau wissen, wie das alles werden wird?*
- *Ich bin der festen Überzeugung, daß sich das nicht realisieren läßt!*
- *Wenn wir das wirklich machen wollen, dann sehe ich schwarz!*
- *Ihr könnt es ja probieren; i c h mache da nicht mit!*
- *Das geht einfach nicht!!!*
- *Ihr werdet noch an meine Warnungen denken!*

Es sei empfohlen, diese und ähnliche Killerphrasen deutlich sichtbar an der Wand des Konferenzraumes aufzuhängen und bei ihrem Auftauchen in Zirkelgesprächen darauf hinzuweisen. Gegebenenfalls kann auch die Auflistung durch neue Phrasen ergänzt werden; der Phantasie und dem Erfindungsreichtum sind keine Grenzen gesetzt.

In seinem Buch „Gangbare Wege in die Zukunft" beschreibt Willis W. Harman (Lit. 56) den „Wandel von der industrialisierten Welt in eine transindustrielle Gesellschaft" als einen Trend, der weggeht von der bisherigen Richtung der zentralisierten Großtechnik mit ihrer nahezu uneingeschränkten Ausbeutung der Natur und des Menschen – hin zu einer angemessenen Technologie mit „dezentralisierten Kleinbetrieben, wobei Rohstoff erhalten, die natürliche Umwelt geschont, auf den Menschen als Individuum Rücksicht genommen wird ..." – Große Unternehmen haben bereits – in den USA und auch schon in Deutschland – damit begonnen, kleinere Unternehmenseinheiten zu schaffen; Peters und Waterman (Lit. 93) zitieren aus dem Management der Weltfirma 3M: „Da gibt es nur eines: Alles aufteilen! Wettbewerbsdynamik und Effizienz können uns gestohlen bleiben. Nur was klein ist, bleibt lebendig!" **Überschaubare Betriebsgrößen**

Wir sind also gar nicht utopisch, wenn wir zu der Ansicht neigen, daß ein Unternehmen im Zirkel-Modell die Größenordnung von 300 Mitarbeitern nicht überschreiten sollte. Hier kann noch jeder jeden kennen – und auch der Chef kann noch diesen oder jenen **Jeder kennt jeden** mit Handschlag und Namensnennung begrüßen. Und gleichzeitig gibt eine solche Größenordnung noch Möglichkeiten, die Flexibilität zu praktizieren und – wo es irgend machbar ist – den richtigen Mann an den richtigen Platz zu stellen, damit er mit seiner Leistung Befriedigung in seiner Tätigkeit finden kann.

Peter F. Drucker hat dazu eine treffende Formulierung gegeben: „Die Zukunft gehört dem Betrieb, der klein genug ist, um flexibel und unbürokratisch zu bleiben, und groß genug, um sich ein gutes Management leisten zu können."

Small is beautiful

„Small is beautiful!" Damit wird auch der heillosen Wachstumsgläubigkeit Einhalt geboten, die in der Vergangenheit schon soviel Schaden gestiftet hat. Kooperation und freiwillige Wettbewerbsbeschränkungen werden mehr und mehr die Unternehmenspolitik bestimmen und damit Flexibilität und Menschlichkeit in den Vordergrund treten lassen.

Arbeitsplätze

In Verbindung damit stehen auch die Arbeitsplätze eines Unternehmens, die bei einer Überschaubarkeit desselben mehr sind als nur statistische und organisatorische Begriffe, die man aus der Personalkartei bestückt. Sie gehen jeden im Betrieb etwas an: Einstellung und Entlassung sind lebenswichtige Vorgänge nicht nur für den Betroffenen, sondern für die ganze Gruppe oder Abteilung, ja für das Gesamtunternehmen.

Wechsel in der Arbeitslosigkeit: Praktizierte Solidarität

Zur Zeit der anwachsenden Arbeitslosigkeit in der zweiten Hälfte der siebziger Jahre hatte beispielsweise die Firma wolfcraft (Lit. 52), die zuvor schon einiges Aufsehen mit einem eigenen, recht fortschrittlichen Modell Aufsehen erregt hatte, die Regelung getroffen, innerhalb einer Gruppe – wir würden es Zirkel nennen – bei entsprechendem Mangel an Beschäftigung in diesem Teilbereich turnusmäßig Kollegen in die Arbeitslosigkeit schicken. Beispielsweise wurde Kollege X – wenn die Gruppe von neun Mitarbeitern zeitweise nur Beschäftigung an acht Plätzen bieten konnte – für drei Monate arbeitslos; nach dieser Zeit kam ein anderer Kollege an die Reihe. Und die restlichen zweigten von ihrem Gehalt jeder einen geringen Betrag ab, damit der z. Z. Arbeitslose einen Ausgleich erhalten konnte. Unabhängig von arbeitsrechtlichen Bedenken, die natürlich von einigen spitzfindigen Juristen

Schluß mit der Schizophrenie des Daseins

erhoben wurden: die Sache funktionierte ausgezeichnet und war dem Teamgeist und der Menschlichkeit nur nützlich.

Einstellungen sollten in einem zukunftsorientiert strukturierten Unternehmen nicht nur nach fachlichen Kriterien sowie Anforderungsprofil und Strukturkreis vorgenommen werden, sondern vor allem auch unter dem Gesichtspunkt, wie sich der Mensch in die Gruppe, in der er tätig sein wird, einfügen kann und wieviel Leistungsbereitschaft für die Gemeinschaft er einzubringen bereit ist. Dies wird sicherlich in den meisten Fällen mehr als eine nur sechswöchige Probe-Zusammenarbeit erfordern. Auch hier ist Flexibilität angebracht; über den einen Bewerber wird man sich bereits nach wenigen Wochen im klaren sein, bei einem anderen dauert es vielleicht ein halbes Jahr oder mehr, bis man ihn kennt und ihm vertrauen kann. Vom Arbeitsrechtlichen her müßten hier grundsätzlich neue Möglichkeiten geschaffen werden.

Sorgfältige Wahl bei Einstellung

Probe-Zusammenarbeit

Wenn aber erst einmal ein Mitglied von der Gemeinschaft in diese Vertrauensbindung aufgenommen ist, dann wird man ihn auch nicht so schnell fallen lassen, falls einmal er Schwierigkeiten hat oder das Unternehmen aus wirtschaftlichen Gründen kurztreten muß. Die Redewendung „Einer für alle, alle für einen" sowie das Bild, daß „alle in einem Boot sitzen", sind zwar durch allzu häufigen und auch oberflächlichen Gebrauch heute so zu Tode geritten, daß man sie kaum mehr hören mag; dies ändert jedoch nichts an ihrem tiefen Sinn, den wir im Zirkel-Modell realisieren könnten.

Alle in einem Boot

Hierzu gehört auch die These „Gemeinnutz geht vor Eigennutz", die zwar auch im Programm der Nationalsozialisten stand, aber gerade von dessen Protagonisten auf das schmählichste mißachtet wurde, während das Volk und besonders die Jugend in ihrem Idealismus sie bis zum Heldentod verwirklichte. Aber in unserem Modell „Zirkel 2000" muß der Gedanke der Gemeinschaft zur Existenzerhaltung und damit zum Leben die Grundlage sein, aus der sich alle Handlungen tragen. So sollten auch Entlassungen, sofern sie einmal aus Sachgründen erforderlich werden müßten, von allergrößtem Verantwortungsbewußtsein aller gegenüber dem oder den Betroffenen gehandhabt werden.

Gemeinschaft zur Selbsterhaltung

Vertrauens-mißbrauch ist das Schlimmste

Ohne Gnade jedoch wird eine Trennung von einem Mitarbeiter sofort durchgeführt werden, wenn er sich durch sein Verhalten des Vertrauensmißbrauchs schuldig gemacht hat – einen schlimmeren Verstoß gegen die Grundsätze des Unternehmens gibt es nicht.

In der Bundeswehr gilt heute noch, von der seinerzeitigen Wehrmacht übernommen, das Prinzip, daß derjenige Soldat, der sein Spind nicht verschließt, wegen „Verleitung zum Kameradendiebstahl" eine Disziplinarstrafe zu gewärtigen hat. Dagegen gab es schon im Kriege noch Elite-Einheiten, bei denen dieser unschöne Grundsatz ins Gegenteil verkehrt wurde: Spinde wurden prinzipiell nicht abgeschlossen, weil das Vertrauen in die Kameradschaft nicht in Frage gestellt wurde. Und wenn dann ein Soldat doch tatsächlich sich eines auch nur kleinsten Diebstahls schuldig machte, wurde er erbarmungslos schwer bestraft.

Stechuhr der Eigen-verantwortung

Auch solche Gedanken könnten im Zirkel-Modell realisiert werden – zwar nicht wegen Diebstahls aus Schränken, aber beispielsweise in bezug auf die gleitende Arbeitszeit. Sie sollte grundsätzlich dort, wo Aufgaben und Arbeitsrhythmus dies zulassen, praktiziert werden, weil sie ein echter Beitrag zur Humanisierung der Arbeit ist. Aber in unserem Unternehmensmodell wird dies ohne Stechkarten oder andere Zeitkontrollen gehandhabt: Jeder ist selbst dafür verantwortlich, daß er eher etwas mehr arbeitet als auch nur im entferntesten daran zu denken, die Kollegen und das Unternehmen durch eine Minderzeit an Arbeit zu betrügen und damit zu schädigen. Denn dies wäre ein Vertrauensmißbrauch und eine „Sünde wider den Geist" der Gemeinschaft; das muß jedem Mitarbeiter bis zur letzten Konsequenz stets bewußt sein.

Strebertum zahlt sich nicht aus

Dies darf nicht bedeuten, daß einzelne Mitarbeiter nun in das andere Extrem – in fanatisches Strebertum – verfallen, vielleicht auch noch mit dem Hintergedanken, den Kollegen zu demonstrieren, wie sehr sie sich, mehr als alle anderen, für die Firma aufreiben. Auch in solchen Fällen wird der Zirkel – die Besprechungsrunde laufender Probleme innerhalb der Arbeitsgruppe in Konferenzform – durch gruppendynamischen Effekt dafür sorgen, daß Auswüchse nach der einen oder anderen Seite zurechtgerückt werden. Wenn ein wirkliches Vertrauensverhältnis im Team vorhanden ist, dann können diese Dinge – auf Anregung oder unter der Moderation der Führungskraft – offen diskutiert werden.

Manche mögen sich vielleicht noch des Schlagers aus den sechziger Jahren erinnern, der den Refrain hatte: „Unser Chef ist nicht da – was machen wir heut?" und das Büroleben persiflierte. Damals war der Chef auch noch vor allem der Antreiber und Aufpasser –, man war froh im Betrieb, wenn der Alte einmal weg war und man sich dadurch freier fühlte. Im Zirkel-Modell ist der Führende zwar ebenfalls verantwortlich für seinen Aufgabenbereich und den ihm anvertrauten Zirkel, aber man wird nicht in Angst vor ihm leben. Und wenn es tatsächlich einmal zum Geburtstag eines Gruppenmitgliedes am Nachmittag Kaffee und Kuchen geben sollte, dann werden die Mitarbeiter ihm dies offen sagen, und er wird zustimmen oder genauso offen daran erinnern, daß diese oder jene betriebliche Angelegenheit noch erledigt werden muß. Er hat es mit freien Menschen zu tun, die aber auch ebenso frei sich äußern können.

So ist – wie wir es in unserer Übersicht der Führungstile gesehen haben – der Führende in zunehmendem Maß der Berater seines Zirkels. Diese Funktion hat er nicht deshalb, weil er einen Titel führt oder mehr Geld verdient, sondern aufgrund seines Alters, seiner größeren Erfahrungen und seines vorbildlichen Verhaltens aus seiner Persönlichkeit heraus. Einen solchen Chef wird auch niemand zu umgehen oder gar zu hintergehen versuchen, weil jeder weiß, daß auch dieser Mann in der größeren Verantwortung seiner Stellung Aufgaben für das Unternehmen zu bewältigen hat, die wiederum allen Nutzen bringen sollen.

Führungskraft als Berater

In diesem Zusammenhang sollten wir uns nochmals die „Thesen für ein Evolutionäres Management" bewußt machen, die wir bereits im Einstieg (s. S. 14) in der Formulierung von Gerd Gerken (Lit. 41) aufgeführt haben. Ihnen zugrunde liegt ein neues Selbstbild des Managers, dessen Gedanken wiederum auf verschiedene amerikanische Verfasser der „New-Age-Bewegung" als auch auf die Ausführungen von Konrad Sprüngli (Lit. 115) zurückzuführen sind. Gerken formuliert einige dieser Gedanken in seinen „Materialien" zu Trend-Radar (Lit. 42) folgendermaßen:

Neues Selbstbild des Managers

Schluß mit der Schizophrenie des Daseins

Ein neues Management-Konzept benötigt auch ein anderes Selbstbild des Managers und eine andere Perspektive, was die Interaktion zwischen Wirtschaft und Gesellschaft betrifft. Bestimmte Grundansichten müssen für einen neuen Management-Stil geändert werden; einige dieser neuen Grundansichten lauten:

O *Die meisten Menschen sind gut, ehrlich und vertrauenswürdig.*

O *Die meisten Menschen sehnen sich danach, eine sinnvolle und gute Arbeit zu leisten. Wenn man ihnen Chancen und Spielraum gibt, macht ihnen Arbeit Freude.*

O *Man wird sich von der Experten-Ebene abkehren. Probleme kann man nicht von oben lösen; sie müssen dort gelöst werden, wo die Problemlösungskräfte sitzen – und das ist sehr häufig vor Ort oder unten.*

O *Die Dezentralisierung in einem Unternehmen kann nur so gut sein wie das Vertrauen des Managements in die Fähigkeit und das Verantwortungsbewußtsein seiner Mitarbeiter. Wer in die humane Kapazität seiner Mitarbeiter nicht investiert, verunmöglicht die Dezentralisierung, die einer der wesentlichen Erfolgsfaktoren der neunziger Jahre sein wird.*

O *Der „visionary factor" wird ernstgenommen. Vision wird nicht mit Tagträumerei und Illusion gleichgesetzt, sondern man wird erkennen, daß es die Aufgabe der Unternehmensführung ist, realistische Visionen zu erarbeiten*, für die der Mensch Emotionen und Leidenschaft entwickeln kann.*

O *Der Manager wird immer mehr Mentor und Lehrer.*

Anstoß zur persönlichen Transformation

Gerade die letztgenannte Grundansicht sollte im Verständnis unseres Unternehmensmodells „Zirkel 2000" den Anstoß zur notwendigen Transformation des Managers deutlich machen; hier ist ein Denkansatz, den jeder nachvollziehen kann, wenn es ihm

---

* Darunter ist im wesentlichen die Nutzung des Kreativ-Potentials der Menschen, u. a. durch Kreativ-Techniken und durch Meditation, zu verstehen.

Schluß mit der Schizophrenie des Daseins

ernst mit neuem Denken ist. Und in diesem Sinne ist auch unsere Forderung – Führungskraft als Berater – zu verstehen. Die Abkehr von patriarchalisch-hierarchischen Formen und Verhaltensweisen ist die Grundlage neuen Selbstverständnisses in allen Ebenen – bei uns durch das Zirkel-Modell visualisiert.

> *Goethe läßt in seinem Werk „Wilhelm Meisters Lehrjahre" (Lit. 46) den Lothario sagen: „Unglaublich ist, was ein gebildeter Mensch für sich und andere tun kann, wenn er – ohne herrschen zu wollen – das Gemüt hat, Vormund von vielen zu sein, sie leitet, dasjenige zur rechten Zeit zu tun, was sie doch alle gern tun möchten, und sie zu ihrem Wesen führt." Dem ist hinsichtlich des Management-Stils in unserem Modell nichts hinzuzufügen!*

Durch das unabdingbare gegenseitige Verständnis zwischen Führenden und Geführten werden in unserem Modell zugleich zwei Verhaltensweisen überflüssig: Statussymbole und Machtmißbrauch.

Die Kennzeichnung der Machtposition eines Führenden durch entsprechende Statussymbole, wie sie Peter Derschka treffend als „Zeichen der Unfreiheit" (Lit. 22) schildert, wird unnötig. Wenn der Manager in unserem Unternehmensmodell sich durch irgend etwas hervorhebt, dann durch sein vorbildliches Engagement für das Ganze. Arbeitsraum-Quadratmeter und Schreibtischgrößen werden ausschließlich von den Erfordernissen der Aufgaben bestimmt, die der Betreffende zu bewältigen hat. Und wenn das Image des Unternehmens dies notwendig erscheinen läßt, kann es durchaus einmal vorkommen, daß ein Außendienstler, der einen wichtigen Kunden zu besuchen hat, aus taktischen Gründen einmal ein „dickeres Auto" benutzt als sein Chef.

Statussymbole sind Zeichen der Unfreiheit

Für die Verhaltensweisen eines Führenden und den Machtmißbrauch mit dem Ziel, seinen Einfluß stetig zu erweitern und zu sichern, gibt es tatsächlich jetzt eigene Kurse „Managers Machiavelli – Erfolgsseminare für Verantwortliche, Theorie und Praxis der Macht im Wirtschaftsleben". Alois Riklin, Rektor der Wirtschaftshochschule St. Gallen, bezeichnet dies schlicht als Pervertierung des Führens (Lit. 99). Er zitiert als Gegenposition die Schrift von Hans Merkle mit dem Titel „Dienen und Führen",

Machtmißbrauch zu lehren ist pervers

Schluß mit der Schizophrenie des Daseins

Führen ist Dienen

nach der die Führungseignung aus der Bereitschaft zum Dienen hervorgehe. Wörtlich: „Wer führt, muß mitreißen; dies verlangt tiefe Überzeugung, ja Passion des Führenden, ... verlangt eine innere Haltung, die den Führenden im Erfolg zügelt und vor Übermut bewahrt, im Mißerfolg zum Durchhalten befähigt ... Dienen ist die Bereitschaft zur Unterstellung unter eine Idee ..." Und Riklin schließt mit den Worten „Verantwortungsvolles Führen ist Dienst an einer Sache ..."*

Treffender können wir die Position des Führenden in unserem Unternehmensmodell sowie sein Selbstverständnis und seine Aufgabe zum Verständnis seiner Mitarbeiter nicht ausdrücken.

Wettbewerbe der Zirkel untereinander

Ein wichtiger Faktor des Umgangs im Unternehmen ist das Zirkeldenken und der eventuelle Wettbewerb einzelner Gruppen untereinander. Das ist normal und gesund, denn wir wissen, daß Gruppen die spezifische Eigenschaft der Distanzierung haben (s. S. 363). Auch Führende treten gerne miteinander in Wettbewerb, indem jeder dem Führungskollegen zeigen will, daß sein Zirkel bessere Leistungen vollbringt als der andere. Aber dies muß in unserem Unternehmens-Modell seine Grenzen dort finden, wo der Wettbewerb nur noch um seiner selbst und nicht mehr zugunsten des Unternehmens sich entwickelt. Dann nämlich bilden sich Vorurteile, und es wird dann auch mit unfairen Mitteln gekämpft, was sicherlich der Gemeinschaft schadet.

Bei einer Schulung der Außendienstler eines fränkischen Unternehmens berichtete der Leiter der Hamburger Niederlassung folgendes: „Unsere Innendienstler spielen uns ständig Streiche! Kürzlich rief einer derselben aus der Zentrale in Franken an, daß die Lieferungen, die mit dem Lkw am Mittwoch in Hamburg ankommen sollten, so umfangreich seien, daß ein zweiter Lkw, der allerdings dann erst am Donnerstag in Hamburg sein könne, nachgeschickt werden müsse. Wir sollten doch – es war am Montag – schnellstens sagen, welche Lieferungen vordringlich seien, damit diese in den ersten und die weniger eiligen in den zweiten Lkw geladen werden könnten.

---

* S. auch Aufsatz von Peter Zürn (Lit. 134) sowie von August Sahm (Lit. 102).

Schluß mit der Schizophrenie des Daseins

Wir in Hamburg wunderten uns schon, daß die ‚Brüder' in der Zentrale überhaupt so weit gedacht hatten – und wir machten die gewünschten Angaben. Und was soll ich Ihnen sagen: Als der erste Lkw dann am Mittwoch in Hamburg ankam, enthielt er genau die weniger wichtigen Lieferungen; die eiligen kamen dann erst mit dem Lkw am Donnerstag!" – Auch auf meine Frage, ob denn nicht anzunehmen sei, daß hier eine ganz menschliche Verwechslung, ein Irrtum, geschehen sei, beharrte der Niederlassungsleiter Hamburg darauf, dies hätten die Innendienstler absichtlich gemacht, um die Hamburger zu ärgern.

Dies Beispiel ist für denjenigen, der die Situationen in deutschen Unternehmen kennt, gar nichts Besonderes; es wird sich in vergleichbaren Formen überall täglich in der Bundesrepublik abspielen. Ärger, Ängste, Streitereien, Machtkämpfe, Zuständigkeitsrangeleien, Gleichgültigkeiten und Dummheiten sind bei uns leider in vielen Unternehmen an der Tagesordnung, so daß Reibungsverluste entstehen, die sicherlich Schäden in Milliardenhöhe verursachen. Im Unternehmensmodell „Zirkel 2000" wird man solche Dinge schon in ihren Anfängen erkennen oder – wenn schon seit langem mitgeschleppt – zu bereinigen suchen. Das wird dann möglich sein, wenn erst einmal alle begriffen haben – bis zum letzten Lagerarbeiter und zum Lehrling, der fotokopieren muß –, daß auch von seiner Tätigkeit, und sei sie noch so gering, die Existenz des Unternehmens abhängt, in dessen Räderwerk keiner Steine werfen kann, ohne sich selbst zu schaden.

Vermeidung von Reibungsverlusten

Zu den Störfaktoren gehört auch die Gerüchteküche und die Geheimniskrämerei; beide wirken eng zusammen und sollten im modernen Unternehmen energisch bekämpft werden. Man wird einwenden, daß dies nicht möglich sei, weil Mitteilungsbedürfnis und Wissenstrieb schon unter unseren Kardinaltrieben als menschliche Grundstrebungen genannt wurden. Dies trifft zu – und in dieser Hinsicht sollen die Menschen im Betrieb auch keineswegs behindert werden, Kommunikation zu treiben. Aber zwei Faktoren können beeinflußt werden: der Klatsch und die Gerüchtemacherei, wobei wir den ersten auf die persönlichen, menschlichen Umstände beziehen und den zweiten auf betriebliche Dinge.

Geheimniskrämerei

Schluß mit der Schizophrenie des Daseins

Klatsch und Gerüchte

In beiden Fällen wird es eine wesentliche Aufgabe der Führungskräfte sein, entgegenzuwirken. Beim Klatsch durch demonstratives Einmischen dergestalt, daß jegliches Reden über andere in deren Abwesenheit abgelehnt wird und sich der Führende auch selbst in dieser Hinsicht untadelig vorbildlich verhält. Natürlich wird er nicht überall dabei sein, wenn gerade über einen anderen Kollegen gesprochen wird; aber schon die Grundeinstellung, die der Führende bei jeder Gelegenheit deutlich macht und auch ermahnend bekundet, kann eine reduzierende Wirkung auf diese Betriebskrankheit haben. Ganz auszurotten allerdings ist sie niemals; dessen müssen wir uns bewußt sein.

Absolute Offenheit

Der Gerüchtemacherei können die Führungskräfte – einzeln sowie gemeinsam – entscheidend entgegenwirken durch absolute Offenheit und Vermeidung jeglicher Geheimniskrämerei. Auch hier haben wir bereits bei unseren Überlegungen zum Führungsstil (s. S. 339) dargestellt, daß das Horten von Wissen zum Zwecke des Informationsvorsprungs ein Zeichen von Führungsschwäche ist, das es im Zirkel-Modell einfach nicht geben darf.

Was ist denn eigentlich geheim?

Was ist denn in einem Unternehmen geheimzuhalten? Außer ganz bestimmten Informationen im Bereich der Entwicklung und des Marketing, die – wenn sie dem Wettbewerb bekannt werden – dem Unternehmen Nachteil bringen könnten, gibt es nichts in unserem Zirkel-Modell, das nicht jeder wissen dürfte.*

Sinnzusammenhänge müssen stets sichtbar werden

Im Gegenteil: Jeder soll soviel wie möglich auch aus anderen Bereichen erfahren, weil ihm dann Sinnzusammenhänge besser bewußt werden und er ein größeres Verständnis für das Zusammenwirken der Funktionen im Unternehmens-Organismus erhält. Dafür zu sorgen, daß jeder Mitarbeiter an jeder Stelle zu jeder Zeit nicht nur weiß, warum er bestimmte Aufgaben zu bewältigen hat, sondern auch wie diese in das Gesamtkonzept hineingehören, ist vornehmlich eine Aufgabe der Führungskräfte. Redewendungen wie „das geht dich nichts an" oder „kümmern Sie sich um Ihren eigenen Kram" oder gar „ich werde mich hüten, Ihnen dies zu verraten" sind im Zirkel-Modell nicht dem Geiste der gemeinsamen Interessen entsprechend. Sie könnten allerdings hier und

---

* Gerken spricht hier im positiven Sinne von einem „Glashaus-Syndrom".

Schluß mit der Schizophrenie des Daseins

da einmal angebracht sein, wenn das normale Interesse des Kollegen an der Nachbartätigkeit sich auswächst zur massiven Einmischung – eine menschliche Schwäche, mit der wir immer einmal gelegentlich zu rechnen haben werden. Die Gruppendynamik in Zirkelgesprächen wird solche Verhaltensweisen steuern können; auch hier werden die Führungskräfte für das richtige Maß zu sorgen haben, um jeglichem Versuch der Anmaßung zu begegnen. **Einmischung**

Ergänzend muß aber hier noch festgestellt werden: Ein Anteilnehmen am anderen, an dessen betrieblichen und persönlichen Problemen, ist keine Einmischung, sondern kann diesem vielleicht sogar wohltun. Allerdings muß auch hier das richtige Maß gefunden werden; Aufdringlichkeit ist sicher nicht am Platze und kann nur störend wirken. **Anteilnahme, aber nicht Aufdringlichkeit**

Gerade die menschliche Anteilnahme im persönlichen Bereich lenkt unsere Aufmerksamkeit auf den privaten und familiären Hintergrund des Mitarbeiters. Vielleicht ist bereits der Begriff „Hintergrund" nicht treffend, denn wenn der Mensch ein in sich geschlossenes Individuum ist, dann wollen wir ja gerade, daß nicht ewa ein Bereich – Beruf oder Familie – absolut vorrangig und der andere dafür nachgeordnet sei, sondern daß der Mensch im scheinbar Gegensätzlichen seine Befriedigung und Verwirklichung findet – ohne daß er sich hin- und hergerissen fühlt. **Tätigkeit und Privatleben**

> *Viele Male habe ich erleben müssen, daß mir leitende Persönlichkeiten ihre Schwierigkeiten mit dieser oder jener ihnen unterstellten Führungskraft schilderten. Aber auf meine Fragen nach dem persönlichen Hintergrund des Betreffenden, nach seiner Familie oder seinen anderen Interessen ward mir dann oft die Antwort: „Da kann ich nichts sagen – ich weiß nichts und will auch nichts wissen; dies ist jedem seine Privatangelegenheit!" Zugegeben: In manchen Fällen war dies nur eine Schutzbehauptung, mit der er schamhaft die Tatsache überspielen wollte, daß er sich wirklich zuwenig um das Menschliche seines Mitarbeiters gekümmert hatte. Aber oft ist es tatsächlich eine Grundeinstellung, die gemäß dem alten Grundsatz, daß „Dienst = Dienst und Schnaps = Schnaps" sei, aus Überzeugung praktiziert wird. Und dazu kommt dann auch noch die Meinung wie etwa „ich habe auch meine privaten Dinge und meine Probleme – soll der doch mit seinen Dingen allein fertigwerden".*

Schluß mit der Schizophrenie des Daseins

Beruf und Privates sind psychologisch nicht zu trennen

Hier rühren wir an ein Grundprinzip unseres Zirkel-Modells: So, wie wir der Schizophrenie des Daseins entgegenwirken wollen, müssen wir auch den Menschen in seiner Ganzheit sehen. Berufliches und Privates sind psychologisch nicht voneinander zu trennen, weil sie unterbewußt aufeinander einwirken; diese wechselseitige Beeinflussung abzuleugnen wäre dumm – und sie mit Gewalt unterdrücken zu wollen schädlich.

Den ganzen Menschen sehen

Der Mensch kann nun einmal nicht seine von privaten Interessen und familiären Dingen angefüllte Psyche morgens beim Betreten des Betriebs am Kleiderhaken aufhängen und am Nachmittag zum Nachhauseweg wieder anziehen – sie wirkt ständig auf ihn ein und hat daher auch ihren Einfluß auf seine berufliche Tätigkeit. Führungskräfte vornehmlich, aber auch Arbeitskollegen, haben die Aufgabe, den Menschen und seine Leistung in seiner Ganzheit zu sehen – und dazu sollten sie auch wissen, welch ein Mensch seine Frau ist, wie er mit seinen Kindern umgeht, welche Interessen oder Hobbys er hat und vieles andere mehr. Wohlgemerkt: nicht zur Befriedigung der Neugierde oder um des Einmischens, etwa gar in die Intimsphäre, willen, sondern um den anderen besser verstehen zu können. Bemühung um gegenseitiges besseres Verständnis muß im Zirkel-Modell eines der ersten Anliegen sein – aus ihm können dann gute Kommunikation und der Geist der Gemeinschaft erst erwachsen.

Für besseres gegenseitiges Verstehen

Wir sollten noch einen Schritt weitergehen in unserem Modell: Regelmäßige Informationen für die Ehepartner müssen Selbstverständlichkeit werden, damit auch dieser weiß, was der Partner im Betrieb tut und warum. Dies ist aus dem alten Denken heraus schwer zu verstehen; hier bedarf es tatsächlich eines völligen Umdenkens. Mit der Tatsache allein, daß man einmal einen „Tag der offenen Tür" veranstaltet hat, bei dem auch Ehefrau und Kinder erstmals den Arbeitsplatz des Vaters ansehen durften, ist es nicht getan!

Einbeziehen des Ehepartners und der Kinder

Der Versuche und der Möglichkeiten, Ehepartner anteilnehmen zu lassen, gibt es viele: vom Betriebsfest über gemeinsame Ausflüge, Besuche von Kunstveranstaltungen oder gemeinsamen Sport bis hin zu Seminaren für Ehefrauen, die das Unternehmen veranstalten läßt. Auch kann das Unternehmen Kurse für die

Schluß mit der Schizophrenie des Daseins

Ehepartner oder für die Kinder in seinen Räumen anbieten oder Freizeiteinrichtungen schaffen, die auch von Familienangehörigen genutzt werden können.

Ich habe in den letzten Jahren Partnerschaftsseminare für Führungskräfte und deren Ehefrauen angeboten und durchgeführt. Dabei habe ich eine bittere und eine beglückende Erfahrung machen können. Es waren auf der einen Seite viele Frauen, die ablehnten, teilzunehmen, mit der Begründung „ihr Mann habe so viel Erfahrung in und mit Seminaren, daß sie sich dort wohl nur blamieren werde". Und auch mit den besten Worten waren diese Frauen nicht zur Teilnahme zu bewegen, weil sie einfach Angst hatten.

Andererseits erlebte ich es aber auch als erfreulich, wie glücklich manche Frauen darüber waren, endlich einmal für wert befunden worden zu sein, eine Einladung zu erhalten, nachdem doch bisher immer nur der Mann solche Veranstaltungen wie selbstverständlich besuchte.

Aus beiden geschilderten Reaktionen können wir die gleiche Lehre ziehen: Wenn wir den Ehepartnern unserer Mitarbeiter und Führungskräfte durch gezielte Informationen und durch entsprechende Aktivitäten deutlich machen, daß sie „dazugehören" und nicht irgendwelche unbekannte Außenstehende sind, dann wird der Effekt ein ganz wichtiger für das Unternehmen sein. Der Mann* kann sich – abgesehen von Sonderfällen der Störung oder gar Zerrüttung – in den meisten Situationen darauf verlassen, daß seine Frau hinter ihm steht und daß er auch alles mit ihr offen besprechen kann. Ein solcher Mensch wird – wiederum abgesehen von den Sonderfällen, in denen eine grundsätzlich negativ eingestellte Partnerin ihn nachteilig beeinflußt – sicherlich mit einer ganz anderen Einstellung im Unternehmen tätig sein, als wenn er niemanden hinter sich weiß, der ihn in allem positiv unterstützt.

Partner bringt unterstützenden Effekt

---

* Nochmals sei hier daran erinnert, daß alle unsere Feststellungen für beide Geschlechter gleichermaßen gelten – also auch für den Ehemann der Mitarbeiterin (s. auch Anmerkung d. Verf. S. 15).

Grundkonsens mit Zuhause

Wenn es einem Unternehmen erst einmal gelungen ist, bei den Führungskräften und den Mitarbeitern in den meisten Fällen (100prozentig wird dies nie erreicht werden!) einen solchen Grundkonsens mit dem Zuhause zu erzielen, bei dem der Mann sich darauf verlassen kann, daß seine Frau „mitzieht", dann sind Voraussetzungen für eine Vielzahl von Aktivitäten geschaffen. Alle die genannten Beispiele sind an sich nichts Neues und vielerorts schon einmal erprobt und praktiziert worden. Aber sie müssen Stückwerk bleiben, wenn nicht – wie in unserem Modell „Zirkel 2000" – die positive Grundeinstellung aller Unternehmensmitglieder die Basis ist.

Erlebnisse in Gemeinsamkeiten

Gemeinsame Feiern, Kunsterlebnisse, Ausflüge oder Sportaktivitäten haben wir bereits erwähnt; es würde hier zu weit führen, alle Möglichkeiten, die sich auf diesem breiten Feld bieten, auch nur andeutungsweise zu schildern. Hier sollte übrigens der Kreativität der Mitarbeiter und deren Frauen freier Lauf gelassen werden – selbstverständlich stets unter Berücksichtigung der betrieblichen Belange, die, in aller Interesse, absoluten Vorrang haben müssen. Denn die Firma ist ja keine Vereinigung zur Freizeitgestaltung, sondern eine Interessengemeinschaft zur gegenseitigen Existenzerhaltung; dies darf bei allem Wohlwollen nie vergessen werden.

Aber Sozialbilanz und Unternehmensphilosophie sind neue Dimensionen im Wirtschaftsleben, stellt Rainer Herzog, Vorstandsmitglied an der Akademie Deutscher Genossenschaften, fest (Lit. 60). Wirtschaftliches Handeln, so sagt er, sei kein Selbstzweck – die Wirtschaft „kann logischerweise keine eigenen übergeordneten Maßstäbe entwickeln. Wirtschaften muß eine dem ganzen Menschen dienende Funktion erfüllen". Es überrasche daher nicht, meint Herzog gegen Schluß seiner Überlegungen, wenn man auch im Bereich der Motivationsforschung Ansätze findet, die nicht im einfachen Ursache-Wirkungs-Verhältnis Bedürfniskategorien herausarbeiten, sondern in Richtung Sinnerfüllung gehen.

Soziale Einrichtungen

Der Gemeinsamkeit dienen aber auch alle sozialen Einrichtungen wie eine Kantine oder ein Kindergarten oder -hort für die im Unternehmen beschäftigten Mütter: Halbtagskräfte können auf diese Weise integriert werden. Nachbarliche Kollegenhilfe sind in unserem Modell selbstverständlich, wenn Unfall, Krankheit

Schluß mit der Schizophrenie des Daseins

oder besondere familiäre Situationen dies erfordern. Die Gemeinschaft – dies muß jeder wissen – läßt keinen im Stich, wenn er ihr einmal angehört, aber sie wird ihn auch gnadenlos ausstoßen, wenn er unehrenwert dies zu Lasten anderer für seinen Vorteil ausnutzen wollte.*

Daß ein Zirkel-Modell eine besondere Einstellung zur Beschäftigung von Behinderten haben sollte, braucht eigentlich nicht erwähnt zu werden; ebenso wird man sich – wenn dies irgend möglich ist – der Arbeitsinvaliden annehmen. Die besondere betriebliche Rentenversorgung ist anzustreben; hier gibt es Modelle, die von Spezialisten errechnet und angeboten werden und für die Mitarbeiter die Sicherheit geben, auch im Alter vom Unternehmen, dem sie lange Jahre gedient haben, nicht alleingelassen zu werden. Daß Rentner, sofern sie dazu in der Lage sind, bei allen betrieblichen Feiern Gäste sind, ist selbstverständlich; auch können solche ehemaligen Mitarbeiter zur Vorbereitung oder Organisation von irgendwelchen gemeinsamen Aktivitäten herangezogen werden und sind vielfach dankbar dafür.

Soziales Verhalten

Behinderte und Arbeitsinvalide

Rentner

Wo sich Möglichkeiten bieten, sollte den Mitarbeitern und den Führungskräften die Gelegenheit zur eigenen Weiterbildung gegeben werden. Die Teilnahme an solchen Veranstaltungen ist nicht getarnte Freizeit, sondern Belohnung für besonderen Einsatz oder Investition für neue Energien, die dem Unternehmen durch das dort Erlernte zufließen. Der Grundgedanke muß auch bei allen außerbetrieblichen Fortbildungsveranstaltungen vom Nutzen für das Unternehmen bestimmt sein – wie etwa beispielsweise ein Erste-Hilfe-Kurs oder eine Katastrophenschutz-Ausbildung.

Weiterbildung

„Lernen ist wie Rudern gegen den Strom – wenn man aufhört damit, treibt es einen zurück!", hatten wir zum Einstieg im Abschnitt „Manager müssen lernen zu lernen" festgestellt. In unserem Unternehmensmodell gehen wir noch einen Schritt weiter: Alle Mitarbeiter des Unternehmensorganismus müssen darauf

---

* Marilyn Ferguson widmet gerade den menschlichen Beziehungen in ihrem Buch „Die sanfte Verschwörung" (Lit. 31) ein eigenes Kapitel. Sie läßt den Begriff der Familie sich auch in Dimensionen ausweiten, die im betrieblichen Zusammenwirken gesehen werden können.

Schluß mit der Schizophrenie des Daseins

eingestellt sein, daß ständige Lernprozesse unabdingbar sind zur Existenzerhaltung.

Mehr Frust als Lust beim Lernen

Dazu gehört jedoch auch, daß Lernveranstaltungen, wie sie in den letzten Jahrzehnten vielerorts in den Unternehmen praktiziert wurden, der Vergangenheit angehören sollten. Sie haben vielfach mehr Frust als Lust erzeugt und damit dazu beigetragen, daß der Berufsstand der Profi-Trainer genau so in schiefes Licht geriet wie die vielen hausgemachten (und meist hausbackenen) Schulungsleiter innerhalb der Firmen.

Die Trainingsszene, die Lehrmethoden und ihre Verkünder haben sich in den letzten Jahren in einer Weise verändert, die man auch nur mit dem Begriff „evolutionär" umschreiben kann. Ich selbst – der ich mich vor zwei Jahrzehnten noch zu den fortschrittlichsten Trainern zählte – würde mich heute nicht mehr getrauen, ein Seminar in dem Stile abzuhalten, wie ich ihn noch vor sechs oder acht Jahren praktizierte. – Diese rasante Entwicklung im Bereich der Erwachsenenbildung erachte ich für gut und notwendig, weil tatsächlich viele neue Erkenntnisse Veränderungen der bisherigen Praktiken unbedingt erforderlich machen.

Superlearning erschließt Gehirn-Reserven

Für unser Unternehmens-Modell „Zirkel 2000" sollte das Beste gerade gut genug sein – dies ist eine Forderung, die die Motivation der Mitarbeiter direkt angeht. Zum Beispiel wird durch die neue Technik des „Superlearning", die schon vielfach im deutschen Trainingsmarkt angeboten wird, die Ganzheit des Gehirns erfaßt. Mit meditativen und hypnotischen Mitteln werden hier Erfolge erzielt, die man noch vor kurzer Zeit für unwahrscheinlich gehalten hat. Dietmar Gottschall (Lit. 48) schildert verblüffende Erfahrungen, die Teilnehmer an solchem Superlearning machen: Bestimmte Methoden der Selbstsuggestion steigern die Aufnahmebereitschaft und die Gedächtniskapazität um ein Mehrfaches. Allerdings muß das Training von einem wirklichen Könner geleitet werden, deren es leider noch nicht allzu viele gibt. Aber auch hier ist zu hoffen, daß die Entwicklung schneller voranschreitet, als wir erwarten.

Führungskräfte in unserem Modell sind maßgebend verantwortlich für den Lernbereich und sollten ihm besondere Aufmerksam-

Schluß mit der Schizophrenie des Daseins

keit widmen. Hierzu gehört auch der Bereich der Schnell-Lesetechniken, die zumindest neben den Führungskräften auch diejenigen Mitarbeiter erlernen sollten, die viel mit schriftlichen Informationen befaßt sind. Auch bei den Lesetechniken* gibt es nun bereits Computer-Programme, die geeignete Trainingshilfen bieten.

– ebenso wie schnell-lesen

Die Ausbildung von Lehrlingen – wir wollen die sprachliche Mißgeburt „Auszubildende" vermeiden, weil Lernende das Lernen und die empfangenen Lehren nicht als etwas Unwürdiges ansehen sollen – sollte im Unternehmens-Modell „Zirkel 2000" einen besonderen Rang einnehmen. Obwohl man bei jungen Menschen, die noch sich entwickeln und ausreifen sollen, niemals mit Sicherheit wissen kann, was aus ihnen werden wird, sollte man doch in der Unternehmensgemeinschaft sehr verantwortungsbewußt sich überlegen, wen man „in die Familie" aufnehmen will. Patenstellungen sollten selbstverständlich sein; zu keiner Zeit darf der junge Mensch sich unbetreut vorkommen oder gar alleingelassen. Denn gerade in der Ausbildung bilden sich Engramme, die für die spätere berufliche Tätigkeit entscheidende Einflüsse ausüben.

Lehrlingsausbildung

Betreuung durch Paten

Folgender Fall wurde mir authentisch geschildert: In einem kleineren Unternehmen hatte der Chef die Angewohnheit, morgens jeden seiner Mitarbeiter mit Handschlag zu begrüßen – mit Ausnahme der beiden Lehrlinge. Als diese dann ihre Prüfung gut bestanden hatten und der Chef am nächsten Morgen sie auch mit Händedruck begrüßen wollte, weigerten sich die beiden, ihm die Hand zu geben, und sprachen ihre Kündigung aus. Ein Denkzettel für den Chef, der auch uns zu denken geben sollte.

Gegen Ende der 60er Jahre kam aus den USA der Begriff der „Job Rotation" zu uns, der sich aber – von einigen Ausnahmen abgesehen – nicht in der Praxis der deutschen Wirtschaft eingebürgert hat. In unserem Unternehmens-Modell kann er durchaus in manchen Situationen praktiziert werden; Führungskräfte soll-

---

* Die sehr erfolgreiche Methode von Wolfgang Zielke (Lit. 133) soll noch übertroffen werden von der des BTC Brain Train Center, die Stefanie von Viereck (Lit. 125) beschreibt und bei der Lesegeräte mit Bildschirm eingesetzt werden.

Schluß mit der Schizophrenie des Daseins

für optimale Betreuung der Lehrlinge ist jeder verantwortlich

ten sich mit den Vorteilen dieser Methode befassen, ohne die Nachteile zu übersehen. Für Lehrlinge ist es auf jeden Fall erforderlich, daß sie im Rotationsprinzip alle Bereiche des Unternehmens kennenlernen; entscheidend ist hier jedoch, daß jeder Zirkel, der für eine gewisse Zeit einen Lehrling zugeteilt bekommt, gewissermaßen im Wettbewerb mit anderen Gruppen sich bemüht, die Betreuung dieses jungen Menschen optimal zu gestalten.

menschliche Entwicklung des Lehrlings

Ziel der Lehrlingsausbildung im Zirkel-Modell muß – neben der fachlich-quantitativen – vor allem die menschlich-qualitative Entwicklung sein. Wenn der junge Mensch nicht nach Abschluß der Ausbildung den innersten Wunsch verspürt und zum Ausdruck bringt, weiterhin in dieser Gemeinschaft bleiben zu dürfen, dann hat die Gemeinschaft versagt! Dessen müssen sich alle Mitarbeiter bewußt sein.

Urlaubsregelung – Entspannung

Die Urlaubsregelungen sollten im Zirkel-Modell so flexibel wie möglich gestaltet werden; hier muß das Prinzip herrschen, daß der Urlaub bei aller Freude, die er dem Menschen und seiner Familie bringen soll, doch nicht zu einer Anstrengung oder einem Streß werden darf, wodurch eine Leistungsminderung im Unternehmen folgen kann. Das gehört zum Verantwortungsbewußtsein eines jeden einzelnen – und muß ihm durch die Führungskräfte und die Gemeinschaft bewußt gemacht werden.

Betriebsrat (Definition)

Hier wie bei all den zuvor genannten Bezügen wie Familie, Feiern, Hilfen, Fortbildung u. a. setzt die Aufgabe des Betriebsrats ein, der in einem Unternehmens-Modell „Zirkel 2000" unabdingbar zum innersten Zirkel der Geschäftsleitung bzw. des obersten Managements gehört. Dabei muß zunächst eine Begriffsdefinition vorgenommen werden: Betriebsrat ist nicht, wie in unserer bisherigen gesetzlichen Regelung, der Vertreter der Arbeitnehmerschaft – so wollen wir ihn im Zirkel-Modell nicht verstehen. Denn der Geist unseres Modells geht weg vom alten Klassengegensatz zwischen Arbeitgeber und Arbeitnehmer: Jeder dem Unternehmen Zugehörige ist beides in einer Person – vom Finanziellen einmal abgesehen, auf das wir später noch zu sprechen kommen werden. Und insofern wäre ein Betriebsrat im Zirkel-Modell überhaupt nicht notwendig.

Schluß mit der Schizophrenie des Daseins

Wenn trotzdem eine solche Funktion vorhanden sein sollte, dann in Form eines Fürsprechers oder Ombudsmannes, etwa auch vergleichbar mit der Funktion des Wehrbeauftragten, der sich darum kümmert, daß alles mit rechten Dingen zugeht und menschliche Unzulänglichkeiten wettgemacht werden. Denn eigentlich haben die Führungskräfte die Aufgabe, sich um die Belange der ihnen in den Zirkeln Anvertrauten unablässig zu kümmern. Dies entspricht der Grundforderung des Zirkel-Modells, in dem der Mensch und das Menschliche im Mittelpunkt stehen, ja – der erste Unternehmenszweck sind. Wie wir schon in unserer Prämisse gesagt haben (s. S. 58), daß „nicht der Mensch für das Unternehmen da ist, sondern das Unternehmen für den Menschen geschaffen ist".

etwa dem Ombudsmann entsprechend

Im § 1 des Betriebsverfassungsgesetzes heißt es zwar sinngemäß sehr schön: Arbeitgeber und Betriebsrat arbeiten gemeinsam zusammen zum Wohle der Arbeitnehmer und des Betriebes. Aber die Wirklichkeit sieht in den meisten Unternehmen anders aus: Hier von einer Erzfeindschaft zu sprechen, ist noch eine gemäßigte Formulierung – meist sieht der eine schon rot, wenn er nur den Namen des anderen hört!

In unserem Verständnis wird der Betriebsrat oder – wie man vielleicht nun besser sagen sollte – der „Vertrauensmann" nur dort gebraucht werden, wo menschliche Schwächen, von denen auch die Führungskräfte nicht frei sein können, zu Ungerechtigkeiten führen, die es dann auszugleichen gilt. Man könnte sich sogar vorstellen, daß der Personalleiter eines Unternehmens, der in unserem Modell von der Personalauslese für die Einstellungen weitestgehend entlastet ist, neben den reinen Aufgaben der Personalverwaltung auch diese Funktion des fürsprechenden Vertrauensmannes wahrnimmt. Denn er ist nun ja nicht mehr Vertreter der Arbeitgeberseite und damit einseitig auf die „Ausbeutung" ausgerichtet, sondern wird wohl – durch die gleichzeitige Personalverwaltung – am besten mit den persönlichen Situationen der Menschen vertraut sein und so auch deren Interessen am besten wahrnehmen können.

Vertrauensmann kann auch der Personalleiter sein

Seit Jahren plädiere ich in den von mir beratenen Unternehmen dafür, daß grundsätzlich der Betriebsratsvorsitzende bei Konfe-

renzen der Unternehmensführung hinzugezogen wird, damit er mitreden kann und miterlebt, wie Entscheidungen sich entwickeln. Wenn er – wie es bisher allgemein üblich ist – vor dem Konferenzraum warten muß, bis drinnen eine Entscheidung gefällt wurde, muß man sich auch nicht wundern, wenn er von vornherein gegen das ist, was man ihm als Beschluß dann die Gnade hat, mitzuteilen. Der Widerstand gegen diese meine Idee war auf Arbeitgeberseite unüberhörbar: „Wie kommen wir denn dazu, diesen Primitivling (dies war noch ein milder Ausdruck!) in unserer Runde mitreden zu lassen? Und dann trägt er doch alles der Gewerkschaft zu, die auf diese Weise einen billigen Spion bei uns sitzen hat!"

Auch von Gewerkschaftsseite erfuhr ich Widerspruch gegen meinen Vorschlag: Da wird unser Mann in der Geschäftsleitung dann von den Leuten, die ihm bildungsmäßig und rhetorisch weit überlegen sind, so eingewickelt, daß er nur noch Ja und Amen sagen wird.

keine Klassenkampf-Fronten mehr

Nun, für das Unternehmens-Modell „Zirkel 2000" brauchen wir keine Gewerkschaften mehr – oder wenn, dann nur in sehr eingeschränkter Funktion. Wir haben keine Fronten mehr wie bisher in den Unternehmen – der von den Gewerkschaften aus Selbsterhaltungstrieb und zur Bestätigung ihrer Daseinsberechtigung stets geschürte Klassenkampf findet nicht mehr statt! Und damit entfallen auch alle die Ansprüche und Anmaßungen, die sich diese Institutionen in zunehmendem Maße leisten konnten, weil tatsächlich stets in einem demokratischen Staatswesen vielfach etwas nicht in Ordnung sein wird. Aber um solches anzuprangern, sind die Gewerkschaften nicht befugt, dafür hat die Demokratie ihre eigenen Regelungsmechanismen.

Zukünftige Aufgaben der Gewerkschaften in einer Übergangsepoche zum Paradigmenwechsel und zum totalen Wandel des Denkens könnten noch darin bestehen, dort einzugreifen, wo Unternehmen in alten Strukturen verharren und den Übergang nicht finden. Auch beratende Funktionen – sowohl zu Gesetzesvorlagen als auch zur Rechtshilfe für den einzelnen – könnten zu ihren Aufgaben zählen. Das wäre aber dann auch alles, – Hineinreden und Hineinregieren in Unternehmen des neuen Modells wird ent-

Schluß mit der Schizophrenie des Daseins

fallen; genauso wie sinnlose Streikaktionen, die nur volkswirtschaftliche Schäden bringen. Im Unternehmensmodell „Zirkel 2000" gibt es – vom Geiste her – nur Arbeitswillige, vom ersten bis zum letzten Mann. Und von diesen wird keiner dulden, daß Außenstehende Einfluß auf die innerbetrieblichen Angelegenheiten nehmen.

es gibt nur Arbeitswillige

Die von den beiden Gewerkschaften IG Metall und IG Druck und Papier im Frühjahr 1984 provozierten Streiks* hatten durch die Schlichtung von Georg Leber eine Art „Quantensprung" gebracht. Der Kompromiß enthielt die Formel, daß generell eine Arbeitszeit von 38½ Stunden anzustreben sei, jedoch dieser Übergang durch innerbetriebliche Absprachen in Zusammenarbeit mit dem Betriebsrat in den einzelnen Fällen geregelt werden sollte. Das ist genau das, was wir auch für unser Zirkel-Modell zunächst anstreben: Wenn etwas im Sinne der Mitarbeiter neu geregelt werden muß, dann wird der Vertrauensmann im innersten Zirkel sich dafür einsetzen. Ein Hineinreden von außenstehenden Institutionen ist in keinem Fall überhaupt vonnöten.

Dies gilt vor allem für das leidige Problem der Arbeitszeit, die in unserem Unternehmensmodell überhaupt kein Thema zu sein braucht: Wenn es sich das Unternehmen durch entsprechende Marktsituation und Erfolge leisten kann, mit nur beispielsweise 30 Stunden durchschnittlicher Tätigkeit der Mitarbeiter das zu schaffen, was man sich zum Ziel gesetzt hat, dann wird man demgemäß mit einer solchen Arbeitszeit auskommen. Und wenn dagegen eine ernste, existenz- oder lebensbedrohende Situation eintritt, wird jeder einzelne sich 45 oder noch wesentlich mehr Stunden in der Woche einsetzen müssen und auch w o l l e n , um das Bedrohliche zu überwinden.

Arbeitszeit ist kein Konfliktstoff mehr

Während es in der heute üblichen Denkweise bereits als ein Verstoß gegen die Solidarität gilt, wenn ein Mitarbeiter nicht „um

bisher falsches Solidaritätsdenken

---

* Anm. d. Verfassers: Ich verwende mit Absicht das Wort „provoziert", weil es den betreffenden Funktionären eindeutig nicht um das Wohl der arbeitenden Menschen ging, sondern darum, die durch die von ihnen ungeliebte Regierung eingeleitete Erholung der Wirtschaft provokativ zu unterlaufen. Den Schaden davon hatten die Menschen, die Wirtschaft, die Demokratie und letztendlich die Gewerkschaften selbst.

Schluß mit der Schizophrenie des Daseins

16.30 Uhr den Griffel hinlegt" oder sich gar noch zu Erledigendes mit nach Hause nimmt, wird es im Zirkel-Modell keine Frage sein, daß man in zwingenden Situationen alle Kräfte mobilisiert, um Schwierigkeiten zu überwinden und die gemeinsame Existenz aller zu sichern.

Tätigkeitsgesellschaft hat eine andere Einstellung

Ralf Dahrendorf (Lit. 19) beschreibt in seinem Buch „Die Chancen der Krise" die Tätigkeitsgesellschaft, die seiner Meinung nach die Arbeitsgesellschaft ablösen kann, und formuliert das Motto dazu so: „Wir müssen künftig weder mehr arbeiten noch nur weniger arbeiten, sondern anders arbeiten." Darunter versteht er sicher auch eine andere Einstellung zur Arbeit, die dadurch, daß sie – talentbezogen – mehr und mehr autonome Tätigkeit werden kann. Und dem Menschen in zunehmendem Maße die Chance geben wird, sein Leben nach seinen eigenen Vorstellungen zu gestalten.

Übergangsform: Arbeitstätigkeit

Für den Übergang in eine Tätigkeitsgesellschaft spricht Dahrendorf von einer „Arbeitstätigkeit", die also bereits Elemente der Autonomie enthalten kann. Wie bei unserem Zirkel-Modell, das sich auch für eine Übergangszeit zu einer neuen Gesellschaft verstanden wissen will, weiß er, daß dabei noch viele Fragen offen bleiben. Wie etwa: wer etwas tut, was niemand tun will? Wird die Tätigkeit nicht etwa zur Untätigkeit des disziplinlosen Herumgammelns? – Auf diese letzte Frage haben wir die Antwort schon gegeben, aber eine entscheidende Frage stellt Dahrendorf noch danach, wer denn das alles bezahlen soll?

Finanzwesen – umdenken zu einem anderen Maß der Dinge

Somit sind wir mit unseren Überlegungen beim „nervus omnium rerum", beim Geld und den Finanzierungsfragen angelangt. Auch hier wird ein grundsätzliches Umdenken beim Einzelnen, in der Gesellschaft und im wirtschaftlichen Unternehmen erforderlich sein, dessen Trend eindeutig weggehen muß vom bisherigen „Anspruchsdenken", das von Egoismus, Selbstsucht und Habgier geprägt ist. Erich Fromm (Lit. 38) lehnt auch die öde Gleichmacherei des den wahren Marx verfälschenden Sowjetkommunismus ab, aber er spricht von der Ausrottung von Luxus und Armut: „Gleichheit braucht nicht quantitativ gleiche Verteilung aller materiellen Güter zu bedeuten, sondern die Abschaffung der gewaltigen Einkommensunterschiede..." Fritjof Capra

gegen enorme Einkommensunterschiede

Schluß mit der Schizophrenie des Daseins

stellt in seinem zukunftsweisenden Buch „Wendezeit" (Lit. 14) fest, daß alle gegenwärtigen Schulen wirtschaftlichen Denkens einem großen Irrtum verfallen seien; sie beharren darauf, Geld als einzige Variable zum Messen von Produktion und Verteilungsvorgängen zu benutzen.

Als ich im Jahre 1976 das Buch von Erich Fromm „Haben oder Sein" (Lit. 38) studierte, hat es mich fasziniert. Nur das letzte Kapitel mit der Überschrift „Wesensmerkmale einer neuen Gesellschaft" veranlaßte mich damals, zu Freunden zu äußern, daß hier Fromm von der Wirtschaft schreibt, von der er offensichtlich nichts versteht –, dies hätte er besser unterlassen sollen. Heute bin ich völlig anderer Meinung. **gegen enorme Einkommensunterschiede**

Wir finden bei Erich Fromm eine Anzahl von Thesen, die in unserem Modell „Zirkel 2000" schon im Denkansatz berücksichtigt sind und die sich auch verwirklichen lassen könnten; einiges sei zitiert: **Erich Fromms Visionen**

○ Es ist die Frage zu lösen, wie die industrielle Produktionsweise beibehalten werden kann, ohne in totaler Zentralisierung zu enden – *unser Zirkel-Modell zeigt einen gangbaren Weg hierzu auf.*

○ Die gesamtwirtschaftliche Rahmenplanung müßte ... mit einem hohen Maß an Dezentralisierung verbunden werden – *im Zirkel-Modell ist hierzu der Ansatz vorhanden.* **Dezentralisierung**

○ Das Ziel unbegrenzten wirtschaftlichen Wachstums müßte aufgegeben bzw. durch selektives Wachstum ersetzt werden, ohne das Risiko einer wirtschaftlichen Katastrophe einzugehen – *wir haben uns gegen die uneingeschränkte Wachstumsgläubigkeit gewandt und sehen für das Zirkel-Modell dadurch Lebenschancen.* **selektives Wachstum**

○ Es gälte, entsprechende Arbeitsbedingungen und eine völlig andere Einstellung zur Arbeit zu schaffen, so daß nicht mehr der materielle Gewinn den Ausschlag gibt, sondern andere psychische Befriedigungen als Motivation wirksam werden können – *die „Tätigkeit" im Zirkel-Modell wird dies bringen.* **andere Einstellung zur Arbeit**

Freude und Wohl-Sein	O Es müßten Bedingungen geschaffen werden, die es dem Menschen ermöglichen, Wohl-Sein und Freude zu empfinden, und die ihn von der Sucht nach Maximierung des „Vernügens" befreien – *in unserem Zirkel-Modell sind es gerade diese Bedingungen, die wir anstreben.*
Sicherung der Existenzgrundlage	O Die Existenzgrundlage des einzelnen wäre zu sichern, ohne ihn von der Bürokratie abhängig zu machen – *das System der Gruppengespräche in den Zirkeln unseres Modells zeigt hierzu den Weg eindeutig auf.*
individuelle Initiative	O Die Möglichkeit zur „individuellen Initiative" wäre vom wirtschaftlichen Bereich (wo sie ohnehin kaum noch existiert) in die übrigen Lebensbereiche zu verlagern – *unser Zirkel-Modell bietet gerade auch im wirtschaftlichen Bereich wieder die Möglichkeiten dazu.*
Konsumverhalten und Produktion	An anderer Stelle im gleichen Kapitel schreibt Fromm über Veränderungen des Konsumverhaltens in einer zukünftigen Gesellschaft und vertritt hinsichtlich der Wirtschaft die Meinung, daß „ein erster entscheidender Schritt ... die Ausrichtung der Produktion auf einen gesunden und vernünftigen Konsum" sein müsse.
weg vom Profitdenken!	Wir haben in unserem Unternehmensmodell „Zirkel 2000" noch nicht über die Fragen der Finanzierung gesprochen, die eigentlich auch nicht ohne weitgreifende volkswirtschaftliche Überlegungen angeschnitten werden können. Denn wenn Fromm die Forderung erhebt, daß gesunder und vernünftiger Konsum nur möglich sei, „wenn wir das Recht der Aktionäre und Konzernleitungen, über ihre Produktion ausschließlich vom Standpunkt des Profits und des Wachstums zu entscheiden, drastisch einschränken", so kann man ihm im Grundsatz nur voll zustimmen. Ob und wie dies allerdings in der derzeitigen Struktur des Welt-Finanzsystems und der Nationalökonomien realisierbar sein wird, ist offen.
Finanzbasis des Unternehmens	Fraglich hingegen ist nicht, daß Unternehmen kleinerer Größenordnungen allmählich nicht nur das Denken ihrer Mitarbeiter auf andere Relationen hinsichtlich der Bezüge – Löhne, Gehäl-

ter, Prämien usw. – einstellen können, sondern daß auch die Finanzbasis anders werden kann. Wir wollen in diesem Sinne nur beispielsweise an die bereits praktizierten Versuche mit „venture capital", dem sogenannten Wagnis-Kapital hinweisen, mit dem man – wie es auch Bethmann (Lit. 9)* verlangt – von einer ganz anderen Einstellung zu Kapital und vor allem Verzinsung ausgeht. Denkbar wäre auch in unserem Unternehmensmodell, daß die Leitung schrittweise systematisch an den bisher als „Kapitalbildung in Arbeitnehmerhand" bezeichneten Gedanken herangeht und – selbstverständlich unternehmensspezifische – Wege und Formen findet, alle Mitarbeiter auf die Dauer zu beteiligen. Wir haben mit Absicht nicht von „Vermögensbildung" gesprochen, weil es nicht darum geht, wieviel Vermögen ein Mensch zu irgendeinem Zwecke anhäuft, sondern wieviel Kapital, ohne dessen Decke das Unternehmen nicht lebensfähig bleiben wird, er in sein Unternehmen zu investieren bereit ist. Zu dessen sinnvoller Nutzung wird er dann selbst durch seine Leistung beitragen.

Wagnis-Kapital

Kapital- statt Vermögens- bildung

Peter Brügge (Lit.Nachtrag) schildert einige interessante Beispiele, welche verschiedenen Modelle anthroposophische Wirtschaftsgemeinschaften entwickelt haben und die auch für unsere Überlegungen richtungweisend sein könnten. Hier kann der Kreativität viel Spielraum gegeben werden.

Vieles wird auch bei allen derartigen Überlegungen davon abhängen, ob es sich um eine schon länger bestehende Firma handelt, mit festgefügten Besitzverhältnissen, oder um eine Neubildung oder Neugründung, bei der man von Anfang an die Weichen in bestimmter Richtung stellen kann. Im letzteren Fall werden der oder die Unternehmer, also diejenigen, die „die Gründung unternehmen", sehr differenzierte Vorstellungen zu entwickeln haben, welche Verschmelzung von Arbeit und Kapital in dieser Neugründung praktiziert werden kann.

Neugründung oder ...

Wenn dagegen ein schon länger existierendes Unternehmen die Transformation zu modernen Formen auf dem Weg über das Modell „Zirkel 2000" angehen will, dann ist die Vorgehensweise

---

* Von diesem stammt übrigens das beinahe kabarettreife Aperçu „Die Banken haben ‚venture capital' erkannt und aufgegriffen, als sie feststellen mußten, daß viele ihrer Kredite in Wirklichkeit bereits ‚venture capital' gewesen waren."

Schluß mit der Schizophrenie des Daseins

...Umwandlung = Unternehmens-Transformation

zunächst abhängig von der Bereitschaft des oder der Kapitaleigner. Ist diese grundsätzlich vorhanden – gegebenfalls mit einer entsprechenden Absicherung von Ansprüchen oder Bedürfnissen der Betreffenden – dann wird man sich Wege überlegen können, wie ein allmählicher Übergang in die Beteiligung der Mitarbeiter geschaffen werden kann. Holzhammer-Methoden sind hier ebenso unangebracht wie bei von heute auf morgen einzuführenden Organisationsveränderungen oder Führungsstil-Verhaltenswechseln.

Mindesteinkommen

Wenn ein Unternehmen im Modell „Zirkel 2000" erst einmal eine solche Basis des benötigten Kapitals geschaffen hat, werden auch die Fragen der Entlohnung sekundär. Denn jeder weiß, daß es ihm – wenn es dem Unternehmen gut geht – auch gut gehen wird, und daß Einschränkungen oder Verluste auch ihn genauso treffen wie den Kollegen und den Gesamtorganismus. Erich Fromms Gedanke, daß „viele Übel der heutigen kapitalistischen und kommunistischen Gesellschaften durch die Garantie eines jährlichen Mindesteinkommens zu beseitigen" wären, mag in bezug auf die gesellschaftliche Transformation noch weit entfernte Zukunftsmusik sein. Aber wer hindert uns eigentlich daran, zu versuchen ihn im Zirkel-Modell zu verwirklichen?

Hier sei ein Wort von August Sahm eingefügt, das Jürgen Günther in dem von ihm herausgegebenen Sammelband „Quo vadis, Industriegesellschaft?" (Lit. 50) zitiert: „Ich muß die innere Welt, die Einstellung ändern, dann wird sich auch die äußere Welt verändern lassen. Wir müssen von einer ‚Logik der Substraktion', einer Denkart des Wegnehmens, die am Erfolg des einen den Mißerfolg des anderen, im Wohlstand des einen den Übelstand des anderen sieht, zu einer ‚Logik der Addition' kommen. Wer will, daß es ihm wohl geht, muß wollen, daß es allen anderen wohl ergehe."

Das Buch, das als Ehrung für Paul Sahm zu dessen 65. Geburtstag erschien, ist deshalb besonders lesenswert, weil in ihm eine ganze Anzahl qualifizierter Autoren sich von verschiedenen Gesichtspunkten aus zu den Problemen geäußert haben, die Grundlage unserer bisherigen Überlegungen und Erkenntnisse sind. Und in vielen Beiträgen finden wir unsere Gedanken von authentischer Seite bestätigt.

Schluß mit der Schizophrenie des Daseins

Durch die – wie immer geartete – zuvor erwähnte Praxis eines gesicherten Mindesteinkommens könnten eine große Anzahl von Reibungspunkten im Unternehmen abgebaut werden; hierzu zählen u. a. Liebedienerei um Gehaltserhöhungen, Neid gegenüber Kollegen, Streberei, Drückebergerei zu Lasten anderer, Prämiengewährungen, Überstundenzuschläge, Nacht- oder Sonntagsarbeit, Überheblichkeit durch Denken in Geldwerten, hierarchisches Aufstiegsstreben, Beförderungen, Urlaubsgelder, Krankfeiern, Karriere-Ehrgeiz und vieles andere mehr. Um nicht mißverstanden zu werden: Der Gedanken einer Einkommens-Mindestgarantie ist keine öde Gleichmacherei im kommunistischen Sinne, sondern könnte lediglich dem Menschen ein größeres Sicherheitsgefühl in Verbundenheit mit seinem Unternehmen geben. Daß dann all die oben genannten Fakten aber vom einzelnen aus ganz anderem Gesichtswinkel betrachtet werden, dürfte einleuchten.

Verminderung von Reibungsverlusten

Sicherheit

Einer der oben genannten Reibungspunkte bedarf noch einer besonderen Verdeutlichung: das Karrierestreben. Wenn ich den Standpunkt vertrete, daß ein solches Streben nach Vorwärtskommen in einem Unternehmen unseres Zirkel-Modells abgebaut werden müßte, dann könnten Kritiker einwenden, daß damit auch ein großer Teil der Leistungsmotivation weggenommen werde. Dies ist nicht so zu sehen.

Gesundes Streben nach größeren Aufgaben und nach umfangreicherer Verantwortung ist jedem im Modell 2000 unbenommen. Nur wird auch dies im wesentlichen von der Gruppe, dem Zirkel, der Gemeinschaft bestimmt, die „den richtigen Mann am richtigen Platz" haben will. Dazu hat der Schweizer Jesuitenpater Albert Ziegler (Lit. 132) bemerkenswerte Hinweise für ethisches Verhalten gegeben, das vom Dienst an der Gemeinschaft bestimmt sein sollte. Was wir hingegen im Zirkel-Modell sicherlich nicht sich entwickeln sehen wollen, ist die Ellenbogen-Tüchtigkeit von Ehrgeizlingen, denen es letztendlich um Macht und Einfluß geht. Solchen wird das Zirkeldenken keine Chance lassen, denn Gemeinschaften jeder Größe sind sehr sensibel, wenn Verhaltensweisen dieser Art auftauchen und erkannt werden.

Schluß mit der Schizophrenie des Daseins

Einfügung des Unternehmens in die Umwelt

Nicht von ungefähr sollen nun unsere letzten Überlegungen zu den Möglichkeiten des Unternehmens-Modells „Zirkel 2000" seiner Stellung in Umwelt und Gesellschaft gelten. Denn ein Unternehmen, gleich welcher Größenordnung, führt kein Dasein in einem Elfenbeinturm, sondern ist eingegliedert in den Ort – die Landschaft, die es umgibt, in die Menschen, die drumherum leben und zum Teil in ihm arbeiten, und in die Gesellschaft, das Gemeinwesen, die staatliche Ordnung, von der es sich als Teil verstehen muß. Ohne Bezug zu diesen drei Faktoren der Landschaft, der Menschen und der Gesellschaft kann es nicht leben –, so wie ein menschlicher Organismus in solcher Bezugslosigkeit ebenfalls lebensunfähig wäre.

Umweltbindung ist ein komplexes System

Die Umweltbindung, wie wir einmal die Summe der vielfältigen Beziehungen eines Unternehmens nennen wollen, ist ein so komplexes System – von der Autopoiese* bestimmt –, daß es umfangreicher wissenschaftlicher Arbeiten bedarf, um nur einigermaßen alle Aspekte zu erfassen. Dies können und wollen wir hier nicht tun. Wir müssen uns mit der Feststellung benügen, daß das gesamte Umfeld des Unternehmens ständig wirkt und der Beobachtung durch die Unternehmensleitung bedarf. Dies geht – um nur einige Beispiele wahllos herauszugreifen – von der parteipolitischen Situation bis zur Steuergesetzgebung, vom Bruttosozialprodukt bis zur Arbeitsmarktsituation, vom Landschaftsschutz bis zu Emissionsproblemen, von der Mentalität des umwohnenden Volksstammes bis zur Geburtenrate, vom Markt über Werbung bis zu den PR-Aktivitäten und dem Image des Unternehmens in der Öffentlichkeit, vom Sozialverhalten bis zum Engagement an gemeinnützigen Anliegen, von Sportförderung bis zu Freizeitgestaltung u. v. a. m.

Vielzahl der Umfeld-Probleme

Hier irren einige alternative Bestrebungen, die glauben, es sei damit getan, gemeinsam mit einigen unzufriedenen Aussteigern einen alten Bauernhof zu kaufen und nun dort Hühnereier oder Talmi-Schmuck zu produzieren. So wie der Mensch nicht als Einzelwesen auf die Dauer existieren kann, können dies auch

---

* Autopoiese – ein von den chilenischen Professoren Maturana, Varela und Uribe geschaffener Begriff, der so viel wie „Selbstschöpfung" oder „Selbsterschaffung" bedeutet. Kennzeichen der A. ist, daß sie nur stattfindet, wenn die Komponenten eines Systems (Dinge, Abläufe oder Menschen) interaktiv sich zu Netzwerken verbinden.

solche Gruppen nicht, wenn sie sich nicht in irgendeine Beziehung zur Umwelt, zur Gesellschaft und darüber hinaus zur Ordnung in unserem Kosmos begeben.*

Die oben angedeutete Vielfalt der Umweltbindung könnte den Gedanken nahelegen, in einem Unternehmen unseres Modells mit einem eigens dafür Beauftragten zu agieren, gewissermaßen einem „Außenminister". Da ein solcher Mensch aufgrund der Fülle der Probleme aber restlos überfordert wäre, wird es im Unternehmensmodell „Zirkel 2000" – je nach Größe und nach Umfang der Umweltbindung – sinnvoll sein, entweder die Unternehmensführung damit zu betrauen, die in speziellen – von Fall zu Fall situativ notwendig werdenden – Zirkelgesprächen sich damit befaßt, oder einen eigenen Arbeitszirkel mit dem gesamten Komplex zu beauftragen. In ihm sollten ständig Beauftragte aller Bereiche mitarbeiten, unter gelegentlicher Hinzuziehung von Spezialisten, sofern dies erforderlich wird. Ein solches – wie man es scherzhaft nennen kann – „Außenministerium" ist dann der Unternehmensleitung gegenüber verantwortlich.

kein „Außenminister" bewältigt dies alleine

Sache der Unternehmensführung ...

... oder eines eigenen Zirkels

Das Ergebnis einer umfangreichen Untersuchung hat Hans-Joachim Fietkau in einem Aufsatz des „manager magazin" unter dem Titel „Sind Manager Umweltmuffel?" dargestellt. Erschreckenderweise ergibt sich die Tatsache, daß bei den Managern in den USA, in England und in der Bundesrepublik ein wesentlich geringeres Umweltbewußtsein entwickelt ist als bei der Bevölkerung dieser Länder. Die Schlußfolgerung zieht der Verfasser dahingehend, daß Unternehmer und Manager viel mehr als bisher „gesellschaftliche Forderungen berücksichtigen müssen, um Vertrauensverluste wettzumachen". (Lit. 33)

Um es noch einmal deutlich zu sagen: Ziel einer solchen Tätigkeit muß sein, die Umweltbindung des Unternehmens zu bewältigen. Nicht im Sinne einer Abwehr aller von außen kommenden Forderungen oder Einflüsse, sondern mit dem Ziel einer möglichst guten Einbindung in alles Außenstehende, von der Gesellschaft über die Volkswirtschaft und die Menschen bis zur Natur der Umgebung.

nicht Abwehr, sondern Einbindung ist die Aufgabe

* * *

---
* Ernst Günter Vetter zeigt solche Unsinnigkeiten in einem Leitartikel der FAZ mit dem Titel „Die Utopie der Gegenwirtschaft" treffend auf (Lit. 124).

Schluß mit der Schizophrenie des Daseins

Wir haben in diesem Schritt einmal den Versuch unternommen, darzustellen, welche Möglichkeiten in einem Unternehmensmodell „Zirkel 2000" sich anbieten und der Verwirklichung harren. Dabei ist dieser Überblick mit Absicht nur global und manchem vielleicht zu oberflächlich gegeben worden. Aber von vornherein haben wir betont, daß unser Modell keine definitive Struktur sein will, deren Verwirklichung quantitativ berechnet werden kann, sondern nur eine Stufe – oder gar nur Vorstufe – zu bevorstehenden Veränderungen darstellt.

Veränderungen kommen mit Sicherheit

Von diesen Veränderungen, die wir als den Wandel bezeichnet haben, können wir mit an Sicherheit grenzender Wahrscheinlichkeit – wie sich Naturwissenschaftler ausdrücken würden – annehmen, daß sie auf uns zukommen werden. Wann, wie und in welchem Umfang – dies vermag niemand zu sagen.

Verantwortung verlangt, etwas zu tun zum Überleben!

Aber jeder, der – gleichgültig in welcher Position – seinem Unternehmen in Verantwortungsbewußtsein verbunden ist, wird Überlegungen anstellen müssen, wie dem Kommenden zu begegnen sein wird. Unser Modell zeigt eine Vielzahl von Möglichkeiten auf, dies in kleinen oder größeren Schritten zu tun. Je besser ein Unternehmen in seiner Struktur und seinem Stil, vor allem aber im Denken seiner Mitarbeiter und seiner Führungskräfte sich anhand der Hilfen unseres Modells auf den bevorstehenden epochalen Wandel einstellen wird, desto größer wird die Chance des Überlebens sein.

Ausblick: Über das Prinzip Hoffnung hinaus...

> Wir müssen lernen, vernünftig zu hoffen!
> Manès Sperber

Das „Prinzip Hoffnung" ist – einmal von jenen professionellen Schwarzmalern, die es zu jeder Zeit gegeben hat, abgesehen – heute in vieler Menschen Munde. Und in unserer Zeit, die von so viel Negativem geprägt zu sein scheint, daß die Ängste sich wie Bakterien vermehren und verbreiten, scheint vielen die vage Hoffnung, daß es doch nicht so schlimm kommen werde, wie sich überall andeute, der berühmte Strohhalm zu sein, an den sich Ertrinkende klammern.

Das Prinzip der Hoffnung wird sehr unterschiedlich aufgefaßt. Zum einen könnte sich bereits jemand an dem Begriff des Prinzips stören, weil er grundsätzlich keine Prinzipien anerkennen will – und dies ist schon ein Prinzip, mit dem der Betreffende sich auseinandersetzen muß.

Doch – Scherz beiseite: viele Menschen meinen heute, daß es schon damit getan sei, wenn man die Hoffnung zum Prinzip erhebe. Ihnen ist insofern zuzustimmen, als das Gegenprinzip, die Hoffnungslosigkeit, noch nirgendwo die Kraft zu Überleben gegeben hat. Wer im wahrsten Sinne des Wortes los von aller Hoffnung ist, wird im Meer der Resignation versinken.

Andere verstehen den Begriff des Prinzips Hoffnung als optimistische Energie. Aber sie sollten bedenken, daß der Optimismus allein kaum dazu führen wird, Schwierigkeiten zu überwinden, wenn er sich nicht unserer gesamten Kräfte des Denkens, Fühlens und Wollens bedient. Reiner Zweckoptimismus hat noch nie jemanden wirklich weitergebracht; dies sollten alle jene Optimisten sich bewußt machen, die von ihrer Natur her zum Positiven neigen und es als Lebensprinzip sehen.

Und schließlich gibt es noch die auch nicht kleine Gruppe von Menschen, die das Prinzip Hoffnung so auslegen, daß eben alles schon irgenwie gutgehen werde. Sie sollten sich jedoch bewußt machen, daß sie mit einer solchen Einstellung dem Determinismus sehr nahekommen, jener Philosophie, die Möglichkeiten der eigenen Beeinflussung des Schicksals und damit der Willensfreiheit ausschließt. „Wer nur den lieben Gott läßt walten und hoffet auf ihn allezeit..." – diese Einstellung führt letzten Endes zur schicksalsergebenen Untätigkeit des Hände-in-den-Schoß-Legens und des Harrens auf die Dinge, die da kommen ohne eigenes Zutun.

Die Arbeit an den Gedanken dieses Buches, das Sammeln und Studieren von Literatur hierzu und schließlich die Fixierung und das Niederschreiben der gewonnenen Erkenntnisse haben mir – von dem rein Rationalen und dem Technischen einmal abgesehen – im Verlauf dieser gesamten Tätigkeit eine Bewußtseinsentwicklung gebracht, die ich – jetzt im Herbst meines Lebens stehend – kaum für möglich gehalten hätte. Ich habe an anderer Stelle schon über meine Einstellung zum Zufall geschrieben, aber was mir während des Fortschreitens meiner Arbeit an diesem Werk an geradezu schicksalhaften Fügungen „zugefallen" ist, läßt sich nicht beschreiben. In zahlreichen Situationen erfuhr ich gerade im rechten Augenblick Dinge und Informationen, die mir Zusammenhänge eröffneten, erlebte ich – im Sinne von eindrucksvollen Engrammen – interdisziplinäre Verbindungen aufleuchten und Bestätigungen meiner Gedanken von unerwarteter Seite auf mich zukommen, daß es mir oft die Sprache verschlug.

Am eindrucksvollsten geschah mir dies, als ich mich anschickte, das Fazit meines bereits im Satz befindlichen Werkes zu ziehen und diesen Ausblick – das Schlußwort – zu schreiben. Da flatterte mir mit der täglichen Post auch die neueste Ausgabe der „Trendwende" auf den Schreibtisch (Lit. 119) mit dem Leitartikel „Am Vorabend eines globalen Bewußtseinssprungs", in dem das Buch von Peter Russel „Die erwachende Erde" besprochen wird.

Dieses Buch (Lit.Nachtr.) ist außerordentlich beeindruckend und sicherlich zumindest in eine Ebene zu stellen mit den erwähnten Werken von Erich Fromm, Fritjof Capra und Marilyn Ferguson. Es ist – nach unserem heutigen Kenntnisstand – die wohl schlüssigste Gegenwartsanalyse und Zukunftsvision, die uns zur Zeit zur Verfügung steht. Russel ist Naturwissenschaftler – Physiker wie Capra –, aber auch Kenner östlicher Philosophien, er bezieht seine Erkenntnisse ebenso von Teilhard de Chardin wie von Ilya Prigogine, er ist in der Lage, trotz hervorragender Fähigkeit der Detailsgenauigkeit das holistische Weltbild in globaler – oder noch besser: kosmischer Sicht anschaulich und folgerichtig darzustellen. Und ich konnte mit einer gewissen Befriedigung feststellen, daß alle meine Überlegungen und Erkenntnisse sowie die Empfehlungen dieses meines Buches in dem Werk von Peter Russel vollauf bestätigt werden. Dies mag wohl mit der Synergie zu tun haben, von der er sagt, daß sie nicht nur

Ausblick

mehr ist als das bekannte Gesetz von der Ganzheit, sondern sich auch als Synchronizität demonstriert, den zur gleichen Zeit an verschiedenen Orten sich abspielenden Bewußtseins-Vorgängen.

Schon im „Einstieg" zu Anfang dieses Buches habe ich dargestellt, daß wir vor einem Paradigmen-Wechsel (s. S. 3) stehen, der eine gesellschaftliche Transformation bewirken wird und dessen Voraussetzung die persönliche Transformation des einzelnen ist. Ein Paradigma ist ein jeder Wissenschaft oder Weltanschauung zugrundeliegendes Gerüst von Prämissen, – wir haben in diesem Buch eine ganze Anzahl von Prämissen gesetzt und im Anhang nochmals übersichtlich zusammengestellt, die zu einem neuen Paradigma Grundlagen bieten können.

Russel nennt in seinem Buch fünf Stadien eines Paradigmawechsel, die er folgendermaßen beschreibt:

1. *Entdeckung von Anomalien, die sich mit dem gängigen Paradigma nicht erklären lassen; anfänglich werden sie als irrig oder nur vorgetäuscht abgetan, oder aber man „dehnt" das Modell, so daß sie darin eingebaut werden können.*

2. *Zahlenmäßige Zunahme solcher Anomalien, bis sie sich nicht mehr einfach in Abrede stellen oder einpassen lassen und erkannt wird, daß eher das Paradigma falsch sein kann als die Beobachtungen.*

3. *Formulierung eines neuen Paradigmas, das die gemachten Beobachtungen erklärt.*

4. *Übergangsperiode, in der das neue Paradigma vom Establishment noch abgewehrt und von jenen, die dem alten Modell noch verhaftet sind, mitunter aufs heftigste bekämpft wird.*

5. *Annahme des neuen Paradigmas, das unterdessen weitere Beobachtungen erklärt und neue Entdeckungen prognostiziert.*

Anhand dieser Übersicht kann nun – so meine ich – jeder für sich feststellen, in welchem oder welchen der aufgeführten fünf Stadien er sich selbst und wo sich seine Bezugsgruppe befinden mag; daß hier die Grenzen nicht exakt auszumachen sind und Trennungen sich verwischen, liegt in der Natur der komplexen Sache. Sicher sollte für denjenigen, der sich

Ausblick

mit einer bevorstehenden persönlichen Transformation und mit dem Unternehmensmodell „Zirkel 2000" auseinandersetzt, sein, daß er sich bereits im zweiten Stadium befindet und die Stadien 3 und 4 unmittelbar bevorstehen.

Und damit kommen wir auf eine weitere Erkenntnis zu sprechen, die ich während meiner Tätigkeit an diesem Buch erleben durfte: die Akzeleration. Unter diesem Begriff versteht man den Umstand, daß evolutionäre Veränderungen sich nicht in einer linear gleichmäßig ansteigenden Kurve entwickeln, sondern gegen ihren „Sprung" hin immer schneller vorantreiben.

Dies ist graphisch nur noch darzustellen mit der Form der Spirale, von der ich überzeugt bin, daß sie als höchste geometrische Form das Sinnbild der Lebens-Entwicklung darstellt. Im Farbteil ist dies bei der Erläuterung des Buchtitels (s. Farbtafel M) beschrieben. Russel gibt in seinem Buch eine ganze Anzahl von Beispielen solcher Entwicklungen – und ich habe eben auch beim Schreiben meines Buches eine solche sich steigernde Schnelligkeit der Informationen und Erkenntnisse empfunden.

Gerken formuliert in seinem Informationsdienst (Lit. 43) bei der Behandlung der Frage, wie sich der neue Manager entwickeln soll, folgendermaßen: „Wandlung der Symbole – Voraussetzung für den neuen Manager: ... sind die meisten Manager, die heute erfolgreich sind, eindeutig auf lineare Symbole und auf das Modell hierarchischer Kaskaden orientiert ... Lineares Abfolge-Denken ist weit verbreitet. Es besagt ..., daß die Welt als eine Kette von hintereinander stattfindenden Aktionen und Reaktionen aufgefaßt wird ... Die neueren evolutionären Ansätze gehen von einer Spirale aus und nicht von der linear-zyklischen Entwicklung. Das bedeutet ein Kreislauf-Prinzip, das gleichzeitig transformativ aufgefaßt wird (daher nicht nur der Kreis, sondern der Kreis, der sich in die Höhe entwickelt im Sinne einer Spirale) ... Dieses Denk-Symbol wartet darauf, entdeckt zu werden ... Man kann sagen, die Natur ist im Prinzip nie eine Linienkette. Wo immer man sie gründlich beobachtet, sind der Kreis und die Spirale als allgegenwärtiges Naturprinzip offensichtlich ... Die ‚kreisförmige asiatische Logik' (Sprüngli, Lit. 115) muß erst einmal innerlich akzeptiert werden, um wirklich evolutionär kybernetisch zu wirken."

Wir wollen uns daran erinnern, daß unser Unternehmensmodell „Zirkel 2000" auf der Basis des Kreises und der kybernetischen Prinzipien aufgebaut ist; es wird den Einstieg in zukünftige Formen erleichtern.

Ausblick

Auch wenn ich nunmehr meine in diesem Buch niedergelegten Betrachtungen schließe, bin ich – nach den bisher bei dieser Arbeit gewonnenen Erfahrungen – überzeugt, daß dies kein Abschluß sein wird, – im Gegenteil: vielleicht habe ich mir und – hoffentlich – auch einigen meiner Leser nur eine Tür aufgestoßen zur weiteren und wohl immer schneller und intensiver werdenden Entwicklung.

Ich möchte dies deutlich machen an einem Bild, das an jenes anschließt, das ich im Einstieg schilderte. Wir erinnern uns: Robert Jastrow (Lit. 66) beschrieb die Situation der heutigen Naturwissenschaft dergestalt, daß ihre Jünger auf einen Berggipfel streben und – am Rand des Gipfelplateaus angekommen – feststellen müssen, daß die Mystiker schon seit Jahrtausenden dort oben sitzen. Wenn wir jetzt mit unseren Mitteln dieses Buches die Schritte auf den Berg getan haben und oben sind, stehen wir ausblickend am Rande des jenseitigen Abgrundes. Mit unserer bisherigen Technik der Fortbewegungsweise – also im alten Paradigma des Linearen – würde der nächste Schritt zum Absturz in die Tiefe führen. Was wir also brauchen, ist ein Umdenken – eine Transformation zum „homo integrans" –, das uns in die Lage versetzt, etwa durch Anlegen von Flügeln wie ein Drachenflieger über den Rand des Gipfels hinauszuspringen und im neuen Paradigma einer anderen Dimension uns zu bewegen.

Ich wünsche nicht nur uns allen, daß uns dieser Evolutionssprung gelingen möge, sondern ich bin überzeugt, daß wir ihn schaffen können mit der Kraft des Geistes und der Demut des Einfügens in die Schöpfung.

Anhang

Übersicht der Prämissen
Literatur-Verzeichnis
Stichwort- und Namensverzeichnis

Die Prämissen

Übersicht der den Gedanken dieses Buches zugrundeliegenden Prämissen, die mehrfach erwähnt wurden.

- *Die Menschen sind heute weltweit besser, breiter und schneller informiert als früher und sich daher ihres Persönlichkeitswertes mehr bewußt.*

- *Der Mensch wird zukünftig im Mittelpunkt unternehmerischen Handelns stehen; nicht mehr ist der Mensch für das Unternehmen, sondern das Unternehmen für den Menschen geschaffen.*

- *In unserer Zeit vollzieht sich ein Wandel des Autoritätsverständnisses – weg von der Autorität „ex officio" (kraft des Amtes) hin zu jener „ex persona" (aus der Persönlichkeit).*

- *Die Zukunft wird für jeden einzelnen durch lebenslanges Lernen bestimmt sein, denn „Lernen ist wie Rudern gegen den Strom – wenn man aufhört damit, treibt es einen zurück."*

- *Das Unternehmen muß als lebendiger Organismus betrachtet und behandelt werden und nicht als eine tote Institution.*

- *Unternehmensführung ist immer unabdingbar auch Menschenführung.*

- *Menschenführung ist immer auch Gruppenführung.*

- *Kommunikation ist Träger der Lebensenergie und schafft in der Gruppe Leistungsvorteile der Autorität, der Motivation und der Kreativität.*

- *Kontrolle bei der Führung im Unternehmen ist gut und notwendig, aber Vertrauen muß die Basis jeglicher Kommunikation sein.*

- *Die Bemühung um Gerechtigkeit ist Grundlage für das Vertrauen zum Führenden und für die Praxis modernen Führungsstils.*

- *Der gesellschaftlichen und wirtschaftlichen Transformation zum Paradigmenwechsel muß die persönliche Transformation des einzelnen vorausgehen.*

- *Der Mensch wird sich vom „homo sapiens" wandeln müssen zum „homo integrans", der sich wieder demutig in die Schöpfung eingebunden verstehen muß, wenn er überleben will.*

Literatur-Verzeichnis

[1] ADAM, Konrad: Leistungsglück statt Leistungsangst – Leitartikel in „Frankfurter Allgemeine Zeitung" vom 9. 4. 1983

[2] AMMELBURG, Gerd: Sprechen – Reden – Überzeugen; ab 5. Aufl.: Rednerschule – Mosaik (Bertelsmann), München, 6. Aufl. 1981 – ab 1985 ETB Econ Taschenbuch Nr. 21010, Düsseldorf

[3] – Handbuch der Gesprächsführung – Bessere Techniken für Rede und Diskussion, Konferenz- und Versammlungsleitung, Gesprächspraxis in Verhandlung und Verkauf – Herder & Herder (Campus) Frankfurt/New York 1974 (vergr.), Neudruck Sonderauflage – Ammelburg, Frankfurt am Main 1985

[4] – Rhetorik für den Ingenieur (Reihe: Für Ingenieure) – VDI, Düsseldorf, 4. Aufl. 1985

[5] – Konferenztechnik (Reihe: Für Ingenieure) – VDI, Düsseldorf, 2. Aufl. 1985

[6] – Wie man Besprechungen führt – Erfolgreiche Planung und Gestaltung von Sitzungen, Konferenzen und Gruppenveranstaltungen aller Art – Herder Taschenbuch Nr. 1002, Freiburg 1983

[7] AMMELBURG, Gerd (Hrsg.): Kreativität – die Chance für unsere Zukunft. Eine Veröffentlichung der Stiftung „Internationales Creativ-Centrum", CH-4418 Reigoldswil – Ammelburg, Frankfurt am Main 1984

[8] BERNE, Eric: Spiele der Erwachsenen – Psychologie der menschlichen Beziehungen – Rowohlt Taschenbuch, Reinbek bei Hamburg 1979

[9] BETHMANN, Johann Philipp Freiherr von: Die Zinskatastrophe – Das Buch zur Krise – Athenäum, Königstein/Ts. 1982

[10] – Der verratene Kapitalismus – Die Ursachen der Krise – Athenäum, Königstein/Ts. 1984

[11] BIRKENBIHL, Vera: Sind Sie ein Gehirnmuffel? – Sonderdruck aus „Tägliche Betriebspraxis" – Haufe, Freiburg 1983

[12] BLAKESLEE, Thomas R.: Das rechte Gehirn – Das Unbewußte und seine schöpferischen Kräfte – Aurum, Freiburg 1982

[13] BROCKHAUS ENZYKLOPÄDIE, 25 Bände – Brockhaus, Wiesbaden 1966–74, 1975, 1981

[14] CAPRA, Fritjof: Wendezeit – Bausteine für ein neues Weltbild – Scherz, Bern–München–Wien 1983

[15] CARNEGIE, Dale: Wie man Freunde gewinnt (Amerikanischer Original-Titel: How to win friends and influence people) – Rascher, Zürich 1938

[16] congress & seminar (Offizielles Organ der Deutschen Gesellschaft zur Förderung und Entwicklung des Seminar- und Tagungswesens): Congress extra – Schwerpunkt-Thema: Ausstattung – Neuer Merkur, München 11/1984

[17] CORRELL, Werner: Lernpsychologie – Cassianeum, Donauwörth 1964

[18] CYRAN, Wolfgang: Auch das Gehirn kann rosten – Dauerndes Training erhält oder verbessert die geistigen Fähigkeiten im Alter – Aufsatz in FAZ, Frankfurt am Main, 13. 6. 1984

[19] DAHRENDORF, Ralf: Die Chancen der Krise – Über die Zukunft des Liberalismus – DVA, Stuttgart 1983

[20] – Reise nach innen und außen – Aspekte der Zeit – DVA, Stuttgart 1984

[21] DEGEN, Rolf: Den Kassenärzten bald gleichgestellt – Bericht über das Forum für klinische Psychologie in Bonn, in „Frankfurter Allgemeine Zeitung" vom 4. 12. 1984

[22] DERSCHKA, Peter: Zeichen der Unfreiheit – Artikel in „Manager-Magazin" – Hamburg, Nr. 11/1981

[23] DITFURTH, Hoimar von: Die Marionetten der Gene? Aufsatz in „GEO" – Gruner + Jahr, Hamburg, Nr. 5/1983

[24] DRIES, Gerd-Manfred: Kreativität: vom reagierenden zum agierenden Menschen – Sauer, Heidelberg 1982

[25] DURANT, Will und Ariel: Die Lehren der Geschichte – Francke, Bern/München 1969

[26] EBERHARD, Lilli: Heilkräfte der Farben – und ihre Anwendung in der Praxis – Drei Eichen, München/Engelberg – 6. Aufl. 1984

[27] ECCLES, Sir John C.: Das Gehirn des Menschen – Sechs Vorlesungen für Hörer aller Fakultäten – Piper, München 1975

[28] EIBL-EIBESFELDT, Irenäus: Der vorprogrammierte Mensch – Das Ererbte als bestimmender Faktor im menschlichen Verhalten – Molden, Wien 1973

[29] ENDRES, H.: Ich lerne Umgang mit Menschen – Band 13 der Fackel-Bücherei, Stuttgart o. J.

[30] ENGADINER KOLLEGIUM – Tagung 1984: Angst und Urvertrauen – Novalis, Schaffhausen 1984

[31] FERGUSON, Marilyn: Die sanfte Verschwörung – Persönliche und Gesellschaftliche Transformation im Zeitalter des Wassermanns – Sphinx, Basel – 3. Aufl. 1983

[32] FERTSCH-RÖVER, Dieter, und JUCHEMS, Heribert: Der häßliche Unternehmer – Eine kritische und selbstkritische Betrachtung – Wissenschaft und Politik, Köln 1972

[33] FIETKAU, Hans-Joachim und ULLMAN, Arieh: Sind Manager Umweltmuffel? – Aufsatz in „Manager-Magazin" – Hamburg, Nr. 10/1984

[34] FRANKL, Viktor E.: Das Leiden am sinnlosen Leben – Psychotherapie für heute – Herderbücherei Nr. 615, Freiburg, 7. Aufl. 1981

[35] – Psychotherapie für den Laien – Rundfunkvorträge über Seelenheilkunde – Herderbücherei Nr. 387, Freiburg, 7. Aufl. 1978

[36] FRIELING, Heinrich: Das Gesetz der Farbe – Musterschmidt, Göttingen 1968

[37] – Weltbild Farbe – Der Farbenkreis als semantischer Raum, Schautafel – Musterschmidt, Göttingen 1984

[38] FROMM, Erich: Haben oder Sein – Die seelischen Grundlagen einer neuen Gesellschaft – DVA, Stuttgart 1979

[39] GEBERT, Dieter: Führungspsychologie – auf dem Weg zu neuen Ufern? Aufsatz in Schimmelpfeng-Review Nr. 32 – Frankfurt am Main 1983

[40] GEISSLER, Jürgen: Die Angst des Managers vor der Bildung – Aufsatz in „Manager-Magazin", Hamburg, Nr. 9/1983

[41] GERKEN, Gerd: Trend-Radar – Service-Studien des Radar-Systems – Mudita, Worpswede, Sonderdruck 1983

[42] – dito Doppelheft-Ausgabe Juni/Juli 1984

[43] – Morgen – die persönliche Zukunfts-Studie des Radar-Systems – Mudita, Worpswede, Ausg. Febr.–Mai 1984

[44] GOETHE, Johann Wolfgang von: Unterhaltungen deutscher Ausgewanderten – verfaßt 1794–95

[45] – Arbeiten zur „Farbenlehre" – Cotta, Stuttgart und Augsburg 1858, Bde. 37–40

[46] – Wilhelm Meisters Lehrjahre – dito, Bd. 16

[47] GOOSSENS, Franz: Erfolgreiche Konferenzen und Verhandlungen – Moderne Industrie, München 1964

[48] GOTTSCHALL, Dietmar: Lernen – Lust statt Frust – Aufsatz in „Manager Magazin" – Hamburg, Nr. 4/1984

[49] GROSS, Rudolf: Warum die Liebe rot ist – Farbsymbolik im Wandel der Jahrtausende – Econ, Düsseldorf 1981

[50] GÜNTER, Jürgen (Hrsg.): Quo vadis Industriegesellschaft? Perspektiven zu Führungsfragen von morgen – Sauer, Heidelberg 1984

[51] GÜNTHER, Hans F. K.: Rassenlehre des deutschen Volkes – Lehmann, München/Berlin 1922

[52] HALBE, Paul: Mitarbeiter als Mitunternehmer – Die wolfcraft-Praxis – Schmidt & Bödige, Mainz 1981

[53] HANDBUCH, Amtliches – des Deutschen Bundestages – herausgegeben von der Verwaltung des Deutschen Bundestages zu Beginn jeder Legislaturperiode, Bonn

[54] HANDELSBLATT, Ausg. vom 9. 4. 1984 – Düsseldorf, Aufsatz von Peter F. Drucker

[55] HANS-BÖCKLER-STIFTUNG: Studien zur Mitbestimmungstheorie und Mitbestimmungspraxis – Nr. 11: Das mitbestimmungsgemäße Führungsmodell – Düsseldorf 1982

[56] HARMAN, Willis W.: Gangbare Wege in die Zukunft? – Zur transindustriellen Gesellschaft – Darmstädter Blätter, Darmstadt 1978

[57] HARRIS, Thomas A.: Ich bin o. k. Du bist o. k. – Wie man über seinen Schatten springen lernt – Rowohlt, Reinbek bei Hamburg 1973

[58] HEBING, Julius: Welt, Farbe und Mensch – Studien und Übungen zur Farbenlehre und Einführung in das Malen – Freies Geistesleben, Stuttgart 1983

[59] HELWIG, Paul: Charakterologie – Teubner, Leipzig 1936 – 4. Aufl. Klett, Stuttgart 1965

[60] HERZOG, Rainer: Sozialbilanz und Unternehmensphilosophie – neue Dimensionen im Wirtschaftsleben? – Aufsatz in „Schimmelpfeng-Review" Nr. 24 – Frankfurt am Main, Okt. 1979

[61] HESSE, Hermann: Das Glasperlenspiel – Versuch einer Lebensbeschreibung des Magister Ludi Josef Knecht samt Knechts hinterlassenen Schriften, herausgegeben von Hermann Hesse – Suhrkamp, Frankfurt am Main, 278stes Tausend 1983

[62] HÖHN, Reinhard: Führungsbrevier der deutschen Wirtschaft – Bad Harzburg 1968

[63] ILLIES, Joachim: Der Jahrhundert-Irrtum – Würdigung und Kritik des Darwinismus – Umschau, Frankfurt am Main 1983

[64] ITTEN, Johannes: Kunst der Farbe – Subjektives Erleben und objektives Erkennen als Wege zur Kunst – Mair, Ravensburg 1975 (auch als Studien-Ausgabe mit DIAS)

[65] JAENSCH, E. R.: Die Eidetik und die typologische Forschungsmethode – Leipzig 1933

[66] JASTROW, Robert: God and the Astronomers – Norton, New York/London 1978

[67] JUNG, Carl Gustav: Psychologische Typen – Rascher, Zürich, 9. Aufl. 1960

[68] KÖRNER, Jürgen: Vorurteile widerlegen genügt nicht – Aufsatz in „Psychologie heute" – Beltz, Weinheim, Nr. 5/1977

[69] KRETSCHMER, Ernst: Körperbau und Charakter – Tübingen 1921, 27. Aufl., Springer, Berlin 1964

[70] KÜNKEL, Fritz: Die Arbeit am Charakter – Die neue Psychotherapie in ihrer Anwendung auf Erziehung, Selbsterziehung und seelische Hilfeleistung – Friedrich Bahn, Konstanz 1960

[71] KUPFER, Amandus: Grundlagen der praktischen Menschenkenntnis nach Carl Huters Psycho-Physiognomik – Praktisches Lehr- und Übungsbuch in zwei Bänden – Carl-Huter-Verlag, Schweig bei Nürnberg, 25. Aufl. 1976

[72] LAESECKE, Hans: 1 : 0 für die Planeten – im Selbstverlag des Verfassers, Berlin 1982

[73] LAUTERBURG, Christoph: Vor dem Ende der Hierarchie – Modelle für eine bessere Arbeitswelt – Econ, Düsseldorf/Wien 1978

[74] LEADING EDGE – Ausg. Febr. 1984 – deutsch bei RADAR-Trend-Service – Mudita, Worpswede 1984

[75] LOEF, Carl: Farbe – Musik – Form – ihre bedeutenden Zusammenhänge – Musterschmidt, Göttingen 2. Aufl. 1983

[76] LÜSCHER, Max: Der Lüscher-Test – Persönlichkeitsbeurteilung durch Farbwahl – Rowohlt, Reinbek bei Hamburg, 35stes Tausend Dez. 1971

[77] – Der 4-Farben-Mensch oder der Weg zum inneren Gleichgewicht – Mosaik, München 1977

[78] – Farben visualisierte Gefühle – ein Buch über Farbpsychologie in Bildern – herausgegeben anläßlich des 100jährigen Jubiläums der Druckfarbenfabriken Gebr. Schmidt, Frankfurt am Main-Rödelheim 1978

[79] LURIA, Alexander: The working brain: An Introduction to Neuropsychology – Penguin Press, New York/London 1973

[80] MACLEAN, P. D.: A triune concept of the brain and behavior – Toronto 1973

[81] MASLOW, Abraham H.: Psychologie des Seins – Fischer Taschenbuch Nr. 42195, Frankfurt am Main 1978

[82] MATUSSEK, Paul: Kreativität als Chance – Der schöpferische Mensch in psychodynamischer Sicht – Piper, München 1979

[83] MOUTON, Jane Srygley, und BLAKE, Robert R.: Instrumentiertes Lernen in Gruppen – Vogel, Würzburg 1978

[84] MÜLLER, Rüdiger: Wandlung zur Ganzheit – Die Initiatische Therapie nach Karlfried Graf Dürckheim und Maria Hippius – Herder, 2. Aufl. Freiburg 1982

[85] NAISBITT, John: Megatrends – 10 Perspektiven, die unsere Welt verändern werden – Hestia, Bayreuth 1984

[86] NAWROCKI, Werner Chr.: Neue Wege in der Medizin – Aufsatz in „Schimmelpfeng-Review", Frankfurt am Main, Nr. 32, Dez. 1983

[87] NORDHOFF, Heinrich: Unternehmensführung und Personalpolitik im Wandel der Zeit – Vortrag bei dem Kongreß der IHK Braunschweig am 28. 3. 1966

[88] ORTLIEB, Heinz-Dietrich: Vor einer Renaissance der Leistungsgesellschaft – Der Sozialstaat, ein Gegenstand der Ausbeutung – Aufsatz in „Frankfurter Allgemeine Zeitung" vom 30. 10. 1981

[89] OSTRANDER, Sheila, und SCHROEDER, Lynn: Superlearning – Goldmann, München 1982

[90] PARKINSON, Cyril Northcote: Parkinsonsche Gesetze und andere Untersuchungen über die Verwaltung – Econ, Düsseldorf 1959

[91] PASCALE, Richard Tanner: Zen und die Kunst des Managements – Aufsatz in „HARVARD manager" 2/1979 – Manager Magazin, Hamburg

[92] PECCEI, Aurelio: Die Qualität des Menschen – Plädoyer für einen neuen Humanismus – DVA, Stuttgart 1977

[93] PETERS, Thomas J., und WATERMAN jun., Robert H.: Auf der Suche nach Spitzenleistungen – Was man von den bestgeführten US-Unternehmen lernen kann – Moderne Industrie, München 1984

[94] POPPER, Karl R., und ECCLES, Sir John C.: Das Ich und sein Gehirn – Piper, München 1982

[95] PRIGOGINE, Ilya, und STENGERS, Isabelle: Dialog mit der Natur – Neue Wege wissenschaftlichen Denkens – Piper, München 1981

[96] QUALITY CIRCLE: Veröffentlichungen des Quality Circle Verband Deutschland e.V., Bonn 1984

[97] RESOLUTION on scientific freedom regarding human behavior and heredity – zuerst erschienen Juli 1972 in „American Psychologist", deutsch Febr. 1973 in „Neue Anthropologie", Hamburg

[98] RESTAK, Richard M.: Geist, Gehirn und Psyche – Psychobiologie: die letzte Herausforderung – Umschau, Frankfurt am Main 1981

[99] RIKLIN, Alois: Macht und Mißbrauch – Aufsatz in „Manager Magazin", Hamburg, Nr. 1/84

[100] ROGERS, Carl: Der neue Mensch – Klett, Stuttgart 1982

[101] ROTH, Eugen: Ein Mensch . . . Heitere Verse – Duncker, Weimar 1938

[102] SAHM, August: Weiterbildung: Für die Wirtschaft nötiger denn je – Zur Begründung systematischer unternehmerischer Aus- und Weiterbildungsmaßnahmen – Aufsatz in „congress & seminar", München, Nr. 11/1983

[103] – Konfliktlösung im Betrieb: Spiel mit dem Feuer – Aufsatz in „Management Wissen" – Vogel, Würzburg, Nr. 9/1984

[104] SCHIRM, Rolf W./SCHOEMEN, Jürgen und WAGNER, Hardy (Hrsg.): Führungserfolg durch Selbsterkenntnis – Das Struktogramm als Instrument der Persönlichkeitsanalyse – Gabal, Speyer/Köln, 2. Aufl. 1983

[105] SCHLEIP, Walter: Nordhoff – Leitbild des Unternehmers heute und morgen – Privatdruck, Stuttgart 1968

[106] – Das RPS-System – Führungsmittel und Netzplantechnik – VDI, Düsseldorf 1968

[107] – Organisationsformen – Abschnitt 7 im „Organisationsleiter-Handbuch", hrsg. v. Alfred Degelmann – Moderne Industrie, München 1968

[108] SCHÖNE, Albrecht: Goethe und das Unheil der Physik – Aufsatz in „Frankfurter Allgemeine Magazin" Nr. 105 vom 5. 3. 1982

[109] SCHWARZER, Rita: Die Weichensteller – Aufsatz in „bilanz" Nr. 2/1982

[110] SERVAN-SCHREIBER, Jean: Die amerikanische Herausforderung – Original-Titel „Le défi mondial" Hofmann & Campe, später Molden – Neuauflage: Die totale Herausforderung – Goldmann, München 1982

[111] SHELDON, William H.: The Varities of Human Physique (1940) – The Varities of Temperament – New York, 1942

[112] SOMBART, Werner: Vom Menschen – Leipzig 1938

[113] SPIETH, Rudolf: Menschenkenntnis im Alltag – Typenlehre, Ausdruckskunde, Testverfahren – Bertelsmann, Gütersloh 1967

[114] SPRANGER, Eduard: Lebensformen – Geisteswissenschaftliche Psychologie und Ethik der Persönlichkeit – Neomarius, Tübingen, 8. Aufl. 1958

[115] SPRÜNGLI, Rudolf Konrad: Evolution und Management – Ansätze zu einer evolutionistischen Betrachtungsweise sozialer Systeme – Haupt, Bern/Stuttgart 1981

[116] STAUDT, Erich: Qualitätszirkel, ein totgerittener Begriff – Aufsatz in „Management Wissen" – Vogel, Würzburg, Nr. 9/1984

[117] STOLZE, Diether: Die goldenen 90er Jahre – Artikel-Serie in „Bunte" – Burda, Offenburg, Nr. 20–23/1984

[118] THIELICKE, Helmut: Freiheit – Phrase oder Realität – Aufsatz in IBM-Nachrichten, Heft 257/1981

[119] TRENDWENDE, hrsg. von Jochen Uebel – Solingen, Jahrgang 1984 (11 Ausgaben)

[120] UEXKÜLL, Jakob Johann von: Streifzüge durch die Umwelten von Tieren und Menschen – 1934 – Neuauflage Rowohlt, Reinbek bei Hamburg 1956

[121] VESTER, Frederic: Denken, Lernen, Vergessen – Was geht in unserem Kopf vor, wie lernt das Gehirn, und wann läßt es uns im Stich? – DVA, Stuttgart 1975

[122] – Neuland des Denkens – Vom technokratischen zum kybernetischen Zeitalter – DVA, Stuttgart, 2. Aufl. 1981

[123] – Wenn ich als Biologe Controller wäre – Festvortrag zur Eröffnung des Geisteswissenschaftlichen Zentrums der Fachhochschule Köln, Sonderdruck aus „Der Controlling-Berater", Loseblatt-Handbuch – Haufe, Freiburg 1984

[124] VETTER, Ernst Günter: Die Utopie der Gegenwirtschaft – Leitartikel FAZ vom 31. 10. 1984, Frankfurt am Main

[125] VIERECK, Stefanie von: Auf den ersten Blick – Aufsatz in „Manager Magazin", Hamburg, Nr. 1/1985

[126] VOGEL, Lothar: Der dreigliedrige Mensch – Morphologische Grundlagen einer allgemeinen Menschenkunde – Philosophisch-Anthropologischer Verlag Goetheanum, Dornach 1979

[127] VOLK, Hartmut: Führen nach dem Verhaltensgitter – in Loseblattwerk „Tägliche Betriebspraxis" – Haufe, Freiburg

[128] WEBER, Jürgen: Gestalt, Bewegung, Farbe – Kunst und anschauliches Denken – Westermann, Braunschweig 1975

[129] WERNER, Hans Detlef: Management by Politics – Aufsatz in „Manager Magazin", Hamburg, Nr. 11/1983

[130] WIENER, Norbert: Cybernetics. USA 1948 – deutsche Ausgabe: Kybernetik – Regelung und Nachrichtenübertragung . . . – Econ, Düsseldorf 1968

[131] WILSON, Annie, und BEK, Lilla: Farbtherapie – Farben als Schlüssel zur Seele und Medium zur Heilung – Scherz, Bern–München–Wien 1984

[132] ZIEGLER, Albert: Menschen – Karrieren – Strukturen; Vortrag im Oktober 1983 im HelfRecht-Institut – gedruckt im Methodik-Journal – Bad Alexandersbad, Nr. 1/1984

[133] ZIELKE, Wolfgang: Lesetechniken für Ingenieure – VDI, Düsseldorf 1976

[134] ZÜRN, Peter: Dienen und Führen – Aufsatz in „Schimmelpfeng-Review", Frankfurt am Main, Nr. 32/1983

Literatur-Verzeichnis – Nachtrag:

TETRA-PAK – Aufsatz von GOTTSCHALL, Dietmar: Der Künstler als Kollege – Manager Magazin, Hamburg, Nr. 1/1984

FREUD und der Eisberg des Unbewußten – Aufsatz von LÖBSACK, Theo: Die Geheimnisse des Unbewußten – Westermanns Monatshefte – Braunschweig, Nr. 9/1975

GROSSMANN, Gustav: Das Privileg der Begabung verwerten – Prutting 1958 – Neuauflage Methodik, Poppenreuth o. J.

LÖHN-METHODE – Selbstmanagement und Problemlösungstechniken nach Prof. Dr. Johann Löhn – Seminare im Programmbereich Rudolf Haufe Verlag, Freiburg

KUSENBERG, Kurt: Im falschen Zug und andere wunderliche Geschichten – Rowohlt, Reinbek bei Hamburg 1960

SCHMEIL, Otto, und SEYBOLD, A.: Lehrbuch der Botanik, 2 Bde. – Quelle & M., Heidelberg, 56. Aufl. 1958

LE BON, Gustave: Psychologie des foules – deutsch: Psychologie der Massen – Kröner, Stuttgart, 105. Tsd. 1968

BRÜGGE, Peter: Die Anthroposophen – Waldorfschulen, Biodynamischer Landbau, Ganzheitsmedizin, Kosmische Heilslehre – Dokumentation von Elfried Söker, Spiegelbuch – Rowohlt Taschenbuch, Reinbek bei Hamburg 1984

HENNINGSEN, Peter: Werkzeuge der Erkenntnis – Zur Transformation unseres Lebens – Sphinx, Basel 1984

RUSSEL, Peter: Die erwachende Erde – Unser nächster Evolutionssprung – Wilhelm Heyne, München 1984

HAMPDEN-TURNER, Charles: Modelle des Menschen – ein Handbuch des menschlichen Bewußtseins – Beltz, Weinheim 1982

Anmerkung: *Dieser Nachtrag zum Literatur-Verzeichnis umfaßt Werke, die während der Herstellung dieses Buches dem Verfasser zur Kenntnis gelangten bzw. ganz allgemein mit der Thematik sich auseinandersetzen.* *(Der Verfasser)*

Stichwort- und Namensverzeichnis

Ablauforganisation – 337 f., 346
Abstraktion, abstrahieren – 9, 87, 249
Adenauer, Konrad – 173, 261
Adler, Alfred – 112, 114
Adrenalin (Noradrenalin) – 67
Äußerungsform – 224 ff.
Aggression, Aggressivität – 2, 39, 46 f., 93, 96, 98, 100, 113, 375, 393, 398
Akzeleration – 478
Albers, Hans – 171
alternative Bewegung – 5, 14
Ambivalenz – 117
Analyse, analytisch – 6, 9, 11, 17, 87, 97, 131
Androgogik sh. Erwachsenenbildung
Anforderungsprofil – 253, 312 ff., 447
Anschaulichkeit – 85, 248, 417
Anspruchsdenken – 466
Antagonismus – 290
Anthropologie – 150, 190, 270, 438
Anthroposophie – 192 ff.
Apostel Paulus – 73, 103
Arbeit an sich selbst – 268, 272, 274 ff., 349
Arbeitskampf – 37, 45, 437
Arbeitslosigkeit – 11, 19, 45, 300, 446
Arbeitsrhythmus – 201, 448
Arbeitsvorbereitung von Konferenzen (AV) – 376, 389 ff., 432
Arbeitszeit, gleitende – 448
Aristoteles – 269
Arnet, Werner – 124, 207 ff.
Arroganz – 24, 50, 57, 88, 102, 113, 219, 322, 326
Assoziationen – 81, 87, 95, 221, 242
Astheniker (Leptosomer) – 147, 195
Astrologie – 4, 142, 189, 212, 265
Aszendent – 265
Athletiker – 147, 195
Aufbauorganisation – 56 ff., 213, 336, 341, 346
Augentier, Mensch als – 84, 87, 393
Aura – 73
Ausbeutung – 36 f., 313, 370, 436, 439, 445, 463

Ausdrucksformen – 132 ff., 222 ff., 236 ff.
Aussteiger, aussteigen – 22, 472
Ausstrahlung – 73
Autopoiese – 14, 472
Autorität – 4, 15, 22, 25, 31 f., 46 f., 53, 60, 105, 217, 319, 341, 365, 378, 384 f., 400, 415, 423, 483

Bach, Joh. Sebastian – 245
Balken (corpus callosum) – 9
Bauhaus – 182, 184, 208
Baum = Lebenssinnbild – 178 ff.
Becker-Modersohn, Paula – 244
Bedürfnis-Hierarchie – Pyramide – 353 f.
Beethoven, Ludwig van – 222, 236
Behaviorismus – 207
Behinderte – 459
Beobachtung – 77, 88, 124, 128 ff., 209, 335, 362, 472, 477
Berater, Manager als – 333, 362, 449, 451
Berne, Eric – 4, 208
Besitztrieb – 101 f.
Bethmann, Joh. Philipp Frhr. von – 12, 469
Betriebsklima – 121, 280, 334, 378
Betriebsrat – 19, 306, 384, 402, 462 ff.
Betriebsurlaub – 383
Betriebsversammlung – 340, 383
Betriebswirtschaft – 372
Bewußtseins-Erweiterung, -Veränderung, -Entwicklung – 24, 43, 68, 212 f., 235, 247, 280, 286, 295, 300, 325, 357, 382, 476
Bildbeschreibung – 223 ff.
Biologie, biologisch – 23, 30, 105, 151 f., 194, 270, 278, 289 ff., 311, 363, 438
Bismarck, Otto von – 74, 171
Blakeslee, A. – 7
Bosch, Robert – 44
Brainstorming – 386 ff.
Brandt, Willy – 173, 357

Breitentendenz – 149
Buchmesse, Frankfurter – 36
Buddha, Buddhismus – 2
Bullenstaat – 31
Busch, Wilhelm – 120, 134
BVG – Betriebsverfassungsgesetz – 19, 372, 463

Caesar, Gaius Julius – 175
Camus, Albert – 30
Capra, Fritjof – 466 ff., 476
Carstens, Karl – 173
Cézanne, Paul – 243
Chagall, Marc – 243
Chakras – 186
Charakter – 41, 60, 113, 170, 183, 248, 265 ff., 282 ff., 402
China, chinesisch – 23, 184, 281
Chopin, Frédéric – 246
Churchill, Winston – 41, 172
Cicero, Marcus Tullius – 261
Clausewitz, Karl von – 33
Club of Rome – 2
Columbus, Christof – 2
Computer – 14, 16, 19, 309 ff.
Controlling, Controller (sh. auch Kontrolle) – 294, 306
Cranko, John – 49

Dahrendorf, Ralf – 311, 435 ff., 466
Darwin, Charles – 5, 29
Delegation von Verantwortung – 329 f.
Demonstrationsfläche, -mittel – 390, 393 ff., 416 f.
Demotivation – 300, 375, 403, 424
Denkveranlagungen, Denkertypen – 87, 205 f., 224, 237, 283, 402
Derschka, Peter – 451
Descartes, René – 6, 8
Determination – 278 f., 475
Dezentralisierung – 450, 467
Dienst-Aufsicht – 334
Distanzierung – 363 ff., 378, 452
Ditfurth, Hoimar von – 271, 278
Diversifikation – 57
Dominante, dominant – 154 ff., 182, 190, 195, 211, 216, 220, 242, 273

Dreieinigkeit, Dreifaltigkeit – 178
Dreiklang, Dreiheit – 177 ff.
Dries, Gerd M. – 367
Droste-Hülshoff, Annette von – 241, 244
Drucker, Peter F. – 12, 33, 446
Dürer, Albrecht – 222
Dürrenmatt, Friedrich – 261
Durant, Will u. Ariel – 105
Dychotmien – 14

Eberhard, Lilli – 186
Ebner-Eschenbach, Marie von – 261
Eccles, Sir John C. – 8
Eckermann, Joh. Peter – 36
Eckhart, Meister – 1
EDV – 61
Eibl-Eibesfeldt, Irenäus – 271
Eidetik – 207 ff.
Eigenmotivation sh. Motivation
Eigenschaften, durchgehende – 135 ff.
Einkauf – 304 f.
Einstein, Albert – 7, 61
Einstellung, positive – 76 ff., 128, 311, 389, 433, 436, 454
EKS-System (Mewes) – 277
Ektomorphie sh. Keimblätter
Elite, elitär – 40, 448
Endomorphie sh. Keimblätter
Energie – 2, 18, 329, 475
Engadiner Kollegium – 46
Engramm sh. Erlebnisse
Enttäuschungen – 92 f., 199, 305, 375
Entwicklung – 305, 374
Enzymbildung – 81
Erbanlagen (Vererbung) – 92, 121, 129, 148, 166, 208, 268 ff., 436
Erblichkeitsindex – 271
Erlebnisse, Erlebnisfunktion – 84, 91 ff., 96, 98, 137, 199, 236, 251, 267 ff., 351, 382, 386, 476
Erwachsenenbildung – 386, 460
Erwartungshaltung – 94, 126, 216, 399
Esoterik – 4, 212, 293
Evolution, evolutionär – 14, 294, 352, 449, 478 f.

Fähigkeitsprofil sh. Strukturporträt
Farbenlehre, Goethes – 183, 186, 302 f.
Farbkreis von Itten – 184
Farbpsychologie – 185, 187, 192 ff.
Farbsymbolik – 183 f., 186, 303
Farbtest (Lüscher) 187 ff., 218
feed back sh. Rückkoppelung
Feininger, Lionel – 244
Ferguson, Marilyn – 12, 38, 459, 476
Fertsch-Röver, Dieter – 36
Fietkau, Hans-Joachim – 473
Finanzbereich – 307
Finck, Werner – 373
Flexibilität – 446 ff.
Flipchart – 86, 393, 409, 416 ff.
Fluidum – 73
Fontane, Theodor – 439
Ford, Henry – 33, 296
Formprinzipe – 154 ff., 236
Frankl, Viktor – 112
Frau, Frauenbewegung – 5, 15, 104, 442, 456 f.
Freiheit – 20, 29 ff., 267 f., 439
Freimaurer, -ei – 177, 357
Fremdarbeiter – 51
Freud, Sigmund – 4, 91, 112, 208
Friedrich August II. – 44
Friedrich der Große – 273
Frieling, Heinrich – 187 f.
Frisch, Max – 30
Fromm, Erich – 4, 102, 351, 466 ff., 476
Frustration – 102, 382, 403
Führungsfunktionen – 296 ff., 341 ff., 427 f.
Führungslehre – 43, 214 f.
Führungspsychologie – 75 ff., 119, 262, 278, 312, 345, 349, 359, 389, 431, 436
Führungsstil – 4, 13, 15 ff., 25, 33 ff., 268, 316 ff., 378, 384, 400, 417, 427, 442, 454, 470
Funktionen, psychische – 84 ff., 96, 134, 398
Funktionsbeschreibung – 312
Furtwängler, Wilhelm – 174

Ganzheit, ganzheitlich – 3, 5, 6, 9 f., 14, 21, 26, 35, 70, 213, 268, 289 ff., 318 ff., 346, 362, 380, 443, 456, 477

Gebert, Dieter – 372
Gedächtnis – 79 ff., 417, 460
Gefühle – 84, 90, 199, 237
Gegensätze (sh. auch Polarität) – 218, 247
Geheimhaltung, Geheimniskrämerei – 303, 339 f., 453 f.
Gehirn, Gehirnforschung – 7 ff., 79 ff., 96, 190 ff., 269, 298
Gehirnzellen sh. Neuronen
Geissler, Jürgen – 25
Geltungstrieb – 102 f., 363
Gemeinschaft – 4, 31, 103, 112, 344, 360, 363, 382, 411, 438, 442, 447 f., 452 ff.
Gen, Gene – 269
Gerechtigkeit – 261 ff., 284, 315, 412, 417 f.
Gerken, Gerd – 13, 38, 295, 310, 449, 454, 478
Gerüchtemacherei – 453 f.
Geschäftsordnung des Deutschen Bundestages – 411
Gewerkschaft – 19, 31, 37, 45, 186, 313, 357, 360, 371, 437, 464 f.
Gewinn-Optimierung – 36
Ghandi, Mahatma – 172
Glashaus-Syndrom – 46, 310, 454
Gliederung als Konferenzordnung – 405 ff.
Goebbels, Joseph – 42
Goethe, Joh. Wolfgang von – 30, 36, 48, 69, 90, 181, 183, 186, 192 f., 196, 202, 222, 238, 261, 265 ff., 301, 368, 435, 451
Goetheanum – 192
Gogh, Vincent van – 244
Goldener Schnitt – 178
Gottschall, Dietmar – 460
Goya, Francesco – 243, 274
Graham, Billy – 42
Graphologie, graphischer Ausdruck – 132 ff., 137, 229 ff.
Grid-Management – 53, 163
Grillparzer, Franz – 261
Gross, Rudolf – 186
Großmann-Methode (HelfRecht-Institut) – 277
Gründerjahre – 38, 54
Grünen, die – 404, 412

Grundkomponenten – 148, 194
Gruppenarbeit sh. Gruppenführung
Gruppendynamik – 113, 207, 355, 427, 448, 455
Gruppenführung – 67, 325, 357 ff., 369 ff., 431, 438
Gruppenspezifisches – 362 ff., 452
Günther, Hans F. K. – 192
Günther, Jürgen – 470
Gulbransson – Olaf – 275

Händel, Georg Friedr. – 245
Häufigkeit sh. Wiederholung
Hans-Böckler-Stiftung – 371
Harmonie, -lehre – 178, 180, 183, 197, 257
Harzburger Modell – 53, 312, 329, 334
Haydn, Joseph – 245
Hebing, Rudolf – 193
Hegel, Georg Friedrich – 238
Heidegger, Martin – 46, 95
Heimarbeit – 326
Heino – 175
Helioda – 73, 198
Helwig, Paul – 212, 266
Hemingway, Ernest – 238
Hemisphäre, Gehirn- – 7 ff., 89, 146, 278, 356
Herder, Joh. Gottfried – 435
Herzog, Rainer – 458
Hesse, Hermann – 69, 103, 111, 353
Hingsen, Jürgen – 173
Hippokrates von Kos – 141
Hirt-Methode – 277
Hodler, Ferdinand – 243
Höhn, Reinhard – 329, 334
holistisch – 11, 476
homo integrans – 22, 26, 31, 51, 70, 113, 122, 180, 212, 234, 268, 279, 293, 321, 355, 445, 479, 483
Humanisierung der Arbeitswelt – 370, 448
Humanität – 52, 422, 442, 446
human relations – 305
Huter, Carl – 73, 143, 194 ff., 202, 204, 208, 303

Illies, Joachim – 7
Image – 25, 50, 272, 305, 334, 451, 472
Individualpsychologie – 70, 114
Individuum, Individualität – 4, 8, 14, 22, 26, 48 ff., 69 ff., 103, 136, 271, 321, 445, 455
Information, -swissenschaft – 3, 10, 24, 46, 53, 64, 80 ff., 124, 297, 308 ff., 339 f., 407, 454 ff., 476
Informationsgesellschaft – 14, 346
Informationskonferenz – 381
Innovation – 11, 13, 223
INSEAD/Fontainebleau – 33
Instinkt – 66, 112, 190
Institution – 16, 22, 34, 277, 295, 312, 465, 483
Integration, integriert – 20, 23, 58, 67, 122, 212, 214, 318 ff., 337, 427
Intellekt – 9, 277
Intelligenz – 6, 14, 81, 129, 324, 419
Internationales Creativ-Centrum – 276
introvertiert – extravertiert – 144 ff.
Intuition, intuitiv – 7, 9 f., 14, 87, 196, 199, 308
Irland – 179
Itten, Johannes – 184 ff., 198, 208, 301

Jacobs – 65
Jaensch, Erich – 144, 207
Japan, Japaner – 296, 369 f., 443
Jaspers, Karl – 30, 33, 265
Jastrow, Robert – 1, 479
Jesus Christus – 2
Job-Rotation – 461 f.
Johannes XXII, Papst – 176
Johannes Paul II., Papst 176
Juchems, Heribert – 36
Jung, Carl Gustav – 119, 144 f.

Kabbala – 4, 212
Kant, Immanuel – 261
Kapitalbildung – 469
Kapitalismus, Kapitalist – 20, 36, 40, 470
Karajan, Herbert von – 174
Kardinaltriebe sh. Triebe
Karrierestreben – 471

kartesianisches Weltbild – 1, 5 ff., 26, 55, 212
Keimblätter – 149 ff., 179 f., 182, 190, 194 f., 268
Kepner-Tregoe – 53
Kiesinger, Kurt Georg – 74
Killerphrasen – 444 f.
Kinesik – 61
Kinetik – 61
Klassenkampf – 19, 37, 270, 372, 462, 464
Körpersprache – 77
Koestler, Arthur – 30
kognitiv – 24, 96 f., 113, 199, 242, 367
Kohäsion – 363 ff., 378
Kohl, Helmut – 173
Kokoschka, Oskar – 242
Kollegialstil – 321
Kollektiv – 369, 374
Kommunikation – 21, 44, 60, 69, 72, 77, 96, 121, 126, 128, 277, 280 f., 296 ff., 309 ff., 338 f., 351 ff., 367, 373 ff., 381 ff., 453, 456, 483
Kommunikation, verbale – 52, 78, 178, 384, 399
Komplementärfarben – 186, 303, 307 ff.
Kompromiß – 271, 371 f., 465
Konferenz – 85, 369, 373 ff.
Konferenztechnik* – 388 ff.
Konjunktur – 12
Konstitution – 135, 146 ff., 172, 237
Konstitutionspsychologie, biologische – 153 ff., 164, 176, 236, 257, 268
Konsumverhalten, Konsumterror – 18, 39, 468
Kontaktdisposition – 135, 198 ff., 208, 216, 224
Kontakttrieb – 103, 346, 363
Kontrolle – 43, 67, 262, 306, 315, 317, 319, 483
Kooperation, kooperativ – 15, 38, 446
Koordinator 428
Krankenkassen – 292
Kreativität, kreativ – 7, 9, 13, 26, 39, 87, 221, 223, 303, 308 f., 355, 365 ff., 378, 386, 390, 401, 408, 416, 431, 450, 483

Kretschmer, Ernst – 146 ff., 179, 195
Küng, Emil – 17
Künkel, Fritz – 114, 267
Kugeltendenz – 148
Kulturgeschichte – 100
Kundendienst – 213, 304
Kunst, Verhältnis zur – 234 ff., 247
Kupfer, Amandus – 194
Kusenberg, Kurt – 281
Kybernetik, kybernetisch – 61 ff., 296, 306, 326, 335, 337, 341, 427, 478
Kynologie – 61

Laesecke, Hans – 142
La Rochefoucauld, François – 368
Lauterburg, Christoph – 15
Lavater, Joh. Kaspar – 194
Leading Edge – 13
Lebensformen (Spranger) – 143
Lebensrhythmen – 104
Leber, Georg – 465
Le Bon, Gustave – 360
Lehrkonferenz – 386, 431
Lehrling – 461 f.
Leibniz, Gottfr. Wilhelm – 222
Leistung – 19, 45 ff., 132, 201, 263, 290, 312 f., 327, 330, 340, 345, 364, 404, 435 ff., 452, 456, 469
Leistungsgesellschaft – 17, 313, 437, 439
Leistungsprinzip – 19, 43, 447
Leistungsprofil sh. Anforderungsprofil
Leistungsvorteile sh. Gruppenspezifisches
Lenin – 33, 43
Lernen – 23 ff., 51, 190, 308, 319, 347, 386, 416, 459 ff., 483
Lesetechniken – 461
Lessing – G. Ephraim – 207
Lichtwerteffekt – 184
Lineartendenz – 149
Literatur – 236 ff.
Loef, Carl – 244
Löhn-Methode – 277
Logik – logisches Denken – 14 (s. auch Denkveranlagung)

* Wegen des Umfangs war es nicht möglich, die zahlreichen Fachausdrücke und speziellen Begriffe der Konferenztechnik im Stichwortverzeichnis aufzunehmen.

Lorenz, Konrad – 105, 271, 321
Lügendetektor – 88
Lüscher, Max – 187 ff.
Luria, Alexander – 190
Luther, Martin – 2

M achtmißbrauch – 451 f.
MacLean, P. D. – 190
Malerei – 236, 242 ff.
management by exception – 341 f.
management gap – 369
Management-Lehre, -Theorie – 13 ff., 53 f., 107, 327, 334, 423, 449 ff.
Manager als Lehrer – 450
Managers, Selbstbild des – sh. Unternehmerbild
Manipulation, manipuliert – 42 f., 384, 404, 409, 411, 432
Mann, Thomas – 30 f.
Marc Aurel – 61
Marketing – 13, 213, 304, 342, 382, 472
Marx, Karl – 2, 466
Maslow, Abraham – 4, 353 f.
Massenpsychologie – 42, 360, 382
Matrix – 340 ff.
Matussek, Paul – 367
McKinsey Bericht – 13, 445
Meditation – 14, 460
Medizin, medizinisch – 3, 10, 67, 186, 269, 291 ff., 443
Megatrends – 346 ff.
Menschenkenntnis – 119 ff., 181 ff., 214, 252 ff., 278, 281, 336, 349, 417, 431, 436
Menschenrechte – 283
Menschlichkeit s. Humanität
Mentalität – 51, 283, 296, 369, 443, 472
Merkle, Hans – 451
Mesomorphie s. Keimblätter
Metaphysik – 7, 10, 261
Mey, Reinhard – 175
Milieutheorie – 269 ff.
Mirabeau, Honoré de – 438
Mißtrauen – 21, 44, 88, 279 (auch Vertrauensmißbrauch – 448)
Mitbestimmung – 40, 371 f.
Mitverantwortung – 372
Mitunternehmer – 40

Moderator – 428, 449
Monteverdi, Claudio – 246
Morgenstern, Christian – 240 f.
Motivation – 19, 24, 38, 98, 106, 121, 253, 258, 296 ff., 308 f., 340, 343 ff., 365 f., 370, 378, 389, 416, 419, 422, 433, 438, 458 ff., 467, 471, 483
Motivationskonferenz – 383
Musik – 175, 236, 244 ff.
Mystik, Mystiker – 1, 212, 283, 479

N ach-Automatisierung, Phase der – 435
Naisbitt, John – 310, 346 ff.
Napoleon – 274
Nationalsozialismus – 150, 270, 447
Naturell-Lehre – 143, 194 ff., 202, 208
Naturwissenschaft, Naturwissenschaftler – 1, 5 ff., 183, 194, 212, 267, 290, 474, 479
Nawrocki, Werner – 293
Neckermann, Josef – 173
Netzwerk, Netzpläne (Netzplantechnik) – 39, 326, 346 ff., 431
Neuronen – 80, 92, 95
Neurose – 112, 114 ff., 399
New-Age-Bewegung – 12, 35, 38, 449
Newton, Isaac – 5, 183
Nietzsche, Friedr. – 318, 435
Nihilismus – 279
Nordhoff, Heinrich – 44, 49 f., 325
Novalis (Friedrich von Hardenberg) – 238

Ö kologie – 2, 5, 14
Ombudsmann – 463
Operations-Research – 54
Optimismus – 14
Ordnung – 390 ff., 432, 472
Ordway Tead – 54
Organisation (als Führungsfunktion) – 296 ff., 336
Organismus, lebender – 289 ff., 318 ff., 390, 404, 441, 483
Organismus = Unternehmen s. Unternehmens-Organismus

Ortlieb, Heinz-Dietrich – 439
Overkill – 2

P̈adagoge, Pädagogik – 293, 386, 438
Paradigma, Paradigmenwechsel – 3, 10, 14, 46, 52, 90, 464, 477, 479, 483
Parallelität von Informationen – 86, 476
Parapsychologie – 4
Parkinson, Cyril Northcote (Parkinsonsches Gesetz) – 388
Pascale, Richard T. – 296, 443
Paul VI., Papst – 176
Peanuts – 131
Peccei, Aurelio – 2
Perls, Fritz – 207
Persönlichkeit (s. auch Individuum, Individualität) – 15, 24, 47 ff., 60, 68 ff., 93, 96, 116, 121, 203, 251, 262 f., 319, 321, 333, 353 ff., 378, 424 ff., 449
Phantasie – 9 (s. auch Denkveranlagungen)
philogenetisch – 103
Physiognomie – 192 ff.
Pionierstil – 56, 319 ff.
Pius XII., Papst – 175
Plato – 7, 61, 269, 291
Playboy-Gesellschaft – 439
Polarität, polare Darstellung – 145, 283, 308, 315, 344
Popper, Karl R. – 8
Prämisse – 1, 36, 47, 49, 51, 58, 60, 319, 356 f., 389, 393, 463, 477 (Übersicht im Anhang 483)
Pragmatik, Pragmatismus – 14
PR-Arbeit – 36, 472
Prigogine, Ilja – 7, 476
Prinzipe, Lebens-, Form- – 151 ff., 179, 182, 184 f., 190, 193, 202
Problem-Konferenz – 380 ff.
Produktion – 304
Profitdenken – 468
programmierte Unterweisung (PU) – 386
Protein-Synthese – 81
Psychoanalyse – 4, 268
Psychologie (auch Tiefen-) – 4, 10, 43, 67, 74 ff., 119 f., 122, 129, 144, 183, 198, 207, 212, 267, 292, 331, 358, 362, 443

Psychologie, humanistische – 4, 207, 353
Psychologie, transpersonale – 4
Psycho-Physiognomik – 194
Psychoskop – 189
Psychosomatik – 3, 67, 269, 291 ff., 299
Psychotechnik – 212
Psychotherapie – 112, 268, 292, 364
Pykniker – 147, 195
Pythagoras – 178

Quality Circles – 370 f.
Quantensprung – 344, 369, 465

Rassenlehre s. Anthropologie
Ratio, rational – 5 ff., 90
Ravel, Maurice – 245
Regelkreis (-verhalten) – 64 ff., 362
Regelung, kybernetische – 62 ff., 124, 418, 431
Reger, Max – 245
Reibungsverluste, menschliche – 322 f., 332 f., 453, 470
Reinhardt, Max – 49
Relativitätstheorie – 7
Rembrandt, Harmensz van Rijn – 243
Renten, Rentner – 459
Restak, Richard M. – 7
Riklin, Alois – 451
Rogers, Carl – 21
Rorschach, Hermann – 144
Rotation der Konferenzleitung – 424 ff.
Roth, Eugen – 120
Routine-Konferenz – 337, 373 f., 376, 402, 405, 419, 424, 432
Rückkoppelung, rückkoppelnd – 63 ff., 79, 114, 338
Rundum-Begabung – 222 ff.
Russel, Peter – 476 ff.

Sahm, August – 26, 452, 470
Saint-Exupéry, Antoine de – 42
Sartre, Jean-Paul – 30
Sauerbruch, Ernst F. – 74
Scheel, Walter – 173
Schichtlehre (nach Endres) – 97 ff., 113, 135

Schiller, Friedrich von – 29, 193, 238, 289, 357, 437
Schirm, Rolf W. – 190 ff.
Schizophrenie – 441, 443, 456
Schleip, Walter – 44, 50, 75, 101, 151 ff., 179, 195, 201 ff., 212, 267, 354
Schlemmer, Oskar – 181 f.
Schmeil, Otto – 289 ff.
Schmidt, Arno – 74
Schmidt, Helmut – 173
Schoemen, Juergen – 192
Schöne, Albrecht – 183
Schubert, Franz – 245
Schulz, Charles – 131
Schulz, Walter – 200 ff., 232
Schumacher, Egon – 174
Schumann, Robert – 245
Schutzbehauptung – 263
Schwartz, Peter – 11
Selbsterkenntnis – 51, 68, 111 ff., 169, 191 f., 214 ff., 233, 236, 247, 251, 268, 358
Selbst-Rationalisierung – 277
Sensibilität, Sensibilisierung – 85
Servan-Schreiber, Jean – 369
Seume, Joh. Gottlieb – 261
Sexualtrieb – 100, 103
Shakespeare, William – 116, 174, 358
Sheldon, William H. – 148 ff., 179, 195, 211, 216
Sinne, Sinnesfunktion – 84 ff., 96, 199, 396
Sinnzusammenhang – 19, 308, 310, 345, 378, 454
Sitzordnung bei Konferenzen – 393 ff.
Sitzung s. Konferenz
small is beautiful – 18, 326, 445 f.
Solidarität – 465
Sombart, Werner – 200
Sozialbilanz – 458
Sozialismus – 20, 44
Soziogramm – 376
Soziolinguistik – 438
Soziologie – 23, 100, 290, 351, 358, 362
Speicherung – 81, 92
Sperber, Manès – 475
Spieth, Rudolf – 140
Spirale – 208, 478, 502
Spitz, Mark – 173

Spranger, Eduard – 143
Sprüngli, Konrad – 449, 478
Stabilität – 19
Stalin, Josef – 172
Stanford-Research-Institute – 11
Statistisches Bundesamt – 37
Statussymbol s. Symbole
Staudt, Erich – 371
Steiner, Rudolf – 142, 186, 192 ff., 368
Stellenbeschreibung – 312
Steuerstrecke – 62
Strawinski, Igor – 245
Stresemann, Gustav – 172
Streß – 125
Struktogramm – 190 ff.
Struktur, -wandel – 11 f., 27, 40, 192, 273, 310, 348, 441, 464, 474
Strukturformel – 153 ff., 165 ff., 176, 195, 201, 216, 236, 249, 284
Strukturkreis (s. auch Beilage) – 203, 214, 222, 248 ff., 284, 313, 447
Strukturporträt – 251 ff., 315
Sullivan, Harry Stack – 203
Superlearning – 460
Symbol, Symbolik, Statussymbol – 322, 337, 339, 451, 478
Synchronizität – 477
Synergie – 290, 404, 476
Synthese – 14, 178

Tabula rasa – 269
Tätigkeit – 11, 19, 46, 62, 74, 263, 308, 310 ff., 345, 378, 435 ff., 453, 466, 473
Tagesordnung = TO – 376, 405
Tagung – 375
Talent – 266
Tchibo – 65
Teamwork – 369, 374, 447
Technologie – 21
Teilhard de Chardin – 476
Telepathie – 4, 84
Temperamente – 141, 184, 186, 193
Test, Testpsychologie – 129, 202, 248 f., 271
Tetra-Pak – 13
Thraenhard, Carlo – 173
Toleranz, -kreis – 283 ff., 315, 325, 427, 429 f.

Tolstoi, Leo – 441
Transaktions-Analyse (TA) – 208, 277
Transformation – 10, 15, 20, 23, 31, 40, 51 f., 55, 90, 102, 268, 348, 383, 441, 450, 469 f., 477 ff., 483
transindustrielle Gesellschaft – 445
Trendwende – 476
Trend-Radar – 449, 13
Triadenregel – 179
Triebe, Kardinal-, – 90, 100 ff., 179, 199, 298, 321, 345, 353, 361, 364, 378, 385, 453
Trimurti – 178
Tucholsky, Kurt – 30
Türkei – 261
Typenlehre, Typologie – 84, 122, 137 ff., 189, 193, 202, 208, 211 f., 235

Überheblichkeit s. Arroganz
Überschau der Lehren – 123
Uexküll, Joh. Jakob von – 200
Umwelt, -einflüsse – 35, 72 ff., 92, 116, 121, 148, 198 ff., 208, 251, 265, 268 ff., 335, 358, 445
Umweltbindung des Unternehmens – 472 f.
Unbewußtes, Unterbewußtes – 91, 96, 268
Unternehmenskultur und -philosophie – 13, 296, 348, 458
Unternehmens-Modell (Zirkel 2000) – 27, 37, 52, 58, 60, 106, 122, 289 f., 301 f., 311, 318 ff., 362, 373, 388, 403, 411, 423, 431, 436, 441 ff., 478
Unternehmens-Organismus – 34, 45, 49, 54, 60, 295 f., 302 ff., 319, 338, 347, 373, 378, 432, 439, 441 ff., 483
Unternehmensziel – 35, 40, 327, 335
Unternehmer – 16, 19, 34 ff., 186, 316, 371 f., 437
Unternehmerbild – 38 ff., 425, 449 ff.
Urlaub – 462
Ur-Sprache – 352

Vakuum, existentielles – 112
Variationsbreite (Spielraum) – 217, 233, 273, 316

Veden, indische – 265
venture capital – 469
Verantwortungsgruppe – 360 ff.
Verdi, Giuseppe – 222
Vergessen – 81 (sh. auch Gedächtnis)
Verhaltensänderung – 24 ff., 50, 71, 83, 92, 114, 441, 470
Verhaltensforschung – 105
Verkauf – 78, 328
Vernetzung sh. Netzwerk
Vertrauensmann – 463 ff.
Verwaltung – 304
Vester, Frederic – 79, 95, 291, 294
visionary factor – 450
Visualisierung s. Demonstrationsmittel
Vogel, Lothar – 192 f.
Vorgesetzter – 332 ff.
Vorurteil – 42, 93 ff., 124 ff., 369, 375, 452

Wachstum, -sgläubigkeit – 2, 14, 57, 349, 446, 467 f.
Wahrnehmung, -shaltung – 84, 207
Waldorf-Schulen – 193
Walser, Martin – 34
Watt, James – 61
Weiterbildung – 459
Weizsäcker, Friedr. von – 173
Werkschutz – 374
Werner, Hans-Detlef – 33
Wertfreiheit der Beurteilung – 165, 197, 205, 207, 209, 216, 266, 284 ff.
Wesensart – 70, 121, 128, 133, 183, 237, 280, 316, 359
Wesensgruppe – 202 ff., 207, 216 ff., 249 ff., 285
Wettbewerb – 18
Whitacker, Roger – 175
Wiederholung, Häufigkeit der – 81 ff., 92, 124 ff., 191, 323, 331, 366
Winkler, Hans Günther – 173
Wissensexplosion – 3
Wir-Wollen – 364
Wolff, Hugo – 246
Wolfmodell – 13, 446
Wollen, Willensfunktion – 84, 90, 199, 247, 298
Wundt, Wilhelm – 141

Y in-Yang – 5, 12, 14, 104
Yoga – 186

Z en – 296
Zentral-Organisation 56, 336 f.
Ziegler, Albert – 471

Zielke, Wolfgang – 461
Zirkel 2000 s. Unternehmensmodell
Ziel-Konferenz – 381 ff.
zoon politikon – 352
Zürn, Peter – 53, 452
Zwillingsforschung – 271, 278

Der nebenstehend abgebildete „Diskos von Phaistos" ist ein Schriftdokument in minoisch oder archaisch-griechischer Sprache, bis heute noch nicht entziffert. Er entstand um 1650 v. Chr. und wurde 1908 auf Kreta gefunden. Die Bilderschriftzeichen wurden mit Stempeln in den ungebrannten Ton gedrückt – ein „Druck mit beweglichen Lettern" 3100 Jahre vor Gutenbergs Erfindung. Und die Anordnung für das Lesen im Uhrzeiger-Sinne in Spiralform mag uns Sinnbild sein für die Lebendigkeit des menschlichen Geistes und die Spirale als Lebenssymbol – aus den Urzeiten über die Gegenwart bis in die Zukunft unseres Kosmos.

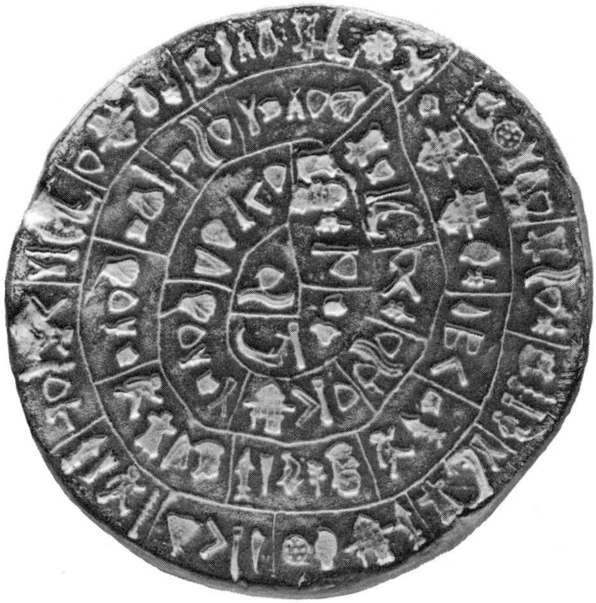

Farbteil

	Seite
Inhaltsverzeichnis des Farbteils	1
Farbtafel A: Schematische Darstellung Neurosen	2
Farbtafel B: Farbenkreis von Johann Wolfgang v. Goethe	3
Farbtafel C: Der Temperamente-Kreis in Rudolf Steiners Anthroposophie	4
Farbtafel D: Der zwölfteilige Farbkreis von Johannes Itten	5
Farbtafel E: Schema zur Naturell-Harmonielehre nach Carl Huter	6
Farbtafel F: Kreis der Kopfformen (nach Schleip)	7
Erläuterungen zur Übersicht der Typen-Ordnungen	8
Farbtafeln G, H und I: Vergleichende Übersicht der Typenlehren und -ordnungen	9–11
Farbtafel K: Modell einer integrierenden Kreisstruktur	12
Farbtafel L: Unternehmens-Modell „Zirkel 2000"	13
Farbtafel M: Die Unternehmens-Zukunft – Erläuterungen zur Symbolik	14
Quellen-Nachweis	15
Farbtafel N: Musterbeispiel zur Gestaltung eines modernen Konferenzraumes	16

Schematische Darstellung

Neurosen

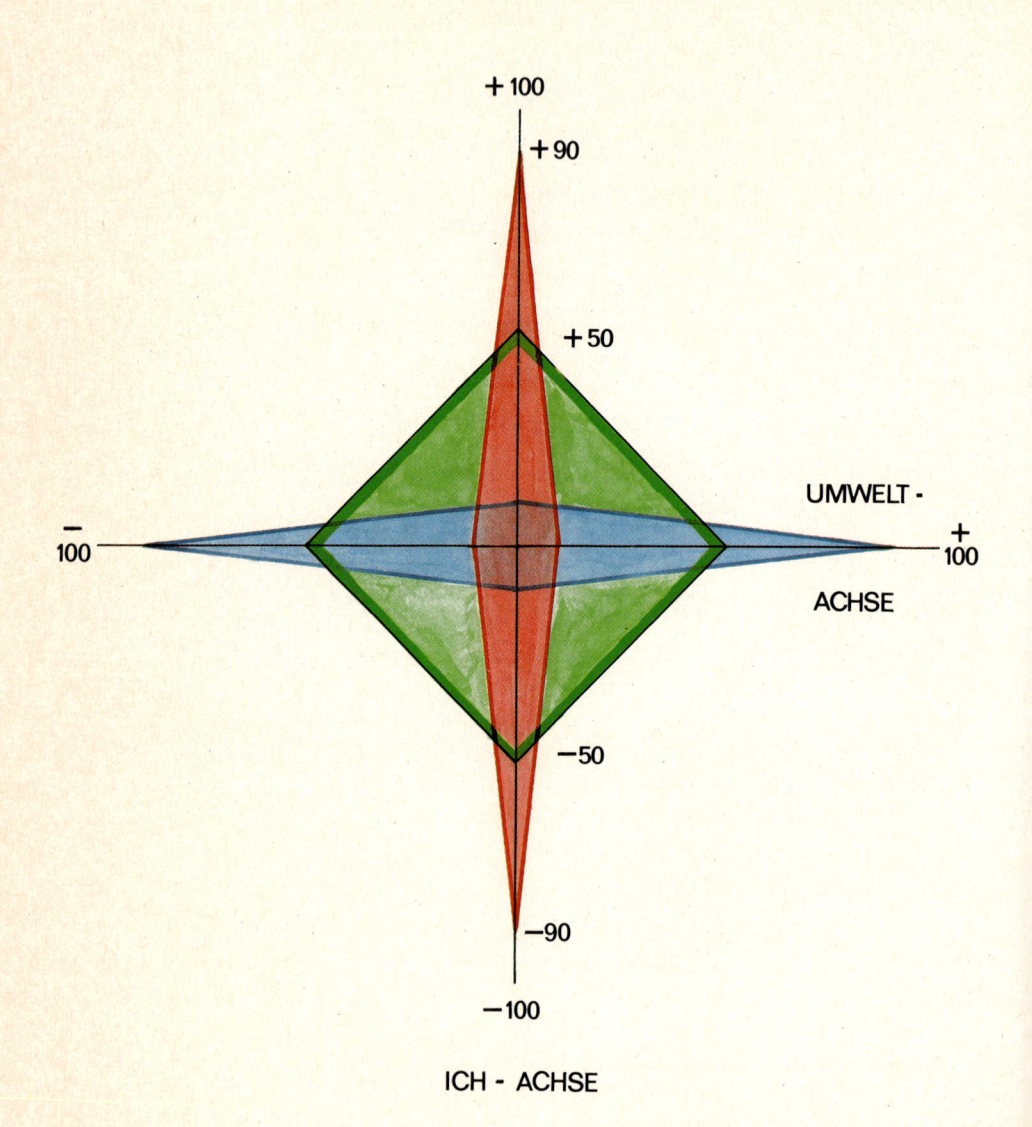

+100
+90
+50

UMWELT -

−100   +100

ACHSE

−50
−90
−100

ICH - ACHSE

Erläuterungen zu dieser Graphik im Standpunkt III auf den Seiten 114 ff.

Farbtafel A

Johann Wolfgang von Goethe

Farbenkreis

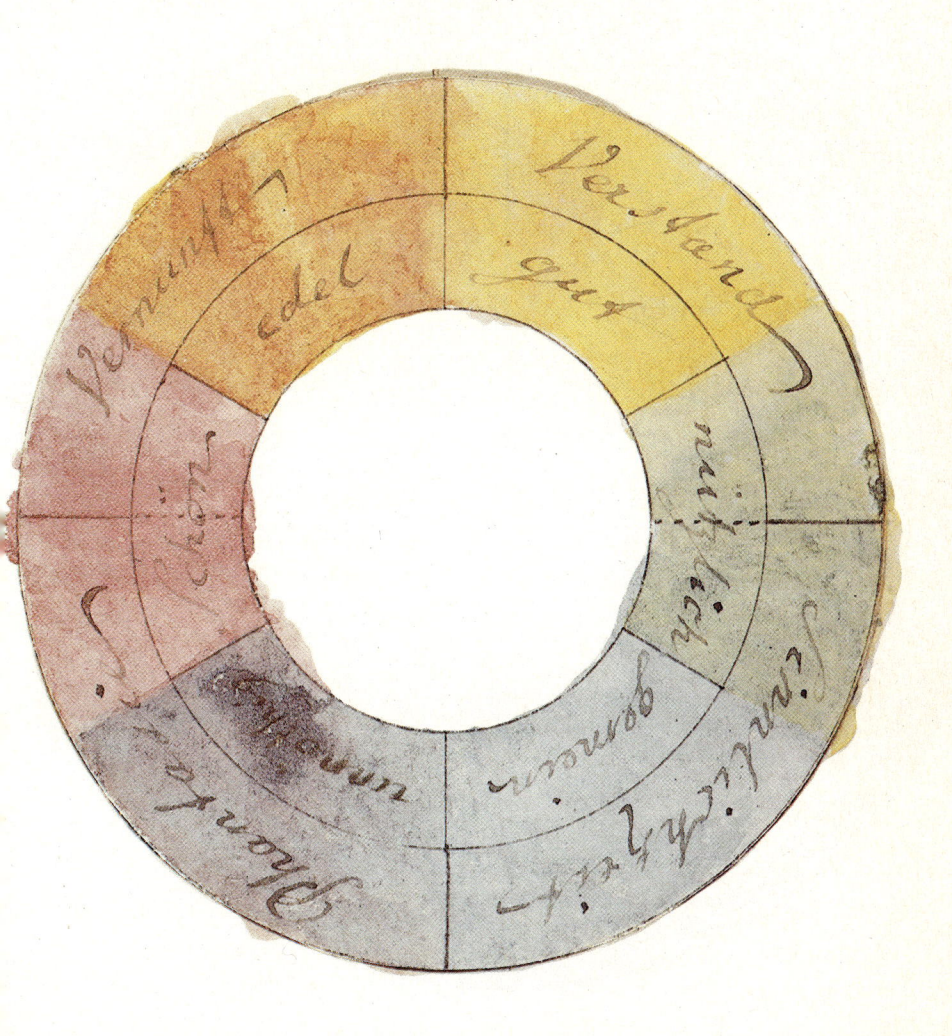

Dieser Farbenkreis ist im Zusammenhang mit Goethes Studien zur Farbenlehre – wahrscheinlich um 1798 – entstanden; die Beschriftung ist sicherlich, die Kolorierung mit Wasserfarben möglicherweise von Goethes Hand. Jede Farbe entspricht einer Eigenschaft: Rot = schön, Gelbrot = edel, Gelb = gut, Grün = nützlich, Blau = gemein (nicht im abwertenden Sinne, sondern als „allgemein", „verbreitet" oder „vielseitig" zu verstehen), Blaurot = unnötig. Die sechs Farben strahlen radial in den äußeren Ring hinüber, so daß vier Kreisabschnitte jeweils an zwei Farben teilhaben, die den vier Bereichen des menschlichen Geistes- und Seelenlebens zugeordnet sind (s. auch Farbtafel C).
Farbtafel B

Der Temperamente-Kreis
in Rudolf Steiners Anthroposophie

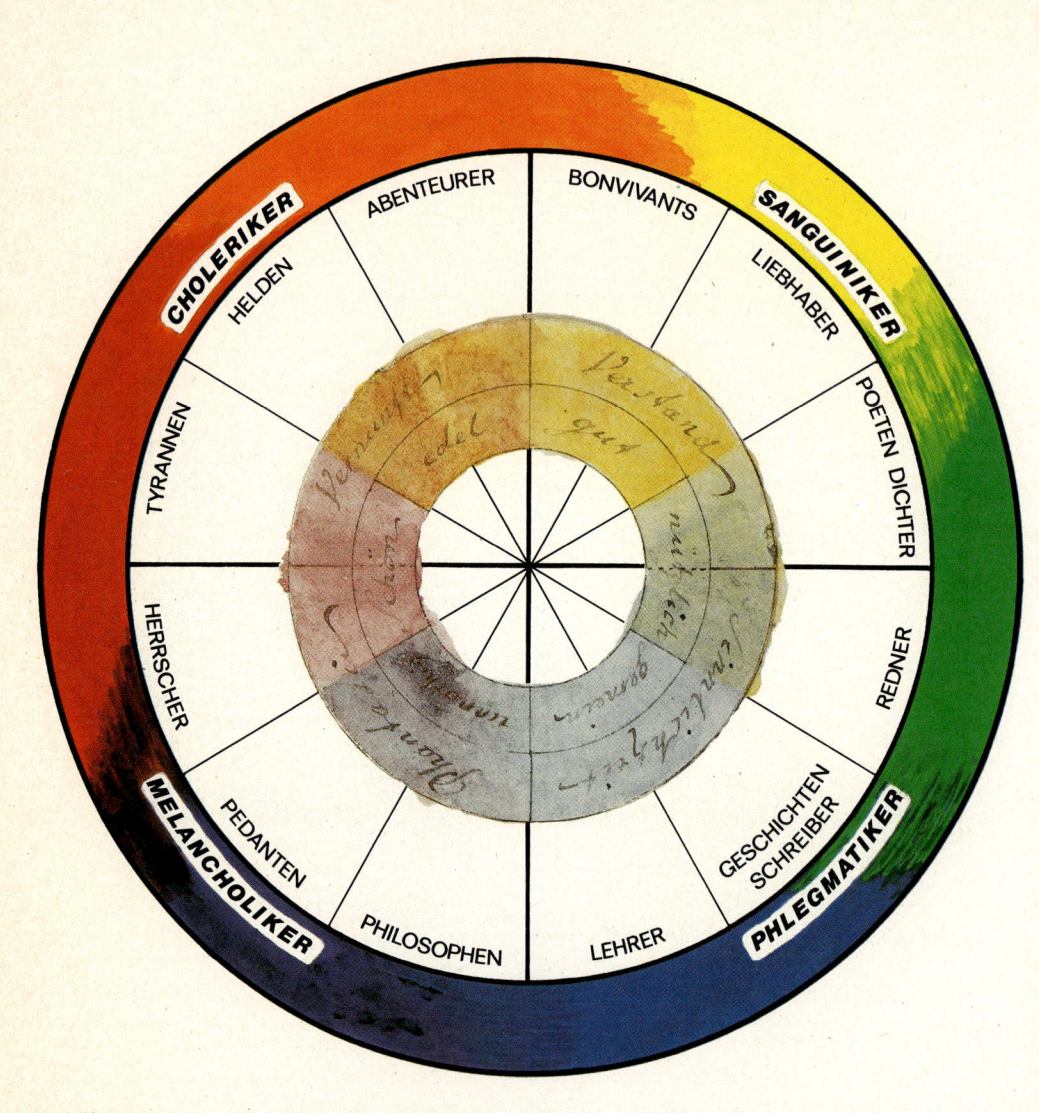

Rudolf Steiner bezog sich in dieser Zusammenstellung auf eine von Schillers Hand unter Mitwirkung Goethes gezeichnete „Temperamentenrose", die vermutlich 1799 in Jena entstanden ist. Die Reihenfolge der Farben bewegt sich in entgegengesetztem Sinne wie beispielsweise bei Ittens Farbkreis, was jedoch unwesentlich ist.
Bei der Übertragung vom Original aus der Goetheschen Farbenlehre ist Steiner allerdings ein Versehen unterlaufen, dem aber vor ihm schon andere Forscher unterlegen sind: In Schillers Handschrift heißt es bei der grünblauen Farbe eindeutig „Geschichtenschreiber" und nicht „Geschichtsschreiber" (Historiker).

Farbtafel C

Der zwölfteilige Farbkreis von Johannes Itten

Aus den im inneren Dreieck stehenden drei Grundfarben Gelb, Rot und Blau sind in den Restdreiecken die Farben zweiter Ordnung Orange, Grün und Violett gebildet; der äußere zwölfteilige Kreis enthält dann noch die zwischen den genannten sechs Farben eingefügten Farben dritter Ordnung. In diesem gleichabständigen Farbkreis nimmt jede Farbe ihren unverwechselbaren Platz ein. Die Farben folgen sich in der Ordnung des Regenbogens und des Spektralfarbenbandes. Johannes Itten ist der Meinung, daß man die zwölf Farbtöne genau so sehen muß, wie ein Musiker die zwölf Töne seiner Tonleiter genau hört.
Farbtafel D

Schema zur Naturell-Harmonielehre
nach Carl Huter

Im Text des 4. Schrittes ist Huters dreifach geniale Entdeckung erläutert: Er bezog sich auf die drei Keimblätter, er schuf Übergangsformen, die er zwischen die drei Grundformen – Naturelle – in eine Kreisordnung brachte, und er versah diese Naturelle, wohl unter dem Einfluß der Goetheschen Farbenlehre, mit Farben. Den Farben Weiß und Schwarz ordnete er dann noch das harmonische bzw. das disharmonische Naturell zu; eine Auffassung, der man bei der Bemühung um wertfreie Beurteilung nicht zuzustimmen gezwungen ist.

Farbtafel E

Kreis der Kopfformen
(nach Schleip)

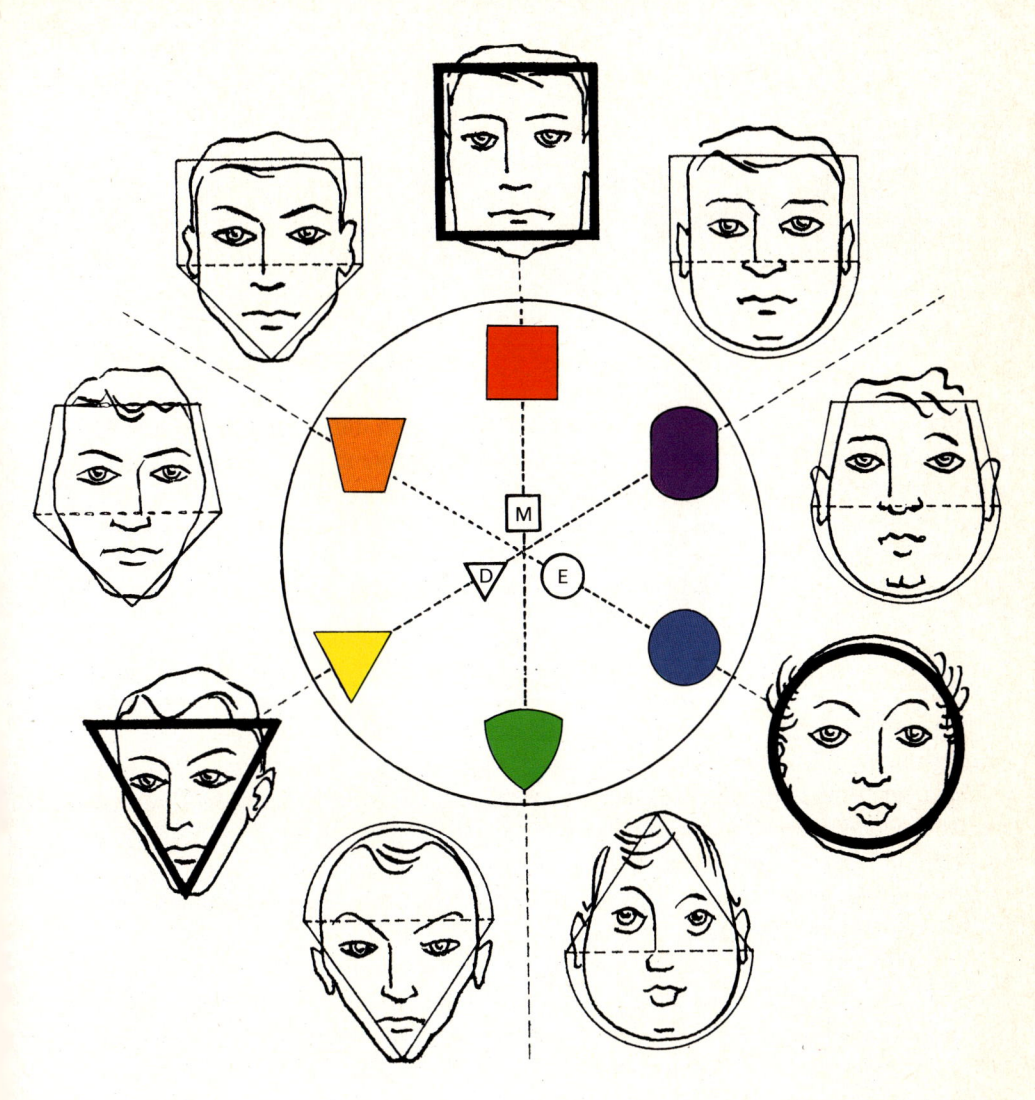

In dieser Skizze ist der Versuch unternommen worden, eine Ordnung der Kopfformen auf der Basis der drei geometrischen Grundformen zu schaffen, die den drei Grundprinzipien von M, E und D entsprechen. In den inneren Kreis sind auch noch die jeweiligen Farben und die ihnen zuzuordnenden geometrischen Figuren eingebaut.

Diese „Kopfformen" dienen lediglich als Orientierungshilfe und dürfen in keinem Falle etwa als Meßskala verwendet werden!

Farbtafel F

Vergleichende Übersicht der Typenlehren und -ordnungen, Strukturen, Richtungen und Kräfte

Nach einem angeblich aus der Mystik stammenden Bild ist das menschliche Leben vergleichbar mit einem Reisenden in einer Kutsche wie in der nebenstehenden Zeichnung: Die blaue Kutsche entspricht der Materie, das rote Pferd der motorischen Energie – und der gelbe Kutscher der Steuerungskraft der Information.

Auf den folgenden Farbtafeln G, H und I ist der Versuch unternommen worden, einmal alle gängigen Lehren vom menschlichen Wesen überschaubar zu machen, indem man gewissermaßen den „größten gemeinsamen Nenner" in den drei Grundfarben und ihren Zuordnungen sucht. Daß hierbei nicht auf die Einzelheiten der verschiedenen Lehren mit ihren detaillierten Unterschieden eingegangen werden kann, ist verständlich. Aber jeden Betrachter wird es faszinieren, wie durchgängig die drei Grundformen und -farben sichtbar sind.

Daß dies nicht von ungefähr so ist, sondern daß hier die Strukturen der Schöpfung erkannt werden können, zeigt die Spannweite der Übersicht, die bis zu esoterischen und okkulten Lehren reicht: Die Astrologie ist die älteste Wissenschaft schlechthin, die Lehre der Kabbala reicht über drei Jahrtausende zurück, und die Freimaurerei hat ihre Wurzeln bereits in ägyptischen Priesterkulten, in der Sekte der Essener (Joh. d. Täufer) wie im persischen Mithras-Kult. Und auch die östlichen Religionen nennen die drei Grundkräfte ebenso wie der griechische Philosoph Aristoteles, dessen Gedankengebäude über das Mittelalter bis in die heutige Zeit wirken.

Diese Übersicht könnte noch beliebig erweitert und auf viele andere Lehren und Philosophien ausgedehnt werden; es ist dem Anwender überlassen, dies selbst zu versuchen und auch eigene Gedanken, Glaubensrichtungen und Weltanschauungen hinzuzufügen.

(S. auch Text im Standpunkt IV: **Die Wurzeln des Lebens wachsen im Dreiklang**)

Supraverbaler Ausdruck: Form und Farbe (Arnet)	Keimblätter und körperliche Entsprechungen	Dominierende psychische Funktion Wesensschwerpunkt (Symbole)	Klassische 4 Temperamente (Goethe und Rud. Steiners Anthroposophie)	Naturell-Lehre (von Huter und Kupfer)	Anthropologie (nach der Rassenlehre von Günther)	Typenlehre (Kretschmer)
▬ (rot)						
■ aufregend	Mesoderm = mittleres Keimblatt: Muskulatur und Knochenbau	Wollen (rote Rose)	Choleriker	Bewegungs-Naturell	nordisch	Athletiker
▬ (rot)						
▬ (violett)						
		Komplexität	Melancholiker	Bewegungs-/Ernährungs-Naturell	ostbaltisch	
▬ (violett)						
▬ (blau)						
● abregend	Endoderm = inneres Keimblatt: Magen und Verdauungsorgane	Fühlen (blaue Blume)	melancholisch bis phlegmatisch	Ernährungs-Naturell	ostisch	Pykniker
▬ (grün)						
		Kreativität	phlegmatisch bis sanguinisch	Ernährungs-/Empfindungs-Naturell	dinarisch/alpin	
▬ (grün)						
▬ (gelb)						
▼ anregend	Ektoderm = äußeres Keimblatt: Gehirn, Sinne, Nerven	Denken (gelbe Mimose)	Sanguiniker	Empfindungs-Naturell	westisch	Astheniker/Leptosomer
▬ (orange)						
		Sensibilität und Abstraktion	sanguinisch bis cholerisch	Empfindungs-/Bewegungs-Naturell	fälisch (?)	
▬ (orange)						

Farbtafel G

Grundkomponenten (Sheldon)	Strukturformel und Wesensgruppe (Schulz/ Schleip)	Struktogramm = Hirnbereiche (nach: Schirm/ Schoemen) (Farb-Unterscheidung)	Farbpsychologie (Lüschertest)	Psychologie (Freud – Berne/ Harris, TA)	Zuordnungen aus unterschiedlichsten Bereichen und Denkmodellen	Bauhaus (Itten) Farben und Formen
somatotonisch (Breitentendenz)	M motorisch I	Zwischenhirn: Dominanz – Imponieren (rot)	orangerot: Willensstoßkraft motorischerobernd	Über-Ich Super-Ego (Eltern)	Jetzt Zeit Energie Arbeit Vollbringen	■
	M-E II					■
viscerotonisch (Kugeltendenz)	E elastisch III	Stammhirn: Kontakt – Sympathie (grün)	dunkelblau: Gefühlstiefe, Ruhe, Vertrauensbindung	Ich Ego (Erwachsen)	Hier Raum Materie Kapital Genießen	●
	E-D IV		blaugrün: Spannkraft, Selbstbehauptung			■
cerebrotonisch (Längentendenz)	D differenziert V	Großhirn: Distanz – überzeugen (blau)	hellgelb: Gefühlslebhaftigkeit, Erwartung, Reiz	Es Id (Kindheit)	Wie Sinn Information Idee Erkennen	▼
	D-M VI		orangerot: Erregung, Impuls			▼

Farbtafel H

Astrologie (Versuch einer Zuordnung nach Rüd. Müller – Grenzen fließend)	Kabbala (Sephirot) Bezeichnung der Orte der göttl. Gewalt	Säulen des Tempels der Menschheit (Freimaurerei)	Gottheiten (Trimurti) und Gunas = urgöttliche Prinzipien	Ursachen (nach Aristoteles)	Lebensbereiche und Stände-Ordnung
Löwe: Ich will / Widder: Ich bin	Strenge (5)	Stärke	Vishnu = Erhalter Raja = Bewegung	causa efficiens = Arbeitskraft	Artha – Beruf Wehrstand
Schütze: Ich sehe / Fische: Ich glaube	Fundament, Ich-Bild (9)				
Stier: Ich habe / Krebs: Ich fühle	Güte (4)	Schönheit	Schiwa = Zerstörer Tama = Vergehen, Erstarren	causa materialis = Rohstoff, Materie	Kama – Wohlleben Nährstand
Waage: Ich wäge ab / Wassermann: Ich weiß	Vita (7)				
Zwillinge: Ich denke / Skorpion: Ich wünsche, verlange	Ratio (8)	Weisheit	Brahma = Planer und Schöpfer Sattva = Entwicklung	causa formalis = Idee, Plan	Dharma – Spiritualität Lehrstand
Jungfrau: Ich prüfe / Steinbock: Ich mache mir zunutze	Wesen, Liebe (6)				

Farbtafel I

Modell einer integrierenden Kreisstruktur

Mit diesem Modell soll verdeutlicht werden, wie eine Organisationsstruktur – im Gegensatz zu einer Zentral-Organisation oder einer wie auch immer konstruierten hierarchischen Organisationsform – als Kreis die besten Möglichkeiten zum Zusammenwirken und zur Integration aller Teile (Bereiche) bietet. Schematisch ausgeführt sind drei Bereiche – zur Veranschaulichung in den Grundfarben Rot, Blau und Gelb –, die einander zwar berühren, jedoch nicht in die eigentliche Zuständigkeit (die Kernkreise in voller Farbe) hineinwirken. Darüber hinaus greift aber jeder Bereich in den gesamten Kernbereich des Modells, das in der Mitte befindliche sphärische Dreieck. Dies verdeutlicht die Integration, das gemeinsame Zusammenwirken in einem lebendigen Organismus als Gleichberechtigung aller Funktionen ohne hierarchisches Gefälle.

Farbtafel K

Das Unternehmens-Modell „Zirkel 2000"

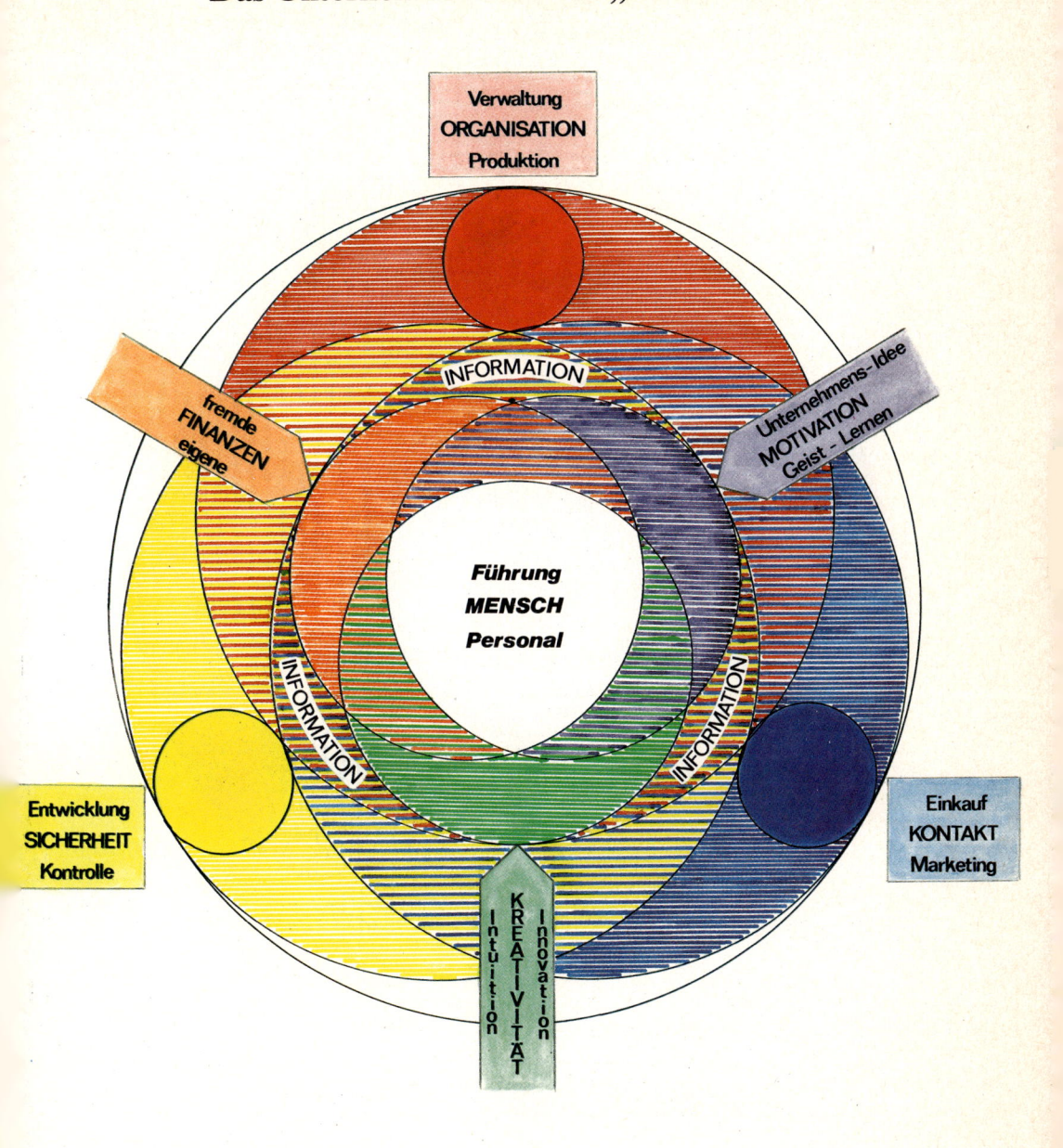

Verwaltung
ORGANISATION
Produktion

INFORMATION

fremde **FINANZEN** eigene

Unternehmens-Idee
MOTIVATION
Geist - Lernen

Führung
MENSCH
Personal

INFORMATION

INFORMATION

Entwicklung
SICHERHEIT
Kontrolle

Einkauf
KONTAKT
Marketing

Intuition **KREATIVITÄT** Innovation

Die Kreisstruktur als Grundlage für die Anordnung der sieben Hauptfunktionen sowie der Führungsfunktionen im Unternehmen, zugewiesen den psychisch entsprechenden Farben. Erläuterung im Text des 6. Schrittes (S. 295 ff.).

Farbtafel L

Die Unternehmens-Zukunft

Die farbige Titelseite (s. Schutzumschlag) hat eine mehrschichtig symbolische Bedeutung. Der äußere Farbenkreis zeigt die Struktur für das Unternehmensmodell der Zukunft: Alle Funktionen greifen im ganzheitlichen Sinne eines lebendigen Organismus ineinander und befruchten sich wechselseitig.

Die Spirale ist höchste Form der Dreidimensionalität; sie ist Symbol des Lebens schlechthin, die wir sowohl im Makrokosmos bei den Milchstraßen-Systemen wie im Mikrokosmos bei den DNS der Gene finden. In unserem Unternehmensmodell steht sie für den Begriff des lebenden Organismus anstelle einer toten Institution.

Der Mensch im Mittelpunkt ist das unternehmerische Prinzip der Zukunft: nicht als Beherrscher, der sich die Erde untertan macht, sondern als „homo integrans", der sich als Teil der Schöpfung versteht und trotz all seiner Individualität doch eins ist mit dem Ganzen. Er identifiziert sein Leben mit der Vielfarbigkeit des Unternehmens-Organismus und findet durch Dienst an der Gemeinschaft Sinnerfüllung.

Farbtafel M

Quellenangaben zu den Farbtafeln:

A: Darstellung vom Verfasser nach Angaben von Walter Schleip.

B: 1963 vom Frankfurter Goethemuseum erworben, beschrieben im „Jahresbericht des Freien Deutschen Hochstiftes 1963" (Max Niemeyer Verlag, Tübingen, 1964) und dem Verfasser von der Museumsleitung freundlicherweise zur Reproduktion zur Verfügung gestellt.

C: Siehe Literaturangabe Nr. 126, nach Angaben des Verfassers koloriert.

D: Siehe Literaturangabe Nr. 64, vom Verlag Otto Mayer, Ravensburg, freundlicherweise zur Reproduktion zur Verfügung gestellt.

E: Siehe Literaturangabe Nr. 71, vom Carl-Huter-Verlag, Schweig, freundlicherweise zur Reproduktion zur Verfügung gestellt.

F: Zusammenstellung vom Verfasser nach einer Unterlage von Walter Schleip.

G, H und I: Entwicklung und Zusammenstellung vom Verfasser.

K: Entwicklung vom Verfasser.

L: Entwicklung vom Verfasser.

M: Titelgraphik von Andrea Bouvier nach Angaben der Verfassers.

N: Aus der Zeitschrift „congress & seminar", Nr. 11/84, freundlicherweise zur Verfügung gestellt vom Verlag NEUER MERKUR, München.

Zur Abbildung auf der folgenden Seite – Farbtafel N:
An diesem Beispiel ist verdeutlicht, wie man aus einem bestehenden Gesellschaftsraum eines Hotels (hier „Zur Post" in Altötting) einen den modernen Ansprüchen zur Konferenztechnik genügenden Raum gestalten kann. Man achte besonders auf die Demonstrationswand, durch deren Errichtung ein großer Teil des Blendeffektes wegfällt, auf die Ausstattung mit Elementtischen und bequemer Bestuhlung sowie auf die völlig andere Atmosphäre, die durch die neue Ausleuchtung entstanden ist.

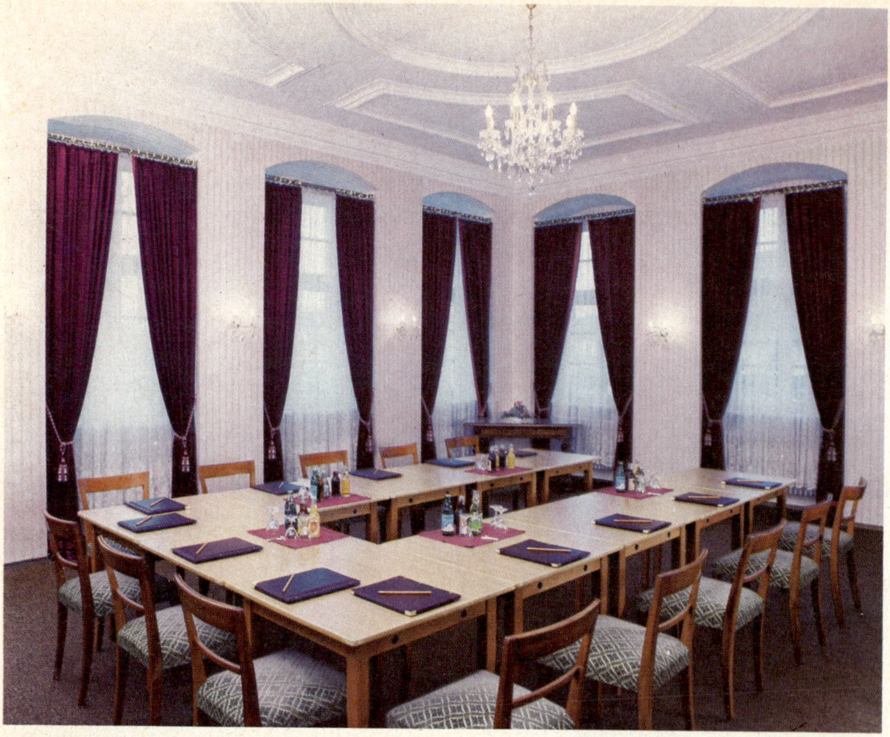

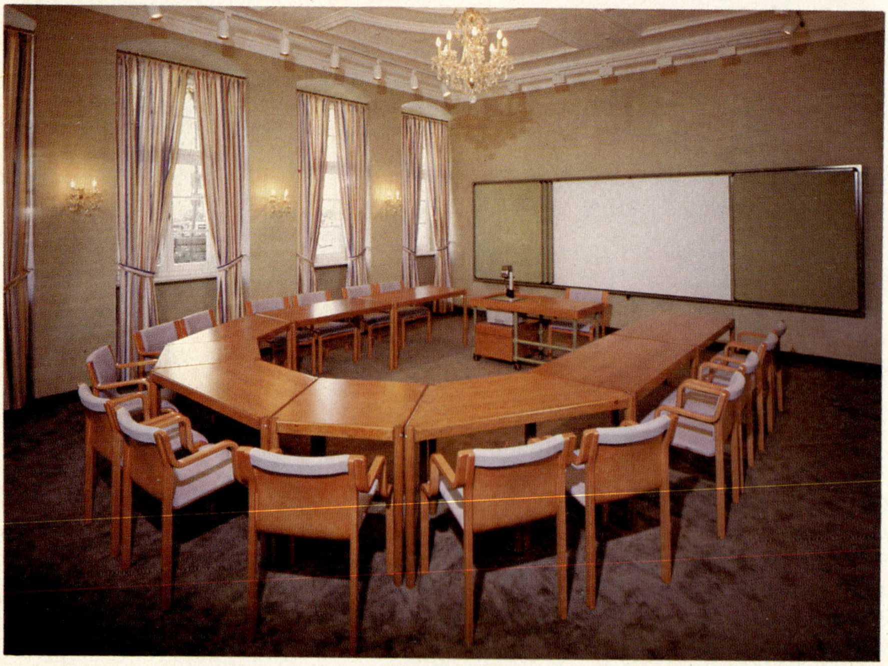